자본주의근대와 세계문학

# 자본주의근대와
# 세계문학

유희석 지음

**차 례**

**머리말** 007

**서장**
    허먼 멜빌과 '세계문학'의 꿈 032

**1부 자본주의근대의 개막과 문학의 대응**
    『돈 키호테』, 근대를 열다 073
    식민지근대와 '되받아쓰기' 119
    '되받아쓰기'를 넘어서 158
    무간지옥, 미국의 인종주의 199

**2부 정치와 역사, 그리고 문학의 실험**
    가르시아 마르케스, 세르반테스의 후예 237
    '사고 실험'과 소설의 형식 274
    시장과 정치, 그리고 문학 314
    기후위기가 세계문학에 던지는 물음 352

**3부 세계문학과 문학비평**
　문학비평의 판단 근거에 관하여　387
　비평가의 읽기와 책임　425

**종장**
　자본주의근대와 예술작품　469

**인용 원문 일람**　511
**수록 논문 발표 지면**　555
**참고문헌**　556
**찾아보기**　572

머리말

1

얼추 원고들을 갖추고 개고하는 과정에서 이런 책도 장편소설처럼 읽힐 수는 없을까, 때때로 상념에 잠기곤 했다. 손에 땀을 쥐지는 않더라도 다음 장에는 어떻게 펼쳐질까 기대하게 되는 이야기처럼 말이다. 불가능을 꿈꾸는 것이 시인만의 특권은 아닐 테니 소설이 흥미진진하게 읽힌다면 그에 관한 비평도 그렇게 읽히지 말라는 법은 없지 않을까, 상상해본 것이다. 하지만 판타지 장르라면 모를까 이런 바람이 현실적으로는 망상에 가까운 과욕임은 잘 알고 있다. 아무리 잘 알려진 작가들이어도 외국의 문학에 집중하는 학술적 비평서는 특성상 독자가 제한될 수밖에 없다. 일정한 진입 장벽 때문에 누구나 즐겁게 읽기도 힘들다. 그래서 고답적인 책이 되지 않도록 더 애를 쓰기는 했는데, 다만 마음만은 창작자들처럼 자유로운 정신을 견지하려고 했다.

그런 정신과 비평만의 어떤 유장한 서사를 만들어낸다는 자세로 연구와 집필, 개고에 임했고, 쓰는 과정에서도 문제의식이 이어지고 깊어지도록 나름대로 고심했다. 종장의 글만 남겨놓은 단계에 가서야 저서의 체재가 이처럼 갖춰진 것도 주제를 심화하는 것 외에 어디에도 구애받지 않겠다는 나 자신의 마음자세와 무관치 않았을 것이다. 하지만 확정된 설계도가 전혀 없는 상태에서 시작한 작업이 이런 형식과 내용으로 점차적으로 완성되어간 것도 어떤 면에서 자연스러운 일이라고 생각한다. 암중모색 속에서 미처 몰랐던 뭔가를 새롭게 발견하거나 어렴풋이 깨달아가면서—그간 확실하게 안다고 믿은 것이 착각이었음을 알아가면서—앞으로 한걸음씩 나아갈 수밖에 없는 것이 인문학 공부의 본래 모습일 테니 말이다.

그러므로 자기가 애면글면 만들어놓고도 '아, 결국 이런 모양이 되었군' 하는 낯선 느낌이 드는 것도 아주 엉뚱하지는 않을 듯하다. 하지만 공간(公刊)된 평론과 논문을 처음부터 다시 전면적으로 손보고 다듬어 책으로 묶어낸 경위와 저서의 전체적인 문제의식을 독자들에게 어느 정도는 소상하게 해명하고 싶다. '자본주의근대와 세계문학'이라는 무지막지한 제목의 책을 툭 던져놓고 알아서들 이해하시라, 라는 식으로 머리말을 제시하는 것은 독자들에게도 예의가 아닐 것이기 때문이다. 무람없이 쓰지만 않는다면 그 과정에 개인사가 몇 자 들어가는 것도 너그럽게 읽어주시리라 믿는다.

2

여기에 실린 열두 편의 글 중에서 가장 일찍 발표된 것은 3부의 첫머리에 실린 「문학비평의 판단 근거에 관하여」(2007)이다. 19세기 후반에서 20세기 초반까지 활동한 미국의 세 여성 작가들, 즉 케이트 쇼팬, 윌러 캐서, 새러 오언 주엇의 주요 소설을 '사랑에 관한 긴 이야기'라는 부제를 달고 비교·대비했다. 멜빌을 다룬 서장 외에 미국문학을 천착한 또 하나의 평문은 1부 마지막에 배치된 「무간지옥, 미국의 인종주의」이다. 마크 트웨인의 걸작 『얼간이 윌슨』을 집중적으로 분석했다. 다시 짚어보니 세 편 모두 전공자 티를 꽤 나 낸 것 같다. 다른 글에서는 시늉을 낼 수 없는 문학사적인 배경을 펼쳐놓고 논지를 전개한 터라 독자 여러분들이 따라가는 데 애를 먹을 수도 있겠다는 생각도 뒤늦게 든다. 「문학비평의 판단 근거에 관하여」와 「무간지옥, 미국의 인종주의」에서는 그처럼 전문가 행세를 했으면서 어떤 확실한 결론을 내지도 못했는데, 여성주의와 인종주의라는 주제의 성격상 일도양단 식의 논법이 통하기 힘들어서 그리된 면도 있으리라 본다. 다만, 학술담론의 틀에 얽매이지는 않으면서 왜 그런 식의 결론이 가능하지 않은가에 대해서만은 분명하게 해명하려고 했다. 그 과정에서 나 자신의 역량 부족을 실감한 것은 더 말할 나위 없다.

　이렇게 돌이켜보면 나는 '세계문학'을 삼십 년 가까이 공부하면서 논문이나 평론 형식으로 글을 발표해온 셈이다. 「보들레르와 근대」(1997)로 등단을 했고 전공도 19세기 미국소설인 터라, 세계문학은 언필칭 문학평론가로 활동하기 시작하기 전부터 꾸준히 연마해온 주제라고 할 수 있다. 이번에는 16세기 서유럽에서 식민지 정복으로써 본격적으로 돛을 올렸다고들 하는 자본주의근대라는 역사적 시대를 핵심적인 화두 삼아 그런 주제를 정색하고 다뤄본 셈이다. 하지만 각주들이 너저분하게 달린 이 저서가 '자본주의근대와 세계문학'에 부응하는 내용을 과연 얼마나 담았을까 자문하기 시작하면 꿀 먹은 벙어리가 되어버리는 느낌이다.

　내용의 부실함은 어떻게 둘러대도 변명이 될 수 없는 사안이다. 하지만 대학 이야기도 몇 마디는 꼭 하고 싶다. 현재 한국의 대학 현실, 심지어 내가 재직하는 지방 거점 국립대조차 연구 환경은 썩 좋지 못하다. 이제 대학은 AI로 표상되는 정보과학(데이터 사이언스)의 산업역군으로 전락하다시피 했고, 그 내실(內實)도 철저하게 밖에서 남이 정해준—세계대학평가라는—기준에 따라 재단되는 실정이다. 대학 자체의 자율성과 자기결정권도 정치권력에 좌우되기 일쑤다. 그에 따라 상상력과 자기성찰에 젖줄을 대는 인문학은 더 메말라지고 주변으로 밀려났다. 한마디로 십 년 이상의 시간을 통으로 바쳐서 '대작'을 구상하고 집필하겠다는 발심(發心) 자체가 힘든 지경이다. 연구의 거의 모든 평가가 논문 중심으로 이뤄지는 상황에서 호흡이 긴 학술서를 쓰는 데 결기마저 필요한 것이다.

이렇게 말하면 엄살을 떤다고 타박하는 이도 분명히 있을 것이다. 어찌되었든 그것도 일단은 달게 받을 일이다. 그러나 다른 한편 이명박 정권하에서 국립대 성과급적 연봉제가 2012년부터 시행되고 난 이후에는 전남대와 같은 연구 중심 대학조차 연구비 수주와 논문 생산성을 기치로 내걸면서 말 그대로 기업처럼 굴러가고 있다. 그 내부를 자세히 살펴본 사람이라면 타박을 하다가도 생각을 약간은 달리하는 면도 있으리라 본다. 소위 교원 평가와 보상 체계가 조악하고 기계적이라는 것은 더 말할 나위 없다. SCIE, SSCI, A&HCI 같은 외국의 등재저널을 신주단지처럼 모시는 사대적(事大的) 근성은 더 말할 것도 없고 대학교수들을 점수와 실적으로 줄 세우는 교육행정을 보노라면 낯이 뜨거워질 지경이다. 그러다 보니 잡혀갈지언정 저항정신과 비판의식이 살아 있던 유신시대나 군부독재 시절의 대학이 차라리 더 나았겠다는 방정맞은 생각마저 든다.

교육·연구·봉사의 모든 항목이 성과 등급을 매기기 위한 자료에 불과하니 그런 방정도 전혀 뜬금없지는 않을 것이다. 학생과의 면담 건수를 세어서 봉사 점수를 부여하고 미달된 점수만큼 돈을 깎는 국립대학의 기막힌 꼴에 대해서는 세계의 대학평가 제도로 시야를 더 넓혀서 차분하게 정책적 대안을 포함하여 공부감으로 삼아볼 일이다. 이래저래 공부다운 공부를 위해서 대학을 아예 떠나서 새로운 공부길을 모색하는 선후배들도 주변에 드물지 않다. 그렇게 떠난 다음에야 보람 있는 저서를 내는 분들도 더러 봤다. 그러니 그들도 그들 나름대로 떠날 수밖에 없는 절박한 사정이 있었을 것이다.

대학에 붙어 있는 나는 내 식으로 어떻게든 시간을 확보하고 꾀를 내서 일관된 공부를 지속하는 일이 무엇보다 절실했다.

되돌아보면 내가 2012년의 안식년을 미국 솔트레이크시티 소재의 유타대학에서 보낸 것은 불행 속에 깃든 작은 행운이었다. 긴 휴가를 얻은 그해는 학자로서도 마음을 차분하게 가다듬을 수 있는 망외의 기회였지만 아비로서 스스로를 추슬러야만 했다. 2011년 2월 23일에 큰아이를 잃고 아내, 작은아이와 함께 가족과 가정을 온전하게 건사하는 일이 무엇보다 중요했던 것이다. 안식년을 마치고 2013년 2월에 귀국한 나는 2016년까지 '기러기아빠'로 살았다. 그 사이에 작은아이는 고등학교를 무사히 졸업하고 대학에 들어갔다. 앞머리에 참새, 펭귄 등의 명사가 별칭처럼 붙은 아빠들은 엄두도 못 낼 현실에서 방학 때마다 미국을 들락거리는 것이 호사인 줄은 알았지만 내게 다른 선택지가 없었다. 아내와 함께 아이를 학교에 데려다 주고 거의 하루도 빠짐없이 유타대학의 메리엇(Marriott) 도서관을 찾았다.

2016년과 2019년에도 각 6개월씩 안식 학기를 처와 함께 아이가 있는 곳에서 보냈으니 특혜를 누렸다는 말을 들어도 할 말이 없다. 이렇게 회고하기 시작하니 앞에서 길게 늘어놓은 나의 대학 비판도 염치없는 짓이 아닌가 하는 생각마저 든다. 아무튼 그때 내게 주어진 쓰라리고도 풍요로운 시간은 어떤 방식으로든 세상에 돌려주어야 할 빚으로 남았다. 2차 자료가 부족할 것이 없고 생각의 흐름이 끊길 염려가 없는 환경에서 읽기와 쓰기를 지속한 덕분에 세계문학에 관한 논문들을 한 편씩 써낼 수 있었다. 2013년부터 영문학에 국한되지 않은 (주로) 서구 작가들의 작품론을 발표하다가 어느 순간에 그러모으니 한 권의 책은 족히 될 만한 분량이었다.

3

　책 생각을 더 적극적으로 하게 된 또 하나의 계기는 한국연구재단에서 지원하는 중견연구자 3년 과제(2018~2021)의 수행이었다. 이 주제가 하필 아우슈비츠의 증언문학인 것이 참척을 당한 내 삶의 궤적과 어떤 연관이 있는지는 잘 모르겠다. 하지만 우연한 계기로 프리모 레비의 『이것이 인간인가』와 그의 여타 작품에 걷잡을 수 없이 빨려들었다. 제발트는 또 다른 매력이 있는데, 그렇게 시작한 아우슈비츠 증언문학 공부가 어찌어찌하여 연구재단의 지원까지 받으면서 여러 해 동안 내 삶의 일부가 되어버렸다. 캄캄한 절망 속에서 '희망'에 반(反)하는 희망의 근원을 추적하는 다양한 증언서사들이 나에게는 새로운 지적 도전이자 연구 영역의 개척이라는 의미도 있었다. 아우슈비츠 증언문학 연구는 20세기 세계문학의 지평을 새롭게 발견하는 계기도 된 것이다. 개인적으로 희망에 대한 어떤 본질적 성찰을 하면서 스스로 더 담담해진 것 같기도 하다.
　그런데 아쉽지만 프리모 레비, W. G. 제발트, 한나 아렌트에 관한 다섯 편의 논문을 이 저서에서는 제외하기로 했다. 기왕에 시작한 공부이니 자본주의근대의 극복 차원에서도 좀 더 살펴보고 성찰하면서 어엿한 연구서로 만들어봐야겠다는 의욕을 낸 것이다. 이런 의욕이 저서 한 권 더 내고 싶은 타산만은 아니리라 본다. '아우슈비츠'가 독일 민족이 특별히 잔인하거나 악독해서 벌어진 범죄이기는커녕 식민지근대와 동전의 양면을 이루는—성차별·인종주의·계급주의를 본질적 동력으로 삼는—자본주의근대에서는 발생할 수밖에 없는 필연적인 비극이라는 점도 더 숙고해야 하는 과제로 남았기 때문이다. 물론 20세기 중후반 식민지근대의 실상은 1부 세번째 글인 「'되받아쓰기'를 넘어서」에서 비교적 자세하게 다룬 바 있다. 수단의 탁월한 소설가인 타예브 살리흐의 『북으로 가는 이주의 계절』을 콘래드의 『어둠의 속』과 더러 비교도 하면서 분석한 글이고, 여기서도 여성주의는 중요한 쟁점이다.

살리흐가 증언한 식민지근대가 21세기에도 엄존하고 있음을 가장 상징적으로 보여주는 사례는 팔레스타인·이스라엘이지 싶다. 그중 팔레스타인의 현대문학은 내게 미지의 영역이나 다름없다. 가산 카나파니(Ghassan Kanafani, 1941~2008)나 아다니아 쉬블리(Adania Shibli, 1974~) 같은 작가의 작품에 대한 강렬한 기억이 있을 뿐이다. 하지만 앞으로 힘닿는 대로 더 읽어볼 생각이다. 온순한 양 떼처럼 끌려간 수백만의 무고한 인명이 아우슈비츠 굴뚝의 한 줌 연기로 사라진 참상을 뒤로하고 나라를 세운 사람들이 이제는 왕년 나치 제3제국에 못지않은 신식민주의적 야만을 저지르고 있는 이 기막힌 아이러니에 대해서도 반드시 제대로 된 비평의 증언이 있어야만 할 것이기 때문이다. '아우슈비츠 증언문학'이 동학혁명의 좌절 이래 아우슈비츠의 참살에 못지않은 민족적 비극을 연거푸 겪은 한반도의 식민지근대와 무관할 수 없음은 더 말할 것 없다.

사실 다섯 편의 논문을 이 책에서 제외시킬 수밖에 없는 좀 더 현실적인 사정도 있었다. '자본주의근대와 세계문학'을 제목으로 내건 이 책의 열두 편 논문들은 거의가 200자 원고지로 200매 안팎이다. 「『돈 키호테』, 근대를 열다」의 경우는 덧글까지 하면 250매 남짓 된다. 『돈 키호테』는 대학원 수업에서 학생들과 한 학기 내내 즐겁게 토론한 작품이지만 '숏폼(short-form)'이 대세가 되어버린 세상에서 이렇게 긴 글을 누가 읽어줄까 걱정이 안 되는 것은 아니다. 세계적 고전으로서 여전히 대중성을 누리는 장편이기는 하나 복잡하게 얽힌 화자의 문제나 당대 종교·정치 현실과 작가의 극도로 미묘한 관계 등을 논하다 보면 일반 독자를 겨냥할 수 없는 사정도 없지 않았다. 앞서 소설책처럼 읽히는 비평서 운운했지만 엄밀한 읽기와 판단을 지향하는 연구 성격이 강한 비평문이 대중적일 수 있기를 바라는 것은 역시 과욕이다.

그러나 바로 그렇기 때문에 자기들끼리나 통하는—거의가 서구 학계의 '거물들'이 전파하는—전문용어나 난해한 개념을 남발하는 일을 피하면서 전문적인 연구와 지식을 살아 있는 양식(良識)으로 풀어내는 공부도 더 열심히 해볼 일이다. 학술서든 교양서든 역시 중요한 것은 뜻있는 독자들과 최대한 소통하려는 자세일 것이기 때문이다. 대략 9개국, 16명의 작가를 다룬 이 책의 글을 전체 주제의 흐름을 염두에 두고 서장, 1, 2, 3부, 종장 식으로 배열하고 소제목까지 달아놓은 것도 호흡을 조절하면서 독자에게 좀 더 친절하게 다가가기 위해서였다. 하지만 글을 개고하는 과정에서 자본주의근대의 극복이라는 문제의식을 어떻게 하면 작품론으로 부각시킬 수 있을까 하는 점이 가장 고민되는 문제였다.

이제 그 이야기를 해볼 텐데, 그 극복의 양상을—또는 극복의 시도가 좌절되는 서사의 형국을—작품의 구체적인 읽기로 최대한 드러내려고 했다. 동시에 그런 읽기가 어떤 일관된 흐름을 타고 진행되고 있다는 것도 환기하고자 했다. 필요한 경우 줄거리의 단순 소개도 마다하지 않았다. 거의 모든 글의 말미에 붙인 한두 단락의 예고편도 이 저서의 문제의식이 이어지고 있음을 알리는 첨언(添言)이었다. 독자를 염두에 둔 이런 형식상의 배려가 얼마나 적절했고 성공했는지는 잘 모르겠다. 어쨌든 그와 같은 배려보다 더 중요한 것은 이 저서의 내용 자체일 것이다. 핵심은 우리 시대를 자본주의근대 너머의 더 바람직한 세계로 무슨 수를 써서라도 나아가야만 하는 역사적 전환기로 더 면밀하게 파악하는 작업이다. '자본주의근대와 세계문학'이라는 화두를 걸었을 때 인문학의 여타 분야에서도 해내기 힘든 일을 차근차근 하나씩 감당하는 것만이 관건이었다.

그러나 그러한 일은 명료하게 손에 잡히는 어떤 대안을 독자에게 제시하는 것과는 거리가 멀다. 도대체 그런 것이 있는지도 모르겠지만 핵심은 어찌하여 자본주의근대가 극복해야만 하는 역사적 시대인가 하는 물음을 지속하면서 독자와 더불어 읽기의 즐거움을 나누며 근원적 사유의 길에 들어서는 것이다. 동서양의 역사를 세심하게 들여다보면 대안도 그런 길에서 나오는 것이지 특정한 개인이나 집단이 만들어내는 것이 아니라는 사실이 거듭 확인된다. 문학 공부에 관한 한, 독자로 하여금 자본주의근대의 극복이 어찌하여 그토록 가망 없는 일처럼 보이는가를 절절히 실감케 하는 것도 당연히 포함된다. 어떤 경우든 희미한 실마리나마 붙잡고 엄밀한 읽기를 견지하면서 대안의 상상력을 북돋는 비평의 시도만은 한층 체계적으로 해내야만 한다.

4

이 책에서 자본주의근대의 극복이라는 화두를 대놓고 제기한 글은 2부의 끄트머리에 들어간 「기후위기가 세계문학에 던지는 물음」과 아달베르트 슈티프터의 장편소설 『늦여름』을 다룬 종장의 「자본주의근대와 예술작품」일 것이다. 일견 판이한 주제를 다룬 평문이다. 하지만 본질적으로 일관(一貫)의 문제의식을 담은 글이라고 본다. 자연생태는 기후소설(cli-fi; climate fiction)은 더 말할 것도 없고 『늦여름』에서도 서사를 추동하다시피 하는 결정적 배경이다. 기후소설은 장르의 생애 주기로 치자면 이제 겨우 걸음마 단계에 불과하다. 물론 평문에서 언급하기도 했지만 기후소설도 장르사적 계보를 따져보면 간단치는 않다. 그러나 『늦여름』 같은 성장소설(빌둥스로만)은 수백 년에 걸쳐 장편소설에 값하는 종합서사로 진화한 만큼 기후소설이 명함을 내밀기 어렵다.

이 점은 기후위기에 대한 성찰에서도 염두에 두었다. 19세기 중반에 출간된 『늦여름』이 우리 당대에 쏟아져 나오는 기후소설보다 어떤 면에서는 더 본질적이면서 구체적인 대안의 상상력을 발휘한 것도 우연은 아니라는 말이다. 단정적으로 말해서 『늦여름』에서 제시된 로젠하우스(장미집)야말로 실현 가능한 생태적 유토피아로서 그 어떤 기후소설이 그려낸 대안보다 더 현실적으로 독자에게 다가오리라 본다. 그렇다고 기후소설을 가볍게 다뤄도 좋다거나 기후비상사태로 명명된 21세기의 기후문제에 관해 이 책이 어떤 결정적인 논점을 제시했다고 주장하려는 것은 물론 아니다. 인류의 기후위기 대응이 문자 그대로 총체적인 차원에 도달하지 않고서는 자본주의근대의 '너머'도 기약할 수 없다는 점을 강조할 따름이다.

솔직히 말해서 피부로 감각하는 날씨가 더 이상 예전의 그것이 전혀 아니라는 사실을 누구나 알면서도 그것을 '새로운 정상(new normal)'이라고 부르는 담론 행태도 나는 일종의 집단적 정신 착란이라고 생각한다. 상시적 비상사태라고 불러야 하는 기후위기를 딱히 들먹이지 않아도 인류 전체가 비상한 위기 국면에 들어섰다는 사실은 따로 과학적 검증이 더 이상 필요치 않을 정도로 체험과 실증 자료로써 확인되었다고 해도 과언이 아니다. 정상과 새로운 정상으로 구분하는 것 자체가 말장난인 것이다. 기술주의에 편승한 온갖 종류의 종말 담론과 그런 담론에의 탐닉 자체가 이 시대가 지금 이대로는 지속가능하지 않다는 사실을 이미 확증했다고 말해도 좋다. 따라서 이전과는 질적으로 다르게 다가오는 자본주의의 위기에 대한 대안적 처방들이 백화제방으로 분출되는 것도 당연한 일이다.

한국에도 잘 알려져 있지만 역사적 시대로서의 자본주의에 관한 한 월러스틴(I. Wallerstein, 1930~2019)만큼 엄밀하게 그 역사적 기원과 전개 과정을 추적하고 극복의 길을 모색한 인물도 드물 것이다. 그는 자본주의—근대 세계체제—도 결정적 분기점에 도달했다고 주장하면서 지금부터 2050년대까지의 중기적 시간대를 설정하고 더 바람직한 체제의 건설을 위해 뜻있는 이들의 분투를 촉구했다. 그런데 자본주의근대를 극복한다는 것이 도대체 뭔가를 진지하게 묻기 시작하는 순간 어느 누구도 그에 관한 해답이나 해법을 자신할 수 없을 것이다. 아니, 뭐가 되었든 '해답'을 제시했다고 확신하는 이들이야말로 결국 헛된 꿈과 희망을 팔아먹는 '거룩한 장사꾼들'이고 위기에 기생하여 자신의 기득권을 연명시키려는 인간들일 공산이 크다. 기득권의 본질은 자신이 누리고 있는 모든 것에 대해 자기비판적으로 묻기를 중단하는 데 있고, 바로 그렇기 때문에 기성 체제의 변혁을 주장하는 언설들이 그토록 자주 허망하게 끝난 것이다.

이 대목에 관한 한 고인이 된 월러스틴도 공감했으리라 믿지만 대안은 막막하고 막막하다는 것 자체가 힘이 되는 역설을 끌어안고 공부를 지속해야만 하는 난국이다. 앞서 언급한 종장의 「자본주의근대와 예술작품」에서 독일의 빌둥스로만인 『늦여름』을 물고 늘어진 것도 그런 막막함과 어떻게든 정면으로 대면하여 긍정적 대안을 조금이나마 모색하기 위해서였다. 『늦여름』의 결말이 그러하듯이 시야를 밖으로 더 열어놓으면서 자기가 발 딛고 선 해당 지역의 현실에서부터 새로운 삶의 실마리를 찾는 도리밖에 없다. 사실 그 점은 『백년의 고독』을 집중적으로 읽어본 2부의 첫 글, 「가르시아 마르케스, 세르반테스의 후예」에서도 특히 강조한 논지이다. 지역과 보편성의 관계는 뒤에서 한두 마디 짧게 더 언급하겠지만 그 글에서도 모든 세계문학은 지역문학이자 민족문학, 국민문학이요, 지역과 민족, 국민에 뿌리를 내리지 못하는 작가가 보편적 지평에 도달하는 것도 사실상 불가능하다고 주장했다.

2025년 2월 지금 한반도의 현실, 그중에서도 남쪽의 시국으로 눈을 돌리면 시민들의 지혜로운 마음의 연대에 근거한 단호한 행동이 절실하다. 시국이 갑갑한 터라 교정지를 읽으면서 문학이란 도대체 무엇인가? 라는 물음이 마음속에서 계속 맴돌았다. 직업적 습관으로 되묻는 게 아니라 '문학을 한다'는 것의 참뜻이 이런 난세를 어떻게 비춰주는가를 근본부터 생각해보고 싶었다. 이 문제에 대해서는 로베르토 볼라뇨를 다룬 2부의 세번째 글인 「시장과 정치, 그리고 문학」에서 제법 다부진 분석을 시도했다고 본다. 볼라뇨의 『칠레의 밤』은 근대문학의 (어떤 본질적) 매판성(買辦性)을 고발한 기념비적 작품이고 우리가 문학하는 자세를 새로이 다지는 데도 뜻있는 자극이 될 것으로 믿는다.

하지만 그로써 근대문학에 관한 물음이 끝난다는 말은 물론 아니다. 그러기는커녕 볼라뇨가 온몸으로 보여준 (서양) 근대문학의 매판적 특성과 체제기생적 성질에 대한 도저한 비판조차 넘어서야 하는 숙제가 남았다. 삶의 활력을 키우고 대안의 상상력을 촉진하는 문학의 긍정의 잠재력에도 더 관심을 가져야 한다는 것이다. 그리고 어떤 경우든 그러한 힘이 끼리끼리만 모여서 '같음'을 확인하고 손쉽게 합의와 동의를 끌어내는 '지식인·전문가 문화'에서 나오기는 어려울 것이다. 3부 마지막 글인 「비평가의 읽기와 책임」에서 소개한 마이클 벨 교수의 발상법을 따르면 그와 같은 힘도 오직 자기성찰적 신화만들기(self-conscious mythopoeia)의 과정에서만 온전하게 발휘될 수 있을 것이기 때문이다. 더 많은 불만과 더 깊은 의심이 삶의 덕목은 아닐지 모르지만 그와 같은 불만과 의심이 없는 진리 탐구는 나무에 올라가서 물고기를 잡겠다고 하는 것과 마찬가지다.

자신이 견지하는 신념을 의심하면서도 신념의 확실한 근거에 대한 끊임없이 모색을 북돋는 문학이야말로 마이클 벨이 입론한 신화 만들기의 결정적 원천이라 할 만하다. 하지만 문학의 '바깥'으로 뻗어 나갈 수밖에 없는 그 입론을 개인과 사회, 국가 차원에서 굴리는 방식은 다양할 듯하다. 거두절미하고 식민지근대를 통과한 우리의 현실에 맞게 벨의 발상을 일단 번역한다면 이런 말이 되지 싶다. 즉, '한반도 차원의 새로운 세상을 상상하고 만들기'이다. 이 과업이 아무리 막막하고 난망하게 보여도 그와 같은 '꿈꾸기'가 아니고서는 목하 절체절명의 민족적 위기를 온전히 헤쳐 나갈 길을 달리 찾기는 어려울 것이다. 길고 때로는 지리멸렬해질 싸움을 신명나게 해내는 것만이 관건일 따름이다.

## 5

 그런 싸움조차—또한 제아무리 뜻과 의도가 좋은 사회 개혁과 정치혁명의 기획이라 해도—자기비판을 포기하고 통념에 안주하는 순간 도로에 그치리라는 것은 탁월한 작품들이 일러주는 진실 가운데 하나다. 그렇다면 시시각각 변하는 시국일수록 사람의 마음을 바꾸고 움직이는 문학 고유의 권능을 좀 더 소박하고 담백한 말로 바꾸는 훈련이 문학비평의 중핵일 것이다. 세계문학에 관한 연구도 기본적으로 바로 그런 훈련에 기초한다고 생각한다. 세계문학은 지식이나 정보의 문제가 아니며, 실증적 검증 대상은 더더욱 아니다. 세계문학도, 하나의 예술작품이 그러하듯이, 결국 성찰적 감수성과 비평적 판단의 문제로 귀결된다. 따라서 세계문학에 관한 총론 같은 것은 허황된 꿈에 불과하다.
 나의 이런 문제의식은 세계문학담론의 세계에서는 반(反)시대적 인식에 가깝지 않을까 싶다. 그런 세계에서의 대세는 뭐니 뭐니 해도 각국의 문학들을 지식 축적의 대상으로 삼아 '데이터 마이닝'을 통해 계량적으로 분석하여 세계문학이라는 '우산' 아래 어떤 통일된 이론 모델을 추출하는 것이기 때문이다. 신실증주의라고 할 만한 연구 성향이 강한 논자들이 한국의 대학에서도 활약하고 있고 외국의 모레티 같은 비평가는 세계문학에 관한 유물론적 연구를 표방하면서 관련 분야의 전문연구자들을 동원하여 데이터 분석 프로그램을 돌리는 작업으로 유명세를 얻기도 했다.
 이제는 인공지능(AI)을 들먹이면서 작품을 연구하겠다고 나서는 판국이다. 그러니 세계문학에 관한 모든 연구나 비평도 문학작품을 '제대로' 읽는 데서 시작한다는 상식이 진정으로 뭘 의미하는가를 진지하게 고민하는 문학연구자들도 의외로 드물어진 것 같다. 과학주의·기술주의에 휘둘리지 않고서 우리의 문학이 마주한 상황을 구체적으로 직시하는 논문들도 읽어보기 힘들어졌다. 사실 괴테와 맑스가 전혀 다른 역사적 현실에서 '세계문학(Weltliteratur)'의 출현을 예상하고 주창했을 때 두 인물은 모두 세계경제라 할 만한 것을 염두에 두고 있었다. 물론 세계문학과 세계경제의 관계와 그 함의는 결코 간단치 않았고 지금도 그렇다.

잘 알려져 있다시피 맑스는 세계문학도 부르주아지 계급의 엄청난 추진력, 창의성 및 모험정신과 무관치 않은 것으로 보았다. 그는 세계의 경제를 주도하는 이들이 국가나 민족의 기존 경계선을 무너뜨리는 현실에서 '하나의 세계문학'이 등장한다는 점을 역설한 경우다. 그는 그런 세계문학을 인류 공동의 "재산"으로 규정했지만 그 재산이 여타의 경제적 재화(財貨)와 어떻게 본질적으로 구분되는가를 성찰하는 선까지는 나아가지 못했다고 본다. "하나의 세계문학"이라는 표현을 명토 박은 『공산당 선언』(1848)에서도 그 점은 분명치 않다. 이 선언문과 세계문학의 관계를 본격적으로 다룬 논자가 있기는 하고 세계문학이 진정으로 국가들의 호혜적 관계로서 발현되기 위해서는 세계시장의 논리를 초월해야 한다는 주장도 제기된 바 있다. 그러나 맑스에게 결국 중요한 것은 프롤레타리아트 계급 주도의 세계혁명이었지 유물론 대 유심론의 구도 자체를 문제삼고 해체하는 창조적인 문학이 아니었다.

맑스의 사상적 유산도 넓게 보면 서구 르네상스 시대 이래의—고대 그리스·로마 문명의 계승을 지향한—인문주의적 전통에 속한다. 그러나 적어도 유물 대 유심의 이분법을 넘어서는 문제에 관한 한 맑스 못지않게 자연과학자와 예술가를 한 몸에 체현한 괴테도 반드시 참조해야 하리라 본다. 창작가로서의 예감과 감각을 가지고 그가 언급한 세계문학의 '이념'이 특별한 무게를 갖는 것도 그 때문이다. 에커만(J. P. Ekermann)이 출간한 『괴테와의 대화』(1836; 1848)에서 괴테가 앞당기자고 주장한 세계문학은 무엇보다 국민문학이나 민족문학이 당연시하는 국가나 민족의 폐쇄성 및 중심성을 넘어서면서 인류 보편의 참다운 경지에 도달한 작품을 의미했다.

물론 여기서도 번역은 결정적으로 중요한 문학 교류의 매개이고, 괴테도 번역의 중요성을 인식한 것은 두말할 나위 없다. 다만, 지금처럼 기술의 발전으로 언어의 장벽이 낮아지리라고는 예상하지는 못했으며 '글로벌 사우스와 글로벌 노스' 사이의 힘의 역학과 위계가 문학생산의 영역에서 정치적인 방식으로 작동하리라고는 구체적으로 생각할 수도 없었다. 그럼에도 세계의 역동적인 교역망 속에서 가능해진 문학지식인들과 문학 매체의 동지적 교류 및 대화를 전제하는 동시에 상업주의 문학의 극복을 뜻하는 괴테적 세계문학의 이념은 우리가 더 창의적으로 발전시켜 볼만한 과제로 남아 있다. 그가 선진국 프랑스로부터 밀려드는 저속하고 저열한 가극(歌劇) 운운했을 때 그것은 고답적인 고전주의로의 퇴각과는 전혀 다른 창조적인 문학과 문화의 수호 의지의 발로이기도 했던 것이다.

그렇다면 괴테가 세상을 뜨고 200년이 가까워 오는 지금, 과연 그가 예견하고 기대한 세계문학의 이상을 인류는 얼마나 구현하고 있는가? 이 책 서장인 「허먼 멜빌과 '세계문학'의 꿈」은 바로 그 물음을 염두에 둔 것이다. 내 딴에는 국민·민족문학과 세계문학의 살아 있는 긴장을 포착하려고 했다. '세계문학'에 관한 한 멜빌은 괴테와 본질적으로 공명하는 터라 공부가 특별히 즐거운 글이었다. 하지만 전혀 다른 역사적 국면에서 활동한 작가들이니만큼 차이점도 확연한 편이고 그 점도 아울러 의식하려고 했다. 멜빌에게 고전적인 문학 유산의 수호의지는 그 자체로 미국문학의 세계적 가능성을 저버리는 정신적 매국에 가까웠으니 말이다. 그것도 그럴 것이, 적어도 그가 태어난 당대의 미국에는 그런 유산 자체가 부재했다고 해도 지나친 말이 아니었기 때문이다.

멜빌이 보기에 셰익스피어로 표상되는 고전적 문학 유산의 수호라는 것은 미국의 현실과는 동떨어진 관념적 태도에 불과했고 더 들여다보면 '구세계'의 독자들을 향한 구애 공세에 가까웠다. 그에게는 북아메리카의 대지와 자연에 확고하게 발을 내딛고 미국적 삶에 부응하는 문학의 새로운 길을 열어야 하는 과업이 무엇보다 절실했다. 개인적으로 나는 그의 대담무쌍한 문학적 야심에서 분단된 한반도의 남과 북에 켜켜이 쌓인 분단체제의 고루한 관념들을 깨부숨으로써 지리멸렬한 심리적 정전상태도 끝장내는 '세계문학'의 출현을 대망하는 것도 사실이다.

그와 같은 대망일수록 구체적인 현실인식에 뿌리를 두어야 한다는 점은 두말할 나위 없다. 친영(親英)과 반영(反英)의 첨예한 반목 사이에서 모색한 멜빌의 미국적 국민문학에 공감하면서 시선을 21세기의 문화상황으로 돌리면 우리가 어떤 정신적 위기에 직면해 있는가를 실감하지 않을 도리가 없다. 무엇보다 오늘날의 문학 현장에서도 시장현실주의의 위세는 괴테의 시대에서는 상상하기 힘들 정도로 커졌고 과학기술주의의 도전도 이전과는 사뭇 다른 차원인 것이다. 이 책에서 그 점을 제대로 다루지는 못했지만 적어도 논의의 배경으로는 줄곧 의식하고자 했다.

## 6

그렇다면 시장현실주의가 문학 산업을 지배하는 상황에서 저명한 국제 문학상의 '롱 리스트'나 '숏 리스트'를 과연 누가 선별하는 것이며, 그 선별의 기준은 무엇인가도 한번쯤 되물어볼 만하다. 문학의 '평등성'을 주장하려는 것이 아니라 문학의 세계에도 '승자독식'이라는 자본주의 시장의 원리가 스며 있다면 문학을 '업'으로 한다는 것의 의미를 발본적으로 성찰해야 한다는 취지이다. 문학과 경제, 문학과 정치의 관계는 근대 초엽, 즉, 셰익스피어나 세르반테스가 활동했던 시대에도 꽤나 복잡미묘한 문제였다. 그 점은 1부의 두번째 글로서 셰익스피어의 『태풍』과 세제르의 『어떤 태풍』을 나란히 읽은

「식민지근대와 '되받아쓰기'」에서도 다양한 방식으로 감지할 수 있으리라 생각한다. 그런데 21세기의 상황은 또 다른 것 같다. 누구나 실감하듯이 우리는 까다로운 취향의 귀족 후견인 내지는 후원자의 마음에 작품을 맞춰야만 했던—그 과정에서 절차탁마의 작품이 탄생하곤 했던—당시와는 비교하기 힘들 정도로 민주주의가 보편화된 시대를 살고 있다.

그러나 세상만사가 그렇듯이 인류의 피와 땀으로 쟁취한 민주주의도 모든 것이 좋을 수는 없는 정치체제다. 문학의 경우는 시장에 먹힐 수 있는 취향과 감각의—저열한 평준화가 따를 수밖에 없는—'민주화'가 더 은근해지고 교묘해진 면도 많다. '작품'도 팔려야만 작품이라는(작가 개인에게는 절박할 수밖에 없는) 인식이 더 강해지고 대중의 인기가 작품성과 동일시되는 일도 다반사로 벌어진다. 다른 한편 작품의 탁월함 자체도 정치적 평등주의나 올바름으로 환원되기 일쑤다. 한강의 『채식주의자』를 둘러싼 온갖 기괴한 도덕주의적 비난과 매도의 실체도 따지고 보면 바로 그것이다. 그런 비난과 매도를 한때의 소동으로 치부할 수도 없다. 모든 진지하고 근원적인 사유를 '소비'가 용이한 1차원적인 상품으로 가공하는 시장현실주의와의 싸움에 비평의 사활이 걸려 있기 때문이다. 이 싸움을 단칼에 끝낼 수 있는 방법이나 전략 따위는 존재하지 않는다.

게다가 대학에서의 문학연구는 더 심각한 상황이다. 더 근원적인 것을 향한 물음과 도전의식을 상실한 것은 말할 것도 없다. 도대체가 '무국적'의 연구일수록 보편성을 담보할 수 있다는 식의 허위의식이 학계에서도 위세를 떨치고 있으니, '작품성'이라는 난제가 페미니즘, 탈식민주의, 포스트모더니즘 등의 담론 진영의 지분 나누기 양상으로 변질되는 경우도 부지기수다. 이런 현상은 세계문학 담론에서도 다를 바가 없이 나타난다. 학자들도 칸막이처럼 분리된 분과학문의 영역에 안주하면서 '야생성'을 상실하고 비평산업의 종복으로 전락한 것이다. 통섭이나 융합은 시늉뿐이고 온갖 이론들을 계통 없이 끌어들여서 포장하는 문학 연구와 비평이 주를 이루고 있다. 물론 이런 나의 판단도 나이 60에 자기도 모르게 '꼰대'가 되어버린 오만이자 과문, 내지는 착각일 가능성을 전혀 배제하지 못한다.

그러나 내가 다른 분야보다는 더 잘 안다고 자부하는 한국의 영문학계만 해도 영문학연구의 학문적 근거를 학자들 스스로 무너뜨리는 획일적인 논문들을 읽노라면 과연 문학의 창조성은 무엇이고 문학연구는 또 어떻게 해야 하는가 하는 고민을 근본부터 하지 않을 수 없다. ChatGPT를 창작에 활용하는 작가들도 주변에서 더러 보지만 문학은 철저하게 아날로그의 세계다. 문학에 관한 한 모든 디지털적인 것은 한낱 관념에 불과하고 읽기와 성찰을 건너뛸 수 있는 방법은 존재하지 않는다. 영화 매트릭스에 나오는 빨간약 대 파란약도 디지털적 세계관에서 유래한 교묘한 눈속임에 불과하다. 고통의 인식과 생각 없는 안락을 결정할 수 있는 약 따위는 존재하지 않는다. 진실이라는 것은 그날그날을 혼신의 힘을 다해—진지하면서 유쾌하게!—사는 삶의 '부산물'일 뿐이기 때문이다.

한 개인이 소설을 묵독(默讀)하는 행위에 대해 문화사적 맥락에서 해석한 연구자들도 드물지 않지만 그 행위도 책이라는 문화상품의 소비 차원으로만 다룰 일은 아니다. 고전에 대한 진지한 사색으로서의 독서라면 그것은 여타의 시청각 매체와는 비교할 수 없는 성찰과 집중의 시간을 보낸다는 것을 의미한다. 물론 작품도 어떤 작품이냐에 따라 성찰적 시간의 성격이 달라지고 외국어로 된 작품의 경우는 또 다르다. 한마디로 문학작품을 읽는 일은 읽는 이의 삶 전체가 총체적으로 관여하는 행위이다. 이러한 아날로그 세계에도, 수많은 탁월한 사상가와 창조적 개혁가들의 삶이 실증하듯이, 그 특유의 사상적 비약과 돌파가 이뤄진다. 그러나 그것은 디지털적 도약과는 전혀 다른 성격이다.

솔직히 디지털의 세계에서도 돈오(頓悟)라는 것이 있는지는 잘 모르겠다. 하지만 단박에 깨닫는 경지로 이어지는 점수(漸修)가 0과 1로 이뤄진 곳에서는 도저히 가능할 것 같지 않다. 그럼에도 학계의 실상을 말하자면 인공지능 글쓰기 프로그램이 만든 '문학작품'을 열심히 분석하고 그 결과물이 버젓이 학술지에 실리는 지경이다. AI시대의 웃지 못할 소극인데, 이것도 마냥 웃고 넘길 일은 아니다. 한국의 초중등 교육현장에—그 자체가 교육카르텔의 거대한 이권 사업의 일부인—인공지능 디지털 교과서(AIDT ; Artificial Intelligence Digital Textbook) 사업은 어떤가. 천문학적인 세금 낭비는 차치하더라도 그런 사업을 주도하는 교육부의 교육철학이라는 것이 얼마나 저렴하고 단세포적인가를 떠올리면 등골이 오싹해질 정도다. 아닌 말로 세상 망하는 꼴이 뻔히 보이는데도 뒤처지면 죽는다면서 죽을 곳만 골라서 찾아들어가는 근대주의의 망령은 여전히 극성이다. 그런 망령을 끊임없이 불러들이는 식민지근대는 적어도 그런 맥락에서는 아직 종식되지 않은 것이다.

  말 그대로 해일처럼 밀어닥치는 최근 뉴스와 광고를 보다 보면 국가 차원의 생존이 AI 산업에 걸려 있다는 착각마저 든다. 하지만 AI도 한 세대 전부터 운운한 정보화사회의 21세기 버전에 불과하고 따라서 전적으로 새로운 현상도 아니다. AI는 초지능으로의 진화인가 아닌가가 아니라 기본적으로 최신판 근대주의(발전주의)를 가동하여 시장 개척에 나선 거대 자본의 문제로 볼 일이다. 자본가들은 그야말로 죽기 살기로 경쟁에 나섰고 하루가 멀다 하고 AI 신제품을 출시하고 있다. 그 결과 어느새 우리 앞에 '만능 비서'라는 이름으로 나타난 AI가 비서구세계의 무수한 유령노동자들(ghost workers)의 노동을 착취한 결과물이라는 것을 진지하게 생각하는 사람은 많지 않다.

# 7

AI의 전지구적 구동이 '기후위기'의 가속화에 어떤 '생태 발자국'을 남기고 있는가도 큰 관심을 끌지 못한다. 인공지능이 기본적으로 뇌나 지능이 아니라 '인간 노동'의 문제라는 사실의 사회정치적 함의도 제대로 인지되지 못하는 것 같다. 이 쟁점도 앞으로 우리 시대의 작가들이 대면해야 할 중요한 주제 가운데 하나인 것이 분명하다. 맥큐언(Ian McEwan, 1948~)이나 이시구로(Kazuo Ishiguro, 1954~) 같은 소설가들은 이미 그런 주제의 일단을 소설로 취급한 것으로 안다. 과학기술이 그렇듯이 AI도 매혹과 공포를 넘어서는 지평으로 나아가야만 온전한 사유가 가능해지는 사안이다. AI가 인간이 아직껏 해결하지 못한 모든 난제를 없애줄 거라는—터무니없는 낙관인—장밋빛 기대에 목을 매거나, AI로 인해 사람들이 이제까지 누리지 못한 기술문명의 혜택이 주어질 수 있다는 전망을 전적으로 부정하는 방향으로만 나아간다면 그것도 기술에 관한 물음 자체를 포기하는 꼴이 될 것이다.

다양한 형태로 나타나는 이 양극단의 태도는 더 발본적인 분석과 종합적 성찰을 요구하는 문제로 남아 있다. 그렇다면 창작이든 비평이든, 본질적으로 수공업적 작업이라는 말의 속뜻도 기술주의·과학주의의 대세에 비추어 더 깊이 천착해봐야 한다. 실제로 튜링(Allan Turing, 1912~1954)이 초석을 놓으면서 본격적으로 발전한 AI를 완전히 외면하고서는 살 수 없는 세상이 이미 되어버렸다. AI가 온갖 분야에서 실시간으로 내놓은 '모범답안'이 그럴듯하게 보이면 보일수록 AI를 가능케 하는 그 모든 기본 전제가 우리로 하여금 어떤 근원적인 사유의 길에 들어서게 만든다는—아니, 그렇게 들어서지 않으면 기술문명 자체도 지속될 수 없으리라는—점에도 반드시 주목해야만 한다. 그 전제라는 것의 시작과 끝은 '생각'이라는 골치 아픈 문제를 괄호 안에 철저하게 묶어놓고 0과 1의 세계로 환원하는 데 있기 때문이다.

AI가 어떤 기반 위에서 발전해왔는가도 기술사적 관점에서 더 연구해볼 쟁점으로 남아 있지만 '생각을 괄호 안에 묶어놓기'는 문학비평과도 직결되는 문제다. 이에 관한 한 튜링을 한 단락 정도 거론하지 않을 수 없다. 튜링은 생각을 정의한다는 것이 불가능하다고 '생각'했다. 그것이 뭔지는 존재하는 사람들마다 다 '생각'이 다를 것이기 때문에 수학의 공리(公理)처럼 정리할 수 없다고 판단한 것이다. 이 판단은 사람들의 일반 상식에도 부합하지만 다른 한편으로 더 근원적인 것을 향한 물음이나 공부의 화두로 삼아볼 만하다. 나는 튜링이 그런 생각을 한 것 자체가 철학자로서의 그의 탁월한 면모라고 본다. 그런데 공학자이자 과학자로서 그가 내놓은 발상까지 감안한다면 그 탁월함을 단지 인정하는 선에서 논의가 끝나지 않는다. 생각의 정의와 관련된 난제에 관해 그는 하나의 가정(假定)을 제시했다. 기계가 사람과 대화라는 것이 가능하고 대화하는 사람이 그것이 기계인지 모를 정도라면 기계도 생각이라는 것을 한다고 가정하자고 제안한 것이다.

그러면서도 과학자로서 그것이 가정이라는 점을 진지하게 받아들이지 않았다. 가정을 사실로 굳히는 묘수도 거기서 나온다. 말하자면 튜링은 실체도 없고 한시도 멈추지 않는 '생각'을 물건처럼 납작하게 만들어서 '생각은 무엇인가?'라는 난제를 '돌파'한 것이다. 이 점은 과학자이자 컴퓨터를 개척한 공학자로서의 그의 뛰어난 착상이요 면모라 하지 않을 수 없다. 그가 '생각하는 기계'를 고안할 수 있었던 것도 바로 그런 착상 덕분이다. 문제는 철학자로서의 튜링과 공학자로서의 튜링의 극단적인 분열이다. 그의 공학적 성취도 그와 같은 분열에 기초하여 가능했다면 그가 이룬 업적도 기술공학적 돌파와는 전혀 다른 차원에서 평가해야 할 '문제'가 된다. 더 나아가 근대 과학기술의 업적 자체가 튜링의 분열이 보여주는 것과 유사한 토대 위에서 이뤄졌다는 점도 더 발본적으로 검토할 필요가 생긴다. 그와 같은 검토가 전제되지 않는다면 인문학 대 과학으로 분리된 '두 문화'의 통합이나 융합도 사실상 허사가 될 것이기 때문이다.

물론 현대 학계에서도 융합이라는 말이 유행이 되다시피 했다. '생각'에 대해서도 과연 이것이 인간의 전유물일 수 있는가를 두고 동물권 담론을 비롯해 그야말로 백가쟁명의 논쟁이 진행 중이다. 그런데 어떤 면에서 그런 논쟁이 벌어지고 있다는 사실 자체가 생각이라는 문제도 뇌과학이나 신경과학을 비롯한 여타의 자연과학적 접근으로는 해명할 길이 없다는 진실을 말해준다. '생각'도 궁극적으로, 이를테면, 영육(靈肉)이 쌍전(雙全)하는 데서 발현하는 인간도(人間道) 고유의 차원에 속한다면 튜링의 '생각하는 기계'도 천재적인 영감이요 발상일지언정 기술공학주의의 전형적 일탈인 동시에 망상적 관념에 지나지 않는다는 말이다. 생각이라는 것이 무엇인가를 더 이상 고민하거나 생각하지 않기―컴퓨터와 인공지능의 본질적 출발점은 바로 거기에 존재한다. AI의 모든 위험은 '생각을 생각하지 않기'에서 나온다고 말할 수도 있다.

물론 AI의 위험성에 대해서는 수많은 과학자들이 경고한 바 있고, 'AI 윤리학'이라는 새로운 담론 분야도 생겨난 상황이다. 그러나 그 위험이 인류에게 진정으로 어떤 차원의 위협이고 도전인가를 사유하는 자리에서 철학과 문학을 제외할 수는 없고, 문학의 경우는 인간의 구체적인 삶과 연관하여 예지적으로 숙고를 거듭해왔다고 해도 지나친 말이 아니다. 여기서는 종장에서 인용한 『늦여름』의 한 대목을 일종의 맛보기로 소개해도 좋을 것 같다.

"이성의 발전과 교육으로 이런 지식을(자연과학적 지식) 맨 먼저 획득한 국가는 부와 권력을 얻어 번영의 길로 나아가겠지만, 그러지 못하는 다른 국가는 도전에 직면하게 될 것이네. 그런데 이런 상황에서 정신의 모든 본질은 어떤 식으로 변모할 거라고 생각하나? 그러한 변모의 영향은 참으로 중요한 문제가 아닐 수 없네. 이런 방향으로의 투쟁은 계속 이어질 걸세. 아니, 벌써 시작되었네. 새로운 인간관계들이 대두했기 때문이네. 내가 앞서 말한 우레와 같은 진군 소리는 더욱 강해질 것이네. 그것이 얼마나 지속될지, 어떤 해악이 나타날지는 나로서도 말할 수 없네. 하지만 언젠가는 어떤 각성이 뒤따를 테고, 물질의 우세는 정신 앞에서 단순한 힘으로 전락하고 말 걸세. 결국 승리하는 것은 정신이고, 정신이 물질을 부리게 될 거라는 뜻이네. 그리고 정신이 인간에게 새로운 이득을 안겨줌으로써 일찍이 역사에 존재하지 않았던 위대한 시대가 도래할 걸세. 나는 수천 년 동안 그렇게 단계별로 발전해왔다고 믿네. 그것이 어디까지 전개될지, 어떤 모습을 띨지, 어떻게 끝날지는 인간의 머리로는 밝혀낼 수 없네. 다만 내게는 다른 시대와 다른 삶의 양식이 찾아올 거라는 점은 확실해 보이네. 인간의 정신과 육체에 내재하는 최후의 토대가 아무리 완강하게 버티더라도 말이네."

『늦여름』의 주인공인 하인리히의 스승 격인 리자흐 남작의 발언이다. 살펴보면 실로 간단치 않은 문제들이 제기되고 있음을 실감할 수 있다. 종장에서 바로 이 대목을 읽으면서 나 스스로도 감당할 수 없는 물음들을 던진 바 있지만, 우리가 '정신이 물질을 부리는 시대'를 맞이할 준비가 과연 얼마나 되어 있는가를 되물어볼 계제가 아닐 수 없다.

공부가 부족한데도 튜링과 AI에 관한 이야기를 길게 늘어놓으면서 정신과 물질의 관계를 언급한 것은 다른 이유가 아니다. 현대 기술문명의 난맥상은 세계문학을 논하는 데서도 관건적 쟁점이기 때문이다. 튜링의 분열적 한계와 위의 인용 문장을 차분하게 되새겨보는 문제에 관한 한 이 책 2부의 두 번째 꼭지로서 남아공의 쿳시를 다룬 「'사고 실험'과 소설의 형식」도 얼마간 생각의 버팀목으로 삼아볼 만하다고 믿는다. 기계어(machine code)와는 근본적으로 다른 인간의 '자연어' 구사와 시적 창조성이 어떻게 세계를 새롭게 형성할 수 있는가에 대해서도 시사하는 바가 없지 않으리라 본다. 컴퓨터공학자에서 소설가로 '개종'한 쿳시의 장편소설 『엘리자베스 코스텔로』는 문학과 문학연구가 AI시대로 일컬어지는 오늘날의 과학기술적 시류에 창조적으로 저항하는 핵심 현장임을 증언하고 있다.

쿳시가 사고 실험으로서의 서사로 극화한 '저항'은 정신의 창조적 모험인 바, 19세기 초반 기계파괴주의자들(러다이트; Luddite)의 전근대 회귀의 충동과는 전혀 다르다. 그것은 근원적 물음으로 드러난다. 『엘리자베스 코스텔로』의 동명(同名) 여주인공이 각기 다른 상황에서 반복적으로 던진 혼란스럽고도 절박한 물음들은 화석화된 일체의 기성관념과 통념이 왜 반(反)생명적인가를 끝장까지 탐구하는 삶의 자세다. 그와 같은 탐구는 가령 시 읽기의 개안(開眼)과 공장 식 동물사육장의 폐지가 왜 다른 우주에서 일어나는 별개의 사건이 될 수 없는가를 사유하는 실천적 저항로서의 물음인 것이다.

8

선행 졸저들, 즉 『근대 극복의 이정표들』(2007)과 『한국문학의 최전선과 세계문학』(2013)에는 한국문학에 관한 평문이 적어도 절반 정도는 실려 있다. 이번에는 두어 편의 글에서 거의 지나가는 말로 몇 줄, 몇 단락 적은 것 외에는 제대로 논한 것이 없다. 이제 백 년을 겨우 넘긴 언문일치의 근대 한국문학이 '세계문학'의 수준에 미달해서가 아니다. 미달하기는커녕 작년에 노벨문학상을 수상한 한강과 어깨를 나란히 할 수 있는—어떤 면에서는 그보다 더 뛰어나고 풍요로운 작품세계를 구축했다고 말할 수도 있는—작가들을 우리는 과거에도 보유했다. 한강과 더불어 한국문학의 활력에 이바지하고 있는 현역 작가들도 당연히 기억해야 한다. 이 저작을 준비하는 동안 한국문학의 저력을 너무 소홀히 했다는 자책감이 들 수밖에 없는 대목이다. 인생은 시간의 총량이 정해져 있다는 사실로 핑계를 댈 수 없는 게으름이다. 앞으로는 우리문학에 좀 더 정성을 쏟고 싶다.

대학 비판을 입에 달고 사는 인간으로서 겸연쩍은 말도 덧붙인다. 2005년 가을에 전남대학교 사범대학에 부임하고 줄곧 선하고 너그러운 선후배 교수들의 배려와 보살핌 속에서 살았다. 앞서 황폐한 대학 운운했지만 적어도 학부와 일반대학원, 교육대학원의 학생들은 그렇지 않다. 여기서 더 깊이 생각해보면 내 학문 활동의 적지 않은 부분이 대학의 울타리 안에서 이뤄졌다는 것도 겸허하게 인정할 수밖에 없다. 그런 가운데 나의 교육과 연구가 크게 따로 놀지 않았던 것은 오로지 제자들 덕분이고, 이는 모든 대학에서 누릴 수 있는 선생의 복도 아니다. 이들이 없었다면 내가 학자로서 사람 구실을 얼마나 하면서 살 수 있었을까, 자문해본다.

동료 교수들과 학생들의 존재는 지금까지 내가 서슴없이 내뱉어온 대학 비판을 조금이라도 더 건설적이고 긍정적인 방향으로 돌려야 할 이유이기도 하다. 대학원에서 맺은 인연으로 교정지까지 세심하게 검토해준 박사과정의 김치원, 최희정, 중등교육의 현장에 있는 이태무진 제씨에게도 고마움을 전한다. 문학, 더 나아가 인문학을 천착하는 학자로서의 삶이 이번 생의 나 개인에게는 더할 나위 없지만 공부한답시고 도대체가 효도와 거리가 먼 삶을 살아온 것만은 마음에 사무친다. 머리말을 맺는 순간에도 서울에서 노모를 극진히 모시고 있는 동생 내외가 떠오른다.

쓰다 보니 꽤나 장황한 머리말이 되고 말았다. 어려운 출판환경 속에서도 출간 제의에 선뜻 응하고 정성스럽게 졸문을 매만져준 강출판사와 정홍수 선생께 깊은 감사를 드린다. 끝으로 너무나 어른스럽게 성장해준 속 깊은 막내 태경과 참척의 아픔을 가슴에 묻고 한결같은 마음으로 가정을 보살핀 아내 유인남이 아니었다면 이 책이 빛을 볼 수는 없었을 것이다.

2025년 2월, 봄을 기다리며<br>
전남대학교 연구실에서<br>
유희석 삼가 씀

## 서장

# 허먼 멜빌과 '세계문학'의 꿈

## 1. 머리말

영문학 전공자로서 '현장비평'이라는 것—생존 현역 한국 작가들의 출간작에 관한 비평—을 드문드문 하면서 더 실감했지만 서양의 탁월한 문학일수록 한국문학을 가꾸는 데 쓸모가 적지 않다. 걸출한 작가들이 남긴 비평문도 마찬가지다. 19세기 미국문학만 해도 당장 포(E. A. Poe, 1809~1849)의 「창작의 철학(The Philosophy of Composition)」(1846)이나 호손(N. Hawthorne, 1804~1864)이 『주홍글자』의 서문으로 붙인 「세관(The Custom House)」(1850), 제임스(Henry James, 1843~1916)의 「소설의 기예(The Art of Fiction」(1884) 등을 떠올릴 수 있다. 그런데 그중에서도 멜빌(Herman Melville, 1819~1891)의 「호손과 그의 이끼들(Hawthorne and His Mosses)」(1850)은 좀 색다르다(이하 「이끼들」로 표기). 무엇보다 포나 호손, 제임스의—두고두고 새겨둘 만한 통찰을 담은—평문들과 달리 오늘날에도 생각해볼 '거대 담론'의 쟁점들이 들어 있다는 점에서 특히 그렇다.[1]

책의 서장에 해당하는 이 글의 주안점은 한 나라의 문학이 지향할 만한 세계적 지평을 멜빌이 자신의 시대 현실에서 직감하고 피력한 문장들이다. 그러한 지평에는 문학의 창조성과 독창성, 문학 시장과 독자의 관계, 비평가의 역할 같은 쟁점들도 두루 포함된다. 그중 괴테·맑스적 기획으로 부름직한 세계문학과[2] 유사한 발상을 미국 작가로서의 멜빌이 비평 차원에서 구체화한 대목은 우리도 각별하게 주목해볼 만하다.

앞으로 살펴보겠지만 멜빌이 미국의 미국다운 문학을 역설하는 장면들은 '세계문학'을 주창한 괴테의 생각과 본질적으로 동일하다. 그가 호손의 탁월한 작품을 통해 예감한 미국문학의 세계적 지평은 일국 단위의 민족·국민문학을 넘어서 문학 지식인들의 국제적 교류와 연대, 매체의 공유를 주장한 괴테도 공유했으리라는 것이다. 그런데 자본주의 문학시장의 목하 대세는 괴

---

[1] 이 글이 처음 발표된 지면은 영미문학연구회(www.sesk.net)에서 발행하는 『영미문학연구』 37호(2019년 하반기)였다. 이후 대폭 개고하여 계간 『문학들』 2020년 여름호에 「「호손과 그의 이끼들」과 2020년 한국문학의 평단」이라는 제목으로 실었다. 『문학들』에 기고한 것은 멜빌의 작은 문건 하나가 한국문학 평단의 문제점을 반성적으로 되돌아보고 오늘날 세계문학의 지평을 모색하는 데도 긴요한 생각거리를 던지고 있다고 판단했기 때문이다. 『문학들』에 기고하면서 다음과 같은 각주를 덧붙였는데, 독자의 이해를 돕기 위해 그대로 인용해둔다.
"이 글은 『영미문학연구』(37호)에 실린 논문 「「호손과 그의 이끼들」에 관하여: 멜빌과 '터의 정신'」을 전면 개고한 결과물이다. 알다시피 어떤 장르의 글이든 형식과 내용은 독자가 누구냐에 따라 가변적이다. 영문학 전공자들이 주로 읽는 논문의 경우 문헌상의 세밀한 논증 작업은 물론 때로는 불필요하다 싶은 각주도 요구된다. 심사를 통과하기 위해서는 일정한 형식적 요건을 충족시켜야 하는 것이 엄연한 현실이기 때문이다. 그런 현실에 적응하기 위한 방편만은 아니었지만 아무튼 멜빌의 평문을 둘러싼 세세한 논쟁을 정리한 졸문의 2절('미국주의 대 '세계주의'를 넘어서)은 이 개고문에서는 모두 뺐고 원문도 따로 제시하지 않았다. 영문학 논문에서도 '일반 독자'가 배제되어서는 안 된다고 믿지만 한국문학에 관심이 있는 독자층을 겨냥할 경우 글쓰기에도 전략과 세심한 배려가 특히 필요하다고 본다. 발표된 지 150년을 훌쩍 넘긴 평문이 현재 우리 독자들과 한국 평단에 어떤 현재적 의의가 있는가를 천착하는 문제의식이라면 더 말할 나위 없을 것이다. 논문에서는 제시한 원문을 생략하면서 졸역도 다시 손봤음을 밝혀둔다."
이 저서를 위해 새로 수정 작업을 하면서 『문학들』에 싣지 않은 2절은 재차 손봐서 살렸고 앞머리에 붙은 한국 평단의 현황에 대한 단상들도 결론으로 보내서 두 개의 단상으로 다시 정리했다.
[2] 괴테·맑스적 기획으로서의 세계문학에 관한 논의는, 『세계문학론』, 김영희·유희석 엮음(창비, 2010)에 실린 백낙청, 유희석 등의 논문 참조. 그 외 졸고, 「'세계문학'의 개념들: 한반도적 시각의 확보를 위하여」, 『한국문학의 최전선과 세계문학』(창비, 2013), 386~388면 참조.

테가 기대한 전지구적 지평과 새로운 보편의 가능성이 열리는 만큼이나—아니, 그 이상으로—민족과 문화, 언어들의 종요로운 경계와 풍요로운 차이가 더욱 빠르게 지워지고 상품화되는 쪽으로 기울었다고 해도 과언이 아니다. 게다가 그러한 대세에 대한 저항과 순응의 양면성을 갖는 '문화연구'가 득세한 실정이다. 문학이 언어예술로서 미래에도 과연 인간 사유의 창조적 거점으로 남을 수 있을까를 근원적으로 묻게 되는 지금, 거점의 쇠퇴가 가시화되고 있다는 느낌마저 든다.

이런 때 끊임없이 '신개념'을 수출함으로써 사상의 역조(逆調)를 조장하고 지식인을 대중으로부터 고립시키는 데 일조하는 서구 학계의 '이론산업'을 우리의 비평은 얼마나 줏대를 세워 감당하고 있는 것일까? 물론 중요한 것은 이런 물음을 받아 자국 문학이 산출한 그때그때의 성취를 동시대 '세계문학'의 맥락에 놓고 평가할 수 있는 안목을 함양하는 일이다. 「이끼들」이 바로 그러한 함양을 촉진하는 비평이기에 21세기의 문학 현장에 던지는 함의도 간단치 않다. 자세히 소개할 계제는 아니지만 근년 미국 학계는 19세기 미국문학의 주요 성취를 까마득한 과거 취급하면서 문학에서의 국가와 민족이 갖는 의미를 해체하는 작업에 골몰하고 있는 것 같다.[3]

사정이 그러하니 미국문학 그 자체로 위업이라면 그것이 세계문학이라는 인식은 의외로 찾아보기 힘들다. 이는 경계 넘기 및 지우기와 이른바 글로벌 문학이라는 관념이 지구화 시대의 금과옥조처럼 되어버린 상황과 무관치 않다. 연구와 비평에서도 미국문학의 '초국적 특성'을 골라내는 일에 몰두하는 경향이 대세로 굳어졌고 다양성과 혼종성이라는 것이 문학 연구의 바람직한 이정표처럼 세워진 것이다.[4] 따라서 세계화의 시대가 본질적으로 반(反)문

---

3 이에 관한 논의는 주로 *American Literature as World Literature*, ed. Jeffrey R. Di Leo(New York: Bloomsbury Publishing Inc., 2018) 참조.
4 그러나 가령 아널드(Matthew Arnold, 1822~1888)의 비판적 수용 정도가 아니라 그의 문학 유산에 계급과 성의 현실을 호도하는 탈역사, 이상주의, 관념적 미학화의 '딱지'를 붙이고 폐기하는 초국적 문학 연

학적이라는 주장은 도처에서 제기되었지만 우리가 정작 겸허하게 받아들여야 할 상식은, 한 나라의 문학과 문화가 높은 수준에 도달하는 데 대학의 박학다식한 교수나 비평가들보다 '양식 있는 보통 독자'가 더 결정적인 역할을 한다는 점이다.

작가이자 생활인으로서의 멜빌의 궤적을 살펴보면 그런 사실을 역설적으로 확인할 수 있다. 가령 영국과 미국의—앵글로-아메리칸 문화라고 불리던—문화적 교섭이 활발했던 19세기 미국문학에서 불후의 고전으로 손꼽히는 『모비 딕(Moby-Dick)』(1851)만 해도 흥행에 실패했고 이어진 『피에르(Pierre)』(1852)와 『사기꾼(The Confidence-Man)』(1857) 같은 문제작도 평자나 비평가들은 그 진가를 제대로 알아보지 못했다. 그런 현실 속에서 글-노동자로서 멜빌은 자신이 마주한 미국의 궁핍한 문학 현실에 대한 처절한 자기성찰을 거듭했을 뿐이다.[5]

## 2. 「이끼들」의 출간 과정

「이끼들」은 멜빌이 바로 그런 성찰의 도정에서 만난 당대 미국의 또 다른 탁월한 소설가 너새니얼 호손을 통해 그 자신이 꿈꾼 미국문학의 비전을 예

---

구라면 거기서 많은 것을 기대할 수는 없을 듯하다. 가령 Paul Jay, *Global Matters: The Transnational Turn in Literary Studies*(Ithaca: Cornell University Press, 2010), 17~18, 25면 등 참조.

5 그런 맥락에서 그가 호손에게 보낸 (1851년 6월로 추정되는) 편지의 다음과 같은 대목은 인용해봄 직하다. "달러가 나를 저주하네. 그 사악한 악마가 살짝 열린 문을 붙잡고 언제나 나를 보며 웃고 있네 (Dollars damn me; and the malicious Devil is forever grinning in upon me, holding the door ajar)." 이 문장에서도 중요한 것은 작가의 가난 자체는 아닐 것이다. 오늘날의 독자에게 중요한 것은 그런 가난이 불러오는 정신적 빈곤에 대항하는 혼신의 싸움을 멜빌이 작품으로 구현했다는 사실 자체다. 이에 관한 실증적인 연구로는 Christine A. Briggs, "Dollars Damn Me": *Work and Money in the Fiction of Herman Melville*(Detroit: University of Detroit, 1985) 참조.

시한 문건이다. 호손의 단편집 『낡은 목사관의 이끼들(Mosses from an Old Manse)』(1846)에 관한 단출한 서평 형식의 글이다. 1850년 8월 5일에 멜빌은 선배 작가인 호손을 매사추세츠 스톡브릿지(Stockbridge)에서 처음으로 만나 안면을 트면서 문화계의 여러 주요 인사들과 함께 인근 모뉴먼트 산으로— '버크셔 소풍'으로 일컬어지는—나들이를 했는데, 평문은 그 직후에 집필했다. 이 원고는 1850년 8월 17일과 24일자 『문학의 세계(The Literary World)』(1847~1853)에 익명으로 게재된다. 『문학의 세계』는 당시 영국 문학과 문화의 영향력을 견제한 '영 아메리카(Young America)'의 이념을 설파한 유력 문예지였다.

이렇게 소개하면 「이끼들」과 이 평문이 공간(公刊)되는 과정이 투명한 것 같지만 실상은 전혀 그렇지 않다. 「이끼들」은 4개의 각기 다른 판본이 존재한다. ①멜빌의 아내 엘리자베스(Elizabeth Shaw Melville)가 초고본(foul copy)을 옮겨 쓴 정서본(fair copy), ②정서본을 다시 손댄 멜빌 자신의 개고본, ③『문학의 세계』의 편집인인 다이킨크(E. A. Duyckinck, 1816~1878)에 의해 활자화된 『문학의 세계』본, ④멜빌 학자들이 만든 편집본 등이다. 초고본은 남아 있지 않다. 이런 버전들을 둘러싸고 그간 양립하기 힘든 숱한 추론과 주장이 제기되었다. 특히 '정본'으로 통용된 1981년 편집본이[6] 논란의 중심에 있다.

---

[6] 노스웨스턴 대학·뉴베리 도서관 간행 멜빌 전집 제9권에 수록된 「이끼들」이 그것인데, 그간 출간된 거의 모든 선집에 이 편집본이 실렸다. Herman Melville, *The Piazza Tales and Other Prose Pieces, 1839~1860*, eds. Harrison Hayford, Hershel Parker, and Thomas Tanselle(Chicago: Northwestern UP and The Newberry Library, 1981). 이 편집본은 NN(The Northwestern-Newberry edition)으로 약칭되며, 이 글에서도 관행을 따랐다. 필자는 NN본을 정서본 및 『문학의 세계』본과 비교해서 검토했다. 필자가 중요시한 것은 『문학의 세계』본이며 LW로 표기한다. 이 활자본은 러바인(Levine) 교수가 책임편집을 맡은 *The Norton Anthology of American Literature, 9th Edition, Volume B: 1820~1865*(New York: Norton, 2018)에 그대로 실렸다. 이 글의 인용은 러바인 교수의 노튼 편집본에 근거하며 괄호 안에 면수만 표기한다.

텍스트의 판본 정리 및 정본 확립과 연관된 문제는 19세기 미국문학 연구에서도 자주 논란이 된다. 정본과 관련된 다양한 학술 방침 내지는 지침이 존재하는 것 자체가 논란의 반증인 면이 있는 것이다.[7] 딱히 「이끼들」에만 국한되는 현상은 아니겠지만 정본을 수립하는 것도 쉽지 않은데다가, 소실된 것으로 추정되는 작가 자신의 초고 수정이나 개고에 관해 학자들의 추측과 추론들도 난마처럼 얽힌 실정이다. 먼저 잔가지들을 쳐내면서 관건적인 쟁점들을 추려낼 필요가 있다. 그중 하나가 「이끼들」의 정본 문제다. 이것만 해도 문학에서 국가주의(literary nationalism)를 표방한 영 아메리카 운동의 성격과 저작권 문제를 포함한 출판 환경이 끼어든다. 이와 연동되는 19세기 초중반 뉴욕시 중심의 문단 상황과 영국문학에 대한 문인들의 태도도 멜빌과 연관해서 중요한 연구 주제임이 분명하다.

그런데 (뒤에서 좀 더 살펴보겠지만) 「이끼들」의 발표 배경에는 당대 문단에서 불거진 반영(反英)과 친영(親英)이라는 문화정치적 패권 싸움이 숨어 있다. 「이끼들」의 집필을 둘러싼 현재 미국 문학계의 논쟁도 그런 패권 쟁투를 의식한 면이 적지 않다. 그중 대표적인 논점을 정리하면 다음과 같다. ①멜빌의 문학관과 당대의 주류 문학운동인 '영아메리카'의 긴장 관계, ②그의 문학관이 창조적으로 발현된 『모비 딕』과 같은 작품이 오랜 망각의 늪에 빠진 이유, ③남북전쟁 전후 두드러지는 멜빌의 작가적 변모 등이다. 이중 이 글의 논제와 직결되는 ①과 더불어 「이끼들」이 활자화되는 맥락에만 집중해보자.

이것만 해도 꽤나 장황한 추측과 추론이 이미 제시된 상황이다. 세부적으로 들어가면, 멜빌이 호손과 처음으로 만나고 이어서 여러 인사들과 함께 '버크셔 소풍'에 참여한 행적과 이후 「이끼들」을 집필하기까지의 과정이 특히 논란거리다. 학자들이 나름의 추론에 입각해 재구성한 소풍의 진상이나

---

[7] 이에 관한 전반적인 논의는 John Bryant, *The Fluid Text: A Theory of Revision and Editing for Book and Screen* (Michigan: University of Michigan Press, 2002) 참조.

멜빌과 호손의 (멜빌의 동성애로 추측되는) 관계도 물론 간단치 않다. 하지만 그 점도 접어두기로 한다. 편집자(들)의 '권고'에 따른 멜빌의 수정 사항, 당대 작가의 독립적 위상, 문학지들 간의 복잡한 정치문화적 알력 등만 해도 한두 마디로 정리할 수 없는 사안이기 때문이다.[8] 우선 해야 할 작업은 '버크셔 소풍'을 둘러싼 모든 '나무'를 일일이 헤아리기보다는 그것들이 모여 만들어진 '숲'의 성질을 파악하는 것이다.

조감해보면 숲의 영토는 두 부분으로 뚜렷이 양분된다. 미국주의·국수주의자 멜빌 대 세계주의·보편주의자 멜빌의 대립이 그것이다. 그간에 펼쳐진 논쟁의 대부분은 바로 이런 대립 구도의 다양한 변주라고 해도 과언이 아니다. 시기적으로 변별하면 대략 1940년대부터 1980년대까지는 '미국주의자 멜빌'이 별다른 문제 없이 받아들여진 듯하다. 이는 '미국의 평화(Pax Americana)'가 지배한 시대적 분위기와 무관치 않을 것이다. 매티슨(F. O. Matthiessen, 1902~1950)이 남성 작가 5인을—에머슨(W. R. Emerson), 소로(H. D. Thoreau), 호손, 멜빌, 휘트먼(W. Whitman)—묶어 '미국문학의 르네상스'라는 이정표를 세운 시기가 바로 그때였고 이후 알다시피 그 이정표는 19세기 미국문학 연구와 비평의 초석이 되었다.[9]

---

8  1990년대부터 학술지에 실린 논문들만 뽑으면 다음과 같다. P. Marc Bousquet, "Mathews's Mosses? Fair Papers and Foul: A Note on the Northwestern Edition of Melville's 'Hawthorne and His Mosses,'" *The New England Quarterly* 67:4(1994), 622~647면; Ellen Weinauer, "Plagiarism and the Proprietary Self: Policing the Boundaries of Authorship in Herman Melville's 'Hawthorne and His Mosses,'" *American Literature* 69:4(1997), 697~717면; Jonathan A. Cook, "Melville's Mosses Review and the Proclamation of Hawthorne as America's Literary Messiah," *Leviathan* 10:3(2008), 62~70면; Ida Rothschild, "Reframing Melville's 'Manifesto': 'Hawthorne and His Mosses' and the Culture of Reprinting," *The Cambridge Quarterly* 41:3(2012), 318~344면; Robert S. Levine, "Why We Should Be Teaching and Writing about The Literary World's 1850 'Hawthorne and His Mosses,'" *The Journal of Nineteenth-Century Americanists* 5:1(2017), 179~189면; Elizabeth Fenton, Valerie Rohy, "Absent-Minded Historicism," *The Journal of Nineteenth-Century Americanists* 7:1(2019), 83~102면.
9  나름대로 영국문학의 창조적 성취를 의식하면서 '미국문학의 위대한 전통'을 궁구한 매티슨을 '미국주의자'로 규정하기 어렵다는 점은 사족으로 덧붙인다.

그렇다면 1990년대 들어서야 '미국주의자 멜빌'의 상(像)이 본격적으로 흔들리기 시작한 것도 이유가 있는 셈이다. 미국 주도의 동서 냉전이 해체되고 '미국의 평화'도 덩달아 흔들리는 시점에 '세계주의자 멜빌'의 상이 '미국주의자 멜빌'의 상을 밀어낸다. 특히 부스케→로스차일드→러바인으로 이어지는 논자들이 밀어내기를 가장 맹렬하게 시도했다. 1990년대에서 2010년대에 걸쳐 있는 이들의 논의를 올림차순으로 정리해보자.

부스케는 "문학-탐정적 관점"(a literary-detective point of view, 643면)을 동원하여 수집한 사료상의 증거로 '진상'을 추론하는 데 주력했다. 그가 끌어낸 결론은 세 가지다. ①NN본의 편집자들의 정본 작업은 거의 전적으로 하워드-밀러 추론(the Howard-Miller speculation)에 근거했다.[10] ②집필 중인 멜빌에게 직접적인 영향력을 행사하고 결과적으로 수정까지 유도한 이는 (하워드·밀러가 당연한 것처럼 지목한) 다이킨크가 아니라 미국적 국민문학(American National Literature)의 깃발을 전투적으로 내건 매슈즈(Cornelius Mathews, 1817~1889)였다. ③「이끼들」의 표면에서 감지되는 미국중심주의·애국주의 논조는 멜빌의 내면화한 신념이 아니라 그 자신이 익명을 방패 삼아 '맨해튼 문학 전쟁'에서 살아남기 위한 서사 계략이었다. 개인의 내면 차원에서는 호손에 대한 그 자신의 동성애적 욕망을 은폐하기 위한 방편이기도 했다.

부스케의 이 같은 추론적 입론에서 역점은 '정서본'을 지배해온 것으로 간주된 멜빌의 영국 혐오, 맹목적 애국주의, 팽창주의적 대국주의가 외부의 영향으로 주입 내지 조작된 것임을 드러내는 데 찍힌다. 그는 한편으로 매슈즈의 열렬한 미국주의에 감화를 받고 다른 한편으로는 호손과 그의 작품이 뿜

---

10 이는 두 권의 저작에서 개진된 논지를 모아서 명명한 표현이다. Leon Howard, *Herman Melville*(Berkeley: University of California Press, 1967); Perry Miller, *The Raven and the Whale: The War of Words and Wits in the Era of Poe and Melville*(New York: Harcourt, Brace & World, 1956).

어내는 강렬한 카리스마에 압도된 나머지 멜빌이 평문을 쓴 72시간 동안(만) "문학적 국가주의자"가 되었다고 결론을 내린다. 멜빌이 1850년 8월에 그 시간만큼만 국가주의자(미국주의자)가 되었을 뿐, 『모비 딕』의 작가인 멜빌은 결코 미국주의의 편협한 사상이나 신념의 소유자가 아니라는 것이다.

　로스차일드는 부스케가 결론 내린 바로 그 지점에서 거침없이 진도를 더 뺀다. 그는 멜빌이 평문의 저자로 걸어놓은 "한 버지니아인"이라는 익명·가면(persona)에 착목하여 도발에 가까운 주장을 이어간다. 「이끼들」을 멜빌 개인의 문학적 신념이 직접적으로 표출된 문건으로 받아들이고 해석해온 기존 연구자들은 사실상 「이끼들」을 완전히 거꾸로 읽은 것이나 다름없다는 주장이다. 「이끼들」을 '영 아메리카 선언문(Young America Manifesto)'으로 읽는 것은 친영과 반영 진영이 첨예하게 대립한 당대의 담론 지형에서 익명성을 교묘하게 활용하여 자신의 문학 신념을 관철시킨 멜빌의 글쓰기 전략을 오독하는 것이라는 취지다. 한마디로 멜빌이 허구화한 익명은 겉으로는 옹호하는 척하는—문학적 민족주의·국가주의와 미국 예외주의·팽창주의가 핵심이랄 수 있는—"영 아메리카의 민주주의적 의제"를 비판·전복하기 위한 장치라는 논지다. 이런 논지에서 논리적으로 부각될 수밖에 없는 작가의 상(像)이 '세계주의자 멜빌'임은 더 말할 나위 없다.

　당대의 다양한 문학 잡지들을 실증적으로 검토하는 로스차일드는 이 같은 주장의 핵심 근거로 '해적 출판문화(culture of reprinting)'를 들고 있다. 특히 작가의 위상과 저작권 부재의 출판 현실이 일국(一國) 시각으로는 적절하게 포착할 수 없음을 역설한—디킨스(Charles Dickens), 포, 호손을 사례 연구로 제시한—맥길의 발상을[11] 적극적으로 원용하면서 멜빌이 「이끼들」에서 허구의 저자를 내세우는 배경과 동기를 상세하게 밝힌다. 동시에 출판 권력

---

11　Meredith McGill, *American Literature and the Culture of Reprinting, 1834~1853* (Philadelphia: University of Pennsylvania Press, 2003).

이라고 해도 무방한 편집자, 출판인에 둘러싸인 멜빌의 창작상의 자유가 제한되는 상황을 거론하면서 작품에 대한 작가들의 법적 권리를 심각하게 침해하는 당시 출판 문화의 실상을 적시한다. 멜빌이 편집자들과 어떤 갈등을 겪었는가를 실증적인 자료로 뒷받침하는 논의다. 편협한 국가주의와 미국주의 문학을 강요하는 편집자들의 방침에 어깃장을 놓고 운신의 폭을 넓히기 위해 멜빌이—해적 출판 문화에서는 관행이기도 했던—"한 버지니아인"이라는 허구적 작가를 창조했고, 그를 통해 자신의 문학관을 아이러니와 역설의 형식으로 표출한 문건이 「이끼들」이라는 것이다.[12]

마지막으로 논쟁의 무대에 오른 러바인은 두 학자의 해석을 총정리한다. 그는 NN본의 편집자들이 활자본(LW)의 문장을 어떤 방식으로 손대고 왜곡해서 '세계주의적 멜빌'을 '미국주의적 멜빌'로 둔갑시켰는지를 고발하는 것으로 포문을 열었다. 아래는 NN본의 원문과 번역문이다.

자, 나는 세일럼의 너새니얼이 애번의 윌리엄(윌리엄 셰익스피어를 가리킴—인용자)보다 더 위대하다거나 못지않게 위대하다고 말하려는 것이 아니다. 그러나 두 작가의 차이가 결코 측량 불가할 정도는 아니다. 크게 차이가 나지 않으며, 너새니얼이 실제로 윌리엄일(셰익스피어일—인용자) 수도 있다.

이것이 역시 뜻하는 바는, 만약 셰익스피어에 필적하는 작가가 (지금까지—인용자) 없었다면, 지금 태어났거나 앞으로 태어날 미국인이 그를 틀림없이 뛰어넘을 것이다.

---

12 부스케의 논지를 한층 선명하게 개진한 쉴드의 최종적인 논점은 허구의 저널리스트인 '버지니아인'을 내세워 멜빌이 국가주의적 문학을 주창한 뉴욕 서클(New Democrats)의 근시안적 문학관을 해체했다는 데로 모아진다. "우리가 버지니아인의 국가주의적 감정에 대한 멜빌의 비판을 인식한다면, 「이끼들」은 국제 문학, 특히 영국문학과의 연속성을 인정하는 미국문학에 대한 요청임을 알 수 있다"는 것이다.(340면) 한마디로 부스케와 로스차일드는 논법의 차이에도 불구하고 '미국주의로부터 멜빌 구하기'를 비평으로 실천한 셈이다. 그렇다면 쟁점은 「이끼들」이 미국문학과 영국문학의 연속성이라는 문제를 어떻게 다루고 있는가로 좁혀진다.

이 문장을 LW본(1850년 8월 24일자)과 비교하면, 러바인 교수의 지적처럼, 간과하기 힘든 (자의적인 해석이 가미된) 수정이 발견된다. 첫 단락은 구두점까지 똑같다. 문제는 두번째 단락이다. 편집자들이 손댄 LW본의 표현은 이렇다. If Shakespeare has not been equalled, **give the world time**, and he is sure to be surpassed, **in one hemisphere or the other**.(강조는 인용자)

러바인의 논의를 잇는 논자가 꼬집었듯이 "이건 매우 다른 종류의 진술이고, 전혀 상이한 멜빌을 불러낼 수 있는 문장이다."[13] NN본과 LW본의 이 대목만 대조해도 NN본 편자들이 '전지구적' 멜빌 대신 '미국적 멜빌'을 선호한 것은 확실하다. NN본 편자들이 "in one hemisphere or the other"를 미국으로 한정시켰을 뿐만 아니라, "give the world time"이라는—결국 시간문제일 뿐이라는—단서까지 삭제함으로써 열혈의 멜빌 뒤에 가려진 신중한 멜빌도 의도적으로 희석시킨 셈이다. 러바인 교수는 NN본 편집자들이 100여 군데도 넘게 LW본에 가필했다고 하면서 그들이 기정사실화한 편집인 다이킨크의 '개입'은 추론일 뿐 증거가 전혀 없다고 잘라 말한다. 이 점은 부스케를 비롯한 선행 연구에서도 조목조목 지적된 바 있다. 이를 되짚어볼 것까지는 없을 것 같다. 그보다는 미국주의·국수주의자 멜빌 대 세계주의·보편주의자 멜빌의 구도에 대한 러바인의 총정리가 어떤 비평적 함의를 갖는지는 더 살펴볼 필요가 있다.

러바인은 텍스트의 '정본'과 관련해서도 확고한 입장을 내세우면서 NN본 텍스트 편집의 문제점들을 간명하게 요약했다. 그로써 '세계주의자 멜빌'이 확고해진다. '미국적 국민문학'을 천명하는 멜빌의 선언문으로 해석해온—1980년대까지 이런저런 방식으로 지속된—기존 비평의 관성을 (선행 논문

---

13 Elizabeth Fenton, Valerie Rohy, "Absentminded Historicism," 88면.

들보다 더욱 선명하게) 실증적으로 비판하고 앞선 논자들의 논지를 종합하면서 세계문학으로서의 미국문학을 표상하는 거장으로서의 멜빌을 구축한 것이다. 따라서 그의 서지학적 결론은 간단명료하다. 지난 30년간 대다수 선집에 들어간 NN본이 아니라 1850년의 출간본인 LW본을 연구의 표준으로 삼아야 한다는 것이다. 물론 그러면서도 LW본 「이끼들」의 궁극적인 기준은 아니라고 토를 달기는 달았다.[14]

아무튼 NN본의 문제점을 짚은 러바인의 지적과 해석은 상당히 설득력이 있다. 하지만 러바인 교수가 확실하게 가르고 나름대로 해체한 미국주의 대 세계주의의 구도는 어떤 면에서 더 첨예해졌다. 예컨대 그는 로스차일드의 논문에 대해 "주장을 너무 좀 세게" 밀어붙였다는 논평을 달았다.(185면)[15] 하지만 미국주의자·국가주의자 멜빌이라는 상을 불식시킨 그의 논지에 대해서만은 전폭적인 지지를 보냈다. 그렇다면 편집자로서의 권위가 무엇이든, NN본이든 LW본이든 『이끼들』에 대한 러바인의 독법은 어떤 면에서는 이미 정해진 것이나 다름없는 것으로 읽힌다. 그런 짐작을 가능케 하는 그의 문장은 이렇다.

하지만 「이끼들」 발표 이전과 직후에도 멜빌은 『말디(*Mardi*)』(1849)와 『피에

---

14 러바인 교수는 브라이언트의 연구를 거론하면서 「이끼들」도 "유동적 텍스트"로 봐야 한다는 (잠정적인) 결론을 제시한다. 브라이언트는 텍스트의 유동성은 "글로 된 모든 텍스트의 상황뿐만 아니라 글쓰기 자체의 현상에 내재"한 것으로 규정한 바 있다. John Bryant, *The Fluid Text*, 1면. 그의 저작은 정본 작업뿐만 아니라 텍스트 비평 일반에서도 참고할 만한 논의를 담고 있다. 다만, 러바인에 관한 한, LW본을 정본으로 내세운 논자치고는 상대주의의 혐의를 짙게 남긴다는 인상도 남는다. 여러 버전들이 동시에 존재하면서 서로에게 홀더드는 '유동적 텍스트'라 하더라도 그것들을 종합적으로 읽어내고 판단하는 비평은 여전히 필요하다. 그런 비평을 텍스트의 다원성으로 얼버무릴 일이 아니라는 것이다.
15 사실 익명의 효과를 부풀려 온갖 '이론'을 만들어낸 로스차일드는 사실 자신의 주장을 "너무 좀 세게" 밀어붙인 정도가 아니다. 이 논제에 관한 한 멜빌이 "천재적인 청교도-양키 작가에 반응하는 열정적인 남부 기사(Cavalier)" 독자를 상정함으로써 호손 문학의 보편적 호소력을 암시했다는 지적이 더 온당한 판단이라고 본다. Jonathan A. Cook, "Melville's Mosses Review and the Proclamation of Hawthorne as America's Literary Messiah," 69면.

르』같은 작품에서 미국의 문학적 국가주의를 강하게 풍자할 수 있었다. 가령『말디』에서 그는 말디의 위대한 작가 롬바르도를 알아볼 능력이 없는 "전문 비평가들"을 조롱한다. 저자에 대한 저열하고 형편없는 관념으로 인해 그들은 "모든 말디 군도(群島)를 일종의 백과사전으로 참조하는" 일이 중요하다며 매달리기 때문이다. "문학에서의 영 아메리카(운동—인용자)"에 관한『피에르』의 몇몇 풍자적 챕터에서 멜빌은 국가주의 비평가들의 편협성을 극렬하게 비판한다. 게다가『타이피(Typee)』(1846)에서 출발한 창작활동 전체에 걸쳐 멜빌은 대양 횡단적, 전지구적 작품을 써냈다. 단순히 배경만 그런 것이 아니다. 그는 거듭해서 자신의 작품을 수많은 문학적 인유들을 통해 세계문학과 연관하여 자리매긴바,『모비 딕』과『피에르』가 바로 그 경우다.[16]

멜빌 문학에 대한 러바인 교수의 이러한 평가 자체에는 크게 이견을 달기 어렵다. 작품을 읽은 나 자신의 실감에도 부합한다. 그럼에도 그가 LW본이든 NN 본이든「이끼들」을 읽으면서 미국주의자 멜빌 대 세계주의자 멜빌의 대립을 '지양'하면서 멜빌 문학의 성취를 해명하고 있는가에 대해서만은 의문부호가 강하게 달린다. 진정으로 북미의 대지에 뿌리박고서 뻗어나가는 문학이라면 미국주의냐 세계주의냐 하는 논의 자체가 부질없고 그 경우 미국문학 대 세계문학이라는 구도도 관념적인 쟁점에 불과하다. 물론 미국문

---

16 Robert S. Levine, "Why We Should Be Teaching and Writing about *The Literary World*'s 1850 'Hawthorne and His Mosses,'" 183면. 원문은 다음과 같다. "And yet prior to and immediately after the publication of "Mosses," Melville could be highly satirical of American literary nationalism in such works as *Mardi*(1849) and *Pierre*. In *Mardi*, for example, he mocks Mardi's "professional critics" who are unable to appreciate the great Mardian writer Lombardo because their "base, beggarly notions of authorship" insist on the importance of "consulting all Mardi as an Encyclopedia." Melville conveys his fullest outrage at the provinciality of nationalist critics in the satirical chapters in *Pierre* on "Young America in Literature." Moreover, throughout his career, beginning with *Typee*(1846), Melville wrote transatlantic and global literature—and not just in terms of setting. Again and again he situates his own work, through his many literary allusions, in relation to world literature, which is especially the case in *Moby-Dick* and *Pierre*."

학 고유의 지평을 탐사한 멜빌의 열정이 "편협하지도 않고 분리주의"의 그것도 아님을[17] 리바인을 포함한 많은 논자들이 수긍한 것은 맞다. 하지만 '미국과 세계'를 동시에 사유함으로써 그 어느 쪽에도 이념적으로 귀속될 수 없는 작품을 남긴 멜빌의 면모는 아직껏 충분히 규명되었다고 보기 어렵다.

「이끼들」을 '영 아메리카'의 문학관을 직설적으로 반영하는 문건으로 읽고 『모비 딕』을 미국적 문학 이념의 구현으로 해석해온 기존—특히 20세기 초중반의 학계를 주름잡은 백인·중산층·이성애·남성—학자들의 편향은 다시 지적할 것이 없다. 다른 한편 그와는 정반대 방향에서, 즉 부스케→로스차일드→러바인으로 이어지면서 강화되는, 국적과 국가의 언어라는 지문(指紋)을 지우는 글로벌 시대의 흐름을 추종하는 연구자들의 모종의 편향에도 한두 마디 토를 달아야 할 듯하다. 현재 미국문학 연구에서 지배담론으로 부상한 것이 '초국적 전환(transnational turn)'론인바, 멜빌 자신의 비평문과 작품도 그런 전환론에 꿰맞추는 것이 연구의 유행이 되었기 때문이다. 멜빌은 국가주의(미국주의)든 세계주의(보편주의)든 기울어지는 순간마다 근원적인 사유로 나아간 작가다. 그러면서도 '적당한 균형'에도 끝내 자족하지 않았다. 서구 형이상학의 종언을 소설로 선언했달 수도 있는 『사기꾼』도 그 증거다. 하지만 이 장편을 포함해 그러한 사유로서의 소설이 얼마나 성공적인가는 개별 작품을 두고서 논해야 할 문제로 남아 있다.

지금까지 「이끼들」의 판본 및 서지와 이를 둘러싼 '해석 전쟁'을 시시콜콜 짚어봤다. 이는 이 작은 평문이 미국주의자 멜빌과 세계주의자 멜빌이라는 구도 자체를 창의적인 비평으로 해체하고 그 너머에 대한 문학적 도전을 나타낸다는 점을 논하기 위한 정지 작업이었다. 그렇다면 여기서 한 걸음 더 나아가, "지난 50년에 걸쳐 미국문학의 르네상스와 거의 동의어가 되어버린

---

17 인용 어구는 "Introduction" in *The Norton Anthology of American Literature*, 20면.

노예제나 국가주의의 거대 서사보다 '훨씬 복잡한 국경 초월의 매트릭스'에 멜빌의 문학이 연루되어 있다"는 주장의 허실도[18] 「이끼들」의 논지에 비춰 더 엄밀하게 점검해볼 계제다. 쟁점은 초국적 매트릭스의 실상은 무엇이며, 멜빌의 문학이 그것과 어떻게 연결되어 있는가다.

## 3. 호손의 문학과 멜빌의 '현장비평'

「이끼들」이 그런 쟁점에 해답을 주는 것은 물론 아니다. 하지만 실마리를 풀어갈 수 있는 중요한 통찰이 곳곳에 잠복해 있다. 「이끼들」은 세 개의 묵직한 논제로 구성된다. ①호손 문학의 독창적 성취, ②셰익스피어로 대변되는 영국문학의 유산과 당대 미국문학의 관계, ③호손과 더불어 멜빌 자신이 주창한 미국 국민문학의 가능성이다. 「이끼들」은 전체적으로 격정과 격찬의 어조 속에서도 핵심을 꿰뚫는 멜빌의 촌철살인이 번득인다. 현재 한국문학의 평단을 생각하면서 읽어도 특히 흥미로운 대목은 당대 미국문학과 영국문학의 긴장을 창조적으로 증폭시키는 담대한 화법이다. 그 백미 가운데 하나는 호손 문학의 본질적 성격을 포착한 점이다.[19]

---

[18] Paul Giles, ""Bewildering Intertanglement": Melville's Engagement with British Culture," *The Cambridge Companion to Herman Melville*, ed. Robert S. Levine(Cambridge: Cambridge UP, 1998), 228면.

[19] 팔은 안으로 굽는다는 말이 있지만 멜빌의 통찰에 관한 한 호손의 부인 소피아 호손(Sophia Hawthorne)의 독후감 한 토막을 소개한다. 그녀는 익명으로 발표된 「이끼들」을 읽고 다이킨크에게 이렇게 썼다고 한다. "나는 그 영감 어린 발언들을 읽고 또 읽을수록 감탄하게 됩니다. 내가 그토록 오랫동안 듣기를 소망한 말이 마침내 나왔고 너무도 적절하게 표현되었어요. 원초적 자연의 싱싱함과 프로메테우스의 불꽃이 그 사람에 내재해 있네요. 그런 멋진 직관을 표현한, 그토록 용감하고 풍요로운 마음을 가진 그 사람은 누구인지요?"(I keep constantly reading over & over the inspired utterances, & marvel more & more that the word has at last been said which I have so long hoped to hear, & so well said…… The freshness of primeval nature is in that man, & the true Promethean fire is in him. Who can he be, so fearless, so rich in heart, of such fine intuition?) *The Centenary Edition of the Works of Nathaniel Hawthorne*, eds. William Charvat et al., vol. 16(Columbus: Ohio State UP, 1962~1994), 361면.

「성탄 연회」와 「가슴속의 뱀」은 작품을 만들어낸 작가의 훔척거리는 마음에 관련되는 터라, 탐구심을 가지고 상세히 분석해볼 만하다. 호손 영혼의 이쪽을 비추는 모든 늦가을의 온화한 날씨에도 불구하고 저쪽은—지구의 나머지 반쪽이 어두운 것처럼—열 배나 더 짙은 어둠 속에 휩싸여 있다. 그러나 이 어둠은 끊임없이 움직이는 새벽, 어둠을 뚫고 영원히 전진하면서 그의 세계를 휘돌아 가는 새벽을 더욱 부각시키는 효과를 낸다. 호손이 이 불가사의한 어둠을 자신의 빛과 어스름으로 만들어내는 놀라운 효과를 위한 하나의 수단으로 활용한 것인지, 아니면, 아마 자신도 모르게, 청교도적 우울의 기미가 그의 내면에 실제로 숨어 있는지는 전적으로 확언할 수는 없다. 하지만 그의 내면에 존재하는 어둠의 거대한 힘이 원초적 타락과 근원적 죄라는 캘빈주의의 감각에 호소함으로써 위력을 발휘하는 것만은 분명하다. 깊이 성찰하는 정신이라면 언제든, 어떤 형태로든 그런 타락과 죄에서 완전히 벗어나기는 어려울 것이다. 왜냐하면, 어떤 무드에서는, 불균형을 바로잡기 위해 원죄와 같은 것을 포함하지 않고서는 이 세상을 잴 수 없기 때문이다. 어쨌든 어떤 작가도 이 무해한 호손만큼 그런 가공할 생각을 그토록 무섭게 펼치지는 못했다. 이뿐만이 아니다. 이 어둠의 기상(奇想)은 그의 내면에 철두철미 스며 있다. 사람들은 그의 햇살에—그가 독자들 위에 짓는 하늘의 밝은 금박 장식에—매료될지는 몰라도 그 너머에는 칠흑 같은 어둠이 도사리고 있다. 그리고 그 금박 장식조차 천둥구름의 가장자리를 두르면서 빛을 낸다. 한마디로 세상 사람들은 이런 호손을 잘못 봤다. 그렇게 터무니없이 착각하는 사람들을 보면서 그는 틀림없이 혼자 자주 웃었을 것이다. 호손은 비평가 따위의 잣대로 가늠하기에는 너무도 심오하다. 왜냐하면 이런 작가를 가늠하는 것은 머리가 아니기 때문이다. 그것은 오직 가슴으로만 가능하다. 머리를 굴려서 그 위대함을 알 수 없다. 직관이 아니고서는 그것을 일별하거나 파악할 수도 없다. 흔들어볼 필요가 없다. 그냥 만져보라, 그러면 그것이 순금이라는 것을 알게 된다.(1417면)

순금에 비유된 호손의 단편들을 멜빌은 농익어 저절로 땅에 떨어지는 향기로운 사과에 빗대기도 한다. 이러한 격찬을 읽는 방식이야 다양할 수 있다. 자신에 대한 세인의 황당한 오해를 생각하면서 빙그레 웃는 호손을 상상하는 재미도 독자의 자유일 터이다.[20] 하지만 여기서도 핵심적인 물음은 이같은 상찬에 얼마나 실한 내용이 담겨 있는가일 것이다. 그리고 멜빌이 호손 문학의 정수라고 할 만한 것을 직관의 언어로 끌어내는 대목만은 그런 자유와는 다른 무게를 두고 읽어야 할 것 같다. 이때 정수라는 표현은 물론 '어둠의 힘(Power of Blackness)'을 두고 하는 말이다. 호손의 '어둠'에서 "청교주의적 우울의 색채"를 읽어낸 멜빌의 통찰은 훗날 연구자들에게 일종의 비평적 공리(公理)로 통하다시피 했다.[21]

그러나 이 우울의 의미를 철저하게 역사적 시각으로 읽어낸 논자는 의외로 드문 것 같다. 멜빌이 직관했다시피 이것도 심리적 현상이 아니라 자신의 식민 정복자인 조상이 저지른 죄과를 대속하고 미국 백인 문명의 빛과 어둠을 근원적으로 사유하는 호손의 면모에서 기인한다. 그러므로 인용문에서 더 집중해서 읽을 대목은 "청교주의적 우울"보다는 "단테만큼이나 깊은" 호손의 이중성을 그의 문학 저변을 관통하는 빛과 어둠으로 규정하는 부분이다. 멜빌의 사유가 전개되는 방식을 헤아리다 보면 '19세기 미국 고전문학'에 스며 있는 표리부동성을 거론하면서 파괴와 창조의 이중적 율동을 직관한 로런스(D. H. Lawrence, 1885~1930)의 발상을[22] 「이끼들」이 앞질러 예

---

20 페리 밀러의 연구에 따르면 호손에 대한 멜빌의 재평가는 친영파 인사들의 견해를 정면으로 비판한 것이다. 그들은 호손을 과격한 휘그가 아니라 온화한 보수주의자로 규정하고 그 작품도 "불건강한 에머슨주의나 독일적 자기중심주의가 없는", "명랑하고 자연스럽고 인간적인" 것쯤으로 받아들였다는 것이다. Perry Miller, *The Raven and The Whale: The War of Words and Wits in the Era of Poe and Melville*(New York: Harcourt, Brace & World, 1956), 282면.
21 cf: Harry Levin, *The Power of Blackness: Hawthorne · Poe · Melville*(New York: Alfred A. Knopf, 1967).
22 D. H. Lawrence, *Studies in Classic American Literature*(1923; New York: Penguin, 1990).

시했다는 느낌이다. 그의 문장은, 호손 연구자들이 흔히 당연시하듯이, "늦가을 온화한 날씨(Indian summer)"를 예의 칠흑 같은 어둠과 대극(對極)으로 설정하는 발상과 거리가 멀다. 이는 우위나 비교의 문제가 아니다. 이 점이 중요하다. 그것은 사실상 어둠이 없고서는 신새벽도 동틀 수 없다는 역사의식의—"이 어둠은 (……) 새벽을 더욱 부각시키는 효과를 낸다"—다른 표현이기 때문이다.[23] 이러한 발상을 숙고한다면 『모비 딕』을 만들어낸 사유가 어떻게 뿌리를 내리고 숲으로 무성해졌는지 실감할 수 있다.

그런데 작가 개인의 사상이나 신념과 작품의 관계는 일반론 차원에서도 간단치 않은 문제다. 19세기 미국의 백인 남성 작가들의 경우는 특히 그렇다. 이들은 예외 없이 자유와 평등을 절대선으로 내세운 '신대륙' 특유의 이상주의와 인디언 말살을 불러온 인종주의, 서부 개척 과정에서 고착화된 성차별주의에 노출된바, 이상과 현실의 괴리가 유럽에 비해서도 유별난 바가 있기 때문이다. 물론 그런 괴리는 근대의 전형적인 현상이기는 하다. 그러나 북미에서의 그 괴리는 극단적이고 어떤 면에서는 병적인 분열을 낳았다. 멜빌을 포함한 쿠퍼, 포, 호손, 휘트먼 등은 예외 없이 정복자의 후손이자 기득권자로서 그런 괴리와 자기만의 방식으로 씨름해야만 했다. 그 과정에서 파괴적인 자기 부정과 겉과 속이 다른 위선의 수사(修辭)가 작품에 교묘하게 각인되었다 그런데 '사유의 잠수부(thought-diver)'를[24] 자처한 멜빌에 관한

---

[23] 그 점에서 멜빌이 논한 '어둠'의 의미를 역사적 현실에 놓고 궁구하는 작업은 해볼 만한 것이다. 가령 Christopher Freeburg, *Melville and the Idea of Blackness: Race and Imperialism in Nineteenth-Century America* (Cambridge: Cambridge UP, 2012) 참조. 프리버그의 문제의식에 대해 짤막하게 첨언할 필요는 있을 듯하다. 그의 전제는 "멜빌이 오직 불투명하고 묻힌 어둠에 초점을 맞추기 위해 '끊임없이 움직이는 새벽'을 포기한다"로 집약된다. Christopher Freeburg, 7면. 그가 어둠의 인종주의적·제국주의적 맥락을 추적하는 기본 논리도 그런 전제에 근거하는데, 이것이 멜빌의 기본 발상에 얼마나 부합하는가는 의문이다. 다만, 비판적 탈식민 문학 연구와 연관하여 멜빌의 작품에서 '어둠'의 역사적 의미를 파헤친 프리버그의 읽기는 따로 평가할 일이다.
[24] 이 표현은 다이킨크에 보낸 1849년 3월 3일자 서신에 등장한다. 에머슨에 대한 양가적 평가에 이어지는 문장인데, 사유의 잠수부가 나오는 앞뒤 문맥을 인용해둔다.

한, 자기기만의 독특한 허위의식을 초래한 괴리에 대한 정면 돌파의 의지가 두드러진다. 죽임과 살림이라는 생명의 리듬을 서사시적 장편으로 빚어낸 『모비 딕』은 그러한 돌파가 어떻게 창의적으로 시도되는가를 상징적으로 보여준다. 에이헙 선장과 이슈미얼 같은 인물이 미국적 이상주의에 부분적으로 노출된 채로 그 이상주의를 근원적으로 심문하는 진경(眞境)이 서사시 형식의 소설적 변용을 통해 펼쳐지는 것이다.[25]

「이끼들」은 그런 진경이 결코 우연의 산물이 아님을 확인해주는 문건이기도 하다. 호손의 '양면성'은 수많은 학자들이 거론했지만 이 대목에서도 멜빌 사유의 절묘한 통찰은 여실하다. 그는 호손의 "어둠의 기상(奇想, conceit)"에서 셰익스피어를 떠올린다. 멜빌이 호손을 셰익스피어와 겹쳐 읽는 데는 그 나름의 꿍꿍이속이 있다고 봐야 한다. 먼저, 독립 이후에도 미국의 문화 현장에서 범접할 수 없는 성역인 셰익스피어에 대한 견제 의식이 있다. 19세기에 들어 '셰익스피어의 미국화'가 본격화되었지만 그 반작용으로

---

"자, 모든 사람에게는 평범함을 넘어서는 뭔가가 있고, 그것은 대부분 본능적으로 감지할 수 있다. 나는 그것을 에머슨 씨에게서 본다. 논쟁적으로 솔직하게 그를 바보라고 부르자. 그러면 나도 현자보다는 바보가 되겠다. 나는 잠수하는 모든 사람을 사랑한다. 어떤 물고기도 수면 근처에서는 헤엄칠 수 있다. 그러나 5마일, 또는 그 이상 아래로 내려가려면 거대한 고래가 필요하다. 그리고 그 고래가 바다에 도달하지 못한다면 걸리너(Galena, 일리노이주의 방연석이 많이 나는 지역)의 모든 납 역시 그 바다에 닿는 추(錘)를 만들어내지는 못할 것이다. 나는 지금 에머슨 씨를 말하고 있는 게 아니다. 세상이 창조된 이래 핏발 선 눈으로 잠수하고 또 수면으로 떠올랐던 모든 사유의 잠수부에 대해 말하고 있는 것이다(Now, there is a something about every man elevated above mediocrity, which is, for the most part, instinctively perceptible. This I see in Mr Emerson. And, frankly, for the sake of the argument, let us call him a fool;—then had I rather be a fool than a wise man.—I love all men who dive. Any fish can swim near the surface, but it takes a great whale to go down stairs five miles or more; & if he don't attain the bottom, why, all the lead in Galena can't fashion the plummet that will. I'm not talking of Mr Emerson now—but of the whole corps of thought-divers, that have been diving & coming up again with bloodshot eyes since the world began)." Herman Melville, *Correspondence*, eds. Harrison Hayford, Hershel Parker, and Thomas Tanselle(Chicago: Northwestern UP and The Newberry Library, 1993), 121면.

25 그 같은 진경에 관해 나도 두어 차례 논한 바 있다. 졸고, 「『모비 딕』론: 19세기 미국의 '국민문학'과 셰익스피어」, 『안과밖』 21호(2006), 401~436면; 「『모비 딕』론(2): 이쉬미얼과 퀴퀙의 살림 서사」, 『영미문학연구』 28호(2015), 29~70면 참조.

셰익스피어의 신성화도 못지않게 심화되었다.[26] 그런 상황에서 멜빌은 맹목적인 셰익스피어 숭배가 독자적인 미국문학의 건설에 걸림돌이 된다고 판단한 것이다. 셰익스피어를 두고 문학지를 운영하는 유력 인사들과 비평가들의 전선이 갈리고 그에 따라 비평의 잣대 자체가 달라지기조차 했으니, 어떤 식으로든 셰익스피어의 우상화를 깰 필요가 절실했다. 따라서 호손에 대한 멜빌의 격찬과 셰익스피어 숭배 비판이 자신의 작품을 온당히 평가하지 못하는 비평가, 독서 대중에 대한―"아마도"라는 단서를 붙이기는 했지만―환멸에 기인한 것으로 해석하는 시각은[27] 초점을 정확하게 맞췄다고 보기 어렵다.

19세기의 탁월한 미국 작가치고 셰익스피어에 대해 한두 마디 안 한 사람이 없을 정도다. 그 수용의 양상도 작가별로 천차만별이다. 그런데 「이끼들」을 잘 읽어보면 셰익스피어의 미국화에 대해 의미심장한 단서를 얻을 수 있다. 「이끼들」은 쿠퍼(James Fenimore Cooper, 1789~1851)를 위시한 '미국 르네상스'의 주역들에 가서야 비로소 셰익스피어의 작품을 미국적 삶과 역사의 문맥에 갈아 넣어 소화하는 데 성공한다는 사실을 예증한다. 멜빌의 문장에서 결정적인 대목은 역시 셰익스피어를 '셰익스피어'로 만드는 특성을 뽑아내는 장면이다. 그는 '셰익스피어다움'의 본질적 면모를 "바로 그 현실의 중핵에 대한 간결하고도 날랜 탐사들(those short, quick probings at the very axis of reality)"로 규정한다. "현실의 핵심"을 포착하는 상상력이라든가, "숲속의 겁먹은 하얀 사슴처럼 도망칠 수밖에 없는"(1160면) 진실을 낚아채는 예술가의 위대한 기예 등을 언급하는 문장이 셰익스피어만을 가리키는 것은 물론 아니다. 하지만 미국이라는 국가의 성립 과정에서 저질러진 청

---

[26] 이에 관한 논의는 특히 Kim C. Sturgess, *Shakespeare and The American Nation* (Cambridge: Cambridge UP, 2004), 7~8장 참조.
[27] Sturgess, *Shakespeare and The American Nation*, 160면.

교주의의 역사적 과오를 반성한 호손의 작가적 고투를 생각해보면[28] 진실을 "숲속의 겁먹은 하얀 사슴"으로 비유한 것도 범상치 않다. 뿐만 아니라 멜빌의 이 발언은 자신의 작품에도 그대로 적용된다. 그가 「이끼들」을 집필할 당시 『모비 딕』을 착수해서 씨름하고 있었다는 데서도 짐작할 수 있듯이, 그는 호손을 빌려서 자신의 창작의 포부를 표현했다고 말할 수도 있다.

그런 포부를 '영향에 대한 불안'으로 해석하는 것은 성찰의 지평을 좁히는 꼴이다. 멜빌이 셰익스피어를 언급하는 일차적인 동기는 셰익스피어 숭배가 도를 넘어 미국문학의 가능성과 미국 작가들의 목하 성취를 폄훼하기까지 했다는 데 있다. 그 같은 평단의 현실에서—"문학 자체가 경제 발전을 두고 벌어지는 시대의 결정적 투쟁에 휘말린"[29] 상황에서—멜빌은 작가들의 자긍심과 잠재성을 응원한 것이다. 그 자신도 셰익스피어를 누구 못지않게 더 열정적으로 읽고 미국 작가들의 문학적 창조성을 스스럼없이 인정했다.[30] 그런 그가 셰익스피어로 대변되는 영문학의 유산이 미국의 작가들에게는 반드시 필요한 자양분임을 온당하게 인식한 것과 바로 그래서 맹목적 추종이 더욱 위험하다고 판단한 것은 전혀 모순되지 않는다.

멜빌의 비판은 친영파든 아니든 셰익스피어의 창조적 유산을 주체적으로

---

28  이에 관한 자세한 논의는 졸저, 『근대 극복의 이정표들』(창비, 2007) 3부에 실린 「회통의 상상력과 역사의식: 호손의 로맨스론」 참조.

29  Meredith McGill, *American Literature and the Culture of Reprinting, 1834~1853* (Philadelphia: U of Pennsylvania P, 2003), 15면.

30  그 점에서 다음과 같은 논평도 참고할 만하다. "그는 (셰익스피어의—인용자) 텍스트를 학자나 비평가가 아니라 **흠모하고 열망하는 사상가로, 그리고 근본적으로 한 명의 작가로서** 읽었다. 그렇게 함으로써 그는 독자를 사로잡는 비유나 발상들에 창조적으로 반응했고 자주 그것을 맥락에서 떼어내어 해석했다. 그런 해석은 그가 그 아래 잠재되어 있다고 믿은 의미를 꿰뚫기 위한 것이었다."(He read the plays not as a scholar or critic **but as an admiring and aspiring thinker, and fundamentally as an author**. In so doing, he responded creatively to arresting imagery and ideas, often construing them apart from their contexts in order to penetrate what he believed to be their underlying meanings.) Christopher Ohge et al, "At the Axis of Reality: Melville's Marginalia in *The Dramatic Works of William Shakespeare*," *Leviathan* 20:2(2018), 65면.(강조는 인용자)

받아들이지 못하는 미국 지식계의 풍토 전체에 맞춰진다. 셰익스피어 숭배를 셰익스피어의 창의적 수용과 변별하지 않고 수용을 무조건 적대시한 '영 아메리카'진영의 '불만분자들(malcontents)'의 미국중심주의에 멜빌이 동의할 리 없었다. 이는 일정한 왜곡 없이는 멜빌을 미국주의나 세계주의라는 관념으로 끌어들일 수 없다는 말이기도 하다. 셰익스피어를 '세일럼의 세계'로 영입하여 활용한 호손 역시 미국주의 대 세계주의라는 등식이 통하지 않기는 마찬가지다. 그런 호손을 셰익스피어와 '거의' 대등한 차원에서 견주는 멜빌의 기본 발상은 예술적 성취의 엄연한 낙차들을 직시하면서도 미국문학이 품은 작은 가능성의 씨앗들을 신뢰하는 민주주의적 인식과 상통한다.

노예제나 국가주의의 거대서사보다 "훨씬 복잡한 국경 초월의 매트릭스"에 멜빌의 문학이 연루되어 있다는 주장도 바로 그런 맥락에서 생각해볼 일이다. 이때 중요한 쟁점 가운데 하나는, 단순한 연루를 넘어 초국가적 매트릭스를 멜빌 문학의 산실로 규정한다면 그런 매트릭스의 실체가 정확히 무엇이고 거기서 태동한 작품은 어떻게 읽어야 하는 문제일 듯하다. 그 점에서 러바인 교수가 멜빌의 초기 남태평양 소설, 즉 『타이피』, 『오무(*Omoo*)』(1847), 『말디』를 '미국적 멜빌' 대 '세계적 멜빌'의 대립 구도에 넣고 해석한 방식에 대해서도 비판적 거리를 유지해야 한다. 세 편 모두 표면상으로는 문명 대 야만이라는, 근대 서구 식민서사의 골수에 박힌 이분법적 양상을 띠며, 멜빌조차도 서구 중심적 세계관에서 완전히 벗어나지는 못했다는 혐의는 충분하다.

하지만 다른 한편 작가의 실제 경험이 반영된 이들 소설에서도 '야만의 삶'은 기독교 문명의 탐욕과 위선 및 미국 민주주의의 모순을 드러내는 일종의 배경막임을 잊어서는 곤란하다. 자유와 평등이라는 근대주의 이념에 대한 치열한 사유도 그런 맥락에서 펼쳐진다. 요컨대 이들 여행·모험 서사는 미국 바깥에서 미국 내부의 문제를, 미국 내부에서 미국 바깥의 문제를 쌍방향적으로 탐사한 결과물이다. 적어도 그런 쌍방향성에 주목하는 한 미국주의와 세계주의의 대립은 거의 자동적으로 해체된다.

### 4. 아메리카의 대지에 뿌리박은 세계적 발언들

"이 지구상에서 누가 미국 작가의 작품을 읽으려고 할까."『에딘버러 리뷰』를 창간한 인사 중 하나인 스미스(Sidney Smith, 1771~1845)가 1820년대에 도발적으로 던진 발언이다. 이에 대해 멜빌은「이끼들」에서 "영국 작가가 쓴 현대적인 작품을 대체 누가 읽으려고 하겠는가? 라고 우리가 말할 날이 도래할 것이다"(1419면)라고 되받아쳤다. '말 싸움'을 넘어서[31] 시드니의 도발을 제압한 가장 확실한 증거는 물론『모비 딕』이다. 우리는 이 서사시적 장편에서 셰익스피어의 유산이 어떻게 미국적인 방식으로 소화되는가를 가장 확실하게 확인할 수 있다. 하지만 셰익스피어의 미국화를 독창적으로 수행한 작가가 당대 미국의 독자와 비평가에게서 외면된 사실은 스미스류의 국수주의적 단언을 극복하는 일이 얼마나 지난했던가를 역으로 말해준다.

멜빌 당대에 미국문학이 영국문학보다 열등하다는 주장은 한편에서는 극도의 모욕으로 받아들인 반면, 다른 한편에서는 어쩔 수 없는 현실로 수긍했다. 미국문학의 '비교 열세'는 제아무리 멋진 구호를 표방한다 해도 말싸움만으로는 극복할 수 없는 성질이었다. 결국 셰익스피어로 상징되는 영국의 '문화자본'을 창의적으로 활용하는 작가 자신의 역량이 관건일 수밖에 없었다. 바로 그렇기 때문에 멜빌이 19세기에 들어 확대일로인 영국과 미국의 문

---

31 시드니 스미스의 악명 높은 발언은 당대에 미국 지식인들의 다양한 반발을 불러왔다. 반발의 양상에 관한 논의는 Benjamin Lease, *Anglo-American Encounters: England and The Rise of American Literature*(Cambridge: Cambridge UP, 1981), 3~12면 참조.

화적 교집합, 즉 앵글로-아메리칸 문화를 어떻게 받아들였는가가 중요해진다. 그가 셰익스피어로 대변되는 영국문학의 창조적 업적을 어떻게 의식했고, 앵글로라는 수식어를 정신적 식민성의 표식으로 간주하고 이를 떼어내려는 분투를 얼마나 발본적으로 전개했는가도 『모비 딕』을 비롯한 그의 주요 작품에서 확인할 수 있다.

따라서 분투의 진정한 의미는 앵글로-아메리칸 문화의 실상에 대한 실증 연구만으로는 완전히 해명하기 어려운 쟁점이다. 뷰얼이 시도한 것처럼[32] 영국의 출판사와 독자를 겨냥한 멜빌의 꾀바른 '영업 전략'을 밝힌다고 해소될 수 있는 사안도 아니다. '원주민'을 축출하고 인종주의를 내면화하고서도 만인의 자유와 평등을 노래한 백인 정복자들의 표리부동한 폐부를 멜빌이 어떻게 작품으로 꿰뚫었는가부터 물어야 한다는 것이다. 미국문학다운 미국문학에 관한 그의 논설도 그런 물음에 입각해서 읽어봄 직하다. 『모비 딕』에서 구현된 이슈미얼과 퀴퀘의 인종주의를 넘어서는 우애만 해도 표리부동성과의 싸움이 아니고서는 가능하지 않았을 것이다.

에움길을 약간 돌았는데 다시 『이끼들』로 돌아가보자. 미국 역사의 자기기만성과의 대결과 무관할 수 없는 『이끼들』의 메시지는 우리 당대에도 유효하다. 세계화 시대의 더욱 고도화되고 세련된 시장 현실주의(market realism)에 휩쓸리지 않기 위해서 한 나라의 문학이 어떻게 중심을 잡아야 하는가에 대해서도 의미심장한 단서를 던지기 때문이다.

엄청난 찬사에 값하는 확실한 독창성을 보여준 작가들이 지금껏 아주 소수임은 사실이다. 그러나 모든 미국인들 중에서 자신의 작품이 가장 많은 갈채를 받은 그 우아한 작가, 아주 인기 많고 정감 넘치는 그 작가의 그 명성은 많은 점에서 아무

---

32 Lawrence Buell, "Melville and the Question of American Decolonization," *Melville's Evermoving Dawn: Centennial Essays*, ed. John Bryant and Robert Milder(Kent: Kent State UP, 1997) 참조.

리 훌륭하고 자립적이라 해도, 그 스스로 자인하다시피 외국의 모델을 모방한 데서, 만만한 주제 말고는 모든 주제를 신중하게 회피하는 데서 얻어진 것이다. 그러나 모방에 성공하느니 독창성에서 실패하는 것이 차라리 낫다. 어딘가에서 실패해 보지 않은 사람, 그런 사람은 위대해질 수 없다. 실패야말로 위대성을 가늠하는 진정한 시험이다. 그리고 한 작가의 지속적인 성공이 자신의 강점을 현명하게 알고 있다는 것의 증거라면, 이때 첨언할 것은 그런 강점도 보잘것없음을 스스로도 알고 있다는 것이다. 그렇다면, 단언컨대, 자신의 강점을 아는 그런 나긋나긋한 작가들에게 우리가 기대할 희망은 없다. 악의 없이 명백한 사실을 말한다면, 그들은 골드스미스(Oliver Goldsmith, 1728~1774, 아일랜드계 영국 소설가·극작가)와 여타 영국 작가들의 들러리만 설 뿐이다. 우리는 미국의 골드스미스들을 원하지 않는다. 미국의 밀튼들도 물론 바라지 않는다. 진정한 미국의 작가를 두고 미국의 아무개라고(미국의 월터 스코트라는 식으로—인용자) 말하는 것은 용납할 수 없다. 그냥 그를 미국인이라고 부르자. 왜냐하면 그것이 그를 부를 수 있는 가장 고귀한 표현이기 때문이다. 그렇다고 모든 미국 작가들이 자신의 창작행위에서 국적을 애써 고수해야 한다는 뜻은 아니다. 오직 이 점, 즉 어떤 미국 작가도 영국인이나 프랑스 사람처럼 써서는 안 된다는 것이 중요할 뿐이다. 남자답게 써라. 그러면 그는 반드시 미국인처럼 쓸 것이다.(1420~1421면)[33]

당대 자국 문학에 대한 멜빌의 이 같은 진단과 주장은 갑작스런 것이 아니다. 이는 소설가로서 고수해온 그의 지론에 가깝다. 그런데 "아니, 나는 에머슨의 무지개를 타지 않는다. 다른 사람의 그네 속에서 흔들리느니 차라리 나 자신의 밧줄에 목을 매달겠다"는 식의 멜빌의 작가적 자존심과 결기에서[34]

---

[33] 인용문에서 "남자답게 써라(let him write like a man)"는 기간된 논문에서는 "인간답게 쓰게 하라"라고 번역했었다. 멜빌에 가해지는 남성중심주의 작가라는 비판에 부당한 면이 적지 않아서 그렇게 옮긴 것인데, 정치적으로 올바를지 모르지만 사실상 오역이라는 생각이 들어서 차제에 수정했다. 사역형으로 표현된 원문도 문맥의 어감을 제대로 살리려면 청유형으로 바꾸는 것이 맞다고 봤다.

중요한 것은 그의 사유의 방식이다. 그가 성찰한 독창성이라는 것은 대중의 찬사나 인기로 평가할 수 없다. 멜빌은 그것을 '실패'의 연습에서 나오는 산물로 규정한다.

그의 이러한 발상은 호손의 소설집인 『두 번 되풀이된 이야기들(Twice-Told Tales)』(1837)에 대한 포의 비평과 흥미로운 대조를 이룬다. 멜빌이나 포 모두 소설가 호손의 탁월함에 경의를 표한 데서야 다를 것이 없다. 하지만 호손 단편들의 면면을 독창적이라기보다는 "특이한(peculiar)" 것으로 규정하고[35] 이를 자신의 '창작 원리'에 입각해 분석한 포와 호손의 작품에 내재한 어둠의 기상(奇想)을 역사적 시선으로 읽어낸 멜빌의 차이는 보기보다 크다. 포에 따르면 호손의 '특이함'은 그를 독자 대중으로부터 멀어지게 하는 요인이다. 반면에 멜빌이 창작의 어떤 원리 내지 '철학'을 표명한 바 없다는 점도 환기해야 하겠지만, 그가 생각하는 호손의 독창성은 창작의 매뉴얼이 있을 수 없는 미지의 영역에 도전해서 얻어진 결과물이다. 그렇기 때문에 그의 독창성은 '실패'가 불가피하고, 어떤 면에서는 익숙한 이야기에 반응하는 대중 독자를 뒤흔들어놓는 도발의 성격을 띤다.

그러므로 워싱턴 어빙(Washington Irving, 1783~1859)으로 짐작되는 "그 우아한 작가"의 성공이라는 것을 멜빌이 대단찮게 보는 것도 당연하다. '외국 모델'의 모방에서 얻어진 성공이라는 것도 결국 '미국적 삶'의 지평을 개척하는 문학의 실험 정신과 겉돌게 될 테니 말이다. 물론 독립 직후부터 적지 않은 문인들이 미국 고유의 국민문학을 주창한 것은 사실이다. 단

---

34 1849년 3월 3일에 멜빌이 다이킨크에게 보낸 편지의 첫 문장. Herman Melville, *Correspondence*, 121면. 원문은 이렇다. "Nay, I do not oscillate in Emerson's rainbow, but prefer rather to hang myself in mine own halter than swing in any other man's swing."

35 E. A. Poe, "Hawthorne's Tales," *The Shock of Recognition: The Development of Literature in the United States Recorded by the Men Who Made It*, ed. Edmund Wilson(New York: Doubleday, Doran & Company, Inc., 1943), 156, 158, 168면.

적으로 '신대륙'의 언어와 문화적 자율성을 열렬하게 옹호하고 체계화한 웹스터(Noah Webster, 1758~1843)가 그렇다. 그는 미국인들이 밀튼(John Milton), 포프(Alexander Pope), 애디슨(Joseph Addison) 등을 읽으면서 언젠가는 자력으로 영국문학의 구속에서 벗어나리라고 확신했다.[36]

그런데 멜빌의 남다른 점은, 단순히 작품으로 미국적 삶의 보편적 지평을 실현했다는 데만 있지 않다. 그는 "실패야말로 위대성을 가늠하는 진정한 시험"이라고 단언하면서 "모든 미국 작가들이 자신의 창작 행위에서 국적을 애써 고수해야 한다는 뜻은 아"님을 강조한바, 미국 대 세계의 구도를 근본적으로 의심한 것이다. 웹스터의 애국주의와도 미묘하게 결을 달리하는 멜빌은 북미의 대지에 뿌리박은 그 나름의 작가정신을 천명하면서 당대의 미국과 세계를 동시에 겨냥했다. 그렇다면 "실패야말로 위대성을 가늠하는 진정한 시험"이라는 멜빌의 발언도 수사(修辭)나 역설의 차원으로 국한해서 읽을 일이 아니다. 국수주의와 세계주의의 허구적 대립을 통찰했던 멜빌의 문학에 "국경 초월의 매트릭스"라는 것이 존재한다면 그것은 타국(영국) 문학의 창조적 유산과 대결하는 동시에 미국의 자연과 현실을 작품세계에 녹여내려는 ─'실패'가 따를 수밖에 없는─ 분투의 과정 그 자체이기 때문이다.

그 같은 분투도 문예 창작의 기술이나 기예로 환원해서는 곤란하다. 오히려 로런스가 미국 문명의 앞날을 예감하며 논한[37] "새롭고 온전한 사람들(the new whole men) 대 도망한 노예들(the escaped slaves)"의 싸움을 상기해야 할지 모른다. 온전한 사람들 대 도망 노예라는 대립 구도 자체도 궁극적으로는 해체의 대상이지만 독창성에 관한 멜빌의 발언은 바로 그런 싸움과 직결된 작품의 차원에서 숙고할 필요가 있다. 가령 호손의 단편들에서 멜빌이

---

36 Webster, *On Being Americans: selected writings, 1783~1828* (New York: Praeger Publishers, 1967), 144면.
37 D. H. Lawrence, *Studies in Classic American Literature*, 18면.

"나이아가라 폭포의 아득한 포효"를 듣는 대목은 아메리카의 광활한 대지에 호응하는 '세계적 발언'이다.

> 그렇다면 동포들이여, 우리 자신의 피와 살로 이뤄진 탁월한 작가로—어느 누구도 흉내 내지 않는, 어쩌면, 나름으로는 결코 흉내 낼 수 없는 작가로—너새니얼 호손 말고 내가 누구를 추천할 수 있겠는가. 그는 우리 세대의 작가들보다 훨씬 뛰어나고 참신한 인물 중 하나다. 그에게는 우리의 밤나무와 소나무 냄새가 난다. 우리 자신의 드넓은 초원이 그의 영혼에 있다. 그의 깊고 고귀한 자연 속으로 들어가면 우리는 나이아가라 폭포의 아득한 포효를 들을 수 있다. 그를 그 자신의 모습으로 인정하는 기쁜 임무를 미래의 세대로 넘기지 말자. 그런 기쁨을 우리 자신, 우리 세대가 누리자. 그래서 그가 자기 내면에서 어떤 고마운 충동들을 느낄 수 있도록, 그런 충동들이 그를 추동하여 (우리가 보기에) 어떤 더 위대한 성취를 완전하게 이룩할 수 있도록 말이다. 그를 인정함으로써 우리는 다른 작가들을 인정한다. 우리는 인류애를 응원한다. 왜냐하면 창조적 정신은 도처에서 연대하는바, (서로를—인용자) 알아보는 단 한 번의 충격만으로도 (그런 정신은—인용자) 전 지구를 휘돌아 공유되기 때문이다.(1421~1422면)

"그에게는 우리의 밤나무와 소나무 냄새가 난다. 우리 자신의 드넓은 초원이 그의 영혼에 있다"—이런 문장에서 우리는 호손의 작품을 통해 어떤 생태적 상상력을 발동시키는 멜빌 자신의 모습을 그려볼 수도 있다. 아메리카 대지의 고유한 기운에 감응하는 호손에게서 강렬한 동료 의식을 느끼는 그의 '현장비평'은 확실히 특기할 만한 구석이 있다. 즉 그가 호손의 텍스트에서 감지한 대지의 기운을 해석하는 방식이다. 그는 그 같은 기운이 탁월하게 구현된 작품을 알아보고 인정하는 일은 호손 하나만을 기리는 행위가 아님을 강조한다. 호손에게 바치는 찬사는 다른 작가들의 잠재력을 북돋는 것과 다름없으니, 멜빌이 염두에 둔 미국의 '국민문학'은—아니, 그 어떤 나라의 탁월한 문학적 성취도—셰익스피어 같은 시성(詩聖)이 홀연히 등장함으로써만 이룩되지는 않는다는 진실을 재차 일깨운다.[38] 하나의 언어 공동체에서 오랜 시간 축적된 그 특유의 언어예술과 탁월한 작품의 공유 및 연대가 선행되지 않는다면 미국주의를 넘어서는 세계문학의 지평이라는 것도 공염불에 그치기 십상임을 멜빌은 직관한 것이다.

그 같은 공유와 연대는 이념의 깃발이나 시대의 특정한 사상을 내세워 문학운동을 벌이는 것과는 차원을 달리해서 생각해야 하는 면이 있다. 노예제를 둘러싼 남부와 북부의 갈등이 고조되는 가운데 중앙집중적 연방을 지향한 멜빌과 개인의 자유 및 지역 자치권에 무게를 두는 잭슨적 반(反)연방주의를 지지한 호손의 정치관은 거의 정반대였다.[39] 호손 개인에 바친 멜빌의 경의는 현실 정치에 얽매이지 않는 작품 자체에 맞춰지고 궁극적으로는 진리의 지평을 향한다. 호손의 작품을 읽는 그의 자세는 독자 대중의 정치 성향에 따른 파당적 평가를 당연시하고 심지어 성별(性別)이 작품 평가에서 결정적으로 작용하는 풍조가 점점 강해지는 현대의 비평 상황도 되돌아보게 한다.

셰익스피어와 그 동시대 극작가들의 거리가—일반인들이 생각하는 것처럼—그렇게 먼 것이 아님을 역설하는 멜빌의 발상은 기본적으로 민주주의의 핵심을 반영한다. 그런 주장에서 우리는 한 나라의 고유한 문학이 세계적 경

---

[38] 바로 그 점에서 멜빌은 거의 같은 시기에 미국 대륙 자체를 하나의 거대한 서사시로 간주한 휘트먼과도 만난다. 휘트먼 역시 '미국의 국민문학'을 민주주의의 시적 구현으로 인식하는 동시에 작가와 대중의 내면적—그가 "앙상블-개인성(ensemble-Individuality)"이라고 말한—연대를 중시했다. 휘트먼의 당대 민주주의와 '국민문학론'에 관한 논의는 졸고, 「19세기 미국의 문학 지식인과 대중문화: 휘트먼의 「민주주의의 전망과 연관하여」, 『영미문학연구』 13호(2007) 참조.

[39] Dennis Berthold, "Italy, the Civil War and the Politics of Friendship," *Hawthorne and Melville: Writing a Relationship*, eds. Jana L. Argersinger and Leland S. Person (Athens: University of Georgia Press, 2008), 133~154면.

지에 오르기 위해서는 동시대 동료 작가들이 고루 일정한 수준에 올라야 함은 물론이고, 이들을 균형감 있게 평가할 수 있는 독자들의 존재가 필수적이라는 사실도 재확인할 수 있다. 미국의 출판계와 평단에 대한 멜빌의 태도가 반골(反骨)에 가까웠던 것도 그런 맥락에서 접근할 문제다. 학자들의 전기(傳記)를 참조한다면 멜빌이 살아생전에 작가로서 영광을 누리지 못한 현실적 맥락이 더 분명히 드러나지만 「이끼들」은 그 점을 콕 집어 언급하고 있다. 뉴욕의 평단을 향한 그의 일갈, 즉 "미국에는 비평가들이 다섯 손가락으로 꼽을 정도다. 그나마 그중 몇몇은 잠들어 있다"(1420면)는 일침은 작가로서 그가 누린 영광이 어찌하여 사후의 일일 수밖에 없는가를 웅변한다.[40]

그러면 그가 「이끼들」의 끄트머리에서 호손으로 돌아와 「영 굿맨 브라운(Young Goodman Brown)」(1835)과 「엄선된 연회(A Select Party)」(1844)를 논하는 대목을 읽어보자. 투박한 병에 담긴 최상급 포도주에 비유한 두 단편을 멜빌은—고지식한 세상 사람들을 눈속임하는—호손 문학의 정수를 예시한다고 평가한다. 대중들에게 그 정수가 충분히 인지되지 못한 상황에서 호손 서사 예술의 탁월함을 알아보고 더 많은 독자들이 읽어야만 한다고 주장하는 멜빌은 「이끼들」에서 어떤 면에서는 '이상적인 독자'의 역할을 수행한 셈이다. 따지고 보면 고전의 영원성이라는 것도 세대마다 갱신되는 새로운 읽기와 성찰이 따르지 않는 한 한낱 관념일 뿐이다.[41] 바로 그렇기 때문에 작품 간의 우열을 '평등'으로 얼버무릴 수 없다. 멜빌이 셰익스피어만이 '올림포스 산정'을 독점할 수 없음을 단언한 것은 사실이지만 그것은 거장들과 어

---

[40] 멜빌만큼 극단적인 정도는 아니었지만 호손 역시 당대 문학시장에서 충분히 온당한 평가를 받았다고 보기 어려운 작가였다. 하지만 더 심각한 것은 오늘날 학계의 연구 풍토인지 모른다. 「엄선된 연회」를 「이끼들」과 함께 미국예외주의와 팽창주의의 맥락에서 읽는 학자의 논문을 보면 그렇다는 말이다. 가령 Susan S. Williams, "Genius, Nation, and Territorial Expansion in Hawthorne's 'A Select Party,'" *Nathaniel Hawthorne Review* 37.1(2011), 20~36면.

[41] 그 점을 영국의 비평가 리비스를 중심으로 치열하게 논한 사례로는 Michael Bell, "Creativity and Pedagogy in F. R. Leavis," *Philosophy and Literature* 40.1(2016), 171~188면 참조.

깨를 견주려는 창작자로서의 패기의 표현이지 예술세계에서의 평등을 믿어서가 아니다.

평등을 논할 것 같으면 그는 그 관념을 더 깊고 넓은 차원에서 이해했다고 말할 수 있다. 위대한 문학적 성취라는 것도 동시대를 함께 숨 쉬는 동료 작가들의 존재와 그런 그들과 일반 독자와의 상호교감에 의해 비로소 가능해진다는 신념을 견지했다는 점에서 그는 '민주주의'의 본디 뜻을 근원적으로 체화한 작가라는 것이다. 그가 J. F. 쿠퍼나 헨리 제임스 같은 미국 작가들이—제각기 그들 나름으로는 생생한 체험에 근거하여—토로한 '미국적 소재의 빈곤'이라는 생각에 동의했을 리 없는 것도 그와 같은 미국적 민주주의의 가능성에 대한 신뢰가 있었기 때문일 것이다.

> 오늘의 세계는 창조되었을 때처럼 새롭다. 그리고 이 버몬트 지방의 아침 이슬은 에덴동산의 이슬이 아담의 발을 적신 것만큼 내 발을 적시고 있다. 또한 후손들이 발견할 수 있는 새로운 마법이나 신비가 남아나지 않을 정도로 우리 선조가 자연을 이 잡듯이 뒤진 것도 아니다. 천만의 말씀이다. 억만 분의 일도 아직 말해지지 않았으며 말해진 모든 것은 말해지기 위해 남아 있는 것을 발견하는 방법들을 늘릴 뿐이다. 현대 작가들을 무기력하게 하는 것은 소재의 빈곤이 아니라 과잉이다.(1420면)

『모비 딕』의 멜빌다운 호기이다. 분단 70년을 넘긴 오늘날 한국의 작단에서도 한번쯤 들어보고 싶은 호언이기도 하다. "억만 분의 일도 아직 말해지지 않았"다는 단언은 당대 미국의 문학 현장에도 유효했지만 혹자들이 '탈-진실'내지는 '탈-사실(Post-truth)'을 운운하는 지금 더 실감 나게 와닿는다. '작은 이야기들'에 매몰되고 사실을 세탁하고 가공한 허구에 탐닉한 북미 포스트모더니즘의 새로움이라는 것도 이제는 다 옛일처럼 느껴지지 않는가.

소재의 과잉이 작가를 무력하게 만든다는 반전(反轉)의 발상은 '무엇을 어떻게 써야 할 것인가'라는 문제를 근원적으로 제기한다. "새로운 마법과 신비"의 일단이 남아메리카의 '마술적 리얼리즘'에서 드러난 바 있지만,[42] 20세기 중후반 세계문학의 새로운 돌파구를 마련한 그러한 리얼리즘조차 문학의 가능성을 소진하기는커녕 더 증폭시켰다고 봐야 할 것이다.

그렇다면 소재 과잉을 언급한 대목도 신대륙 고유의 자연과 역사야말로 최상의 소재임을 호손을 통해 역설한 멜빌의 문장들과 겹쳐 읽어야 그 참뜻이 되살아나리라 본다. 그런 맥락에서 20세기 초 멜빌의 재발견 과정을 다시 살핀 한 연구자의 문장은 「이끼들」을 다룬 이 책 서장의 잠정적 결론으로 삼아도 좋을 것 같다. "멜빌이 20세기에도 유효한 것은 그의 천재성이 '영원'해서가 아니라 자신이 살아낸 시대의 논쟁과 갈등에 그가 그토록 통렬하게 반응했기 때문이고, 그 논쟁과 갈등의 어떤 것들이 지금 이 순간까지도 지속되기 때문이다."[43]

## 보론: 「이끼들」과 한국 평단에 관한 단상들

### 단상 하나

"그 논쟁과 갈등의 어떤 것들" 가운데 멜빌 당대의 핵심을 담아낸 「이끼들」에서 한국 비평계의 현안을 떠올린다면 그것도 어떤 면에서는 자연스러운 현상일 것이다. 서론에서 한국문학의 비평 유산을 잠깐 상기한 바 있지만 그렇게 말문을 여는 심경은 사실 착잡했다. 2020년대 한국 문단에서 문학비

---

[42] 필자는 이에 관해 가르시아 마르케스를 사례로 들어 일단의 견해를 밝힌 바 있다. 이 책 2부에 실린 「가르시아 마르케스, 세르반테스의 후예」 참조.

[43] Aaron Sachs, *Up from the Depths: Herman Melville, Lewis Mumford, and Rediscovery in Dark Times* (New Jersey: Princeton University Press, 2022), 307면.

평이라는 것의 존재 이유가 뭔가를 생각하기 시작하면 옛날이—내가 대학, 대학원을 다닌 1980년대와 1990년대가—좋았다는 감상에 젖기 때문이다. 하지만 감상에 몸을 맡기고 싶지는 않다. 「이끼들」은 그와 같은 퇴행적 감상을 다스리는 데도 좋은 자극이다. 가령 한 비평가가 자신의 '고료명세서'를 공개하고 독서 행위의 의미를 반추한 평문을 읽으면서[44] 말년에 뉴욕시 세관 감독관 자리를 호구지책으로 삼은 '무명 작가' 멜빌이 연상됐다.

그 명세서는 한국 인문학계의 '오래된 새로운 고질'에 관한 실증적 자료들 가운데 하나다. 반세기도 더 이전에 김수영은 이렇게 씁쓸하게 내뱉지 않았나. "덤뻥출판사의 20원짜리나 20원 이하의 고료를 받고 일하는/14원이나 13원이나 12원짜리 번역일을 하는/불쌍한 나나 내 부근의 친구들을 생각할 때/이 죽은 순교자들을 어떻게 생각해야 하나."(김수영, 「이 한국문학사」) 나는 아직도 이런 순교자들이 한국문학의 '주변'에 존재한다고 믿는다. 그들은 내가 현재 살고 있는 전라도의 광주에도 존재한다. 물론 원고노동자의 현실 감각은 김수영의 시대와는 결이 사뭇 다르다.[45] 출판 산업의 규모 자체가 비교하기 어렵다. 출판의 기존 관행에 대한 작가들의 권리 의식도 전후(戰後)의 문화적 폐허에서 겨우 일어선 1960년대와는 차원이 다르게 당당·예민해졌다.

그럼에도 한국문학의 평론 분야에서 다른 호구지책 없이 원고노동자로서 살아가는 것은 불가능하다. 어지간히 판매 부수를 올리는 극소수를 제외하면 창작자들도 사정은 마찬가지다. 이런 때 비평의 권위라는 것은 뭘까 자문하게 된다. 책을 읽는 독서층이 두터워지면서 우리 문화의 저변이 풍성해져야 창작자든 비평가든 그 나름의 발언권도 생기는 법일 테니 말이다. 그 점

---

44 장은정, 「지나간 미래」, 『자음과모음』 44호(2020).
45 그런 현실의 다양한 상황은 『자음과모음』 44호의 특집 '게스트 에디터/작가-노동'에 실린 에세이들 참조. 장은정의 글은 그 일부다.

에서 장은정의 '보고서'가 2050년의 미래 독자를 상정했다는 것은 의미심장하다. 그가 국립대학의 교수로서 나 같은 사람이 현재 누리는 기득권만을 문제 삼는 것만은 아님이 분명하기 때문이다. 어떤 경우든 문학비평에 대한 사유도 기득권 비판에서 멈출 수는 없다. 그보다 더 중요한 것은 한국문학의 굴곡진 역사 전체를 시야에 넣고 비평의 지평을 넓고 깊게 확장하는 공부일 것이다. 가령 장은정이 '왜 우리는 여성 원로 비평가가 없는가'라고 물음을 던질 때 한국 비평계의 어떤 불편한 단면이 확 드러나지 않는가.

이렇게 마주한 비평의 가난을 넘어 앞으로 '문학 행위'가 어떻게 지속 가능할 수 있는가 하는 그의 물음은 나 자신에게도 일종의 심문처럼 다가온다. 「지나간 미래」의 문제 제기는 거칠 것이 없어야 할 사상의 자유가 자본의 위력 앞에서 속절없이 움츠러드는 출판계나 대학의 상황과도 맞닿기 때문이다. 바로 그렇기 때문에 지식인-비평가나 작가-비평가로 평론의 성격을 정리하는 장은정의 범주적 발상에는 그다지 공감이 가지 않는다. 그보다는 그가 던지는 물음의 열도(熱度)를 주목한다. 그것은 "지금으로부터 30년 이후의 설정은 '어떤 세계를 만들고자 하는가'라는 질문과 그렇다면 '지금 우리는 무엇을 해야 하는가'라는 물음"이다.

이 물음은 이념의 깃발을 올려서 답할 성질이 아니다. 한국문학에서 그런 시대는 끝났다. 중요한 것은 장은정이 역설했다시피 두 가지 물음을 "동시에 맞물리게" 하는 일이다.[46] 언어예술로서의 문학이 도달하는 진리의 해방적 지평을 사유하는 지적 활동으로서의 비평이라면 바로 그 맞물리는 지점을 골똘하지 않을 수 없다. 멜빌의 「이끼들」도 결국 그런 종류의 골똘함 속에서 나오지 않았을까 싶다. 요즘은 인공지능 글쓰기 프로그램에 의해 작성된 텍스트가 대중에게 팔리고 그런 텍스트를 '작품'으로 간주하는 연구자들조

---

[46] 장은정과 이경영 기자의 인터뷰 일부. https://ice-summer.tistory.com/33 참조.

차 생겨나는 마당이다. 연구자만이 아니다. 창작자들도 ChatGPT를 활용해서 작품을 구상하거나 ChatGPT에 질문해서 얻은 '답'을 이리저리 각색하고 있다. 상론할 계제는 아니지만 근년에 발표된 최진영의 단편 「인간의 쓸모」도 그중 하나다.[47]

이 단편을 읽으면서도 과연 유일무이한 것으로서의 문학의 창조성을 우리 작가들은 얼마나 진지하게 사유하고 있는가를 묻게 된다. 이런 물음이 특정한 한 작가를 향할 수는 물론 없다. 다만 한 가지 사례를 들어 생각을 해보자는 취지인데, 갤럭시존, 타운존, 노고존으로 세계를 '세팅'해놓고 그에 맞춰 적절하게 정보를 가공하고 배치하는 「인간의 쓸모」는 오늘날 한국문학이 직면한 어떤 곤경을 예시하는 면이 있는 것 같다. 작품에서 '인간의 쓸모'라는 의문에 대한 소설로서의 사유가 전개되고 있다고 생각하기 어렵지 않을까 싶다. 이런 상태에서 ChatGPT에 질문을 입력하고 이야기를 구상하는 작가에게 한국문학의 세계적 지평을 기대하기는 난망이다.

다른 한편, 창조적 커먼즈 라이센스(CCL; Creative Commons License)의 활용 여지가 확장되는 상황 속에서 인간 창조성의 활력이 위축되는 '문학의 위기'를 작품을 앞에 두고 고민하는 비평도 점점 드물어지는 실정이다.[48] 언어예술로서의 문학 창작에서도 표절의 경계가 멜빌의 시대보다 훨씬 복잡·모호해진 현재, 멜빌이 역설한 '독창성'은 우리 시대에 여전히 살아 있는 하나의 화두이다. 그렇다고 「이끼들」이 표상하는 '멜빌적 정신'으로 돌아가야 한다든가, 한국문학의 비평이 봉착한 난관을 「이끼들」 읽기로써 돌파할 수 있다는 주장도 물론 아니다.

다만, 성취도 적지 않지만 여전히 점검해야 할 한국문학의 문제들이 엄존

---

[47] 최진영, 「인간의 쓸모」, 『창작과비평』 2023년 여름호, 311~334면.
[48] 그 같은 모순적 난점들을 다각도로 성찰한 평문으로는 Emily Apter, "What Is Yours, Ours, and Mine: Authorial Ownership and the Creative Commons," *October* Vol. 126(2008), 91~114면 참조.

하고 있음을 잊지 말자는 취지다. 장강(長江)의 뒷 물결이 앞 물결을 밀어내는 것은 차라리 삶의 이치라 하겠지만 그 점을 새삼 실감케 하는 것은 새롭고 참신한 세대의 비평가들이 등장할 때다.[49] 특유의 역동성과 활력을 잃지 않는 한국과 같은 나라에서 문학이란 무엇인가, 문학으로 사람들의 무엇을 어떻게 바꿀 수 있을까, 라는 물음을 새삼 되묻게 하는 것도 그들 덕분이다.

**단상 둘**

나는 한국문학의 현장에 간간이 개입해오다가 '신경숙 표절 사태' 이후 거리를 두었다. 그렇다고 작품마저 읽지 않는 것은 아니고 어떤 면에서 한국문학이라는 것에 더 골똘해진 면도 없지 않다. 개인적으로는 1970, 80년대 변혁운동의 전위와 후위를 겸했던 '민족문학'의 탁월한 작품들은 「이끼들」에서 멜빌이 천명한 바로 그런 세계문학의 지평에 가닿았다고 생각한다. 그 현재성을 비평으로 증언하는 일은 항구적인 과제로 남아 있다. 최량의 민족문학을 일군 비평조차 이념적 배타성에서 완전히 자유롭지는 못했고 이제는 거기서 무엇을 계승하고 극복할 것인가가 더 뚜렷해진 면도 있다는 것이다. 그런 맥락에서도 신대륙 고유의 자연과 역사를 웅변한 멜빌의 육성이 귓전에 울리는 것 같다.

반복건대 멜빌의 발상은 탈식민담론의 전매특허처럼 통용되는 다양성이나 혼종성과 격을 달리한다. 『이끼들』을 배경에 놓고 2020년대 한국의 평단을 둘러보면 그리 밝은 이야기를 하는 힘들 것 같다. 1970년대부터 한 세대 동안 전성기를 이룬 계간지 시대가 활력을 상실하면서 평단의 비평과 대학에서의 문학연구의 괴리는 점점 커졌고 그에 따라 비평 담론의 지리멸렬함

---

[49] 이는 노태훈의 『현장비평』(민음사, 2023)을 읽으면서 드는 생각이다. "'무슨 말인지 하나도 모르겠는 글', 그런 글들이 문예지에 실린다"는 그의 일갈은 우리 평단의 오랜 고질을 꼬집은 것인데, 더 중요한 것은 다수의 독자에게 읽힐 수 있는 글을 쓰기 위해 분투하는 비평가가 우리 평단에도 계속 출현한다는 사실 자체일 것이다.

도 눈에 띄게 두드러졌다. 그 와중에 전해진 한강의 노벨문학상 수상 소식이 한국문학계에 커다란 자극이 된 것만은 사실이다. 수상의 의미를 제대로 되새기는 성찰은 과제로 남아 있는 느낌이다. 'K-문학'의 세계화를 위한 창작 매뉴얼이 있는 것처럼—심지어 영어로 번역되기 쉽게 창작해야 한다고—선전하는 학자들조차 있으니, 그런 느낌도 근거가 전혀 없는 것은 아니리라.

하기는 힘센 나라들의 언어가 장세(場勢)를 좌우하고 저들 언어로 옷을 갈아입어야만 겨우 입장할 수 있는 것이 세계문학 시장의 여전한 현실이고 한국의 경제·문화의 위상이 '선진국'에 진입한 것이 확실한 2020년대에도 그 점은 크게 달라지지 않았다. '세계적 문학상'에 대한 갈증도 여전하다. 이런 상황에서 가령 2016년 맨부커 인터내셔널 상에 이어 2023년 메디치 외국문학상을 수상한 한강의 『채식주의자』(2007)와 『작별하지 않는다』(2021)를 비롯해 『소년이 온다』(2014)가 작가 자신의 문학세계에서 어떤 위치에 있는지도 엄정한 애정으로 살펴볼 필요가 절실하다. 동시에 한강의 작품들을 한국 현대문학의 전체 지평에 놓고 읽어보는 비평적 훈련이 요구된다.

여기서 그런 작업을 할 수는 없다. 여담이고 뒤늦게 읽어봐서 당시로서는 전혀 몰랐던 사실 하나를 적시할 뿐이다. 한강이 노벨문학상으로 가는 징검다리 역할을 한 2016년 맨부커 인터내셔널상의 롱 리스트에는 모두 열세 작품이 올랐다. 그중에는 인도네시아 작가인 에카 쿠르니아완(Eka Kurniawan, 1975~)의 『호랑이 남자』도[50] 있었는데, 숏 리스트에 오르지 못했다. 나는 어떤 계기로 『호랑이 남자』를 읽으면서 이런 '변방'의 작품이 어찌어찌하여 영역되고 세계의 무대로 진출해도 온전히 인정받지 못하는 세계문학 시장의 현실을 다시 돌아보게 되었다. 『호랑이 남자』를 읽어보라. 새로운 세계문학의 씨앗은 바로 거기서, 식민주의를 내면화한 가부장제의 폭력이 엄존하는

---

50 원제는 *Lelaki Harimau*; 영역본 제목 *Man Tiger*, 2005; 한국어 번역본은 박소현의 번역으로 출판사 오월의 봄에서 2018년에 출간되었다.

바로 그 지역에서 싹트고 있다.

이렇게 생각하다 보면 작가·교수·언론인 등으로 구성된 맨부커상 심사위원들의 '입맛'에 『소년이 온다』보다 현대의 '논쟁적이고도 보편적인' 주제를 담은 『채식주의자』가 더 맞지 않을까 하는 느낌도 든다. 물론 이것은 말 그대로 가정일 뿐이다. 광주라는 한반도 남쪽의 도시에서 벌어진 비극적 트라우마를 극화한 『소년이 온다』와 『채식주의자』 중에서 저들 심사위원들이 어느 작품을 선택했을까 하는 것은 추측의 영역이다.[51] 그렇기 때문에 맨부커상이든 노벨문학상이든 세계적인 문학상이라는 것 자체도 성찰해볼 필요가 있다. 세계적인 문학상의 진정한 권위는 어디에서 오는가? 이 화두를 굴리다 보면 그런 문학상도 식민지를 경영해본 제국의 지식인들이 비서구 세계에 문화적 영향력을 행사하기 위한 일종의 방편일 수도 있겠다는 의심도 새삼 일어난다.

어쨌든 이 대목에서도 "내게 세일럼은 우주의 필연적인 중심과도 같다"고 토로한 호손이 떠오르고, 그를 격찬한 멜빌의 통찰이 왜 우리의 문학과 무관할 수 없는가가 실감된다. "우리의 밤나무와 소나무 냄새가" 호손에게 있음을 역설한 멜빌의 '터의 정신'은 각 나라, 지역의 특수한·특이한 현장을 천착하지 못하고서는 보편의 이상도 난망이라는 뜻으로 풀어야 한다. 멜빌이 강조한 그런 정신이 아니고서는 문학의 민족적·종족적 지문을 지우고 상품화(대중화)에 사활을 거는 시장 현실주의에 창조적으로 대응할 방도를 달리 찾기 어렵지 않겠나. 따라서 이때의 터의 정신을 '향토에 뿌리 박음' 내지는 '고향 의식' 정도로 규정할 수도 없다. 오히려 "재생산 없는 축적"의 시대를—토착의 공간에서 사람들을 내몰고 존엄을 박탈함으로써 사람들의 '살림' 자체를 파괴하는 전지구적 자본의 실태를[52] 직시하는 정신에 가까운 것

---

51 게다가 영역본 *The Vegetarian*은 'Human Acts'라는 제목으로 나온 『소년이 온다』에 앞서 출간된 터라, 후자가 맨부커 인터내셔널 상의 심사 기간 당시 심사 목록에 오를 수 없었다.
52 그러한 실태를 파고드는 정착식민주의 담론에 관한 소개는 Lorenzo Veracini, *The Settler Colonial Present* (New York: Palgrave Macmillan, 2015) 참조.

으로 받아들일 필요가 있다.

그렇다면 문학비평에서도 기본은 이주(移住)와 정주(定住)의 긴장을 흐트러뜨리지 않으면서 '터의 정신'을 살리는 읽기가 될 것이다. 모든 지역적 특수성과 고유성을 소멸시키는 자본주의근대의 대세를 거슬러 진정으로 창조적인 작품의 현재성을 증언하는 과업이라면 더 말할 나위 없을 것이다. 엄정하게 말하면 멜빌의 「이끼들」도 그 같은 과업의 극히 일부만을 예시했을 뿐이다.

이어지는 「『돈 키호테』, 근대를 열다」에서는 이러한 문제의식을 염두에 두고 시선을 자본주의근대가 개막되는 당시로 돌려보고자 한다. 괴테가 세계문학을 구상하기 이전의 근대 초기에 이미 세계문학의 보편적 지평이 진지하게 탐구되고 있었음을 실증하는 선구적 사례로 『돈 키호테』를 논할 것이다.

1부
―
자본주의근대의 개막과
문학의 대응

# 1장

# 『돈 키호테』, 근대를 열다

## 1. 머리말

"세계문학의 이 위대한 최초의 소설은 바야흐로 기독교의 신이 세계를 등지기 시작하는 시대의 초엽에 이렇게 서 있다."[1] 『돈 키호테(*El Ingenioso Hidalgo Don Quijote de la Mancha*)』(1부, 1605; 2부, 1615)의 시대사적 의의를 천착한 루카치(Georg Lukács, 1885~1971)의 이 문장은 찬찬히 음미해볼 만하다. 그가 말한 '세계문학'은 구체적으로 뭘 뜻하는 것인가? 세르반테스에서 시작하여 도스토옙스키로 끝나는 근대의 서구문학이 루카치가 규정한 세계문학이라면 서구 바깥의 문학과는 어떤 교감과 연대의 비전이 있는가?

---

[1] "So steht dieser erste große Roman der Weltliteratur am Anfang der Zeit, wo der Gott des Christentums die Welt zu verlassen beginnt." Georg Lukács, *Die Theorie des Romans: Ein geschichts philosophischer Versuch über die Formen der großen Epik*(München: dtv, 1994), 89면; Georg Lukács, *The Theory of the Novel: A historico-philosophical essay on the forms of great epic literature*, trans. Anna Bostock(Massachusettes: MIT Press, 1971), 103면; 게오르크 루카치, 『소설의 이론』, 김경식 옮김(문예출판사, 2007), 120면. 번역은 필자가 약간 수정한 것임.

세계문학도 실제로는 복수의 국민문학 또는 민족문학'들'로 존재한다면 기존 세계문학 담론에서 일종의 위계(位階)를 형성한—루카치가 주목한—거장들은 어떻게 상대화해야 하는가?

물음이 꼬리를 무는 와중에도 우리에게 분명한 점이 있다면 "시대의 초엽"이 사실상 근대의 개막을 가리킨다는 사실이다. '멀쩡하게 미친' 라 만차의 기사가 벌이는 기기묘묘한 행각은 한편으로 중세를 지배한 신이라는 절대적 이정표의 상실을—루카치의 표현대로 근대인의 고향 상실을—가리킨다. 하지만 다른 한편으로 그것은 중세와 결별하면서 새로운 시대를 여는 '정신의 위대한 여정'을 암시하기도 한다. 확실히 『돈 키호테』의 세계는 중세 기사도 문학을 지배한 신의 가호가 없다. 가호는커녕 둘시네아(Dulcinea)라는 상상의 여인을 수호여신으로 섬기면서 용감무쌍하고 황당무계하게 '모험'을 찾아 나서는 한 인간의 온갖 기괴한 망상과 더불어 시대를 앞서가는 놀라운 지혜가[2] 부각될 뿐이다.

중세에서 근대로 전환하는 시대사적 현실을 염두에 두고 돈 키호테의 그 같은 양면성에 초점을 맞추면 루카치의 문장은 이렇게 풀어볼 수도 있다. '세계문학 최초의 위대한 이 소설은 신이 떠나간 상황에서 시행착오를 거듭하는 한 인간이 마침내 역사의 무대에 본격적으로 등장하고 있음을 극화한다.' 어느 순간부터 착각과 실수를 스스로 교정해나가면서 각성에 도달하는 그는 어떤 면에서는 프랑스혁명으로 가시화되는 '시민'의 모습을 예고하고

---

[2] 대중의 뇌리에 박힌 돈 키호테의 가장 유명한 이미지는 풍차를 향해 돌진하는 모습이다. 하지만 정작 '멀쩡한 때'의 그가 어떤 통찰의 소유자인가를 아는 독자는 그리 많지 않은 것 같다. 돈 키호테의 이 '두 얼굴'이 함축하는 서사상의 의미는 앞으로 짚어보겠지만 먼저 그의 '지혜'에 대한 아우어바흐의 문장을 읽어보자. "돈 키호테의 지혜는 광대의 지혜가 아니다. 그의 지혜는 재능 있고 원만한 인간의 명석함, 고상함, 정중함, 그리고 위엄이다. 즉, 악마적이거나 역설적이지도 않고, 의심과 주저함 혹은 이 세계에서 마음 둘 데 없는 상실감에 시달리는 것도 아닌, 정서적으로 안정되어 있고 심사숙고할 수 있으며 개방적이고 상냥하며 아이러니를 구사할 때조차 겸손한 한 인간의 지혜다." Erich Auerbach, *Mimesis: The Representation of Reality in Western Literature*, trans. Willard R. Trask(Princeton: Princeton UP, 1953), 349면.

있다고 말할 수도 있다. 그중에는—『돈 키호테』1권 13장에 나오는 목동 처녀 마르셀라(Marcella, the shepherdess)처럼—자유와 독립을 선구적으로 당당하게 주창하는 여성도 포함된다.

그런데 당대의 정치 현실에 관한 한 신을 밀어내면서도 신의 이름을 빌려 통치한 권력의 억압이 자심해진 시대라고 써야 좀 더 정확할 것 같다. 절대왕정의 전횡이 풍자 대상이 되고 새로운 정치 실험의 가능성이 열리기 시작하면서 신이 배후에 도사린 중세 로맨스도 지배 장르로서의 활력을 잃은 것이다. 『돈 키호테』는 중세에서 근대로의 이행기이자 과도기에서 태어났다. 이러한 『돈 키호테』가 내용과 형식 공히 근대 장편소설의 전혀 새로운 시작을 알리고 있다는 사실을 많은 학자들이 다각도로 논했고,[3] 실제로 이 장편 하나가 영국과 프랑스를 비롯해 서구문화 전반에 끼친 영향은 실로 막대했다. 사백 년이 넘도록 누려온 대중성도 여전하다.[4] 그런 인기도 돈 키호테와 산초 판사라는 인물의 '인간적 매력'을 빼고 설명하기 어려울 것이다.

하지만 핵심은 역시 고루한 생각을 깨고 참신한 발상을 북돋는 작품의 창의적인 성취 자체다. 그 점에서 다음과 같은 문장도 곱씹어볼 만하다. "라 만차의 돈 키호테가 1605년에 마을을 떠나 세상으로 들어가서 경험한 그 세계가 자신이 읽은 세계와 다르다는 것을 발견한" 순간에 근대가 출범했다는 문장 말이다.[5] 우리가 작품에 골똘해지는 것도 돈 키호테의 그러한 발견의 의미를

---

[3] 『돈 키호테』의 서사적 혁신성에 관한 논의는 주로 E. C. Riley, *Cervantes's Theory of the Novel*(Oxford: Oxford UP, 1962), 1~35면; Marthe Robert, *The Old and the New: From Don Quixote to Kafka*(Berkeley: University of California Press, 1977), 11~43면; Félix Martínez-Bonati, *Don Quixote and the Poetics of the Novel*, trans. Dian Fox(Ithaca: Cornell UP, 1992), 179~235면; David Quint, *Cervantes's Novel of Modern Times*(Princeton: Princeton UP, 2003), 3~21면 등 참조.
[4] 『돈 키호테』가 에스파냐어에서 영어와 불어를 비롯한 서구의 주요 외국어로 번역된 데 걸린 시간은 불과 51년이었고 서유럽 바깥으로 진출한 것은 1769년이었다고 한다. 당대에서 이 같은 번역의 진척이 예외적이었음은 충분히 짐작할 만하다. Franco Moretti, *Atlas of the European Novel, 1800~1900*(London: Verso, 1998), 171~173면 참조.
[5] Carlos Fuentes, "Foreword," *Don Quijote*, trans. Burton Raffel(New York: Norton, 1999), 777면.

독서 과정에서 다시 새로이 '발견'하고 사유하기 때문일 것이다. 이는 이 장편의 현재성도 그의 여정을 따라가는 독자의 마음에서 발생한다는 것이나 다름없다. 즉, 우리는, 마치 바로 그 돈 키호테처럼, 독서 과정에서 작품의 세계가 풍문으로 듣던 것과는 사뭇 딴판임을 깨닫고 우리 자신의 당대로 돌아온다.

그 과정에서 돈 키호테의 모험에서 21세기 오늘날의 현실을 읽어내고 그로써 작품의 '살아 있음'을 확인한다. 400년 전 텍스트가 21세기의 '현재'에 머물러 있다면 우리는 그것을 '세계문학'으로 명명한다.[6] 그런데 즐기면 그뿐인 일반 독자와는 다르게, 이 장편의 '살아 있음'이 구체적으로 어떤 성격인가를 밝히고 그 '오래된 새로움'을 해명해야 하는 과제가 연구자에게 주어진다. 그것은 『돈 키호테』가 어떻게 일세(一世)의 풍미를 넘어서 우리의 동시대에 도달하는가를 묻는 일이다.[7] 루카치를 염두에 둔 이런 문제의식과 물음이 새롭다고 주장할 생각은 없다. 다만, 『돈 키호테』의 보편성을 자명한 것이 아니라 비판적으로 탐구해야 할 문제로 설정한다는 점에서는 서양 주류 학계의 연구 경향과 일정한 거리가 있음을 피력할 뿐이다.

---

[6] '세계문학'이라는 말 자체는 누구에게나 친숙하지만 비평 담론에서는 결코 자명한 개념이 아니다. 나는 모레티가 제기한 '문제로서의 세계문학' 외에 세계문학을 네 범주로 분별하고 그에 상응하는 비평적 해명을 시도했는데 다음과 같다. ①"미국을 포함한 서구에서 국민·민족국가(nation-state)가 형성되는 과정에 적극적으로 개입한 (세계)문학" ②"국제 문학 시장에서 상이한 민족어를 사용하는 문학들을 매개하는 번역문학으로서의 세계문학 ③비평 담론의 형태로 존재하는 "비교문학으로서의 세계문학" ④"담론과 작품에 두루 걸쳐 있는, 괴테·맑스적 기획이라 명명함직한 세계문학." 이에 관한 구체적인 논의는 졸고, 「'세계문학'의 개념들: 한반도적 시각의 확보를 위하여」, 『한국문학의 최전선과 세계문학』(창비, 2013), 379~412면 참조. 이 같은 네 범주의 세계문학과 『돈 키호테』의 관련성은 4절에서 좀 더 자세히 언급하겠다.

[7] 이하 이 글에서 인용하는 텍스트는 각주 5에서 언급한 래펄(Burton Raffel) 교수 번역의 노튼판 *Don Quijote*이다. 인용은 괄호 안에 권수와 면수만 아라비아 숫자로 명기한다. 원문 텍스트는 *El ingenioso hidalgo don Quijote de la Mancha*(Vintage Español: Nueva York, 2002)이다. 이 글에서는 인용문만 원본과 대조했고 번역은 민용태 교수의 것을 대부분 따랐다. 더러 손댄 것은 노튼판 영역본을 참고했음을 밝힌다. 어찌되었든 원문의 미묘한 말장난과 풍자의 묘미를 영역본의 도움을 받아서 이해할 수밖에 없는 필자로서는 사소한 수정도 조심스러울 수밖에 없다. 수정 과정에서는 무엇보다 가독성을 중시했음을 밝힌다. 민용태 교수 외에 김현창, 박철, 전기순 교수 등이 내놓은 한국어 번역본들도 그 자체로 독서 과정에서 큰 버팀목이 되어주었다.

물론 최소한 서구중심주의를 하나의 '문제'로 의식하는 강도 면에서는 루카치와도 차이가 분명하다고 말할 수 있다. 국지의 현실에서 검증받지 못한 보편성이란 그 자체로 위험한 허구요 허위의식의 산물임을 작품 읽기로써 천착하겠다는 취지다. 그 같은 천착은 『돈 키호테』가 근대의 개시와 함께 번성한 다양한 문예사조를 예표하거나 선취하는 양상에 대한 논구를 겸하는 작업이 될 것이다.

## 2. 『돈 키호테』의 저자들과 서사 형식

1권 「책머리에」에서 세르반테스가 자신을 『돈 키호테』의 "의붓아버지"로 소개하는 장면에서 말문을 열어보자. 의붓아버지라는 표현은 작가 스스로 작품(자식)의 결점이나 단점에 눈먼 아비만은 아님을 암시하는 듯하다. 의붓아버지라면 친부보다는 한 걸음 떨어져서 자식을 평가할 수 있을 테니까. 동시에 그것은 자신의 독창성이 선대 작가들에 빚진 바 있음을 인정하는 작가의 겸손일 수도 있다. 본 이야기로 들어가면, "라 만차의 어느 마을, 지금 그 마을의 이름이 생각나지는 않지만"이라는 서두로 운을 떼는 화자가 등장한다. '글쓰기'에 관한 각양각색의 자의식과 기상(奇想)이 넘쳐나는 작품답게 이 화자의 정체는 좀 아릇하다. 일단 7장까지를 염두에 두면 화자가 세르반테스와 어떤 관계인지 의문이 생긴다. 작가인 것 같기는 한데, 돈 키호테라는 인물의 행적을 기록한—라 만차에서 전승되는—'실록'을 읽는 화자인 동시에 독자로 추측할 수 있는 문장도 나오기 때문이다.[8]

---

[8] 1권 2장에서 화자인 '나'는 이렇게 말한다. "작가에 따라서는 그에게 일어난 첫 모험은 푸에르토 라피세에서였다고 하고 다른 사람들 말로는 가장 처음이 그 풍차 모험이었다고 하는데, 여하튼 내가 라 만차의 연감에 쓰인 기록으로 알아본 바로는 그날 그는 온종일 걷기만 했다."(1권 56면) 이런 대목에 비춰보면 『돈 키호테』 자체도 여러 '판본들'이 존재하는 텍스트라는 점 외에, 적어도 돈 키호테와 비스카야인의 싸

다음 장인 8장의 풍차 에피소드 끝 무렵까지 읽으면 우리는—『돈 키호테』를 거기까지 따라 읽은 우리는—돈 키호테와 비스카야(Vizcaya; 현재 스페인 북부, 바스크 지방 북서부) 사람의 결투를 느닷없이 연기하는 목소리를 듣게 된다. 이 대목에 이르면 화자의 정체는 좀 더 명료해지는 것 같다. 연기의 변은 이렇다.

그러나 이 모든 것의 문제는 바로 이 순간, 그 말로써 **이 이야기의 원저자**가 결투를 중단시킨다는 점이다. 돈 키호테의 위업에 대해 이미 나온 것 외에 더 이상 써진 것이 없다는 것을 이유로 말이다. 그런데 **이 이야기의 제2작가**인 나는 그처럼 매혹적인 이야기가 망각에 묻혔으리라고 생각하지 않았다. 라 만차의 영리한 사람들이 이 유명한 기사에 관한 이야기를 이런저런 기록으로 남겨두지 않을 정도로 호기심이 없으리라는 것도 믿기 힘들었다. 이런 생각을 하면서 나는, 다행히 하늘이 보우하사, 이 즐거운 이야기의 결말을 발굴할 수 있으리라는 희망을 버리지 않았는데, 실제로 여러분은 다음 장에서 **내가** 전해주는 그 결말을 읽을 수 있다. (1권 49면, 강조는 인용자)

이렇게 애가 타던 화자·독자는 우연히 톨레도(Toledo, 마드리드의 남서쪽에 위치한 에스파냐의 옛 수도)의 장터에서 결투의 결말과 이후 사연이 담긴 아랍어 필사본을 발견했다고 눙치면서 이야기를 이어간다. 그에 따르면 '원본'은 아랍어 필사본이다. 그는 필사본을 구입하여 모리스코인을 시켜 카스티야어로 번역하게 했다고 말한다. 그러면서 중단된 결투의 이야기가 다시 시작되기까지의 경위를 독자에게 소상히 설명한다.

화자가 언급한 "이 이야기의 원저자"는 베넹헬리(Cide Hamete Benengeli)

---

움이 벌어지기 전까지의 '나'는 자신이 읽은 라 만차의 실록을 다시 다른 독자들에게 들려주는 화자인 동시에 독자인 셈이다.

라는 아랍인이다. 흥미롭게도 화자는 그를 '역사가'로 소개한다. 베넹헬리는 물론 가공의 인물이다. 하지만 학자들의 관심을 지속적으로 끌 만큼 서사상의 존재감이 강력하다.⁹ 서사의 운용 측면에서도 화자와 '원작자'로 소개된 베넹헬리는 불가분의 관계다. 화자가 자신을 "제2저자"로 내세우는 대목만 해도 그렇다. 일견 그는 세르반테스다. 그러나 큰 무리가 없달 뿐이지, 제2저자＝세르반테스라는 등식이 문자 그대로 성립하는 것은 아니다. 가령 페드로 페레즈 신부(神父)가 집전하는 기사도 소설의—종교재판소의 판결 낭독(auto-da-fé)을 연상케 하는—'화형식'(1권 6장)을 보자. 이 장면을 기술하는 대목에도 제2저자와 세르반테스 사이에는 미묘한 균열 내지는 분열이 존재한다.¹⁰ 화형식에서 언급되는 소설가 세르반테스와 "제2저자인 나"의 간극은 마치 초자아/자아를 가르는 빗금을 생각나게 한다. 마치 아버지가 아들을 배려하고 걱정하듯이 일인칭 화자인 '나'는 세르반테스가 남긴 작품의 운명을 염려하기 때문이다.¹¹ 그렇다면 베넹헬리라는 인물을 제1저자로 앞세우고 자신은 뒤로 빠지는 제2저자로서의 화자는 어떻게 봐야 할까?

세르반테스가 제2저자라면 그는 독자·비평가·편집자·작가다. 무엇보다 그는 베넹헬리가 썼다는 원문의 번역문을 읽는 독자이다. 동시에 그는 번역문

---

9 그중 근년의 논의는 Charles D. Presberg, *Adventures in Paradox: Don Quixote and the Western Tradition*(University Park: Pennsylvania State UP, 2001), 171~192면; William Childers, *Transnational Cervantes*(Toronto: University of Toronto Press, 2006), 68~79면; Carroll B. Johnson, *Translating a Culture: Cervantes and the Moriscos*(Newark: Juan de la Cuesta, 2009), 203~230면 참조.

10 '균열'에 관한 국내 학자들의 자세한 논의는 『환멸의 세계와 문학적 유토피아: 『돈 키호테』를 읽다』(월인, 2016)에 실린 전기순, 「세르반테스와 자의식적 픽션」; 윤용욱, 「메타픽션과 돈 키호테」 등 참조.

11 페레즈 신부는 수북이 쌓인 책들을 보면서 "그런데 그 옆에 있는 저 책은 또 뭐지?"라고 묻는데, 이어 다음과 같은 대화가 펼쳐진다. "미겔 데 세르반테스라는 사람의 『라 갈레테아』라는 책인데요"라고 이발사가 말했다. "아, 그 세르반테스라는 친구, 오래전부터 나와 아주 절친하지. 내가 알기로, 이 친구는 시 쓰는 일보다는 불행에 더 이력이 난 것 같아. 이 사람 책은 뭔가 독창성이 보이긴 해. 하지만 시작만 해놓고 뒷 하나 끝내놓은 게 있어야지. 속편이 나올 거라고 했으니 어디 기다려봐야지. 그때 수정을 좀 해서 내면 지금까지 냉대하던 행운의 여신이 그 친구에게 자비를 베풀어줄지도 모르지. 그때까지는 우선 이 책을 자네 집에다 간수해놓도록 하게."(1권 39면)

에 대해 이러쿵저러쿵 논평하는 비평가다. 뿐만 아니라 원고의 '방향'과 관련해서 고민한다는 점에서 편집자라 할 만하고, 번역문을 번안(飜案)으로 각색하니 작가와 유사하다. 사정이 이러하니 원본의 성격은 물론이고 원작자의 정체성도 헛갈릴 수밖에 없다. 작품만도 무려 네 가지 판본, 즉 아랍 작가가 쓴 원본, 톨레도 거주 모리스코인이 번역한 번역본, 화자가 만든 복사본, 라 만차 지역에서 전승되는 실록 등이 존재한다. 따라서 위에서 인용한 대목을 샅샅이 검토한 한 학자의 다음과 같은 주장이 나오는 것도 당연하다. "이 모든 상황으로 미뤄보면 한 무슬림 기록자가 말하는 기독교 기사의 행위에 관한 이야기에 우리가 실제로 권위를 부여하고 거기서 진실을 발견하기 어렵다."[12]

세르반테스 전공자들에게는 상식에 불과할 사실들을 간략히 짚어본 것은 다른 까닭이 아니다. 고도로 발동된 '작가'의 서사적 자의식이 어떠한 역사적 현실에서 기원했고, 그런 자의식에서 나온 작품은 어떠한가를 묻기 위함이다. 기실 이 물음을 연구와 비평의 차원으로 끌어올리는 것이야말로 『돈 키호테』론에서 핵심이라면 허구의 아랍인인 베넹헬리가 어찌하여 역사가로 제시되는가부터 따져봐야 한다. 화자는 역사가란 무릇 "사사로운 감정에 휘둘리지 않아야 하고 가장 정확·진실해야 하며, 사적인 이익이나 두려움, 원한, 편애로 진실을 버리고 붓을 굽은 길로 가게 해서는 안"되는 존재로 정의한다.(1권 52~53면) 세르반테스가 베넹헬리를 통해 자신의 작가적 신념을 피력했다고 봐도 무방한 문장이다.[13] 그런데 이 곧은 말도 전후 문맥을 짚는 순간 비틀어지기 시작한다. 화자에 따르면 아랍인들은 예외 없이 "거짓말쟁이로 소문난" 족속이기 때문이다.

그렇다면 아랍인인 이상 베넹헬리가 제아무리 뛰어난 역사가라 할지라

---

[12] E. Michael Gerli, *Refiguring Authority: Reading, Writing, and Rewriting in Cervantes*(Lexington: University Press of Kentucky, 1995), 64면.
[13] 바로 그렇기 때문에 이 역사가를 역사를 연구하는 학자로 좁혀서는 곤란하다. '과거'를 소환하는 '이야기꾼'인 동시에 고대 그리스어의 어원대로 '탐구하는 자'로 이해할 필요도 있다는 것이다.

도[14] (이야기꾼들이 그러하듯이) 거짓말쟁이의 운명을 피할 수 없다는 말인가? 이렇게 역사가 베넹헬리와 아랍인 베넹헬리의 관계를 모순으로 만들어놓고 세르반테스는 한술 더 뜬다.『돈 키호테』에 결함이 있다면 그것은 "작가인 무어인의 (거짓말하는—인용자) 못된 버릇에서 비롯된 결과"라고까지 단언한다.(1권 53면) 그렇다면 이런 식의 단언도 에스파냐 문명의 우월성을 내면화한 세르반테스의 '무의식'과 모종의 관계가 있지 않을까? 다른 한편,『돈 키호테』의 원저자로 가상의 베넹헬리를 내세우면서 그를 완전한 모순으로 만든 것은 서사 전략의 일환일 가능성도 있다. 비서구 세계의 독자가 이 장편에 서구 문명의 우월주의 혐의를 두는 것은 어떤 면에서 당연한데, 만약 서사 전략이라면 세르반테스는 어떤 연유로 베넹헬리를『돈 키호테』의 원저자로 치켜세우면서도 아랍인들 전체를 거짓말쟁이로 매도하는가?

오직 진실만을 기록하는 역사가 베넹헬리와 거짓말쟁이 아랍인 이야기꾼 베넹헬리의 이율배반을 세르반테스가 몰랐다고 생각하기는 어렵다. 그렇다면 논리적으로 그 같은 이율배반도 작가가 들여놓은 서사상의 상해보험(傷害保險)일 수 있다. 자기와 자신의 작품에 가해질 수 있는 모함과 위해(危害)에 선제적으로 대비하기 위해 허구의 아랍 작가를 제1저자로 내세우며 방패막이로 삼았으리라는 것이다.[15] 제2저자가 당대 에스파냐 제국의 통

---

[14] 베넹헬리가 아랍인이 아니라 모리스코인이라는 가설은 여러 논자들이 내놓은 바 있다. Ellen M. Anderson, "His Pen's Christian Profession: Cide Hamete Writes the End of Don Quixote," *Romance Languages Annual* 6(1994), 406~412면; William Childers, *Transnational Cervantes*, 73~74면. 칠더스 교수는 1권 16장에 등장하는, 아레발로(Arévalo) 지방에서 가장 부자인 짐수레꾼에 관한 언급을 그 근거로 제시했다. "이 이야기의 작가(베넹헬리—인용자)도 수레꾼을 잘 알고 있어서, 그러니까 자기의 친척뻘이 된다는 것을 드러내기라도 하는 건지, 그 사람에 대해서 매우 자세히 언급하고 있다."(1권 88면) 베넹헬리가 모리스코인이라면 그 정치적 함의는 더 복잡해진다. 이에 관해서는 다음 절에서 '추방서사'를 통해 짚어보겠다.
[15] 거시적으로 보면 베넹헬리라는 유령 작가는 에스파냐 지역 최후의 이슬람 왕국인 그라나다의 함락(1492)으로 정점을 찍은 에스파냐의 국토수복 운동(Reconquista)과 무관하지 않다. 국토수복 운동은 무어인(에스파냐계 이슬람교도), 모리스코인(에스파냐 내부의 개종한 기독교도 이슬람인)뿐만 아니라 이슬람 문화 전체를 '타자'로 낙인찍은 이데올로기를 동반한바, 기독교 세계의 타자인 베넹헬리는 그런 이

치 이데올로기를 공식적으로 대변하는 역할을 맡는 한편, 그런 저자는 '원저자' 베넹헬리의 목소리를 차용해 교묘하게 체제전복적인 메시지를 전달하고 있다는 주장에 비춰보면, 이는 충분히 합리적인 추론이다.[16] 하지만 이 추론을 '작품 자세히 읽기'만으로는 입증하기 힘들 것 같다. 어떤 면에서 이는 텍스트의 궁극적 직조자(織造者)라고까지 할 수 있는 당대의 '역사 현실'을 불러내야만 하는 문제이기 때문이다.

허구의 저자 베넹헬리를 세르반테스가 들여놓은 서사적 상해보험으로 가정할 때 가장 먼저 떠오르는 것은 동시대 최대 검열기관인 종교재판소(Consejo de la Inquisición)이다. 이 기관은 펠리페 2세(1527~1598) 치하에서 금서 목록을 대대적으로 작성했고 목록은 1834년에 가서야 폐지되었다. 금서를 규정한 심문관들이 작가에게 어떤 공포였을지 상상하기는 어렵지 않다. 신의 이름으로 작가에게 사실상 물리적 죽음까지도 선고할 수 있는 상시적인 검열이 아니었던들 세르반테스의 서사적 자의식이 제1저자, 제2저자 하는 식으로 복잡해질 필요가 없었으리라는 것이다. 물론 종교재판 및 검열, 금서 목록과 당대 에스파냐 문학·문화의 관계는 그 자체로 방대한 전문 연구 영역이다. 특히 세르반테스와 검열의 문제는 결코 간단치 않고 여기서 감

---

데올로기의 정당성을 뒷받침하면서도 교묘하게 교란하는 허구적 화자임 셈이다. 에스파냐 '국토수복 운동'의 역사적 양상에 대한 자세한 소개는 Joseph F. O'Callaghan, *Reconquest and Crusade in Medieval Spain* (Philadelphia: University of Pennsylvania Press, 2004), 1장 참조.

16 이는 작품에 대한 실감에 토대를 둔 필자의 판단이다. 그런데 제2작가에 의해 베넹헬리가 언급되는 방식을 면밀하게 검토한 한 학자의 실증적 분석과 주장에 비춰보면 '실감'보다 더 구체적인 근거가 있는 판단으로 여겨진다. 그는 자세한 분석 끝에 이렇게 정리한다. "만약 우리가 이 모든 것을 베넹헬리 대 (세르반테스가 아닌) 제2의 작가라는 맥락에 다시 넣는다면 내가 위에서 세운 가설과 비슷한 결론을 얻는다. 즉, **세르반테스의 전복적인 메시지는 베넹헬리에 의해 전달되는 한편, 제2저자는** (에스파냐 제국이 승인하는—인용자) **공식적 가치의 반동적인 대변인으로 드러나는 것이다**(If we put all this back in the context of Cide Hamete Benengeli vis-a-vis the Second Author (not Cervantes), we get something like what I hypothesized above: **Cervantes' subversive message is carried by Cide Hamete Benengeli, and the Second Author is revealed as a reactionary spokesman for the official values**)." Carroll B. Johnson, *Translating a Culture: Cervantes and the Moriscos*, 230면.(강조는 인용자)

당할 수도 없는 주제다.[17] 다만, 성속(聖俗)을 모두 장악한 교회 권력과의 불화를 피하려는 과정에서 세르반테스의 서사적 자의식도 여러 갈래로 '분열' 되었으리라는 추측 정도는 충분히 가능하고, 분열의 서사적 함의도 어느 정도 추론해볼 수는 있다.

장르 서사의 관점에서 좀 더 따지고 들면, '제2저자'가 발견한 원본과 가상의 아랍 작가라는 설정은 중세 기사도 문학이 흔히 차용한 전래의 서사 형식을 본뜬 것으로 보인다. 그렇다고 '상해보험'과 관련해서 당대 현실을 소환하는 다음과 같은 지적도 흘려 넘기기는 어렵다. "아랍의 역사가를 자기 소설의 저자로 거명한 것은 문학적 전통에 따른 것이지만, 좀 더 자유롭게 현실 세계를 비판하는 데 따르는 책임을 회피하기 위한 수단이기도 했다."[18] 그런데 이 유령 화자가 책임 회피를 위한 서사적 장치만이 아니라 글쓰기 자체에 대한 다각도의 자의식을 표상하는 일종의 초화자(supernarrator)임에도 주목할 필요가 있다.[19] 이렇게 헤아려보면 베넹헬리라는 허구의 화자는 세르반테스가 가입한 단순한 보험만은 아닌 셈이다. 즉, 문명들의 공존과 융합을 표상하는 서사적 타자이기도 하다는 것이다.

그렇다면 그런 타자가 함축하는 문명의 지평을 이렇게도 표현할 수 있겠다. 즉, 베넹헬리는 위대한 서사 문학을 포함하여 유럽의 대지에 숱한 건축물과 그림, 조각 등으로 형형색색 수놓고 퇴각한 이슬람 문명의 찬란한 서사적 잔광에 비견할 만하다. 해 질 무렵의 낙조가 그러한 것처럼, 베넹헬리는 중세 기사도 문학의 사라진 세계를 찾아 주유하는 돈 키호테의 기상천외한

---

17 『돈 키호테』와 종교재판 및 검열의 관계에 관한 논의는 특히 Ryan Prendergast, *Reading, Writing, and Errant Subjects in Inquisitorial Spain* (New York: Routledge, 2016) 참조.
18 나송주, 「세르반테스의 소설과 종교재판소의 검열」, 『西語西文硏究』 14(1999), 354면에서 재인용.
19 James A. Parr, "Approaching Diegesis: Telling, Transmission, and Authority," *Approaches to Teaching Cervantes's Don Quixote*, eds. James A. Parr and Lisa Vollendorf (New York: Modern Language Association of America, 2015), 88면.

모험을 아련한 후광으로 둘러싸는 허구로서의 작가다. 그렇다면 그런 허구 뒤에 숨어 독자들에게 자신을 '제2저자'로 몸을 낮추는 세르반테스는 모더니즘이나 포스트모더니즘 사조의 작품에나 나올 법한, 차단과 은폐의 복화술사라 할 만하다.[20] 그러나 성과 속 어느 세계에서든, 작가든 아니든 지상에서의 책임을 완전히 벗거나 회피하는 것은 불가능하다. 우리가 그런 전제를 받아들인다면, 제아무리 세르반테스가 카멜레온과 같은 서사 전략을 구사했다 하더라도 '억압된 것들'은 텍스트에 잔존하기 마련일 것이다.

그렇게 억압된 것들이 우리의 시대로 회귀하는 징후를 읽어내서 그 역사적 함의를 밝히는 일은 서구의 고전으로 『돈 키호테』가 누리는 장수의 원인을 규명하는 데도 관건이다. 알다시피 종교가 구심점으로 작용한 '민족주의·국가주의'는 서구중심주의와 짝패를 이루는 이데올로기다. 『돈 키호테』라고 해서 그런 이데올로기에서 저절로 면제되라는 법이 없음은 두말할 나위 없지만, 실제로 17세기 초반 에스파냐 지역들이 민족국가·국민국가로 통일되고 제국으로 발돋움하는 과정에 어떤 집단적 폭력이 수반되었는가를 짐작게 하는 일화들이 『돈 키호테』 곳곳에 잠복해 있다. 화자'들'의 화려한 언변과 복화술에도 불구하고 그런 일화에 묻어 있는 역사의 핏빛 상처들이 텍스트 표면으로 얼핏얼핏 드러난다는 것이다.

## 3. 기독교 중심주의, 검열, '타자'의 재현

『돈 키호테』의 '원본'이 발견되었다는 톨레도의 저잣거리는 기독교와 아랍, 유대의 종교가 갈등하고 융합하는 문명들의 초지역적 교차로라 할 만했

---

20 이에 관한 비교문학적 논의는 주로 *Cervantes and The Modernists: The Question of Influence*, ed. Edwin Williamson(London: Tamesis, 1994) 참조.

다. 거기서 아랍어로 씌어진 『돈 키호테』가 카스티야 지방어로 모리스코인에 의해 번역된다는 서사상의 함의는 분명하다. 즉, 톨레도는 "에스파냐 역사의 복합적인 언어·문화·지리" 공간인 터라,[21] 잡종으로서의 근대 장편소설이 그런 곳에서 '발생'했으리라는 주장도 엉뚱한 추측으로 치부하기는 어렵다.[22] 하지만 근대의 개막을 알리는 『돈 키호테』의 위상과 관련하여 그보다 중요한 쟁점은 따로 있다. 이를 다음과 같이 수사적 물음으로 제시할 수 있을 것 같다. 예컨대 『돈 키호테』의 카르데니오-루스신다-돈 페르난도-도로테아 에피소드가 선행되지 않았던들 (영국문학의 연구자들 사이에서) 근대 장편소설의 기원으로 상찬되는 리처드슨(Samuel Richardson)의 『파멜라(Pamela, or, Virtue Rewarded)』(1740~1741)가 세상에 나오기는 어렵지 않았을까? 『파멜라』에서 묘사된 여성의 정절과 가부장 권력의 복잡다단한 상관관계는 『돈 키호테』의 바로 그 에피소드에서 압축적으로 재현된다고 해도 지나친 말이 아니다.[23]

『돈 키호테』의 소설사적 영향력과 더불어 가부장제와 연관된 여성주의의 쟁점을 환기한 셈이지만 이 글의 쟁점은 아니다. 그보다는 에스파냐의 역사

---

21 이에 관해서는 E. C. Graf, *Cervantes and Modernity: Four Essays on Don Quijote* (Lewisburg: Bucknell UP, 2010), 105~113면 참조.
22 나는 장편소설의 '원조 찾기'와 거리를 두면서—와트(Ian Watt) 식의 '소설의 발생' 담론을 비판적으로 의식하면서—초국가적 복합 장르로서의 『돈 키호테』를 조명한 논의에 흥미를 느끼는 편이다. 이에 관한 논의는 특히 Diana de Armas Wilson, *Cervantes, the Novel, and the New World* (Oxford: Oxford UP, 2000), 2~4장 참조.
23 영향 관계에 관한 한 아마도 더 방불한 사례는 필딩(Henry Fielding)의 "산문으로 이뤄진 희극적 서사시(comic epic in prose)"일 것이다. 『돈 키호테』야말로 그와 같은 서사시의 선구적 모범인바, 『조셉 앤드루스(*Joseph Andrews*)』(1742)의 경우 아예 부제가 "『돈 키호테』의 작가 세르반테스의 방식을 모방하여 씌어진(Written in Imitation of The Manner of Cervantes, Author of Don Quixote)"으로 되어 있다. 주인공의 편력에 돈 키호테의 그림자가 짙게 드리운 것은 더 말할 나위 없다. 이러한 『돈 키호테』가 리처드슨이나 필딩 등 후대 작가들에게 구체적으로 어떤 영향을 주었는가는 영문학 연구자들에게도 중요한 과제일 것이다. 가령 레녹스(Charlotte Lennox)의 『여자 키호트(*The Female Quixote; or, The Adventures of Arabella*)』(1752)처럼 '성전환'한 돈 키호테를 내세워 인습을 깨는 진보적 여성의 모험을 그리기도 했다. 이를 세르반테스가 재현한 마르셀라와 같은 여성과 비교해보는 것도 흥미로운 작업이 될 듯하다.

현실에서 모리스코인들로 표상되는 불순한 타자들이 '소설의 발생'에서 어떤 역할을 했는가 하는 물음이 중요하다. "마호메트교의 철학자"로 소개된 화자 베넹헬리만 해도 '불순한 타자'로 부름 직하다. 그런데 '포섭되면서도 배제되는' 타자로서의 베닝헬리가 단순히 이슬람 세계의 서사 전통을 표상하는 차원을 넘어서 당대 기독교 중심주의의 핵심 모순을 예시하기까지 한다면, 이는 작가에게도 다루기 조심스런 문제였을 법하다. 한 연구자가 밝혔다시피 "1606년부터 시작된 모리스코인들의 추방은, 1492년의 유대인 추방처럼, 근대 국가의 통합이—수백 년 후에 훨씬 심하게 일상화될(나치 체제하의 유대인 탄압을 가리킴: 인용자)—약탈과 만행 없이 진행되지 않았음을 보여준" 극적인 사건이었다.[24] 그렇다면 추방의 진실은 타자로서의 베넹헬리와 무관할 수 없고 서사상의 기교나 곡예만으로 감당하기도 힘든 문제였을 것이다. 타자·소수자로서의 모리스코인들이 어떻게 재현되는가가 그 자체로 장편소설의 발생 및 근대의 개막과 연관해서도 중요한 논점으로 부각되는 것은 바로 그런 역사적 맥락에서다.

세심한 독자라면 『돈 키호테』 곳곳에서 서구·기독교 중심주의의 흔적들을 발견할 수 있으리라 본다. 이 경우 장편소설은 극예술과는 또 다른 차원의 복잡함과 미묘함이 배가될 공산이 크다. 게다가 소설의 발화 형식에 대한 세르반테스의 고도의 자의식까지 가세한다면, 셰익스피어의 텍스트보다 상대하기가 한결 난감한 구석이 있다. 이슬람교 및 유대교와 기독교의 오랜 반목과 공존의—'콘비벤시아'(Convivencia; 더불어 사는 관용) 정책을 만들어낸—현실에서 당대 에스파냐 정신사의 중핵이 형성된 만큼, 그런 역사를 소설화한 작품의 면모는 세계문학으로서의 『돈 키호테』가 갖는 현재성을 구체적으로 가늠하기 위해서 반드시 규명해야 할 문제다. 이 절에서는 레판토 해전

---

[24] Roberto González Echevarría, *Love and The Law in Cervantes* (New Haven: Yale UP, 2005), 159면.

(1571)에 참전하여 포로가 된 작가의 우여곡절이 투사된 '포로서사'(captivity narrative, 1권 37~42장)와 모리스코인 집단 추방(1609~1613) 사건을 극화한 리코테의 '추방서사'(expulsion narrative, 2권 54, 63~65장)에 집중해보겠다.

포로서사와 추방서사는 일견 전혀 상이한 이야기처럼 읽힌다. 하지만 종교 갈등을 처리하는 데서는 일란성쌍둥이처럼 닮은 면이 많다. 기독교 대 이슬람교라는 종교의 대립이 두 서사를 지배하는 기본 구도이다. 이 구도는 암암리에 『돈 키호테』 전권을 관통하고 있다고 해도 과언이 아니다. 기억할 점은, 대립의 전체 구도도 풍자를 동반하는 희극 모드로 가동된다는 사실이다. 그런데 포로서사와 추방서사는 그런 모드의 가동 방식이 좀 더 복합적이다. 즉, 종교간 대립 구도에 부녀 간의 간단치 않은 정리(情理)와 청춘 남녀의 사랑까지 덧씌워진 형국이다. 먼저 포로서사에서 잔가지를 쳐내고 주요 줄거리만 간략하게 정리해본다.

포로서사의 화자는 비에드마(Viedma)라는 남성이다. 그는 "레온 지방의 산악지대"에 위치한 마을 출신으로, 그곳에서 부유한 가문의 삼 형제 중 장자로 태어나 군인의 길을 택했다. 세르반테스처럼 레판토 해전에 참전한 그는 갖은 고생 끝에 아르헬(오늘날 알제리)의 옥사에 포로로 수감된다. 포로서사는 주로 거기서 일어난 사건을 다룬다. 어느 날 '나'는 동료 죄수들과 함께 옥사 위쪽의 무어족 대저택 창문에서 끝에 헝겊이 달린 막대가 내려오는 것을 발견한다. 그 막대는 이상하게도 화자인 비에드마에게만 향한다. 금화가 든 헝겊은 무어족인 소라이다(Zoraida)라는 처녀가 '성모 마리아의 땅'으로 가기 위해 아버지를 기망하면서 그에게 보내는 구조 신호다. 신호에 부응한 비에드마는 처녀에게 결혼까지 약속하면서 결국 탈옥에 성공한다. 그의 육체적 해방은 무슬림에서 기독교로 (이미) 개종한 처녀 소라이다의 정신적 탈출과 함께 일어난다. 그런데 탈출 작전을 주도했고 때로 개성적인 면모를 보이기도 하지만 소라이다는 기본적으로 화자에 의해 조종되고 재현되는 객체에 가깝다. 이야기가 기독교도 남자인 비에드마의 목소리로 전개되는 터라 반(反)이슬람 시각이 자연스럽게 '포로·화자'의 탈출 서사를 장악한다.

하지만 반이슬람 성향의 서사도 파고들면 간단치는 않다. 화자 비에드마가 레판토 해전에 참전한 세르반테스의 분신이기도 하다는 사실을 떠올린다면 그런 작가를 교조적인 기독교도와 완전히 동일시하기 어렵기 때문이다. 따라서 포로서사도 그에 상응하는 복잡성을 띤다. 단적으로 소라이다의 개종에도 이슬람교에 대한 기독교의 승리만을 읽어내기 힘든 대목이 적지 않다. 작품 전반을 뜯어보면, 무어인 개개인에 대한 세르반테스의 묘사는 불편부당하며 때로는 격정 어린 연민과 공감이 스며 있다.[25] 그럼에도 포로서사의 소라이다는 철저하게 반이슬람·친기독교의 시각으로 재현된다. 화자에게 보낸 비밀 편지에서 소라이다 자신이 "제가 쓴 편지를 누구에게 읽게 할지 잘 생각하세요. 무어족은 아무도 믿지 마세요. 모두 배신을 잘하거든요"라고 단언하는 정도다. 따라서 다음과 같은 물음도 피할 수 없다. 자애로운 아버지를 버리고 이름조차 모르는 이교도 남자에게 몸을 맡긴 채 기독교 세계를 꿈꾸는 무어 여인의 비정하기 짝이 없는 종교적 의지가 포로서사를 과연 어느 정도나 장악하고 있는 것일까?[26]

철석같이 믿는 딸에게 무참하게 버림받은 모라토(Agi Morato)의 절규는

---

25 그에 관한 좀 더 자세한 논의는 William Eggington, *The Man Who Invented Fiction: How Cervantes Ushered in The Modern World*(New York: Bloomsbury, 2016), 4장 참조.

26 그런 물음에 관한 한 아우어바흐의 논지는 썩 만족스럽지 못하다. 그 자신 유대인임에도 비서구 독자, 특히 이슬람권 독자가 안중에 없다는 면에서도 그러한데, 세르반테스의 불편부당성을 역사적으로 사유하는 데서 비판의 여지를 남기는 것도 그와 무관치 않을 듯하다. 그는 이렇게 썼다. "부친에 대한 소라이다의 행동은 우리가 숙고할 수밖에 없는 하나의 도덕적인 문제가 된다. 하지만 세르반테스는 그 문제에 대한 자신의 생각이 뭔지 힌트를 주지 않으면서 이야기를 전개한다. 어찌 보면 이야기하는 이는 세르반테스가 아니라 수인(囚人)이고 그는 당연히 소라이다의 행위를 훌륭하다고 생각한다." Erich Auerbach, *Mimesis*, 356면. 아우어바흐의 논지가 틀렸다기보다는 안이하다는 말인데, 그가 논한 "도덕적인 문제"로서의 소라이다 에피소드가 그 정도에서 끝낼 수 있는 쟁점은 아니다.

부정(父情)의 애처로움을 실감케 하는 한편, (오늘날에도 곳곳에서 목격되는) 근본주의적 종교의 폭력성을 떠올리게 한다. 딸의 개종과 관련하여 모라토가 자기도 모르게 드러내는 복잡한 진실의 심연은 으스스한 구석마저 있다. 가령 화자 일행에 의해 포로로 붙잡혔다가 풀려날 때 그가 내뱉는 일갈을 들어보라.

'예수쟁이들아, 너희는 이 사악한 계집이 내가 놓여나는 걸 보면서 왜 기뻐하는 줄 아느냐? 나에 대해 어떤 애정이 있어서 기뻐할 거라고 생각하느냐? 아니, 전혀 아니지. 그건 저년의 사악한 정욕을 내가 방해할까 봐 그러는 거다. 내가 방해가 돼서 그러는 거다. 네놈들의 종교가 우리 종교보다 더 우월하다고 믿어서 저 계집이 개종했다고 생각하면 오산이지. 그건 네 나라에서는 우리나라보다 부정(不淨)한 짓거리를 하는 게 더 쉽다는 걸 그년이 알았기 때문이지.'(1권 286~287면)

그러나 친부를 버리고 개종을 한 딸을 향해 퍼붓는 악담은 애원으로 마무리된다. "돌아오렴, 사랑하는 내 딸아, 고향으로 돌아와, 내 다 용서하마." 한마디로 소라이다 에피소드는 '불효막심'을 성모 마리아의 이름으로 정당화하는 서사다. 하지만 모라토의 입장에서는 딸년의 배교를 아비의 사랑으로 감싸는 서사이기도 하다. 그렇다면 이런 이야기의 간단치 않은 함의를 생각하는 데 모라토의 외침의 (당대에 실재했었을) 개연성 내지는 현실성 자체가 중요한 것은 아닐 듯하다. 문제는 역지사지의 읽기를 했을 때 심화되는 비판적 물음이다.

가령 부정(父情)이 넘치는 친부를 내친 소라이다의 개종을 현재 아랍권의 독자라면 어떻게 읽을 것인가? 이 경우 그녀의 개종과 배덕을 당연하게 받아들이는 화자의 탈출기는 아랍 독자에게는 기독교 중심주의를 징후적으로 변주해온 서구 포로서사의 전형적 사례가 될 공산이 크다. 하지만 세르반테스를 다분히 기독교 중심주의자인 화자와 어디까지 동일시할 수 있을까? 사실 이슬람 대 기독교라는 이분법에 아무런 논평도 가하지 않은 포로서사는 이슬람 세계의 독자에게만 불쾌하지는 않을 듯하다. 설혹 특정 종교나 종파에 얽매이지 않는 보통 독자라도 소라이다의 포로서사를 마냥 재미있게 읽고 끝내기는 어렵지 않을까 싶다. 그런데 포로서사를 좀 더 자세히 뜯어볼 때 흥미로운 점은, 모라토의 비탄을 생생하게 그려내면서도 기독교의 우월성을 서사 깊숙이 각인하는 포로서사의 수사(修辭)이다.

수사가 노골화되면 될수록 독자는 오히려 그 우월성도 뒤집어 보게 된다. 우리의 귓가에는 소라이다의 행복한 결말보다는 애비의 애타는 호소가 여운으로 남기 때문이다. 그렇다면 부녀 관계를 사실상 파탄시킨 소라이다의 기독교 개종이 함축한 종교적 맥락을 뒤집어 보도록 유도하는 서사도 세르반테스가 마련한 서사상의 상해보험일까? 종교재판소를 중심으로 '거룩한 형제단'(Santa Hermandad: 중세 까스띠야 지방을 중심으로 치안 유지를 위해 조직된 무장 시민조직)이 사회 구석구석에서 사람의 마음을 샅샅이 뒤지는 '사상 경찰(thought police)' 노릇을 하던 당대의 종교정치적 상황을 떠올려 보자.[27] 작가가 '소설'이라는 허구의 형식으로도—아니, 허구의 형식이기 때문에 더더욱—기독교 비판을 대놓고 하기는 힘들었으리라는 것은 단순한 짐작이 아니다. 그렇다면 세르반테스가 여차하면 떨어질 종교재판소의 '벼락'에 대비한 피뢰침을 이 에피소드에 심어놓았다는 주장도 해볼 수 있다. 독자

---

[27] cf: "순전히 일종의 제도의 관점에서 본다면 종교재판소는 사상 경찰의 한 형태였다. 종교재판소는 왕의 신민들이 무엇을 했는가보다는 말과 글쓰기로 그들이 무엇을 생각했고 표현했는가를 검열하려고 했다. 역사가인 카를로스 에이레가 내게 자주 말하듯이 가장 심각한 범죄는 죄를 저지르는 것이 아니라 **죄를 저지르는 것이 죄가 아니라는 것을 공공연하게 말하는 것**이었다."(Seen from a purely systemic perspective, the Inquisition was a form of thought police. It sought to check not so much what subjects of the crown did as what they thought and expressed, verbally and in writing; as historian Carlos Eire often tells me, the most serious offence was not to commit a sin, **but to state in public that doing it was not a sin**.) Roberto González Echevarría, *Love and The Law in Cervantes*, 25면.(강조는 인용자)

의 뇌리에 모라토의 저주와 더불어 기독교에 대한 증오를 넘어서는 절절한 부성이 강력하게 각인됨으로써 포로서사의 기독교 중심주의에도 모종의 제동이 걸린다면 말이다.

추방서사는 이보다 좀 더 복잡미묘하다. 이 서사에도 선악 구도의 종교적 이분법은 여전하다. 하지만 산초 판사의 고향 친구인 리코테의 화법은 도대체가 뭘 말하려고 하는 것인지 아리송하게 하는데, 그러면서도 모리스코인이라는 타자에 대한 강렬한 연민을 끌어낸다. 사연은 이렇다. 돈 키호테와 산초는 공작 부부가 짓궂게 기획한 '총독 놀이'에서 놓여나 편력을 이어가던 중이다(이 총독 놀이의 정치적 의미에 대해서는 이 글 말미 '덧글'에서 간략하게 다룬다). 도상에서 산초는 동향 친구인 리코테를 우연히 만나게 된다. 리코테는 황제의 칙령으로 나라 바깥으로 추방된 뒤 숨겨둔 보물을 되찾으러 귀향길에 올랐다가 산초와 마주친 것이다.

그런 그가 산초에게 대뜸 하는 소리는 자신이 황제의 충복이라는 것이다. 무어족이지만 개종하여 대대손손 에스파냐에 뿌리를 박고 충성을 다하면서 살아왔다는 것이다. 그런데도 자신의 고향 땅에서 쫓겨나게 된 사연을 그는 산초에게 이렇게 하소연한다. "오, 나의 이웃이며 친구인 산초 판사! 자네도 알듯이 황제 폐하께서 무어족 추방 명령을 공포하고 선언하시자 우리 모두는 경악하고 두려움에 떨었지." 이어서 그는 다음과 같이 덧붙인다.

그 칙령은 사람들이 생각하는 것처럼 단순한 위협이 아니라 주도면밀하게 고안한 법령임을 나를 포함한 나이 지긋한 이들은 알아차렸기 때문이었어. 칙령은 법이니까 때가 되면 실행에 옮기게 되리라는 거였지. 우리 가운데 몇몇이 품은 사악하고 광적인 계획을 알고 나서 나는 그렇게 되리라고 확신했어. 황제께서 그런 용기 있는 결단을 내리신 것은 다름 아닌 주님과 같은 처사셨어. 우리 무어족 전체가 죄인이어서가 아니야. 얼마간의 무어인들은 확고하고 믿을 만한 기독교인이 되었지만 대다수는 죄가 있었지. 어쨌든 우리들은 소수였고, 사람들에게 맞설 수가 없었지. 그러니 왜 집 안에 적을 들여 가슴속에 뱀을 키우겠나? 결국 당연한 명분으로 추방이라는 벌이 우리에게 떨어진 거야. 어떤 이들에게는 그게 별것 아닌 온건한 형벌이었다지만 우리 같은 사람에게는 너무도 가혹했어. 어디에 있든 우리는 에스파냐를 그리워하며 울었어. 어쨌든 우리는 거기서 태어나서 자랐고 우리의 조국도 그곳이었으니까……(2권 647면)

리코테는 황제의 칙령을 대체 어떻게 생각한 것일까? 이런 이야기를 쓴 세르반테스는 또 무슨 마음이었을까? 리코테 자신은 칙령을 옹호하면서—또는 옹호하는 척하면서—자신을 "진짜 기독교인"으로 내세운다. 그는 스스로 '가내(家內)의 적'과 '가슴속의 뱀'이 아님을 확신하는 것 같다. 적과 뱀은 기독교도의 가면을 쓰고 은밀하게 알라신을 섬기는 에스파냐 내부의 모리스코인들이다. 하지만 약 30만 명이라는 엄청난 인구에 추방이라는 벌을 무차별하게 내린 당대의 정치 현실에 비춰보면 진짜 신자와 가짜 신자의 구분은 무의미하다. 그럼에도 황제의 추방령을 칭송하는 리코테의 수사적 포즈는 '정신분석'을 해봐야 할 정도로 꼬여 있다. 다른 이들은 몰라도 자신은 "가슴속의 뱀", 즉 에스파냐 왕국 내부의 적이 결코 아님을, 진정한 기독교도를 자임하는 바로 그 순간에도 그 스스로가 칭송한 칙령의 무자비함과 비인간성을 고발해야만 하는 자가당착은 누가 읽어도 두드러지기 때문이다.

  이 모든 정황의 맥락은 국토수복 운동 이후 제국의 통합 이념으로 작동한 에스파냐의 기독교 중심주의를 떠나서는 온전히 해명하기 어려울 것이다. 리코테의 절절한 호소가 담긴 추방서사의 어둠은 리코테의 딸 아나 펠릭스(Ana Félix)와 카스티아의 귀족 청년 페드로 그레고리오(Pedro Gregorio)의 사랑과 결혼의 약속으로 상쇄된다. 두 청춘 남녀를 통해 온갖 난관을 뚫고 사랑의 결실이 맺어지리라는 실낱같은 희망을 남기는 것이다. 그러나 이들의 희망은 제국과 그 권력의 강고한 실재를 역설적으로 확인해주는, 따라서 현실에서는 사실상 가망 없는 상상의 통합 서사에 가깝다.[28] 아나와 페드로의 결혼 가능성은 가령 돈 페르난도·도로테아, 카르데니오·루스신다 두 쌍의 그것과 차원이 다른 난관을 안고 있다. 후자의 이야기는 귀족계급의 성적 일탈과 횡포를 절묘하게 비판하면서도 난봉꾼의 개과천선으로써 가능해지는 해피엔딩으로 끝난다. 하지만 추방서사에서 문제되는 것은 개심이 아니라 법 자체다.

결혼이 성사되기 위한 법적 요건들은 이렇다. 일단 아나에게 에스파냐에 돌아올 수 있도록 당국의 예외적인 허가가 떨어져야 한다. 그리고 무단으로 에스파냐를 벗어난—당시 사형으로 다스려지던—'죄'에 대한 사면을 받아야 한다. 황제의 칙령을 위반했기에 그녀는 시민권을 박탈당한 처지다. 따라서 그녀는 시민권을 회복해야 할뿐더러 역시나 칙령을 어기고 나라를 빠져나간 아버지인 리코테도 사면을 미리 받아야만 페드로와 아나의 결혼이 가능해진다. '진짜 기독교도'를 망라한 무어인들을 상대로 발동된 '포섭적 배제'라는 법적 기제가 가차 없고 냉혹한 만큼 로맨스적 통합 서사도 소망 성취를 넘어 공상의 성격을 띨 수밖에 없었던 셈이다. 따라서 자기와 마찬가지로 추방의 운명을 면할 수 없었던 딸과 조우하여 리코테가 둘러대는 언사는 논리의 일관성 결여로 치부할 것이 아니다. 그 언사는 보신(保身)을 위해 위정자들은 물론 자신마저 속여야만 했던 모리스코인들의 위장술에 가깝다. 이처럼 원통하게 강제 추방당한 모리스코인의 심경을 대변한 세르반테스 개인의 심정이

---

28 첩첩산중인 이들의 사랑을 국가 통합의 비전과 직결되는 (상상의) "비잔틴 로맨스"로 규정한 에체바리아(Echevarría) 교수가 그런 로맨스 앞에 어떤 현실적 난관이 있는가를 기술하면서 다음과 같이 단정하는 것도 그 같은 맥락에서다. "『돈 키호테』의 마지막 사랑 이야기는 중재가 필요한 미결 상태로 남는다. 사랑은, 문학의 영역을 제외하면, 법을 극복할 수 없으며, 그게 핵심일 것이다."(The last love story in the *Quijote* is left open for arbitration. Love cannot overcome the law, except in literature, and this will be the point.) Roberto González Echevarría, *Love and The Law in Cervantes*, 161면.

어땠을까? 이는 물론 추측의 영역이다. 다만, 황제의 칙령에 찬사를 바치면서 그 칙령의 반인륜적인 폭거를 고발하는 리코테의 '언어의 곡예'도 작가가 직면해야만 하는 현실 정치의 딜레마와 무관할 수 없음을 확인할 뿐이다.

전체적으로 보면 세르반테스의 이야기꾼으로서의 곡예도 추방령의 불가피성과 정당성으로 기우는 것 같다.[29] 하지만 추방서사의 이율배반만은 끝까지 해소되지 않는다. 오히려 리코테 입장에서 이율배반은 불가피하게 보인다. 산초 판사가 국왕에 대한 반역 운운하면서 리코테의—고향에 숨겨둔 보물의 회수를 거들어달라는—청을 거절하는 대목에서도 모리스코인들에 대한 당대 기독교의 위세가 어떠했는가를 짐작할 수 있다. 하지만 추방서사가 종교 문제로만 환원될 성질도 아니다. '진짜 기독교도' 리코테의 수난 배경에는 '소수자' 모리스코인들이 에스파냐 제국 내부에서 비대칭적으로 축적한 엄청난 '자본'으로 인해 초래된 비극적 현실이 도사리고 있기 때문이다. 정치 세력화를 불러올 내부 소수 종족의 위세를 싹부터 자르고자 했던 신흥 제국의 권력에[30] 대한 세르반테스의 반응은 역시 간단치 않다. 포로서사와 추방서사는 종족·민족의 통합이념으로 작동한 기독교 중심주의의 정당성을 교묘하게 훼손하면서도 제각각 옹호한다. 한마디로 세르반테스의 양동작전은 탁월했지만 그렇다고 반(反)이슬람의 '얼룩'까지 지워진 것은 아니라는 말이다. 『돈 키호테』의

---

29 황제의 칙령을 원망하는 리코테의 하소연은 이렇게 끝난다. "그분은(펠리페 3세 황제가 추방의 과업을 맡긴 살라사르 백작—인용자) 덕과 기지, 정성과 공포를 모두 동원해 그분의 강력한 어깨 위에 이 막중한 임무의 무게를 지고 제대로 실행에 옮기는 역할을 해냈습니다. 우리의 온갖 노력이나 책략, 간청이나 속임수가 아르거스(Argus)의 눈을 멀게 하거나 현혹할 수는 없었습니다. 그분은 우리들 중 누군가가, 안 보이는 어떤 뿌리처럼, 숨어 있다가 때가 되면 이곳 에스파냐에서 독이 든 열매를 맺지 않도록 계속 경계를 늦추지 않았습니다. 결국 그런 열매를 제거하고 우리로 인해 야기된 두려움을 근절했어요. 그 같은 결정의 실행을 살라사르 백작님 같은 분께 맡긴 건 우리의 위대한 펠리페 3세 황제 폐하의 영웅적 결단이시고 전대미문의 위대한 덕이십니다!"(2:708)
30 당대 에스파냐 지역에서 모리스코인들이 차지한 경제적 위상과 그에 대한 '국가'의 억압 양상에 관한 자세한 논의는 Carroll B. Johnson, *Cervantes and the Material World* (Chicago: University of Illinois Press, 2000), 51~70면 참조.

보편성이나 현재성이 무엇이든 그것은 끝까지 비판적 독해를 요구하는 문제로 남는다.

그러면 여기서 베넹헬리라는 타자로 돌아가보자. 아랍인으로 설정된 허구의 제1작가 베넹헬리는 세르반테스가 직면한 현실의 서사적 산물이다. 표현을 약간 달리한다면, 제2작가가 온갖 방식으로 찬사를 바치다가 때로는 비판적 거리를 두는 베넹헬리는 기독교=선, 이슬람=악이라는 이분법적 구도에서는 나오기 힘든 유령 화자다. 그의 기원은 기독교 문화와 이슬람 문화의 교집합에 있다. 그런 그는 작품의 진실이 얼마나 위태로운 것인가를 증언하는 존재다. 따라서 베넹헬리라는 '허구'를 작가가 의식할 수밖에 없는 정치·종교 검열의 문제로(만) 환원하는 것도 『돈 키호테』 같은 복잡미묘한 텍스트를 단순화하는 논법일 것이다.[31]

사정이 그러하니 에스파냐 근대문학에 기여한 이슬람 서사 유산의 의미를 헤아리지 않고서는 그 증언의 의미를 충분히 밝히기 어려울 듯하다.[32] 사실 검열을 글쓰기의 자유를 방해하는 만악(萬惡)의 근원으로 간주하는 것도 어쩌면 단견일지 모른다. 서구의 근대 문학사를 보면 혹독한 감시와 검열을 뚫

---

[31] 거듭 강조하지만 종교에만 국한되지 않았던 국가 검열, 나아가 검열이 초래한 작가 자신의 자기 검열을 도외시하고서 이 장편의 기발한 서사적 양상을 제대로 밝히기 어렵다. 세르반테스의 자기 검열의 양상은 실로 다채롭다고 해야 할 정도다. 예컨대 양가집 규수인 루스신다와 도로테아를 비열하고 치졸하게 유린한 귀족 돈 페르난도의 억지스런 개과천선은 어떻게 설명할 것인가? 그런 개과천선도 귀족계급에 대한 세르반테스의 자기보호적 본능과 동떨어진 것이 아닐 듯하다. 세르반테스는 그들의 허위의식과 횡포를 두고 볼 수 없었지만 현실적으로는 후견인으로 끌어들여야만 했던 것이다. 이 쟁점에 대해 안영옥 교수는 이렇게 쓴 바 있다. "결국 세르반테스는 당시에 목숨을 부지하려면 모순에 눈감은 채 주어진 체제에 순응하든지, 그렇게 하고 싶지 않으면 스페인을 떠나면 되었던 셈이다. 이 두 가지조차 불가능하다면 유일한 돌파구인 위장술만 남는다. 내 양심을 속이지 않기 위해 종교재판 검열관 혹은 당국의 눈초리를 가리는 가면을 쓰는 것이다." 안영옥, 『돈 키호테를 읽다』(열린책들, 2016), 53면.

[32] 하지만 나는 이 문제를 논할 능력이 전혀 없다. 다만, 바스라의 알 하리리(al-Hariri, 1054~1122)가 대표하는 이슬람의 서사 양식인 마카마(maqāma) 장르가 『돈 키호테』에 끼친 영향을 거론한 논의 등을 참고하여 대략의 윤곽을 짐작할 뿐이다. Nizar F. Herrmes, "Why You Can't Believe the Arabian Historian Cide Hamete Benengeli: Islam and the Arabian Cultural Heritage in *Don Quixote*," *The Comparatist* 38(2014), 206~226면 참조.

고—그런 감시와 검열을 역이용하여—당대의 부조리를 탁월하게 풍자한 사례도 드물지 않다. 그런 맥락에서 "검열은, 간단히 말해, 양날의 칼이다."[33] 검열로 인해 훌륭한 작품이 태어난다는 것은 물론 억지이다. 하지만 검열로 인해 창의성이 발현될 가능성이 존재한다면 창조적인 작가에게 당국의 감시와 통제도 하나의 기회가 될 수 있는 것이다.

## 4. 『돈 키호테』와 세계문학의 지평

검열의 시선 속에서 상상력의 대안적 출구를 탁월하게 모색한 작품이 『돈 키호테』이고 이를 '세계문학'으로 지칭할 수 있다면 개념으로서의 세계문학을 좀 더 엄밀하게 사유해봄 직하다. 이 경우 각자의 모국어 문학에 비추어 그 최량의 창조성을 정확히 인식하려는 노력이 특히 중요하다. 그런 노력 없이 세계문학을 논하는 것은 부질없는 일이다. 세계문학의 보편성이라는 것은 특정한 지역에서 생산된 텍스트가 번역을 통해 국경을 넘는 과정에서 발생한다. 하지만 『돈 키호테』를 두고 보편성 운운하는 취지는—오늘날 대중에게 단순히 널리 읽힌다는 의미에서의—대중성과는 거리가 있다. 『돈 키호테』가 많은 독자들의 사랑을 받는다는 사실의 진정한 의의는 독자들이 수백

---

33 이어지는 문장이다. "그것은 불관용과 억압의 한 징후이다. 그럼에도, 아이러니하게, 전체적으로는 긍정적인 효과를 낸다. 신부와 이발사는 형편없는 것들 속에서 가치 있는 작품을 골라냄으로써 생각지 못하게 변화의 주체가 되기 때문이다. 그들의 행위는 검열이 비유의 어머니이고 두려움의 환경 속에서 쓴다는 것은 상상력에 대안적 출구를 제공한다는 것을 암시한다(Censorship, in short, is portrayed as an double-edged sword. It is a sign of intolerance, of repression. Yet, ironically, the whole affair has a positive effect, for the priest and the barber, in selecting what is worthy from what is trash, become unlikely agents of change. Their action suggests that censorship is the mother of metaphor, that to write in an atmosphere of fear means to give the imagination an alternative way out)." Ilan Stavans, *Quixote: The Novel and The World*(New York: Norton, 2015), 49면.

년 전에 나온 이 장편 하나에서 자기 자신의 동시대적 삶의 진실을 거듭 발견한다는 데 있다.[34]

그런데 어떤 작품이 세계문학인가를 가늠하는 데서 온고지신이 대중성이나 평지돌출에 못지않은 기준이라면 창신(昌新)을 발생시킨 '오래된 것'에 주목하는 것은 당연하다. 중세의 기사도 서사를 비롯한 전시대 문학작품들에 대한 실로 해박한 지식과 비평적 통찰이 넘쳐나는 텍스트가 『돈 키호테』이다. 그렇다면 선대의 서사 유산을 세르반테스가 어떻게 소화했는가도 중요한 논제가 되며, 세르반테스의 '문학관'도 무시할 수 없는 요인이다. 세르반테스가 자신의 글쓰기를 어떻게 생각했는가는 페레즈 신부의 입을 통해 이렇게 표현된다.

> 이 모든 것을 편안한 문체로, 창의적으로 새롭게(con ingeniosa invención), 최대한 사실에 가깝도록 묘사한다면 틀림없이 정말 다채롭고 아름다운 매듭으로 구성된 천을 만들 수 있겠지요. 일을 마치고 나면 아름다움과 완벽함으로 빛나면서 모든 글쓰기가 요구하는 가장 훌륭한 목적, 즉, **즐거움과 가르침을 동시에 달성할 수 있습니다.** 왜냐하면 격식에 얽매이지 않는 글쓰기(escritura desatada)는 작가로 하여금 더러는 서사시적으로, 혹은 서정적으로, 혹은 비극적인 모드로 작업할 수 있게 합니다. 시와 수사학의 지극히 달콤하고 설득력 있는 모든 가능성을 수반하면서 말입니다. 서사시라는 것은 시로 쓸 수도 있고 산문으로 쓸 수도 있는 법이지요.(1권 327~328면)

즐거움과 교훈의 통합·지향이 세르반테스만의 독보적인 면모는 아닐 것

---

[34] 이 글의 이러한 생각은 '문제로서의 세계문학'을 제창한 모레티의 논지와 일부 상통한다. 그러나 컴퓨터 통계와 '데이터 마이닝'을 동원하는 신실증주의적·자연과학적 방법론을 문학에 적용하는 편향과 비판적 거리를 둔다는 점은 확실한 차별점으로 내세울 수 있다고 본다. 모레티의 그 같은 편향에 대한 비판으로는 졸고, 「세계문학에 관한 단상」, 『근대 극복의 이정표들』(창비, 2007), 405~425면 참조.

이다. 인용문에서 주목할 점은, 장르들 간의 위계에 얽매이지 않는 글쓰기의 자유로움이다. 세르반테스는 선대의 여러 모범들을 참조했을지언정 어떤 체계적인 이론이나 문학관을 고집하지 않은 것으로 보인다.[35] 모범 중에서 거명되는 이들은 플라톤, 호라티우스, 오비드 등인데, 창신의 모험을 감행하는 데 기존 서사문학을 활용하는 세르반테스의 지적 활달함이 빛나는 대목이다. 이처럼 페레즈 신부와 법사 신부의 대화 형식으로 표출되는 작가의 문학관이 상투적인 교훈주의나 도덕주의와 무관한 것은 우연이 아니다.

여기서 드러나는 세르반테스의 작가다운 면모는 "'세계의 도시' 파리에서 흥행하는 저속한 노래극이 독일의 촌구석에까지 밀려오는 현상을" 개탄하면서 통속적인 대중문학의 세계화가 참다운 세계문학의 가능성에 어떤 위협이 되는가를 간파한 괴테의 인식을[36] 앞질러 예시하는 데서도 확인된다. 세르반테스가 연극이라는 예술을 어떻게 생각했는가는 극적 효과에만 치중하는 종교극을 비판하는 신부의 다음과 같은 발언에서도 엿볼 수 있다. 후대의 괴테도 분명히 공감했을 발언이다.

질서가 잘 잡혀 있는 나라들이 이런 대중연극을 용납하는 주된 의도가 사람들이 할 일이 없고 심심하면 나라에 흉흉한 기운이 돌까 봐서 가끔씩 사람들의 정신을 딴 데로 돌리고 점잖게 오락을 즐길 수 있는 기회를 주기 위한 것이라는 식으로 변명한다면 그건 말도 안 되지요. 그렇다면 연극은 오락물이니만큼 좋은 연극이든 나쁜 연극이든 소기의 목적만 달성하면 된다는 말이고, 따라서 극본을 쓰고 공

---

[35] 라일리 교수에 따르면 세르반테스는 기존 서사적 재료들을 이리저리 버무려서 전혀—이를테면 브리콜뢰르적 솜씨를 발휘해서—새로운 '물건'을 만들어냈는데, 그것이 바로 『돈 키호떼』이다. 그렇게 해서 만들어진 '물건'을 "비평적 본능에 대한 세르반테스 창조성의 최종적 승리"로 해석한 대목은 좀 더 생각해볼 만한 구석이 있다. E. C. Riley, *Cervantes's Theory of the Novel*, 221면.

[36] 괴테에 관한 다각도의 연구는 임홍배, 『괴테가 탐사한 근대: 슈투름 운트 드랑에서 세계문학론까지』(창비, 2014) 참조. 인용 대목은 408면.

연을 하는 사람들에게 어떻게 연극을 해야 하느니 마느니 하는 법칙을 강요하거나 굳이 제약을 가할 필요도 없다는 말이 되지요.(1권 330면)

연극을 단순한 오락물로 보지 않는 터라 오히려 조정(朝廷)의 지혜로운 인물이 나서서 공연을 검열할 필요가 있다는 주장까지 이어지는 신부의 말도 세심하게 가려들어야 한다. 검열까지 역설하는 그의 계고를 잘 생각해보면 상업주의와 통속주의에 대한 경고로도 읽을 수 있다. 장르적 위계 관념에서 자유로운 세르반테스의 문학관이 정치 세계와 절연된 '순수문학'의 옹호와 차원이 다르리라는 점은 그런 경고에서도 유추할 수 있다. 그가—뒤에서 살펴볼 『돈 키호테』 위작 논란에서도 확인할 수 있듯이—대중의 저열한 취향에 영합하는 문학과 거리를 둔 것은 당연하다.

이렇게 보면 이상(理想)을 향한 구도적 열망을 희극적으로 표출하는 돈 키호테나 민중의 생활 감각을 체현하는 산초 판사 자체가 그와 같은 거리 둠에서 비롯된 인물이라고 말할 수도 있을 것 같다. 그 점에서 두 주인공의 '성격'도—적어도 문학 세계에서만은—일체의 위계 의식에서 탈피한 작가가 아니고서는 온전히 창조될 수 없는 것임도 강조할 만하다. 지혜와 광기를 한몸에 갖는 돈 키호테가 두 얼굴이듯이 산초도 전혀 상이하게 보이는 가치관을 동시에 형상화한 인물이다. 한마디로 "세상에서 가장 안전한 토대가 돈"이라는(2권 463면) 생각이 영리하고 교활한 촌부 산초의 희극적인 이기심을 통해 풍자되는 반면, 의리와 우애의 세계는 우직하고 억센 농군 산초의 실리적인 이타심을 통해 구현된다.

이러한 돈 키호테와 산초도 중세에서 근대로 이행하는 역사적 시기에 놓이는 터라 이행 현실의 한계가 그들에게 고스란히 투사된다. 그러나 그 같은 한계는 세르반테스 자신부터 비판적으로 의식한다. 그러므로 더 숙고해야 할 점은 두 인물이 제각각의 영역에서 도래하는 민중의 건강한 양식(良識)

을 최대치로 예감케 한다는 사실이다. 이들의 모험에서 따라야 할 하나의 모범이나 전범이 아니라 형성 중인 시민 주체의—때로는 자가당착에 빠지는—삶다운 삶을 향한 열망을 읽어낼 수 있는 것도 그 때문이다. 표현을 달리한다면 돈 키호테와 산초는 세르반테스가 옛것을 본받음으로써 창신을 지향하는 과정에서 출현한 인물이다. 이들의 기행과 발화에 구태를 갱신하는 창의적인 발상이 자연스럽게 투사된다. 그러한 발상에 관한 한 '세계주의'의 맹점에 대한 세르반테스의 선견지명도 빠뜨릴 수 없다. 돈 키호테가 언어 국제주의자를 연상케 하는 관점에서 자국어 창작의 중요성을 설파하는 장면을 살펴보자.

돈 디에고라는 인물은 돈 키호테와 만나 담소하는 도중에 시인 지망생인 아들놈을 두고 에스파냐어로 쓴 시인들에 무관심하다며 혀를 찬다. 이에 돈 키호테는 이렇게 대꾸한다. "모든 옛 시인은 자기들이 젖 먹을 때부터 쓰던 말로 글을 썼지 자기 생각을 표현하고자 구태여 외국어를 찾아 쓰지는 않았지요." 그러면서 덧붙이는데, 이게 사실 더 새겨야 할 논점으로 읽힌다. "댁의 아드님은, 나리, 에스파냐어로 쓴 시를 싫어하는 게 아니라 단순하게 에스파냐어로 쓰는 것밖에 모르는 시인을 무시하는 것 같습니다. 자신의 자연스러운 재능을 깨우치고 도와주고 꾸며줄 수 있는 학문이나 언어를 전혀 모르는 시인 말입니다."(2권 441면) 일견 낡은 기사도 문학에 심취한 나머지 현실감각을 상실한 듯한 돈 키호테의 입에서 나온 말이다. 일국주의(一國主義)와 양립할 수 없는 근대문학의 실상에 대한 이러한 자각은 두고두고 생각거리를 남긴다. 자국의 학문이나 시가 타국의 학문과 시에 의해 풍요로워질 수 있다는 발상은 확실히 서구 정치체제의 동력으로 작동한 민족주의·국가주의를 초월한다.

그렇다면 "일국적 편향성과 편협성은 점점 더 불가능해지며, 수많은 국민문학·지역문학들로부터 하나의 세계문학이 형성"되리라고 예언한 맑스의 언설을[37] 이미 200년 전에 작품으로 예증하는 사례가 바로 그 세르반테스라는 주장도 가능하겠다. 작가의 진취적 기상은 시민들이 스스로 자립하는 민주주의의 발상과 친화성을 갖는다. 그 점은 '핏줄'이 표상하는 가문이나 태생의 후광보다 개인의 능력, 좀 더 정확히 말하면 '덕'을 앞세우는 언설에서도 단적으로 확인된다. '섬의 총독'으로 부임하게 될 산초를 상대로 지도자 수업을 하던 중에 나오는 돈 키호테의 뜻밖의 발언이 그것이다. 민주주의의 원리가 보편화된 지금도 그 뜻을 되새겨볼 구석이 적지 않다. 가령 다음과 같은 대사: "이보게 산초, 자네가 늘 덕을 무기로 삼고, 덕 있는 행동을 좋아하면 왕이나 영주 자손들의 지체(肢體)를 부러워할 필요가 없을 걸세. 왜냐하면 피는 이어받지만 덕은 습득해야 하고, 핏줄이 가치가 없을 때도 덕은 스스로 혼자서도 빛나니까 말일세."(2권 580면) 이러한 발언은 확실히 근대 초기에 사회 속의 '개인'을 자각한 인간의 모습을 보여준다. 능력주의나 출세주의와도 구분되는 돈 키호테의 혁신적인 발언들은 종교재판소의 검열과 후견인의 눈치를 살피면서도 변화하는 시대의 흐름을 민주(民主)의 발상으로 성찰·수용한 세르반테스 자신의 신조에 가깝다.

그러한 신조를 본격적으로 소설화한 『돈 키호테』의 2부는 1부에서 선보인 고답주의 및 상업주의 모두에 대한 비판의식을 창조적으로 승화한 텍스트로 규정할 수 있다. 물론 『돈 키호테』 2부가 1부보다 더 훌륭하다는 평가도 존재한다. 하지만 뭐가 더 나은가보다 2부가 1부 서사의 여러 면모들을 예민하게 반추하는 가운데 나온 텍스트라는 것이 독자에게는 더 도전적인 생각거리이다. 2부에 가면 '소설'이라는 서사의 형식 자체에 대한 더욱 발본적이고 해체적인 실험이 이뤄지기 때문이다. 책의 세계와 현실의 세계를 혼동했던 1부의 돈 키호테는 이제 서사의 안팎에 동시에 출몰한다. 양자역학의 '신비'

---

[37] Karl Marx and Friedrich Engels, *The Communist Manifesto* (London: Verso, 1998), 39면.

를 빌려 표현한다면 그는 입자이면서 파동의 특성을 한 몸에 구현하는 존재와 비슷해진다. 확실히 "돈 키호테는 독자인 동시에 등장인물이며, 특히 자신이 쓰이고 있음을 (때때로 예의 날카로운 풍자를 동반하면서) 자각하고 있는 문학사상 최초의 인물"이라 할 만하다.[38] 그 한 대목을 읽어보자.

돈 키호테는 산손 카라스코 학사를 기다리면서 깊은 생각에 잠겨 산초가 말한 대로 그 책에 쓰였다는 자신의 소식을 들을 수 있겠다는 기대로 마음이 부풀었다. 그러나 아무리 생각해도 그런 이야기책이 있다는 게 믿기지 않았으니, 왜냐하면 자기가 죽인 적들의 핏자국이 칼에서 채 마르지도 않았는데 자신의 드높은 무훈이 인쇄되어 나돌아 다닌다는 사실이 신기해서였다. 어쨌든 그의 상상대로라면 어떤 현자가 자기를 좋아하든 싫어하든 마법술을 이용해 그의 행적을 출판했으리라. 자기를 좋아해서라면 행적을 위대하게 키워서 방랑 기사들 가운데 가장 두드러진 공적을 세운 자로 치켜세우기 위함일 테고, 싫어해서라면 자신의 지금까지의 실제 행적을 모조리 없애고 어떤 비열한 하인 기사의 행적보다도 더 비겁한 행적을 적으려는 목적이리라. 혼잣말로 그는 이렇게 중얼거렸다. "비록 하인 기사들의 행적에 대해 쓴 책은 아직 한 권도 없었지만, 또한 그런 이야기책이 있다 할지라도 방랑 기사 이야기이니 어찌 되었든 격조 높고 고상하며, 고귀하고 훌륭하며 진실된 책이어야 하리라."(2권 374면)

자신의 행적이 '소설'로 쓰였다는 소식을 들은[39] 돈 키호테의 상념을 내

---

38 신정환, 「『돈 키호테』, 매혹과 환멸의 서사시」, 『안과밖』 39호(2015), 234면.
39 여기서 돈 키호테의 행적을 담은 소설은 1615년에 출간된 세르반테스 자신의 『돈 키호테』 2권을 가리킨다. 이 점을 명시하는 것은 이 2권이 나오기 1년 전에 '라 만차의 돈 키호테 2권'이라는 제목으로 위작이 나왔기 때문이다. 민용태 교수도 지적했다시피 세르반테스는 2권 59장을 쓸 무렵에 모작이 출간된 것을 알아차린 것으로 보인다. 2권 59장 이후 모작에 어떻게 대응해야 할까를 고민한 흔적들이 여기저기에서 엿보이는 것도 우연은 아닌 셈이다. 위작에 대해서는 뒤에서 좀 더 언급하겠다.

**면에서부터** 묘사한 문장들이다. 소설의 주인공이 자신의 허구성에 관해 이리저리 생각을 굴리는 돈 키호테의 상념을 따라가다 보면 사실과 허구의 경계를 허무는—예컨대 카프카(Franz Kafka, 1883~1924)의 「변신(Die Verwandlung)」(1915) 같은 작품이 안기는—'인식의 충격'을 어지간히 경험한 현대 독자라도 잠시 멈칫하지 않을 수 없을 것이다. 서사의 세계에 존재하는 허구의 인물이 마치 책 밖으로 튀어나오는 것 같은 착각과 동시에 모종의 공감을 불러일으키는 것은 내면의 발화 때문이다.[40] 서사의 안팎에 출몰하는 두 얼굴의 돈 키호테가—세속의 온갖 잡사에 대해 현자의 지혜를 쏟아내는 돈 키호테와 구제 불능일 정도로 기사도의 망상적 모험을 펼치는 돈 키호테가—뫼비우스의 띠처럼 연결되는 것은 바로 그런 내면의 어떤 통로를 통해서다. 그 내면의 세계가 얼마나 주밀하게 창조되는가를 주시한다면 『돈 키호테』를 두고 위대한 고전들 가운데서 가장 아무렇게나 씌어진 '물건' 운운한 언사가,[41] 얼핏 앞뒤 맞지 않는 몇몇 디테일에도 불구하고, 얼마나 가당치 않은가도 실감된다.

텍스트에서 그 점을 확인할 수 있는 대목은 한둘이 아니다. 가령 「부적절한 호기심(El curioso impertinente)」에 대한 신부의 논평을 보자. 「부적절한 호기심」은 그 자체로 물질주의와 소유욕으로 오염된 사랑과 결혼의 진실성을 날카롭게 파헤친 단편이다. 그런데 이야기를 다 듣고 난 후 신부는 이렇게 말한다. "이런 일이 아가씨와 건달 사이에 일어난 거라면 말이 되겠지만, **남편과 아내 사이**에 일어난 일로는 뭔가 불가능할 것 같군. 하지만 이야기를 풀어가는 방식은 과히 나쁘지 않네."(1권 247면, 강조는 인용자) 안셀모와 카밀라가 벌인 일탈의 사실적 개연성을 문제 삼은 말인데, 재미는 있으나 개연

---

40 『돈 키호테』 읽기가 불러일으키는 그 같은 공감을 오늘날 빈사 상태에 빠진 인문학의 상황에 비춰 반추한 글은 특히 Amy. R. Williamsen, "Quantum Quixote: Embodying Empathy in the Borderlands," *Cervantes* 31.1(2011), 171~187면 참조.
41 E. P. Ker, *Collected Essays II* (New York: Macmillan, 1925), 38면.

성은 좀 떨어진다는 지적이다. 이는 세르반테스 스스로가 「부적절한 호기심」이라는 단편의 약점을 비평가로서 날카롭게 짚은 대목이다.

이처럼 수없이 가지를 치는 서사의 '주선율'이 2부로 가면 돈 키호테와 산초 판사를 중심으로 모아진다. 2부도 1부와 마찬가지로 어떻게 이야기를 써야 하는가를 두고 세르반테스가 고심한 흔적들이 곳곳에 배어 있다.

> 우리 이야기의 저자는 이 대목에서 부자인 농촌 양반의 집에서 발견될 법한 것을 보여주면서 돈 디에고 저택을 세세하게 묘사하고 있다. 그러나 원저자(베넹헬리)의 번역자는 자질구레한 사항들과 그와 유사한 사소한 것은 아무 말 하지 않고 건너뛰기로 했다. 그런 것들은 이 이야기의 주요 주제와 별로 상관없기 때문인데, 이야기의 힘은 지루한 여담보다는 진실에서 나오기 때문이다.(2권 450면)

작가라고 해서 모든 것을 사실적으로 묘사할 수 없고 그럴 필요도 없다는 것은 하나의 상식이다. 그런데 "사실을 사실대로 말하"지만 거짓말쟁이인 가상의 저자 베넹헬리의 (역시나 허구인) 역자를 대변인으로 내세워 그런 상식을 역설하고 있으니. 참으로 얄궂은 논법이 아닐 수 없다. 세르반테스의 '사실주의'가 간단치 않은 까닭이 여기서도 확인된다. 『돈 키호테』라는 장편에 대한 작중 평가도 '사실'에 대한 근원적 성찰의 일부다. 성찰은 돈 키호테, 카라스코, 산초 판사가 주고받은 논쟁의 형식을 띤다. 예컨대 산초 판사는 『돈 키호테』 1부를 두고 "그 형편없는 작자가 두서없이 이것저것 뒤섞어 놓"은 엉터리라고 험담한다. 그런 산초의 말에 이번에는 돈 키호테가 나서서 "내 이야기를 쓴 작가는 현자가 아니라 무식한 수다쟁이"라고 맞장구친다. 이에 대해 산손 카라스코는 이렇게 세르반테스를 옹호한다.

> "그건 아닙니다." 산손이 말했다. "이야기는 너무나 명확해서 어려운 대목이 전

혀 없고요. 아이들도 이 이야기책을 뒤적거리고, 젊은이들이 읽고, 어른들도 이해하고, 노인들까지도 칭찬하는 책입니다. (……) 진실로, 이 이야기책은 지금까지 나온 책들 중에서 가장 사랑받고 가장 유해하지 않은데, 책 전체를 통틀어 품위 없는 말이나 반(反)종교적인 사상은 눈곱만큼도 찾아볼 수가 없으니까요."(2권 378면)

일견 자화자찬처럼 들리지만 행간은 더 들여다봐야 한다. 『돈 키호테』를 오락용 읽을거리로 규정하고 "가톨릭 정신"에 전혀 위배되지 않음을 강조하는 자의식이야 1권에서도 다양하게 표출된다. 하지만 당대의 베스트셀러에 대한 작가의 자부심은 보기보다 착잡하다. 이 글 각주 39에서 잠깐 내비쳤듯이 『돈 키호테』 2부를 탈고하기 전에—더군다나 세르반테스 개인에 대한 모욕과 조롱, 멸시를 담은—위작(僞作)이[42] 문학 시장을 떠돌고 있던 판이었기 때문이다.

절치부심을 안겨준 위작에 그가 어떻게 작품으로 대응했는가는 그 자체로 중요한 쟁점으로 남아 있다. 2부는 위작의 '도전'으로 인해 작가의 기상(奇想)이 한층 기발해지는 반면에 기발함에 대한 평가는 논자마다 다를 수 있기 때문이다. 2부의 희극 모드는 1부에서 온갖 기행과 만담을 펼친 산초 판사와 돈 키호테가 자기도 모르는 사이에 전국적인 유명인사가 되어버린 데서 발생한다. 2부에 본격적으로 들어서면 원래가 허구인 세계에서 한층 더 교묘하게 사실과 허구가 갈리고, 갈리면서 다시 그 경계가 흐려진다. 하지만 사실과 허구의 경계 흐리기 자체가 『돈 키호테』의 고전적 위상을 말해주는 것은 아니다. 허구의 인물이 자신이 등장하는 『돈 키호테』라는 텍스트를 읽은 허구의 사람들과 대화를 나누고 그들과 함께 인간적 진실의 서사를 만들어가는 서사는 선구적일지언정 서구의 근대 장편소설에서 그다지 특별할 것이

---

[42] Alonso Fernandez de Avellaneda, *Don Quixote de La Mancha*, trans. Alberta Wilson Server and John Esten Keller(Newark: Juan de la Cuesta, 2009) 참조. 앞으로 위작에 대한 언급은 이 텍스트에 근거한다.

없다. 실제 속의 허구, 허구 속의 실제가 변주되는 현란한 서사의 솜씨 자체를 『돈 키호테』 서사의 성취로 치켜세울 일은 아니라는 것이다.

역시 핵심적인 물음은 둘시네아로 표상되는 인류애의 이상을 향한 돈 키호테의 망상적 추구가 어떻게 아이러니라는 형식으로써 근대라는 새로운 시대를 열고 있는가이다. 그 점에서 자기가 쓰는 글에 대한 자의식이 폭발적으로 증폭되기 시작한 근대의 서사적 산물이 『돈 키호테』라는 사실은 좀 더 깊이 들여다볼 문제다. 위작과의 경쟁이라는 관점에서 적극적으로 평가한다면, 『돈 키호테』 2부는 상품의 물신화를 몰랐던 중세시대가 저물고 모든 정신노동의 산물이 거래되기 시작한 '상품 시장'에 창의적으로 대응한 결과물이다. 근대의 소설가치고 문학 시장의 위력을 의식하지 않은 이가 없었겠지만 세르반테스처럼 살아생전에 위작이라는 '경쟁 상품'과 맞닥뜨려 전혀 차원이 다른 '신상품'을 출시한 작가는 희귀할 것이다.

그렇다면 타라고나(Tarragona)에서 출간된 위작 『돈 키호테』(1614)는 어떤 작품인가? 이 위작에 관한 한 작가가 '토르데시야스 출신의 알론소 페르난데스 데 아베야네다'라고만 알려져 있을 뿐 이력은 거의 불확실하다. 심지어 세르반테스 자신이 위작의 저자일지 모른다는 설까지 있다.[43] 그런 추측이 낭설임은 여러 학자들의 중론이지만 위작으로 판명된 텍스트 외에 확인된 바가 거의 없는 것도 분명하다. 이 희대의 모작을 얼마나 진지하게 연구 대상으로 삼아야 하는가에 대해서도 의견이 분분하다.[44] 세르반테스의 서사 혁신과는 다른 맥락에서 『돈 키호테』의 2부에 한발 앞서 출간된 위작이 오히

---

[43] Ilan Stavans, *Quixote: The Novel and The World*, 65면; Vladmir Nabokov, *Lectures on Don Quixote*, ed. Fredson Bowers(San Diego: Harcourt Brace Jovanovich, 1983), 79면 등 참조.

[44] 이 문제에 대한 여러 소회를 비평의 차원에서 개진하면서 위작 나름의 문학적 가치를 인정하는 논의로는 James Iffland, "Do We Really Need to Read Avellaneda?" *Cervantes: Bulletin of the Cervantes Society of America* 21:1(2001), 67~83면 참조.

려 원작에 끼친 영향의 중차대함을 역설한 논자도 없지 않다.[45]

이러한 위작에 관한 한, 문학에서의 통속성과 상업성, 더 나아가 창조성과 표절의 경계를 가늠하는 데 매우 흥미로운 시료(試料)로 사용할 수는 있다고 본다. 위작으로 인해 결과적으로 세르반테스의 서사에 새로운 혁신이 더해진 바 있다면 시료로 사용하지 못할 이유가 없다는 것이다. 지금도 성행하는 '원작 다시 쓰기'의—원작의 재시장화(再市場化)에 해당할 재활용의—원조라는 점에서도 검토해볼 가치는 있다. 위작이 작중에서 언급되는 양상도 바로 그 점을 염두에 두고 읽을 때 위작자에 대한 세르반테스의 사적 원한 풀이라는 단견에서 벗어날 수 있을 것이다. 다른 한편, 적어도 세르반테스에게는 위작 자체도 사실상 자기 작품의 됨됨이를 되돌아보게 하는 하나의 계기에 불과하다. 위작의 작가 아베야네다가 인신공격에다가 『돈 키호테』를 부당하게 폄훼했다고 판단했으니 세르반테스의 말본새가 부드러울 리는 없지만 말이다. 공작의 시녀 알티시도라의 '꿈 이야기'를 빌린 풍자의 일단은 이렇다.

> '이봐, 그게 무슨 책이야?' 그러자 두번째 악마가 대답했지요. '이건 『라 만차의 돈 키호테의 이야기』 2권인데, 원작자인 시데 아메테가 쓴 게 아니라 어떤 아라곤 출신 작자가 쓴 거라는데, 토르데시야스 태생이라나 뭐라나.' '그딴 건 저기로 치워버려,' 첫번째 악마가 말했어요. '지옥 구덩이에나 던져버리라고, 난 그런 건 쳐다보고 싶지도 않아.' '그렇게나 나쁜 책이야?' 두번째 악마가 물었지요. '너무나 나쁜 책이야.' 첫번째 악마가 대답했어요. '내가 일부러 그보다 더 나쁜 책을 쓰려고 해도 못 쓸 정도지.' (2권 727면)

위작의 무가치함을 공격하는 '악마'의 독설을 해석하는 데 핵심은, 위작을

---

[45] 바로 그런 논의는 특히 Joseph R. Jones, "Notes on the Diffusion and Influence of Avellaneda's 'Quixote,'" *Hispania* 56(1973), 229~237면.

활용해 세르반테스가 자신의 '진행 중인' 서사에 생기와 활력을 불어넣었다는 사실이다. 아베야네다의 질투와 중상모략은 소설의 소재로 가공된다. 적의 공격이 무엇이든, 또 위작의 실체가 무엇이든 그것과는 전혀 닮지 않은 '물건'을 만들어내겠다는 작가의 의지가 행간에 읽힌다. 한 논자의 말처럼 "세르반테스는 마치 아베야네다의 이야기에서 진부함과 조잡함의 위험성을 더욱 명확히 깨닫고 『돈 키호테』 2부를 쓸 때 그런 것들을 제거하기 위해 더욱 치열하게 노력한 것으로 보인다."[46] 위작으로 인해 애초에 사라고사로 방향을 잡았던 돈 키호테의 서사 행로는 변경된다. 하지만 위작의 '영향'은 거기에 그치지 않는다. 때로는 위작의 주요 등장인물까지 내세워 원작 『돈 키호테』에 더욱 생생한 역사적 현장감을 불러일으키고, 소설 자체에 대한 근원적인 성찰을 유도한다.[47]

『돈 키호테』가 자본주의근대가 도래하는 문턱에서 '근대'를 열었다는 주장이 가능하다면 바로 그런 맥락에서일 것이다. 돈 키호테의 귀향은 세르반테스가 위작을 풍자하면서 『돈 키호테』의 대미를 장식하는 데 활용하는 와중에 이뤄진다. 이제 그는 백월(白月)의 기사로 위장한 산손 카라스코와의 재결투에서 패배하고 집으로 돌아온다. 마지막 출정을 마치고 귀향하는 그의 모습은—마법에 걸렸다고 상상하면서—달구지에 실려 라만차로 회귀하는 1권

---

[46] Ramón Menéndez Pidal, "The Genesis of Don Quixote," *Cervantes' Don Quixote: A Casebook*, ed. Roberto González Echevarría(Oxford: Oxford UP, 2005), 86면.
[47] 그 점을 한 논자는 이렇게 논했다. "다시 말해, 세르반테스는 소설이 가장 잘하는 것을 하는 데 소설을 이용함으로써 소설에 대한 자신의 주장을 옹호한다. 즉, 리얼리티의 그림 주위에 프레임을 둘러서 사실이냐 아니냐의 물음을 중지시키는 것이다. 아베야네다를 모욕함으로써 그에게 존재감을 승인하는 대신 세르반테스는 아베야네다와 그의 판지 공예 같은—생기 없고 기계적인(인용자)—인물들을 자신의 등장인물의 노리갯감으로 만듦으로써 그들을 더욱 생생하게 만든다."(In other words, Cervantes defends his claim on fiction by using fiction to do what fiction does best: put a frame around a picture of reality that suspends the question of whether it is true or not. Instead of insulting Avellaneda and thereby validating him, Cervantes turns him and his cardboard cutouts into the plaything of his own characters, thereby making them come alive all the more.) William Eggington, *The Man Who Invented Fiction*, 169면.

말미의 돈 키호테와 크게 달라지지 않은 듯하다. 하지만 미묘한 차이도 엿보인다. 둘시네아를 향한 연심을 싹 거둬들인 위작의 미치광이 기사와는 달리 '둘시네아 공주'라는 환상을 향한 그의 지조는 여전하다. 그러나 그는 더 이상 여인숙을 성으로 착각하지 않는다. 그는 패배를 담담하게 인정하면서 고향에서 자숙하는 목동의 삶을 꿈꾼다. 그런 그가 자신의 최후를 예감하는 장면에는 우수(憂愁)가 감돈다.

"친애하는 벗들, 나를 축하해주게. 나는 이제 라 만차의 돈 키호테가 아니라 알론소 키하노야. 나의 행동거지를 보고 사람들이 '착한 양반'이라고 불렀던 그 키하노일세. 이제 나는 골(Gaul) 지방, 아마디스뿐만 아니라 그 가문의 수많은 기사들 전체의 적이 되기로 결심했네. 이제 내겐 방랑기사에 관한 모든 불경스런 이야기들이 증오의 대상이야. 마침내 나는 내가 어리석었음을 알았고, 그런 이야기책들을 읽음으로써 위험에 빠졌던 것을 깨달았네. 하나님의 무궁한 자비로 마침내 실수를 깨우쳐서 이젠 그런 책들을 혐오하네."(2권 742면)

돈 키호테의 이 같은 모습에서 '책(관념)의 세계'에서 깨어난 한 개인의 성장이나 성숙을 읽어낼 수 있다.[48] 그러나 그것이 전부는 아니다. 어떤 면에서 전부가 되어서도 안 된다. 임종 즈음에야 그려지는 주인공의 '깨어남'도 당대의—'불온한 서적'을 검열하고 징치하는—권력에 대한 작가의 냉엄한 인식과 초탈을 반영하는 일면조차 있기 때문이다. 그렇다면 돈 키호테의 각성을 '빌둥(Bildung)'을 포함한 어떤 개념적 틀로 쉽게 포괄해서는 곤란할 듯하다. '온정신'을 찾는 돈 키호테의 성숙에 초점을 맞추는 해석은 그의 뫼비우스적 양면성에 대한 단순화일뿐더러, 그런 양면성을 당대의 사회상을 비추

---

[48] 관련된 논의는 특히 Admira Nushi, "Don Quixote, a Bildung Novel," *International Journal and Educational Innovation* 3:6(2016), 85~92면.

는 거울로 활용한 작품 자체의 창의성을 결과적으로 제한할 수 있다.

어떤 상태의 돈 키호테든 작품이 지나간 기사도의 세계에 집착이나 미련을 남겼다면 이 장편문학이―근대 장편소설의 진정한 개막을 불러온―'세르반 테스적 전환'을 이룩할 수는 없었을 것이다. 『돈 키호테』가 기사도 문학의 형식을 빌려서 기사도 문학 이후에 전개된 근대의 본격 장편문학의 가능성을 선구적으로 타진했기에 일체의 기사도 문학을 부정하는 돈 키호테의―서사의 모든 마법을 연기처럼 사라지게 하는―마지막 깨달음에도 비평의 마침표가 찍힐 수 없다. 우리는 현자 돈 키호테와 광인 돈 키호테 모두와 결별하면서 평범한 알론소 키하노(Alonso Quijano)로 돌아가는 순간을 안주(安住)를 거부하는 어떤 새로운 시작으로 읽을 필요가 있다. "이제는 허송세월에 대한 보상으로 영혼을 밝게 해줄 다른 책들을 읽을 시간이 얼마 남"지 않았다는 '키하노'의 개탄은(2권 742면) 볼거리, 읽을거리가 넘쳐나는 풍요 속에서 사유의 빈곤에 직면하기 일쑤인 현대의 독자도 깊이 새겨들을 구석이 있다.

## 5. 결어

"미쳐서 살다가 정신 차려 죽었다"는[49] 돈 키호테가 편력한 역사적 맥락이 도래하는 자본주의근대임을 명확히 할 때 그의 반(反)시대적 모험이 갖는 서사의 의의도 분명해진다. 『돈 키호테』는 근대라는 시대에서 장편문학이 아이러니와 역설을 동원해 어떻게 총체적 서사예술로 진화할 수 있는가를 예시

---

[49] 이는 산손 카라스코가 쓴 돈 키호테의 비명 한 구절이다.(morir cuerdo y vivir loco) 이 구절의 의미를 민용태 교수는 이렇게 풀었다. "언뜻 보기에는 돈 키호테가 미쳐서 살다가 정신이 나자 후회하고 죽었다는 사실을 쓴 듯하다. 그러나 다시 새겨보면 진짜 산다는 것은 미쳐서 (무언가에 대한 사랑에 빠져서) 사는 것이고 정신 차리고 산다는 것은 결국 인생이 날마다 죽어가는 것이라는 것을 알고 사는 것이라는 뜻이다." 미겔 데 세르반테스, 『돈 키호테』, 민용태 옮김(창비, 2012), 867면 각주 3.

하는 하나의 표본이다. 그런 의미에서 '서구 근대 최초의 세계문학'으로서의 『돈 키호테』가 후대 작가들에게 어떤 (또 다른) 서사의 영감을 주고 소설 형식의 혁신을 촉진해왔는가도 앞으로 두고두고 성찰해볼 만한 과제다. 여기서는 근대 초엽의 거대한 시대적 전환을 의식하면서 『돈 키호테』를 '추상적 이상주의'라는 유형에 구겨 넣은 루카치의 해석이 왜 문제인가를 논할 수 있을 뿐이다.

『소설의 이론』이 루카치의 번득이는 직관과 통찰로 넘쳐나는 저작임은 누구나 인정할 것이다. 그러나 다른 한편, 통찰의 이면이라 할 맹목도 못지않다. 이 저작은 루카치 스스로 훗날(1962년)에 부기한 저자 서문에서 인정했다시피—1차 대전의 포연 속에서 혼란을 겪은 지식인의 면모를 드러낸 비평서이다. 근대에 태동한 '휴머니즘'의 이상을 다각도로 실험하면서도 이상주의와 비판적 거리를 아이러니와 역설로써 유지한 『돈 키호테』의 서사적 지평을 루카치는 충분히 감지하지 못했다는 것이다. 그의 말처럼 호머(Homer)의 서사시가 불가능해진 시대가 근대라면 신들이 떠난 근대의 도전에 부응하는 새로운 형식의 근대적 서사시가 시도되었고 또 시도될 것이라는 판단은 인간의 창조성에 대한 신뢰에 기반한다. 『돈 키호테』야말로—예컨대 멜빌의 『모비 딕』(1851)이나 도스토옙스키의 『카라마조프가의 형제들』(1879~1880)과 더불어—독창적인 방식으로 근대만의 서사시를 도모한 선례가 아닌가.[50]

그런 맥락에서 『돈 키호테』가 창작된 시기가 '신세계'의 착취를 제국으로의 도약 발판으로 삼는 데 성공한 합스부르크 에스파냐(Hapsburg Spain)의 '황금 세기(Siglo de Oro)'라는 사실도 기억할 만하다. 『돈 키호테』의 탁월한 서사적 성취는 물론 세르반테스 고유의 것이지만 어떤 면에서는 그의 천재

---

50 나는 이 논제도 제대로 논할 능력이 없다. 다만 멜빌의 『모비 딕』을 두고 그와 비슷한 시도를 했을 뿐이다. 이에 관해서는 졸고, 「『모비 딕』론: 19세기 미국의 '국민문학'과 셰익스피어」, 『안과밖』 21호 (2006); 「『모비 딕』론(2): 이쉬미얼과 퀴퀙의 살림 서사」, 『영미문학연구』 28호(2015) 참조.

성도 시대의 산물이라는 것이다. 이때 숙고해봐야 할 더 중요한 문제는 세르반테스가 신들의 세계를 등진 채 서사시의 형식을 차용하는 동시에 중세 기사도 서사(로맨스)를 변용한 서사적 지평의 성격이다. 시대를 앞서 창조적 작가가 밀고 나갈 수 있는 삶의 가능성을 최대치로 확대했다는 것도 바로 그런 지평의 중요한 일부가 아닐까 싶다. 『돈 키호테』가 훗날 서구 문명의 위기를 누구보다 민감하게 감지한, 토마스 만(Thomas Mann, 1875~1955)이나 가르시아 마르케스를 비롯한 숱한 작가와 지식인들에게 영감의 원천으로 작용한 것은 결코 우연이 아니다.[51]

바로 그렇기 때문에 『돈 키호테』가 기존 서사 양식들을 어떻게 활용하여 근대의 새로운 장편소설로 진화한—뒤따르는 소설가들에게 '세르반테스적 전환'이라고 부름직한 결정적 방향 전환의 전기를 마련해준—사례인가도 더 구체적으로 탐구해볼 과제로 남는다. 아베야네다의 위작을 소화한 『돈 키호테』의 창조성에 관한 연구도 그런 탐구의 연장선에 있다. 앞서 언급한 것처럼 아베야네다의 위작 나름의 미덕을 여러 논자들이 지적했고 나 자신은 미덕에 대한 엄밀한 비평적 판단을 유보해놓은 상태다.[52] 『돈 키호테』를 앞세운다면 세르반테스의 서사를 표절하고 대중영합적으로 도용한 위작은 세르반테스의 창의성과 독창성을 빛내주는 소설사적 의미 정도는 있지 않을까 한다.

---

51 이 장편이 에스파냐적 정신/기질의 역사적 토양에서 자라 나왔음을 역설하면서 장편소설이라는 장르에 대한 근원적인 물음을 거듭 던진 오르테가도 그중 한 명이다. 그는 『돈 키호테』를 자신의 시대 상황에 대한 거울이자 대응의 예술적 수단으로 삼았다. 그가 "『돈 키호테』에서 시적인 감수성은 비관적인 방향으로 기울었는데, 지금까지도 완전히 회복되지 못하고 있다"고 진단한 것은 작품에 관한 엄정한 분석이라기보다는 찬사와 비하를 넘어서서 에스파냐 정신의 탐구에 매진한 결과이기도 했다. 실제로 그는 자신의 『돈 키호테』론에는 "조국을 근심하는 맥박이 구석구석에서 고동치고 있"다고 적었다. José Ortega y Gasset, *Meditations on Don Quixote*, trans. Evelyn Rugg and Diego Marín (New York: Norton, 1963), 164면.
52 가령 에베야네다의 *Don Quixote de La Mancha*, Part 2에 붙인 역자의 말, viii면.

위작은 광인과 현자의 모습이 교묘하게 겹쳐지고 갈라지는 돈 키호테를 철저하게 '미친놈'으로 만들고 순진함과 교활함이 절묘하게 뒤섞인 산초 판사도 한낱 어리석은 촌부로 단순화했다. 이 점만 두고 보더라도 '개인'을 발견한 근대를 천동설의 중세로 후퇴시킨 '물건'이 위작이라는 평가가 크게 변할 것 같지는 않다. 이런 위작에 대한 독설과 함께 마무리되는 결말에서 거짓과 타협하지 않으려는 세르반테스의 치열하고도 유연한 작가 의식을 읽어내는 일은 어렵지 않다. 하지만 아베야네다라는 이름의 위작으로 표상되는, 악화가 양화를 구축하기 일쑤인 문학 시장은 다른 차원의 문제다. 게다가 학계의 담론장에서조차 『돈 키호테』의 통속화 경향이 없지 않다. 그럴수록 시장의 대중 취향에 일면 호응하면서도 그 같은 취향을 내재적으로 해체한 『돈 키호테』의 면모는 더 중요해질 뿐이다.

아무튼 이 모든 언설에도 불구하고 이 글은 『돈 키호테』의 서사적 성취에 대한 단편적인 해석 및 평가에 그친다. 다만, 정전주의와 반(反)정전주의 모두와 비판적 거리를 유지하는 비평의 기본자세만은 흐트러뜨리지 않았다고 믿는다. 그러한 자세로써 "(……) 오늘날까지 이어지는 『돈 키호테』의 대중적 인기가 어찌하여 상업주의의 연장인 통속주의 문학의 세계화"와 구분되는 것인가를 밝히려고 한 것이다.[53] 즐거움과 배움이라는 보편적 이상과 근대다운 근대의 각성한 인간을 기발한 서사 실험으로 구현하고 근대의 개막에 수반되는 온갖 허위의식을 지혜로 압도한 세르반테스의 『돈 키호테』는 후대 작가들에게도 영감의 원천으로 남아 있다.

---

53 졸고, 「'세계문학'의 개념들: 한반도적 시각의 확보를 위하여」, 『한국문학의 최전선과 세계문학』, 387면.

## 덧글: 국가 통치의 이상과 식민주의(2023)

알다시피 세르반테스의 시대는 '식민지 개척'이 한창이던 때였다. 근대의 출범을 가리키는 '지리상의 발견'이라는 것 자체가 코르테즈(Hernán Cortés, 1485~1547)같이 출세 지향의 하급 귀족이나 상업주의적 모험가들이 주도한 식민지 정복 전쟁으로 직결된 '새로운 시기'였다. 그 과정에서 서구인들의 마음에 뿌리내린 식민주의는 근대성(modernity)의 골수에 박힌 인종주의의 이면을 이룬다. 중앙아메리카에서 저지른 에스파냐 제국의 원주민 학살이 나치의 홀로코스트에 곧잘 비견되는 것은 과장이 아니다. 하지만 동기와 양상, 결과 모두 사뭇 달랐다. 일단 15~16세기의 '정복 사업'은 기본적으로 중세에서 근대로 이행하는 유럽의 곳곳에서 진행된 자본의 원시적 축적에 다름 아니었다. 또한 대량 학살이 에스파냐만의 전매특허도 아니었다. 알다시피 네덜란드, 영국, 프랑스 등 서구 중심부 국가들은 근대의 출범과 더불어 저마다의 방식으로 '원주민 절멸 프로젝트'를 시행했다.

세르반테스가 어떤 식으로든 당대의 그 같은 역사적 상황과 씨름했다면 이 또한 그의 고전적 위상을 드높이는 요인이 될 듯하다. 하지만 동시에 그런 씨름의 과정에서 모종의 시대적 한계를 고스란히 노출한다면 이는 기본적으로 어떤 작가도 자신이 처한 현실의 '중력'에서 완전히 벗어날 수 없음을 새롭게 확인해주는 계기다. 정복 시대를 살아간 작가가 국가의 통치 이상을 어떻게 성찰하고 작품으로 기록했는가 하는 물음은 바로 그런 이중의 맥락에서 제기된다. 『돈 키호테』 2권 42장~53장까지의 일화, 즉 바라타리아(Barataria) 에피소드를 살펴보자.

돈 키호테와 산초를 환대하며 골려 먹던 공작은 공작령 중에서 가장 좋은 마을로 인구가 천 명 정도인 바라타리아에 산초를 총독으로 임명한다. 이 임명이 서사의 느닷없는 전개는 아니다. 1권 7장에서 돈 키호테가 산초에게 자신의 모험에 따라나서준다면 언젠가 섬의 총독 자리를 주겠다고 약조한 바 있고, 그런 약조가 공작에 의해 실현된 것으로 읽히기 때문이다. 아무튼 총독 역할을 수행하는 데서도 산초의 이중성은 여실하다. 한편으로 일자무식인 농사꾼 산초의 기발하고 엉뚱한 언행들이 좌충우돌 표출된다. 다른 한편으로는 농사꾼다운 합리적이고도 실용적인 지혜로 민원들을 해결하는 판단력이 부각된다. 산초가 부임하기 전에 돈 키호테가 그에게 위정자로서의 처신과 마음가짐에 대해 충고하는 대목까지 고려한다면 작가가 꿈꾸는 공화국의 이상이 희극 모드로 타진되었다는 해석도 가능하다. 실상 좋은 통치와 나쁜 통치, 선한 위정자와 악한 위정자에 관한 논설은 『돈 키호테』 곳곳에서 읽을 수 있다.

하지만 바라타리아 에피소드가 통치의 실험이라 하더라도 문자 그대로 세르반테스가 어떤 이상적 통치를 소설로 구현하려는 것으로 읽어서는 곤란하다. 산초를 통해 드러나는 '다스림'은 현실주의의 지혜에 기초한 선정(善政)을 떠올리게 하는 것은 사실이고, 이는 핏줄보다 능력과 덕을 더 중요하게 생각한 작가의 민주적 통치관과 상당 부분 부합한다. 그 점을 적극적으로 평가한다면 『돈 키호테』는 절대국가의 통치 이념과는 사뭇 다른 차원의 정치체제, 즉 기독교 이념에 근거한 이상적 군주제를 시대에 앞서 구상했다고 볼 여지도 있다. 하지만 세르반테스로서는 당시 진행되던 식민주의의 실상을 작품으로 그려내는 일이 사실상 불가능했고 실제로 그 실상에 무지했다면 바라타리아 같은 왕국은 말 그대로 공상의 산물에 불과하다는 해석이 역시 설득력을 얻는다.

그 점에서 돈 키호테의 광기 어린 모험을 아메리카의 정복자들(Conquistadors)의 행태를 상상적으로 변형한 것으로 생각할 수도 있다. 산초의 왕국에서 사회적 신분 상승을 노린 모험가들이 점령한 '인디오들'의 땅을 연상할 수 있는 여지도 없지 않다. 그렇다면 바라타리아 에피소드도 순전히 공상이 만들어낸 이야기는 아니게 된다.[54] 어쨌든 『모범소설집(*Novelas ejemplares; Exemplary Stories*)』(1613)까지를 염두에 둔다면 세르반테스가 아메리카에서 '제노사이드'를 자행한 제국의 만행을 직접 목격하지는 못했음이 확실해진다.[55] 적어도 '아메리카'의 식민 지배 실상에 관한 한 그는 그곳으로 건너간 에스파냐 사람들이 어떤 종자들이었는지를 풍문으로 듣고 작품의 소재로 활용했다는 심증을 굳히게 된다는 것이다.[56] 각각의 이야기들이 풍속적으로 통용되는 다양한 '모범'의 통념을 전복하고 해체하면서도—검열관들의 심기를 건드리지 않으면서!—재미와 교훈을 동시에 담아낸 소설가로서의 비범한 재능을 재확인하지만 말이다.

그러므로 글로벌 시대 운운하는 오늘날 산초 판사의 바라타리아가 실재냐 공상이냐보다 더 핵심적인 물음은 따로 있다. 즉, 같은 하늘을 약 20년간 이고 살다 간, '인디오들의 수호자'로 불린 바르톨로메(Bartolomé de las Casas, 1474~1566) 신부의 기록을 세르반테스가 읽었다면, 또는 그가 그의 바람대로 아메리카를 경험했다면 과연 어떤 작품을 썼을까? 바르톨로메 신부가 남긴 증언을—*A Short Account of the Destruction of the Indies*(1552)[57]—읽어본

---

54 딱히 바라타리아 에피소드가 아니라 하더라도 그런 상상에 대한 나름의 학구를 찾아볼 수 없는 것은 아니다. 『돈 키호테』에서 탈식민적 주체를 읽어내려는 시도도 그중 하나다. 이 경우 얼마나 작품 자체를 정확하게 읽어내는가가 관건일 터인데, 역시 이론의 틀로 작품을 재단하는 경향이 농후하다. 가령 Walter D. Mignolo, "De-Linking: Don Quixote, Globalization, and the Colonies," *Malcaster International* vol. 17:8(2006), 3~35면 참조.
55 작가가 직접 보지 못했다고 해서 쓸 수 없는 것은 물론 아닐 것이다. 하지만 세르반테스가 중남미로의 진출을 소망했으나 좌절되었다는 기록이 남아 있고 파란만장했던 그의 주유(周遊)도 에스파냐와 지중해 지역으로 국한된 것은 사실이다.
56 가령 「질투 많은 에스트레마두라 노인에 관한 소설(Novela del celoso extremeño)」에 나오는 문장을 읽어보자. "그곳은(아메리카는—인용자) 절망에 빠진 에스파냐 사람들의 안식처요 피난처, 파산자와 신용불량자의 도피처이자 교회, 살인자들의 구명처, 노름꾼을 돕는 기술에 도가 튼 '몇 놈들'이라 불리는 바람잡이나 야바위꾼, 자유분방한 여자들의 뻐끼이자 호객꾼, 많은 보통 사람들의 허황된 꿈으로, 그곳에서 생산적인 결과를 얻은 것은 극히 몇 안 되는 사람들뿐이었다." 미겔 데 세르반테스, 『모범소설집 2』, 민용태 옮김(창비, 2020), 83~84면.
57 바르톨로메 데 라스 카사스, 『인디아스 파괴에 관한 간략한 보고서』, 최권준 옮김(시타델 퍼블리싱,

독자라면 산초 판사에게 주는 돈 키호테의 통치 조언들이 마야·아즈텍·잉카 문명을 말살한 식민 지배의 현실과 얼마나 그로테스크하게 대비되는지를 실감할 것이다. 하지만 학자들이 바로 그 점을 심각하게 검토하는 것 같지는 않다. 대체로 사료에 입각한 실증과 고증이 연구의 주가 되고 바라타리아 에피소드는 탈식민 담론의 소재로 소비되는 인상이다.[58]

그러한 연구에 관한 한 이렇게 소박한 물음을 제기해봄 직하다. 지중해의 한 섬이 식민지로 설정된 정치적 상황에서 산초 판사가 선정을 베푸는 장면이 중남미 인디오들을 멸종시킨 에스파냐 정복자들의 야만과 대조되는 것을 현대 독자는 어떻게 받아들여야 하는가? 이런 물음은 소설과 실록의 차이로 눙칠 수 없는 곤혹스러운 문제로 이어진다. 바르톨로메 신부가 본 것을 세르반테스가 보지 못한 것은 분명하다. 근대라는 새로운 시대를 선구적으로 예감했으되 식민주의적 실상까지를 담아낼 수 없었던 세르반테스의 역사적 맹점은 한 개인의 천재성 같은 것으로 해소될 수 없는 성질이다. 그렇다면 아직도 식민지근대의 유산을 온전히 청산하지 못한 우리에게 서양 고전의 보편성은 결코 자명하지 않다는 것이 재확인되는 셈이다. 서구 작가들도 19세기에 들어서야 비로소 식민주의의 실상을 감지했을 뿐이며, 그 결정적 진실의 증언은 20세기 중후반 서구의 바깥에서 들려오기 시작한 것이다.

그런 증언을 식민지 민중의 삶으로 드러낸 비서구 세계의 작가들의 '탈식민문학'은 곱씹어봐야 할 유산이다. 『돈 키호테』의 고전적 성취를 인지할수록 식민주의를 넘어서기 위해 분투한 작가들의 목소리에도 귀 기울여야 한다는 것이다. 이어지는 「식민지근대와 '되받아쓰기': 셰익스피어와 세제르의

---

2007).

58 이와 관련된 논의는 특히 Luis Corteguera, "Sancho Panza Wants an Island: Cervantes and the Politics of Peasant Rulers," *Romance Quarterly* 52(2005), 261~270면; Daniel Nemser, "Governor Sancho and the Politics of Insularity," *Hispanic Review*(winter 2010), 1~23면 참조.

경우」는 근대의 시작과 동시에 발생한 식민주의의 모순 속에서 서구 인문주의의 중핵을 이룬 즐거움과 배움의 이상이 어떤 위기에 봉착하는지를 다룬다. 비서구 작가가 서구의 정전주의에 맞서 시도한 '되받아쓰기'의 실제 성취를 가늠해보는 일은 식민주의의 극복이 오늘날 세계문학의 현안임을 구체적으로 밝히는 계기도 될 수 있다는 것이다.

## 2장

# 식민지근대와 '되받아쓰기'

셰익스피어와 세제르의 경우

## 1. 머리말

컬럼버스(Christopher Columbus, 1451~1506)를 비롯한 서양의 '개척자들'이 내건 명분과 이상이 무엇이든 식민지 수탈을 괄호로 묶고 근대의 '기원'을 논하기는 힘들다. 물론 15~17세기 아메리카와 19~20세기 본격 제국주의 시대의 아프리카, 20세기 초중반의 동아시아가 모두 다르듯이 '개척'의 시대적·지리적 양상은 천차만별이다. 그러므로 식민주의를 어떤 단일한 개념으로 실체화하는 것은 피하고 볼 일이다. 원주민 또는 선주민을 상대로 열강들이 추진한—흔히들 '지리상의 발견'으로 미화되는—끔찍한 '절멸 산업'과 그로써 추동된 가공할 근대화 및 발전주의의 실상은 구체적인 지역과 시대에 비춰 논해야 할 문제라는 것이다. 그렇게 접근할 때 모든 근대는 식민지근대인 **동시에** 자본주의근대라는 총체화하는 단언도 비로소 일정한 설득력을 얻으리라 본다.

그런데 근대가 그처럼 식민주의와 불가분이라면, 근대의 근대다운 특성

(근대성, modernity)도 식민지근대 특유의—노예근성을 포함할 수밖에 없는—어떤 정신병리적 현상(식민성, coloniality)과 연관될 수밖에 없다. 하지만 나는 근대성과 식민성의 골치 아픈 관계에 대해서는 무심한 편이다. 그보다는 식민지근대의 다양한 국지 현실을 관통하면서 근대로 이월된 식민주의의 실상에 관심이 있다. 20세기 한반도의 경우 이월의 양상이 특히 고질적이어서 더욱 그렇다. 친일과 반일이라는 극단적 흑백논리의 폭력성은 한국 인문학계의 현안이고, 이는 식민주의 유산의 파괴적 작용이 그토록 끈질기다는 사실의 반증이다.

 대다수 식민지들이 독립하고 주권을 쟁취했음에도 기존의 혁명 노선을 답습하면서 반식민주의 투쟁·해방의 서사에 몰입하는 탈식민 담론의 관성은 크게 달라진 것 같지 않다. 거기서 발생한 퇴행 현상을 한 학자는 몇 가지로 분류한 바도 있다.[1] 다른 한편, 인종과 계급·신분, 성(sex·gender)이 복합적으로 상호작용하면서 만들어내는 퇴행의—차별과 착취, 억압으로 첨철된—복합 기제가 근대 이전에도 존재했음은 분명하다. 하지만 그 같은 기제가 견고한 체제적 속성을 띠는 것은 식민지근대에 들어서라는 것이 정설이다. 체제의 속성화는 성차별과 인종주의, 계급적 편견이 어디에나, 누구에게나 존재한다는 사실을 가리킨다. 식민지근대에 관한 한 어느 누구도 진실·진리의 자리를 선점 내지 독점할 수 없다는 것이다. 그러기는커녕 스스로 자신이 구체적으로 어떤 면에서 허위의식의 노예인가를 자각하는 일이 급선무가 된다.[2] 동시에 일국(一國)적 시야의 한계가 더 명확해진다. 그런 시야로는 국

---

1 이 쟁점에 관한 한 프레드릭 쿠퍼(Frederick Cooper)의 *Colonialism in Question: Theory, Knowledge, History*(Berkeley: University of California Press, 2005)가 두루 참조할 만한 저작이 아닌가 한다. 쿠퍼 교수는 탈식민 담론에서 보이는 몰역사적 해석 방식을 네 종류로—①Story Plucking ②Leapfrogging Legacies ③Doing History Backward ④The Epochal Fallacy—소개한 바 있다. 좀 더 상세한 설명은 졸저, 『한국문학의 최전선과 세계문학』(창비, 2013)에 실린 「동아시아의 식민지근대와 지역문학의 가능성」 각주 9 참조.
2 이는 사실상 체제의 '바깥'은 없다는 말이나 다름없다. 하지만 이런 식으로 바깥 운운하는 발상이 상투적으로 오용되는 면도 없지 않다. 엄밀하게 말해 체제적 구속력도 상대성을 갖기 마련이다. 가령 근대의 바

경이 있을 수 없는 식민주의 의식이 편재하는 실상을 놓치기 십상이다. 식민지근대의 국지적 현실들을 놓치지 않으면서 근대를 하나의 전체로 파악하는 사유의 자세가 더욱 긴요한 셈이다.

그렇다면 식민지근대는 자본주의근대이기도 하다는 총체적 단언을 이렇게 표현할 수 있다. 즉, 식민지근대는 '글로벌 사우스와 글로벌 노스'가 자본의 힘에 의해 맞물린 채 작동하는 연기(緣起)적 체제이다.[3] 하지만 그 의미를 원인과 결과의 인과론으로만 풀어서는 곤란하다. 식민주의에 관한 한 그보다 더 근원적인 사유가 요청된다. 식민 지배가 길어질수록 인과를 구분하기 어려워지고 책임 소재 역시 불분명해지기 쉽다. 모든 전근대적 미신으로부터의 해방을 추구한 계몽주의의 목표를 노예의식의 탈피를 역설한 탈식민 운동이 상당 부분 공유했다면 그렇지 않겠는가. 사정이 그러하니 탈식민 운동을 서구 계몽주의의 극복으로 단언하기도 힘들다. 극복의 진위는 탈식민 운동이 계몽주의와 표리를 이루는 서구중심주의에 둔감하지 않으면서 전근대의 한계를 극복하고자 했던 계몽주의 나름의 문명적 성취를 얼마나 창의적으로 이어받는가에 달려 있을 것이다.

문학 분야에서 바로 그 점을 천착하는 데 셰익스피어(1564~1608)는 여전히 쓸모가 많다. 근대의 난숙과 함께 불거질 역사적 질곡과 난국을 예언자처럼 극화했다는 평가가 허투루 들리지 않을뿐더러, 성차별주의, 인종주의, 계급주의로 통칭되는 근대 특유의 허위의식을 직관한 선구적 면모도 두드러진다. 그래서 셰익스피어를 맑스와 엮고 서로를 맞세우고 비추어 읽는

---

같은 없다는 언사가 대안의 절대적 부재나 근대 권력의 편재성만을 가리키지는 않는다. 오히려 식민성 극복이 근대주의 극복과 직결된다는 점을 직시하는 순간 탈식민 투쟁도 순백색 정의의 문제가 아니라 식민성(노예근성)이 (누구에게나) 불가피하게 내면화된 상태에서 이뤄지는 극도로 복잡다단한 싸움이 될 수밖에 없다는 뜻으로 이해해야 한다고 본다.
3 연기적 체제가 갖는 여러 함의에 대해서는 이 글에 바로 이어지는 「되받아쓰기」를 넘어서: '회귀서사'와 식민주의」 참조.

것도 가능해진다.⁴ 근대주의의 모순이 텍스트의 표면으로 부각된 사례로는
『말괄량이 길들이기(*The Taming of the Shrew*)』(1590~1591) 『베니스의 상
인(*Merchant of Venice*)』(1596~1597) 『아테네의 타이몬(*Timon of Athens*)』
(1605) 등을 가장 먼저 떠올릴 수 있겠다. 사뭇 다른 시대 배경의 이런 작품
들을 읽노라면 가부장제·성차별주의와 유대인 차별과 혐오, 금권 이데올로
기가 얽히고설킨 상태로 우리의 시대로 이월되었음을 확인하게 된다.

여기에 『태풍(*The Tempest*)』(1611)을 추가한다면 인종주의 문제가 즉각
적으로 떠오른다.⁵ 탈식민 담론의 기여로써 이제는 영문학계에서도 셰익스
피어조차 시대적 한계가 엄연하다는 사실은 널리 인지된다. 그렇다고 셰익
스피어 연구가 시대착오적이라는 말은 성립할 수 없다. 『태풍』만 해도 식민
주의의 허위의식을 내장한 상태에서 허위의식을 비판적으로 해체하는 드라
마이다. 『태풍』을 상대로 다양한 종류의 '되받아쓰기'가 시도되고 그에 대
해 진지하게 비평하는 학자들이 적지 않은 것 자체가 셰익스피어의 현재성
에 대한 증거인 것이다.⁶ 탈식민 문학에서 '되받아쓰기'는 장르를 불문하지
만 그중에서도 셰익스피어의 『태풍』과 대결한 세제르(Aimé Fernand Césaire,
1913~2008)의 『어떤 태풍』(1969)은 특히 도발적이다. 그의 창작 의도가 서
구문학의 정전주의에 대한 급진적인 비판에 있기 때문이다.

그런데 되받아쓰기로서의 『어떤 태풍』을 『태풍』과 짝지어 논하는 취지가

---

4 이에 관한 연구는 특히 Gabriel Egan, *Shakespeare and Marx* (Oxford: Oxford University Press, 2004) 참조.
5 다른 한편 셰익스피어 드라마의 복합성은 탈식민 담론의 핵심 주제인 인종주의로 제한되지 않는다는 상식도 아울러 강조해둘 필요가 있다. 셰익스피어 텍스트에는 소재의 차원에서도 당대 '식민지 개척'을 떠올리게 하는 암시들은 무수한데, 가령 성과 인종, 계급이 복잡하게 얽힌 식민지가 이렇게 비유되기도 한다. "She bears the Purse too: She is a Region in Guiana: all gold, and bounty: I will be cheaters to them both, and they shall be exchequers to me: they shall be my East and West Indies, and I will trade to them both." (*The Merry Wives of Windsor*, 1.2, 64~68) 폴스태프(Falstaff)가 유한부인인 Mistress Ford와 Mistress Page를 '공략'하면서 이들을 식민지의 노다지에 빗댄 장면이다.
6 이에 관한 정리는 John Thieme, *Postcolonial Con-texts: Writing Back to the Canon* (New York: Continuum, 2001), 6장 참조.

셰익스피어의 위대성을 정답처럼 재확인하거나 되받아쓰기의 정치성을 당위적으로 부각하기 위함은 물론 아니다.[7] 그보다는 원론에 가까운 작업이다. 주된 취지는 식민지근대의 후과를 아직껏 속 시원하게 떨치지 못한 한국의 인문학계가 감당해야 할 과제도 염두에 두면서 정전주의 대 반(反)정전주의의 이분법을 비판적으로 성찰하는 데 있다. 식민지근대의 실상과 극복의 의미를 언어예술을 통해 숙고하는 일이 얼마나 어려운가를 헤아려보면서 되받아쓰기로써 탈식민 문학이 도달한 세계문학의 지평에 대해서도 생각해보겠다는 것이다.

## 2. 『태풍』과 탈식민 담론

탈식민주의를 연구하는 학자들에게 『태풍』은 '검정(檢定)'되어야 할 교과서와도 같다. 소재나 주제의 차원에서 식민주의 비판에 들어갈 '양념'을 다채롭게 갖췄지만 셰익스피어가 버무린 극적 효과는 야릇한 면이 적지 않기 때문이다. 식민주의의 여러 행태를 연상케 하는 대목은 곳곳에서 읽히며 백인 지배자의 우월의식을 적발하는 것도 그리 어렵지 않다. 가령 원주민에 대한 비속한 통념에나 어울리는 '미개한 존재'(캘리번)부터가 그러하다. 야만인이라는 속설에 딱 어울리는 존재가 터를 잡은 섬을 빼앗은 백인 지배자가 부각되는 동시에 예속과 자유의 드라마가 펼쳐진다. 거기에는 물론 백인 지

---

7 이 글에서 인용한 텍스트는 다음과 같다. Shakespeare, *The Tempest*, eds. Peter Hulme and William H. Sherman(New York: Norton, 2004); Aimé Césaire, *Une Tempête*(Paris: Editions du Seuil, 1969); *A Tempest*, trans. Richard Miller(New York: Theatre Communications Group, Inc., 2002). 셰익스피어 텍스트의 번역은 이상섭 교수의 『셰익스피어 로맨스 희곡 전집』(문학과지성사, 2008)을 주로 참고했지만 번역은 필자가 했다. 세제르의 경우는 프랑스어 원문이 기본 텍스트이며, 인용문의 번역은 필자의 것이다. 인용은 괄호 안에 불어본과 영역본의 제목 및 페이지를 순서대로 병기한다.

배자에 저항하는 '식민 종복들'의 반란이 따른다.

이 같은 극적 요소들은 식민주의에 대한 비판적 분석에서 안성맞춤인 재료다. 이렇게 보면 현자 프로스페로의 '복된 죄(felix culpa; 아담의 죄가 종국에는 구원을 불러오는 역설)'와 복권, 미랜더(Miranda)와 퍼디난드(Ferdinand)의 낭만적 사랑을 끌어낸 윌슨 나이트(Wilson Knight) 같은 학자의 해석이 어떻게 그렇게—탈식민 담론이 출현하기 한참 전에 활동했다는 점을 감안해도—쉽게 먹힐 수 있었나 의아스러울 정도다.『태풍』이 유럽 열강의 해상 진출이 겉으로 내건 '문명화의 사명'에 내재한 모순을 날카롭게 포착하면서도 다른 한편 식민 지배의 무의식을 드러낸 것이 사실이라면 탈식민 비평의 발동은 그만큼 자연스러워 보인다는 것이다.[8]

하지만 발동이 비평으로 전개되는 실제는 간단치 않다.『태풍』이 식민주의로 포괄되는 주제를 한껏 담고 있지만 식민주의 비판에 딱 맞아떨어지지 않는 '여분'을 여기저기에 남기기 때문이다. 탁월한 문학작품은 반복해서 읽어도 완전히 소거되지 않는 '의미의 의미'를 남기는 법이다. 하지만 식민지 상황을 고스란히 연상케 하면서도 상상 대 현실이라는 이분법을 근본부터 허무는『태풍』읽기의 어려움은[9] 높은 밀도의 언어 구사가 유발하는 모호성이나 애매성과 다른 차원으로 보인다. 식민주의 비판의 문제의식을 제대로 살리기 위해서라도—맥락에 따라서는 '불순물'이라고 해야 할—그 여분에 대한 논의가 중요해진다.

모든 이분법의 시적 해체를 불러오는 불순물은 셰익스피어 특유의 상상력

---

8 탈식민적 시각을『태풍』에 적용한 다양한 비평적 사례는 특히 *The Tempest: A Critical Reader*, eds. A. T. Vaughan and V. M. Vaughan(London: Bloomsbury, 2014), 66~77면 참조.
9 프로스페로(Prospero)와 캘리번(Caliban)의 갈등 양상만 해도 마노니가 이론화한바, 식민지 상황에서 벌어지는 주인과 노예의 계급적·신분적 대립 구도로만 환원하기 어려운 대목이 많다. O. Mannoni, *Prospero and Caliban: The Psychology of Colonization*, trans. Pamela Powesland(New York: Frederick A. Praeger, 1956) 참조. 이 글에서 셰익스피어가 인간의 상상력이 현실을 조형(造形)하는 힘임을 다각도로 실감케 하는 작가라는 점을 주목하는 것도 그런 맥락에서다.

이 갖는 양면성에서 비롯된다. 『태풍』의 경우 불순물은 모든 것의 실체가 궁극적으로 마음속에 존재한다는 인식에서 나오는 것 같다.[10] 어떤 면에서는 불가(佛家)의 유심론(唯心論)에 가까울 정도다. 뒤에서 살펴보겠지만 이때도 외부 현실은 마음에 절대적으로 영향을 끼치면서 마음과 분리될 수 없는 것으로 그려진다. 그렇다면 셰익스피어가 거울에 비친 자신의 모습을 보면서 그려낸 인물처럼 느껴지는 프로스페로야말로 '유물론적 유심론'의 육화라 할 만하다. '태풍'을 불러들이면서 대다수의 극적 상황을 조율하는 그는 극적 허구지만 에필로그에서 드러나듯, 셰익스피어가 투사된 사실상의 연출자이기도 하다.

그가 외동딸인 미랜더와 함께 자신의 공국(公國) 밀란에서 이름 모를 섬으로 흘러 들어간 사연은 극작가의 머릿속에서 나온 '공상'이다. 하지만 공상이 극화되는 과정에 강력한 역사적·사실적 맥락이 투입된다. 단적으로 알론조 일행이 튀니스(Tunis)에서 나폴리(Naples)로 가는 도중에 난파된 사건은 '버뮤다 팸플릿'에[11] 근거한다. 르네상스 시대 정치극의 단골 주제인 권위(權位) 및 모반, 추방, 복위 등의 사건도 당대 궁전의 권력 암투와 식민지 정복의 역사를 떠올릴 수밖에 없는 방식으로 전개된다.[12] 이 역시 식민주의의 폐

---

10 『태풍』의 이런 면모는 셰익스피어의 후기작들, 가령 『겨울 이야기(*The Winter's Tale*)』(1610~1611)나 『심벌린(*Cymbeline*)』(1609~1610)에서는 찾아보기 힘든 것 같다. 물론 세 작품을 나란히 읽는다면, 여러 학자들이 논했다시피, "『겨울 이야기』와 『태풍』이 없이는 『심벌린』을 제대로 이해하기는 힘들고, 이런 언설이 받아들여지든 아니든 이 작품들이 '같은 종류(a kind)'임은 확실하"다. William Shakespeare, *The Winter's Tale*, ed. J. H. Pafford(London: Methuen, 1981), xxxviii. 하지만 식민주의적 현실을 배경에 깔면서 그런 현실이 어떤 의미에서 인간의 상상력에서 비롯된 '구성물'인가를 드러내는 문제에 관한 한 『겨울 이야기』나 『심벌린』보다는 『태풍』이 역시 맞춤한 텍스트다.
11 버뮤다 팸플릿은 1609년에 버뮤다 해상에서 벌어진 사건의 진상을 담은 문건이다. 아홉 척의 영국 배가 폭풍을 만나 그중 한 척은 완전히 침몰하고 생존자들이 거의 일 년간의 항해 끝에 버지니아 제임스타운의 항구에 도착한 경위를 기록했다.
12 자세한 논평을 붙이기는 어렵지만 영국 제국주의의 외적·내적 역사적 맥락에 주목하면서 그런 떠올림을 부정하는 논의가 없는 것은 아니다. 가령, Tristan Marshall, "*The Tempest* and The British Imperium in 1611," *The Historical Journal* 41:2(1998), 375~400면 참조.

부를 묘파한 『태풍』 고유의 면면이다. 극의 이 같은 면모는 로마 제국과 식민지 브리튼의 관계가 설정된 『심벌린』이나 여타 사극들, 『타이터스 앤드로니커스(Titus Andronicus)』, 『줄리어스 시저(Julius Caesar)』, 『안토니와 클레오파트라(Antony and Cleopatra)』, 『코리올레이너스(Coriolanus)』 등과 주제상의 연속성이 있으면서도 전혀 다른 극적 특성이다.

프로스페로의 정복 과정을 복기해보면 탈식민 담론에서 세심하게 주목하고 적확히 평가하지 않은 대목이 드물지 않다. 가령 프로스페로가 동생 안토니오(Antonio)에 의해 축출된 원인은 한둘이 아니다. 안토니오의 권력욕이 사달의 시작이다. 실제로 그는 끝까지 악당으로 남는다. 하지만 정치가로서의 프로스페로의 과오가 아니었던들 그의 잠재된 야심이 일깨워지지는 않았을 것이다. 이렇게 따지고 들면 프로스페로가 '인문학(the liberal arts; artes liberales)'에 빠진 것이 가장 큰 화근이라고 할 수 있다. 그것은, 좀 더 정확히 말하면, 중세 대학의 기본과목인 3학(Trivium; 문법·수사학·논리학) 4과(Quadrivium; 산술·기하·음악·천문학)를 아우르면서 중세적 흑마술을 가미한 것처럼 보인다. '흑마술'이 근대 초기 과학의 성격도 있다면 프로스페로는 수학자·연금술사·점성술가로서―엘리자베스 1세의 정치 고문으로 활약하면서―'브리티시 제국(British Empire)'이라는 말을 만들어낸 인물로도 알려진 존 디(John Dee, 1517~1608)를 떠올리게 한다.[13] 그런 그가 정사(政事)를 게을리했고 그 틈을 타서 동생이 찬탈에 나선 것이다.(1.2. 66~78) 하지만 이게 끝이 아니다. 이웃한 나폴리의 왕 알론조의 가세가 어떤 면에서는 더 결정적인 역할을 했달 수도 있다. 그의 조력이 없었다면 안토니오의 반역도 성공하지는 못했을 터다. 안토니오의 개인적 야욕이 무엇이든 당시

---

13 그런 닮음도 제한적일 수밖에 없겠지만 프로스페로와 존 디에 관한 구체적인 비교는 Christa Knellwolf King, "Prophetic and Political Vision in Shakespeare's Tempest: John Dee as a Model for Prospero," *Zeitsprünge* 16:3/4(2012), 285~300면 참조.

에 형성된 공국 간 권력의 역학이—프로스페로와 알론조의 정치적 알력이—작용하지 않았다면 동생이 권좌에 오르기는 어려웠으리라는 뜻이다.

프로스페로가 표류 끝에 이름 모를 섬에 정착하여 군주 노릇을 하는 데는 식민주의만으로 설명하기 힘든 복잡다단한 사연들이 작용한 셈이다. 그런 사연들을 하나씩 헤아리다 보면 그를 식민주의자로 단정하는 주장에도 멈칫하게 된다. 가령 섬사람들(원주민)의 예의범절에 대한 곤잘로의 찬사를 듣고 (방백으로) 내뱉는 프로스페로의 가시 돋친 말만 해도 그렇다. 그의 발화는 문명 대 야만의 이분법을 처음부터 다시 생각게 한다.[14] 다른 한편, 일면 근대적 인문주의자를 예표하는 프로스페로는, 부정적인 의미든 긍정적인 의미든, 서양 문명의 담지자로 해석될 소지도 적지 않다. 실제로 탈식민주의 학자들이 기존 영문학계를 상대로 자신의 '담론 지분'을 본격적으로 요구하기 전만 해도 프로스페로에 으레 따라붙는 찬사는 지혜로운 군주, 즉 르네상스 시대의 계몽군주였다.[15] 그런 그에게 시성(詩聖) 셰익스피어의 얼굴이 겹쳐지기도 했으니, '복된 죄'로 인한 우여곡절 끝에 갱생의 삶을 되찾는 극적 구도를 구원 서사의 강력한 전형으로 해석해온 것도 나름의 근거는 있는 것이다.[16]

전체적으로 보면 『태풍』의 위상이 탈식민 담론의 등장으로 낮춰지지는 않은 것 같다. 하지만 프로스페로와 캘리번에 대한 시각과 평가 방식이 거의 극적으로 표변한 것은 사실이다. 그 같은 변화는 텍스트에서 전자의 식민 지

---

14 곤잘로의 대사—"거죽은 괴물 같을지만/저들의 태도를 보시오. 우리 중에/많은 이들보다 솔직히 말해/우리들 대다수보다 예절 바르고/점잖고 친절하오"—에 대해 프로스페로는 방백으로 이렇게 되받는다. "정직한 양반, 말씀 한번 잘하셨소. 거기 같이 있는 인간들 중 몇몇은 마귀보다도 더한 놈들이지."(3.3.34~36)
15 단적인 예로 윌슨 나이트는 프로스페로를 "마키아벨리의 책략에 의해 배신당한 플라톤의 철학자-왕"으로 규정했다. 그에 따르면 프로스페로는 고대 그리스까지 거슬러 올라가는 서양 문명의 모범 통치자 상을 구현하는 인물이나 다름없다. G. Wilson Knight, *The Crown Of Life* (London: Methuen & Co, 1947), 254면.
16 이 점 역시 예컨대 "밀라노의 공작이 쫓겨난 것은 그 후손이/나폴리의 왕이 되기 위해서였소?" 운운하는 곤잘로의 대사가(5.1.205~206) 확실하게 뒷받침한다.

배자 면모와 후자의 민중 저항성을 최대치로 끌어내어 식민주의 비판으로 연결한 결과다. '원주민'이 사는 섬을 무주공산으로 취급하고 그곳의 캘리번과 정령(精靈) 에어리얼을 비학(祕學)으로 제압하여 노예로 부리는 권력자라면, 그리고 권력자의 전횡에 이의를 제기하거나 거부하는 에어리얼과 캘리번의 저항에 정당성이 있다면 그런 해석에도 근거는 확실하다. 게다가 캘리번·에어리얼을 이끄는 프로스페로의 가장 강력한 미끼는 자유가 아닌가. 해방과 자유의 약속을 유예하면서 그 둘 모두를 전제적으로 다스리는 프로스페로가 부각될 때 그에 부여된 현자의 상에도 의문부호가 따라붙는다. 그런데 문제는 탈식민론자들이 셰익스피어 당대에 진행된 식민 착취의 구체적 실상까지를 드라마의 내적 문맥으로 들여서 역사적 의미를 부여하는 순간에 발생하는 것 같다.

로맨스가 아닌 사실주의의 관점을 취하면 프로스페로는 철학자-왕은커녕 개인으로서도 병적인 인간인 동시에 제국주의적 악의 화신이 된다.[17] 그런 해석에도 타당성이 있다. 캘리번이 소유한 노동력의 가치를 알아보고 주도면밀하게 활용한 프로스페로의 지배 방식은 철저하게 경제 가치로 환원되는 식민지를 상정한 식민주의자들의 상업적 기획과 유사하게 보인다. 반면에 캘리번은 식민치하 민중의 자유와 해방의 열망을 예시하는 투사로 표상된다. 이 정도 되면 『태풍』 자체가 열강의 제3세계 진출을 극화하거나 심지어 정당화하는 드라마를 대표한다는 주장으로까지 나아가는 것은 어렵지 않다. 그러나 (거듭 강조하지만) 탈식민 담론의 상당한 설득력과 설명력에도 불구하고 『태풍』에는 탈식민주의라는 체로 완전히 걸러지지 않는 요소들이

---

17 탈식민 독법의 한 전형을 보여주는 래밍은 프로스페로를 이렇게 묘사했다. 그는 "상황으로 보면 제국주의자이고 병의 관점에서 보면 가학성 변태성욕자인데, 무엇보다 막상막하의 질투와 복수심으로 가득 찬 늙은이(an imperialist by circumstance, a sadist by disease ; and, above all, an old man in whom envy and revenge are matched)"이다. George Lamming, *The Pleasures of Exile* (London : Allison and Busby, 1984), 112면.

존재한다. 프로스페로를 식민 지배자의 원형으로 못 박는 정치적 관점의 타당성과는 별개로 그는 식민 지배자의 상(像)에 완전히 들어맞는 인물이 아니다. 식민주의자로서의 프로스페로와 현자로서의 프로스페로, 창조적 극작가로서의 프로스페로라는 세 가지 얼굴이 한 인물에 동시에 공존하니 말이다. 그런데 이 세 가지 상은 이렇게도 변주할 수 있다. 즉, "그는 예술가이면서 마법사이고 동시에 원조-기술주의자"이기도 하다.[18]

그렇다면 도버 윌슨(Dover Wilson)이나 윌슨 나이트를 비롯한 전통적인 셰익스피어 학자들이 중세 지식의 근대적 계승자이자 르네상스 시대의 계몽 군주로 프로스페로를 자리 매긴 데도 나름의 맥락상 근거가 있다. 특히 희로애락에서 비롯되는 인간적 약점을 고스란히 안고 있으면서도 권력욕의 어두운 속내를 꿰뚫어 보는 그의 면모는 현자의 상에 가깝다. 하지만 거기에 어떤 초월적 의미를 부여하기보다 탈식민 담론의 문제의식을 받아 식민 지배자 대 현자의 구도에 숨겨진 모순을 더 주목할 필요가 있겠다. 프로스페로가 장악한 것이 섬의 자연 자원만은 아니기 때문이다. 그가 캘리번이나 에어리얼을 다루는 방식을 보면 정신에 대한 정복이랄 만한—그 함의는 뒤에서 살펴본다—양상을 띠기도 한다.

반면에, 탈식민 비평에 관한 한, 캘리번과 에어리얼은 혁명주의와 순응주의의 상징적 변용이다. 하지만 식민 지배자가 프로스페로의 여러 얼굴 중 하나이듯이 '미개인과 요정'이 탈식민 비평이 설정한 상과 딱 맞아떨어지는 것은 아니다. 단적으로 라틴아메리카 학계에서 에어리얼은 미국의 자본주의 문화로 대표되는 물질주의와 천박성에 맞서는 영적 교양의 표상으로 받아들여진다. 물론 여러 학자들은 바로 그런 수용을 정면으로 반박하면서 캘리번을 식민주의자들의 포섭 전략에 저항하는 민초들의 원초적 생명력과 활력의

---

[18] Hugh Grady, *Shakespeare's Dialectic of Hope: From the Political to the Utopian* (Cambridge: Cambridge University Press, 2022), 195면.

상징으로 내세웠다.¹⁹ 제3세계라도 어떤 관점이냐에 따라 에어리얼과 캘리번이 이처럼 극적으로 달리 해석된다는 말이다. 그럴수록 작품 자체를 천착해봐야 한다. 사실 영문학사의 맥락에서는 캘리번·에어리얼은 중세 도덕극에 등장하는 선악의—'good angel' vs. 'bad angel'—형상들이 근대 초기 식민지 개척의 상황에 맞춰 재가공된 것에 가깝다. 캘리번이 저항성과 미개함이 뒤섞인 괴물 같은 존재라면 에어리얼은 스펜서(Edmund Spenser, 1552~1599)의 『선녀 여왕(The Faerie Queene)』(1590~1596)에서나²⁰ 나올 법한 요정의 변신이랄 수 있다.

아무튼 대조적인—육(肉)과 영(靈)의 표상으로 읽히기도 하는—두 존재가 프로스페로의 전제주의와 대립할 수밖에 없는 자유의 열망을 공히 지향한다는 사실은 탈식민 담론의 주요 논점이다.²¹ "『태풍』이 아메리카에서의 유럽인들의 식민지 경험을 다뤘다는 것은 현대 비평의 일종의 공리(公理)"라는 단언이²² 아니더라도 식민지 수탈과 그에 대한 저항의 의지를 직간접으로 확인해주는 대목은 한둘이 아니다.

이 섬은 내 거야, 우리 엄마 시코랙스 거였는데,

---

19 각각 José Enrique Rodó, *Ariel*, trans. Margaret Sayers Peden(1900; Austin: University of Texas Press, 1988); Roberto Fernándes Retamar, *Caliban and Other Essays*, trans. Edward Baker(1971; Minneapolis: University of Minnesota Press, 1989)에 실린 캘리번 관련 논문 참조.
20 에드먼드 스펜서의 *The Faerie Queene*은 임성균 교수의 번역으로 나남출판사(한국연구재단 학술명저번역총서)에서 모두 7권으로 출간되었다.
21 물론 탈식민 담론이 캘리번에 비춘 조명의 비중은 에어리얼에 비할 바 아니다. 섬의 원주민으로서 모든 권리를 박탈당한 채 프로스페로를 위해 억지 수발을 드는 그를 전통주의적 비평가들은 무지와 미개의 상징으로 해석해왔으니 그에 대한 반동은 일면 당연하다. 탈식민 비평가들이 캘리번을 단순한 야만인이 아니라 그의 행동과 발언에서—식민 지배의 질곡에 빠진 아프리카는 물론 남미나 카리브해 지역, 심지어 아일랜드에 이르는—억압받는 세계 민중의 다채로운 문화사를 적극적으로 끌어낸 것도 충분히 납득 가는 면도 있다는 것이다. 이에 관한 논의는 주로 Alden T. Vaughan and Virginia Mason Vaughan, *Shakespeare's Caliban: A Cultural History*(Cambridge: Cambridge UP, 1991) 참조.
22 Barbara Fuchs, "Conquering Islands: Contextualizing The Tempest," *Shakespeare Quarterly* 48(1997), 45면.

네가 뺏은 거야. 네가 처음 여기 왔을 때
넌 날 어루만지고 소중히 여겼어. 베리가 담긴 물을 주고
낮 밤의 큰 빛과 작은 빛을 어떻게 부르는지도
알려줬지. 그래서 난 네가 좋아졌고 신선한 샘과
짠물 웅덩이, 메마른 땅과 비옥한 땅, 이 섬 모든 특성들을
다 보여줬지. 천벌 받을 짓이었어!
시코랙스의 모든 저주는—두꺼비, 풍뎅이, 박쥐는—네놈에게 떨어져라.
나는 네가 거느린 유일한 하인이지.
처음엔 나 혼자 왕이었는데, 지금 너는
날 여기 이 단단한 바위 안에 가둬놓고
섬의 모든 걸 차지했어.(1.2.331~344)

원주민의 환대와 환대를 악용한 식민주의자들의 책략은 식민주의의 유구한 역사가 증언한다. 그것은 원주민을 가이드 삼아 식민지의 자연과 문화를 샅샅이 훑어 지식으로 축적하고 유용한 자원으로 활용해온 수탈의 이야기이다. 하지만 프로스페로의 애정과 그가 전해준 지식을 대가로 캘리번이 섬의 정보를 제공한 맥락은 해석이 필요하다. 지배자일망정 프로스페로의 입장에서는 무지한 캘리번을 교화시키고 애정을 베풀었으나 돌아온 것은 배은(背恩)이다. 반면에 캘리번의 관점에서 프로스페로는 은혜를 원수로 되갚은 독재주의의 악당이 된다.

흥미로운 것은 프로스페로의 눈에 캘리번의 결정적인 죄과가 미랜더의 정조를 탐한 데 있다는 사실이다. 여기서 인종 간 '혼혈(miscegenation)'에 대한 백인 지배자의 금기와 두려움을 끌어낼 수도 있는데, 미랜더의 대사는 위계서열을 확고하게 정립한 인종주의가 아니면 제대로 설명되지 않는다.[23] 이어지는 그녀의 비난 역시 인종주의를 은폐한 식민주의자의 '문명화 사명'의 논

리와 닮아 있다.

>  망측한 종놈 같으니,
>  천성은 어쩌지 못해
>  아무리 베풀어도 소용이 없구나.
>  내 불쌍히 여겨 애써 말을 가르쳐주고
>  틈틈이 이것저것 알려줬건만.
>  짐승 같은 네가 말뜻도 모르고
>  미개하게 지껄이기만 할 때,
>  내가 뜻이 통하도록 말을 가르쳤지.
>  그러나 말만 배웠지 워낙이 천한 바탕이라
>  선해질 수가 없었지.
>  네가 바위 속에 계속 갇혀 있는 것도 당연할밖에,
>  감옥보다 더한 것도 그렇겠지.(1.2.350~361)

이 대사에서도 선과 악, 문명과 야만, 시혜와 배은, 자유와 감옥의 이분법을 끌어내는 것은 어렵지 않다. 캘리번 입장에서는 적반하장도 유분수지, 라는 식으로 나올 법한 대사라 하겠다. 흥미로운 대목은, 미랜더가 '미개하게 지껄이는 말'과 '뜻이 통하는 말'을 구분하고 후자를 유일한 언어인 것처럼 생각하는 대사다. 식민주의 역사에서 멸종은 생물학적 차원에 그치지 않으며 그 이전에 토착어의 말살이 선행된다는 사실을 유추할 수도 있는 발화인 것이다. 문명 대 야만이라는 도식을 내장한 미랜더의 화법은 식민지의 '야만인·미개인'에 대한 백인의 문명적 우월감을 감추지 못한다.

---

23 그런 혐의를 걸고 인종주의자 프로스페로를 부각시킨 대목은 Jonathan Goldberg, *The Generation of Caliban* (Vancouver: Ronsdale Press, 2002), 25면 참조.

그렇다면 좀 더 철저하게 탈식민주의의 시각을 『태풍』에 적용해보면 어떨까. 그러고도 남는 문제가 있다면 그것이야말로 탈식민주의 연구가 대면해야 할 핵심 과제가 되리라는 판단이다. 가령 곤잘로의 다음과 같은 대사를 읽어보자.

이 커먼웰스(공화국)에서 저는 모든 것들을 정반대로 시행하고
싶습니다. 어떤 교역도 허용하지 않을 테고, 행정관의 이름도
없습니다. 글도 없을 겁니다. 부와 가난, 노역도 없을 테고,
계약과 계승, 경계선, 토지의 경계,
경작지, 포도밭도 없습니다.
철, 밀, 포도주, 기름도 사용을 금하고
직업도 없고 남자는 다 놉니다.
모두가 말이에요.
여자도 마찬가지. 하지만 순진무구합니다.
왕권도 없으며— (2.1.143~152)

곤잘로의 이 같은 대사를 순진한 공상으로만 해석할 수 없다. 차라리 원주민과 식민 영토에—'처녀지(Virgin Land)'로 표상되는—어떤 원초적 순결성을 투사한 식민주의자들의 '상상력'을 대변한다고 말해야 옳다. 이런 대사는 훗날 크레브쾨르(J. Crèvecoeur, 1735~1813)의 『어느 미국 농부의 편지(*Letters from an American Farmer*)』(1782)를 예고하는 면도 있다. 그 편지에서 '구세계'의 모든 인습적인 것들이 제거된 '신대륙'에 대한 '환상'이 피력되지 않는가. 따라서 곤잘로의 이 발언에 대한 안토니오와 세바스찬의 냉소적 반론도 "몽테뉴와 마키아벨리 사이의 논쟁과 닮은" 것으로만[24] 좁혀 생각할 수 없다.

곤잘로의 선의가 무엇이든 당시에는 남아메리카 원주민에 대한 가공할 노

동력 착취와 대학살이 자행되고 있었다. 그러한 때 모든 문명적인 것이 사라진 '공화국'을 상상하는 그의 '낭만적 구상'은 역설적으로 식민주의자들의 정치적 무의식을 폭로하고 있다. 즉, 세바스찬이 "그런데도 자기는 왕이 되려고 할걸"이라는 식으로 되받아치거나 안토니오가 "저 사람의 커먼웰스는 결국 초심을 망각하겠지"라고 말하는 대목들은 당대 식민주의자들의 유토피아적 기획에 은폐된 야욕을 예고하는 거의 예언적 장면이다. 식민 영토에서 순수한 무(無)를 상상한 곤잘로의 상상력은 유럽인들의 식민지 개척을 추동시킨 부(富)의 욕망과 동전의 양면이다. 캘리번을 본국으로 가져가 전시하면 떼돈을 벌 거라는 트린큘로의 발언이나(2.2.26~31) "영락없는 물고기니 팔아먹을 수 있다"는 안토니오의 말도(5.1.265~66) 조잡한 식민주의적 기획일망정 모든 식민주의자들이 꿈꾸었을 일확천금의 실상을 말해준다.

하지만 『태풍』이 탈식민의 해방적 지평과 관련해서 던지는 화두는 상업주의적 기획을 넘어선다. 프로스페로가 섬을 지배하는 방식만 해도 약탈이나 수탈로서의 통치만으로는 설명이 잘 안 된다. 가령 그의 '통치'가 셰익스피어 당대에 극예술을 동원한 궁정 정치의 실상과 무관하지 않다는 연구는 식민주의와 연관하여 색다른 생각거리를 제공한다. '제국' 내부의 통치 방식이 식민지에 적용되는 과정에서 야만성과 폭력성이 문화적으로 '순치'되는 것은—동시에 순치 과정을 문명/문화의 빛이 밝아지는 계몽으로 세뇌해온 것이—식민주의의 역사적 내력이다. 캘리번의 대사 중에는 프로스페로가 부리는 마법의 위력을 언급하는 문장이 여럿 있다. 감미로운 음악의 최면 내지는 마비 효과도 그중 하나이다.

---

24 *The Tempest: A Critical Reader*에 실린 Helen M. Whall, "New Directions: Commedia dell'Arte, *The Tempest*, and Transnational Criticism," 158면. 순수한 공화국의 이상 대 실용적 정치주의의 대립으로 요약할 수 있을 몽테뉴 대 마키아벨리의 논전보다 당대 식민지에서 벌어진 실상이 핵심이라는 취지이다.

무서워 마세요. 이 섬에는 소음, 소리,
달콤한 가락들로 가득해요.
즐거움을 줄 뿐 해가 없는.
수천의 붕붕대는 악기 소리가 제 귀에
들리고, 또 때로는 목소리들이 내가 긴 잠에서
깨어나면 날 다시 잠들게 해요.
그러면 나는 꿈속에서 하늘이 열리고
보화들이 내 위로 쏟아질 것 같아서
잠 깼을 때 그 꿈을 다시 꾸게 해달라고
떼를 쓰기도 했어요.(3.2.133~141)

캘리번에게 나른한 꿈에의 욕구를 불러일으키는 음악은 물론 프로스페로가 에리얼을 통해 연출한 것이다. 음악의 형식으로 욕망을 불러일으키고 잠재우는 프로스페로의 통치 기술이 제임스 1세의 "권력의 화성학(和聲學)"과 닮아 있다는 주장도 있으니,[25] 『태풍』에는 재현된 식민 지배의 맹아가 꽤나 다양하게 담긴 셈이다. 그런가 하면 프로스페로가 에어리얼을 부려서 캘리번을 마치 최면처럼 깨우고 재우는 장면에서 현대의 기술주의적 함의도 끌어낼 수 있다. 헉슬리(Aldous Huxley)의 『멋진 신세계(*Brave New World*)』(1932)에서 그려진 사회를 잠깐 떠올려보자. 우생학적 위계의 설계로 구성된 사회에서 진정제 · 환각제인 소머(somer)를 통해 사회적 불만을 관리하는 안락(安樂)의 전체주의를 위의 인용문에서 연상할 수도 있다는 것이다.[26]

---

25 Paul Brown, "'This thing of darkness I acknowledge mine': *The Tempest* and the discourse of colonialism," *Political Shakespeare: New Essays in cultural materialism*, eds. J. Dollimore and A. Sinfield (Manchester: Manchester UP, 1985), 65면.
26 물론 이는 나만의 연상이 아니다. 『태풍』을 "과학적 로맨스"로 정의하면서 『멋진 신세계』의 미래주의적 재현을 선구적으로 예시하는 작품으로 간주하는 논의는 *The Tempest: A Critical Reader*에 실린 Scott

하지만 그런 연상을 더 밀고 나가기보다는 기왕의 탈식민주의적 관점에 충실해보자. '본국'에서 벌어진 권력 투쟁은 섬에서 희극의 모드로 고스란히 재현된다. 안토니오와 세바스찬이 섬에서 모의하는 반역은 '식민 본국'에서 발생한 역모 계획을 변주하고, 이는 캘러번이 부추기는 트린큘로와 스테파노(Stephano)의 희극적인 반란으로 연결된다. 이 같은 연쇄 고리는 제국과 식민지의 권력 관계를 풍자하는 차원을 넘어 식민 사업을 둘러싼 당대의 정치적 암투를 암시한다. 제국 안팎을 불문하고 편재하는 권력의 현실주의적 작동을 냉엄하게 직시한 『태풍』의 면모가 확인된다.

탈식민의 시각으로 볼 때도 셰익스피어의 그 같은 일면은 좀 더 종합적인 성찰을 요구한다. 『태풍』의 극적 위기가 해소되는 방식만 해도 그렇다. 위기는 퍼디난드와 미랜더의 결합이 완성되는 과정에서 사라진다. 세바스찬·안토니오의 모반에 이어 캘리번이 이끄는, 희극적 모드로 진행되는 트린큘로·스테파노의 반란이 좌절되는 와중에 순진과 무구의 표상으로서의 선남선녀가 무대를 장악하는 것이다. 이를테면 자코비언 드라마의 단골 메뉴인 권력 암투가 '로맨스'로써 봉합되는 형국이다. 퍼디난드·미랜더의 로맨스 구도가 권력 암투를 텍스트의 '바깥'으로 밀어낸다고 말할 수도 있겠다. 곤잘로의 유토피아론에 은폐된 정치적 무의식이 그러했듯이 프로스페로가 일체의 모반과 반역, 갈등을 다스린 상태에서 퍼디난드와 미랜더의 사랑이 완결된다. 두 선남선녀의 결혼은 비극과 희극 두 가지 모드로 변주되는 식민 권력의 쟁탈전을 로맨스의 소망충족으로 되돌려 소거하려는 서사상의 정치적 시도라는 것이다.

이는 퍼디난드·미랜더의 로맨스가 함축하는 '원초적 순수성'에서 식민주의적 함의를 최대한 끌어내려는 해석이다. 두 남녀의 로맨스가 예의 유력 가문들 간에 맺어지는 혈연 권력을 강화하리라는 것은 더 말할 나위 없다. 그

---

Maisano, "New Directions: Shakespeare's Revolution—*The Tempest* as Scientific Romance" 참조. 이 평문은 『태풍』의 해석학적 지평이 탈식민 담론의 그것을 훨씬 초과한다는 사실을 재확인해준다.

렇다면 퍼디난드·미랜더의 로맨스는 식민주의의 야심을 내장한 유토피아 이데올로기를 남녀의 사랑으로—"멋진 신세계!"라는 감탄사로—은폐하는 극적 장치로 집약될 것이다. 이런 해석은 『태풍』의 결말에 대한 탈식민주의적 통찰의 하나로 평가할 수 있다.[27] 그런데 문제는 과연 '멋진 신세계'를 약속하는 퍼디난드·미랜더의 결혼으로 『태풍』의 '불순물'이 완전히 해소되는가 하는 것이다. 불순물은 끝까지 개심하지 않는 악당으로 남는 안토니오를 지칭하는 것이 아니다. 그보다는 프로스페로의 복수와 무대에서의 퇴장 방식 및 퍼디난드·미랜더의 로맨스 자체를 두고 하는 말이다.

프로스페로의 복수는 반역에 직간접적으로 연루된 이들로 하여금 자신이 겪은 상실과 고통에 맞먹는 것을 **느끼고 생각하게** 하는 식으로 진행된다. 이는 프로스페로가 '인문학'에 빠져 자기 교육의 실패를 반면교사 삼는 끝에 나온 복수로 볼 수도 있다. 그가 사랑에 빠진 퍼디난드와 미랜더에게 욕망의 교육이랄 만한 처방을 내리는 것도 그렇다. 특히 퍼디난드에게는 욕정에 대한 절제와 자제의 미덕을 주문하고 신분에 맞지 않는 허드렛일로써 그를 시험에 들게 한다. 이는 오늘날의 인문주의적 기획과도 상통하는 실험이다. 하지만 『태풍』이 거기서 머물렀다면 탈식민 담론으로서도 상대하기가 어렵지 않았을 것이다. 좀 더 까다로운 대목은 프로스페로가 자신의 '복수'를 가능케 한 마법까지 포기하는 장면이다.

그 과정에서 허무주의나 정적주의와는 결을 사뭇 달리하는 발언이 나온다. 마치 제행무상(諸行無常)을 설법하는 듯한 바로 그 자리에서조차[28] 프

---

27 다른 한편 『돈 키호테』에서 그려진 '추방서사'가 보여주듯이(이 책 86~97면) 로맨스 플롯의 정치성은 제국주의 플롯의 해결 또는 가리개로 활용된 데 있기도 하다. 그 같은 상상적 정치성은 당연히 현실에 근거한바, 『태풍』 자체가 제임스 1세의 딸 엘리자베스와 팔라틴 선제후(Elector Palatine)의 결혼 축하연의 일부로 공연된 것이다.
28 물론 이런 인상은 4막 1장, 146~158행의 프로스페로 대사를 염두에 둔 것이다. "You do look, my son, in a moved sort,/As if you were dismayed. Be cheerful, sir./Our revels now are ended. These our actors,/As I foretold you, were all spirits and/Are melted into air, into thin air;/And—like the baseless fabric of this

로스페로는 세속의 잡사에 민감하게 대응하기 때문이다. 그의 그 같은 면모는 캘리번의 '어둠'을 자신의 일부로 인정하는 유명한 대사— "this thing of darkness I/Acknowledge mine."(5.1.267~276)—에서도 드러난다. 탈식민 담론에 몰입하는 학자라면 이런 대사조차도 야만인을 짐짓 내려다보는 백인 인문주의자의 오만으로 해석할 것이다. 하지만 『태풍』의 해피 엔딩은 간단치 않다. 도구적 이성으로써 세계를 탈주술화하면서도 미적-유토피아적 비전을 통해 다시 주술을 거는 작품으로 『태풍』을 읽은 학자도 엔딩의 모호함에 대해 숙고한 것이다.[29] 이 또한 탈식민 담론의 정치적 해석틀은 물론이고 로맨스의 구도로도 완전히 포섭되지 않는 『태풍』의 일면일 듯하다.

다른 한편, 세르반테스가 바로 그러했듯이 제아무리 셰익스피어라 해도 식민지 정복의 정확한 실상—가령 바르톨로메 수사가 남긴 것과 같은 기록—에 담긴 어두운 한계를 상상력으로 뛰어넘을 수는 없는 법이다. 손바닥 뒤집듯 이뤄지는 캘리번의 개과천선도 그런 한계의 반영으로, 독자의 생각거리로 남는다. 오늘의 시각으로 이런저런 손색을 의식하면서도 『태풍』

---

vision—/The cloud-capped towers, the gorgeous palaces,/The solemn temples, the great globe itself,/Yea, all which it inherit, shall dissolve, And like this insubstantial pageant faded,/Leave not a rack behind. We are such stuff/As dreams are made on, and our little life/Is rounded with a sleep." 이 문장들을 이상섭 교수의 번역을 토대로 옮기면 다음과 같다.
"표정을 보니 아주 당황했군/겁에 질린 것 같네. 하지만 안심하오/이제 연극은 끝났소. 아까 말했듯이,/연기자들은 전부 정령이라 공기 중에/허공으로 녹아버렸지. 토대 없이 세웠던/환상과 같이 구름을 이고 있는 누각,/화려한 궁전, 거룩한 신전, 이 커다란/땅덩이와 그것을 차지하는 사람까지/모두 없어져 조금 전에 사라진/허깨비 놀음처럼 구름 조각 한 점/안 남기오. 우리는 꿈을 만드는 것과 똑같은 재료이며/짧은 우리 인생은/잠으로 둘려 있소."
흥미로운 것은 이 같은 말이 발화되는 맥락이다. 길잡이 노릇을 하는 캘리번과 더불어 트린큘로·스테파노가 쳐들어오기 직전의 상황인데, 프로스페로는 곧바로 자세를 가다듬고 에어리얼을 불러들여 이들의 응징에 나선다.

29  "극은(『태풍』은—인용자) 도구적 이성으로의 환원을 통한 세계의 탈주술화와 미적·유토피아적 비전의 형식을 통한 세계의 재주술화 모두를 그려낸다. "The Play depicts both the disenchantment of the world via the reduction of instrumental reason—and its re-enchantment of in the form of an aesthetic-utopian vision." Hugh Grady, *Shakespeare's Dialectic of Hope*, 106면.

의 최대의 서사적 성취가 현실 정치의 냉혹함에 대한 직시와 인간다움의 가능성에 대한 사유 사이의 긴장을 끝까지 잃지 않았다는 데 있지 않을까 생각하게 된다. 그렇다면 세제르의 '셰익스피어 되받아쓰기'는 과연 그 같은 긴장을 식민지 해방 이후의 정치적 현실에서 어떻게 작품으로 구현하는가? 프로스페로의 현자의 면모가 부각되는 결말이라 할지라도 작품의 서사 궤적에 그 역시 인간적 약점에서 자유롭지 못하다는 사실이 고스란히 담기는 함의를 세제르는 어떻게 소화하는가?

프로스페로가 등장인물이자 연출자로서 극적 엔딩의 의미를 관객에게 해명하고 공감을 호소하는 대목에 관한 한 탈식민 담론은 비판적 거리를 유지한다. 프로스페로가 연출자로서 무대의 바깥으로 나와 관객에게 용서와 자비의 '주문(呪文)'을 요청하는 대목이 특히 그렇다. 독자 입장에서는 자연히 무엇을 용서하고 무엇에 자비를 베풀어야 하는가를 묻게 된다. 하지만 『태풍』의 되받아쓰기를 염두에 둘 때 더 중요한 것은 프로스페로의 '복수극'이 자코비언 드라마와는 달리 역지사지의 성찰을 유도하고 있다는 사실 자체다.

이 경우 캘리번과 같은 인물의 시선으로 작품을 '다시 쓰는' 것은 다른 어떤 서구 고전의 다시 쓰기보다 더 자연스럽고 수월할 것이다. 그러나 바로 그렇기 때문에 『태풍』의 되받아쓰기는 더 난감한 과제가 된다. 작품의 성패가 지배와 저항이라는—탈식민주의에서는 거의 언제나 당위로 제시되는—낯익고 상투적인 극적 구도를 얼마나 극복하는가에 달려 있기 때문이다. 그러면 『어떤 태풍』으로 들어가보자.

## 3. '되받아쓰기'의 역설: 『어떤 태풍』의 경우

『태풍』을 되받아쓴 『어떤 태풍』은 세제르의 '아메리카 3부작'에서—『크리스토프 왕의 비극』과 『콩고에서의 한철』에 이어지는—마지막 작품이다.[30] 시인으로서의 성가도 높지만 세제르가 감행한 식민주의 이데올로기와의 가장 철저한 대결은 드라마에서 이뤄진 것으로 짐작된다. 세제르 희곡의 활력은 그리스 드라마의 코러스 형식과 브레히트의 '소격 효과'를 적절하게 혼용하면서 아프리카의 토속성을 극의 흐름에 창의적으로 불어넣는 과정에서 극대화된다고 평가받는다.[31] 그 점은 『어떤 태풍』의 전작(前作)들에서도 분명하다. 혁명가 루뭄바(Patrice Lumumba)의 죽음을 양식화된 비극의 틀에 맞춘 『콩고에서의 한철』도 결코 평범한 작품이 아니다. 하지만 개발독재의 실상을 통렬하게 고발하면서도 끝까지 역설의 긴장을 잃지 않는 『크리스토프 왕의 비극』이 윗길인 것 같다. 여기서 근거를 구체적으로 제시하기는 힘들다. 다만, 세제르가 국내 독자들에 생소한 작가인 만큼 다음과 같은 촌평을 덧붙이는 것도 좋을 듯하다.

『크리스토프 왕의 비극』은 인종주의 이데올로기로부터의 탈피 서사를 풍자와 역설의 모드로 진행하면서도 크리스토프라는 천출(賤出)의 영웅이 몰락하는 과정에 비극적 울림을 담았다. 식민지에 심어진 나폴레옹 식의 전제정치와 개발독재의 길 외에 다른 대안을 알지 못하는 앙리 크리스토프의 전철은 20세기 중후반 상당수 아프리카 국가의 지도자들이 되밟은 바 있다. 요컨대 세제르는 발전과 개발이라는 근대주의를 동력 삼아 탈식민을 추구하는 정치적 과업이 어찌하여 근대주의 이데올로기의 포로로 전락할 수밖에 없는가를 식민주의 내부 모순을 묘파하면서 극화한 것이다. 반면에 식민지의 독립 이후에 탈식민 투쟁이 더욱 절실해지는 역사적 맥락을 다각도로 파고든

---

30 *The Tragedy of King Christophe*, trans. Paul Breslin and Rachel Ney(Evanston: Northwestern UP, 2015; *La Tragédie du Roi Christophe*, 1963); *A Season in the Congo*, trans. G. C. Spivak(New York: Seagull Books, 2018; *Une Saison au Congo*, 1966).
31 이에 관한 구체적인 논의는 특히 Femi Ojo-Ade, *Aimé Césaire's African Theater*(New Jersey: Africa World Press, Inc., 2010), 1~22면 참조.

『콩고에서의 한철』은 콩고라는 독립 국가의 내부 암투가 내전의 양상으로 번지는 과정에 몰입한다. 밑바닥 출신으로 혁명가·정치가의 길에 들어선 루뭄바가 암살당하기까지의 암투가 UN과 '종주국' 벨기에의 개입으로 인해 극에 달하는 양상을 부각시킨 것은 이 드라마의 큰 미덕이다. 하지만 외세로 인해 격화되는 신생국 내부의 극적 긴장은 루뭄바의 추락 과정에서 풀어지는 느낌이다.

그렇다면 셰익스피어를 되받아쓴 『어떤 태풍』이 기왕의 식민주의 비판에서 작품으로서 얼마나 더 나아갔는지 읽어볼 차례다. 일단 『어떤 태풍』은 심리치료극(théâtre thérapeutique)이라는 형식을 빌린다.[32] 프롤로그에서 제시되는 '사이코드라마'는 전작들에서는 발견할 수 없는 세제르의 새로운 시도다. 배우 각자가 배역이 정해진 가면을 쓰고 한바탕 살풀이하는 방식이다. 특히 배우들이 프로스페로와 캘리번의 가면을 선택하면서 자신의 역할을 스스로 정할 수 있게 했다. 『어떤 태풍』의 프롤로그에서 읽어낼 수 있는 공연 의도에 관한 한 가해와 피해의 악순환을 넘어서 (피해자와 가해자 모두가 앓는) 트라우마의 치유 형식이라는 해석도 충분히 가능하다. 『태풍』에서도 프로스페로는 무대 바깥으로 나와 관객의 호응을 이끌어내는 대사를 던진다. 하지만 『어떤 태풍』은 참여자 중심의 한결 역동적인 구조를 갖췄다. 세제르의 발상에 의거하면 심리치료극으로서의 연극 행위는 식민 폭력을 의식하면서 해원과 자유의 지평을 모색하는 협동 작업인 셈이다.

우리의 관심은, 혁명과 반(反)혁명의 이분법을 해체하면서 자유라는 화두를 제시하는 '참여극'으로서의 형식이 반식민 투쟁이라는 정치적 메시지 이상의 내용을 담았는가에 있다. 식민지 조선과 일본의 관계와는 전혀 다른 차원의 식민지적 상황이던—세제르가 양다리를 걸치고 있던—마르트니크와

---

32 "사이코드라마의 분위기가 풍긴다. 등장인물들이 하나씩 무작위로 입장한다. 각 등장인물은 자기들이 좋아하는 마스크를 하나씩 골라 쓴다."

프랑스의 1946년 이후 신식민적 현실은 각별한 참조 사항이다.[33] 그러면 이 작품에 관한 기왕의 연구를 일별하면서 논의를 풀어가보자.

대략 1970년대부터 2010년대 사이에 세제르의 셰익스피어 각색을 다룬 평문들의 경우 작가가 표방하는 반식민주의의 기치를 높이 사는 방향으로 논조가 모아지는 것 같다. 방점의 위치가 모두 같은 것은 물론 아니다. 세제르 텍스트의 저항성을 옹호하는 방식은 꽤나 다양하다. 1970년대에 『태풍』과 『어떤 태풍』을 대비하면서 후자의 비교우위를 주장한 아널드의 평문은 이후 비평 경향을 예표하는 대표성이 있다.[34] 그는 『어떤 태풍』이 출간되었을 당시에 해석의 대조적인 관점을 제시하면서 작품의 약점을 먼저 간명하게 요약하는 식으로 운을 뗀다. 동시에 자신이 제시한 약점을 뒤집어 강점으로 역공하는 논법을 채택한다. 그가 반박을 위해 제시한 대전제는 간단하다. 원작을 상당히 압축한 세제르는 그 과정에서 "셰익스피어 언어의 다양성과 시적 암시성을 실질적으로 상실했다"는 것이다.[35] 이것이 독자의 "첫인상"이라고 단서를 다는 것은 반론을 염두에 둔 포석이다.

그는 두 텍스트의 비교 분석으로써 세제르가 그렇게 압축한 데서 발생하는 다양한 극적 효과를 부각시키는 데 주력한다. 아널드의 간명한 결론은 이렇다. "골조(skeleton)가 셰익스피어의 것이라면 세제르의 작품은 살(flesh)이

---

33 1946년은 마르트니크가 프랑스의 해외 행정구역인 레지옹(région; 한국의 광역자치단체 단위인 도에 해당)으로 편입된 해다. 그로써 마르트니크는 공식적으로 식민지 시대를 청산했다. 그러나 청산은 독립이 아니라 말 그대로 프랑스 영토의 일부로 편입되는 상황을 의미했고 프랑스가 '원조'로 내세우는 자유·평등·박애도 해방된 민중에게 그림의 떡에 불과했다. 식민 지배가 구조적 불평등으로 치환되고 왕년의 제국 경제에 의존해야만 하는 마르트니크의 현실에서는 저강도의 신식민지적 지배가 계속된 것이다. 그렇다면 『어떤 태풍』도 이러한 마르트니크 특유의 곤경을 의식하면서 읽을 필요가 있다.
34 A. James Arnold, "Césaire and Shakespeare: Two Tempests," *Comparative Literature* 30:3(1978), 236~248면 참조.
35 해당 대목의 원문은 다음과 같다. "The first impression one has on comparing the two texts is that Césaire has condensed considerably with a substantial loss in the variety and poetic suggestiveness of Shakespeare's language." 위의 글, 237면.

며, 중요한 것은 결국 그 살이다."³⁶ 일단 상식 차원에서 확인해둔다면 살이 없는 골조라면 살아 있다고 할 수 없고, 골조가 없는 살이라는 것은 존재할 수 없다. 셰익스피어의 드라마를 '골조'로 간주하는 발상은 그만큼 『태풍』의 중요성을 강조하는 것으로 읽힌다. 하지만 실상은 그렇지 않다. 골조 대 살의 구도를 설정하고 후자, 즉 살로서의 『어떤 태풍』의 결정적 중요성을 역설하는 논법은 제3세계 문학의 진보적 정치성을 평가의 기준으로 설정한 데서 연유한다. 골조와 살이라는 대립 구도에서 골조의 완성은 결국 살에 달렸다는 논리이다. 식민주의 극복이라는 정치적 당위에 근거해 셰익스피어에 대한 세제르의 (예술적) 우위를 주장하는 이후의 논의들은 아널드의 결론을 이런저런 방식으로 보완하거나 변주한 것으로 판단된다.

국내의 학자들도 탈정전주의 내지는 반정전주의의 추세를 따르면서 평등주의 정신으로 셰익스피어와 세제르를 비교해온 것으로 판단된다.³⁷ 그럴 때 식민해방투사로서의 세제르의 정치적 이력이 후광으로 강하게 작용하는 것은 더 말할 나위 없다. 세제르가 "세상이라는 연극판에서 벌어지고 있는 살육과 억압의 현장을 고발하고 신생 독립국들이 나아갈 길을 제시하고자 했"

---

36 위의 글, 248면.
37 세제르의 셰익스피어 각색과 관련하여 탈식민주의 시각의 추이를 짐작할 수 있는 국외 연구를 간추리면 다음과 같다. Joan Dayan, "Playing Caliban : Césaire's Tempest," *Arizona Quarterly* 48:4(1992), 125~145면; Laurence M. Porter, "Aimé Césaire's Reworking of Shakespeare : Anticolonialist Discourse in Une Tempête," *Comparative Literature Studies* 32:3(1995), 360~381면; Judith Holland Sarnecki, "Mastering the Masters : Aimé Césaire's Creolization of Shakespeare's *The Tempest*," *The French Review* 74:2(2000), 276~286면; Joseph Khoury, "*The Tempest* Revisited in Martinique : Aimé Césaire's Shakespeare," *Journal for Early Modern Cultural Studies* 6:2(2006), 22~37면; Jill. L. Levenson, ""The Bard is Imminent" : Politics in Adaptations of Shakespare's Plays since the 1960s," *Forum for World Literature Studies* 6:1(2014), 98~107면. 참조한 국내 논문은 다음과 같다. 김종환, 「『태풍』의 각색과 전유 : 세제르의『또 하나의 태풍』의 경우」, 『신영어영문학』 50(2011), 41~66면; 진종화, 「에메 세제르의 『태풍』에 나타나는 식민 지배와 반식민 저항의 수사법」, 『수사학』 15(2011), 263~293면; 박윤영, 「문화정치학적 전략으로서의 셰익스피어 다시-쓰기 : 에메 세제르의『어떤 태풍』을 중심으로」, 『동서비교문학저널』 31(2014), 159~179면; 오정숙, 「에메 세제르의『어떤 태풍』을 통해 본 흑인 연극 : 셰익스피어『태풍』의 탈식민적 다시 쓰기」, 『프랑스어문교육』 58(2017), 223~251면.

다는 인식에[38] 비춰보면 그 점은 충분히 이해할 만하다. 하지만 정치와 예술의 복잡미묘한 관계를 비평으로 충분히 감당했는가는 더 생각해볼 여지가 많다. 무엇보다 세제르는 5막 극 원작을 3막 극으로 압축하면서 '선택과 집중'이랄 만한 극작(劇作) 전략을 취했다. 동시에 누가 봐도 분명하게 식민주의자로서의 프로스페로의 면모를 각인시켰다. 앞서 살펴봤듯이 원작의 프로스페로는 중세의 연금술사적 면모와 근대적 인문주의자의 상이 겹쳐진 모습에 식민주의자의 원형(原形)이랄 만한 것까지 혼융된 인물이다.

『어떤 태풍』에서는 그 삼중의 형상을 단일화하면서 철저하게 정치적 예각을 부여했다. 효과는 분명하다. 어렴풋하게 윤곽만 제시된 제국주의자·식민주의자로서의 프로스페로가 나머지 두 개의 상을 초점 밖으로 밀어낸다. 그 점은 1막 1장에서부터 확인된다. 퍼디난드 일행의 배가 난파되는 장면을 보면서 안타까워하는 미랜더를 안심시키면서 자신이 외딴섬까지 흘러들어온 사연을 들려주는 장면은 셰익스피어의 『태풍』과 크게 다르지 않다. 하지만 프로스페로가 '연구'에 몰두한 나머지 국정 태만을 불러왔고, 태만에서 동생 안토니오 및 이웃 나라의 국왕 알론조의 정치적 야합이 싹튼 간단치 않은 상황은 철저하게 식민지 정복과 수탈이라는 구도로 단일화된다.

세제르의 각색에서 흥미로운 점은, 연금술사와 식민주의자의 양면을 갖는 프로스페로보다는 근대 과학의 세례를 받아 중세의 세계관에서 탈피한 (원작에서는 애매하게 처리된) 면모가 더 부각된다는 사실이다. 자신이 습득한 과학 지식으로 인해 종교재판에 회부된 상황을 프로스페로가 회상하는 장면이 단적인 예다. 거기서 '개명한 프로스페로'의 근대적 특성은 셰익스피어보다 한결 확실하게 부각된다. 부수적 효과는 분명하다. 즉, 해석의 여지를 남기는 식민탐험가·지배자로서의 『태풍』의 프로스페로는 문명화의 사명을 믿

---

[38] 오정숙, 「에메 세제르의 『어떤 태풍』을 통해 본 흑인 연극」, 225~226면.

는 '확신범'으로 변신한다. 그렇다고 극이 그에 대한 단죄로 시종하는 것은 아니지만 식민 지배자로서의 프로스페로의 상은 뚜렷해진다.

캘리번과 에어리얼의 변형도 그에 맞춰 이뤄진다. 두 인물의 성격 조형에는 1960년대의—미국 흑인민권운동의 열기가 녹아든—정치 현실이 크게 영향을 미친 것으로 보인다. 몇몇 논자들도 지적한 바지만 각각 뮬라토와 흑인 노예로 설정된 이들은 적극적 평화주의자 마틴 루터 킹과 자구적 폭력주의자 말콤 X의 극적 변주다. 캘리번의 경우 '반인반수'의 상을 탈각시키면서 프로스페로의 지배 논리에 논리로써 맞설 수 있는 '지적인 투사'로 탈바꿈시켰다. 파농(F. Fanon) 같은 식민지 지식인이 종속 콤플렉스를 비판적으로 해부한 것은 널리 알려진 사실이다. 세제르는 그런 콤플렉스에서 탈피한 식민지 민중의 자기 교육의 가능성을 캘리번에 투사한 것이다.

평화주의자 에어리얼은 투사 캘리번과 짝을 이룬다. 하지만 절묘한 화음을 이룬 『태풍』과는 달리 서사의 무게중심은 확연히 후자로 기운다. 『태풍』의 미지의 섬도 셰익스피어가 흐릿하게 공간적 배경으로 처리한 것과 대조를 이룬다. 섬이 "많은 사람들이 오랫동안 찾고자 했던"—"아직 태어나지 않은 나의(프로스페로의—인용자) 제국"인—영토로 설정됨으로써 식민주의자들의 공략 대상임을 확실히 한다. 이렇게 각색의 세부 사항을 짚기 시작하면 『어떤 태풍』의 모반의 동기와 목적이 원작과는 사뭇 결을 달리하는 방식으로 변형되는 점도 분명해진다. 즉, 프로스페로와 안토니오·알론조는 **유망한 식민지를 두고 경쟁하는 제국의 권력자들**로 변신한 것이다.

그로써 사건의 발단도 투명해진다. 프로스페로의 식민지 야심을 안토니오·알론조가 감지해서 선수를 친 데서 사건이 시작한 것으로 설정되고, 모반을 둘러싼 정황도 단일하다. 그 점을 프로스페로는 딸에게 이렇게 설명한다.

그들의 야심이 어떻게 결합되었는지, 어떻게 내 동생이 정적과 공범이 되었는지, 어떻게 정적이 내 동생에게 왕관을 자신의 보호와 동시에 약속했는지, 이런 일들이 어떻게 꾸며졌는지는 악마만이 알 것이다. 어쨌든 내가 계산을 통해 수백 년 동안 사람들이 찾고자 했던 땅을 정확하게 알아냈고 그것을 차지하기 위해 길을 떠날 거라는 걸 알았을 때 그들은 아직 태어나지 않은 내 왕국을 가로채기로 음모를 꾸몄어. 내 사람들을 매수하고 지도와 서류 따위를 훔쳤지. 또 나를 제거하기 위해 내가 마법사, 마술사라고 종교재판소에 고발했어.(Une Tempête 20면; A Tempest 13면)

프로스페로가 장황하게 설명했지만 핵심은 '식민지의 소유권'을 둘러싼 이전투구이다. 『태풍』에서 묘사된 찬탈은 식민 정복의 맥락으로 흡수되고 가해와 피해의 원인 및 결과의 간단치 않은 양상도 간명해진다. 앞서 '식민지 소유권'이라고 했지만 『태풍』의 양상은 결코 간단치 않았다. 셰익스피어 학자들 사이에서는 그 식민지의 소재를 두고도 논란이 적지 않았다. 간단히 정리하면 작품의 배경인 지중해 지역에 집중하는 '지중해 연관성'론과 버뮤다 팸플릿 등에서 끌어낸 '대서양 연관성'론(중남미 아메리카론)이 경합하는 형국이다. 여기에 아일랜드라는 유럽의 사실상 내부 식민지와 북미 식민지의 대립 구도도 『태풍』에서 추론할 수 있다면 셰익스피어의 지리공간적 상상력은 무척이나 모호한 성격을 띤다.

이래저래 세제르로서는 취사선택이 불가피했을 테다. 그렇다고 셰익스피어의 서사적 틀 자체를 바꾼 것은 아니다. 안토니오와 알론조는 섬에서 모반을 꾀하고 이는 트린큘로·스테파노의 희극적인 반역으로 변주된다. 캘리번을 포함한 이들의 반란을 제압하는 프로스페로의 면면도 원작과 크게 다르지 않다. 물론 요루바(Yoruba)족이 섬기는 토속신 에슈(Eshu)를 내세워 퍼디난드·미랜더의 화혼 축하 분위기를 음담과 불경의 난장으로 바꿔놓는 파격도 있다. 바로 그 점을 들어 한 학자는 『어떤 태풍』이 "셰익스피어가 상상한 것보다 훨씬 풍요롭고 참다운 (비서구 세계의—인용자) 문화적 유산"을 구현했다고 평가했다.[39] 그런데 이런 평가에 대한 공감 여부보다 더 깊이 생각해봐야 할 것은 셰익스피어에 대한 회심의 '되받아치기'가 감행되는 3막의 극적 함의이다.

퍼디난드·미랜더의 결혼이 성사되는 양상은 엇비슷하게 읽힌다. 하지만 세제르가 두 남녀를 결합시킨 것은 대단원의 막을 내리기 위한 포석이 아니다. 오히려 '반(反)셰익스피어적 결말'로 가기 위한 수순에 가깝다. 『태풍』의 5막에서 좀 더 뚜렷해지는 초월적 현자 프로스페로와 회개하는 반역자 캘리번은 세제르의 각색에서는 문명화 사명을 고수하는 식민주의자 프로스페로와 식민주의자에 결사 항전을 다짐하는 투사 캘리번으로 변모한다. 탈식민주의 학자들은 대체로 세제르의 이러한 각색을 주인과 노예의 헤겔적 변증법을 증폭시키면서 자유의 쟁취로써 이룩되는 캘리번의 '미래의 승리'를 암시하는 것으로 받아들였다. 하지만 승리의 암시 자체가 되받아쓰기의 성패를 말해주는 것은 아니다. 그 점을 좀 더 엄밀하게 생각하기 위해 『태풍』의 결말을 읽어보자.

셰익스피어는 해피 엔딩 속에서도 프로스페로의 철학적 상념으로써 그런 엔딩의 밝기를 미묘하게 낮춘다.[40] 안토니오와 세바스찬은 여전히 개과천선이 되지 않은 악당으로 남을뿐더러, 프로스페로가 피력하는 '인생론'도 장밋빛 낙관과는 거리가 있다. 반란에 가담한 어리석음을 깨닫는 캘리번도 프로스페로가 베푸는 대사면에 포함되지만 그의 개심은 느닷없을 뿐이다. 세제르는 셰익스피어의 이 같은 어스름한 해피 엔딩을 캘리번이 꿈꾸는 혁명으로 바꿔놓는다. 『어떤 태풍』의 결말은 프로스페로 대 캘리번의 대결이 단번

---

39 Laurence M. Porter, "Aimé Césaire's Reworking of Shakespeare," 376면.
40 4막 1장에서 프로스페로가 연출한 정령들의 결혼식 축하연이 끝나고 나오는 그 유명한—'꿈으로 만들어진 인간'에 관한—독백이 단적인 예다. 세제르의 텍스트에는 이런 시적 상상력에 대응할 만한 것을 찾아보기 어렵다.

에 끝나지 않을 성질임을 암시하면서 그런 암시를 식민주의와의 역사적 대결로 고양시킨다. 이런 식이다.

> 나는 네가 (이곳을) 떠나지 않으리라는 것을 안다!
> 너는 '사명'이라는 말로 나를 농락했다.
> 너의 '사명'!
> 너의 사명은 나를 괴롭히는 것이다!
> 그것이 바로 네가 이곳에 머물려는 이유다.
> 식민지를 만들어
> 이젠 다른 어떤 곳에서도 더 이상 살 수 없는 놈들처럼
> 도취한 늙은이, 그게 바로 너다!(*Une Tempête* 89면; *A Tempest* 62면)

원작도 그렇지만 『어떤 태풍』의 결말도 투명하게 읽히는 것만은 아니다. 원작의 정치적 함의를 최대한 탈식민주의적 맥락으로 번역한 세제르의 작업에도 '불순물'이 전혀 없는 것은 아니기 때문이다. 식민 지배가 초래한 마음의 왜곡 양상이 프로스페로 자신의 입을 통해 다각도로 폭로되는 장면도 어떤 면에서는 그 같은 불순물에 해당한다. 하지만 그것은 셰익스피어의 모호성과 변별된다. 문제는 독자로 하여금 흑백으로 정리되지 않는 식민주의의 모순을 사유하게 하는 불순물이 캘리번이 천명하는 식민주의 극복이라는 과제로 수렴되는 순간 사라지다시피 한다는 점이다. 이런 판단은 1960년대 맥락에서 캘리번=말콤 X, 에어리얼=마틴 루터 킹의 등식을 환기하면서 세제르가 양자의 종합에 성공한 것으로 가정해도 크게 달라지는 것 같지 않다.

『어떤 태풍』은 식민주의자 프로스페로에 맞서는, 식민지 해방투쟁에 전면적으로 나서는 투사로서의 캘리번의 목소리로 끝난다. 상당수 평자들은 이 모든 각색의 극적 의의, 나아가 정치적 의미를 식민주의 현실의 타파와 반식

민 투쟁의 고취에서 찾았다.[41] 이들의 평가 방식에서 일단 확인되는 바는, 세제르의 셰익스피어 되받아쓰기도 거의 예외 없이 탈식민 담론의 자장 안에서 분석·평가된다는 사실이다.

세제르는 식민 지배자와 피지배자 사이의 갈등이 해소되지 않은 상태로 이 극을 종결한다. 모든 사람들의 화해로 종결되는 셰익스피어의 『태풍』과는 다른 결말이다. 자유는 아직 요원한 현실이지만 캘리밴은 '자유'를 외치며 계속 섬의 이곳저곳을 돌아다닐 것이다. 식민 지배의 흔적을 완전히는 지우지 못했지만, 캘리밴은 계속 자유를 외쳐대며 해방을 갈구하고 (식민주의자들의—인용자) 흔적을 지우기 위해 노력할 것이다. 무대를 맴맴 도는 캘리밴의 외침은 자유와 해방을 위한 피지배자의 저항과 노력이 계속될 것이라는 것을 시사한다.[42]

김종환의 주장처럼 정전주의가 "보편성이란 가면을 쓰고 지배 문화의 가치를 영속화시키려"는 담론 전략이라는 데 이견이 있기 힘들다. 이견은커녕 전략의 실체는 더욱 치열하게 파고들어서 해체해야 마땅하다고 본다. 그러나 **정전의 실제 성취를 정전주의와 구분하려는 학문적 노력**이 따르지 않는 한 해체 작업도 빛을 잃는다. 서구문학의 '알맹이'를 솎아내는 동시에 그 알맹이를 식민 지배의 문화적 도구로 악용한 정전주의에 대한 비판적 읽기가 우선되어야 한다는 취지다.

그렇다면 『어떤 태풍』의 결말을 『태풍』의 그것과 비교해보면 어떨까? 셰익스피어의 대단원이 "모든 사람들의 화해로 종결"된다는 주장은 어디까지 수용해야 할까? 일단 모든 사람들의 화해라는 것은 작품의 실상과 부합하지

---

41  그런 고취의 논리적 형식은 주인과 노예의 투쟁이라는 헤겔적 변증법 양상을 띤다는 점은 여러 논자들이 분석한 바 있다. 각주 37에서 제시한 자료 중 Joseph Khoury, "*The Tempest* Revisited in Martinique"가 대표적이다.
42  김종환, 「『태풍』의 각색과 전유: 세제르의 『또 하나의 태풍』의 경우」, 63면.

않는다. 악당은 여전히 악당이고 마법을 포기한 프로스페로의 앞날 역시 마냥 밝은색으로 채색되는 것도 아니다. 그렇다면 해방을 향한 "캘리번의 외침으로" 마무리되는 『어떤 태풍』의 셰익스피어 전유가 어떤 차원의 것인가를 되묻지 않을 수 없다. 국내의 대다수 논자들은 셰익스피어 텍스트에 스민 '식민성'의 흔적들을 적발하고 세제르 텍스트의 반(反)식민성과 대조하는 데 자족하는 것 같다. 물론 예외가 없는 것은 아니다. 진중화 교수는 결말에 대한 세밀한 분석 끝에 "캘리번은 자유를 회복하지 못하고 프로스페로는 식민주의에 집착하는 정신분열적 상태로 극"이 끝나는 것으로 결말을 읽었다. 그로써 그는 "식민 지배자에 대항하는 반식민 투쟁을 하면서도 지배자의 언어인 프랑스어를 사용할 수밖에 없"는 "소수자적 상황"의 딜레마를 부각시켰다.[43] 이 주장에는 동의가 되지만 문제도 남는다. 프로스페로의 내면을 정신분열로 몰고 가는 것은 사안을 단순화하는 해석에 가깝기 때문이다.

퍼디난드와 미랜더의 사랑에서 발생하는 원작의 로맨스 분위기를 상당 부분 희석시킨 세제르의 의도가 프로스페로=식민 개척자 대 캘리번=흑인 노예의 구도를 강화하는 데 있음은 분명해 보인다. 프로스페로와 캘리번의 대결 구도를 확고한 반(反)식민주의 문제의식으로써 재편하는 한편, 그 사이에 에어리얼을 평화주의자·이상주의자로 놓고 캘리번의 비타협적 해방투쟁을 부각시킴으로써 탈식민의 정치적 의의를 최대한 확대하는 방향으로 원작을 '되받아친' 셈이다. 이 같은 되받아치기가 허공에서 나온 것은 아니다. 그것도 작가가 직면한 현실 정치적 상황과 어떤 방식으로든 연관될 수밖에 없다. 세제르의 서사 전략은 과들루프(Guadeloupe), 기아나(Guianas), 레위니옹(Réunion)과 함께 프랑스의 해외도(海外道)로 귀속된 마르트니크 지식인-

---

43 진종화, 「에메 세제르의 『태풍』에 나타나는 식민 지배와 반식민 저항의 수사법」, 289면. 식민 지배자의 언어로써 식민성과 싸워야 하는 '소수자적 상황'과 작품의 연관성은 더 진지하게 숙고해봐야 할 쟁점으로 남아 있다.

정치가 특유의 현실감각에 근거했다고 볼 여지도 있다는 것이다.

세제르가 프랑스의 경제적·문화적 지원에 대한 필요성은 절감하면서도 종속과 복속을 경계한 것은 당대 현실에서는 불가피했으리라 짐작된다. 하지만 『어떤 태풍』에 관한 한 정치가 세제르와 예술가 세제르 사이에서 모종의 분열이 발생한 것으로 읽힌다. 정치가로서의 그의 행보는 마르트니크의 해외도 승격 법안의 취지를 적극 지지하고 옹호하는 데 바쳐졌다. 식민주의의 폐해를 끝까지 비타협적으로 비판해온 그도 정치가로서 투쟁과 평화에서 양자택일을 거부하면서 현실 타협에 나설 수밖에 없었던 것이다.

하지만 극작가·시인으로서의 선택은—적어도 3부작의 대미를 장식하는 『어떤 태풍』에서는—타협을 버리고 반식민 투쟁으로 확실히 기운 듯하다.[44] 그 결과는 어떤가. 캘리번이 대변하는 반식민 투쟁의 메시지 자체는 선명한 반면 그것이 드라마로 관철되는 양상은 저항문학의 상투성에서 멀리 벗어나지 못한다. 잘 살펴보면 캘리번의 외침도 투쟁과 승리의 예감을 확신하는 어조지만 지양(止揚)이 부재한 변증법, 즉 주인과 노예가 벌이는 끝없는 인정투쟁에 묶여 있다. 현실주의 정치가로서 견지한 세제르의 신념 및 정치적 행보와 『어떤 태풍』을 분별하는 비평이 더 절실해지는 것은 그런 까닭이다. 『어떤 태풍』의 정치적 선진성을 부각한 이래 탈식민 담론은 저항과 해방의 이념에 도덕적 정당성을 부여하면서 자가증식했다고 해도 과언이 아니다. 그 같은 증식은 해석자의 '해석 의지'를 작품에 투사한 결과인바, 지나간 시대의 문제의식이 현재의 정치적 상황에도 여전히 유효하다고 간주하는—쿠퍼 교수가 분류한—시대적 오류(The Epochal Fallacy)의 혐의에 걸리기도 한다.

그렇다면 세제르가 그려낸 프로스페로 대 캘리번의 대립이 21세기에 어떤

---

44 마르트니크 정치가로서 세제르가 견지한 그 같은 투쟁의 신념에 관한 다각도의 논의는 특히 Cary Wilder, "Untimely Vision: Aimé Césaire, Decolonization, Utopia," *Public Culture* 21:1(2009), 101~140면 참조.

정치적 함의를 갖는지도 더 고찰해볼 일이다. 모든 배우들이 퇴장하고 홀로 남은 프로스페로는 이렇게 말한다.

> 자, 캘리번, 이제 너와 나 둘이다!
> 네게 하려는 나의 말은 간단하다.
> 나는 열 번, 백 번, 너를 구제하려고,
> 무엇보다 너 자신에게서 구제하려고 했다.
> 그러나 너는 항상 독기를 품고
> 험악하게 내게 대들었지.
> 어둠을 걷어낸 손을 물려고 꼬리를
> 치켜세우는 주머니쥐처럼.
> 좋다, 이놈, 이제 나도 나의 너그러운 천성을 거둘 것이다.
> 너의 폭력에 폭력으로 대응하기 위해!(*Une Tempête* 91면; *A Tempest* 65면)

그러나 이런 호언장담에도 불구하고 문명의 수호자를 고집하면서 캘리번과의 대결을 천명하는 프로스페로는 늙고 지친 모습이다. 허세에 가까운 그의 문명 수호 외침 뒤로 작품에 최종적으로 각인되는 것은 '자유'의 깃발을 올리는 캘리번의 전투적인 자세다. 캘리번의 마지막 대사는 식민주의 대 반식민주의의 싸움이 아직 끝나지 않았음을 강렬하게 환기한다.

이 싸움을 폭력 대 평화의 구도로만 이해할 일은 아니다. 그보다는—세제르와 같이 마르티니크 출신인 파농이 거듭 역설했듯이[45]—탈식민화가 필연

---

[45] 이에 관한 논의는 Frantz Fanon, *The Wretched of the Earth*, trans. Constance Farrington(New York: Grove Press, 1968)의 "Concerning Violence" 참조. 세제르가 파농의 폭력론을 읽었다는 것은 분명해 보인다. 이 경우 "식민 세계는 (흑과 백, 선과 악이 이원론적으로 쟁투하는—인용자) 마니교의 세계"라는 파농의 논리를 적용할 것 같으면 그런 세계의 논리가 프로스페로와 캘리번으로 극화된 것이 『어떤 태풍』이라는 주장도 가능할 법하다. 인용 대목은 *The Wretched of the Earth*, 41면.

적으로 폭력을 수반하는 격렬한 과정이며 정의와 평등의 열정이 스민 식민지 민중의 폭력은 치유와 정화의 일환임을 기억할 필요가 있다. 그런데 우리가 다루는 것은 담론이 아니라 작품이다. 작품 자체는 어떤 '폭력적 정화'의 비전도 없고 정의로운 승자도 없이 악무한으로 치닫는 형국이다. 세제르는 독자・관객들에게 악무한 속에서 비판해야 할 식민 억압과 배가해야 할 반식민 투쟁을 성찰해보라고 유도하는 듯하다.『어떤 태풍』을 살풀이 형식의 심리치료극으로 제시한 것도 결국 그러한 정치적 목표를 의식한 포석인 셈이다. 따라서 '골조'로서의『태풍』이 존재하는 한 세제르가 입힌 살로 인해『어떤 태풍』이 과연 어떤 작품이 되었는가를 다시 묻지 않을 도리가 없다.

이 물음에 관한 한, 셰익스피어의 '위세'를 지나치게 의식한 나머지 "'문학성'으로 명명되는 뭔가 모호하고 거대한 것에 의해 너무도 쉽게 은폐되는 사회적 현실"[46]을 놓쳐서도 안 될 일이다. 제3세계 작가들이 자신이 직면한 현실을 작품으로 되살려내는 것은 마땅하고 당연한 예술 작업이다. 그러나 바로 그런 현실의 반영 여부를 평가의 기준으로 삼고 진보적 정치성을 앞세우는 것만으로는 작품으로서의 탈식민의 지평을 근원적으로 사유하기는 어렵다. 서구 고전의 되받아쓰기라는 형식에 내포된 역설의 의미를 천착하는 것도 그 같은 취지에서다. 극복하려는 정치적 의지가 강렬할수록 극복의 대상에 더 의존하게 되는—그 과정에서 '자유'가 생명인 문학으로서의 싸움에도 한계가 그어지는—역설은『어떤 태풍』에서도 어김이 없다. 그러한 문제성을 돌아보는 데는 역시 세제르 자신의『크리스토프 왕의 비극』이 값진 도움을 제공하는 것 같다.

『크리스토프 왕의 비극』에는 서구의 고전을 넘어서겠다거나 어떤 현실적 대안을 마련하겠다는 작가적 야심 같은 게 느껴지지 않는다. 그보다는 식민

---

[46] Joan Dayan, "Playing Caliban: Césaire's *Tempest*," 143면.

지 내부의 모순이 안팎의 세력에 의해 얼마나 꼬여 있는지를 다각도로 파고 드는 데 집중한다. 『크리스토프 왕의 비극』이 정전 비판과 극복이라는 탈식민 문학의 과업에 대해서 말해주는 바가 있다면 그것은 '식민지 문제'를 대하는 문학의 자세일 것이다. 되받아쓰기의 '형식'과 연관하여 시사점을 약간 달리 표현하면 이런 결론이 된다. 되받아쓰기라는 형식의 정치적 글쓰기가 그 해방적 의도에도 불구하고 '원본'에 대한 기생(寄生)으로써 가능해지는 일면이 있다면 되받아쓴다는 의식 자체에서 탈피하는 자세가 중요해진다. 요컨대 문학의 정치성에 대한 발본적 성찰을 전제하는 그런 탈피는 하루아침에 이뤄지지 않는다. 식민지 민중의 계몽을 지향하는 되받아쓰기가 더 이상 필요 없어질 정도로 자국의 문학이 풍요로워질 때에야 비로소 '셰익스피어 숭배'로 표상되는 서구 정전주의의 극복도 이념 비평의 굴레를 벗어버릴 수 있으리라는 것이다.

## 4. 식민성의 극복과 문학

셰익스피어로 대표되는 서양 문학의 탁월한 위업도 그 자체로 완전무결하지 않을 뿐만 아니라 '작품의 무의식'에 식민주의자들의 문화적 지배 욕망이 은폐되어 있음을 적발한 것은 탈식민 담론의 주요 성취 가운데 하나로 손꼽힌다. 넓은 맥락에서 보면 서양의 고전에 대한 되받아쓰기도 단순히 식민주의 비판의 일환이라기보다는 자본주의근대라는 역사적 시대 자체에 대한 문제 제기였다. 그 과정에서 치열하게 다진 비서구 작가들의 자기비판적 성찰은 근대 극복을 향한 결정적 발걸음으로 평가할 수 있다. 서양의 고전과 겨루겠다고 나선 제3세계 작가들의 분투를 응원하는 것도 그 같은 성찰로써 찾아낸 해방의 언어에 우리가 공감하기 때문이다. 세제르를 읽었기에 『태풍』에 잠재된 어떤 식민주의적 특성을 더 잘 읽어내는 능력이 커졌다면 그 점은 결코 과소평가할 일이 아니다.

그러나 바로 그렇기 때문에 식민주의의 극복 담론으로서의 탈식민주의와 서구중심주의에 대한 창의적인 대응으로서의 작품도 엄밀하게 분별·평가하는 비평은 더 절실해진다. 그것은 자본주의의 문화적 논리로서의 포스트모더니즘과 '포스트모더니즘 시대'에 나온 작품을 구분해야 하는 것과 마찬가지다. 되받아쓰기로서의 작품들에 대해 어떤 종합적인 평가는 엄두도 낼 수 없지만 개별 사례들 가운데는 되받아쓰기의 상투성을 넘어서는 지평으로 나아간 탁월한 선례도 분명히 존재한다. 그러한 사례들 가운데 되받아쓰기의 서사적 관성을 살리흐(Tayeb Salih, 1929~2009)의 『북으로 가는 이주의 계절(*Season of Migration to the North*)』(1969)만큼 확실하게 창조적으로 해체한 작품도 찾아보기 힘들 것이다.

이어지는 글에서 구체적으로 논하겠지만 『오셀로(*Othello*)』(1603)나 『어둠의 속(*Heart of Darkness*)』(1899)을 서사에 절묘하게 녹여낸 『북으로 가는 이주의 계절』과 비교한다면 이런 해석이 가능하다. 즉, 연기의 굴레를 인식했으되 악순환의 고리를 끊지는 못한 『어떤 태풍』의 되받아쓰기는 **문학으로서의 식민성 극복**에 수반되는 통과의례에 가까움을 말해주는 면이 있다. 그런 의미에서 『어떤 태풍』이 셰익스피어를 빌려 표출한 예각화된 정치의식 내지는 역사의식도 식민성의 정신적 병폐를 걷어내기 위한 필요조건에 불과하다. 그렇다면 "텍스트를 그것이 생산된 정치적·경제적·문화적 조건, 즉 역사적 맥락 안에 위치시킬 때만 문학 비평이 공정성을 견지할 수 있"다는 주장에도[47] 일정한 유보가 달린다.

"항상 역사화하라!"라는 제임슨(Frederic Jameson)의 경구는 어떤 경우에도

---

[47] 이석구, 『제국과 민족국가 사이에서: 탈식민 시대 영어권 문학 다시 읽기』(한길사, 2011), 512면.

잊지 말아야 할 비평의 필수요목이다. 하지만 텍스트를 역사적 맥락에 위치시키는 역사화만으로 비평의 엄밀성이나 공정성이 확보되는 것은 아니다. 문학 작품들이 역사적 현실이라는 '중력'에 묶인 채로 언어예술로서 구현하는 해방적 역량은 다 같지 않다. 그 다름의 실상을 치열하게 다룰 때 비로소 비평도 창조적 사유로서 작품과의 협동이 가능해질 것이기 때문이다.[48] 비평의 객관성이라는 것도 따지고 보면 그와 같은 치열성의 다른 이름일 뿐이다.

그렇다면 어떤 식으로든 원작에 의지하면서도 탈식민 정치의식의 고양에 골몰하는 행태는 연구와 비평의 척박함을 반증하는 것인지 모른다. 서양의 주류 학계에서 번성하여 비서구의 대학들로 수출된 탈식민 담론일수록 국지적 현실과 따로 노는 관념성이 두드러지는 현상도 그 같은 척박함의 일부이리라. 그렇다고 해서『어떤 태풍』에서 '작품'은 사라지고 이념만 남았다는 말을 하려는 것이 아니다. 식민주의 극복이 다 과거지사라는 주장도 아니다. 다만, 되받아쓰기의 실제 업적에 관한 한 제국주의의 본산인 서양 문학의 역사적 한계에 대한 비판적 담론과 그런 허위의식을 찢고 태어난 작품의 창조성을 구분하는 읽기가 중요하다는 점을 강조할 따름이다.

셰익스피어의『태풍』을 세제르의『어떤 태풍』과 비교·대조하는 과정에서 확인한 것 중 하나는, 언어의 곡예를 넘어서 작가가 처한 마르트니크 특유의 신식민지적 곤경을 작품으로 돌파하는 일이 얼마나 힘겨운 과업인가 하는 사실이다. 세제르의 작품 세계에서도 돌파의 인상적인 사례가 아예 없다는 말은 물론 아니다.『어떤 태풍』에 집중하는 바람에 본문에서는 충분히 다루지 못한 세제르 자신의 여타 드라마와 시 작품만 해도 더 숙독해야 할 과

---

48 탈식민주의 시대에서 학자들이 반(反)식민 혁명의 낭만 서사에 집착하는 관성을 비판한 데이빗 스콧도 제임슨의 역사화 요구를 의식한 것이 분명하다. 하지만 역사화 자체는 결과가 아니라 작품 읽기와 평가에 따르는 하나의 과정이라고 봐야 할 것이다. David Scott, *Conscripts of Modernity: The Tragedy of Colonial Enlightenment* (Durham : Duke UP, 2004), 서장 참조.

제로 남아 있다. 그러면 제3세계 작가의 되받아쓰기가 어떻게 '원본'을 창의적으로 수용·변형하면서 전혀 새롭고도 독자적인 서사의 영역을 개척하는가를 『북으로 가는 이주의 계절』을 통해 살펴보자.

# 3장

# '되받아쓰기'를 넘어서

'회귀서사'와 식민주의

## 1. 서론

괴테가 동서양의 만남을 예감하면서 '세계문학'의 도래를 예언했지만 20세기 초중반까지 그것은 사실상 서구문학과 동의어였다고 해도 과언이 아니다. 세계문학=서구문학이라는 등식에 본격적으로 균열이 생기기 시작한 계기는 2차대전으로 판단된다. 전후(戰後)에 식민지들이 대거 독립하고 '탈(脫)'식민주의를 표방하는 비서구 작가들이 등장함으로써 세계문학의 지도가 다시 그려지기 시작했기 때문이다. 탈식민국가들의 문학이 세계문학의 현장에 존재감을 드러낸 데는 한두 가지 요인이 작용한 것이 아니지만 독립 이후 서양의 유수한 대학으로 흘러 들어간 제3세계 출신의 학자와 비평가들의 역할도 무시할 수 없다. 탈식민 비평(postcolonial criticism)의 위세와 위력이 문학의 영역을 넘어서 인문학계의 거의 모든 분야에서 실감되기까지 적지않은 우여곡절이 있었던 것이다.

근대라는 역사적 시대가 열리면서 전개된 식민지 정복과 수탈의 역사를 굳이 참조하지 않더라도 합리주의와 위계적 이분법이 지배하는 서구 세계관의 한계는 20세기 들어 점점 뚜렷해졌다. 그런 세계관에서 유래한 유형·무형의 폭력을 읽어낸 탈식민 담론의 도덕적·정치적 정당성은 토를 달기 힘든 것이다. 게다가 식민지 독립 이후에 산출된 작품들로써 정당성이 확고하게 확보되었다. 탈식민 담론이 서구와 비서구 학계에서 공히 분과 학문에 준하는 위상을 누린 것은 결코 우연이 아니다. 그러나 그와 같은 점들을 두루 고려해도 탈식민 담론의 특장(特長)인 선명한 정치성과 도덕적 정당성을 자명한 것으로 수용하기는 어렵다. 무엇보다 석연치 못한 쟁점이 한둘이 아니기 때문이다.

그중 실타래처럼 꼬인 난제 중의 난제는 이런 게 아닐까 싶다. 즉, 타도해야 할 적이 저기 바깥만이 아니라 자신의 내부에도 존재하고 있다는 사실을 어떻게 생각해야 하는가 하는 물음이 그것이다. 뒤처졌다고 자책하는 자의 입장에서 적극적으로 받아들여야만 했던 선진 사상과 문물이 서구 지배자들의 바로 그 침탈 도구였음을 불현듯 깨달을 때의 당혹스러움이 그런 물음을 더 어렵게 만들었던 것이다. 그 같은 도구 가운데 성경만큼 강력한 영향력을 발휘한 것도 찾아보기 힘들다. 기독교가 근대적 교육·의료·보건 사업의 확대와 평등·자유 사상의 고취를 비롯한 민중 계몽에 선한 기운을 불어넣은 것은 부정할 수 없는 사실이다.

그러나 다른 한편 제3세계에 남긴 업보도 엄연하다. 특히 한반도에서는 극렬 우파 이데올로기의 온상으로 작용한 일면이 강한 한편, 민족 종교들의 주변화에도 적극 일조한 것이다. 따라서 그와 같은 식민지 치하에서 누가 적이고 동지인지가 흐려지는 '회색지대'가 곳곳에서 발생하는 것도 우연이 아니었다. 식민 통치가 길어질수록 자명한 것처럼 보인 '바깥의 적'은 오히려 식민지 내부에서 찾아야만 하는 사태도 심심찮게 벌어진다. 식민지 현실을 제 아무리 과학적으로 분석해도 그런 사태는, 그 본질상, 깔끔하게 처리되지 않으리라 본다.

아프리카나 남아메리카 국가들도 그렇지만 한국에서도 (일제) 식민주의 · 식민성 극복은 현재진행형인 과제로 남아 있다. 서구의 식민지들이 하나둘씩 독립하기 시작한 20세기 중후반에 쏟아져 나온 회귀서사들을 읽노라면 먼 이국의 사연이 우리 자신의 이야기로 느껴진다. 식민지 시대의 역사적 경험을 공유한 터이니 그런 사연이 남의 이야기로 읽히지 않는 것은 자연스럽다. 비서구 세계에서 산출된 식민 서사와 탈식민 서사에도 물론 다양한 유형이 있다. 그중 식민지 지식인이 '제국'에서 유학을 마치고 고국이나 고향으로 돌아오는 회귀서사(narrative of return)는 거의 모든 독립 국가의 문학에 등장한다.

우리의 경우 당장 염상섭(廉想涉, 1897~1963)이나 이병주(李炳注, 1921~1992)의 작품이 떠오른다. "'무덤이다! 구더기가 끓는 무덤이다!'"(「만세전」, 1924) '내지(內地)'에서 식민지 조선으로 귀환하여 내뱉은 이인화의 이 같은 일갈은 비서구 세계의 회귀서사에서도 착잡하게 변주되면서 울려 퍼진다. 『관부연락선』(1968~1970)에서 그려지는, 식민지 현실에서 '좌우' 어디에도 속할 수 없는 지식인의 운명적 삶을 극화한 유태림의 수기(手記) 역시 여러 형태로 반복되는 회귀서사의 한 전형적 형식이다. 이처럼 일제강점기 우리 문학에서 발견되는 회귀서사는 식민지근대 특유의 문학적 현상이다.

이집트를 비롯한 아랍권 작가들과 아프리카 작가들이 써낸—식민지 유학생과 서구 여성과의 성적인 조우를 매개로 하는—회귀서사도 「만세전」과 엇비슷한 형국이다.[1] 제국의 선진 문명과 낙후된 조국의 봉건적 질곡 사이에서 고뇌하는 지식인 주인공의 정신적 · 육체적 행로에 짙은 고뇌가 깔리기는 매한가지이기 때문이다. 서구 사회에서 배워온 자기의 학문이 식민치하에서

---

[1] 이에 관한 구체적인 논의는 Tarek El-Ariss, *Trials of Arab Modernity: Literary Affects and the New Political*(New York: Fordham UP, 2013) 참조.

사실상 무용지물임을 깨닫는 주인공이 태반이거니와, 이들이 식민치하의 조국에서 '행복한 결말'을 맞지 못하는 것은 운명처럼 읽힌다. 회귀서사에 관한 한 비극적인 사연들은 거의 한결같으니, 저마다 특수한 식민지적 현실은 거의 유사한 하나의 문제를 안고 있다고 말할 수 있다. 그 점을 간략한 작품 소개로 적시한다면 다음과 같다.

가령 서구 선진문물의 비밀을 알아내기 위해 파리로 유학을 떠난 주인공의 운명은 우여곡절 끝에 자살·타살로 귀결된다.(『모호한 모험』; Cheikh Hamidou Kane, 세네갈, *Ambiguous Adventure*, 1961) 제국의 수도에서 받은 교육 덕분에 조국인 나이지리아에서 출셋길에 오른 한 관료 지식인은 결국은 타락하여 치욕을 맛본다.(『더 이상 평안은 없다』; Chinua Achebe, 나이지리아, *No Longer At Ease*, 1960) 삶의 의욕이 충만한 한 여성 지식인은 원숭이처럼 이국적인 존재로 취급받다가 창녀로 전락하여 두 세계(세네갈과 벨기에) 모두에서 소외되고 비참한 삶에 직면한다.(『버려진 바오밥나무』; Ken Bugul, 세네갈, *The Abandoned Baobab*, 1982) 탄자니아의 항구 마을로 추정되는 고향을 떠나 나이로비의 부유한 외삼촌에 의탁한 청년은 수모와 멸시를 뒤로하고 귀향을 선택한다.(『탈향의 기억』; Abdulrazak Gurnah, 탄자니아, *Memory of Departure*, 1987) 『탈향의 기억』의 바로 그 청년, 하산(Hassan Omar)이 사촌 살마(Salma)에게 보낸 1968년 10월 29일자 편지에서 담담하게 들려주는 중간항로(Middle Passage)의 이야기는 식민주의가 오늘날에도 완전히 종식되지 않은 현재임을 웅변한다.

이들 텍스트는 예외 없이 식민 통치에서 독립한 신생 국가들의 혼란상을 여러 겹으로 재현한다. 『모호한 모험』이나 『더 이상 평안은 없다』, 『탈향의 기억』 등이 그러한 것처럼 68혁명의 제3세계적 전조로 읽을 수 있는 작품도 있다. 하지만 정작 독자의 시선을 붙잡는 것은 독립 이후에 첨예한 문제로 부상하는 내면화된 식민주의의 질곡이다. 거기서 벗어나는 일이 정치적 독립보다 어떤 면에서는 더 어렵고 힘들다는 사실이 서사의 딜레마로 표출되기도 한다. 그러니 서양의 우월한 물질문명의 유혹에 굴복하고 타협을 선택하는 인물이 등장하는 것도 이상하지 않다. 가령 7년간의 영국 유학을 마치고 자기 나라(이집트)의 봉건성과 미신을 극도로 혐오하다가 어느 날 갑자기 개심하는 이스마일(Ismail)이라는 인물(의사)의 '행복한 삶'을 들려주는 「움 하쉼의 램프」(Yahya Hakki, "The Lamp of Umm Hashim," 1944) 같은 중편이 그렇다.

하지만 개심의 서사적 개연성을 독자가 실감하기는 어렵다. 서양의 과학에 대한 신앙의 승리를 역설한 「움 하쉼의 램프」가 현대 독자들에게는 또 다른 복고주의 서사로 읽힐 공산이 큰 것이다. 위에서 한 줄로 거론한 작품들은 물론 다르다. 제각각의 서사에서 모든 흑백논리와 이분법은 서사의 용광로로 사라지고 근대와 반근대, 전통과 반전통, 봉건과 민주, 계몽과 반계몽, 전통 종교와 외래 종교 같은 대립항도 주인공의 분열된 내면에서 명멸할 뿐이다. 반식민투쟁의 선명한 노선들도 서로 갈등하며 얽히면서 잿빛의 혼돈으로 변모하기 일쑤인바, 고뇌의 깊이에 비례하여 대안의 서사적 전망도 불투명해진다. 하지만 회귀서사의 특성들을 고스란히 간직한 채 잿빛의 내면 풍경이 식민 현실의 역사적 딜레마를 명징하게 되비추는 특이한 사례도 우리 곁에 있다.

수단 출신 작가 타예브 살리흐(Tayeb Salih, 1929~2009)의 '와드 아미드 사이클(Wad Hamid Cycle)' 가운데 하나인 『북으로 가는 이주의 계절』(1969, 이하 『계절』로 표기)이 그러하다.[2] 수단의 현대문학에 관한 한 나는 살리흐 외에 여성 작가인 레일라 아부렐라(Leila Aboulela, 1940~)의 소설 『번역자

---

2 '와드 아미드 사이클'이라는 명칭은 살리흐의 작품세계를 연구한 하산 교수가 (처음으로) 붙인 듯하다. 와드 아미드는 가상의 마을 이름이고 『계절』의 배경이기도 하다. Waïl S. Hassan, *Tayeb Salih: Ideology & the Craft of Fiction* (Syracuse: Syracuse UP, 2003), x.

(*The Translator*)』(2006)를 읽은 것이 전부지만 『계절』은 흑과 백이 겹치는 회색지대에서 모종의 여명(黎明)을 만들어낸 수단 현대문학의 문제작이 아닐까 짐작한다. 질식할 것 같은 식민지 현실에서 가까스로 숨통을 틔우면서 독립 이후 펼쳐질 새로운 미래에 대한 어떤 예감을 암시하는 면이 있다는 점에서도 그렇다. 『계절』은 탈식민 문학으로 분류되는 작품 가운데서도 식민성의 역사적 기원에 대한 다각도의 통찰과 자기비판, 성찰이 특히 통렬하다. 뿐만 아니라 셰익스피어로 표상되는 서구의 고전을 식민지 현실의 맥락에서 창의적으로 소화하여 식민주의 극복에 활용한 되받아쓰기(writing-back)의 탁월한 성취로 손꼽히기도 한다.

이러한 『계절』이 식민지와 제국의 얽히고설킴을 꿰뚫어 봄으로써 내면화된 식민주의의 진실을 증언하는 면조차 있다면 일단 작품 자체를 자세히 읽어볼 일이다. 왕년의 거의 모든 식민지들이 독립한 오늘날에도 그런 진실에 대한 작품으로서의 증언은 여전히 드물다. 따라서 텍스트에 대한 세밀한 분석을 시도하겠지만 『계절』이 서구의 고전들을 되받아친 양상의 문화정치적 함의도 동시에 헤아려보고자 한다. 그 과정에서 식민성과 표리 관계에 있는 근대성이란 무엇이고 '식민주의·자본주의근대'가 어떤 차원의 극복 대상인가에 대해서도 좀 더 분명히 해명할 수 있을 것이다.

## 2. 화자의 이중 소외와 『계절』

지역을 막론하고 식민지의 독립이 보기보다 복잡한 사건이라는 것은 역사적으로 쉽게 확인할 수 있다. 그 얄궂은 역설 가운데 하나는, 식민제국에서 독립한 이후 오히려 식민치하 현실에서 착종된 계급 및 민족 모순이 더 격화되어 혼란으로 치닫기 일쑤였다는 것이다. 해방이 열전으로 이어져 분단을 낳은 한반도도 그중 하나의 사례다. 살리흐의 조국인 수단도 1956년에 독립한 이후 두 차례의 장기 내전(1955~1972; 1983~2005) 끝에 수단과 남수단으로 갈라졌다. 수단 분리의 기원은 식민 통치의 일환으로 이집트를 일종의 하위 파트너로 끌어들인 영국의 분할 통치에 있었다. 근대 수단의 질곡은 한반도의 분단과 유사하면서도 다른 방식으로 식민지 해방의 역설을 전형적으로 보여준다. 계승해야 하는 토착문화의 유산이 상당 부분 유실되거나 파괴되고 그 자리에 기독교와 이슬람교가 차례로 유입된바, 외래의 종교와 문화가 이식된 것 자체는 수단만의 현상이 아니었다. 식민지들이 정치적 해방을 성취했다고 해서 그것이 자동적으로 식민 통치 기간에 고질화된 식민성(노예 의식)으로부터의 놓여남을 뜻하지 않았다는 것은 독립 이후 수단의 상황에도 그대로 적용된다.[3]

탈식민 문학으로 뭉뚱그릴 수 있는 작품들이 태동한 것은 바로 그 같은 상황에서다. 제국에서 독립한 제3세계 국가들이 자신의 존재를 문학작품으로 세계에 본격적으로 알리기 시작한 것은 대략 1950년대 전후다. 남미와 더불어 아프리카의 문학들은 세계문학의 후발 주자에 속한다.[4] 일찍부터 '탈아입구(脫亞入歐)'를 꿈꾼 일본을 제외한—가와바타 야스나리(川端康成, 1899~1972)가 노벨문학상을 받은 해는 1968년이다—동아시아의 경우 그보다도 더 시차가 있다. 하지만 시차보다 중요한 것은 뒤늦음이 곧바로 문

---

[3] 근대의 국민·민족국가 시스템(modern nation-state system)이 자본의 '합리적 운용'을 위한 제도적 기반이라는 의미에서라면 아프리카 식민지들의 해방도 월러스틴의 분석처럼 자본 주도의 "만물의 상품화 과정"을 더욱 용이하고 신속하게 촉진하기 위한 최근 단계에 해당할 것이다. Immanuel Wallerstein, *The World-System and Africa* (New York: Diaspora Africa Press, 2017), 8~9면. 그러나 월러스틴 자신이 그런 진단에 곧이어 덧붙이듯이, 반(反)식민·제국주의 투쟁은 상품화 과정 자체에 대한 심대한 문제제기이며 파농으로 대표되는 고도의 저항적 유산일수록 오늘날 지혜로운 계승이 더욱 절실하다. 20세기 아프리카의 탈식민 문학도 그 같은 유산임은 더 말할 나위 없다.
[4] 2016년 기준, 54개국 약 12억 명의 인구에 2136개의 언어가 존재하는 아프리카 대륙의 문학들을 '아프리카문학'이라고 규정하는 것은 터무니없는 일반화일 것이다. 그럼에도 아프리카문학 운운하는 것은 달리 더 나은 말을 찾지 못해서일 뿐이다.

학의 후진성으로 이어지지는 않는다는 사실이다. 살리흐의 작품이 그 확실한 증거다. 그렇다면 문학이 인간의 정신세계를 다루는 언어예술인 한 함부로 후진성을 운운할 일도 아니다. 그 '때늦음'으로 인해 오히려 식민지근대를 주도한 서양의 문학과는 다른 차원에서 근대주의에 대한 근원적인 비판과 물음을 더 절박하게 작품으로 구현한 측면도 있기 때문이다.

동아시아 지역과는 비교하기 힘들 정도로 토착적인 것들이 철저하게 파괴된 상황에서, 그것도 모어(母語)가 아닌 식민제국의 언어로 창작할 수밖에 없는 아프리카 작가들에게 근대는 그 자체로 결코 안주해서는 안 되고 안주할 수도 없는 시대였을 법하다. 그러한 심경이 제국과 식민조국 모두에서 겪는 주인공의 이중의 소외와 억압으로 나타나면서 회귀서사의 주된 음조로 나타나는 것은 우연이 아니다. 그런데 아프리카의 탈식민 문학은 특기할 만한 폭발성을 내장한 듯하다. 『계절』에서는 도화선이 두 각성한 지식인의 내면에 박혀 있다. 북(영국)과 남(이집트/수단)에서 제각각 겪는 주인공들의 행적에는 자기 파괴적 폭력과 살인이 깔려 있다.

이러한 『계절』은 고밀도의 서사인 만큼 요령 있는 소개가 특히 필요할 것 같다. 먼저 1인칭 화자를 중심에 놓고 작품의 얼개를 제시하고 거기에 담긴 비사(祕史)를 추적해보자. 이야기는 수단이 독립한 전후, 즉, 1차 수단 내전과 겹치는 시기에 시작한다. 아랍계 이슬람이 주류로 군림하는 수단 북부 나일 강변의 한 마을을 배경으로 화자는 이렇게 자신의 사연을 들려주면서 이야기의 운을 뗀다.[5]

---

[5] 인용 텍스트는 Tayeb Salih, *Season of Migration to the North; Mawsim al-Hijrah ila ash-Shamal*, trans. Denys Johnson-Davies(New York: NYRB Classics, 2009)이다. 이상숙 씨가 아랍어 원문을 한국어로 번역한 『북으로 가는 이주의 계절』(아시아, 2014)이 시중에 나와 있다. 영역본과 한국어본 모두 좋은 참고가 되었다. 영역본은 저자 살리흐와 역자의 긴밀한 공동 작업의 결과물이라서 아랍어 원전에 근접한 텍스트라고 믿어도 좋을 듯하다. 『계절』을 인용할 때는 두 번역본을 대조하면서 필자가 더러 가필했음을 밝혀둔다. 『계절』 외에 지금까지 영어로 출간된 살리흐의 작품은 소설집 *The Wedding of Zein*(1968; New York: Review Books, 2009)과 미완성 장편 *Bandarshah*(London: Routledge, 1996) 두 권이다. 그 외 단편들이

내가 고향 사람들에게 돌아오기까지, 여러분, 정말 오랜 시간이 지났습니다. 정확히 7년, 그 기간 동안 나는 유럽에서 공부했습니다. 나는 많은 것을 배웠고 많은 것이 나를 스쳐 갔습니다. 하지만 그건 다른 이야기입니다. 중요한 것은 나일강 구비에 있는 이 작은 마을, 고향 사람들을 향한 커다란 그리움을 안고 내가 돌아왔다는 겁니다.(3면)

이런 식으로 독자를 불러내는[6] '나'는 환영 인파 속에서 짐짓 초연하게 미소만 짓는 한 남자를 주목한다. 그는 무스타파(Mustafa, 선택된 사람, 또는 선지자) 사이드(Sa'eed, 행복한)라는 인물인데, 수단의 수도 하르툼(Khartoum)에서 5년 전(1948년)에 마을로 흘러들어와[7] 가정을 꾸린 외지인이다. 그는 농사를 포함하여 마을 일에 지혜롭고도 실용적인 조언으로 사람들에게서 신망을 얻은 상태다. 하지만 과묵해서 신상이 알려진 게 거의 없다. '나'는 그에게 왠지 모르게 초장부터 강하게 끌린다. 그러던 어느 날 농사일을 끝내고 모인 남정네들의 술추렴에서 그의 정체가 일부 드러난다. 사람들

---

이런저런 잡지에 영역으로 실렸다. 나는 아랍어를 전혀 모르는 처지라 영역본의 형편을 평가할 능력이 없다. 이 두 영역본을 읽으면서도 탁월한 이야기꾼으로의 살리흐를 재확인한 정도인데, 아랍어본과 영역본의 여러 차이와 번역의 한계에 관한 비판적 논의도 참고에 그칠 수밖에 없었다. Lamia Khalil Hammad, "Cultural Colonialism in the Translation of *Season of Migration to the North*," *Trans-Humanities* 9:1(2016), 105~128면 참조.

6 '여러분(gentlemen)'으로 호명된 '우리'를 청중으로 삼은 이야기는 아랍 세계 성직자들의 구어체 설교 방식을 교묘하게 차용한 '이야기꾼(hakawati)'의 형식이라고 한다. Benita Berry, "Reflections on the Excess of Empire in Tayeb Salih's *Season of Migration to the North*," *Paragraph* 28:2(2005), 74, 87면, 각주 7 등 참조. 이는 영역본을 읽는 한국 독자로서는 실감하기 힘든 형식이다. 아무튼 이 점도 이 글의 엄연한 한계로 남는다. 한 가지 특기할 만한 사항은 영역본에는 화자의 이름이 밝혀져 있지 않은 반면 아랍어본에는 Meheimeed라고 불리는 화자가 등장한다고 한다.

7 살리흐의 작품에는 구체적인 연도가 거의 언급되지 않는다. 필자가 읽어본 영역본 작품들도 그러하다. 줄거리 정리에서 사건들이 일어난 연도는 하산 교수가 정리한 것에 근거한다. Waïl S. Hassan, *Tayeb Salih: Ideology & the Craft of Fiction*, 183~185면 참고.

이 강권한 술을 받아 마시다가 취기에 젖은 사이드가 즉흥적으로—수단 사회에서 출세를 보장하는 바로 그 영어로!—영시 한 편을 읊조린 것이다.

"영국의 한 무명 시인"에 관한 연구로 영국의 대학에서 박사학위를 받은 문학 지식인인 '나'는 그 자리에서 경천동지할 충격을 받는다. 까막눈이 넘쳐났던 수단의 현실에서 영시를 암송할 수 있는 지식인은 극소수인 터라 '나'는 사이드의 정체가 더 궁금해진다. 그런 '나'를 감질나게 하던 사이드는 절대 발설하지 않는 조건으로 자신의 영국 유학 생활과 비밀스런 과거를 들려준다. 사이드가 고백한 비밀의 내용에 대해서는 잠시 뜸을 들이는 것도 좋겠다. 먼저 화자인 '나'에게 집중하면서 사이드의 이야기가 화자의 의식 세계를 장악하면서 일종의 주문(呪文)과도 같은 효과를 낳는 심리적 상황을 짚어두자.

무스타파 사이드는 화자보다 한발 앞서 영국 유학길에 올랐던 지식인이다. 출셋길이 보장된 영국 유학에도 불구하고 초야에 묻혀 이름 없는 필부로 사는 그의 행로는 수단의 현실에서 '나'의 운명과 엮일 수밖에 없는 것처럼 느껴진다. 어떤 식으로든 후진적인 조국의 발전에 공헌하고자 하는 '나'에게 사이드라는 어딘가 탁월하고 짐짓 초연해 보이는 존재는 기인(奇人)처럼 보인다. 결국 '나'에게 그는 흥미를 넘어서 일종의 강박관념이 된다. 텍스트의 표현을 인용하면, 사이드는 "나의 의지에 반(反)하여 내 세계의 일부, 머릿속에 박힌 하나의 생각, 떠나지 않으려는 유령이" 되어버린 것이다.(42면) 이렇게 작품의 1부가 끝나고 2부는 물난리에 대한 언급으로 시작한다. 사이드는 마치 자신의 죽음을 예견이라도 한 듯 홍수가 나기 직전에 마을에서 자취도 없이 사라진다(1953년). '나'에게 그가 쓰던 내실(內室)의 열쇠와 함께 (두 번째) 아내인 호스나와 어린 자식들의 후견인이 되어줄 것을 부탁하는 편지를 남긴 채 말이다.

그로부터 2년이 지나 27세가 된 '나'는 하르툼 소재의 교육부에 취직을 하게 된다. 교육 관료가 된 것이다. 그런 '나'는 하르툼과 고향을 오가면서 사이드를 둘러싼 전설 같은 각종 일화를 듣게 된다. 물론 그 같은 일화들은 혼란이 극에 달한 수단의 정치 현실을 배경으로 그려진다. 하르툼 정가에 만연한—아프리카의 신생국 어디에서나 벌어졌었을—협잡과 부패, 축재의 실태는 여지없이 까발려지고, 사치와 방탕을 일삼는 정치가들이 혹세무민하는 정치적 실상도 신랄하게 폭로된다. 하지만 정치소설로서의 『계절』의 탁월함이 추문 폭로에 있는 것은 아니다. 독립 이후에도 수단 도처에 존재하는 마을의 봉건적 상황은 중층적 모순에 휩싸여 있고 그런 모순이 서구 선진문물의 도래로써 어떻게 증폭되는가를 섬세하게 드러내는 대목들이야말로 제국의 서사를 되받아친 『계절』의 독특한 면모다. 이는 작중의 사실적 배경도 인물의 내면 세계와 불가분의 것으로 재현된다는 뜻이기도 하다.

그러면 다시 이야기로 돌아가보자. 서사는 사이드가 그렇게 사라지고 난 이후에 위기 국면으로 접어든다. 마을의 유지인 와드 라이스가 사라진 사이드의 처인 호스나에게 눈독을 들이는 중이다. 70대 노인인 그는 얄궂게도 호스나의 후견인인 '나'에게 다리를 놔달라고 부탁한다. '나'는 후견인의 처지도 처지지만 호스나에게 애매한 연심을 품은 상황이다. 와드 라이스의 부탁에 이러지도 저러지도 못하는 '나'는 호스나에게 신의 뜻에 맡기라고 충고하면서 하르툼으로 떠난다. 이후 와드 라이스는 호스나 친족들의 동의를 얻어 강제로 결혼을 감행한다(1956년). 하지만 결혼을 결사적으로 거부하는 호스나를 범하려다가 칼부림이 일어나고, 그녀와 함께 와드 라이스도 거세당한 채 처참한 죽음을 맞는다. 평화롭던 마을에서 듣도 보도 못한 참극이 일어난 것이다. 서둘러 수습에 나선 마을 사람들은 이 망측한 일에 대해 철저하게 함구한다. 하지만 비보를 듣고 하르툼에서 급거 돌아온 화자는 사태의 전말을 알아내고 일이 이 지경이 된 데 자신의 책임을 통감한다.

3부는 이렇게 시작한다.

세상이 갑자기 뒤집어졌다. 사랑? 사랑은 이런 짓을 하지 않는다. 이건 증오다. 나는 증오를 느끼고 복수하고 싶다. 내 적은 내 안에 있고, 나는 그에 맞서야만 한다. 그럼에도 마음 한구석에는 이런 상황의 아이러니를 의식하는 일말의 감각이 있다. 나는 무스타파 사이드가 떠나버린 지점에서 시작한다. 내가 아무것도 선택하지 못한 반면 어쨌든 그는 최소한 선택을 한 것이다.(111면)

'나'는 참살의 원인을 생각해보다가 "내가 지금까지 사랑했던 유일한 여자"(100면)에 끌리는 감정을 간신히 눙친 것도 살인극에 일조했으리라는 결론에 도달한다. 그래서 '나'의 회한은 더 쓰라리다. 이제 '나'는 사이드가 맡긴 열쇠를 들고서 "후견인이자 (사실상 사이드 아내의 연인으로서―인용자), 그리고 적"으로서(112면) 그의 내실 앞에 서 있다. 사이드 외에는 누구도 들어가보지 못한 '비밀의 방'을 불태워 없애버리겠다고 되뇌면서 이렇게 말한다.

나는 두번째, 세번째 창문도 모두 열어젖혔지만 바깥에서 들어오는 것은 더 짙은 어둠뿐이었다. 성냥을 그었다. 불은 눈앞에서 순간 폭발했고, 어둠 속에서 입을 다문 채 인상을 찌푸린 얼굴이 나타났다. 알지만 생각나지 않는 얼굴. 나는 증오심을 품고 그 얼굴에 다가갔다. 그것은 나의 적인 무스타파 사이드였다. 얼굴은 목이 되고, 목은 두 어깨가, 다시 가슴이, 그러다가 몸통과 두 다리가 되었고, 이윽고 나는 나 자신과 정면으로 마주하고 있음을 발견했다.(112면)

사이드라는 적이 어느 순간 '나 자신'의 모습으로 '내' 앞에 마주 서는 장면을 수단의 식민 역사와 나란히 놓으면 상징적 해석도 얼마든지 가능하다. 즉, 사이드와 '나'는 영국의 제국주의에 기생하며 매판(買辦)에 앞장선 쌍생적 지식인이다. 각기 서로의 내면을 비춰주는 거울상인 이들은 친구이자 적이다. 이렇듯 '내'가 '나'와 마주하면서 사이드를 불러내는 장면에 이어서 또 한 번의 진실의 순간이 드러난다. 성냥불로 어둠을 물리친 방에서 '나'는 오롯한 영국식 벽난로와 더불어 산더미처럼 쌓인 책들, 한마디로 지식의 보고(寶庫)를 목격하게 된다. 하지만 자기네 말로 된 서적은 전혀 찾아볼 수 없다! 마치 서양의 지식을 통째로 식민지에 이식해놓은 것처럼.

'나'는 사이드가 그렇게 남긴 책, 비망록, 일기, 시, 사진, 초상화 등을 하나씩 짚어본다. 그 과정에서 못다 들려준 사이드의 비극적 사연의 전말이 이번에는 사이드 자신의 내면 독백으로 변주된다. 일종의 자유간접화법인데, 살리흐의 탁월한 서사 운용이 여실한 대목이다. 호스나의 참극과 교묘하게 조응하는 사이드의 긴 혼잣말이 끊기고 어느덧 먼동이 터온다. 삶의 허무를 절감하면서도 '나'는 내실을 불지를 생각을 접는다.

> 나는 아무것도 하지 않은 채 촛불을 끄고 방문을 닫았다. 또다시 불지른다고 해서 나아질 게 없었다. 나는 그(사이드―인용자)가 계속 떠들도록 내버려두고 밖으로 나왔다. 나는 그가 말을 끝맺도록 하지 않았다. 호스나의 무덤에 가봐야겠다고 생각했다. 열쇠는 아무도 찾지 못하도록 던져버리리라. 그러나 곧 생각을 바꿨다. 그건 아무 의미가 없었다. 그렇지만 난 뭔가를 해야만 했다. 발걸음은 어느새 강가로 향했다. 먼동이 트고 있었다. 헤엄으로 이 터질 것 같은 분노를 삭여야만 했다.(137면)

작품은 그런 기분으로 강에 뛰어들었다가 "남쪽과 북쪽의 중간 지점에"서 힘이 빠져버린 화자의 심리를 간결하게 포착한다. '나'의 이야기가 끝나는 시점은 수단이 독립된 해인 1956년이다. '나'는 마지막에 이렇게 말한다.

이 순간 내가 만약 죽는다면 태어난 그대로 죽으리라 생각했다. 내 의지와 상관없이 말이다. 한평생 나는 선택한 적도, 결정을 내린 적도 없었다. 이제 나는 결단을 내리려 한다. 나는 삶을 선택한다. 나는 살아갈 것이다. 가능한 한 오래 함께하고픈 사람들이 내게 있고 완수해야 할 의무가 있기에. 삶에 의미가 있든 없든 그건 내 알 바 아니다. 용서할 수 없다면 잊기 위해 노력하겠다. 힘과 기지를 써서 살아가겠다. 나는 윗몸이 수면 위로 떠오를 때까지 팔과 다리를 힘겹게, 격렬하게 움직였다. 무대 위에서 고함치는 희극배우처럼 나는 안간힘을 다해 외쳤다. "사람 살려! 사람 살려!"(139면)

## 3. 식민지와 식민제국의 운명적 얽힘

일찍이 한 논자는 『계절』을 두고 "본질적으로 극시(劇詩)"라고 평했다.[8] 평문의 언어로 극시의 면면을 전달하는 데 역부족임을 절감하지만 '극시'로서의 『계절』에서 발휘되는 고도의 시적 효과는 영역본에서도 느껴진다. 여러모로 대조적이면서도 서로를 되비춰주는 두 화자의 1인칭 독백은 율동적으로 교직된다. 그 점도 극시적 효과를 고양시키는 데 일조하는 요인이다. 『계절』이 앞서 한 줄로 소개한 회귀서사들과 가장 눈에 띄는 형식상의 차이도 교직의 시적 양상에 있다. 자신의 비밀스런 과거를 들려주는 사이드의 목소리와 그런 과거를 자신의 현재 삶에 비추어 반추하는 '나'의 목소리가 갈라지고 겹치는 과정에서 제국과 식민지의 '그림' 전체가 짜맞춰지는 서사 구조인 것이다.[9]

---

[8] Ali Abdalla Abbas, "Notes on Tayeb Salih: *Season of Migration to the North* and *The Wedding of Zein*," *Sudan Notes and Records* 55(1974), 46면. 압바스는 리비스(F. R. Leavis)가 디킨스(Charles Dickens)의 『어려운 시절(*Hard Times*)』(1854)을 규정한 바로 그 표현들을 차용하면서 극시라고 평가했다.

[9] 『계절』의 서술자와 시점에 관해 좀 더 자상하게 분석한 논의로는 Nada Tomiche, "Narrateurs et Point de

화자인 '나'가 하르툼에서 사이드에 관한 소문을 듣는 사이사이에 사이드의 육성이 불쑥불쑥 끼어든다. 그로써 사이드의 영국 유학 시절이 화자의 의식을 관통하여 나온 것 같은 착각을 독자에게 불러일으킨다. 그런 착각도 '나'와 사이드의 이야기가 갈마듦으로써 발생하는 이야기의 시적 흐름에서 비롯되는 것 같다. 그렇게 갈마드는 와중에 마을의 풍속과 인물들의 다채로운 삶이 간결하게 배치됨으로써 서사의 극적 밀도도 높아진다. 그러니 줄거리를 정갈하게 정리한다고 해서 서사의 시적 양상이 제대로 전달되는 것은 아니다. 화자와 사이드 모두가 1인칭으로 진술하는 두 겹의 서사도 변주를 거듭하는 형국이며 그런 변주가 또 다른 변주음을 만들어내기 때문이다.

이처럼 이야기의 진행에 독특한 리듬을 부여하는 스토리텔링은 형식 차원으로 국한되지 않는다. 독자를 호명하는 1인칭 관조 시점의 '나'와 그런 나를 청자로 상정하는 사이드의 교차 서사는 식민지와 식민제국의 얽히고설킴을 임의적으로 분리하지 못하도록 강제하기 때문이다. 도식적으로 말하면 '나'는 식민지 수단 내부의 문제와 연관되는 한편, 사이드는 수단 외부 영국의 제국주의적 모순에 밀착된다. 즉, 유학을 마치고 귀환한 '나'는 주로 독립 이후 수단의 토속적 현실과 정치의 모순을 부각시키면서 모종의 대안을 모색하는 데 활용되는 화자다. 반면에 "예리한 칼"과 같은 두뇌의 소유자로 유학을 떠난 사이드는 식민제국의 심장부에서 창궐하는 아프리카에 대한 서구인들의 거대한 환상·허상의 실체를 해부하기 위해 창조된 인물이다.

정신분석학의 통찰을 철저하게 역사화하려는 비평가라면 '나와 사이드'를 식민지 기생권력과 제국 자본권력의 적대적 공생관계를 파헤치기 위한 짝패로 규정하지 않을까 싶다.[10] 그 같은 관계는 사안의 성격상 홑눈으로는 감

---

Vue dans Mawsim Al-Higraila-Shamal," *Tayeb Salih's Season of Migration to the North : A Casebook*(Beirut : American University of Beirut, 1985), 143~156면 참조.
10 『계절』에는 오리엔탈리즘의 성격을 두고 날카롭게 마주 보는 관점이 나와 사이드의 공생적 대립을 통해 극적으로 표출되기도 한다. 가령 아랍인인 만수르(Mansour)와 영국인인 리처드(Richard)의 (가상의)

당이 안 되는 것이다. 전혀 다른 운명의 '나'와 사이드가 서사의 이중적 율동 속에서 만나 남과 북의 식민지근대에서 공히 발현되는 식민성의 복잡미묘한 얽힘을 드러내는 형국이다. 표현을 약간 달리하면 『계절』의 '나'와 사이드는 남과 북의 되먹임 구조가 어떻게 파괴적으로 작동하는가를 분석적으로 해명하는 데 동원된 서사적 쌍둥이다. 그로써 독자도 식민지근대에 대한 대응을 대체 어찌해야 '탈근대'가 가능할 것인가 곰곰이 생각하게 된다. 남의 식민지근대에 반목과 분쟁의 씨앗을 퍼뜨린 것이 북의 근대가 아닌가. 또한 그런 씨앗이 북에 결국 업보로 되돌아오지 않았던가. 남과 북, 분명 전선(戰線)은 두 개지만 자본주의근대의 극복에는 하나의 싸움이 있을 뿐이기에 더 골똘해지기도 한다.

자, 이제부터는 '나'의 도플갱어 같은 존재, 무스타파 사이드의 시간이다. 수수께끼 같은 사이드의 정체와 그런 그에 대한 '나'의 집착을 좀 더 세밀하게 읽어보자. 사이드는 하르툼에서 유복자로 태어나(1898년) 3년간 학교를 다니다가 9세 때 카이로로 이주한다. 거기서 15세의 나이에 다시 영국 런던으로 유학을 떠난다. 그런 사이드가 대체 어떤 사연을 들려주었기에 '나'는 그토록 그에게 사로잡히는가. '나'의 뇌리를 떠나지 않는 사이드의 비밀스런 고백은 표면상으로 보면 다섯 개의 가명으로 영국의 백인 여성들을 차례로 성적으로 유린한 애정 행각에 관한 것이다. 비수에 비유된 그의 비상한 두뇌가 그런 행각의 연출자다. 하지만 사이드가 '나'에게 들려준 역사적 진실은 바람둥이의 추문 따위로는 해명할 수 없다.

그것은 식민제국의 심장부에 똬리를 튼 오리엔탈리즘(동양에 대한 서구인들의 인종주의적 편견과 환상)과 직결된다. 사이드는 아랍 세계에 대한 서구 여성들의 매혹을 '페니스'를 무기로 무자비하게·무차별하게 파괴한 엽기적

---

변증법적 갑론을박이(41~50면) 바로 그것인데, 이 같은 논쟁도 식민지근대에 대한 살리흐의 인식이 얼마나 심층적인가를 단적으로 예시한다.

인 이야기를 '나'에게 들려준 것이다. 그러니 그가 아프리카에 대한 통념적 이미지들에 그토록 쉽게 빠져드는 여자들을 농락한 사건도 단순하게 색마의 일탈로 규정할 수 없다. '아프리카적인 것'을 미끼로 활용한 그의 애정 편력은—남의 여성과 북의 남성 또는 남의 남성과 북의 여성 사이에 벌어지는— 성적 로맨스를 초월하는 역사적 울림을 퍼뜨리기 때문이다.

물론 이러한 사이드는 범죄소설에 딱 맞는 범죄자의 일탈로 읽을 수도 있다. 이 경우 그는 아프리카에 대한 식민주의 판타지를 내면화한 각계각층의 여자들을 욕보이고 자살에 이르게 하다가 끝내는 살인죄로 7년간 복역한 범죄자로 부각되기 십상이다. 하지만 그의 파렴치한 행각이 콘래드(Joseph Conrad, 1857~1924)의 『어둠의 속(*Heart of Darkness*)』(1899)에 등장하는 커츠(Kurtz)를 떠올리게 한다면 사이드를 범죄물의 수준에서 논하기도 힘들어진다. 실제로 두 작품의 조응 양상에 관해서는 이미 여러 학자들이 자세한 분석을 내놓은 바 있는데,[11] 콘래드의 그 문제작에 대한 살리흐의 '되받아쓰기'가 얼마나 교묘하고 섬세한가는 충분히 짚어지지는 않은 것 같다.

아프리카의 '식민주의적 이미지'에 탐닉한 여자들을 차례로 능욕한 사이드의 성적 모험이 『어둠의 속』에서 "모든 야만인들을 절멸시켜라!(Exterminate all the brutes!)"라고 외친 커츠의 인종주의적 야만과 어떤 연관성이 있는가는 좀 더 진중하게 생각해봄 직하다. 런던에서 백인 여성들을 유린하고 살인까지 저지른 사이드의 자기파괴적 충동은 콩고의 '야만인들'에게 신처럼 군림하다

---

[11] 사실 『계절』의 두 화자에서 『어둠의 속』의 말로와 커츠를 떠올리는 것은 그리 어렵지 않다. 하지만 영국에서 유학한 사이드는 콩고의 오지로 떠난 커츠와 정반대의 동선을 그린다는 점 외에도, 『계절』의 '나'와 『어둠의 속』의 화자 말로는 전혀 다른 역사적 현실에 존재하는 인물임은 좀 더 명확하게 인식할 필요는 있다. 『계절』과 콘래드의 『어둠의 속』을 비롯한 여타 장편과의 비교는 Byron Caminero-Santangelo, "Legacies of Darkness: Neocolonialism, Joseph Conrad, and Tayeb Salih's "Season of Migration to the North,"" *A Review of International English Literature* 30:4(1999), 7~33면; Ibrahim Ali El-Hussari, "*Season of Migration to the North* and *Heart of Darkness*: African Mimicry of European Stereotypes," *International Journal of Arts and Humanities* 38:38(2010), 3~27면 등 참조.

가 형언키 어려운 자기 어둠 속에서 파멸한 커츠의 자폐적 이상주의와 어딘가 닮아 있다. 사이드의 일탈과 살인은 남 내부의 폭력과 북 외부의 야만이 어떻게 조응하는지를 암시하는 것으로 읽을 수 있다는 말이다. 물론 더 까다로운 쟁점은 연결 지점이 분명한 사이드와 커츠의 상동성(相同性)이 아니다. 『계절』의 '나'와 『어둠의 속』의 화자가 극적으로 대조된다는 것이 더 중요한 문제다. 그런 대조의 양상도 연구자들의 주목을 충분히 받지 못했다고 판단된다. 살리흐의 화자인 '나'는 콘래드의 화자 말로(Marlowe)의 초월·해탈의 포즈에 대한 비판적 논평이라 할 수 있는데도 말이다.

알다시피 『어둠의 속』의 결말은 말로가 제국의 수도—허위와 위선의 상징인 "회칠한 무덤(whited sepulcher)"으로 묘사되는—브뤼셀에서 커츠의 약혼자를 만나 그의 최후를 전해주는 장면으로 마무리된다. 그는 커츠에 대한 거대한 낭만적 환상을 품고 있는 약혼자에게 끝내 진실을 말하지 못한다. 여생 동안 기대어 살아야 할 뭔가를 갈구하면서 커츠의 마지막 말이 무엇이었는가를 묻는 그녀 앞에서 그는 망설임 끝에 그것은 그녀의 이름이었다고 둘러댄다. 커츠가 최후로 내뱉은 말은 "The horror! The horror!"였다. 『어둠의 속』은 브뤼셀의 대다수 백인과 마찬가지로 자기기만의 세계에 안주하는 약혼녀를 담담하게 증언한다. 이 결말을 서사 전체의 맥락에 놓고 읽으면 거짓을 말할 수밖에 없는 말로의 곤경이 강렬하게 느껴진다. 스스로에게 거짓말을 하는 방식으로 진실을 전달하는 자에 대한 신랄한 아이러니가 결말에서 발동한다는 것이다.

문제는 독자의 뇌리에 가장 끈질기게 지속되는 거짓말의 잔상이다. 콩고에서 저질러진 식민주의자들의 가공할 야만의 진상을 가슴에 묻어둘 수밖에 없는 말로의 언표되지 않은 진실은 명상하는 부처의 가부좌로 포장된다.[12]

---

12 해당 대목을 원문으로 인용한다.
   "'The last word he pronounced was—your name.'"

서사의 최종 장면을 마무리하는 이는 말로의 '증언'을 듣는 또 하나의 1인칭 화자다. 이 화자가 말로의 증언을 뒤집는 어떤 반전을 꾀하고 있지 않다는 점을 고려한다면 『계절』의 사이드의 고백도 부처의 해탈을 연상케 하는 말로의 체념적·초월적 어조를 겨냥하는 것으로 읽힌다. 사이드가 이실직고한 범죄에도 불구하고 그의 충실한 후원자로 남는 로빈슨 부인은 커츠의 숭고한 이상을 믿는 '순진한' 약혼자와 정확하게 맞대응하지 않는가. 무지(Moozie: 사이드의 애칭)의 '위대한 순결'을 끝까지 옹호하는 로빈슨 부인의 변호는 사건 관련자들의 입을 통해 변주된다. 이렇게 읽으면 『어둠의 속』에서 결락된 것이 무엇인지도 좀 더 분명해진다. 그것은 로빈슨 부인의 확고한 환상에 가하는 사이드의 일격이다. "나는 거짓" 자체라면서 그런 거짓을 심판하라는 그의 '고해성사'는 『어둠의 속』의 대단원에서 한 걸음 더 나아가면서 독자로 하여금 탈식민주의의 정치적·도덕적 정당성에도 안주하지 못하게 하는 효과를 낳는다.

물론 이와 같은 대비 속에서도 『어둠의 속』의 대미에서 발휘되는 아이러니가 약해지는 것은 아니다. 알다시피 화자인 말로는 커츠의 약혼자가 간직해온 '숭고한 자기기만'을 깨뜨리지 않는다. 그가 그렇게 함으로써 식민주의적 허위의식에 독자가 오히려 비판적 거리를 두게 되는 서사적 효과가 발생한다. 적어도 그런 효과의 차원에서는 말로의 거짓말도 단순히 허위만은 아닌 셈이다. 그런데 그 점을 염두에 두고 『계절』에 초점을 맞춘다면 말로의 아이러니 자체를 해체하면서 (불확실한 가능성으로 남는) 반(反)사이드적 화자

"I heard a light sigh and then my heart stood still, stopped dead short by an exulting and terrible cry, by the cry of inconceivable triumph and of unspeakable pain. 'I knew it—I was sure!' (……) She knew. She was sure. I heard her weeping; she had hidden her face in her hands. It seemed to me that the house would collapse before I could escape, that the heavens would fall upon my head. But nothing happened. The heavens do not fall for such a trifle. Would they have fallen, I wonder, if I had rendered Kurtz that justice which was his due? Hadn't he said he wanted only justice? But I couldn't. I could not tell her. It would have been too dark—too dark altogether……"

의 생의 의지가 고양된다. 이러한 맥락에서 『계절』의 사이드가 스스로를 '거짓'으로 단죄한 자기 고백이 『어둠의 속』의 커츠가 최후로 뇌까린 단어 'The horror'에 진정으로 역사적 의미를 부여한 것으로 평가할 수도 있다. 비서구 작가들의 서구 정전 되받아쓰기가 무수하게 시도되었지만 그중 발군이 『계절』이라는 취지다.

표현을 달리한다면 살리흐가 콘래드의 텍스트에서 뭔가를 서사의 재료로 끊어왔다면 그건 바느질의 흔적을 전혀 남기지 않은 서사적 기예에 비견할 만하다. 하지만 기예는 창작상의 기교나 기술로 제한할 수 있는 성질이 아니다. 수단 역사상 전설적인 천재로 통하는 사이드의 가계와 행적에 20세기 수단 식민지 역사의 어둠을 겹쳐놓는 살리흐의 역사적 감각은 서사 형식의 분석만으로 해명할 수 있는 성질이 아니다. 사이드의 생애가 수단 식민지 역사와 어떻게 포개지는가를 기술한 비평가의 문장을 읽어보자.

의미심장하게도 사이드의 알려진 생애는 수단의 식민화 과정과 일치한다. 그가 태어난 1898년은 옴두르만의 마흐디 정권을 키치너(Herbert Kitchener: 제국주의 정복 전쟁에서 악명을 떨친 영국의 군인—인용자)가 유혈 진압한 이후 실질적으로 영국이 주도한 영국·이집트의 분할 통치가 수단에 시행된 때다. 사이드는 수단이 오랜 투쟁 끝에 불완전하고 불확실한 독립을 이룬 1956년에 (서사의 시공간에서—인용자) 사라진다.[13]

---

13 Sharae Deckard, *Combined and Uneven Development: Towards A New Theory of World-Literature* (Liverpool: Liverpool UP, 2015), 89면. 1885년에 발생한 마흐디 봉기(Mahdi uprising) 여파로 하르툼에서 영국군 출신으로 수단 총독에 오른 고든 장군이 효수된다. 살리흐 자신은 마흐디 봉기를 종교혁명이 아니라 민족주의적 혁명으로 규정한 바 있는데, 키치너가 대대적인 토벌 끝에 무너뜨린 것이 바로 마흐디 정권이다. "반제국주의적 민족주의 정권의 초기 형태"로 알려진 마흐디 정권의 붕괴를 계기로 수단의 식민화도 본격화된다.

사이드의 사라짐은 영국이 배후 조종하는 저강도 식민 통치의 음습한 시작과 일치한다. 작품에서 사이드의 가계(家系)도 그 점을 우회적으로 암시하는 바 있다. 그의 아버지는 영국군에 부역하면서 키치너 정복군의 안내인 역할을 했던 아밥다(Ababda) 부족의 일원이다. 어머니는 수단 남부 "잔디 또는 바리아 부족"의 노예 출신이다. 텍스트에서 추론할 수 있는 이 모든 암시적 정보는 사이드의 내면세계를 이해하는 데 중요한 단서가 된다. 즉, 모든 것에 완전히 무감각해져버린 사이드의 유년의 감수성은 식민지 피지배 계층의 피폐한 마음 상태와 정확히 조응한다.

그의 어린 시절은 불가해할 정도로 외부 세계에 반응과 흥미가 없는 것으로 그려진다. 앞서 언급했다시피 그의 그 같은 마음이 식민 폭력과 내전으로 황폐해진 수단인들의 내면 풍경을 집약하는 면이 있다. 그렇다면 제국의 후견으로 영국 유학길에 오른 그의 낮과 밤이 경제학자의 시간과 난봉꾼의 시간으로 분열되는 현상도 충분히 납득할 만하다. 그는 낮에는 『아프리카의 능욕(*The Rape of Africa*)』 등의 저서를 집필하면서 "아프리카 해방 투쟁 연맹의 의장"으로 활동하고, 밤에는 "'나는 내 페니스로 아프리카를 해방하겠다"(100면)는 선언을 엽기적으로 실천한다. '나'에게 들려준 그의 사연은 그러한 이중생활이었다. 그러나 그의 마음은 (커츠의 정신세계가 그러하듯이) 알 수 없는 '어둠'에 가려 있다. 중요한 것은 어둠이 (커츠의 최후가 그랬던 것과는 사뭇 다르게) 어떤 형이상학의 차원으로 비약하지 않는다는 사실이다. 그의 어둠은 어디에도 온전히 뿌리를 내릴 수 없기에 어떤 곳에서도 존재 이유를 찾지 못하는, "검은 백인"으로 떠받들어졌으나 영국에도, 수단에도 정주할 수 없는 식민지 지식인의 자기파괴적 열정이 만들어낸 것이다.

'뿌리 없음'에서 비롯된 사이드의 분열된 심리는 장소와 심성의 뒤바꿈을 통해 표출된다. 즉, 사이드는 런던에서는 거처의 모든 것을 아프리카풍으로 장식하는 반면, 수단 마을에서는 자기 내실을 빅토리아조 영국 지식인의 서

재처럼 꾸민다. 이는 사이드의 의식 세계가 어떻게 전도되어 있는가를 보여주는 단면에 불과하다. 북에서는 남을 꿈꾸고 남에서는 북을 꿈꾼 그의 방랑벽(wanderlust)은 식민지근대의 지식인들이 겪은 소외의 한 징후에 가깝다.[14] 살리흐는 그런 징후를 철저하게 역사적 현상으로 파악하면서 영국 법정에서 이뤄지는 진실의 심문이 어찌하여 또 다른 허위의 발화인가를 밝히는 데 주력한다. 법정 장면의 문맥을 헤아리는 독자라면 그의 성적 일탈이 살인으로 귀결되고 법정에서 그 죄를 다툴 때 그의 소외가 구체적으로 어디에서 기원한 것인지도 생각할 듯하다. 그리고 생각은 물음으로 이어진다. 법정의 변호나 심문은 왜 사이드의 진실을 대변할 수 없는가?

법정에서는 극단으로 갈라진 두 입장이 부각된다. 두 입장은 확고한 이분법에 근거한다. 사이드는 한편으로는 서구 문명이 구제할 수 없는 야만인으로 취급된다. 다른 한편으로는 폭력적인 서구 문명의 희생자로 해석된다. 법정에서의 다툼은 철저하게 야만인 대 희생자의 구도 속에서 벌어진다. 법정을 지배하는 이분법에 대한 사이드 자신의 반응은 이렇다.

배심원 여러분, 무스타파 사이드 씨는 고귀한 인물입니다. 그는 자신의 이성으로 서구 문명을 받아들였지만 그 문명이 그를 절망으로 몰아갔습니다. 이 여자들을 죽인 것은 사이드가 아니라 천 년 전에 그들을 공격한 치명적인 병균입니다!"(병균은 브리튼을 토벌한 로마군을 가리킴―인용자) 나는 자리에서 일어나 그들에게 이렇게 말해야겠다는 생각이 들었다. '그건 사실이 아닙니다. 조작된 이야기

---

14 물론 그런 징후를 일반화할 일은 아니다. 한국문학의 경우 이상(李箱, 본명 金海卿, 1910~1937)만 해도 근대의 첨단에 서 있었으면서도 서구주의에 경도되지 않았던 작가다. 그는 「오감도」에 대한 당시의 몰이해를 두고 "왜 미쳤다고들 그러는지 대체 우리는 남보다 수십 년씩 떨어져도 마음 놓고 지낼 작정이냐"라고 개탄했으면서도 정작 그렇게 앞서간 도쿄의 "표피적인 서구적 악취"를 혐오해 마지않은 "식민지 지식인의 선구적 자각"을 보여준 바 있다. 졸고, 「이상(李箱)과 식민지근대」, 『근대 극복의 이정표들』(창비, 2007), 16면.

입니다. 그들을 죽인 것은 나 사이드입니다. 나는 갈증에 시달린 사막입니다. 나는 오셀로가 아닙니다. 나는 거짓입니다. 나를 교수형에 처해서 그 허위를 끝장내야 하지 않겠습니까?' 하지만 포스터-킨 교수는 법정을 두 세계 사이의 싸움, 나 자신이 그 희생자들 중 하나인 싸움으로 만들어버렸다.(29면)

사이드는 서구의 문명 대 비서구의 야만이라는 틀 자체를 부정한다. 자기 자신을 하나의 허위로 규정하는 사이드와 대면하는 독자는 그가 저지른 사태의 원인을 식민제국과 식민지 어느 한쪽에서만 찾을 수 없게 된다. 그의 진실은 제국과 식민지가 폭력적으로 엇물리는 지점 어딘가에서 밝혀질 수 있겠지만 법정의 어느 누구도 "나는 오셀로가 아니"라는 사이드의 자각을 이해할 수 없다. 그런 자각을 주목할 때 법정 장면도 『어둠의 속』에 대한 날카로운 일침을 숨기고 있음이 드러난다. 그 허위는—적어도 『어둠의 속』을 의식하는 독자에게는—사이드를 변호하는 변호사와 그를 절대적으로 옹호하는 로빈슨 부인만이 아니라 커츠의 약혼녀와 화자 말로까지를 가리키는 것처럼 읽히기 때문이다.

독자가 그러한 일침을 생각할수록 『계절』에 대한 심문에 가까운 물음도 불가피해진다. "위대한 순결"이라는 칭송에 맞서 "나는 거짓"이라고 고백한 사이드의 진실이 자기 내면의 어둠을 직시하는 데서 나온다면 그 거짓의 구체적인 내용은 무엇인가? 밤의 그 음탕한 사이드도, 낮의 아프리카 해방 전사 사이드도 모두 거짓인가? 정체를 숨기고 나일 강변의 마을에 조용히 스며들었다가 사라진 그 사이드 역시 거짓일까? 『계절』이 증언하는 사이드의 진실은 베일에 가려진 듯하다. 하지만 한 가지는 분명하다. 즉, 사이드의 성애극은—살리흐의 발언을 들어 여러 학자들이 당연시한 것처럼[15]—'죽음의 충동

---

15 가령 Yosif Tarawneh and John Joseph, "Tayeb Salih and Freud: The Impact of Freudian Ideas on *Season of Migration to the North*," *Arabica* 35:3(1988), 328~349면 참조.

과 에로스'라는 프로이트적 발상으로는 온전히 해소할 수 없다는 것이다.

요컨대 사이드의 살인적 성애는 제국의 수도에서 스스로를 거짓으로 의식하는 식민지 유학생의 일탈이다. 밤과 낮의 얼굴이 그토록 다른 그 유학생의 호색은 아프리카에 대한 영국 백인 여성들의 식민주의적 환상을 통해 증폭되어 그들에 대한 정복 의지로 비화한 것이다. 그렇다면 그의 성애극을 제국과 식민지의 얽힘이라는 역사적 차원에서 읽어낼 때에야 비로소 서구 정전에 대한 정치적 반발로서의 되받아쓰기를 넘어선 차원에 도달한 『계절』의 전모가 드러나리라 본다.

## 4. 식민지 내부의 모순과 결말

사이드가 저지른 카사노바적 일탈의 종결자는 진 모리스(Jean Morris)라는 여성이다. 그녀가 치명적인 요부로 설정된 점은 여러 가지로 흥미롭다. 무엇보다 사이드가 연출한 일체의 아프리카풍 허세뿐만 아니라 그의 '존재'까지 뒤흔드는 여성의 등장으로 반(反)오리엔탈리즘으로서의 유혹 서사도 뜻밖의 반전을 맞는다. 하지만 더 의미심장한 것은 아프리카를 페니스로 해방하겠노라고 호언한 사이드가 제대로 '임자'를 만났다는 사실 자체다. 사이드와는 또 다른 차원에서 모든 것이 베일에 가린 그녀는, 되받아쓰기의 차원에서 본다면, 『오셀로』의 정숙한 데스데모나가 악귀와도 같은 존재로 변신한 형상이다.[16] 사이드가 회상하는 진 모리스와의 대화 중 한 자락은 이렇다.

---

[16] 진 모리스가 사실적 인물이기는 하지만 행위의 동기나 과정, 목적 등을 완전히 사실주의적 자장에서만 해명하기는 어렵다. 그녀가 사이드의 일탈에 응징을 가하는 복수의 화신 역할을 동시에 수행하기 때문인데, "죽음의 여신"으로서의 진 모리스의 환영에서 사이드가 끝내 벗어나지 못하는 상황도 그 점을 반증하는 셈이다.

나는 왜 그녀에게서 벗어나지 못했나? 하지만 내가 할 수 있는 것이 없었고, 비극이 일어날 수밖에 없다는 사실도 나는 잘 알고 있었다. 나는 그녀의 바람기를 알고 있었다. 집구석에 온통 부정(不貞)의 냄새가 스멀거렸다. 한번은 남자의 손수건을 발견한 적도 있었다. 내가 다그치자, 그녀는 '당신 거잖아'라고 대꾸했다. '그건 내 게 아냐.' 그러자 그녀가 되받았다. '당신 게 아니라면 어쩔 건데?' 어떤 때는 담배 케이스, 만년필도 발견했다. '딴 놈을 만나는 거지!' '만나면 어쩔 건데?' 그녀가 되받아쳤다. 나는 소리쳤다. '널 반드시 죽여버리겠어.' '흥, 또 시작이군.' 코웃음을 치며 그녀가 맞받았다. '왜 못 죽여? 뭘 기다리는 건데? 딴 놈이 날 올라탈 때까지 기다리나 보네. 그래봤자 별수 있나. 침대 귀퉁이에 주저앉아서 눈물바람이나 하겠지.'(134면)

사이드가 언급한 "남자의 손수건"은 오셀로를 질투에 눈멀게 한 이아고(Iago)의 바로 그 손수건을 떠올리게 한다. 그 점에 착안하여 평자들은 위의 인용문을 살리흐가 오셀로와 데스데모나의 역할을 전혀 다른 맥락에서 연출하는 장면으로 해석한다.[17] 하지만 셰익스피어의 이러한 '도용'에서 더 생각해볼 것은, 모리스라는 요부도 사이드의 카사노바적 행각을 식민지와 제국의 역학 구도에 자리 매기려는 작가의 비판적 역사 인식이 아니고서는 구체화되기 어려웠으리라는 점이다. 앞서 언급했다시피 사이드의 먹잇감은 주로 식민지에 대한 왜곡된 판타지에 탐닉하는—성적 생명력이 넘치는 '야만성'을 동경하는—여성들이다. 그렇다면 진 모리스는 그런 여성들을 무참하게 욕보인 사이드에 대한 어떤 징벌의 사신(邪神)이라는 논리도 가능하다. 아무런 이유나 동기가 주어지지 않았음에도 악다구니같이 구는 그녀는 반식민

---

[17] 이에 대한 좀 더 상세한 논의는 Barbara Harlow, "Othello's Season of Migration," *Edebiyt* 4:2(1979), 157~175면; Ferial J. Ghazoul, "The Arabization of 'Othello,'" *Comparative Literature* 50:1(1998), 1~31면 참조.

투쟁을 빙자해 '순진한 여성들'을 유혹하고 짓밟은 사이드에 대한 응징과 복수의 여신처럼 읽히기 때문이다.

하지만 여기서도 더 곱씹어야 할 논점은 따로 있다. 즉, 진 모리스가 사이드의 역정에 단순히 들러리 서는 여성이 아니듯이 사이드의 서사도 남성 자아의 흔한—「움 하쉼의 램프」처럼 종교적 교훈주의에 빠지는 것과 같은—성장담 내지는 후일담의 범주에 들지 않는다는 것이다. 진 모리스의 행태는 사이드로 하여금 자신을 죽이도록 유도하는 면마저 있다. 그런 가학적·피학적 행동은 식민주의 판타지를 이용해—그 과정에서 스스로 '거짓'이 되는—자멸의 성애극을 벌인 식민지 유학생에게 내려진 징벌의 성격을 한층 강화한다. 한마디로 그 같은 성애극에는 낭만적 식민 서사에서 흔히 변주되는 주인(서구 백인 남성)과 노예(비서구 여성)의 사랑이 들어설 여지가 없다. 성적 가학과 피학으로 얼룩진 사이드와 진 모리스의 쟁투는 살인으로써 막을 내린다. 결국 제국에서 벌인 사이드의 성적 모험을 통해 아프리카에 대한 서구인의 편견뿐만 아니라 그 자신의 허위의식까지가 드러나는 것이다. 그렇다면 제국이 아닌 식민지 내부에서는 어떤 일이 벌어지는가?

런던에서 감행된 사이드의 파괴적인 성애극은 화자인 '나'의 고향에서 벌어진 또 다른 욕망의 참극과 정확히 대응한다. 유령 같은 사이드의 존재가 '나'에게 일종의 강박과 집착이 되어버린 상황은 앞서 소개했다. 민중의 계몽에 나선 '나'가 호스나의 비극에 절망하는 심리는 스스로 '거짓'임을 자인하는 사이드의 그것과는 다르다. 애초에 호스나를 노리는 웃드 라이스의 구혼에 '나'의 심사는 뒤틀릴 수밖에 없다. 그것이 단순히 호스나에 대한 '나'의 연심 때문만은 아니다. 참극의 배후에 강고한 가부장제가 존재하고, '나'는 그런 가족제도의 수혜자이기도 하다. 하지만 개명한 지식인답게 '나'는 가부장제를 맞지 않는 옷과 같이 생각한다. 가부장제는 철갑을 두른 듯 보이지만 곳곳에 틈새가 벌어져 있고 가모장의 위세를 부리는 여성이 마을 공동체에 군림하고 있다. 작가가 포착하는 수단 북부 아랍계 사회 특유의 성적 모순도 그중 하나다. 할례받은 여자를 여왕처럼 대우하면서도 축첩(蓄妾)은 문제 삼지 않는 사회에서 치정살인 같은 비극은 언젠가는 벌어지고야 말 일이다.[18]

물론 호스나·웃드 라이스의 참살극도 따지고 들면 가정이 있는 '나'의 지식인으로서의 (의도치 않은) 역할이 작용한다. 독자도 '차라리 (내가) 그녀와 결혼했더라면 그런 비극은 없었을 텐데……'라고 뇌까린 '나'의 회한에 혀를 차기 십상이다. 그러나 사안이 이 정도의 연민으로 끝날 성질이 아니다. '나'에게 살인극의 전말을 들려주는 이는 가모장 빈트 마주두브이다. 마초들의 허세를 비웃고 조롱하는 그녀는 독자의 시선을 끌기에 족하다. 마주두브나 호스나 같은 인물이야말로 진 모리스와는 전혀 다른 맥락에서 자기 결단을 실행한 여성이라는 해석도 가능하기 때문이다. 아무튼 '나'는 사태의 전말을 듣고 "사랑은 이런 짓을 하지 않는다. 이건 증오"라고 되뇌며 마치 이해 불가의 비극이 벌어진 것처럼 흥분했지만 독자는 그런 흥분과도 거리를 두게 된다. 여성주의의 문제의식을 들먹이지 않아도 이해 불가는커녕 한 여성이 자신의 자결권(自決權)을 죽음으로 증명함으로써 마을의 고루한 가부장주의에 일대 타격을 가한 사건이 바로 그 참극의 실체이기 때문이다.[19]

그렇다고 페미니즘 학자들이 그러하듯 가부장제를 타도하는 '주체적 여성상'을 곧바로 호스나에 대입해서는 곤란하다. 치정극의 내막은 미묘하고도 착잡하다. 호스나의 결사적인 '항전'은 마을에서 철저하게 해괴망측한 일

---

18 수단 사회, 특히 나일강 하류 지역에서 할례가 여성에게 부여하는 특권도 그런 틈새 가운데 하나이다. 『계절』에서 빈트 마주두브 같은 여성의 존재가 예외적이지 않다는 점은 호스나의 '반란'을 '서구적 페미니즘' 시각으로 보기 어렵게 만들기도 한다. 이에 관한 논의는 Oladosu Afis Ayinde, "The female, the feminist and the feminine: re-reading Tayeb Salih's *Season of Migration to the North*," *Studies in the Humanities* 35:1(2008) 참조.
19 하지만 이 사건의 의미가 분노에 찬 '나'에게도 그렇게 명징한 정치색을 띠는 것은 아니다. 독자의 입장에서 가부장제에 가해진 충격을 충분히 끌어낼 수 있다는 것인데, 그렇기 때문에 결말에서 드러나는 '나의 결단'에 대해서도 좀 더 섬세한 접근이 필요하다.

로 치부된다. 호스나가 죽음으로써 자결권을 발동하는 것은 두 어린 자식을 지키려는 모성 이외에 다른 결정적 요인이 있다. 그것은 '나'에 대한 그녀의 억눌린 연심이다. (남자) 친족들에 의해 궁지에 몰린 호스나는 웃드 라이스의 구혼을 피하는 방편으로 화자인 '나'에게 대담하게도 결혼 제안을 한 것이다. 제안이 좌절당하자 그녀는 사생결단을 내린바, 그로써 (뜻하지 않게) 마을의 가부장 질서도 돌이키기 어려운 '부수적 피해'를 입는다. '사랑'을 선택했지만 좌절한 호스나의 진실은 페미니즘의 선명성으로는 충분히 설명되지 않는다. 호스나에 관한 한 '나'의 복수와 죽음의 여신이라 할 만한 진 모리스의 파괴적 사랑을 일대일로 대응시키기 어렵다는 뜻이다. 이는 탕아로서의 사이드와 난봉꾼 웃드 라이스를 나란히 세워 비교할 수 없는 것과 마찬가지다.

그런데 화자인 '나'가 절망에 이른 데는 참극을 수수방관했다는 자책도 한몫하지만 그가 처한 상황은 더 복잡하다. '나'의 환멸이 극에 달한 것은 웃드 라이스의 거세의 '의미'를 정리해줄 인물이 마을에 전혀 존재하지 않기 때문이다. 마을에서 전통적 가치를 대표하는, "포옹할 때 나 자신이 바로 그 우주 심장박동의 한 음(音)인 듯 풍요로움을 느끼"게 해주는 '나'의 할아버지(1865년생)마저 사태를 인습적으로밖에 해석할 수 없다는 사실이 '나'를 절망으로 몰고 간다. 호스나의 저항에 공감하는 한편, 마을 사람들의 몰지각에 분노하고 좌절하는 '나'는 역시 커츠의 '문명적 야만'과 끝까지 모호한 거리를 유지하는 화자 말로와 차원을 달리해서 생각해야 할 인물이다.

하기는 식민제국의 내부 실상과 독립한 조국의 정치적 부패, 타락상을 알 만큼은 아는 화자가 호스나의 비극으로 어떤 정치적 각성에 도달한다면 그것 자체가 사실주의에 반하는 처리일 테다. 바로 그렇기 때문에 『계절』의 결말은 독자에게 막막한 느낌을 안겨준다. 물론 호스나의 참극을 비통해하는 '나'는 "내 적은 내 안에 있고, 나는 그에 맞서야만 한다"는 언명으로 대결의 자세를 취한다. 하지만 사이드에게 그러했듯이 '나'에게도 식민제국과 조국 어느 쪽에서도 온전한 귀속감을 느낄 수 없는 운명적 소외의 그림자가 짙게 드리워진다. 호스나의 비극을 지켜보면서 사이드의 진실을 깨닫는 화자지만 그가 내린 결단도 어떤 면에서는 잿빛에 가깝다.

그러니 "무스타파 사이드가 떠나버린 지점에서" 삶의 결의를 다짐하는 화자에게 콕 집어 말할 수 있는 전망이나 대안이 존재한다고 보기는 어렵다. "가능한 한 오래 함께하고픈 사람들"은 고루하고 "완수해야 할 의무"가 뭔지 뚜렷하지 않은 상황이라면 거기서 대안을 도출하는 것도 해석자의 의도가 투사된 읽기에 가까울 것이다. 독자에게는 전망의 유무에 얽매이지 않으면서 결말의 의미를 읽어내야 하는 과제가 주어지는 셈이다. 이 골치 아픈 과제를 감당하는 데는 일종의 원근법이 필요할지도 모르겠다. 한발 물러나 작가가 마주한 시대적 질곡부터 헤아려가면서 결말을 읽어볼 만하다는 것이다. 이는 회귀서사가 공통적으로 맞닥뜨린 벽을 배경에 놓고 그런 벽과 마주한 작가들의 고뇌를 역사적 현실로 되돌려보는 작업이다.

회귀서사의 주인공은 거의 예외 없이 식민지의 엘리트 지식인들이다. 한결같이 서구의 눈부신 자유 사상을 직접 접했고 물질적 풍요를 맛보면서 견문을 넓힌 사람들이다. 그러나 독립에도 불구하고 정신적 노예 상태를 벗어나지 못한 고국으로 돌아왔을 때 이들은 거의 예외 없이 이중의 소외를 겪는다. 그런 소외의 가장 폭력적인 양상은 아마도 『모호한 모험』의 삼바 디알로 (Samba Diallo)가 맞는 운명일 듯하다. 그는 서구 백인들이 "정의롭지도 않으면서 어떻게 우리를 정복할 수 있었는지" 알아보라는 '특명'을 받아[20] 파리로 유학을 떠난 지식인이다. 그는 '서구적 가치'에 물든 채 귀국하여 일련의 종교적 갈등 끝에 무참하게 죽임을 당한다. 이 살인은 서구 계몽주의(합

---

20 Cheikh Hamidou Kane, *Ambiguous Adventure* (London: Heinemann, 1985), 152면.

리주의)와 신앙(무슬림)의 모순이 폭발한 것으로 읽힌다. 계몽의 빛이 오히려 식민지 내부에 어둠을 만드는 통렬한 아이러니가 발산되는 디알로의 최후지만 이는 사이드의 일탈이 갖는 함의보다 제한적으로 느껴진다. 그의 죽음은 자국의 전통과 문화로부터의 소외가 어떤 면에서는 식민제국에서의 소외보다 더 비극적일 수 있음을 강력하게 암시한다.『모호한 모험』의 파국은 식민성 극복의 상(像) 자체를 선취하려는 데서 나온 불가피한 결말로 이해된다. 이와 비교하면『계절』은 그런 극복 자체보다는 이중의 소외와 구속이 정확히 어디서 연유하는가에 초점을 맞춘 셈이다.

그렇다면 작품의 마지막 대목에서 터져 나오는 살려달라는 '나'의 외침, 좀 더 정확히 말하면 식민제국과 식민 국가가 합작한 맷돌의 운동 속에서 가루가 되어버린 한 인간의 호소가 퍼뜨리는 울림에 좀 더 귀 기울일 필요가 있다. 화자는 스스로를 외마디 고함치는 희극배우에 빗댄다. 그런 '나'의 의식에서 어떤 통합된 주체를 끌어낼 수 없기에 독자의 귀 기울임은 중요할 수밖에 없다. 실제로 '나'의 단말마 같은 외침에 대한 학자들의 견해는 분분하다.『계절』에 대한 장문의 분석 끝에 그 외침을 "아랍 근대의 사상들이 현재를 새롭게 발명하는 데 실패한 것"으로 단정하는 하산 교수의 해석도 그중 하나다.[21] 살려달라는 '나'의 외침이 아랍 근대 사상들의 승리를 증언한다고 말할 수는 없을 듯하다. 문제는 그것을 실패나 패배로 못 박고 끝낼 수는 없다는 데 있다.

살리흐가 화자인 '나'의 입을 빌려 발화한 살려달라는 외침은 1960년대 이슬람 세계를 넘어 21세기의 한반도에도 사뭇 의미심장한 반향을 불러일으킨다. 식민주의 시대가 분명히 종식되었음에도 불구하고 우리가 열강들의 패

---

[21] Waïl S. Hassan, *Tayeb Salih : Ideology & the Craft of Fiction*, 128면. 하산 교수는 작가·화자의 좌절을 1967년 6월의 이른바 낙사(Naksa day)로 표상되는 아랍 세계의 패배(제3차 중동전쟁)를 예언하는 상징적 사건으로 읽는 입장이다. 반면에 칸바르는 화자의 외침을 "정화와 해방의 행위"로 평가하는데, 그것은 "화자가 모든 책임을 떠맡는 최초이면서 유일한 사건"이라는 취지이다. Nabih Kanbar, 앞의 글, 84면.

권 다툼 속에 있었던 19세기 말엽을 다시 살고 있는 듯한 착각이 일어나는 때가 적지 않기 때문이다. 이중의 구속에 묶인 처지에서 '나'가 감행하는 삶의 결단을 적극적으로 읽게 되는 것도 그 때문이다. '나'의 결단은 세계체제에서 발현되는 남과 북이 서로 엇물린 채 돌아가는 식민성의 실체를 묻는다. 그렇다면 그 외침도 서로의 내면을 되비춰주는 듯한 식민지 지식인 사이드와 식민지 여성 호스나의 비극적 삶을 끝까지 직시한 데서 나온 것으로 해석할 수 있을까? '나'의 결단은 독자로 하여금 식민지근대에 대한 대응이 어떠해야 하는가를 재차 묻게 한다.

## 5. '연기적 체제'로서의 식민지근대와 세계문학

'모든 근대는 식민지근대'라는 것은 안팎의 학계에서 널리 통용되는 일종의 명제이고 지구의 지도를 잘 들여다보면 수긍하지 않을 도리가 없는 주장이기도 하다. 근대라는 역사적 시대는 제국과 식민지의 정치경제적 역학으로 굴러갔다고 해도 지나친 말이 아니다. 하지만 삶에서는 명제가 자명할수록 어둠에 휩싸여 있는 경우도 전혀 드물지 않다. 근대=식민지근대 등식에서도 정작 중요한 점은 식민지(역사)만을 중심으로 식민주의를 파악하는 민족주의 · 일국주의의 관성을 깨는 동시에 근대가 통째로 식민지근대로 정의될 때 은폐되는 문제들을 탐구하는 자세일 것이다. 그런 자세에 관한 한 누구보다 살리흐 자신의 발언을 들어볼 만하다.

그는 한 강연(1980년 5월 9일)에서 『계절』의 핵심 주제를 "아랍 무슬림 세계 대 서구 유럽 세계의 대결"로 규정하면서도 두 세계의 관계를 낭만적인 것으로 해석하는 환상 또는 착각을 깨야 한다고 역설한 바 있다. 그는 이분법적 논리가 자명하게 받아들여진 동서 냉전의 시대에서 정치사상의 모든 통념과 관성적 사고에 비판적이었다.[22] 물론 당연하게 전제되는 세상의 모든 가정이나 사상을 깨야 한다는 작가의 비판적 신념이 작품으로 나타나는 방식은 다양할 것이다. 『계절』이 그와 같은 신념의 창조적 구현이라는 데 주저 없이 동의할 수 있다. 식민성의 극도로 복합적인 발현 양상에 대해서 『계절』은 두고두고 생각거리를 남긴 것이다. 『계절』은 식민지만이 아니라 식민 지배 국가들에서 더욱 고질적으로 드러나는 허위의식을 제대로 파악하지 못하고서는 '탈식민'의 참뜻을 구하기 어렵다는 점을 실감케 한다.

따지고 보면 식민주의가 전지구적 현상이라는 말은 다른 뜻이 아니다. 식민주의와 직결되는 모든 노예적 근성들, 즉 식민성 자체도 인종은 물론이고 성과 계급의 모순과 분리되지 않는다는 것이고, 바로 그런 의미에서 오늘날에도 보편적 현실로 존재한다는 것이다. 넓은 맥락에서 보면 『계절』은 정전(canon) 다시쓰기—이른바 되받아쓰기—에 속한다.[23] 되받아쓰기는 서양 고전과의 대결 의식이 낳은 일종의 장르적 기획이다. 이 기획은 인간의 역사적 투쟁에 따른 인식의 지평이 넓고 깊어짐에 따라 제3세계의 지식인들이 서양 문명을 비판적으로 재인식하는 과정에서 제출되었다. 제아무리 위대한 고전이라 해도 그것이 비서구 작가들의 목소리를 대변할 수 없다는 진실, 어

---

22 그는 그런 비판적 인식을 이렇게 표현했다. "따라서 나는 소설로 이런 환상들에 도전해야 한다고 생각합니다. 자, 그런 환상은 양쪽 모두에 존재하고, 아랍인들도 그 같은 환상의 희생자임을 기억합시다. (이 작품이 최소한 영어로는 읽힐 것이기 때문에) 독자들은, 아랍인이든 비아랍인이든, 이 소설을 읽으면서 다양한 사상들 사이에서 불편하기를 바랍니다. 너무도 불편해서 마지막 순간에는 마음을 결정해야만 하면 좋겠습니다. (소설에서는—인용자) 모든 가정(假定)이 문제시되는 것입니다." Mona Takieddine Amyuni, "Introduction," *Tayeb Salih's Season of Migration to the North: A Casebook*, 16면.
23 비서구 작가들이 실천한 되받아쓰기의 예는 사실 너무 많다. 널리 알려진 사례만 몇 가지 든다면 셰익스피어의 『태풍(*The Tempest*)』(1611)을 되받아쓴 세제르의 『어떤 태풍(*Une tempête*)』(1969)을 비롯해 『로빈슨 크루소(*Robinson Crusoe*)』(1719)와 『제인 에어(*Jane Eyre*)』(1846)에 대응하는 『포(*Foe*)』(1986)나 『드넓은 사가소 바다(*Wide Sargasso Sea*)』(1966) 등이 있다. 보편성의 대명사로 제시되는 '세계문학'을 모든 소수자의 시선으로 재해석하려는 되받아쓰기의 실제 성취도 냉정하게 평가해볼 필요가 있다. 실제로 작품들을 비교하고 그 문학적 성취의 성격을 엄밀하게 따지는 연구는 의외로 드물기 때문이다.

떤 고전도 성차별주의·인종주의·계급주의에서 완전히 자유로울 수 없다는 깨달음이 되받아쓰기라는 기획을 추동했다는 것이다. 서양 문명의 재인식과 재해석을 동반한 되받아쓰기 기획이 탈식민 운동의 자기성찰과 맞닿아 있음도 깊이 성찰해볼 일이다. 그렇다면 보편성의 대명사로 선전되는 서양의 고전을 모든 소수자 시선으로 재해석하려는 되받아쓰기의 실제 성취도 우리는 냉정하게 되물어봐야 한다.

"식민화와 문명화 사이는 무한한 거리가 있"고 식민화에서는 "단 하나의 인간적 가치도 나올 수 없다"는 단언에 동의할수록[24] 그 같은 되물음은 생략해서는 안 된다고 본다. 자본주의근대라는 역사적 시대가 그러하듯이 식민주의도 선악이 혼재된 과보(果報)를 낳았다면 자기비판의 성찰은 더 절실해진다. 물론 서양의 앞서간 문물과 사상을 전파하는 데 기여한 식민주의가 '세계문학'의 산실로 기능했다고 주장한다면 그건 서구중심주의자의 망발일 것이다. 그렇다고 식민주의로 인해 인간 해방이 무엇인지를 더 근원적으로 사유하는 탈식민 문학이 탄생했다는 사실 자체를 부정할 이유는 없다. 은혜가 해(害)에서 나올 수 있는 것이 삶이고, 문학의 운명은 그보다 얄궂은 면조차 있다. 어쨌든 식민주의의 과보는 역지사지의 정신으로 더 따져봐야 하는 역설이다. '나'의 마음에 뿌리내린 허위의식에 가닿지 못하는 비판의 칼날만큼 자기기만을 조장하기 쉬운 것도 없지 않은가.

창작자에 주목한다면 살리흐처럼 셰익스피어와 콘래드의 언어들을 되받아 무수한 시적 울림으로 변용시킨 것 자체가 서양 문학의 철저한 학습 없이는 가능하지 않았을 일이다. 서양 문학의 탁월한 성취를 20세기 식민지 수단의 정치적 맥락으로 '번역'한 『계절』을 아랍 세계 특유의 동도서기에 해당하는 19세기 나흐다(Nahda) 운동과 연관짓는 논의도 그런 맥락에서 나온 것으

---

24 Aimé Césaire, *Discourse on Colonialism*, trans. Joan Pinkham (New York: Monthly Review Press, 2000), 34면.

로 보인다. 그렇다면 그런 운동이 실패로 돌아갔다는 사실이 중요한 논점은 아니다. 핵심은 이집트와는 또 다른 변방 식민지 출신 작가인 살리흐가 전통주의(=아랍 무슬림의 세계관)로의 회귀와 근대주의(서양의 생활·사고방식)로의 투항 모두에 비판적인 자세를 견지하면서 대안의 협로를 뚫기 위해 분투한 결과가 『계절』임을 숙고하는 읽기이다.

이처럼 『계절』은 세계체제의 남과 북을 마치 연기(緣起)의 굴레에 묶인 현실로 파악함으로써 식민지근대에 대한 일체의 일면적 인식과 대응이 어떤 비극으로 이어질 수 있는가를 극화했다. 그렇다면 『계절』을 출간한 당시의 출판사인 하이와(Hiwār)가 미국 중앙정보부(CIA)의 지원을 받은, 미국 냉전의 문화적 교두보였다는 (최근에 발굴된) 문헌상의 사실도[25] 그 같은 굴레에 대한 하나의 역사적 증언인지 모른다. 그런 문헌도 식민주의 문제가 흑과 백으로 나눠지지 않는다는 점을 다시금 확인해주지만 여기서도 새겨두어야 할 문제는 근대의 극복이라는 과제도 일체의 이분법을 넘어서는 창의적인 대응을 요구한다는 사실이다. 탈식민 담론도 대안의 세계에 대한 총체적인 상상력을 발동시키지 않는 한 근대 극복 프로젝트도 구두선으로 남을 수밖에 없다.

서양의 열강과 피지배 식민지들이 모두 연루된 식민지근대의 허위의식을 발본적으로 파고든 『계절』을 세계문학으로 자리매긴다면 그 의의는 셰익스피

---

[25] 냉전기의 미국이 아시아·아프리카 작가들의 반식민 투쟁을 결의한 반둥회의(Bandung Conference, 1955)에 대항하기 위해 다각도로 비서구 세계에 문화적 거점들을 확보했다는 사실은 공공연한 비밀인 것으로 안다. 미국이 제3세계의 작가들을 암암리에 지원했다는 사실이 최근에 비밀문서의 해제로 드러난 바도 있다. 그중 살리흐의 작품 출판 및 평가와 연관된 자세한 분석은 Elizabeth M. Holt, "Al-Tayyib Şāliḥ's *Season of Migration to the North*, the CIA, and the Cultural Cold War after Bandung," *Research in African Literatures* 50.3(2019), 70~90면 참조. 홀트 교수의 분석은 미국이 주도한 당대의 냉전이 어떻게 제3세계의 문학 생산에 영향을 끼쳤는가에 시사하는 바가 많다. 문학의 완전한 자율성이라는 것도 결국 정치적 허구임을 당대 제3세계 작가들이 직면한 냉전의 엄혹한 현실에 비춰 폭로한 점에서도 그렇다. 다만, 작가 개인의 (제각각 다를 수밖에 없던) 처신을 떠나 『계절』 자체를 미국 제국주의의 문화적 산물이라고 규정하는 홀트 교수의 논지에는 동의하기는 어렵다. 그 이유는 이 글의 분석에서 어느 정도 해명되었으리라 믿는다.

어나 콘래드 같은 작가들의 텍스트를 작가가 발 디딘 땅의 현실 맥락으로 전혀 새롭게 변개했다는 데 있다. 이는 살리흐가 독립한 수단의 신식민지 상황에 확고하게 뿌리박으면서도 일국의 경계를 넘어선 영역으로 식민성에 대한 비판적 성찰의 지평을 넓혔다는 말이나 다름없다. 국경을 넘는 문학 '들'의—'괴테·맑스적 기획으로서의 세계문학'으로 지칭할 만한—연대도 그렇게 넓혀진 성찰의 지평에서나 가능해질 것이다. 현대 아랍문학에서 중요한 자리를 차지한『계절』의 보편성은 식민주의의 옛 제국들뿐만 아니라 한반도의 분단 현실에서도 확인된다. 식민성의 극복은 우리 자신에게도 여전히 난제로 남아 있다. 서양 학계의 전유물이나 다름없는 '세계문학'을 비판적으로 돌아보게 하는『계절』이 한국문학에 더없이 좋은 자극인 것도 그 때문이다.

## 덧글:「만세전」단상과 최인훈의 '불귀 서사'(2023, 2024)

『계절』론을 집필하면서 다시 읽은「만세전」은 말 그대로 감회가 새로웠다. 회귀서사와 대동소이한 여로(旅路)형 서사인「만세전」에 대해 계륵일지언정 한두 마디 덧붙이고 싶은 의욕이 일었다.[26] 연구한 것에 비해 이미 너무 많은 말을 했지만, 한반도 식민지근대에서 나온 의미심장한 회귀서사인 만큼 기

---

[26] 창비교양문고 제6권으로 출간된『만세전』(창작과비평사, 1987)의 해설에서 최원식 교수가 밝히고 있듯이「만세전」은 신생활본, 시대일보본, 고려공사본, 수선사본 4종이 있다. 이 중『신생활』에 연재된 신생활본은 1922년 7월호에서 9월호까지 3회 연재되었지만 그중 3회본은 총독부의 검열로 완전히 삭제되었다고 한다. 최원식 교수가 선택한 수선사본은 해방 후 염상섭이 대폭 개작한 것이다. 식민치하와 해방된 조국에서 구상하고 쓴 작품이 같을 수는 없을 것이다. 더욱이 이 경우 연구자는 총독부에 의해 삭제된 (결국 사라진) 3회 연재분까지를 '작품'으로 간주하고픈 충동마저 일어날지 모른다. 아무튼 식민치하 창작과 출판의 질곡이「만세전」에만 해당되는 것은 아니겠다. 최원식 교수가 선택하고 해설을 붙인 수선사본과 김경수 교수가 책임 편집한 1924년 고려공사본『만세전』(문학과지성사, 2005)을 참조했지만 인용은 최원식 편집의 수선사본에 근거한다. 두 작품의 세세한 차이를 상론할 계제는 아니라서 '덧글'은 그 차이를 염두에 둔 전체적인 감상이라는 점도 일러둔다.

왕의 『계절』 논의에 '뱀꼬리'를 붙여도 좋겠다는 생각이 든 것이다. 개인적으로 식민지 조선의 소설가들 가운데 염상섭을 발군으로 손꼽는 터이다. 19세기 서구의 본격 사실주의 소설에 전혀 꿀릴 것이 없는 서사의 세련도 괄목할 만하다. 그렇다고 『계절』과 우열을 가리겠다는 것은 아니지만 우리의 회귀 서사를 살리흐의 작품과 잇대어 생각해보는 것도 나름대로 의미가 있으리라 본다.

무엇보다 개명한 지식인의 캄캄하고도 절망적인 속사정을 서슬 퍼런 식민치하에서 이렇게 의젓하고 어른스럽게 표현해낸 '탈식민 문학'이 식민지 조선의 시대 한복판에서, 전통과의 단절과 서구 문물의 공세가 그토록 극단적으로 난무한 현실에서 창작되었다는 사실에 한국의 영문학도로서 새삼 뿌듯한 자부심마저 느낀다. "쓰고자 했던 것"과 "쓸 수 있었던 것" 사이에 메꿀 수 없는 간극이 엄존했던 식민치하 검열의 창작 조건을 염두에 둔다면[27] 더욱이나 그렇다.

『계절』의 대미를 장식하는 단말마의 외침, '사람 살려!'에 귀 기울이면서 「만세전」을 읽을 때도 가장 통렬하게 다가오는 대목은 역시 이 글의 서론에서 인용한 "구더기가 끓는 무덤"이라는 비유일 것이다. 이는 3·1만세운동 이후 작가의 좌절감을 표현한 것으로 읽어도 무방할 듯하다. 그런 좌절감은 원제목인 '묘지(墓地)'에 반영된 바 있다. 그런데 자칫 선정적으로 이해될 수 있는 이 구절의 의미는 결코 자명하지 않다. 앞뒤 맥락을 놓고 좀 더 세심하게 읽어야 한다. 구더기 운운하는 것은 기차간에서 화자이자 주인공인 이인화가 망국의 처량한 백성들을 보면서 속에서 터져 나온 비애의 다른 표현이다. 앞뒤 맥락 전체를 읽어보자.

---

27 이와 관련한 논의는 한만수, 『허용된 불온: 식민지 시기 검열과 한국문학』(소명출판, 2015) 참조.

"젊은 사람들의 얼굴까지 시든 배춧잎 같고 주눅이 들어서 멀거니 앉았거나, 그렇지 않으면 빌붙는 듯한 천한 웃음이나 '헤에' 하고 싱겁게 웃는 그 표정을 보면 가엾기도 하고, 분이 치밀어 올라와서 소리라도 버럭 질렀으면 시원할 것 같다.

'이게 산다는 꼴인가? 모두 뒈져버려라!'

찻간 안으로 들어오며 나는 혼자 속으로 외쳤다.

'무덤이다! 구더기가 끓는 무덤이다!'

나는 모자를 벗어서 앉았던 자리 위에 던지고 난로 앞으로 가서 몸을 녹이며 섰었다. 난로는 꽤 달았다. 뱀의 혀 같은 빨간 불길이 난로 문틈으로 날름날름 내다보인다. 찻간 안의 공기는 담배 연기와 석탄재의 먼지로 흐릿하면서도 쌀쌀하다. 우중충한 남폿불은 웅크리고 자는 사람들의 머리 위를 지키는 것 같으나 묵직하고도 고요한 압력으로 지그시 내리누르는 것 같다. 나는 한번 휘 돌려다보며, '공동묘지다! 공동묘지 속에서 살면서 죽어서 공동묘지에 갈까 봐 애가 말라 하는 갸륵한 백성들이다!' 하고 혼자 코웃음을 쳤다.

'공동묘지 속에서 사니까 죽어서나 시원스런 데 가서 파묻히겠다는 것인가? 그러나 하여간에 구더기가 득시글득시글하는 무덤 속이다. 모두가 구더기다. 너도 구더기, 나도 구더기다. 그 속에서도 진화론적 모든 조건은 한 초 동안도 거르지 않고 진행되겠지! 생존경쟁이 있고 자연도태가 있고 네가 잘났느니 내가 잘났느니 하고 으르렁댈 것이다. 그러나 조만간 구더기의 낱낱이 해체가 되어서 원소가 되고 흙이 되어서 내 입으로 들어가고 네 코로 들어갔다가, 네나 내나 거꾸러지면 미구에 또 구더기가 되어서 원소가 되거나 흙이 될 것이다. 에잇! 뒈져라! 움도 싹도 없이 스러져버려라! 망할 대로 망해버려라! 사태가 나든지 망해버리든지 양단간에 끝장이 나고 보면 그중에서 혹은 조금이라도 쓸모있는 나은 놈이 생길지도 모를 것이다……'(125~126면)

아내가 위독하다는 급전을 받고 일시 귀국한 일본 유학생 이인화는 제3세계 회귀서사의 번민하는 전형적 주인공이라 할 만하다. 적어도 그 점에서는 그의 이 같은 자학적 환멸도 특별할 것이 없다. 내면의 격렬한 번뇌를 동반하는 환멸의 감정은 가정의 대소사를 통해서 변주되며, 그런 감정은 봉건적 구습과 인습에 절어 있는 현실에 대한 반발로 증폭된다. 그런데 「만세전」의 정작 특이한 점은 '제국'을 경험한 지식인이 식민지로 전락한 고국에서 견지하는―역설이나 아이러니를 안고 견디는―어떤 담담함에 있는 것 같다.

이인화의 담담함을 두고 환멸이냐 희망이냐를 따질 일은 아니다. 그는 일제에 부역할 의사도 없지만 그렇다고 식민지 해방투쟁에 나설 수도 없는 처지에 있다. 그런 지식인을 향해 무턱대고 민족해방의 당위를 비평적 잣대로 들이댈 일은 아니다.[28] 그 점에서 "사실 말이지, 나는 그 소위 우국지사(憂國之士)는 아니나 자기가 망국(亡國) 백성이라는 것을 어느 때나 잊지 않고 있기는 하다"(47면)는 고백을 작품의 맥락에서 되새김질하는 것이 중요하다. 「만세전」은 『삼대』(1931)가 결코 우연히 나온 작품이 아님을 확인해주는 의의도 있는바, 나 자신은 『삼대』의 주인공 덕기를 두고 "덕기를 수구와 급진 어느 쪽으로도 투항시키지 않는 한편, 민족해방의 꿈을 병화로 하여금 끈질기게 이어가게 한 『삼대』의 서사 전략"을 높이 평가했다.[29] 되짚어보면 이인화의 내면에 덕기와 병화의 모습이―전자에 더 기울어진 형태로나마―어른거리고 있는 것이다.

---

28 그런 잣대와는 다른 맥락에서 「만세전」의 한계를 "민중의 문제"로 집약한 최원식 교수의 일침에 나 자신은 공감하면서도 양가적인 느낌도 남는다. "이인화는 머리로는 민중을 포용하지만 그의 육체는 민중을 혐오한다"는 언급에 이어 최원식은 「만세전」 67면의 한 대목을 인용한다. 이인화의 술회인 그 대목으로 국한한다면 최원식의 평가대로 지식인 이인화의 한계가 실감된다. 다만 그런 한계가 「만세전」에 얼마나 적용될 수 있을지는 더 생각해볼 만한 쟁점이다. 3·1운동 이후의 문학에서 「만세전」이 극복의 대상이 된다 하더라도 극복을 위해서라도 이 중편의 한계와 성취는 지식인 대 민중의 구도를 넘어선 차원에서 더 치열하게 탐구할 필요가 있으리라 본다.

29 졸저, 『한국문학의 최전선과 세계문학』(창비, 2013)에 실린 「세계체제의 (반)주변부와 근대소설」 참조. 인용 대목은 483면.

「만세전」이 근대 한국소설사에서―언제가는 쓰여질 '남북 통합문학사에서도―고전으로 남으리라는 확신은 『어둠의 속』이나 『계절』을 떠올려도 크게 흔들리지 않는다. 물론 이 경우 조혼 풍속의 희생자라고 해야 할―이름도 없이 고적하게 그저 '아내'로만 살다가 병사하는―이인화의 처의 삶을 중심으로 다시 기술되어야 할 대목도 적지 않으리라 본다. 해방 이후 한국의 현대문학에서 그렇게 다시 쓰는 작업도 어느 정도 축적되었다고는 하지만 「만세전」이 감당하지 못하고 뒤로 미룬 과제는 페미니즘의 간판을 앞세우지 않아도 분명히 감지된다. 그 점을 감하고 말한다면 온갖 봉건적 유제(遺制)와 근대적 사상이 혼돈스럽게 뒤엉킨 식민지근대에서 어떻게 깨어 있는 정신이 가능한가를 소설로 증언하는 일은 결코 간단치 않다. 그런 일을 「만세전」은 해낸 것이고 그 점에 관한 한 『어둠의 속』이나 『계절』과 비교해도 손색이 없다는 판단이 서는 것이다.

　망국의 백성임을 환기하는 기록으로서의 「만세전」이 빛나는 것은 바로 그런 맥락에서다. 어디를 둘러봐도 꽉 막혀 질식할 것 같은 식민치하의 현실에서 이상이나 이념이 아니라 생활 그 자체에서 생명력을 길어 올리는 이인화는 다양한 회귀서사에서도 희귀한 주인공이다. 그에게서 어떤 희망의 징표를 읽어내는 것은 지금도 가능하지만 그것도 '바닥'까지 가닿는 데서 나오는 '절망의 힘'의 다른 모습이다. 그 점은 일본인 여성인 정자에게 보내는 편지에서도 그대로 나타난다. 제국의 신민인 그녀 역시 식민지 청년의 고뇌에 공감하는 깨어 있는 존재다. 망국의 지식인이 제국과 식민지를 오가며 생활한 삶의 진면목을 오롯이 구현한 염상섭의 소설적 성취는 식민지 조선의 현실이 왜 구더기가 들끓는 무덤과 같은 것인가를 참담하게 증언한 데 있다.

　그런 무덤 속이 아니면 갱생의 삶도 찾을 방도가 없다는 엄혹한 진실은 『삼대』에 가면 장편 서사에 걸맞은 규모와 깊이로 탐구된다. 무덤 속에서 모색하는 그러한 삶과 탈식민의 과제를 염상섭 이후 세대의 작가들도 잊지 않았다. 그중 일제 치하와는 사뭇 달라진—하지만 일제의 부끄러운 유산이 사회 곳곳에 온존하는—시대에 식민주의와 치열하게 대결한 최인훈(崔仁勳, 1934~2018)을 잠깐 상기하는 것도 필요할 듯하다. 그의 문학에 관한 한 나도 언젠가 자기비판과 교정의 글을 써야 할 테지만 일단 다음과 같은 생각을 적어놓는다.

최인훈은 정공법을 구사한 염상섭 문학의 맥을 일정 부분 이으면서 해방에 이어 찾아온 분단의 비극적 현실 한복판에서 남과 북을 동시에 소설로 사유했다. 그중 회귀가 아닌 불귀(不歸)의 서사인 『광장』(1960)은 민족분단의 기념비적 증언이다. 『총독의 소리』(1967~1976) 역시 우리 마음에 내면화된 노예의식이 어떠한가를 적의 생각을 빌려서 통렬하게 고발한 바 있다. 식민주의의 극복에는 고지식한 비판을 넘어서 역사적 상상력이 요구된다는 점을 소위 빙적이아(憑敵利我)의—적의 생각을 파고들어 우리 자신의 맹목을 깨는—화법으로 절절하게 일깨운 것이다. 『화두』(1994)와 함께 그의 이러한 작품들은 20세기 후반 민족문학의 빼놓을 수 없는 성취로서 새로운 재평가를 기다리고 있다.

그러면 여기서 시선을 서양, 그중에서도 미국의 문학으로 돌려보자. 자타가 공인하다시피 미국은 자유와 평등, 우애라는 근대적 이념의 맹주국이라 할 만한 나라다. 제너럴 셔먼호 사건(고종 3년, 1866년) 이래 한반도는 물론 동아시아에도 여전히 막강한 영향력을 행사하는 이 패권주의 국가가 어떤 문학을 낳았는가 하는 물음은 한국의 (영)문학 연구에서도 생략할 수 없는 논제일 것이다. 정착식민주의(settler colonialism)를 관철하는 과정에서 나라를 세운 앵글로-색슨계 백인들은 스스로 내세운 자유와 평등, 우애의 이상을 기만하지 않았던가. 북미 대륙의 창조적인 작가들이 그러한 자기기만을 어떻게 사유하고 작품화했는가는 그 자체로 한국문학과 잇닿은 미국문학 연구의 본질적 주제라고 해도 과언이 아니다. 그런 나라가 한국문학에 모종의 그림자를 드리운 것도 당연하다. 단적으로 미국 유학생 출신으로 타락의 길을 걷는 『삼대』의 조상훈을 생각해보라.

이어지는 글에서는 이 책의 핵심 주제 가운데 하나인 식민지근대의 인종주의 문제를 다룬 작품에 초점을 맞추고자 한다. 북미 대륙에서 발현된 인종주의의 모순이 계급주의 및 성차별주의와 어떻게 화학적으로 결합하는가를 작품을 통해 살펴보는 작업이 미국이라는 국가의 이념적 토대에 대한 분석에 그치지는 않을 것이다. 오히려 식민지근대와 대결한 비서구 세계의 회귀서사에도 내재한 근대주의의 모순을 좀 더 넓은 역사적 지평에 놓고 성찰하는 공부를 겸할 수 있으리라 본다. 이 경우도 어디까지나 작품이 우선이요 비판적 평가로서의 성찰이 핵심임은 더 말할 나위 없다. 우리의 논의는 헨리 제임스와 더불어 19세기 후반 미국문학을 대표하는 마크 트웨인의 후기 걸작인 『얼간이 윌슨』론으로 이어진다.

**4장**

# 무간지옥, 미국의 인종주의

『얼간이 윌슨』을 어떻게 읽어야 하는가

## 1. 머리말

'무간지옥, 미국의 인종주의'라는 글의 제목에 어울릴 만한 장면에서 시작해보자. 20세기 미국 흑인문학의 결정적 전환점을 알리는 리처드 라이트(Richard Wright, 1908~1960)의 장편소설 『미국의 아들(*Native Son*)』(1940)의 한 대목이 바로 그 장면에 맞춤할 듯하다. 『미국의 아들』의 2부(도망, Flight)는 주인공 비거 토머스가 자신을 운전사로 고용한 인도주의자 달튼 부부의 딸 메리를 '자기도 모르게' 살해하고 자택 지하실 아궁이에 몸과 머리를 분리하여 소각한 이후의 긴박한 상황을 그린다. 버거 토머스는 형사들의 추궁을 받는 과정에서 메리의 애인이자 사회주의자인 잰(Jan)에게 혐의를 돌리는 한편, 자신의 살인을 잰의 납치극으로 꾸며 돈을 받아내려는 계획을 품는다. 그가 꿈을 꾸는 장면은 그 직후에 나온다.

꿈속에서 토머스는 검붉은 불빛이 비추는 길모퉁이에 서 있다. 그는 손에 커다란 꾸러미 하나를 들고 있는데, 축축하고 미끈거린다. 멀리서 교회의 종소리가 댕댕댕 희미하게 들려오고 그는 그 꾸러미 속에 뭐가 들어 있나 초조하게 확인하려 한다. 쫓기듯 불안한 마음에 상자를 연 그가 발견한 것은 다름 아닌 그의 효수된 머리다. 경악 속에서 검은 석탄이 깔린 길거리를 도망치듯 벗어나려고 하지만 숨을 곳은 없고, 교회 종소리는 점점 크게 울려 퍼진다. 저주처럼 울리는 종소리 속에서 백인들이 점점 포위망을 좁혀 오자 그는 자포자기에 빠져 그들을 향해 자신의 피에 젖은 머리를 집어 던진다.[1] 이 장면은 살인으로써 자기만의 "새로운 세계"를 창조했으나 무간지옥의 악무한에 빠진 비거 토머스의 운명을 상징적으로 보여주는 인종주의 사회의 악몽이라 할 만하다.

기독교의 내세나 구원 따위는 소용없고 바라지도 않는다는 듯이 비거 토머스는 당대 미국의 흑인들이 직면한 실존적 절벽을 끝까지 응시하면서 형장의 이슬로 사라진다. 사실 비거 토머스의 비극적 운명은 전혀 새롭지 않으니, 20세기 흑인 작가들이 살아낸 현실 자체가 그렇게 비극적이었고 소설과 시, 드라마를 통해 무수히 변주되었다. 그렇다면 그러한 절벽을 백인 작가들은 어떻게 직면했을까? 아니, 싫든 좋은 기득권자들이었던 그들에게 직면이라는 말이 과연 가당키나 한가? 만약 직면했다면 백인 작가들은 그 진실을 어떻게 직시했을까? 꼬리를 무는 물음들은 무간지옥으로서의 인종주의 현실을 선구적으로 파헤친 마크 트웨인(본명 Samuel Langhorne Clemens, 1835~1910)을 떠올리게 한다. 하지만 이 경우 트웨인의 모든 작품이 '흑백갈등'이 표상하는 인종주의라는 단일 주제로 환원되지 않는다는 단서를 먼저 달아둘 필요가 있다.

따지고 보면 흑인이 마주한 처참한 인종주의 현실에 무게중심이 무겁게 놓였을지언정 한때 공산당원이었던 리처드 라이트도 계급과 성차별에 둔감

---

[1] Richard Wright, *Early Works: Lawd Today!*; *Uncle Tom's Children*; *Native Son* (New York: Library of America, 1991), 598~599면; 리처드 라이트, 『미국의 아들』, 김영희 옮김(창비, 2012), 236~237면.

한 작가가 아니다. 그럼에도 당대 백인 작가들의 인식과 차이가 있다면 그것이 뭔지는 더 생각해야만 하는 문제다. 일단 리처드 라이트나 마크 트웨인이나 인종주의가 핵심 키워드일지언정 특정 개념이나 주제로 수렴될 정도로 단순한 작가가 아님을 기억해두자. 이런 사실이 가리키는 바는, 인종주의도 그 자체로 완전히 독립된 이데올로기(허위의식)로 존재하지 않는다는 것이다. 특정 피부색을 빌미로 온갖 종류의 차별과 배제를 제도화하는 인종주의는 한편으로 성차별주의(sexism)와 접속하고 다른 한편으로 계급주의(classism)와 연결됨으로써 근대의 복잡다단한 현실을 만들어낸다. 그 배합과 작동 방식이 지역과 시기마다 다를 뿐이다.[2]

인종과 성, 계급은 상호 간의 영역들이 삼투되면서 정치질서와 보상체계를 전지구적으로 구축하는 자본주의근대의 지배 관념이자 현실이다. 지구상의 모든 인간들을 거의 예외 없이 허위의식으로 옭아매는 인종주의, 성차별주의, 계급주의가 화학적으로 결합하면 한 개인으로서는 어찌해볼 도리가 없는 힘으로 작용한다. 자본주의 현실을 고도로 복잡하게 만드는 허위의식의 변칙적 상호작용이 일사불란한 혁명이나 변혁의 실천을 극도로 어렵게 만드는 것이다. 자본주의근대가 무수한 혁명 담론과 그에 입각한 변혁운동에도 불구하고 끈질기게 지속되는 현상은 그 같은 힘의 강고함을 외면하고 온전히 해명할 수 없다. 또한 우리가 서사 예술을 주목하는 것도 인종과 성, 계급이 화학반응을 일으키는 현실에 대한 비판적 상상력이 문학에서 가장 탁월하게 발휘되기 때문이다.

그런데 자본주의근대의 극복 같은 거창한 논제를 전제할수록 인종주의도 구체적으로 논해야만 한다. 『북으로 가는 이주의 계절』론에서도 인종주의

---

[2] 미국의 경우 배제와 차별, 폭력의 정치적 지배 도구로서 인종주의가 어떻게 작동하고 있는가를 다각도로 논한 저작으로 Karen E. Fields and Barbara J. Fields, *Racecraft: The Soul of Inequality in American Life*(London: Verso, 2012) 참조.

와 성차별 문제를 건드리기는 했지만[3] 노예제가 존속하던 시절에 태어나 평생 인종주의 문제를 고민한 트웨인의 작품은 현대 독자에게는 또 다른 도전이다. '인종주의 비판'은 그의 작품세계 초기에서 후기 국면까지 일관적으로 관통한다. 이 주제에 관한 한 『허클베리 핀의 모험(Adventures of Huckleberry Finn)』(1884)이 가장 탁월한 소설적 구현이라고 할 수 있고, 후기 걸작인 『얼간이 윌슨』은 그 대표작과는 다른 맥락에서 인종주의가 성·계급의 모순과 어떤 연관성을 갖는가를 한층 종합적으로 파고든 사례다. 거기서 파헤쳐진 흑백 문제는 노예제사회에서 가시적으로 발현되는 흑백의 모순은 말할 것도 없이, 착취와 빈곤의 그림자를 드리운 '노예경제'의 세계에 닿아 있다.

이러한 인종주의의 양상은 트웨인의 초기작 『톰 소여의 모험(The Adventures of Tom Sawyer)』(1876)에서 이미 인디언 조의 악당적 성격을 통해 전형적으로 표출된 바 있다. '전형적'이라는 말은 트웨인조차 아메리카 대륙의 선주민인 인디언에 대한—인디언 증오(Indian-Hating)으로 불리는 백인들의 병적 심리—편견에서 벗어나지 못한 면이 있다는 뜻이다. 트웨인의 필생의 난제로서의 인종주의는 그 점을 감안하면서 생각해야 한다. 인종주의가 트웨인의 후기로 갈수록 근대주의 이데올로기의 일부로서 탐구된다는 것은 독자에게도 긴 호흡의 사유를 요구하는 문제인 것이다.

그의 다양한 후기작 가운데 『얼간이 윌슨』은 미국의 인종주의도 그 자체로 역사적 산물인 동시에 결코 독자적인 허위의식이 아님을 독특한 형식 실험으로써 드러낸 문제작이다.[4] 트웨인의 방대한 작품세계에서도 이 소설만큼 인종

---

3 이 책 1부에 실린 「'되받아쓰기'를 넘어서」 참조.
4 이 글에서 인용하는 텍스트는 다음과 같다. Mark Twain, *Pudd'nhead Wilson and Those Extraordinary Twins*, ed. Sidney E. Berger(New York: Norton, 2005). 1980년에 출간된 노튼 1판도 아울러 참고했다. 작품 인용은 괄호 안에 PW로 약칭하고 면수만 적는다. 번역본은 김명환 교수가 번역한 『얼간이 윌슨』(창비, 2014)을 참조했다. 번역본을 참조하면서 필자 나름으로 더러 첨삭을 했다는 점도 밝혀둔다. 1894년 11월 28일에 미국에서 출간된 작품의 원제목은 "The Tragedy of Pudd'nhead Wilson and the Comedy of Those Extraordinary Twins"였다. 이 제목의 함의는 이 글의 결론 절에서 다시 언급하겠지만 트웨인이 원래 비극

주의를 비롯한 근대주의 이데올로기들의 엇물림 양상을 직관적으로 실감케 하는 것도 없다. 그렇다면 독자 입장에서 경장편이라는 분량과는 전혀 무관한 작품의 무게를 어떻게 하면 제대로 감당할 것인가가 관건이라고 하겠다.

## 2. 노예제사회 도슨스랜딩과 톰-록시 플롯의 함의

『얼간이 윌슨』은 집필과 개고 및 출판 과정이 복잡하기로 유명하다. 나름대로 엄밀한 실증 연구를 수행한 연구자들조차 작가의 창작 동기나 의도는 물론이고 '최종 텍스트'가 출간되기까지의 과정을 둘러싸고도 크고 작은 이견이 상당하다. 트웨인 학자들에게는 이 같은 이견 자체가 중요한 쟁점일 것이다.[5] 하지만 여기서는 정본으로 확정된 작품 읽기와 평가에 기여할 의미심장한 단서만을 끄집어내서 활용하는 것이 이 글의 주제에 맞을 듯하다. 창작 과정의 큰 흐름에서 어떤 작품이 나왔는가를 판단하는 일에 필요한 만큼만

---

과 희극의 대조를 의도했음을 짐작할 수 있다.

[5] 이 장편의 '원고'는 무려 6개의 형태로 현존한다고 한다. 트웨인 학자들 사이에서는 작품의 제목을 포함해 정본의 문제는 그 자체로 연구의 주요 쟁점일 수밖에 없다. 이 글에서 주 텍스트로 삼은 작품은 1892년 12월 이탈리아 플로렌스에서 트웨인이 완성한 원고의 일부다. 이 원고를 출판하지 못한 트웨인은 이듬해 7월 원고에서 현재 '얼간이 윌슨'으로 알려진 부분을 떼어내서—그는 그 같은 분리 작업을 익살스럽게 "일종의 문학적 제왕절개"라고 표현했다—1893년 12월부터 1894년 6월까지 『센추리(Century)』에 연재했다. 영국과 미국에서 각각 단행본으로 출간한 것은 그해 말이었다. 노튼판 텍스트는 바로 그 연재본을 편집한 것이다. 그런데 정본 문제가 중요하기는 하지만 '물건' 제작의 세세한 과정 자체가 이 글의 관심사는 아니다. 다만 트웨인이 텍스트를 짜내는 이야기꾼의 면모를 어떻게 발휘했는가를 흥미롭게 예시한다는 점을 인지하면서 두 텍스트, 즉 『얼간이 윌슨』과 제왕절개의 나머지인 「그 기이한 쌍둥이들」 가운데 전자에 집중할 것이다. 『얼간이 윌슨』의 창작·개고·출간 과정에 관한 자세한 논의는 특히 노튼판 텍스트에 실린 Sidney E. Berger, "Pudd'nhead Wilson and Those Extraordinary Twins: Textual Introduction," 173~212면; Hershel Parker, *Flawed Texts and Verbal Icons: Literary Authority in American Fiction* (Evanston: Northwestern UP, 1984), 5장(*Pudden'nhead Wilson*: Jack-leg Author, Unreadable Texts, and Sense-Making Critics); Robert Moss, "Tracing Mark Twain's Intentions: The Retreat From Issues of Race in *Pudd'nhead Wilson*," *American Literary Realism, 1870~1910*, 32:2(1998), 43~55면 참조.

실증 연구를 동원하겠다는 뜻이다. 일단 19세기 미국문학에서 '브리콜뢰르'의—장르 융합의 임기응변—솜씨가 가장 기발하면서도 독창적으로 발휘된 텍스트 가운데 하나가 『얼간이 윌슨』이라는 학자들의 기존 평가는 과장이 아니라고 본다.[6]

작가의 솜씨 있는 "문학적 제왕절개" 끝에 탄생했다는 이 소설은 비극과 소극으로 분리된 형태로 독자에게 공개되었다. 『얼간이 윌슨』은 비극이고 「그 기이한 쌍둥이들」은 희극이다. 두 텍스트는 아버지가 같은 '형제'인 터라, 서로를 보완하는 하나의 가족으로 묶일 수 있다. 하지만 성격이나 개성이 엄연히 구분되는 두 형제 중에서 우리의 관심은 『얼간이 윌슨』에 집중된다. 「그 기이한 쌍둥이들」이 그 쌍둥이처럼 무슨 기형이어서가 아니다. 『얼간이 윌슨』이 진정으로 '작품'의 경지에 도달했기 때문이다. 먼저 그 같은 경지가 정확히 어떤 것인지를 규명하기 위해서 그 됨됨이를 찬찬히 뜯어볼 필요가 있다.

『얼간이 윌슨』의 서사 구조는 트웨인이 소설가로서 집도한 '제왕절개'가 어떤 것인가를 여실히 보여준다. 전혀 형질을 달리하는 세 가닥의 플롯이 하나의 '텍스트'로 봉합되었는데도 수술 자국은 보이지 않는다. 이 세 가닥의 이야기들을 편의상 톰-록시 플롯, 윌슨 플롯, 쌍둥이 플롯으로 명명해보자. 그러면 각각의 플롯은 트웨인이 이야기꾼으로서 오래 연마한 서사적 산물임이 드러난다. 가령 윌슨 플롯은 작가가 즐겨 다룬 이방인(stranger) 주제에서 숙성된 것이다. 『아서 왕 궁전의 코네티컷 양키(A Connecticut Yankee in King Arthur's Court)』(1889)와 여러 버전으로 존재하는 『기이한 이방인(Mysterious Stranger)』(1897~1908)이 그런 주제의 대표적인 예다. 쌍둥이 플롯은 『왕자와 거지(The Prince and the Pauper)』(1881)처럼 상반되는 기질이지만 서로를

---

6 트웨인 당대의 호의적인 서평들은 *Mark Twain: The Contemporary Reviews*, ed. Louis J. Budd(Cambridge: Cambridge UP, 1999), 359~373면 참조.

비춰주는 '더블'에 관한 트웨인의 평생에 걸친 관심을 반영한다. 그렇다면 톰-록시 플롯을 배양한 것은 『허클베리 핀의 모험』을 관통하는 핵심적인 모순, 즉 트웨인 당대 인종주의 현실 자체라고 해야 할 듯하다.

지금 전공자 티를 좀 낸 꼴인데, 취지는 간단하다. 『얼간이 윌슨』이 소설가 트웨인의 내공이 축적된 결과물이고 이방인, 쌍둥이, 인종주의의 연관성을 염두에 두면 작품이 더 잘 보인다는 것이다. 그런데 1장부터 거의 동시에 시작되는 톰-록시 플롯과 윌슨 플롯, 쌍둥이 플롯 가운데 어느 것이 더 중요한가를 따지는 일은 부질없기 십상이다.[7] 그보다는 용어의 좀 더 엄밀한 정리가 선행되어야 할 것 같다. 가령 윌슨 플롯이라고 했을 때는 윌슨이 주역이 되되, 여러 보조 인물이 가세하여 이뤄지는 서사의 틀이 된다. 그러므로 윌슨 플롯의 가동에 록시와 톰이 개입되는 것은 자연스럽고, 톰-록시 플롯에도 마찬가지로 윌슨과 쌍둥이가 간여한다. 윌슨과 톰이 연루되는 쌍둥이 플롯도 마찬가지 양상이다. 이처럼 맞물리는 양상을 주목한다면 어떤 플롯이 더 중요하다고 말하기 힘들다. 다만, 노예제와 인종주의를 논의의 중심에 놓으면 톰-록시 플롯이 각광을 받을 수밖에 없다. 뒤에서 더 살펴보겠지만 그로써 트웨인이 인종주의를 조명하기 위해 『얼간이 윌슨』을 집필했다는 주장으로까지 번진다면 그건 그것대로 엄밀하게 따져볼 일이다.[8]

먼저 확인해둘 점은, 인종주의가 핵심이랄 수 있는 톰-록시 플롯의 근거도 윌슨 플롯과 쌍둥이 플롯에 있다는 사실이다. 윌슨 플롯이 개입하지 않고서는 톰-록시 플롯도 앞으로 나아갈 수 없듯이, 쌍둥이 플롯의 도움이 없

---

[7] 도슨스랜딩에서 권세 가문인 퍼시 드리스콜(Percy Northumberland Driscoll)의 아들과 노예 신분인 록사나(Roxana; 록시)의 아들이 태어난 것은 1830년 2월 1일이고, 데이비드 윌슨이 이 마을로 흘러들어온 시점은 같은 해의 같은 달로 설정되어 있다.
[8] 인종주의 비판이 트웨인의 안중에 없었음을 여러 일기나 편지 등, 실증적인 기록으로 입증하려는 시도로는 특히 각주 5에서 제시한 Robert Moss의 논문 참조. 이 논문은 인종주의 비판은커녕 오히려 개인 파산으로 인해 책의 대중적 흥행에 몰두하는 과정에서 인종주의 문제를 회피하고자 했다는 점을 논증하려고 는 시도인데, 작품과 작가의 의도를 둘러싼 문제는 후술할 것이다.

이는 톰-록시 플롯이 윌슨 플롯과 '화학적으로' 결합하기는 힘들었으리라는 것이다.[9] 도슨스랜딩이라는 당대 미국 남부 인종주의 사회의 문화와 풍속이 그토록 풍부하고 입체적으로 그려지는 데는 외국인 쌍둥이의 역할이 결정적이다. 이처럼 톰-록시 플롯과 더불어 윌슨 플롯 및 쌍둥이 플롯이 『얼간이 윌슨』을 완성하는 데 저마다 고유의 역할을 하고 있다면—그리고 각각이 서사적 풍미를 더해주는 중요 요소들임을 고려한다면—어느 것도 감초는 아니다. 논점은 세 덩어리의 이질적 서사 각각이 아니라 이들이 상호작용하면서 '하나의 작품'을 만들어내는 양상이다.[10]

톰-록시 플롯을 촉발한 것은 1/16의 흑인 피가 섞인 하얀 피부색의 록시가 1/32의 '흑인'인 아들(Valet de Chambre)을 주인 퍼시 드리스콜의 아기(Thomas à Becket Driscoll)와 바꿔치기한 사건이다. 이 사건은 1830년 9월 5일에 발생한다. 가내(家內) 노예들의 소소한 도둑질이 화근이었다. 좀 더 정확히 말하면 드리스콜이 그들을 불러놓고 도둑질을 실토하지 않으면 모두 '강 아래'—노동 조건이 비할 수 없이 가혹한 남부 오지, 딥 사우스(Deep South)로 불리는 앨라배마, 조지아, 루이지애나, 미시시피 등을 가리키는 지

---

9 물론 두 플롯의 결합 양상에 비추면 쌍둥이 플롯은 외삽(外揷)에 가깝게 느껴지기도 한다. 인종주의 문제가 전혀 개입할 여지가 없는 쌍둥이 플롯을 윌슨 플롯이나 쌍둥이 플롯과 비교하면 계륵과 같은 요소로 인식될 수도 있다는 것이다. 실제로 루이지와 카펠로는 톰과 체임버스가 작품의 5장에서 처음으로 언급된 뒤 다음 장부터 인물로서 등장한다. 등장 시점은 아기가 바뀐 사건이 시작되고 30년이 지난 1850년이다.
10 이 같은 양상을 종합적으로 모아들이는 비평에 관한 한 기존 연구는 따져볼 점이 적지 않다. 가령 1987년에 샌터 크루즈 소재 캘리포니아 대학에서 학술대회에 제출된 12편의 논문들을 묶은 연구서인 *Mark Twain's Pudd'nhead Wilson: Race, Conflict, and Culture*, eds. Susan Gilman and Forrest G. Robinson(Durham: Duke UP, 1990)에서도 성과 인종, 계급 문제는 집중적으로 거론되었으나 이 삼자가 어떻게 하나의 문제를 구성하고 있는지에 관한 비평적 통찰은 찾아보기 어려웠다. 단적으로 톰-록시 플롯을 나머지 두 플롯과 분리해서 천착한 포터(Carolyn Porter) 교수는 인종주의와 사실상 공모하여 록시를 '유일한 죄인'으로 만들어버린 작가 자신을 향해 비판의 날을 세우는 사례다. 작가에 대한 "윤리적 역겨움" 운운하는 것도 같은 맥락이다. 이런 읽기를 작품의 전체 지평에 대한 정당한 평가로 보기는 어렵다. Carolyn Porter, "Roxana's Plot," *Mark Twain's Pudd'nhead Wilson: Race, Conflict, and Culture* 참조. 윤리적 역겨움 운운하는 대목은 136면.

역—로 팔아버리겠다고 위협한 것이 사달의 직접 원인이다. 자신의 아기가 '지옥'으로 팔려 갈 수 있음을 불현듯 깨달은 록시의 자각은 이후 펼쳐질 '죄와 벌'이라는 드라마의 서막이다. 하지만 결코 간단치 않은 이 드라마의 비극적 성격을 명료하게 파악하려면 북미 특유의 역사적 현실을 감안해야 한다.

단적으로 록시의 아기 바꿔치기는 정착식민주의(settler colonialism)가 관철된 북미 특유의 인종주의 현실이라는 맥락에 있다. 그녀는 백인과 흑인 노예가 피를 섞는—miscegenation이라고 불리는—'사건'에서 태어났고, 하얀 피부색으로 제대로 마음만 먹으면 '패싱'(passing, 백인 행세)이 가능하다. 따라서 『얼간이 윌슨』의 서사에 발동을 거는 주인과 노예의 자리바꿈이라는 '소동'의 의미를 한 개인의 꾀나 계책의 결과 따위로 치부할 수 없다. 인종주의와 노예제가 복합적으로 작용한 '잡혼'의 역사가 아니었던들 록시가 백인 피부색을 타고난 자신의 혈육을 주인 자리에 올려놓을 수는 없었기 때문이다. 반면에 '강 아래'의 가혹한 현실을 상상하면서 폭발한 록시의 강력한 모성은 주인과 노예가 자리바꿈하는 데 개입한 또 다른 중대 요인이다.

잡혼에서 연유한 비극의 씨앗을 운명적으로 키우는 것은—톰-록시 플롯을 비극을 향해 굴리는 것은—록시의 '모·성(母·性)'이다. 문제는 자연스런 모성이 자기기만적으로 내면화한 인종주의와 그녀의 마음에 동거한다는 점이다. 그렇다면 노예제의 민낯과 대면했을 때 그런 모성은 어떻게 드러나는가.

"내 가여운 아기가 무슨 짓을 했길래 너 같은 행운을 못 가진단 말이지? 내 애긴 아무 짓도 안 했어. 하느님은 네게 잘해주셨지. 그럼 왜 내 아기에겐 그렇지 않으신 거지? 절대로 널 강 아래로 팔 수는 없어. 네 애비가 미워. 눈물도 피도 없어. 적어도 검둥이에겐 없어. 그가 미워, 죽여버릴 거야!" 그녀는 잠시 멈추고 생각하더니 다시 격하게 흐느끼기 시작하다가 돌아서며 말했다. "아, 아가를 죽여야만

해. 방법이 없어. 그러면 강 아래로 팔려가는 건 막을 수 있어. 아, 그래야만 해. 불쌍한 에미는 널 구하기 위해 널 죽여야만 한단다, 아가야." 그녀는 아기를 가슴에 안고 숨 막힐 정도로 다독였다. "에미가 널 죽여야 해. 그렇게는 못해! 에민 널 버리지 않아. 그럼, 그럼, 자 울지 마. 에미가 너랑 같이 죽는단다. 에미도 죽을 거야. 자, 아가야. 에미랑 가자. 강물에 뛰어드는 거야. 그럼 이 세상 고통도 다 끝이겠지. 저세상에선 불쌍한 검둥이를 강 아래로 팔진 않아."(PW 14)

록시의 이런 독백은 토니 모리슨(Toni Morrison)의 『비러비드(Beloved)』 (1987)에서 자신의 두 살배기 딸을 노예 사냥꾼에게 넘겨주느니 차라리 죽이는 길을 택한 세스(Sethe)의 영아 살해를 떠올리게 한다.[11] 몇몇 학자들이 트웨인을 흑인문학의 전통에 자리매긴 것도 맥락이 있다는 것이다. 그럼에도 트웨인과 모리슨의 차이는 분명하다. 교회와 내세가 최후의 안식처가 되는 록시의 행보는 기독교 이데올로기로는 온전히 완수할 수 없는 애도의 길에 들어선 세스와는 전혀 다르다.

이런 록시가 트웨인의 작품을 통틀어 드물게 생생한 여성 인물이라는 데는 이견이 거의 없다. 위의 인용문에서 보다시피 그 생생함은 주로 록시의 강력한 모성에 기인한다. 하지만 동시에 록시의 무의식에까지 내면화된 인종주의라는 허위의식도 못지않게 생동한다. 그렇다면 록시가 진정으로 생명력 넘치는 인물인 것은 그녀가 내면화한 인종주의가 그 자신의 모성과 그토록 자연스럽게 공존하기 때문이라는 주장도 가능하다. 인종주의에 관한 한 록시는 이율배반의 화신이다.[12]

---

11 이런 연상은 이미 피시킨이 오래전에 떠올렸다. Shelley Fisher Fishkin, *Was Huck Black?: Mark Twain and African-American Voices* (Oxford: Oxford UP, 1993), 100면.
12 자신의 아버지가 누구냐는 톰의 질문에 록시가 의기양양하게 도슨스랜딩의 '일곱 가문' 출신인 에식스 대령이라고 대답하는 것이나(PW 47), 드리스콜 판사와 루이지의 결투를 수수방관한 톰의 행실을 흑인 피로 오염된 '깜둥이 근성' 탓으로 모는 장면(PW 75~76)은 인종주의 이데올로기의 내면화를 말해주는

아들을 향한 지극한 모성과 인종주의 현실에 대한 격렬한 증오가 합작함으로써 체임버스는 주인의 자리로 올라가 톰으로 변신한다. 그로써 체임버스는 '강 아래'로 팔려 갈 위기에서도 벗어난다. 그러나 후과(後果)는 실로 만만치 않다. 록시는 이제 아들이 더 이상 노예로 팔려 갈 두려움에 떨지 않아도 되지만 '자연스러운 모자 관계'는 불가능해진다. 아들을 노예에서 주인의 자리로 바꿔놓은 결과로 주인으로서의 아들과 노예로서의 록시라는 노예제의 사슬이 새롭게 생성되었기 때문이다.[13] 모자 관계에서는 존재하지 않았던 인종주의의 굴레가 만들어진 것이다. 비극의 서막은 거기서 열린다.

모자에서 주인과 노예로 관계가 전환된 이후 록시는 일종의 자기 세뇌를 통해서 아들을 주인으로 인식하고 그에 맞춰 행동한다. 그러던 와중에 퍼시 드리스콜은 록시를 노예의 적(籍)에서 해방시킨다. 그렇다고 주인과 노예로 설정된 록시-톰의 관계가 달라지는 것은 아니다. 그러기는커녕 록시가 빠진 인종주의의 질곡은 심화될 뿐이다. 톰이 된 순간부터 패악(悖惡)을 부리기 시작하는 아들 체임버스의 존재가 록시의 운명을 악순환에 빠뜨리는 주요 요인이다. 하지만 이 플롯의 작동 양상을 더 자세히 들여다보면, 계급과 인종의 모순을 동시에 격발하는 경제, 투기(投機)의 경제야말로 록시를 거듭 곤경에 던져넣으면서 서사를 추동하는 결정적 동인임이 드러난다.

록시가 아기 바꿔치기라는 묘수를 떠올린 것은 주인인 퍼시 드리스콜이 투기에 정신이 팔린 상황에서다. 드리스콜은 결국 파산한다. 주인을 몰락시킨 투기 경제로 인해 록시도 알거지가 된다. 아들을 주인 자리에 올리고 나

---

단적인 장면이다.
13 한마디 덧붙인다면 아들에서 주인(톰 드리스콜)으로 올려진 체임버스와 어머니에서 노예로 전락한 록시의 관계를 한치의 감상(感傷)도 없이 냉철하게 파헤친 것은 소설가 트웨인의 탁월함을 단적으로 보여주는 사례임이 분명하다. 그러나 더 중요한 것은 그러한 파헤침 끝에 미국 문명에 대한 역사적 비판으로서의 사유의 지평이 열린다는 점에 있다. 이 쟁점은 이 글의 4절인 '인종주의의 무간지옥은 어떤 모습인가'에서 다뤄진다.

서 자유인이 된 그녀가 집을 떠나 증기선의 하녀로 근무하면서 노후를 대비했지만 은행의 파산으로 빈털터리가 된 것이다. 그렇다면 주인이 된 톰은 어떤가? 그는 동부로 유학을 떠났다가 도박에 빠져 허울뿐인 신사로 귀향하고 거듭해서 도박 빚을 지게 된다. 결국 그는 마을의 빈집이나 터는 좀도둑으로 전락한다. 서사의 얄궂은 전개는 이제부터다. 톰은 톰대로 빚을 탕감하기 위해 록시를 속여 '강 아래'로 팔아버리고 우여곡절 끝에 친부모나 다름없는 드리스콜 판사를 우발적으로 살해한다.

비유컨대 '경제'는 퍼시 드리스콜은 물론이고 록시와 톰의 운명을 가혹하게 재촉하는 몰이꾼이다. 거의 모든 등장인물의 운명을 좌우하는 힘에 관한 한 경제야말로 『얼간이 윌슨』을 구성하는 세 개 플롯의 '알파이자 오메가'라고 해도 과언이 아니다.[14] 두 모자가 노예·주인이라는 덫에 걸려 악순환을 반복하는 것도 돈 때문이고 인종주의는 돈을 매개로 실체화된다. 그러나 이처럼 돈을 굴리는 경제가 최종 심급임이 분명해 보이지만 『얼간이 윌슨』은 경제의 실상을 단순히 반영하거나 고발하는 작품이 물론 아니다. 오히려 경제조차도 인간 삶의 한 영역일 뿐 그 자체로는 결코 스스로 현상(現像)하지 못한다는 것이 이 장편이 드러낸 역사적 진실 가운데 하나다. 경제는 성과 인종의 모순이 개입해야만 비로소 하나의 지배적 현실로 나타난다. 그 현실은 '경제 지상주의'라고 할 만한 것이다.

록시와 톰이 제각각 궁지로 내몰리면서 모자 사이의 모든 천륜이 사라지고 생존 문제만 남는다. 그런 상황은 서로의 약점을 무기 삼아 이전투구를 벌이는 약육강식의 현실이 아니고서는 설명되지 않는다. 그렇다면 그렇게 실체화되는 인종주의의 실상을 좀 더 살펴보자. 톰-록시 플롯은 인종주의의

---

14 이런 경제의 '결정성'에 주목한 논의로는 George M. Spangler, "Pudd'nhead Wilson: A Parable of Property," *American Literature* 42:1(1970), 28~37면; Mary Esteve, "Shadow Economies: The Distribution of Wealth in and Around *Pudd'nhead Wilson*," *ELH* 78:2(2011), 359~385면 참조. 하지만 두 논자 역시 경제를 결정적 심급으로 작동하게 하는, 인종주의와 성차별주의의 착종된 모순은 크게 주목하지 않았다.

기원에 관한 톰의 다음과 같은 본질적 물음으로 수렴된다.

"도대체 왜 깜둥이들과 백인들이 만들어졌을까? 하느님이 창조한 것도 아닌 최초의 깜둥이가 무슨 죄를 저질렀기에 출생의 저주가 그에게 내린 것일까? 그리고 왜 이렇게 끔찍한 차이가 흑과 백 사이에 있는 것인가? (……) 오늘 아침에 깜둥이의 운명은 얼마나 가혹해 보이는가! 어젯밤까지만 해도 내 머릿속엔 그런 생각은 추호도 떠오르지 않았는데."(PW 48)

톰-록시 플롯의 탁월한 면모는 톰으로 하여금 이런 물음을 던지게 하는 데 있다. 그런데 톰은 이 거대한 의문에 관한 탐구를 애초부터 수행할 수 없게끔 만들어진 인물이다. 트웨인의 전 작품을 통틀어 인간적 성찰과 반성에 관한 한 가장 구제 불능의 인물에 가깝다. 따라서 이 같은 자기 물음에도 불구하고 톰이 원래의 주인 자리로 돌아가는 관성을 "정체성을 규정하는 힘 (the power of naming)"을 배우지 못한 탓으로만 해석하는 것은[15] 일면 납득이 가지만 작품의 실상에 대한 정확한 파악은 아니다.

그러면 다시 록시에 좀 더 집중해보자. 어머니로서 아들의 도박 빚을 탕감하기 위해 자신의 몸뚱이를 담보로 맡기는 상황은 이렇게 묘사된다.

"넌 내 아이가 아니냐? 엄마가 자식을 위해 못할 게 뭐가 있지? 흰둥이 엄마도 자기 아이를 위해 못할 게 없어. 누가 그들을 그렇게 만들었지? 하느님이 그렇게 만들었지. 근데 누가 깜둥이를 만들었지? 하느님이지. 속을 보면 엄마들은 다 똑같아. 우리의 주 거룩한 하느님께서 그렇게 만드신 거지. 내가 노예로 팔리면 1년 후에 네가 늙은 에미를 다시 사서 해방하는 거야. 어떻게 할지 알려줄게. 이게 계

---

[15] Rebecca Guess Cantor, "The Naming of a Slave: Roxy's Power in Mark Twain's *Pudd'nhead Wilson*," *The Mark Twain Annal* 11(2013), 105~106면.

획이야."(PW 86)

록시는 이렇게 어머니로서 헌신했건만 바로 그 아들에게 배신당한다. 뱃전에서 자기가 '강 아래'로 팔려 간 것을 뒤늦게 알아차린 록시의 비탄은 독자에게 긴 여운을 남긴다. 그리고 그런 여운을 끝으로 서사의 진행은 노예제·인종주의를 우회한다. 이후 사건 전개는 추리·범죄소설의 정석을 따른다. 파산한 록시가 아들을 찾아가 늙은 종년의 처지를 호소하지만 매정하게 거절당한다. 그러자 록시는 출생의 비밀을 무기로 삼아 아들·주인인 톰을 협박한다. 이처럼 농장을 탈출한 록시가 '도망 노예' 신세가 되고 아들인 톰을 협박하는 사건들의 연쇄를 흥미진진하게 따라가는 록시-톰의 플롯도 톰이 의붓아버지인 드리스콜을 살해하는 순간 사실상 종결된다. 누가 살인범이고 어떤 동기에서 살인이 저질러졌는지는 명명백백한 상황이다.

하지만 그런 명백함은 미궁으로 이어진다. 톰-록시 플롯이 제기했을 뿐 전혀 해결하지 못한 도슨스랜딩의 인종주의는 어찌 되는 것인가 하는 물음이 살인사건으로 더 난감해진다. 톰-록시 플롯이 야기한 문제를 '해결'하는 윌슨 플롯이 독립적인 쟁점이 되는 것도 바로 그런 맥락에서다. 톰-록시 플롯의 문제를 해결하는 '문제로서의 해결사'가 데이비드 윌슨이라면 그 쟁점이 간단할 수는 없다. 문제로서의 해결사—물론 형용모순이다. 형용모순으로서의 인물이 문제를 해결한다면 그것이 정확히 어떤 의미에서의 해결인가 하는 물음이 남는다.

### 3-1. '문제 해결사' 윌슨의 문제

윌슨을 작품의 전체 맥락에 온전히 올려놓기 위해서는 번거롭지만 에움길을 돌 필요가 있다. 먼저 『얼간이 윌슨』이 '고전'의 반열에 오른 과정을 짚어보자. 『허클베리 핀의 모험』에 비하면 잊힌 것이나 다름없는 『얼간이 윌슨』을 '발굴'한 공로로 치면 영국의 비평가 리비스(F. R. Leavis)를 빼놓기 힘들다.[16] 그의 비평은 주인공 윌슨과 연관해서도 간과할 수 없는 쟁점을 제시했는데, 아직껏 충분히 해소된 것 같지 않다. 리비스 평문의 첫 문장은 이렇게 시작된다. "『얼간이 윌슨』이 결점이 전혀 없는 것은 아니지만—트웨인의 어떤 작품도 무결점인 것은 아니다—그럼에도 거장의 거장다운 작품이다(Pudd'nhead Wilson is not faultless—no book of Mark Twain is that—but it is all the same the masterly work of a great writer)."

리비스는 "소외의 미국성(The Americanness of alienation, PW 125)"을 표상하는 작가로 휘트먼을 비롯해 드라이저(Theodore Dreiser), 피츠제럴드(F. Scott Fitzgerald), 헤밍웨이(Ernest Hemingway) 등을 지목하면서 트웨인이 이들과 얼마나 다른 삶의 인식과 소설적 성취를 대표하는가를 논했다. 그의 평가는 가령 브룩스(Van Wyck Brooks, 1886~1963)가 '서부 작가'라는 지역 꼬리표를 붙이고 그에 맞춰 트웨인의 문학을 유머리스트의 재기(才氣)로 낮춰보는 관점을 정면으로 거스르는 것이었다. 리비스는 『허클베리 핀의 모험』과 더불어 『얼간이 윌슨』을 유럽문학, 좁게는 영국문학과의 창조적 연속성을 구현한 작품으로 읽었다. 미국 동부 주류 학계의 기존 평가에 맞서면서 트웨인의 두 걸작이 고도의 도덕적 감수성과 냉철한 판단력이 종합적으로 발휘된 걸작으로 해석한 것이다. 이는 이 작품이 미국의 특정 지역(서부)으로 국한될 수 없는 인간 보편의 심오한 진실을 드러냈다는 주장으로 연결된다.

데이비드 윌슨이나 톰 드리스콜, 드리스콜 판사, 록시 등이 "작품의 신랄하고도 총체적인 엄밀성(the total astringency of the book, PW 266)"을 얼마

---

[16] 이 글에서 인용하는 리비스의 평문은 노튼판을 기준으로 하며 인용은 괄호 안에 PW와 함께 면수를 병기한다.

나 유기적으로 실현하는가를 논한 대목에서도 리비스의 엄밀한 읽기는 주목할 만하다. 미국문학 전반에 관한 그의 인식에 심각한 문제가 있지만 『얼간이 윌슨』에 관한 고평만큼은 이견을 덧붙이기 어렵다.[17] 리비스의 이 같은 주장, 특히 당대의 문제를 다루는 데 있어서 "『얼간이 윌슨』의 자세는 냉소주의나 비관주의와는 거리가 멀"며, 삶을 보는 성숙하고 균형 잡힌 관점이 시종 관철되는 작품이라는 논지, 도슨스랜딩 같은 변방을 무대로 하고 있지만 미국 문명의 본질적인 문제를 천착했다는 논점 등에도 토를 달기 어렵다. 오히려 지금도 작품의 제목으로 간간이 채택되는 '얼간이 윌슨의 비극'을 화두로 삼아 더 깊이 고려해야 할 통찰이다.[18]

그의 주장에 이렇게 길게 동의하고 난 다음에 처음부터 찬찬히 되짚어봐야 비로소 숙고해야 할 지점이 분명해진다. 리비스 평문의 첫 문장에서 언급한 '결점이 없지 않은 작품'이라는 문장을 보자. 결함이 없지 않다는 말은 결함이 있다는 말과 어감이 다르다. 이 같은 논법은 작품에 결점이 있다면 그건 어떤 차원의 결점이며, 트웨인의 당대 미국의 인종주의 현실과는 또 어떤 연관성이 있는가를 묻게 한다. 리비스는 이런 식의 물음으로 나아가지는 않았다. 텍스트의 구체적인 지점들을 짚어가면서 논지를 펼치고 있음에도 그의 읽기에서 정작 작품에서 가장 껄끄러운 쟁점, 즉 인종주의의 문제가 제대로 분석되지 않았다는 것이다.

물론 인종주의와 연관하여 문제 삼는 경우에도 트웨인과 윌슨을 동일시해서는 안 된다는 리비스의 지적은 새겨들어야 할 점이다. 하지만 윌슨을 "드라마의 균형 잡히고 탁월하게 문명화된 도덕적 중심(the poised and preeminently civilized moral center of the drama, PW 265)"으로 규정한 대목에는 일면 공

---

[17] '미국문학의 미국성'에 관한 논의에서 『위대한 개츠비』에 대한 지나친 폄훼도 그렇지만 특히 리비스의 휘트먼 비평은 '영문학 중심주의'라고 할 만한 편견을 고스란히 노출했다. 이 자리에서 자세히 논하기는 어렵지만 리비스의 비평 유산도 이제는 옥석을 가려서 정리할 때가 된 것이다.
[18] 현재도 판본마다 작품 제목이 '얼간이 윌슨'과 '얼간이 윌슨의 비극'으로 양분되어 있다.

감하면서도 다른 한편으로 과연 그런가 되묻게 된다. 리비스가 윌슨을 그처럼 높이 평가한 데는 사건 해결에서 보인 그의 사심 없음이 결정적 요인으로 보인다. 그런데 윌슨의 장점을 도슨스랜딩의 인종주의 현실과 적극적으로 연계하는 순간, 윌슨=도덕적 중심이라는 등식은 흔들린다. 실제로 1960~70년대 민권운동을 염두에 두는 트웨인 학자들 가운데 리비스의 윌슨 평가에 동의하는 학자는 거의 찾아보기 어렵다. 이제는 인종주의 이데올로기에서 벗어나지 못한 윌슨의 이런저런 한계나 문제점을 논하거나 윌슨의 비극을 미국문명의 실패라는 관점에서 읽으려는 '진보적인' 시각이 득세한 형국이다.[19]

이 같은 비판적 읽기는 특히 20세기 말에 득세한 문화연구와 결합하여 한층 세련된 논법으로 발전한 것으로 보인다. 가령 윌슨이라는 인물뿐만 아니라 작품 차원에서 관철되는 (작가의) 이중성(허위의식)을 논한 로빈슨은 윌슨의 '내면'에서 "격렬한 인간혐오와 자기 경멸, 미국에 대한 깊은 우려" 등을 끌어내면서 이를 작가 자신의 한계로 연결한다.[20] 로빈슨에 따르면 윌슨만이 아니라 소설가 마크 트웨인도 쟁점이 된다.『얼간이 윌슨』에 대한 자세한 분석 끝에 그가 내리는 결론은 이렇다. "그의 대다수 대중적인 작품에 등장하는 많은 주요 등장인물들이 그러하듯이, 그리고 그의 독자와 비평가들이 그러하듯이, 마크 트웨인도 그 스스로 시야를 열어놓은 인종주의·노예제에 관한 고통스러운 진실을 깊이, 끈질기게 들여다보기를 또다시 거부"한다.[21]

로빈슨은 트웨인 문학 전반을 다각도로 천착한 학자다. 하지만 리비스와는 다른 면에서 평가의 편향이 보인다.『얼간이 윌슨』에 관한 한 윌슨과 트웨인을 그처럼 동일시하거나 뒤섞어 논하는 것은 곤란하다. 윌슨과 작가의 관계는『얼간이 윌슨』읽기의 아킬레스건이라고 할 만큼 미묘한 쟁점이고, 그

---

19 Jerry B. Hogan, ""Pudd'nhead Wilson": Whose Tragedy Is It?" *Mark Twain Journal* 20:2(1980), 12면.
20 Forrest G. Robinson, "The Sense of Disorder in Pudd'nhead Wilson," *Mark Twain's Pudd'nhead Wilson: Race, Conflict, and Culture*, eds. Susan Gilman and Forrest G. Robinson(Durham: Duke UP, 1990) 참조.
21 위의 글, 45면.

간 학계에서도 충분히 만족할 만한 해명을 내놓았다고 보기 어렵다. 리비스부터가 윌슨과 작가의 분별을 중요한 논점으로 제시했지만 분별의 미덕을 가장 앞서 보여준 장본인은 작가 자신이다. 당대 평자들이 고평한 것과는 정반대로 트웨인은 윌슨을 하나의 인물이라기보다는 기계(플롯)의 작동을 돕는 일종의 보조장치로 간주한 것이다.[22]

문제는 윌슨을 창조한 트웨인의 견해조차 독자가 곧이곧대로 받기 어렵다는 데 있다. 윌슨이 헉 핀처럼 '복잡한 내면과 생생한 감정'을 지닌 인물은 아니라는 점에는 충분히 동의할 수 있다. 그러나 그렇다고 그를 "버튼이나 크랭크, 레버"와 같은 기계 장치로 간주해도 되는 것은 아니다. 윌슨이 '인간적 면모'가 전혀 없는 인물이라면 작품에도 심각한 결함이 있다는 것인데, 그런 의미에서도 트웨인의 말도 깎아 들어야 한다. 가령 드리스콜 판사가 어찌해서 망나니와 같은 톰을 그토록 애지중지하는가를 윌슨이 해명하는 대목만 봐도[23] 그를 버튼 같은 장치로 격하할 수 없다. 작가의 대리인에 가까운

---

22 트웨인은 이렇게 말했다. "뉴욕시에서 어제 열린 펜실베니아 대학 파월 교수의 강연―'1781년에서 1815년까지의 정치'―에는 홀 씨도 참석했다. 파월 교수는 나의 여러 작품에 담긴 유머의 진지한 깊이에 대해 여러 이야기를 했는데, 얼간이 윌슨이 명료하고도 강력하게 그려졌고 미국 소설의 위대한 창조물 가운데 하나로 살아서 자신의 자리를 차지할 거라고 했다. 이것 참 기분 좋고 예상치 않은 말 아닌가! **왜냐하면 나는 얼간이 윌슨을 하나의 인물이 아니라 기계 장치의 일부 정도로, 기계를 돌리는 데 유용한 버튼이나 크랭크, 또는 레버 정도로 생각했지 그 이상의 품위는 없다고 봤기 때문이다.** 우리 모두는 고향에서(작중 배경인 도슨스랜딩을 가리킴―인용자) 그를 그렇게 간주했다고 생각한다. 그런데 정말 이상하게도 다른 사람들 역시 얼간이 윌슨에 관해 내게 파월 교수와 비슷하게 말했던 것이다(In a lecture on "politics from 1781 to 1815," in New York last night, by Professor Powell of the University of Pennsylvania, where Mr. Hall was present, he had considerable to say about the serious deeps underlying the humor in my several books, & then said that Pudd'nhead was clearly & powerfully drawn & would live & take his place as one of the great creations of American fiction. Isn't that pleasant—& unexpected! For I have never thought of Pudd'nhead as a character, but only as a piece of machinery—a button or a crank or a lever with a useful function to perform in a machine, but with no dignity above that. I think we all so regarded him at home. Well, oddly enough, other people have spoken of him to me much as Prof. Powell has spoken). *The Love Letters of Mark Twain*, ed. Dixon Wecter(New York: Harper & Brothers, 1947), 291면. 인용문은 1894년 1월 12일자 편지의 일부이며, 강조는 인용자의 것이다.

23 이는 자식이 없어 (톰으로 변신한) 체임버스를 아무것도 모른 채 입양한 드리스콜 판사 부부의 심경을

예리한 관찰력과 판단력을 과시하는 면모도 있다면 더 말할 나위 없다. 게다가 도슨스랜딩에서 거의 유일하게 개명(開明)한 인물임을 환기하면 윌슨은 작가인 트웨인과 한 걸음 더 가까워지기도 한다. 물론 이때도 까다로운 쟁점은 그를 작가와 정확히 어느 지점까지 동일시할 수 있는가 하는 것이다. 그렇다면 트웨인이 창조한 인물들의 계보에 그를 놓고 그 면모를 한번 가늠해보는 것도 필요하겠다.

윌슨의 원형(原型)으로는 음모와 살인, 재판 등이 벌어지는 가운데 마을의 영웅으로 부상하는 톰 소여가 단박에 떠오른다. 톰 소여의 지략은 순수한 소년에 딱 어울리는 만큼만 발휘된다. 그런가 하면 윌슨은 마법사 멀린에 맞서 기술문명의 성과를 교묘하게 이용하면서 아서 궁전을 평정하는 그 양키의—『아서 왕 궁전의 코네티컷 양키』의 주인공의—사촌이라 할 만한 면모의 소유자이기도 하다. 그렇다면 '도덕의식(Moral Consciousness)'이 전혀 없으면서도 인간사의 모든 폭력과 부조리를 폭로하는 『기이한 이방인』의 '사탄'은 어떤가. 이 경우 도슨스랜딩이라는 인종주의 사회의 모순에 대한 그 어떤 인식도 드러내지 않은 채 그런 사회의 비극을 규명하고 해결하는 점에서 윌슨은 사탄의 인간적 버전이라 할 만하다.

여기서 윌슨의 서사적 계보를 열거한 것은 다른 이유가 아니다. 윌슨이 트웨인의 작품세계에서 평지돌출의 '인물'이 아님을 좀 더 확실하게 인식하고 그의 문제 해결도 작가 특유의 서사적 곡예의 소산이라는 점을 냉철하게 읽어내기 위함이다. 톰 소여, 코네티컷 양키, 이방인으로서의 사탄 모두는 제각각 미국 문명의 어둠을 은폐하기도 하는 문제적 해결사로서의 면모를 갖는 인물이라는 것이다. 그렇다면 이들과 친족 관계인 윌슨에 대해 물음은 불

---

윌슨은 인간적으로 헤아리는 대목을 염두에 둔 것이다. 20년 넘게 자식을 기다렸으나 허사에 그친 드리스콜 판사 눈에는 톰의 결함이 눈에 보일 리 없었음을 윌슨은 철학자적 눈으로 날카롭게 투시한 것이다.(PW 98)

가피하다. 그가 무슨 문제를 어떻게 해결했다는 것인가? 재판정의 윌슨은 확실히 해결사로서의 자질을 거의 완벽하게 구현한다. 요컨대 그는 '탐정 플롯에서 나온 신(deux ex detective plot)'이다. 이러한 플롯에 관한 한 그의 활약은 법정에서 인디언 조(Injun Joe)의 살인을 명명백백하게 밝혀내 포터(Muff Potter)의 무죄를 입증한 톰 소여의 색다른 부활이다.

윌슨은 뉴욕주 출신으로 대학 교육을 받고 동부에서 법학으로 대학원 과정까지 마친 인물이다. 한마디로 동부의 개명한 지식인이다. 그가 도슨스랜딩까지 흘러 들어온 것은 물론 '출세'를 위해서다. 그런데 마을에 도착한 바로 그날 그의 농담 한마디로 운세가 결정된다. 즉, 어디선가 개 짖는 소리를 듣고서 그가 불쑥 내뱉은 말, 즉, "저 개의 절반을 가지면 좋겠다"는 농이 마을 사람들에게 바보의 징표로 받아들여지기 때문이다.²⁴ 도슨스랜딩에 정착한 이후 그가 팔푼이가 아니라는 사실이 드리스콜 판사에게 즉각 인지되지만 별명만은 족쇄처럼 남아 변호사 개업에도 치명적인 영향을 준다. 결과적으로 그는 "아이디어들의 우주에서 생겨난 모든 새로운 것에 흥미를 느끼고 새로운 것을 연구하고 실험"(PW 8)하는 것을 소일거리로 삼는다. 특히 지문을 채취하고 그 형태를 분석하는 데 열중한다. 이러한 윌슨은 무척이나 특이하지만 트웨인 작품세계 전체를 두고 보면 특이하다기보다는 전형적이다.

이는 윌슨이 노예제사회 도슨스랜딩의 '이방인'이라는 점을 주목한 발상이다. 윌슨은 도슨스랜딩이라는 노예제사회의 '외부'에 존재하고 그의 외부

---

24 비유 차원에서 반은 살고 반은 죽은 개라는 비유가 작품 전체에 퍼뜨리는 파장은 그야말로 시적 기발함의 효과라고 할 만하다. 절반으로 나눈 개라는 표현은 한편으로는 체임버스와 톰의 파국적인 분리 또는 자리바꿈을 묘하게 암시하는 기상(奇想)이다. '묘하게'라는 표현은 육안으로 구분할 수 없을 정도로 비슷한 두 아기의—주인과 노예라는—자리를 바꾸는 사건이 둘로 나눈 개라는 비유와 연결되지 않는 것 같으면서도 연동되는 면이 있기 때문이다. 다른 한편으로 개 비유는 쌍둥이지만 기질을 포함한 모든 것이 극적으로 반대인 카펠로와 루이지를 떠올리게 한다. 윌슨의 비유적 농담이 작품에서 갖는 이 같은 여러 함의에 관한 논의는, Marvin Fisher and Michael Elliot, ""Pudd'nhead Wilson": Half a Dog is Worse than None," PW 304~315면 참조.

성은 양가적이다. 그는 한편으로는 도슨스랜딩을 객관적으로 볼 수 있지만 다른 한편으로는 그 사회의 현실과 동떨어진 제3자 입장에 서 있다. 객관적으로 볼 수는 있으되 사실상의 국외자이다. 그렇다면 이중의 입지에 있는 윌슨이 논란거리인 것도 이유가 있는 셈이다.

트웨인은 윌슨을 동부의 개명한 지식인으로 제시하면서도 인종주의 그 자체의 문제점을 파고들 만큼의 비판적 지성으로 제시하지는 않은 것이다.[25] 그렇다면 이것이 작품의 결함인가? 딱히 그렇게 단정할 수는 없다. 윌슨의 형상화에 관한 한, 1830~50년대에 걸친 작품의 시공간에서 인종주의의 허위의식을 꿰뚫어 보는 지성으로 설정한다는 것 자체가 오히려 관념적인 인물 형상화일 수 있기 때문이다. 남부 관습의 전근대적 부조리함을 일면 예리하게 의식하면서 톰 드리스콜의 인간성을 입체적으로 이해하는, 그러면서도 반평생 가까이 살아온 노예제사회에 이렇다 할 반감도 없이 지문 인식이라는 (당시로서는) 첨단과학에도 흥미를 느끼는 인물로 그린 것은 역시 트웨인의 탁월한 현실 파악과 역사적 균형 감각을 말해주는 표징들이다.

지금까지 확인한 기초 사실은 윌슨이 톰과 같은 인물의 문제점이나 그 양부(養父)의 됨됨이를 속속들이 파악하면서도 노예제사회의 인종주의에 대해서는 별다른 인식이 없는 인물이라는 것이다. 트웨인이―집필 의도에 설혹 인종주의 비판이 포함된다손 치더라도―그런 '생각 없는' 윌슨을 앞세워 도슨스랜딩이라는 노예제사회를 비판하거나 대안을 제시했다면 그와 같은 비판과 대안이 온전할 리 없다. 그렇다면 윌슨의 '내면'이 뭔가 공허하게 느껴지는 것도 이유가 있는 셈이다.[26] 윌슨이 "탁월하게 문명화된 도덕적 중심"

---

25 물론 책력까지 고려하면 그렇게 단언하기 힘든 면이 생기는 것이 사실이다. 하지만 책력을 염두에 두고 인종주의 비판을 화두로 삼는 경우 책력의 저자 윌슨과 작중인물인 윌슨의 분열 양상이 더 강하게 부각된다는 점에서 윌슨을 비판적 지성으로 보기는 어렵다.
26 윌슨이 자신의 성공을 스스로 의식할뿐더러, 성공의 비극적 이면까지도 알고 있다고 주장하는 논자도 없는 건 아니다. 가령 James E. Caron, "Pudd'nhead Wilson's Calendar: Tall Tales and a Tragic Figure,"

이라는 리비스의 평가를 액면 그대로 받을 수 없는 데도 나름의 확고한 근거가 있다는 말이다.

## 3-2. 책력이라는 서사 형식이 던지는 실마리

'해결사' 윌슨이 성공한 문제 해결의 얄궂은 역설은 그것이 노예경제의 톱니바퀴들이 맞물려 돌아가는 체제의 동력으로 활용된다는 데 있다. 일견 해피엔딩처럼 보이는 결말은 도슨스랜딩 사회에서 출세에 성공한 윌슨의 문제 해결이 안고 있는 딜레마를 부각할 뿐이다. 이 딜레마를 제대로 읽어내려면 『얼간이 윌슨』의 서사 형식에 대한 좀 더 면밀한 분석이 필요하다. 이는 윌슨의 출세가 살인사건에 연루된 모든 이의 불행을 낳는 아이러니 자체를 다시 작품의 역사적 문맥으로 되돌려 읽는 작업이다. 그러자면 일단 윌슨이 작중 인물로서의 윌슨이라는 당연한 사실도 더 깊이 고려해야만 한다. 그 중요한 실마리는 서사 형식에 숨어 있다.

실마리를 다루는 트웨인의 재간은 교묘하다. 앞서 분석했다시피 그는 '얼간이 윌슨'을 인종주의의 모순을 진지하게 성찰하지 않는 인물로 그렸다. 그러면서도 윌슨 자신이 쓴 것으로 설정된 책력을 통해 독자로 하여금 그 모순에 대해 생각하도록 강제했다. 책력은 서사의 '바깥'에 존재하지만 동시에 서사의 내용에 관여한다는 말이다. 물론 각 챕터의 맨 앞머리에 붙은 "얼간

---

*Nineteenth-Century Fiction* 36:1(1982), 468~470면 참조. 논자는 그렇게 주장하면서 "만약 윌슨이 도슨스랜딩의 더 큰 문제들을 알고 있다면 왜 그는 분명히 말하지 못하는 것인가? 왜 행동하지 못하는 것인가"라는 식으로 물음을 던진다. 그러면서 나름의 해답도 제시하는데, 그 이유는 "도덕적 개혁을 수행하려는 시도는 자주 새로운 악을 낳기 때문이"라는 것이다. 이런 자문(自問)은 논자의 자의적인 의도에서 비롯되었을 뿐만 아니라, 자답도 트웨인 말년의 '비관주의'에 대한 상투적인 관념에 기초한 것으로 봐야 한다.

이 윌슨의 책력(Pudd'nhead Wilson's Calendar)" 자체가 새로운 형식은 아니다. 하지만 트웨인의 기예는 독특한 면이 있다. 주인공 윌슨이 책력의 저자 윌슨과 심각하게 모순 또는 대립되는 상황에서 책력은 시시때때로 서사의 흐름과 직간접적으로 연관하여 의미심장한 힌트를 던진다는 것이다.

리비스는 주목하지 않았지만 트웨인 학자들이 이 작품의 고전적 위상을 부정한 근거 가운데 하나도 그 대립 내지는 불일치의 서사적 양상이었다.[27] 이 불일치에 관한 한, 이를 빌미로 흠을 잡는 것은 다분히 형식주의적 접근이라고 본다. 책력이 사태의 전개를 암시하거나 비유하는 기능을 넘어서 의표를 찌름으로써 독자에게 서사의 '바깥 세계'에 대해서도 비판적 사고의 여지를 남기고 또 그런 사고를 유도하고 있다면 말이다.[28] 가령 드리스콜 판사도 책력을 읽고서 윌슨이 '얼간이'가 아님을 확신하니, 적어도 서사의 세계에서 책력은 작가가 아니라 윌슨의 '작품'이다. 그런데 묘한 것은, 책력과 윌슨을 서사의 바깥에서 조망하는 독자는 윌슨은 물론이고 책력도 트웨인의 창조물임을 잘 알고 있지만 그 윌슨을 책력을 통해 어떻게 자리매겨야 하는지 헷갈린다는 점이다.

그러니까 윌슨의 책력을 작가가 각 장 첫머리마다 붙여놓고 그 책력을 작중인물이 쓴 것으로 설정했다면, 트웨인은 왜 굳이 책력이 윌슨의 '작품'인 것처럼 시치미를 떼는 것인가 하는 물음도 제기된다. 책력의 기능이 본문의

---

27 F. R. 리비스와 L. 피들러의 『얼간이 윌슨』론을 검토한 체이스는 이 작품이 '고전'에 도달하지 못한 이유를 여러 근거를 들어 제시했다. 요점만 제시한다면, "행위자들과 행위 사이의 분열이 작품 전반에 걸쳐 있"어서 작품의 도덕적 전언을 치명적으로 훼손한다는 것이다. 체이스의 발언 가운데는 귀담아들을 발언이 없는 것은 물론 아니다. 그러나 전반적으로 해석자의 특정한 가치관을 해석의 전제조건으로 설정한 상태에서 행하는 비판이라서 설득력은 떨어진다. Richard Chase, *The American Novel and Its Tradition* (Baltimore: Johns Hopkins UP, 1957), 149~156면 참조.

28 책력의 내용을 범주화해서 분류하고 분석한 밀러 교수는 이렇게 평가한다. "책력의 경구들이 소설의 적법한 일부이며, (인물들의―인용자) 행위에 대한 인물 평가와 논평 모두를 제공한다." 그런 논평의 양상에 대한 좀 더 자세한 논의는 Jim Wayne Miller, "Pudd'nhead Wilson's Calendar," *Mark Twain Journal* 13:3(1966), 8~10면 참조.

내용을 촌철살인적으로 설명하거나 요약하는 선에서 끝나지 않기에 물음은 필연적이다. 『얼간이 윌슨』 읽기에서 관건은 그런 물음이 열어주는 생각의 길을 따라가는 일이다.[29] 그러면 책력은 **작품의 일부로서** 도슨스랜딩, 더 나아가 미국의 인종주의에 대해 어떤 사유를 촉발하는가? 이 물음의 지평을 넓히기 위한 맞춤한 방편은 반(反)노예제와 인종주의 비판의 기치를 높이 든 스토우(Harriet Beecher Stowe, 1811~1896)의 장편 『엉클 톰의 오두막』이 제격일 듯하다.

『엉클 톰의 오두막』은 훌륭한 저항 소설이고 지금도 새겨 읽을 만한 작품이다. 하지만 독자의 더 근본적인 성찰을 북돋는 서사의 지평은 상대적으로 닫혀 있다. 원인은, 스토우의 노예제 비판이 감상(感傷)이 동반된 고발과 심판으로 점철되면서 주인공인 엉클 톰을 명실상부한 제2의 예수로 신성화하는 감상주의 서사 자체에 있다. 물론 바로 그 점이 고발의 신랄함을 배가하고 당대의 반노예제 정서를 대대적으로 증폭시킨 것은 사실이다. 하지만 그러한 폭발이 언제나 성찰의 여지를 확대하는 것은 아니다. 노예제의 뿌리에 대한 사유가 고발과 폭로로 대체되는 경향이 강해질수록 그렇다. 그러면 다채로운 풍자와 아이러니를 발동시키는 책력이 가세하는 『얼간이 윌슨』은 어떤가? 미국 서부 특유의 허풍(Tall Tale) 형식으로 본문의 필수적인 일부를 이루는 책력은 윌슨의 문제 해결 자체를 문제 삼는 뜻밖의 효과도 발생시킨다.

작중 이야기의 흐름을 책력에 비춰보면서 생각하는 독자라면 자연스럽게 시선을 **책력의 저자 윌슨과 등장인물 윌슨, 나아가 트웨인 자신과도 구분되**

---

29  체이스 교수는 "윌슨 자체는 독창적인 사람—하지만 일종의 한 타입이기도 하다. 그건 그가 무엇을 느끼고 행동할 때 왜 그런 행동을 하는지 대부분 우리는 결코 알 수 없기 때문이다"라고 쓴 바 있다. Richard Chase, *The American Novel and Its Tradition*, 156면. 책력의 이 문장 역시 작가가 윌슨이라는 인물의 가면을 쓴, 트웨인이 윌슨을 활용해 일종의 복화술을 구사한 문장으로 해석해도 상황은 크게 달라지지 않는다. 그러나 바로 그렇기 때문에 작품 전체의 맥락으로 되돌려 이 책력을 해석해볼 필요가 커진다.

는 작품 자체로 돌리리라 본다.[30] 이 경우 윌슨이 과연 어떤 의미에서 인종주의 모순을 폭발시키는 록시-톰 플롯의 '해결사'인가를 심층적으로 따지면서 작가의 사적인 의도로 환원될 수 없는 작품의 면모를 규명하는 작업이 관건이다. 거듭 강조하지만 윌슨의 활약에도 불구하고 톰-록시 플롯을 만들어낸 근원으로서의 인종주의는 전혀 타격을 입지 않는다.[31] 도슨스랜딩의 사회 질서도 결말에 가면 더 공고해질 뿐이다. "드라마의 균형 잡히고 탁월하게 문명화된 도덕적 중심"으로서의 윌슨과 인종주의의 관계를 다시 묻는 것도 그런 맥락에서다. 도슨스랜딩 사회의 인종주의적 질서에 관한 한 그는 도덕적 중심이기는커녕 인종주의 이데올로기를 재생산하고 강화하는 '중심'이다.

우리는 이런 윌슨이 주역으로 활약하는 추리·탐정 서사를 윌슨 플롯으로 명명했다. 윌슨 플롯은 말 그대로 표리부동한 기능을 수행한다. 한편으로는 노예제사회의 실상을 비판적으로 탐구하는 데 절묘하게 기여하면서 다른 한편으로는 인종주의 이데올로기의 재생산·강화에 동원된다. 톰-록시 플롯은 흑백을 막론하고 그 관습적 허구가 모든 인물의 무·의식을 장악하고 있음을 폭로한다. 쌍둥이 플롯은 도슨스랜딩 사회의 풍속을 여실하게 재현하면서 흑과 백을 위계 서열화한 인종주의의 허구에서 기원한 살인사건의 촉매제 역할을 수행한다. 범인을 밝히고 '심판'함으로써 완성되는 윌슨 플롯은 성과 인

---

30 그런 형식상의 불일치를 비판할 때 사려 깊게 고려해야 할 점은 윌슨의 책력이 『적도를 따라서(Following the Equator)』(1897)에도 각 장마다 붙어 있는데 그런 책력과 『얼간이 윌슨』의 책력이 어떻게 다른가 하는 단순한 물음이다. 간단하게 답한다면 트웨인은 『얼간이 윌슨』에서 보이는 불일치보다 촌철살인의 유머와 풍자를 자신의 일부가 투사된 윌슨을 통해 서사의 흐름과 연계하는 데 더 관심이 있었다고 판단된다.
31 재판정에서 아기를 바꿔치기한 록시의 동기에 대해 윌슨은 "우리가 모르는 어떤 이유로, 그러나 틀림없이 이기적인 목적 때문에"라고 진술한다.(PW 118) 그러나 도슨스랜딩이 노예제사회라는 것을 의식하는 독자라면 이 진술이 진실의 절반에—그나마도 피상적인 절반에—불과하다고 생각할 수밖에 없다. 노예제사회라는 것을 염두에 둘수록 록시의 동기에 관해 이토록 천진스럽게 추측하는 것은 쉽게 납득하기 어렵다는 말이다. 그렇다고 이를 작품의 한계로 단정할 일은 아니다. 뒤집어 생각해보면, 윌슨의 '순진한 추측'이 역설적으로 도슨스랜딩 사회의 인종주의적 질서가 얼마나 강고한가를 역설하는 면도 있기 때문이다.

종, 계급의 모순들이 어떻게 폭발적으로 상호작용하는가를 예시한다.

폭로와 폭발 과정에서 책력을 통해 확대되는『얼간이 윌슨』의 서사적 딜레마에 주목해보자. 윌슨이 재판정 안팎에서 '해결사'로 사건의 진범을 추리해가는 논리적 단계는 딜레마의 성격이 역설적으로 명확해지는 과정이다. 사실 인디언 조의 범행을 증언한 톰 소여의 활약이 그러했듯이, 윌슨이 주도하는 재판은 탐정소설의 익숙한 장면이다. 아귀가 정확히 맞아떨어지는 주도면밀한 탐정 서사는 트웨인이 얼마나 임기응변에 능한 작가인가를 예증하는 사례일 뿐이다.『얼간이 윌슨』의 백미는 역시 재판 이후의 짤막한 후일담인 결론 장과 결론을 정리하는 책력의 문장이다. 윌슨이 살인사건의 진범을 밝히고 난 이후 상황을 정리한 마지막 장은 작가의 정치적 견해나 신념을 떠난 서사가 어떻게 스스로를 마무리하는가를 보여주는 탁월한 표본이다. 결론 챕터의 마지막 대목은 이렇게 간명하다.

가짜 상속자(록시의 아들 톰 드리스콜—인용자)는 모두 자백했고, 종신형을 선고받았다. 그러나 복잡한 상황이 발생했다. 퍼시 드리스콜 가문의 상황은 주인이 사망할 때 아주 안 좋았기 때문에 엄청난 빚의 60퍼센트만 탕감할 수 있었고, 그 선에서 타결되었다. 그러나 이제 채권자들이 다시 나서서 자신들은 전혀 잘못이 없는 오류로 인해 가짜 상속인이 당시에 재산 목록에 포함되지 않았으며, 따라서 자신들은 큰 손실을 입었노라고 이의를 제기했다. 그들은 '톰'이 합법적으로 자기들의 재산이며 지난 8년간 그러했다는 점, 그리고 오랜 기간 톰의 노역을 받지 못함으로써 충분히 손실을 입었다는 점과 그 같은 손해가 더 이상 발생해서는 안 된다는 점, 만약 처음부터 톰이 자기들에게 넘겨졌더라면 그를 매각했을 것이고 그러면 그는 드리스콜 판사를 살해할 수 없었으리라는 점, 따라서 진짜 살인을 저지른 죄는 그에게 있지 않고 오류가 난 재산 목록에 있다는 점 등을 정당하게 주장했다. 모두가 이 주장에 타당성이 있다고 생각했다. '톰'이 백인이고 자유인이라면 그를 처벌하는 것이 정의로운 일이라는 점은 누구나 군말 없이 인정했다. 그로써 아무도 손해 볼 것이 없었다. 그러나 값나가는 노예를 평생 가둬놓는다는 것, 그건 전혀 다른 문제였다.

주지사는 이 사건을 이해하자마자 톰을 즉각 사면했고, 채권자들은 그를 강 아래로 팔아버렸다.(PW 121)

작품의 결론 장은 확실히 딜레마의 형식으로 제시된 문제 해결을 보여준다. 얼핏 이 결론 장은 사유재산제에 의해 뒷받침되는 노예제의 냉혹한 실상을 증언하는 듯하다. 그러나 작품은 증언에 그치지 않는다.

아이 바꿔치기와 연관된 실타래를 모두 풀어버린 윌슨, 삶의 모든 희망이 꺼져버려 교회에서밖에는 위안을 구할 수 없게 된 록시, 이제 주인이 되었으나 골수까지 스민 노예근성을 떨칠 수 없는 체임버스의 운명을 배분하는 방식은 그때까지 진행된 서사의 깔끔한 요약이다. 요약에 이어지는 이 그로테스크한 결론은 록시의 모성이 저지른 '범죄'의 사필귀정이다. 그로써 도슨스랜딩의 인종주의도 경제를 통과해야만 하나의 현실로 현상(現像)될 수 있음을 더할 수 없이 간결하게 보여준다. 그러나 문제 해결사로서의 윌슨의 문제는 그대로 남는다.

살인사건을 해결하지만 인종주의 질서를 고스란히 복원시키는 윌슨의 '문제'를 작가인 트웨인 자신이 정확히 어떻게 생각했는지는 알 수 없는 일이다. 이는 관련 자료를 실증적으로 검토한다고 해서 해소될 사안이 아니다. 로버트 모스(Robert Moss)처럼 집필과 출간 당시 트웨인의 일기와 편지, 초고, 수정 원고 등을 샅샅이 살피고 인종주의 비판이 작가의 핵심 관심사가 아님을 밝혔다 해도 창작 당시 작가의 머릿속에서 어떤 일이 일어났는가는 추측의 영역을 벗어나기 힘들기 때문이다.[32] 그렇다면 다시 물어보자. 살인사건의 해

---

[32] 물론 추측이나 추론만이 남는다면 작가의 의도가 인종주의 비판과 무관했다는 가정을 해볼 수도 있다. 만약 그 경우라면 인종주의의 허위의식이 성차별주의나 계급주의 같은 허위의식들과 얼마나 강고하게

결이 결말의 해피엔딩에 잔뜩 먹구름을 드리운다면—더 나아가, 윌슨으로 하여금 모든 문제를 해결하게 했으나 도슨스랜딩의 확고한 인종주의 질서를 재확인했을 뿐이라면—윌슨의 책력은 어떤 역사적 진실을 들려주고 있는가?

## 4. 인종주의의 무간지옥은 어떤 모습인가

노동력을 제공하는 재화(財貨)로서의 노예—『얼간이 윌슨』의 결론 장이 증언하는 것이 노예제 경제의 실상뿐이라면 그에 관한 증언은 자본주의근대에서 전혀 새로운 것이 아니다. 악명 높은 예로 1781년 종(Zong)호 대학살이 당장 떠오른다. 경험과 지휘 미숙으로 난관에 빠진 대서양 노예무역선인 종호의 선장이 상품인 노예들을 바다로 '투기'하고 보험금을 타내려고 했던 바로 그 사건 말이다. 자연사한 노예의 손실에 대해서는 보험금 지급이 되지 않았다. '노예 화물'이 손망될 경우에는 물론 지급되었다. 요컨대 해당 손실을 선주와 보험사가 공동으로 부담하는 공동해손 약관이 존재하지 않았다면 투기는 발생하지는 않았을 것이다. 무간지옥이 따로 없는 그 참혹한 진상은 Gregson vs. Gilbert라는 법정 기록과 판결문으로 박제되어 우리에게 전해진다.

이 대목에서는 진실을 말할 수 있는 이들이 수장된 이야기의 증언 불가능성과 씨름한 누르베세 필립의 불립문자의 파편시(破片詩)도 기억할 필요가 있지만[33] 지금 우리의 관심은 『얼간이 윌슨』의 책력이다. 책력은 거의 완벽

---

결합할 수 있는가를 드러낸 『얼간이 윌슨』은 작품의 승리로 '작가의 패배'를 예증하는 또 다른 사례가 된다. 그러나 정반대로 인종주의 현실에 대한 작가의 비판의식이 창작 동기로 작용했다면 어떤가? 그러면 『얼간이 윌슨』은 그야말로 문제작이 된다. 아이 바꿔치기의 비밀을 드러내고 살인사건을 해결한 윌슨의 성공이 모든 이의 불행을 불러오는 아이러니를 넘어서, 모·성과 경제의 모순이 합작한 도슨스랜딩의 총체적 비극을 아무런 대안 없이 재연하는 것처럼 보이기 때문이다.

33 M. NourbeSe Philip, *Zong!* (Middletown: Wesleyan University Press, 2008).

하게 (노예제) 경제의 지배를 증언한 결론 장의 의미를 우리가 어떻게 역사적으로 사유해야 하는가에 대해 중요한 실마리를 담고 있다. 첫 장의 책력은 이렇다. "진실을 말하든지 뻥을 쳐라—중요한 것은 요령으로써 해내는 일이다(Tell the truth or trump—but get the trick)." 카드 게임에서 상대방을 이기기 위해 패로 속임수를 쓰는 "trump"를 진실 말하기와 교묘하게 엮어놓은 문장이다. 이는 '거짓말'에 대한 독특한 철학을 견지한 작가다운 경구라 할 만하다.[34] 인종주의의 실상을 어떻게 하면 사탕발림하면서도 진실되게 전달할 수 있을까를 고민한 작가의 일면을 엿볼 수 있다. 마지막 장에 가면 경구는 이렇게 발전한다.

"거짓말을 할 줄 모르는 사람일수록 누가 거짓말을 하는지를 가장 잘 판단할 수 있다고 생각하는 경향이 있다(It is often the case that the man who can't tell a lie thinks he is the best judge of one)."(PW 120)

여기서 초점은 단순히 진실이냐 거짓이냐를 가리는 일이 아니다. '소설'이라는 허구를 쓰는 작가는 인간이 현실로 만들어버린 '허구'로서의 인종주의와 그 진실을 어떻게 드러낼 수 있는가가 핵심이다. 이 핵심이라는 것은 전혀 간단치 않다. 그 자체가 허구와 완전히 분리되지 않는 소설로써 인종주의라는 허구를 밝혀야 하기 때문이다.

이러한 밝힘에 관한 한 소설가 트웨인은 『얼간이 윌슨』에서 참으로 절묘한 재주를 부렸다. 그는 한편으로 록시와 톰, 체임버스가 각자의 처지에서 맞게 되는 비극을 통해 흑백의 위계가 노예제가 만들어낸 '허구'에 불과한 것일 뿐임을 속속들이 폭로한다. 그러면서 다른 한편으로 그런 폭로가 무색하

---

[34] 그런 철학을 보여주는 마크 트웨인의 대표적인 에세이는 "On the Decay of the Art of Lying," *The Stolen White Elephant and Other Detective Stories*(Oxford UP, 1996) 참조.

게도 모·성과 경제가 합세한 인종주의 이데올로기의 현실 장악력이 얼마나 물샐틈없는가를 어찌해볼 도리가 없을 정도로 그려냈다. 양립하기 힘든 작가의 '이중 플레이'가 여기서 끝나는 것도 아니다. 이 모순적인 상황은 작중인물인 데이비드 윌슨에서 비롯되고 그는 작중의 모든 상황을 해결한 것처럼 보이지만 실상 해결한 것은 아무것도 없다. 오히려 도슨스랜딩의 인종주의적 질서가 더 공고해졌으니, 이는 '얼간이 윌슨이 확인 사살한 비극'이라고 부른다면 딱 맞는 표현일 듯하다.

그렇다면 모든 것이 노예 소유주들의 무자비한 경제 논리로 귀결되는 작품의 결말은 자본주의의 '바깥'을 독자로 하여금 어떻게 상상하게 하는가? 마지막 장의 마지막 책력은 『얼간이 윌슨』의 결론 챕터에 대한 최후의 정리다.

"10월 12일, 발견. 아메리카 대륙의 발견은 멋진 일이었지만, 발견하지 못했더라면 더 멋졌을 것이다(October 12, the Discovery. It was wonderful to find America, but it would have been more wonderful to miss it)."(PW 121)

『얼간이 윌슨』의 모든 비극이 아메리카 대륙의 '발견'에서 시작되었음을 암시하는 이 책력의 의미를 텍스트 전체의 맥락으로 되돌리는 순간, 작중인물로서의 윌슨과 책력의 저자 윌슨 사이의 분열적 간극도 돌이킬 수 없다. 동시에 성차별주의와 인종주의, 계급주의가 합작하여 끊임없이 재생산하는 미국이, 그런 미국으로 표상되는 자본주의근대의 실상이 성찰의 지평으로 확실하게 들어온다. 그러한 근대가 만들어낸 세 가지 허위의식은 가히 히드라적 생명력을 갖는바, 진화를 거듭하는 '괴물'에 대한 트웨인의 거의 절망적인 인식이 책력의 저자 윌슨과 등장인물 윌슨의 분열 및 마지막 책력과 같은 촌철살인을 낳았으리라는 해석도 가능해진다.

이 문장은 노예제 경제의 논리가 무자비하게 관철되는 결말을 두고두고 곱씹게 한다. "아메리카 대륙의 발견은 멋진 일이었지만, 발견하지 못했더라면 더 멋졌을"거라는 경구가 작중인물인 윌슨의 머릿속에서 나왔으리라고 믿기 어렵다.[35] 작중인물로서의 윌슨과 책력의 저자로서의 윌슨이 모순적으로 갈등하는 양상에 초점을 맞춘다면, '아메리카 대륙을 발견하지 못했더라면 더 멋졌을' 거라는 책력의 일격은 가능성과 새로움의 땅으로서의 아메리카 대륙에서 지배자 백인들이 어떻게 자신의 꿈을 배반해왔는가를 풍자하는 차원으로 작품의 서사 지평을 확대할 수 있다.

그렇게 확대할 때 톰-록시 플롯과 쌍둥이 플롯을 하나의 서사로 수렴하는 윌슨 플롯의 주인공 윌슨이 인종주의에 대해서 아무런 문제의식이 없다는 사실도 새로운 조명이 가능하다. 그가 쓴 것으로 되어 있는—하지만 독자로서는 그렇게 믿기 힘든—책력은 뛰어난 지력의 소유자지만 인종주의 현실에 대해 아무런 문제의식이 없는 윌슨을 도슨스랜딩이라는 인종주의 사회의 산물로 자리매기게 한다는 것이다. 그 같은 자리매김의 과정을 진지하게 성찰한다면 해결사 윌슨의 한계를 (로빈슨 교수처럼) 작가 개인의 한계로 직결시키는 해석과 거리를 둘 수밖에 없다. 책력을 쓴 윌슨과 작중인물로서의 윌슨이 그렇게 분열되어 있다는 점 자체가 성차별주의·계급주의와 화학반응을 일으키면서 악성으로 진화한 인종주의의 파괴력과 자본주의근대 경제 논리의 가공할 위력을 말해준다. 그러한 근대를 극복하겠다고 나서는 모든 시도가 무수한 상(相)들을 만들어내고 그 과정에서 관념의 노예들이 생겨나는 것도 우연이 아니다. 요컨대 작품 읽기에서도 중요한 것은 그러한 극복의 상 자체를 해체하는 일이다. 따라서 자본주의근대의 파괴적 현실로 인해 데이비드 윌슨, 나아가 작가인 트웨인도 그렇게 분열될 수밖에 없었다는 식의

---

[35] 그런 맥락에서 윌슨을 "철학자, 과학자, 유머리스트, 탐정, 변호사, 그리고 시장, 이 모든 것을 종합한 미국의 르네상스 인간"으로 읽는 것은 과장이다. John Carlos Rowe, "Fatal Speculations: Murder, Money, and Manners in *Pudd'nhead Wilson*," *Mark Twain's Pudd'nhead Wilson: Race, Conflict, and Culture*, 154면.

'원만한 해석'도 만족스러울 수 없다.

물론 『얼간이 윌슨』의 '분열'은 트웨인이 자본주의근대에 대한 근원적 성찰을 온전한 작품으로 구현하는 데 어떤 장애물을 만났는가를 암시하는 하나의 물증으로 남는다. 이 물증이 진정 뭘 말해주는가는 어찌 보면 자명하다. 제아무리 재능 있는 작가라 하더라도 노예제의 직접적 피해자인 흑인들 자신의 목소리를 트웨인이 작품으로 대변할 수는 없었을 테니 말이다. 그런 맥락에서 소설가 트웨인의 한계는 역사적 차원에서 사유해야 하는 문제가 된다. 할렘 르네상스 시대로 일컬어지는 1920년대에 가서야 비로소 소설의 세계에서도 흑인이라는 존재가 진정으로 살아 있는 인간으로서의 품격을 부여받게 되고, 리처드 라이트의 등장을 기점으로 마침내 흑인의 분노가 인종주의 현실에서 한결 정확한 타격 지점을 찾는다는 점에 비춰 트웨인에 대한 재평가를 시도할 수도 있다는 것이다.

20세기에 들어 본격적으로 개화한 흑인문학을 그렇게 상기할 때 확인되는 또 다른 일면은, 작가인 트웨인과도 어느 정도 분리해서 생각해야 하는 작품의 소설적 성취다. 사법의 정의를 실현했으되 만악(萬惡)의 근원인 노예제에 대해서는 아무런 대안을 제시하지 못한 작중인물 윌슨의 아이러니조차 책력은 작가 당대의 맥락에 자리매긴다. '얼간이'라는 별명도 한 번 더 비틀어 출세한 윌슨 시장(市長)에게 붙일 때 역사적 아이러니가 더 뚜렷해지면서 결말의 비극이 왜 아메리카의 '발견'이 초래한 필연적 사건인가가 밝혀지는 것이다. 그렇다면 『얼간이 윌슨』을 두고 이런 평가도 가능하다. 즉, 인종주의 이데올로기의 감염력을 누구보다 더 예민하게 감지하고 스스로 '양심'의 문제를 심문한 트웨인이었기에 바깥의 '자명한 적'을 상대해야만 했던 흑인 작가들의 투명한 고뇌와는 성격이 다른 차원의 사유와 문제 제기가 가능했다는 것이다.[36]

---

[36] 이렇게 본다면 트웨인의 문학이 흑인문학의 성숙에 하나의 밑거름이 되었다는 평가는 충분히 가능하며, 그 같은 밑거름으로서의 이바지가 있었기에 흑인문학도 그 자신의 '흑인성'에 도달할 수 있었다고

말년의 트웨인 하면 가족과의 때 이른 사별로 인해 작품세계까지 비관주의·염세주의로 경도되었다는 비판이 지금도 심심찮게 제기된다. 그러나 『얼간이 윌슨』에 관한 한 "(작가가 아니라—인용자)『얼간이 윌슨』의 태도는 냉소주의나 비관주의와는 거리가 멀다(The Attitude of Pudd'nhead Wilson is remote from cynicism or pessimism, PW 266)"는 리비스의 언명을 다시 상기할 필요가 있고, 트웨인의 인종주의 비판도 후기로 갈수록 서구의 제국주의와 휴머니즘(인도주의) 자체의 모순과 야만성에 대한 통찰로 깊어진다는 사실 역시 고려해야 한다.

서양의 기술과학주의를 심문하는 『아서 왕 궁전의 코네티컷 양키』를 포함하여 여행기인 『적도를 따라서』(1897)는 식민주의의 억압과 폭력으로 얼룩진 백인 문명의 주변부를 탐사하고 비판한 사례다. 트웨인은 그 과정에서 『인간이란 무엇인가?(What is Man?)』(1906)의 철학적 문답 서사와 『기이한 이방인』에서 드러나는 인간의 도덕의식에 대한 일련의 심문이 웅변하듯이 자본주의근대와 양립하기 힘든 '인간다움' 그 자체에 대한 근원적인 물음을 거듭 제기한 것이다.

## 5. 작품 읽기와 '악마' 인도하기

자본주의근대가 극복해야 하는 역사적 시대라면 당장 문학이 할 수 있는 역할은 미미하게 보일 수밖에 없다. 문학의 자리는 당장의 처방을 내려주는 데 있지 않기 때문이다. 문학의 존재 이유 중 하나는 독자로 하여금 이 시대

---

말할 수도 있다. 록시라는 인물로 한정한 페미니즘의 관점이지만 이런 문제의식과 상통하는 논의는, Jocelyn Chadwick, "Forbidden Thought: New Challenges of Teaching Twain's, *The Tragedy of Pudd'nhead Wilson*," *The Mark Twain Journal* No.1 (2003), 85~95면 참조.

가 어찌하여 이대로 살아서는 안 되는가를 사유하게 하는 데 있다. 그러한 사유 없이는 백약이 무효다. 자본주의근대의 극복이라는 실천적 과업은 연구자의 탐구심을 자극하고 엄밀한 학술적 논의를 촉구하는 **'연구의 자세'**에 근거를 둔다.[37] 나 자신은 트웨인의 『얼간이 윌슨』 읽기에서도 더 근원적인 것을 묻는 자세를 견지하려고 했지만, 다른 한편 자본주의근대의 극복도 처음부터 다시 생각해봐야 한다는 입장이다.

기본적으로 "근대화 과정 자체가 본질적으로 이중성을 띤 현상"이고 "소외(맑스), 무질서(뒤르켐), 철의 우리(베버), 익명성(짐멜) 등의 질곡을 심화시키는 역사적 과정인 동시에 소통, 연대, 자유, 개성의 지평을 폭발적으로 확장시키는 시대"라면[38] 탁월한 작가들은 자본주의근대의 최전선에 서서 바로 그러한 지평의 해방적 가능성을 천착했다. 그러나 인간해방에 복무한 근대문학의 이면도 분명히 존재한다. 출판시장에서 팔리는 상품으로서의 문학도 자본주의근대의 허위의식에서 자유로울 수 없다. 그렇기 때문에 '의심의 해석학'을 표방한 인문학의 비판 정신이 중요해진다.[39] 하지만 자본주의근대를 극복의 대상으로 설정하는 비판 정신과 문학비평 간의 관계는 간단치 않다. 구체적인 작품 읽기가 따르지 않는 한 거시적인 시각의 설득력도 확보하기 어렵기 때문이다.

한마디로 거대담론일수록 '디테일 속의 악마'에 더 민감해져야 한다는 문제의식만으로는 충분치 않다. 디테일에 숨은 악마를 찾아내서 그 은폐의 의미를 파악하여 근대 극복의 여정으로 인도하는 것이 핵심인 한 그렇다. '악

---

37 그런 자세에 관한 일차적인 논의는 졸고, 「이중과제론과 현대성」, 『안과밖』 40호(2016), 20~21면 참조. 내가 자본주의근대의 적응과 극복이라는 문제의식, 소위 이중과제론의 시의성을 제대로 살리기 위해 근대(성)와 긴장 관계에 있는 현대(성)들을 나눠보고 그 최적의 개념을 시험적으로 제시해본 것도 그런 자세에 관한 성찰의 일환이었다.
38 「이중과제론과 현대성」, 21면.
39 가령 Rita Felski, *The Limits of Critique* (Chicago: University of Chicago Press, 2015) 참고.

마'를 인도한다는 발상이야 신학에서는 물론 어불성설이다. 하지만 불가능을 상상하고 실험해온 문학의 영역에서는 시도해야만 하는 비평의 기획이다. 사실 도슨스랜딩 사회의 인종주의와 록시의 모정, 톰의 경제적 곤경이 어떻게 분리될 수 없는 하나의 모순인가를 보여주면서 윌슨의 '인간 승리'를 미국 문명의 비극으로까지 읽게 하는 『얼간이 윌슨』의 소설적 성취도 비평의 드러냄이 없다면 그 자체로 결코 자명한 것이 아니다.

그런 읽기를 제대로 심화하기만 한다면 무간지옥의 인종주의와 자본주의 근대를 다양한 방식으로 돌파해 나간 20세기 미국의 흑인문학이 트웨인의 한계를 얼마나 더 확실하게 극복했는가도 규명할 수 있으리라 본다. 하지만 트웨인의 서사 지평 너머로 나아간 20세기 흑인문학은 숙고의 과제로 남는다. 이 책의 1부가 끝나는 이 대목에서는 디테일 속에 숨은 '악마'를 원래의 역사 현실로 소환함으로써 작품의 해방적 지평을 열어가는 비평만이 문학의 창조성이라는 신비를 간직하면서 근대 극복의 비전도 원만히 품을 수 있다는 소신을 다짐해둘 뿐이다.

2부

# 정치와 역사, 그리고 문학의 실험

# 1장

# 가르시아 마르케스, 세르반테스의 후예

『백년의 고독』을 중심으로

## 1. 말문을 열면서

1980년대 이래 영미의 문학계에서 세계문학 담론이 부쩍 활발해진 데는 1950~1970년대를 풍미한 '라틴아메리카의 문학운동'—이른바 붐 소설로 통칭되는 Boom latinoamericano—이 적지 않은 기여를 한 것으로 보인다. 아스투리아스(Miguel Ángel Asturias, 1899~1974)의 『옥수수 인간(*Hombres de maíz*)』(1949)이 서막을 열었다는[1] 붐 소설의 세계적인 명성은 역시 '마술적 리얼리즘'으로 확보되었다고 해도 과언이 아니다. 그런 까닭에 마술적 리얼리즘 자체를 서사의 다양한 혁신을 이룬 붐 소설과 동일시하는 논자도 있다. 이러한 붐 소설의 독특함도 개별 작품을 두고 논할 문제일 텐데, 넓은 맥락에서 서양의 19세기 리얼리즘과 20세기 모더니즘의 서사적 특성을 모두 갖추면서도 양자와 일정한 차별성을 획득했다는 점에는 상당한 합의가 이뤄진 듯하다.

---

[1] 가령, Donald L. Shaw, "Which Was the First Novel of the Boom?" *The Modern Language Review* 89:2 (1994), 360~371면 참조.

그러나 21세기까지 이어지는 붐 소설의 전모를 여기서 운운하는 것은 만용이다. 라틴아메리카 문학의 본격적인 등장으로써 세계문학 담론도 안팎으로 한층 활기를 얻은 상황을 인지하면서[2] 그런 활기에 힘입어 세상에 나온 작품 하나를 논할 수 있을 뿐이다. 축적된 작품뿐만 아니라 그에 관한 비평 담론도 방대하기는 마찬가지여서 담론의 실상 중에서 문제점에 해당할 만한 논제에 집중하는 것이 좋겠다. 지역 문학의 풍토색과 지역성을 사실상 소거하고 해석의 보편 모델을 추구하는 신실증주의 연구 방식이 인문학계에 어떤 식으로 침투해 들어왔나를 생각해보는 것도 그런 집중의 일환이다.

문학 연구에 기술주의가 개입하는 양상에 대한 기왕의 비판적인 성찰은 글쓰기에도 활용되는 인공지능(AI)의 등장으로 더 절실해졌다. 문학과 창조성에 관한 기존 관념을 깡그리 해체하면서 작품 분석에 '데이터 마이닝'을 활용하는 데도 거리낌이 없는 학자들이 속속 출현하는 상황이다. 바야흐로―『멋진 신세계』에서 그려졌듯이―문학을 감정의 공학적 제어 내지는 조작(engineering) 대상으로 취급하는 조짐들이 여기저기서 감지되기도 한다. 인공지능을 돌려서 생성된 '창작품'을 진지하게 비평의 대상으로 삼기까지 하는 현상은 찬반의 문제를 넘어 그 자체로 인간의 창조성에 관한 근원적 사유를 요구한다. 계량화·수치화로는 감당하기 힘든 문학 고유의 면모를 충분히 고려하지 못하는 컴퓨터 기반의 실증 연구는 치명적인 한계를 노정할 수밖에 없기 때문이다.

전통적인 문학 연구를 기술공학의 방법론에 의지하여 '혁신'한 대표적인 학자로는 모레티(Franco Moretti, 1950~)를 첫손에 꼽을 만하다. 그는 문학 형식의 유물론이라고 할 만한 영역을 개척하면서 각국 문학들의 서사 양

---

[2] 이 글을 집필하는 과정에서 살펴본 저작 몇 편만 거론한다면 왕은철, 『문학의 거장들: 세계의 작가 9인을 만나다』(현대문학, 2010); 김경연·김용규 엮음, 『세계문학의 가장자리에서』(현암사, 2014); 고명철, 『세계문학, 그 너머: 탈구미중심주의·경계·해방의 상상력』(소명출판, 2021).

식을 계량화하는 '디스턴트 리딩(distant reading)'을 내걸어 인문학계에 상당한 반향을 일으켰다.[3] 『기적으로 여겨진 징후들(Signs Taken for Wonders)』(1983; '공포의 변증법'이라는 제목으로 번역되었음)을 접한 연구자라면 모레티 자신이 뛰어난 독자이자 비평가임을 금방 알아볼 수 있을 것이다. 나 역시 두 차례에 걸쳐 그의 작업을 나름대로 평가하려고 시도했다.[4] 그의 근년 관심은 엄밀한 판단과 종합적 평가에서 더 멀어지면서 컴퓨터 기반의 해석 프로그램 모델을 문학 연구에 도입하려는 시도가 강화된 인상이다.

그가 상당수의 학자들과 협업해서 내놓은 『정전/문헌: 양적 형식주의 연구』도 그 점을 인상적으로 예시한다.[5] 다양한 국적의 문학 전문가들을 불러 모아 문학 형식의 '새로운 표준 모델' 같은 것을 만들어내려는 모레티 식의 연구가 나름대로 성과를 거둔 것은 사실이다. 한국의 영문학계에서도 그의 방법론을 적극적으로 수용하는 학자도 제법 있는 것으로 안다. 아무튼 서사 형식의 규칙과 서지 연구에서 통계나 분석 프로그램을 활용하는 것도 부정적으로만 볼 일은 아니다. 다만, 그럴수록 '데이터 마이닝'에 의존하는 문학 방법론의 한계는 전혀 다른 문제임을 좀 더 냉철하게 직시해야 한다. 지역 고유의 현실이야말로 보편을 낳는 산실임을 망각한 상태에서 추구하는 세계 문학론의 표준 모델은 하나의 참조 사항에 불과하며, 작품 읽기를 대신할 수도 없기 때문이다.

구체적인 작품 읽기일수록 작가가 처한 역사 현실에 대한 인식이 비평의

---

3 '디스턴트 리딩'은 모레티의 저서 제목이기도 하다. Franco Moretti, *Distant Reading* (London: Verso, 2013). 가치판단 대(對) 실제 지식 운운하는 대목은 135면. 이 저서는 김용규 교수의 번역으로 출간되었다. 『멀리서 읽기』(현암사, 2021).
4 모레티의 비평에 내재한 그런 양면성 및 '디스턴트 리딩'에 대해 필자는 각도를 달리하여 두 차례에 걸쳐 비판적 논의를 시도했다. 각각 졸저, 『근대 극복의 이정표들』(창비, 2007)에 실린 「근대성과 모더니즘: 『근대 서사시』의 비판적 소개」; 「세계문학에 관한 단상: 프랑코 모레티의 발상을 중심으로」 참조.
5 모레티가 편집한 저서인데 원제와 서지 사항은 *Canon/Archive: Studies in Quantitative Formalism* (New York: n+1 Books, 2017).

전제 조건으로 요구된다. 그런데 가브리엘 가르시아 마르케스(Gabriel García Márquez, 1927~2014)의 『백년의 고독(*Cien años de soledad*; *One Hundred Years of Solitude*)』(1967)은 독자에게도 각별한 노력이 필요할 듯하다. 이 글의 개고 과정에서 '붐 소설'의 숱한 문제작 가운데서 몇몇 대표작 정도를 더 섭렵한 정도지만 『백년의 고독』만큼 확실하게 지역 특유의 토속성을 세계적 차원으로 승화시킨 사례는 드물다고 생각한다. 그렇다면 붐 소설의 소설사적 맥락, 특히 마술적 리얼리즘이 등장하는 배경을 어느 정도 개관하는 일도 불가피하겠다.[6] 가르시아 마르케스를 왜 '세르반테스의 후예'로 명명했는지는 논의 과정에서 드러날 것이다.

이 글에서는 이 장편의 특성을 가르시아 마르케스가 직면한 역사적 현실과 연관하여 규명하는 데 치중하겠지만 다른 한편 그의 기발한 인물 창조 및 서사 실험이 세르반테스를 연상케 하는 면모를 비평적으로 검토하는 작업을 병행하고자 한다. 결어에서는 동아시아와 한국의 문학 현장을 잠시 돌아보겠다. 『백년의 고독』으로 대표되는 라틴아메리카 붐 소설에서 동아시아 지역 문학의 세계적 가능성을 (흐릿할지언정) 유추해볼 수 있다면 한반도 전체를 아우르는 문학의 지평도 잊어서는 안 된다는 취지이다.

## 2. 라틴아메리카 대륙과 '경이로운 현실'

모든 위대한 작가의 작품들은 그 자체로 하나의 산맥을 이룬다고들 한다.

---

6 텍스트는 가르시아 마르케스가 존경을 바친 번역가인 라바사(Gregory Rabassa)의 영어 번역본(New York: HarperPerennial, 2006)과 조구호 교수의 한국어 번역본(민음사, 2000)으로 삼았다. 필요한 경우 영어본과 에스파냐어 원본(New York: Vintage Español, 2003)을 간헐적으로 대조했다. 작품 인용은 괄호 안에 영어 번역본과 두 권으로 나온 조구호의 번역본 페이지를 병기한다. 번역은 영역본을 주 텍스트로 삼은 필자의 것이다. 영역본의 몇몇 문제점에 대해서는 뒤에 언급하겠다.

하지만 산맥을 이루는 방식과 양상은 작가마다 천차만별이고, 작품의 위대성에 상응하는 산맥은 예외적인 산세(山勢)를 형성하기 마련이다. 가르시아 마르케스의 문학도 그런 예외의 한 전형이라 할 만하다. 하지만 그의 방대한 작품세계에서 시기별로—전공자들이 중요하다고 손꼽는—텍스트를 세밀하게 읽어본 독자라 하더라도 그 과정에서 산세 전체를 가늠하기는 어려울 듯하다. 나 자신도 독서 과정에서 '아메리카의 경이로운 현실·실재(lo real maravilloso americano)라는 것이 있다면 이런 것을 두고 하는 말이겠구나' 하는 생각이 문득문득 들었을 뿐이다.

'아메리카의 경이로운 현실'이라는 표현은 쿠바의 작가 카르펜티에르(Alejo Carpentier, 1904~1980)가 『이 지상의 왕국(*El Reino de Este Mundo*)』(1949)에 부친 서문 형식의 글에서[7] 처음 쓴 것으로 알려져 있다. 카르펜티에르의 이 장편에서도 여실하게 그려지지만 근대의 산업주의가 아직 완전히 자신의 세력권으로 장악하지 못한 원시 자연과 혈연 공동체는 '마술적 리얼리즘'의 뿌리라 할 만하다. 하지만 라틴아메리카의 원초적 자연에 조응하는 마술적 리얼리즘이라 해도 그런 사실주의가 서양 문학과 아무런 상관이 없는 것은 물론 아니다. 그 점은 카르펜티에르의 행적에서도 유추할 수 있다. 1930년대에 파리를 근거지로 삼은 초현실주의운동에 가담한 그는 그곳 아방가르드의 텍스트에서 창작의 영감을 받은 것으로 보인다. 게다가 '라틴아메리카의 경이로운 현실'이라는 발상은 그가 중국·아랍 지역·소비에트 연방을 차례로 들러본 편력 과정에서 본격적으로 싹텄다. 카르펜티에르는 편력의 소감을 피력하는 과정에서 남미 특유의 역사 및 미(美)와 추(醜)로 가득한 토속 현실을 환기하면서 서양의 전위주의와는 확실하게 구분되는 문학의

---

[7] 해당 작품은 조구호 교수의 번역으로 '이 세상의 왕국'이라는 제목으로 번역되었다. '라틴아메리카의 경이로운 현실'에 관한 언급은 Alejo Carpentier, "On the Marvelous Real in America"(1949), *Magical Realism: Theory, History, Community*, eds., Lois Parkinson Zamora and Wendy B. Faris(Durham: Duke UP, 1995) 및 같은 책에 실린 카르펜티에르의 후속 평문 "The Baroque and the Marvelous Real"(1975) 참조.

원료들과 그 창조적 가능성을 주장한 것이다.

그에 따르면 라틴아메리카의 자연과 역사를 문학으로 구현하는 데는 서구에서 초현실주의라는 이름으로 전개된 상상력의—그가 보기에 관념의 조작과 연출로 점철된—실험 같은 것이 전혀 필요치 않다. 남미의 대지 자체가 마르지 않은 상상력과 신화들의 보고(寶庫)이기 때문이다. 따라서 카르펜티에르에게 작가의 사명은 선진국의 전위들이 아니라 아메리카의 바로 그 살아 있는 현실과 역사를 천착하는 데 있다. 그가 초현실주의를 '상아탑'이라는 대학에 안주하는 지식인들의 작위적인 실험으로 규정하면서[8] 그에 맞서는 개념으로 '바로크'를 제시한 것도 같은 맥락에서다. 동시에 그는 마술적 리얼리즘이라는 말을 지어낸 1920년대 독일의 미술비평가인 프란츠 로(Franz Roh)와도 비판적 거리를 유지했다.

카르펜티에르가 "마술적 리얼리즘과 경이로운 현실의 차이는 무엇인가"라는 물음을 던지면서 "조작된 신비"에 불과한 서구의 초현실주의가 사실상 정치적 뇌관이 제거되고 혁명성이 거세된 예술임을 역설한 것은 현대 독자에게도 여러 생각거리를 남긴다.[9] 그로써 그는 에스파냐 식민주의자들이 라틴아메리카에서 맞닥뜨린, 온전히 이해하거나 해명할 수도 없는—적어도 그런 의미에서는 식민화가 불가능한—"그 장대함과 기이함"을 부각시켰다.[10] 하

---

[8] 카르펜티에르와 당대 초현실주의(운동)의 관계에 관한 소상한 논의는 특히 Jason Wilson, "Alejo Carpentier's Re-invention of América Latina as Real and Marvellous," *A Companion to Magical Realism*, eds. Stephen M. Hart and Wen-Chin Ouyang(New York: Tamesis, 2005), 67~78면 참조.
[9] Alejo Carpentier, "The Baroque and the Marvelous Real," *Magical Realism*, 102면.
[10] 가르시아 마르케스 역시 「라틴아메리카와 카리브에서의 판타지와 예술적 창조」라는 짤막한 글에서 에스파냐어 왕립 아카데미의 사전으로는 결코 담아낼 수 없는 카리브해 및 라틴아메리카 대륙 특유의 거대하고 기기묘묘한 자연 세계를 환기한 바 있다. 동시에 카프카의 창조적 재능으로서의 판타지와 월트 디즈니의 판타지를 구분했다. 경이로운 현실에 관한 한 가르시아 마르케스는 카르펜티에르와 대동소이한 이야기를 하는 셈이다. 「라틴아메리카와 카리브에서의 판타지와 예술적 창조」는 인터넷에 PDF 파일로 올라와 있다. "Fantasía y creación en América Latina y el Caribe," https://cdigital.uv.mx/bitstream/handle/123456789/6871/197914P3.pdf?sequence=2&isAllowed=y.

지만 아방가르드 실험 문학과의 단절을 주장할수록 서양 문학의 영향이 더 짙게 드러나는 역설이 카르펜티에르 자신의 소설에서도 어김없이 발견된다. 그 고유성에 대한 예찬이 무엇이든 라틴아메리카의 문학도 진공 속에 존재하는 것은 아니다. 다음 절에서 살펴보겠지만 적어도 그런 맥락에서는 마술적 리얼리즘도 서구의 문학사조와 절연되기는커녕 심층적 승화라는 주장도 가능하다. 표현을 달리한다면 20세기 라틴아메리카의 '경이로운 현실'은 서구 식민주의의 공세에 상시적으로 노출된 시공간이라는 것이다.

그 점에서 서양과 비서양을 가르는 카르펜티에르의 논리에도 이분법적 사고방식이 완전히 불식되었다고 보기 어렵다. 어떤 문학사조든 세계와 지역을 분리하여 후자에 집중하는 논의는 특수성을 빙자한 보편주의의 덫에 걸릴 공산이 크다. 반면에 마술적 리얼리즘을 이성주의·과학주의를 전복하는 토착 서사로 규정하는 학계 일각의 평가도 조건 없이 긍정하기는 어렵다. 물론 더 중요한 물음은 따로 있다. 즉, '마술적'이라는 형용사가—중국의 작가 모옌(莫言, 1955~)에게 따라붙는 허환(虛幻) 또는 마환(魔幻)이라는 말도 비슷하지만—사실주의의 심화와 고양인 동시에 현실의 평면적 재현에 함몰된 자연주의 문학과의 단절 모두를 함축한다면, 라틴아메리카의 작가들이 써낸 마술적 리얼리즘의 실제는 어떠한가?

마술적이든 뭐든 그 한정사에 휘둘릴 일이 아니다. 사실주의 앞에 무슨 형용사가 붙든 그것을 인간의 상상력과 창조성의 어떤 속성이 이렇게 저렇게 발현되는 양태들 가운데 하나로 이해해야 할 필요가 있다. 이때 핵심은 현실의 충실한 재현을—현실이라는 것이 먼저 저기에 있고 그것을 모사하거나 모방한다는 식으로—예술의 본령으로 못 박지 않는 일일 듯하다.[11] 현실

---

11  19세기 서구의 위대한 사실주의 걸작들을 구성하는 '이율배반들'에 대한 해체 작업을 주밀하게 수행한 프레드릭 제임슨의 *The Antinomies of Realism*(London: Verso, 2013)도 그 점을 유념하는 데 좋은 방편이 되리라 본다.

을 저곳에 덩그러니 존재하는 것으로 생각하지 않는 태도는 현대 과학의 상식에도 부합한다. 과학의 영역에서도 뭔가를 불변의 상수로 설정하는 것은 뉴턴의 역학에서나 가능한 것이 아닌가. 이런 맥락에서 "'꿈'이나 '비현실적' 요소가 나오기만 하면 덮어놓고 '마술적 리얼리즘'으로 상찬하는 경향이 있"는 평단을 신랄하게 꼬집은 국내 라틴아메리카 문학 전공자의 발언도 기억함 직하다.[12]

한국 평단에서도 그간 마술적 리얼리즘의 이름으로 너무 쉽게 작품을 긍정하는 편향이 없지 않았다. 그 과정에서 마술적 리얼리즘이—19세기 서양 장편소설에서 구현된—비판적 사실주의와 접점을 이루는 지점도 흔히 간과된 것 같다. 그 같은 편향에 대한 비판이 라틴아메리카의 학계나 평단에도 없지 않았으리라는 방증은 여럿 있다. 붐 소설의 진정한 계승자 가운데 한 명인 도르프만(Ariel Dorfman, 1942~ )도 마술적 리얼리즘을 현실과 동떨어진 창작상의 어떤 기교나 기술로 받아들이는 경향에 일침을 놓은 바 있다.[13]

요컨대 선언 형식으로 제출된 '아메리카에서의 경이로운 현실'의 의의는 두 가지로 정리할 수 있다. 하나는 선언의 뜻이 선언 자체보다는 『이 지상의 왕국』이라는 **작품**으로 구현되었다는 데서 확인된다는 점이다. 다른 하나는 카르펜티에르가 역설하고 예견한 '경이로운 현실'도 구전(口傳) 예술의 영역과 분리할 수 없다는 것이다.[14] 관련 연구자들의 중론에 따르면 라틴아메리

---

12 송병선, 「라틴아메리카 문학의 수용과 문제점」, 『라틴아메리카 현대문학과 한국문학』(울산대학교 출판부, 2005), 36면 각주 2.
13 "경이로운 것의 이러한 존재는—소설 자체의 언어와 마찬가지로—현실에 얹혀진 인공적인 부가물 또는 주입물이 아니다. 내가 그토록 '마술적 리얼리즘'이라는 말에 반대하는 것은 그 때문이다. 이 용어는—이 용어를 사용하는 이들은(인용자)—소설에서 일어나는 그러한 일들을—작품에서 그려지는 기이한 일들을(인용자)—라틴아메리카 민중이 자기들의 삶에 대처하는 방식에서 생겨난 하나의 문화적 경험이 아니라 단순히 어떤 문학적 전략으로 설명하려고 한다." Ariel Dorfman, *Some Write to the Future*(Durham: Duke UP, 1991), 210면.
14 그 점에서 아이티 지역의 구전문학을 가리키는 'oraliture'(oral+literature)도 단순히 신조어만은 아니다. 뒤에서 살펴보겠지만 입말의 활력을 독특한 방식으로 활용한 가르시아 마르케스 문학의 서사적 리듬도

카 문학의 '붐'에서 비로소 문(文)과 구(口)의 소설화가 종합적인 차원에서 이뤄진다. 그 정점에 가르시아 마르케스가 있다. 쿠바 혁명의 기운이 주변 지역으로 퍼져가는 데서 더욱 기세를 키운 붐 소설에 관한 한 서양의 사실주의 문학을 창조적으로 갱신한 집단적 성취의 성격이 강하다. 그것은 제국의 서사 유산을 국지적 현실에 맞춰 실험적으로 변용하고 전혀 새롭게 창조한 결과이기도 했다.

그 점은 가르시아 마르케스 문학의 궤적에서도 분명하다. 가령 초기작인 「죽음의 저편(La otra costilla de la muerte)」(1948)을 비롯해 다인칭 관점이 동원된 중편 「낙엽(La Hojarasca)」(1955)이나 비판적 사실주의의 정수를 보여주는 「아무도 대령에게 편지하지 않다(El coronel no tiene quien le escriba)」(1958)만 봐도 그가 서양의 사실주의 사조를 얼마나 능수능란하게 활용했는가를 실감할 수 있다. 라틴아메리카 특유의 정치적 현실을 배경으로 자연과 사회의 짙은 토속성을 작품에 녹여낸 것이다. 그렇다면 『백년의 고독』이라는 기묘한 '그릇'에 담긴 라틴아메리카의 '경이로운 현실'로 들어가보자.

## 3. 마술적 리얼리즘과 라틴아메리카의 경이로운 현실

『백년의 고독』을 읽은 독자라면 누구나 이 소설이 졸라(Émile Zola, 1840~1902) 같은 작가의 작품세계에서는 도저히 찾아볼 수 없는 기괴한 디테일로 가득 차 있음을 실감할 것이다.[15] 이 장편은 비유컨대 초기 값만 알면

---

'oraliture'의 토양에서 비롯된 것으로 볼 수 있겠다. oraliture에 관한 언급은 Edouard Glissant, *Carribbean Discourse: Selected Essays* (Charlottesville: University of Virginia Press, 1999), 188면.

15 작품의 그 같은 면면에 대한 국내 학자의 자상한 소개와 해설은 조구호, 『가르시아 마르케스의 『백년의 고독』 읽기』(세창미디어, 2019) 참조.

모든 결과가 오차 없이 딱딱 계산되는 뉴턴의 운동법칙을 확실히 초월한 것으로 보인다. 한마디로 망자(亡者)도 나이를 먹는 것이 이 장편의 세계다! 물론 라틴아메리카에 국한하지 않더라도 근대 장편 문학에 관한 한 '초현실'의 풍경은 특정 지역의 작가들로 국한하는 것이 불가능할 정도로 다채롭다. 하지만 그중에서도 가르시아 마르케스의 기상천외한 상상력은 특기할 만하다. 이는 리얼리즘보다는 모더니즘에 더 어울리는 것처럼 보이지만 뜯어보면 딱히 모더니스트의 상상력이라고 규정하기도 힘들다.

현실 대 가상의 대립을 무너뜨린 현대 과학의 발전에 비춰보면 리얼리즘 대 모더니즘의 대립 구도도 철 지난 통념에 불과하다.『백년의 고독』이 그 같은 구도를 넘어서 있음은 두말할 나위 없다. 어떤 면에서 가르시아 마르케스는 울프(Virginia Woolf, 1882~1941)가「현대의 소설(Modern Fiction)」(1919)에서 역설한 바를 소설로 성취한 가장 상징적인 사례일지도 모른다.『백년의 고독』은 "단지 가식과 허위만이 금지될 뿐 (예술의—인용자) 지평선에는 어떤 한계도 없으며, 어떤 것도—어떤 '방법'도, 어떤 실험도, 아니 가장 미개한 실험조차도—금지되지 않는다"는 사실을[16] 우리에게 상기시키는 대표작이라는 것이다. 양자역학의 언어를 빌려서 말하면 그 서사는 입자 대 파동의 '대립'을 해체함으로써 뉴턴의 기계적 법칙 세계 너머로 나아가는 궤적을 그린다. 하지만 여기서도 기억할 점은, 가르시아 마르케스의 '마술적 리얼리즘'이라는 것도 일단은 입자들조차 사실대로 제시하려는 시도에서 시작한다는 것이다. 바로 그래서『백년의 고독』의 초현실이 현실과 구분되지 않는 현상도 더 곰곰이 생각해보게 된다.

물론 그 같은 현상이 가르시아 마르케스의 작품에만 나타나는 것은 아니다. 산 자와 죽은 자, 이승과 저승의 경계 자체를 무의미하게 만들어버리면

---

16 Virginia Woolf, "Modern Fiction," *The Common Reader* (New York: A Harvest Book, 1925), 154면.

서도—사실주의 모드를 완전히 전복시키면서도—멕시코 혁명(1910~1917) 전후의 정신적 폐허를 무서우리만치 명징하게 그려낸 룰포(Juan Rulfo, 1917~86)의 『페드로 파라모(Pedro Páramo)』(1955) 같은 문제작도 떠오른다. 이 작품은, 이를테면, 『백년의 고독』의 소설적 전사(前史)라 할 만하다. 『페드로 파라모』는 붐 소설의 서사 영토가 별의별 탈·비현실주의 작품을 품고 있음을 여실하게 보여주는바, 가르시아 마르케스의 '마법'도 그만의 전매특허가 아님을 재차 확인해준다. 하지만 초현실성 속에서 뿜어져 나오는 강렬한 현실성은 『백년의 고독』만의 서사적 기세(氣勢)라 할 만하다. 가령 이런 식이다.

호세 아르카디오가 침실 문을 닫자마자 권총 소리가 집 안을 진동했다. 한 줄기 피가 문 밑으로 새어 나와, 거실을 가로질러 거리로 나가, 울퉁불퉁한 보도를 통해 계속해서 똑바로 가서, 계단을 내려가고, 난간으로 올라가, 터키인들의 거리를 통해 뻗어나가다, 어느 길모퉁이에서 오른쪽으로 돌았다가, 다른 길모퉁이에서 왼쪽으로 돌아, 부엔디아 가문의 집 앞에서 직각으로 방향을 틀어 닫힌 문 밑으로 들어가서는 양탄자를 적시지 않으려고 벽을 타고 응접실을 건너, 계속해서 다른 거실을 건너고……(영역본 131~132면; 한역본 1권 200면)

보다시피 호세 아르카디오의 비명횡사에 관한 묘사다. 그는 보수파 정부의 비호를 받으며 마콘도의 동향(同鄕) 사람들에게서 땅을 빼앗는 등 행패를 부리다가 죽임을 당한다. 위의 인용문은 그런 그의 죽음이 어머니인 우르술라에게 어떻게 전해지는가를 기술하는 대목이다. 이 같은 묘사의 반(反)사실적 생생함은 가령 18세기를 풍미한 영국 고딕소설의 그것과 비교하면 단박에 실감된다. 월폴(Horace Walpole, 1717~1797)의 『오트란토 성(The Castle of Otranto)』(1764)에서 전개되는 '무대'를 떠올려보자. 오트란토의 성은 마치 영화의 세트장 같다. 즉, 고정된 역할이 주어진 인물들이 움직이는 기계적인 배경이고, 거기서 발생하는 초자연적 현상들은 극적 효과를 위해 조작된다. 그러니 인위성이 두드러지는 것은 당연하다. 서사의 무대인 중세의 성과 근대 가부장의 지배의식이 시대착오적으로 따로 노는 것도 그런 인위성에서 기인한다. 거대한 투구에 사람이 깔려 죽고, 회랑에 걸린 그림 속 인물이 깊은 한숨을 쉬고, 동상이 피를 흘리는 등의 묘사가 독자에게 어떤 인식의 충격도 불러일으키지 못하는 것은 우연이 아니다.

그렇다면 가르시아 마르케스는 어떤가. 위의 인용문도 황당하기는 마찬가지다. 그럼에도 흥미로운 것은, 중력을 거스르는 유혈(流血) 자체에 집중하기보다 변사가 발생한 정황을 극적으로 재현하는 작가의 묘사 방식이다.[17] 아르카디오의 피를 추적하는 시선은 고딕소설의 선정성이나 과장, 괴팍한 취향과는 거리가 멀다. 초현실적인 유혈 장면에서 발생하는 효과는 극히 사실적이다. 그렇다면 여기에 더해 초현실 대 현실의 구도를 처음부터 무너뜨리는—호세 아르카디오의 총살을 묘사하는 장면과는 전혀 다른 방식의—서술도 읽어보자. 시력을 완전히 상실한 노년의 우르술라에 대한 재현 장면이다. 물론 이것도 일견 상식적으로 도저히 그럴 법하지 않게 보인다. 하지만 사실적으로 엄밀하고 적확하기에 독자는 실제 상황이라고 수긍하게 된다. 눈이 먼 그녀가 어떻게 집안일을 그토록 빈틈없이 수행하고 심지어 식구들 중 누구도 그녀가 장님이라는 사실을 알아차릴 수 없을 정도로 정확하게 행동하는가를 설명하는 문장들 말이다.

---

17 마콘도 건설의 1세대 주역인 호세 아르카디오 부엔디아의 자연사(自然死)를 장엄하게 묘사하는 시각적 효과도 그중 하나다. 그의 사후 내리는 꽃비를 가르시아 마르케스는 이렇게 그린다. "그 꽃비는 조용한 폭풍우처럼 밤새도록 내려 지붕들을 덮고 문들을 막아버렸으며 밖에서 잠을 자던 짐승들을 질식시켜버렸다. 너무나 많은 꽃들이 하늘에서 쏟아졌기 때문에 아침에 되자 거리가 폭신폭신한 요를 깔아놓은 것 같아서 장례 행렬이 지나갈 수 있도록 삽과 갈퀴로 치워야만 했다."(영역본 140면; 한역본 1권 212면)

한번은 결혼반지를 잃어버린 페르난다가 집 안을 온통 뒤집어놓았는데, 우르술라가 아이들의 침대 까치발에서 찾아냈다. 다른 식구들이 신경을 쓰지 않고 사방을 돌아다니는 동안에 우르술라는 단순히 그들이 갑자기 자기와 절대 부딪치는 일이 없도록 네 가지 감각을 동원해 그들을 주시하곤 했다. 그러다 마침내 집안 식구들이 각자 자기도 모르는 사이에 날마다 같은 길을 반복해서 다니고, 같은 행동을 반복하고, 같은 시간에 거의 같은 말을 반복한다는 사실을 발견했다. 그리고 그들이 매일매일의 자잘한 습관에서 벗어날 때만 뭔가를 잃어버린다는 사실도 알아냈다. 그래서 페르난다가 반지를 잃어버리고 낙담해 있다는 말을 들었을 때, 우르술라는 그날 페르난다가 했던 행동 가운데 다른 날과 달랐던 점이 전날 밤에 메메가 빈대 한 마리를 발견해 페르난다가 아이들의 침대 매트리스를 햇볕에 말린 것뿐이라는 사실을 생각해냈다. 매트리스 청소를 할 때 아이들도 도왔기 때문에 우르술라는 페르난다가 반지를 아이들의 손에 닿지 않는 유일한 장소인 침실 까치발에 빼두었으리라 생각한 것이다. 반면에 페르난다는 잃어버린 물건을 찾는 일이란 일상의 습관 때문에 더 어려워진다는 사실을 모른 채, 자기가 일상적으로 지나다니는 길에서만 반지를 찾아댔는데, 그래서 흔히들 잃어버린 물건을 찾는 데 그토록 힘이 드는 법이다.(영역본 247면; 한역본 2권 70면)

면밀한 인과관계 서술의 극치를 보여주는 이 같은 문장들은 장님의 실제 생활을 세밀하게 관찰한 작가 자신의 체험이 반영된 것이다. 요컨대 사실 자체를 천착하는 『백년의 고독』의 면모를 감안하지 않고서 가르시아 마르케스 서사의 초현실성을 논하는 것은 무의미하다.

그러면 장르 서사의 관점에서 『백년의 고독』을 살펴보자. 그럴 경우 이 장편의 별종적 특성은 상당 부분 희석된다. '어느 일가의 몰락'이라는 부제가 붙은 토마스 만(Thomas Mann, 1875~1955)의 『부덴브로크 가의 사람들(Buddenbrooks)』(1901)만 해도 가족 서사의 친근한 선례가 아닌가. 하지만 그렇다고 작품의 제3세계적 면모까지 옅어지는 것은 아니다. 문명의 절대 금기인 근친상간의 가계도(家系圖)만 해도 그렇다. 이는 서양의 가족 서사에서는 찾아보기 어렵다. 전근대의 토속성이 짙게 배어 있는 『백년의 고독』의 진정한 '친족'도 비서구 세계에서 태어나는 것 같다. 이 대목에서는 인도네시아 서부 자바 출신의 소설가 에카 쿠르니아완(1975~)의 『아름다움은 하나의 상처』도 떠오르는데,[18] 네덜란드와 일본의 식민 지배를 받은 인도네시아의 가상의 도시인 할리문다를 배경으로 펼쳐지는 이 장편 역시 해괴망측한 사건들로 치면 『백년의 고독』에 못지않다.

하지만 전형적인 가족 서사인 『아름다움은 하나의 상처』와도 사뭇 다르게 『백년의 고독』의 가계도 이름들은 비슷비슷해서 한 명씩 짚어가면서 진도를 나가야 할 정도로 헛갈린다. 이것이 '개인주의'가 본격적으로 발아하기 이전 라틴아메리카 특유의 공동체 삶을 말해주는 것인지는 단언하기 어렵다. 다만, 각각의 인물에 부여된 불멸의 신화성·생명력은 가르시아 마르케스의 가족사 소설의 남다른 면모라고 본다. 부엔디아 일가의 주역들은 지역 고유의 토속성과 토착적 기질을 강렬하게 구현하면서도 고독과 애욕으로 표상되는 근대인의 보편 형상을 이루고 있다. 기상천외, 기기묘묘하다고 할 수밖에 없는 인물들의 열정적 삶이 대를 이어가며 변주된다. 하지만 이야기의 줄거리를 소개할 일은 아니다. 한 논자가 잘라 말했듯이 "두서없는 농담으로라면 모를까 『백년의 고독』을 요약한다는 것은 부조리하고 끔찍하게 지루"할 테니 말이다.[19] 요약보다는 독자를 사로잡는 작품의 다채로운 초현실성이 라틴아메리카의 토속적 현실의 일부라는 데서 논의를 풀어가보자

6대에 걸친 부엔디아 일족의 일대기를 빼곡히 채운 이야기의 원료는 거의

---

18 한국어 번역본은 에카 쿠르니아완, 『아름다움 그것은 상처』, 박소현 옮김(오월의봄, 2017); 영역본은 Eka Kurniawan, *Beauty is a Wound*, trans. Annie Tucker(New York: New Directions, 2015).

19 Michael Wood, *García Márquez: 100 Years of Solitude*(Cambridge: Cambridge UP, 1990), 24면.

예외 없이 작가 자신이 외가 고향 아라카타카 및 바랑키아 주변 지역에서 실제로 보고 들은 사연이라고 한다.[20] 그런 사연들이 『백년의 고독』에서는 거의 신화의 차원으로 비약한다. 근친상간의 (원시적) 애욕이 변주되는 과정에서 라틴아메리카 토착의 삶이 현현한다. 그런데 대지에 뿌리내린 삶의 토착성이 구현되는 무대인 마콘도라는 마을 자체는 외부 세계, 즉 서구(유럽)와 긴밀하게 연동된 장소임을 독자는 금방 감지할 수 있다. 4장에서 언급되는 자동피아노와 더불어 다음과 같이 열거되는 물품들이 어디서 온 것인가는 자명하다. "비엔나 가구, 보헤미아 크리스털 제품, 서인도회사 홈세트, 네덜란드 식탁보들과 다양한 램프, 촛대들, 꽃병, 벽걸이……"(영역본 59면; 한역본 1권 96면) 여기에 물론 이탈리아산(産) 사람인 피에트로 크레스피까지 더해진다.

그렇다면 마콘도의 1세대 건설자인 호세 아르카디오 부엔디아의 행적을 기록한 1장에서 단박에 떠오르는 인물이 돈 키호테라는 것도 우연은 아니다. 미지의 세계와 새로운 서양 문물, 과학의 영역을 향한 가위 광적인 호기심을 불태우는 호세 아르카디오 부엔디아의 형상에 왕년 중세 기사도 문학을 섭렵하고 그 문학의 상상적 세상을 알고 싶어 편력에 나서는 돈 키호테의 광기가 완전히 녹아 들어갔다고 말해도 지나치지 않을 정도다. 근대 초엽, 서양의 맹주로 발돋움하는 나라에서 출간된 한 엉뚱한 기사의 이야기가 라틴아메리카의 신식민지 현실에서 전혀 다른 방식으로 변형된다. 새로운 세계를 향한 광기 어린 열정과 탐구의 지적 욕구에 관한 두 장편은 친족이라 할 만하지만 개별 인물들은 완전히 다른 체질이다. 무엇보다 각각의 인물들, 단적

---

[20] 가르시아 마르케스는 자기 작품의 서사적 특성에 대해 서사 원료들의 "시적 변형"이라고 말하곤 했다. 그는 그 같은 변형을 할머니의 이야기 방식을 소설적으로 차용한 것이라고 했다. 한날한시에 도처에서 모여든 아우렐리아노 대령의 17명 아들을 비롯하여 있을 법하지 않은 다양한 에피소드들이 실제 사건들을 '이야기'로 가공한 결과물임을 세세하게 밝힌 그의 자서전은 국내에도 번역으로 소개되었다. 가브리엘 가르시아 마르케스, 『이야기하기 위해 살다』, 조구호 옮김(민음사, 2007) 참조.

으로 호세 아르카디오 부엔디아나 아우렐리아노 부엔디아 등이 뿜어내는 원초의 생명력은 라틴아메리카의 대자연에서 생성되어 나온 것이다.

이런 점들을 두루 염두에 두고 이 장편의 지역성과 직결되는 주제, 즉 내전(內戰)(5~9장)과 마콘도 노동자들의 파업(10~15장)을 집중적으로 읽어보자. 내란은 작품의 첫 문장에서부터 암시된다. 자유파와 보수파의 대를 이은 골육상쟁은 그 자체로 20세기 제3세계 곳곳에서 벌어진 이념의 야만적 폭력을 떠올린다. 그런 폭력과 연관하여 독자의 뇌리에 가장 깊이 남는 인물은 단연 아우렐리아노 대령일 것이다. 물론 어릿광대 독재자의 역을 연출하다가 총살당하는 호세 아르카디오도 인상적이지만 아우렐리아노 대령에 비하면 막간극에 출연한 단역에 가깝다.「아무도 대령에게 편지하지 않다」에서 사실적 초상(肖像)으로 제시된 아우렐리아노 대령은 처음에는 마치 전쟁의 신처럼 신화의 영기(靈氣)를 뿜어내는 전사(戰士)로 활약하다가 내전의 지리멸렬 속에서 생의 창조적인 에너지를 탕진하고 쇠락하는 인물로 그려진다.

그 변모가 너무도 강력한 흡인력을 발휘하는 나머지 그의 소모적 일생 자체가 내전의 황폐함을 증언하는 비유처럼 느껴진다. 말년에 그가 황금물고기를 끊임없이 만들었다 녹였다를 반복하는 것도 내전의 비극적 낭비를 암시하는 일화처럼 읽히는 것이다. 그런데 아우렐리아노 대령의 소진 과정은 내전 에피소드에 일정한 신화성을 부여하지만 다른 한편 내전의 실상은 더할 수 없을 정도로 간결하고 여실하게 그려진다. 독자가 골몰하게 되는 것은, 대령이 전장에서 돌아와 죽음에 이르기까지 의지한 "가장 오래된 기억들의 온기"(영역본 167면; 한역본 1권 249면)이다. 유년의 추억과 고독을 떠올리는 따스함 속에서 거의 모든 부엔디아 일가가 최후를 마치기 때문에 기억의 문제는 자연스럽게『백년의 고독』전체를 관통하는 주제가 된다. 대령의 몰락에 짙게 드리운 향수(鄕愁)의 정서는 과거에 대한 기억을 촉발하는 매개로 작용한다. 아우렐리아노 대령을 비롯해 기억과 추억 속에서 명멸하는 부엔디아 일가의 개별적 죽음들은 바로 그런 향수 속에서 사라진 역사의 한 시대를 환기한다.

기억과 향수의 문제가 가장 명시적으로 다뤄지는 것은 3장의 집단 불면증이다. 표면적으로 그것은 성경에 등장하는 역병이나 천형과 유사한 사건처럼 보인다. 하지만 마콘도에 자연 재난처럼 찾아온 집단 불면증은 그런 것과는 아무 상관이 없다. 한마디로 그것은 인디오의 문화와 역사를 말살한 식민지 수탈이라는 맥락을 떠나서는 제대로 설명할 수 없다. 부엔디아 일가의 불면증이 토착민인 인디오들로부터 옮아왔다는 것 자체가 의미심장하다. 전염력이 강력한 불면증은 식민 정복자들과 함께 들어온 온갖 종류의 전염병들 가운데 하나로 제시된다. 한마디로 식민주의가 토착민의 정신세계에 퍼뜨리는 것이 불면증이다. "불면 상태에 익숙해지면 어릴 적 추억이 지워지기 시작하면서 사물의 이름과 개념, 사람들도 알아보지 못한다. 심지어 자기 자신까지도 잊게 되어 종국에는 과거가 없는 일종의 백치 상태"가 된다.[21](영역본 44면; 한역본 1권 73면)

외래 역병의 이런 증상은 이렇게 해석할 수 있다. 즉, 그것은 역사를 모르는 민족은 미래가 없다는 경고의 가르시아 마르케스적 버전이라 할 만하다. 그렇다면 1세대 호세 아르카디오 부엔디아는 망각이라는 역병에 어떻게 맞서는가. 그는 기억이 희미해지기 시작하자 모든 사물에 이름표를 붙이고 그것들의 용도를 적어놓는다. 급기야 발명가답게 메모리카드라는 것까지 고안해낸다. 이런 행위는 자연스럽게 토착민의 역사를 지우는 식민주의자들에

---

21 신경학자들이 의미치매 증후군(semantic dementia syndrome)을 발견하기 이전에 가르시아 마르케스가 이미 소설로써 그런 증상을 그려냈다는 주장도 문학의 예지력에 해당할지 모르겠다. 아무튼 『백년의 고독』에서 묘사된 불면증의 임상학적 증상이 의미치매와 일치한다는 것은 집단 불면증도 단순한 관념의 산물이 아니라는 사실의 반증일 것이다. 『백년의 고독』에 그려진 집단 불면증과 의미치매의 관계를 논한 '임상보고서'는 Katya et al, "'The quicksand of forgetfulness': semantic dementia in *One Hundred Years of Solitude*," *Brain* 132(2009), 2609~2616면 참조.

대한 기억의 싸움을 떠올리게 한다. '신은 멀고 미국은 가깝다'고들 하는 라틴아메리카 민중들의 삶에 비추면 그런 장치는 식민 치하에서 일어나는 '기억의 투쟁'의 상징적 수단으로 보인다.

흥미로운 것은 역시 서사의 반전이다. 반전은 부엔디아 일가의 연대기를 써내려가는 멜키아데스(Melquíades)의 '기적의 물약'이 제공한다. 그 물약으로 불면과 망각이라는 집단 질병은 일거에 치유된다. 하지만 기억 상실과 정체성 말소라는 난제가 거기서 끝나는 것은 아니다. 7장에 이르러 돈 키호테적 모험과 실험 끝에 완전한 자기망각 상태에 빠져서 죽음을 맞는 1세대 호세 아르카디오 부엔디아의 생애는 식민지의 내전을 배경으로 악순환을 그리기 때문이다. 1세대의 삶은 천일전쟁(1899~1902)에 뛰어들어 삶을 소진하고 자기망각의 허무 속에서 병리적 정형행동(定型行動: 고등동물의 스트레스로 인한 반복 행동)을 되풀이하다가 생을 마감하는 2세대 아우렐리아노 부엔디아 대령으로 이어진다. 앞서 논했듯이 두 세대에서 부각되는 기억은 고독과 향수를 실존의 필연적인 조건으로 인식하는 거의 모든 부엔디아 집안사람들이 마주하는 문제다. "무자비한 환기력을 통해 몸뚱이를 부여받은 기억들은 외부와 단절된 방을 마치 살아 있는 사람처럼 돌아다니는"(영역본 157면; 한역본 1권 237면) 것으로 묘사된다. 이렇게 몸뚱이를 부여받은 기억이라는 화두가 세계 도처의 식민 치하에서 벌어진 집단학살의 주제로 연결되는 것은 서사의 절묘한 전개라 하겠다.

집단학살이 과거의 유산과 그 기억을 박제로 만들어버리는 근대주의와 연동된다는 점은 또 다른 생각거리이다. 자유파와 보수파가 벌인 내전의 피비린내가 채 가시기도 전에 근대주의 발전의 대표적 표상인 기차의 철로가 마콘도에 깔린다. 그와 동시에 그전까지 제기된 기억의 문제도 새로운 차원으로 번진다. '바나나공화국'이라는 매판 권력과 결탁한 연합청과물회사(UFCO)가 철로를 따라 마콘도로 진출한다. 미국의 대기업인 '바나나 회사'

가 콜롬비아에 들어오기 시작한 것이 1880년대이고, 본격적인 진출은 산타 마르타 철도의 건설 시점과 거의 일치한다. 1920년대에 들어서면 콜롬비아는 세계 최대의 바나나 수출국이 된다. 『백년의 고독』에서 재현되는 바나나 기업의 파업 에피소드는 1928년 12월 6일에 산타 마르타 근교 시에나가 마을에서 자행된 민간인 학살에 근거한다.

파업과 이어진 학살은 "소설 전체에서 핵심을 형성하는 에피소드로 간주"된다. "그럼에도 그게 얼마나 핵심적인지는 거의 아무도 파악하지 못"했다면[22] 그것은 왜 그런가? 학살의 드라마를 흑백의 명징한 대립 구도에 놓고 읽고 싶은 유혹은 누구나 느낄 법하다. 그러나 그렇게만 읽는다면 실마리를 잡기 어렵다. 마콘도는 평화로운 마을이었으며 사망자도 없었다고 기록한 공식적인 역사와 수많은 무고한 인명을 살상하여 바다에 수장했다는 집단기억의 역사 중에서 작가는 어떤 쪽을 확고한 진실로 규정하지 않는다. 수천으로 추정될 뿐 희생자의 정확한 수조차 불확실한 집단학살의 진상을 실증주의적 역사 해석의 틀로 해석하지도 않는다. 그렇다고 민중의 집단기억을 신줏단지처럼 모시는 것도 아니다.[23]

그렇다면 파업 에피소드의 핵심은 다른 데 있지 않을까 되물어봄 직하다. 일단 이 에피소드에 준하는 비극들이 콜롬비아 근대사에서 무수했음을 기억하는 것이 중요하다. 19세기에만 8차례의 내전이 발발하고 '천일전쟁'을 거

---

22 Gerald Martin, *Journeys Through the Labyrinth : Latin American Fiction in the Twentieth Century* (Verso, 1989), 229면.
23 가르시아 마르케스는 생존자들의 증언을 청취하고 온갖 문서들을 뒤졌음에도 "진실은 그 어느 곳에서도 찾을 수 없다는 사실을 깨달았다"고 술회한 바 있다. "그(학살—인용자) 드라마의 서사시적 균형을 잡기 위해 사망자 수를 3,000명으로 잡았"다는 것이다. 그러면서 그는 이렇게 덧붙였다. "결국 실제 삶은 내 판단과 작업의 의미를 제대로 평가해주었다. 불과 얼마 전, 그 비극적인 사건을 기념하는 어느 식장에서, 연설 차례가 된 한 상원의원이 공권력에 의해 희생된 무명 순교자 3,000명의 넋을 기리는 1분간의 묵념을 제의했"다는 것이다. 가브리엘 가르시아 마르케스, 『이야기하기 위해 살다』, 96면. 소설이 '역사'를 이긴 극적인 사례라 할 수 있을 이런 일화는 민중의 집단기억을 '이야기'로 풀어낸 소설의 역사적 진실이란 무엇인가 하는 물음을 다시 상기한다.

쳐 20만 명에 이르는 희생자를 낸, 1920년대부터 본격적으로 불붙기 시작한 이른바 폭력의 시대(La Violencia, 1948~1958)를 떠올려보자. 그럴 때 파업 에피소드는 기차가 상징하는 식민주의·근대주의 발전의 파국적 후과(後果)로 읽힌다. 요컨대 공식 역사 대 민중 기억의 구도로 환원될 수 없는 파업 서사의 역사적 의미는 식민주의 투쟁의 맥락에서만 온전히 보존될 수 있다. 부엔디아 가의 4대손이자 학살에서 유일하게 생존한 호세 아르카디오 세군도와 이후 세대인 아우렐리아노가 끈질기게 홀로 이어가는 '기억의 투쟁' 역시 그러하다.

파업 에피소드 읽기에서 관건은, 노동자 투쟁의 의미를 국지적 맥락에서 파악하면서 그 투쟁에 관한 기억의 전지구적 울림을 놓치지 않는 일이다. 작품의 세계성이라는 것도 바로 그런 울림의 다른 표현에 불과하다. 라틴아메리카는 말할 것도 없이 식민주의 청산이 아직껏 완결되지 않은 동아시아, 인류사에서 전무후무한 기술공학적 대학살인 나치의 쇼아(Shoah)가 '원죄'로 남은 독일을 비롯해 남아공, 러시아, 동유럽 등지에서도 망각과 싸우는 기억의 투쟁은 현재진행형이다. 그 같은 투쟁의 탁월한 서사화를 통해 『백년의 고독』은 제3세계의 울타리를 넘어선다. 가르시아 마르케스 특유의 기억의 시적 서사화야말로 『백년의 고독』을 세계와 접속하게 만든 결정적 요인이다. 그렇다면 라틴아메리카의 토속성이 짙게 밴 『백년의 고독』이 세계와 접속하는 맥락들을 좀 더 구체적으로 들여다보자.

콜롬비아 내륙 깊숙한 곳에 자리 잡은 마콘도는 외부의 식민주의 및 발전주의 세력에 의해 끊임없이 침투되는 공간이다. 파업 에피소드는 침투의 파열음이 가장 강력하게 표출된 사건이다. 가르시아 마르케스는 비서구세계 식민 착취의 현장들과 연결되는 이 에피소드를 4년 11개월 2일간 지속된 대홍수로 마감한다. 이 또한 황당하게 느껴질 수 있는 이야기 전개로 보인다. 그러나 이 대목에서도 '믿기지 않는 마음'을 잠시 접어두고 읽을 필요가 있다. 식민주의 폭력의 모든 피비린내를 쓸어버리는 대홍수가 서양이 제3세계에 수출한 가장 마술적인 텍스트라 할 성경의 신화적 상상력이 만들어낸 이적(異蹟)과 비슷하다면 그렇게 접어두지 못할 것도 없다.

그러면 대홍수 뒤에 무엇이 남는가. 서사는 잠시 멈춘 것 같은 근친 간 애욕의 사이클을 다시 그리기 시작한다. 애욕이 변주되는 16~20장은 부엔디아 가문의 멸문(滅門)과 마콘도의 몰락을 겹쳐놓으면서 '백년의 고독'이라는 서사의 시원(始原)을 독자에게 상기시킨다. 이제 미국의 거대자본이 마콘도에서 철수하고 1세대 우르술라를 비롯한 부엔디아 가문의 대다수 인물들은 고인이 되었다. 가문에서 최후로 남은 인물은 아마란타 우르술라와 아우렐리아노 바빌로니아이다. 부엔디아 일가의 종말을 재촉하는 것은 다시(!) 근친상간이다. 이들의 근친상간 욕망이 서사의 시초로 거슬러 올라가면서 마침표를 찍는다. 하지만 이 대목에서 결정적인 논점은 따로 있다. 『돈 키호테』라는 걸작이 아니었다면 『백년의 고독』의 마침표가 그토록 절묘하게 찍혀지기는 어려웠으리라는 것이다.

앞에서 잠시 짚었고 다음 절에서 본격적으로 논하겠지만 『백년의 고독』에는 『돈 키호테』의 흔적들이 곳곳에 숨어 있다. 이는 가르시아 마르케스가 세르반테스를 어떤 식으로든 의식하면서 작품을 썼다는 방증이다. 다른 한편 라틴아메리카의 식민지 시대를 배경으로 하는 『백년의 고독』은 『돈 키호테』와는 전혀 다른 시대적 산물이다. 끄트머리에서 환기되는 멜키아데스의 수고(手稿)도 그 점에서 무심히 넘기기 어렵다. 『백년의 고독』에서 파국은 6대손인 아우렐리아노가 멜키아데스 원고의 의미를 해독하는 것에서 시작하여 해독이 끝남과 동시에 마무리되기 때문이다. 양피지에 산스크리트어로 작성된 원고는 부엔디아 일가 백년사의 비밀을 담고 있다. 물론 양피지 원고는 이전 세대들도 계속 독해를 시도한 것이다. 아직 때가 되지 않아서 실패했을 뿐이다. 멜키아데스 원고의 '의미'를 읽어내는 아우렐리아노와 더불어 독자는 종장에서 다시 제1장으로 돌아가서 작품의 첫 문장을 헤아리게 된다.

그로써 우리는 작품의 첫 문장이 모든 것을 암시하고 있다는 점도 알아차린다. 그 문장은 현재 시점에서 과거시제를 교묘하게 미래완료적으로 구사해서 서사의 진행을 처음부터 끝까지 예견된 필연처럼 제시했기 때문이다.[24] 가르시아 마르케스는 부엔디아 일가의 모든 이야기가 멜키아데스의 예언서에 기록되었다는 설정을 서사에 교묘하게 심어놓은 것이다.

---

24 소설 첫 문장의 원문과 영문은 이렇다. "Muchos años después, frente al pelotón de fusilamiento, el coronel Aureliano Buendía había de recordar aquella tarde remota en que su padre lo llevó a conocer el hielo." / "Many years later, as he faced the firing squad, Colonel Aureliano Buendía was to remember that distant afternoon when his father took him to discover ice." 송병선 교수도 세 종에 이르는 작품 첫 대목의 번역들을 비판적으로 검토하면서 대안 번역을 제시한 바 있다(각주 12에서 인용한 송병선 교수의 저서 31~33면). 역시 간단한 문제는 아닌 듯하다. 가르시아 마르케스가 어렸을 적에 친할머니에게서 들은 옛날이야기 어투를 흉내 냈다는 이 문체의 문제를 나는 감당할 수 없다. 다만, 원문과 영역문을 비교하면서 예정된 필연이라는 느낌도 담아서 번역해야 할 것임을 짐작할 뿐이다. 일단 '오랜 세월이 지나고 아우렐리아노 부엔디아 대령이 총살 집행조 앞에 섰을 때 그는 그 먼 옛날 오후를 기억하게 되어 있었다. 그날 그의 아버지가 데리고 가 아우렐리아노는 얼음이라는 것을 알게 되었다' 정도로 일단 옮겨본다. 조구호 교수의 경우는 "많은 세월이 지난 뒤, 총살형 집행 대원들 앞에 선 아우렐리아노 부엔디아 대령은 아버지에게 이끌려 얼음 구경을 갔던 먼 옛날 오후를 떠올려야 했다"고 풀었다. 두 가지가 걸린다. 얼음 구경이라는 의역은 얼음을 생전 처음으로 알게·인식하게 된(conocer) 호세 아르카디오 부엔디아의 경이감을 온전히 암시하지 못하고, "떠올려야 했다"는 표현도 종말을 향해 치닫는 작품 특유의 결정론적 예언 서사라는 실감을 충분히 실어주지는 못하는 것 같다. 한국어 번역과 관련하여 하나만 더 지적하자면, 10장에서 멜키아데스가 아우렐리아노 세군도에게 하는 말 중에 "백 살이 될 때까지 그 누구도 원고의 의미를 알아서는 안 되거든"이라는 대사가 있다(조구호 번역의 『백년의 고독』 1권, 274면). 이는 영어 번역본의 오류를 반복한 오역이다. 할카(Chester S. Halka) 교수가 영어 번역본의 오류를 바로잡았듯이 '원고가 백년이 될 때까지는 그 누구도 의미를 알 수 없거든'으로 옮겨야 한다. Chester S. Halka, "One Hundred Years of Solitude: Two Additional Translation Corrections," *Journal of Modern Literature* XXIV(2000), 173~175면 참조. 아무튼 작품의 첫 문장이 멜키아데스의 예언서의 일부임을 인식할 때 독자는 『백년의 고독』이 거의 인류학적인 원경(遠景)의 시야를 확보한 상태에서 콜롬비아의 전근대와 근대를 부엔디아 일가의 연대기로 압축했음을 더 확실하게 깨닫게 된다. 가르시아 마르케스의 탁월한 이야기 솜씨는 그 압축적 연대기를 등장인물의 회상(플래시백)으로써 제3세계의 보편적 역사로까지 승화시킨 데서 발휘된다는 것이다. 그런 승화의 과정에서 헤밍웨이나 포크너와 같은 작가의 이질적인 문체들을 독창적으로 소화한 작가가 가르시아 마르케스라는 사실도 좀 더 분명히 드러난다. 학자들은 『백년의 고독』은 그 어느 쪽의 문체와도 다르다고 말한다.

## 4. 『백년의 고독』과 "세르반테스적 전환"

『백년의 고독』에서 펼쳐지는 사실과 허구의 분리 불가의 양상에 관한 논의는 수없이 많다. 그런 양상이 어떤 차원의 창조적 성취로 이어지는가를 해명한 비평가 가운데 마이클 벨(Michael Bell) 교수가 단연 발군으로 짐작된다. 그는 세 차례나 『백년의 고독』을 논했고 그중에는 단행본 연구서도 있다. 『가브리엘 가르시아 마르케스: 고독과 연대』에서 특히 제4장 "세르반테스적 전환(The Cervantean Turn)"을 소개하면서 논의를 좀 더 진전시켜보자.[25]

벨에 따르면 "『백년의 고독』은 허구의 외래(外來) 역사가라는 기존 장치를 활용했다는 점에서 명백히 세르반테스적인 작품이다."(Bell a, 60면) 벨은 『돈 키호테』에서 주인공의 모험이 허구의 역사가이자 아랍인인 베넹헬리의 아랍어 작품을 에스파냐어로 번역한 것으로 설정되어 있음을 환기한다. 그에 따르면 세르반테스는 시시때때로 그 역사가를 불러들임으로써 허구로서의 소설을 돈 키호테라는 인물이 감행하는 모험의 역사적 진실과 분리해서 생각할 수 없게 만들었다. 마찬가지로 가르시아 마르케스도 작중 무대인 마콘도의 외부인이자 집시인 (사실상 초현실적 인물인) 멜키아데스를 내세워 허구와 사실의 구분을 해체하고 허구성 자체도 다시 문제로 만들어버린다는 것이다. 베넹헬리처럼 멜키아데스도 제2의 작가인 셈이다. 그런 작가를 통해 세르반테스와 가르시아 마르케스의 작품에 각기 내재한 심층과 표층의 서사가 연결된다. 이렇게 보면 산스크리트어로 양피지에 6대에 걸친 부엔디아 가문의 역사를 기록했다는 역사가이자 예언자인 멜키아데스는 베넹헬리의 후

---

25 Michael Bell, *Gabriel García Márquez: Solitude and Solidarity* (New York: St. Martin Press, 1993); *Literature, Modernism, and Myth* (Cambridge: Cambridge UP, 1997), 195~198면: "García Márquez, magical realism and world literature," *The Cambridge Companion to Gabriel García Márquez* (Cambridge: Cambridge UP, 2010), 179~195면. 이하 본문에서 위의 저서들을 인용할 때는 각각 괄호 안에 Bell a, Bell b, Bell c로 표기하고 면수만 병기한다.

예라고 말할 수 있다.

  표면상 『백년의 고독』은 대홍수에 이어지는 묵시록적인 태풍이 마콘도를 쓸어버리는 것으로 끝난다. 태풍의 발생은 6대손 아우렐리아노 바빌로니아가 가문의 내력과 자신의 출생 비밀 및 멸문을 예언하는 원고를 읽어 내려가는 순간과 일치한다. 그 원고가 바로 멜키아데스의 수고(手稿)이다. 첫머리는 이렇게 시작된다. "가문 최초의 인간은 나무에 묶여 있고, 최후의 인간은 개미 밥이 되고 있다." 이는 서사를 가지고 노는 가르시아 마르케스 특유의 주밀한 말놀이 솜씨를 보여준다. 최초 인간은 종국에는 미쳐서 식구들이 집 앞 나무에 묶어놓은 호세 아르카디오 부엔디아요, 최후 인간은 아우렐리아노와 아마란타 우르술라 사이에서 돼지 꼬리를 달고 태어나 말 그대로 개미 밥이 되는 아기를 가리키니, 백년의 가계가 단 한 문장으로 압축된 것이다.

  멜키아데스라는 '서사적 발상'에 관한 벨의 간단치 않은 논지를 내 식으로 풀면 이렇게 된다. "역사의 가장 단순하고 사실적인 형식인 연대기"로서의 멜키아데스의 원고와 그런 원고에 담긴 "완전한 허구"로서의 소설은(Bell c, 188면) 마치 샴쌍둥이처럼 붙어 있어서 독자가 어느 한쪽만을 『백년의 고독』으로 단정할 수 없게 된다. 이 역시 가르시아 마르케스가 독자를 상대로 벌인 서사 놀이의 일면이다. 작가 자신이 알바로(Álvaro)라는 인물을 빌려 문학을 이렇게 정의하지 않았던가—"인간을 조롱하기 위해 만들어진 최고의 장난감."(영역본 388면; 한역본 2권 265면) 『백년의 고독』을 가득 채운 기상천외한 이야기들을 액면 그대로 믿는 사람은 바보가 되고 안 믿는 사람은 더 바보가 되니, 문학은 과연 그런 장난감 같기도 하다.

  독자가 독서 과정에서 신(信)과 불신(不信) 사이 어딘가에 매달리게 된다면 그것은 허구일 수 없는 역사와 허구로서의 소설이 맞세워져서 서로를 비추는 거울처럼 서사가 펼쳐진 결과일 것이다. 독자는, 『돈 키호테』의 바로 그 산초 판사가 돈 키호테의 황당한 모험에 대해 그런 것처럼, 모든 것을 믿으면서 모든 것을 믿지 않게 된다. 벨은 그처럼 신과 불신을 동시에 유발하는 『백년의 고독』의 역동적 구조를 뫼비우스의 띠나 에셔(M. C. Escher)의 그림에 비유한다. 그러면서 이 순환 미로에서 역사와 허구가 분리될 수 없음을 실증주의나 과학주의의 시각으로 부정해서는 곤란하다고 주장한다. 오히려 역사와 허구를 신화창조적(mythopoeic) 인식으로[26] 통합·승화시킨 것이 야말로 『백년의 고독』의 진정한 성취인 동시에 해방적 서사 행위라는 것이다.(Bell b, 197면)

여기에 나 자신의 개인적 실감을 한마디 보탠다면 『백년의 고독』의 서사 유희는 예컨대 코르타사르(J. Cortázar, 1914~1984)나 보르헤스(J. L. Borges, 1899~1986)의 그것과는 뭔가 다른 성격이라는 느낌이다. 코르타사르나 보르헤스 모두 내로라하는 언어유희의 대가로 정평이 나 있는 소설가들이다. 하지만 라틴아메리카의 대지에서 솟아난 듯한 가르시아 마르케스의 인물들은 말 그대로 흙이 빚은 투박하고도 소박한 인간의 형상이라는 생각이 든다. 이 역시 벨이 역설한 신화창조적 인식이 가르시아 마르케스의 작품에서 식민 역사에 대한 고발이자 비판으로서의 이야기로 구현되는 것과 무관하지 않을 듯하다. 콜롬비아의 피어린 근대사를 배경으로 전개되는, 인간의 원초적인 활력으로 가득 찬 정념과 애욕의 드라마는 사실주의나 자연주의 문학이 그려내지 못한—오히려 철저하게 비속(卑俗)의 사실성에 가두어 버린—삶의 생기를 뿜어내고 있다.

그런데 활력의 드라마가 기상(奇想)한 변주를 통해 펼쳐지는 양상에서 때로는 기계적, 아니 '인공지능적'이라는 인상을 받을 때도 아주 없지는 않다.

---

[26] '신화창조적'이라는 단어는 모더니즘에 관한 벨 교수의 시각을 관통하는 핵심어 가운데 하나이고, 니체의 해체적 사유와 밀접히 연관된 개념이라 간단한 정리가 특히 어렵다. 여기서는 일단 인간이 거하는 20세기 근대의 모든 사상적 지반(地盤)이 흔들리는 상황에 창조적으로 대응하는 자기비판적·자기성찰적 상상력 정도로 정리한다. 벨의 비평(론)에 대한 좀 더 구체적인 논의는 이 책 3부에 실린 「비평가의 읽기와 책임」을 참고 바란다.

변주의 방식만 놓고 보면 고성능의 글쓰기 프로그램이 발동된다는 착각마저 들 정도다. 생존해 있을 때도 가르시아 마르케스는 비평가들의 비판 따위는 괘념치 않은 작가로 유명하지만 이 글을 쓰는 나도 괘념치 않고 그런 실감을 뒤에서 좀 더 구체적으로 부연하겠다. 그에 앞서 강조할 점은, 세르반테스의 서사를 독창적으로 소화한 이 장편이 예술에서의 재현과 삶의 관계를 문제 삼으면서 독자의 '감수성 교육'을 한층 효과적으로 수행하고 있다는 사실이다. 그 같은 수행의 다양한 면모 중에서 『백년의 고독』 12장에 묘사된 영화 및 축음기 에피소드와 『돈 키호테』 2부 24~27장에 그려진 인형극장 에피소드를 대비해보자. 근대의 여명기와 식민주의가 폭력적으로 관철된 자본주의 근대에 대한 두 작가의 생기발랄한 대응을 맞춤하게 비교해볼 수 있는 일화들이다.

『돈 키호테』에서 묘사된 인형극은 재현된 상황과 현실이 어떤 관계를 맺는가를 생각하게 한다. 돈 키호테는 인형극의 극적 설정을 실제 상황과 구분하지 못한다. 그는 인형극을 유심히 관람하다가 자신을 예의 기사도 소설의 주인공으로 상상한다. 그러다가 느닷없이 칼을 빼 들고 나서서 인형극 속으로 뛰어들어 구경꾼들을 혼비백산케 한다. 하지만 이를 단순히 허구와 현실의 혼동으로 치부할 일만은 아니다. 그런 착각도 기사도 소설에 빠진 돈 키호테의 망상인 것은 맞다. 그러나 동시에 그것은 인형극이라는 형식의 극적 재현이 당대 독자에게 어떻게 거의 최면에 맞먹는 마력을 발휘할 수 있는가를 예증하는 사례이기도 하다. 세르반테스가 강조하는 '올바른 소설'도 바로 그런 힘에 대한 반성적 사유의 맥락에서 이해해야 할 쟁점인 것이다. 그렇다면 『백년의 고독』은 어떤가.

가르시아 마르케스는 마콘도에 유입된 신문물로서의 영화와 축음기에 대한 주민의 매혹 및 환멸을 동시에 포착한다. 작가 자신의 유년 시절이 고스란히 반영된 이 매혹과 환멸에서 주목할 점은 그런 복합적인 감정이 '삶다운 삶'을 향한 탐구로 이어진다는 것이다. 언어의 재현에 근원적인 물음을 던진 『돈 키호테』의 서사를 배경에 놓고 『백년의 고독』에 초점을 맞춘다면 나팔 달린 원통형 축음기에 대한 마콘도 마을 주민의 건강한 비판 인식이 부각된다. 처음에 그들은 축음기의 듣도 보도 못한 성능에 어안이 벙벙해진다. 생전 처음 보는 원통형 물건에서 자동으로 나오는 음악 소리에 놀라지 않을 도리가 없는 것이다. 그러나 그 소리를 반복적으로 들으면서 사람들은 이내 그 음향의 반(反)생명적 특성을 감지한다. 축음기의 음향이 외지인들의 선전처럼 "마법의 맷돌이기는커녕, 진한 감동을 주고 너무도 인간적이고 일상의 진실미가 넘치는 악단들의 생음악과는 도저히 비교할 수 없는 눈속임 도구라는 결론에 도달"하는 것이다.(영역본 223~224면; 한역본 2권 37~38면)

이 축음기 에피소드는 아무리 뛰어난 근대의 기술적 성취라 하더라도 인간의 삶 자체에서 생명력을 길어 올리는 예술을 완전히 대체할 수는 없다는 사실을 증언한다. 물론 이 에피소드에 비춰봐도 예술의 재현에 대한 세르반테스의 예지적 통찰이 빛을 잃는 것은 아니다. 기사도 문학에 심취한 나머지 모든 물상을 기사들의 모험이라는 프레임에 가둔 돈 키호테의 무수한 망상이 독자들에게 주는 교육적 효과도 진정 우리 당대의 현실에서 반추해볼 만한 주제로 남아 있다. 반면에 『백년의 고독』에서 그려지는 축음기 에피소드와 더불어 서양의 선진 문물에 대한 오해는 또 다른 흥미로운 생각거리이다. 가령 집시들이 들여온 신문물을 무모하게 받아들여서 활용하려다가 우세를 사는 호세 아우렐리아노 부엔디아의 코믹한 기행(奇行)도 그중 하나다.[27]

벨에 의하면 그런 기행 자체가 "우리가 소설을 어떻게 읽어야 하는지" 또

---

[27] 『백년의 고독』 1장에서 풍자적으로 그려지는 기행의 장면이 재미있는 것은 서구의 신문물에 대한 작가의 복합적 인식 때문이다. 그런 문물 중에는 과학문명의 진정한 성취에 해당하는 것(망원경, 돋보기 등)이 있는가 하면 식민주의자들이 잇속을 위해 광고하는 물건(얼음)도 있다. 그 양자를 구분하지 못한 채 엉뚱한 호기심과 발명 욕구를 마구잡이로 발산하는 호세 아우렐리아노 부엔디아의 광적인 상상력은 중세 기사도 소설을 미친 듯이 읽다가 현실과 소설을 착각하는 돈 키호테의 광기를 떠올리게 한다.

는 어떻게 읽지 말아야 하는지를 일러준다.(Bell a, 62면) 그런데 『백년의 고독』을 "명백히 세르반테스적인 작품"으로 규정한 벨의 탁견이 서사 형식의 상동성(相同性)에 대한 해명에 있는 것은 아니라고 본다. 세르반테스와 가르시아 마르케스 각자가 당대의 지배적인 소설 양식이 안고 있는 한계를 돌파함으로써 장편소설의 새로운 지평을 열었다는 점을 구체적으로 분석한 것이 벨의 공헌인 동시에 좀 더 생각해볼 만한 비평의 화두다. 벨은 그 점을 간명하게 이렇게 표현했다. "세르반테스가 당대에 소설(fiction)을 정당화하기 위해 역사라는 개념을 활용하는 반면 가르시아 마르케스는 자신의 시대에서 본질적 역사를 보존하기 위해 소설을 이용한다."(Bell a, 64면)

벨의 문장을 다시 내 식으로 풀면 이렇게 말할 수 있을 것 같다. 즉, 단편 12개로 구성된 『모범소설집(*Novelas Ejemplares*)』(1613)에서 당대 풍속에 대한 날카로운 사실주의적 감각을 과시한 세르반테스는 『돈 키호테』를 통해 당대 서사의 우세종인 목가적 로맨스를 창조적으로 변개함으로써 근대문학의 출범기에 장편소설의 독창적 경지를 열어젖혔다. 그로부터 350여 년이 지난 시점에서 그와 유사하면서도 전혀 다른 서사의 기예를 발휘한 가르시아 마르케스는 사실주의 문학의 황혼기에 사실로서의 역사와 허구로서의 소설을 하나로 묶는 신화창조적 상상력을 통해 소설의 종언을 선언한 포스트모더니즘의 지배 담론을 낭설로 만들었다.

가르시아 마르케스의 작품은 서구 사실주의 장편소설에 대한 비판적 전유의 산물이라는 뜻에서 매우 비전형적(atypical)이다. 비전형으로서 가르시아 마르케스의 전체 작품세계를 대표하는 『백년의 고독』에 대한 벨 교수의 생각은 최근 평문에서 한결 명료하게 정리된다. 그는 「가르시아 마르케스, 마술적 리얼리즘 그리고 세계문학」에서 우리의 동시대로 시야를 넓히는 동시에 마술적 리얼리즘에 대해서도 좀 더 엄밀한 평가를 시도한다. 이 평문의 내용을 일일이 소개할 수는 없다. 결론의 요점만 짚어둔다. 그는 이렇게 썼다. "서구문학에는 도구적 이성 쪽으로 기우는 문화의 경향을 내파하는 고딕적·낭만적 글쓰기의 오랜 전통이 있다. 마찬가지로 마술적 리얼리즘도 내부에서 균형을 잡아주는 우리 시대 문학의 한 발현으로 볼 수 있다."(Bell c, 193면)

이 균형의 문제를 이성 대 비이성의 대립 구도를 설정하면서 절충이나 조화로 파악한다면 벨의 논지를 곡해하는 꼴이 된다. 그는 이어서 다음과 같이 썼다. "마법은 정말이지 일상이 될 수 있다. 마술적 리얼리즘도 결국 너무 안이하게 그런 일상에 이르는 방법을 제공할 수 있지만, **일상성 속에서 마법을 이뤄내는 것이야말로 문학적 상상력의 본령**이"다.(Bell c, 193~194면. 강조는 인용자) "일상성 속에서 마법을 이뤄내는" 일을 "문학적 상상력의 본령"으로 규정한 벨의 문장은 차라리 양자역학으로 표상되는 현대 과학에 비추면 더 실감 날 법하다. 우리가 일상이라고 부르는 현실이야말로 과학의 눈으로 보면 마법과 같은 현상이니 말이다. 사실주의에서의 현실 재현이라는 것을 근본부터 다시 생각하는 것도 그런 맥락에서다. '말의 정처(定處) 없는 정처'라는 역설이 말해주듯이 한시도 머물러 있지 않고 변하는 것이 '현실'이지 않나. 그렇다면 무정처의 말로써 현실이라는 것을 붙들어 매려는 시도는 순간순간이 아슬아슬한 모험인 동시에 궁극적으로 독자의 마음에서 확인되는 그런 시도의 '성공'도 기적의 현현일 수밖에 없다.

따지고 보면 우리가 '시적'이라고 말하는 모든 서사적 표현물도 그러한 모험이 이적(異蹟)처럼 성공하는 찰나의 순간들을 일컫는 것이다. 그렇다면 인간 고유의 표현 행위인 문학에서도 불립문자의 '불가능'을 구현하는 것이 관건이다. 그렇다면 우리는 벨의 통찰을 이렇게 바꿔 표현할 수도 있겠다. 우리가 거하는 이 시공간은 그 자체로 하나의 마법과 경이의 세계이며, 문학의 상상력도 인간의 마음이 그런 세계에 언어로 반응하는 하나의 방식이라고. 바로 그런 맥락에서 벨은 가르시아 마르케스와 어깨를 나란히 할 수 있는 작품들을 열거한다. 단적으로 벨은 불가코프(M. Blugakov, 1891~1940)의 『거장과 마르가리타(*The Master and Margarita*)』(작가 사후 1966년에 출간)와 루슈디(Salman Rushdie, 1947~)의 『한밤의 아이들(*Midnight's Children*)』(1981)을 가르시아 마르케스의 작품과 동류(同類)로 논평하면서도 후자와 깊은 공통점을 갖는 사례로 쿳시(John Maxwell Coetzee, 1940~)의 『엘리자베스 코스텔로(*Elizabeth Costello*)』(2003)를 콕 집어 언급한다. 그의 분석에 따르면 마술적 리얼리즘이라는 장르는 라틴아메리카의 전유물이 아니다. 따라서 "단일한 지역적 중심성"도 존재하지 않는다.[28]

마술적 리얼리즘이 작품으로 표출되는 양상에 관한 한 지역 중심주의나 민족 예외주의가 설 땅은 없다. 벨의 이 같은 주장에서 근대의 모든 세계문학은 언제나 특정 지역과 언어공동체에 뿌리를 둔, 적어도 그런 의미에서 지방문학 내지는 지역문학임을 재확인하게 된다. 번역을 통해서 '세계화 과정'을 거칠 뿐이다. 그런데 세계성의 본질이 지역성에 있음을 역설하는 나로서는 벨이 찍은 방점에서 미묘한 차이도 느낀다. 벨은 『이 지상의 왕국』과 『백년의 고독』을 'post-modernist'와 'postmodernist'의 작품으로 규정했다.(Bell b, 197~198면) 후자의 경우 이음표를 제거한 것은 본격 모더니즘(high modernism)에서도 탈피한 작품의 면모에 무게를 두는 표현법이다. 이런 식의 범주적 평가는 로런스(D.H. Lawrence)의 『무지개(*The Rainbow*)』(1915)를 낙관주의로, 콘래드(Joseph Conrad)의 『노스트로모(*Nostromo*)』(1904)를 비관주의로 설정하고 그 양자를 '지양'한 걸작으로 『백년의 고독』을 해석하는 근거가 된다.

하지만 로런스나 콘래드의 해당 장편을 낙관과 비관으로 가르는 것은 단

---

[28] 단적인 예로 고골(Nikolai Gogol)에서 쿤데라(Milan Kundera)에 이르는 서른다섯 명의 작가들 작품을 마술적 리얼리스트의 이름으로 모아놓은 선집에서도 그러한 중심성은 찾아보기 어렵다. *Magical Realist Fiction: An Anthology*, eds. David Young and Keith Hollaman(New York: Longman Inc., 1984) 참조.

순한 규정인데다가,『백년의 고독』이 그와 같은 지양인지도 의문이다. 이 텍스트가 시작과 끝이 절묘하게 맞물리고 그 사이를 채우고 있는 내용도 무봉(無縫)처럼 짜여 있다는 점은 앞서 지적했다.『백년의 고독』이 벨이 논한 것처럼 "그 순환적 미로에서 역사와 허구가 분리될 수 없"음을 '이야기'로 보여준 작품이라면 그 이야기는 낙관 대 비관의 대립 구도를 멀리 넘어서 있다고 봐야 한다. 그런데 그 점을 전제하고 남는 논점도 있다. 앞서『백년의 고독』서사 전체에서 변주되는 어떤 패턴을 '인공지능적'이라고 표현한 바 있는데, 좀 더 부연해보자. 대모(大母) 우르술라의 죽음을 계기로 멸문지화를 당하는 부엔디아 일족, 즉 에스파냐 정복자 후손들의 기억과 고독의 이야기를 그토록 흥미진진하게 들려주었음에도『백년의 고독』에는 어떤 공허한 여운이 감돈다. 앞서 인용한 문장을 차용하면 "진한 감동을 주고, 너무도 인간적이고 일상의 진실미가 넘치는 악단들의" 생음악과 어딘가 모르게 어긋난다는 느낌도 남는다. 마치 정교한 기술로 제작된, 이야기의 무한 변주가 가능한 '소설 기계'처럼 느껴지는 순간이 있다는 것이다. 왜 그런 것일까? 혹시 이 장편이 대대손손 이어지는 '백년의 고독'만큼이나 (어쩌면 그런 고독에 못지않게) '백년의 소외'에 몰입한 까닭이 아닐까? 참다운 고독에서 우러나오는 연대의 비전이 상대적으로 희석되어 있다면 가르시아 마르케스의 텍스트는 언어의 유희에 침잠하는 포스트/모더니즘의 어떤 경향을 색다르게 표출하는 면도 있다는 비판이 가능할지 모른다.

『백년의 고독』에서 고독이 변질되어 정형행동으로 고착됨으로서 자기소외의 양태를 띠는 점은 무심하게 넘길 일이 아니다. 그 양태가 작품 전체로 번지는 현상마저 마술적 리얼리즘이라는 식으로 얼버무려서는 곤란하다는 것이다. 연대로 이어지지 못하는 소외만은 멜키아데스의 수고(手稿)라는 절세의 뒤집기 장치로도 끝내 완벽하게 해독(解毒)되지 않는다. "백년의 고독에 처해진 가계(家系)는 지구상에서 제2의 기회를 갖지 못"한다는 최후의 계고를 독자가 작품 전체의 맥락에 놓고 복기해보면 그런 인상은 더 강화되는 것 같다. 그러나 여기서도 단정의 평가를 고집할 것은 아니다. 다만 고독과 소외가 사뭇 다른 삶의 모습에 해당한다면 소외가 아니라 고독이 연대의 필수조건임을 부연할 따름이다. 그런데 바로 그 점을 생각할 때 『노스트로모』도 자연스럽게 떠오른다. 『노스트로모』는 『백년의 고독』에 훨씬 앞서 라틴아메리카의 혼란을 거의 예언적으로 그린 (콘래드의 가장 뛰어난) 장편이고,[29] 모더니즘의 단골 주제—개인의 소외와 신념, 믿음의 상실 등—를 공유하는 바도 적지 않기 때문이다.

그러므로 두 작품을 비교하는 평문이 학계에서 여전히 나오는 것도 충분히 납득할 만하다. 단적으로 드쿠(Decoud) 같은 인물이 이사벨 섬에 사실상 유폐되어 절대적 적막 속에서 최후를 맞이하는 장면은 부엔디아 대령의 고독과 적잖이 닮았다. 반면에 『백년의 고독』에는 에밀리아 굴드(Emilia Gould)에 필적할 만한 인물이 없다. 페미니즘에서 콘래드를 어떻게 다뤄왔는가를 논할 계제는 아니다. 산토메 광산이 상징하는 식민주의 자본에 맞설 수 없는 그녀의 무력함을 지적하는 논자도 더러 있다. 그 근거가 아주 부족한 것은 아니다. 그러나 당대의 가부장적 시대상을 고려하면서 굴드 부인의 행적을 제대로 살핀다면 그런 식의 비판도 제한된다. 오히려 고독과 연대를 삶의 책임의식으로 이어주는 굴드 부인은 독자가 좀 더 사려 깊게 키워볼 만한 사유의 씨앗을 뿌려놓은 여성임이 더 분명해진다. 『백년의 고독』에서 소외의 와중에도 순간순간 빛을 발하는 각 인물의 존재적 고독에서 어떻게 연대에 값하는 삶을 끌어낼 수 있을까를 사유할 때 결정적인 화두를 품고 있는 인물이 굴드 부인이라는 것이다.[30]

---

29 가령 Hunt Hawkins, ""Nostromo" and Neo-Colonialism," *The Conradian* 43:1(2018), 1~11면 참조.
30 이것으로 콘래드와 페미니즘의 관계가 정리된다거나 『백년의 고독』에 어떤 결정적 약점이 부각된다고 주장하려는 것은 물론 아니다. 다만, 콘래드가 조국 폴란드의 친척 가운데 존경하는 여성을 모델로 했다는 굴드 부인이 세대와 성별을 뛰어넘는 연대의 시적 비전 또는 화두를 제시하는 인물임을 상

## 5. 세계문학의 중심, 지역문학

『백년의 고독』뿐만 아니라 마이클 벨의 비평에 대해서도 공감과 더불어 이런저런 비판적 논평을 더한 셈이지만 작품을 대하는 기본 문제의식은 이 장편을 지역문학으로서의 세계문학으로 읽겠다는 것이었다. 지역문학과 세계문학의 관계를 논함에 있어 얼마나 일관된 자세를 견지했는지는 자신하기 어렵다. 다만, 세계문학이기에 지역문학이라기보다는 지역문학이기에 세계문학이라는 주장을 내세웠고 그에 충실한 해석을 시도했을 뿐이다. 어쨌거나 모든 세계문학이 지역문학이라는 명제의 참뜻은 지역의 지역성에서 찾아야 할 것이다. 그럴 때 각 지역 내지는 지방 현실은 상이하며 문학의 형식과 내용을 빌려 표출되는 창조적 잠재성도 같을 수 없다는 상식이 더 깊이 숙고해야 할 과제로 다가온다.

세계문학사를 살펴보면 그와 같은 상식을 확인해주는 사례는 드물지 않다. 근대 초기 지역문학의 세계성을 보여주는 대표적인 범례로는 에스파냐 예술의 황금기(1492~1659)나 영국의 엘리자베스 시대(1558~1603)가 떠오른다. 그 시대를 상징하는 세르반테스와 셰익스피어가 인류 보편의 문학 유산임은 분명하지만 근대 서양의 여러 곳에서 화려하게 분출된 문학의 창조성은 철저하게 역사적 현상이다. 붐 소설로 통칭되는 20세기 중후반 라틴아메리카 장편문학의 활력도 예외가 아니다. 그렇다면 지역소설로서 『백년의 고독』의 현재성, 더 나아가 2차대전 이후 본격적으로 등장한 20세기 남아메리카 붐 세대(La generación del Boom latinoamericano)의 집단적 성취는 어떤

---

기해볼 필요가 있다는 것이다. 이 점은 충분히 조명되지 않은 주제로 남아 있는 것 같다. 『노스트로모』 3부 11장에서 굴드 부인의 상념을 통해 그 화두는 이렇게 표현된다. "It had come into her mind that for life to be large and full, it must contain **the care of the past and of the future in every passing moment of the present**. Our daily work must be done to the glory of the dead, and for the good of those who come after." Joseph Conrad, *Nostromo : A Tale of the Seaboard* (New York: Penguin, 2007), 411면. 강조는 인용자.

역사성을 띠는가. 맞춤한 방편으로 19세기 북아메리카에서 분출된 이른바 아메리칸 르네상스와 대비해보자.

19세기 미국문학의 '중흥'은 인종으로는 앵글로색슨계 백인, 계급으로는 중산층, 성별로는 남성이 주축이 되어 뉴잉글랜드 및 동부 연안에 뿌리를 내리고 식민모국 영국문학과의 경쟁 속에서 가능해진 위업이다. 물론 이 위업은 신생국 미국의 작가들이 안팎의 식민주의에 대항하는 과정에서 쟁취한 것이었다. 하지만 아메리칸 르네상스가 빛나는 만큼이나 그 빛이 드리운 그늘도 짙다. 인종주의와 성차별주의, 계급주의를 골수에 내면화한 정착식민주의의 폭력적 관철이라는 역사가 르네상스의 바로 그 이면이기 때문이다.[31] 북아메리카의 미국은 영국의 식민주의 영향에서 벗어나 남북전쟁을 통해 '통일'을 이룩한 19세기 후반기에 이미 제국으로서의 물적 토대를 확실하게 갖춘 상황이었다.

남아메리카의 상황은 그와는 전혀 달랐다. 라틴아메리카 붐 문학도 비슷하면서도 전혀 다른 역사적 현실에서 배태된 것으로 보인다. 1804년 아이티를 선두로 19세기 초중반에 이미 식민제국으로부터 앞서거니 뒤서거니 독립했건만 라틴아메리카 국가들의 문화는 19세기 내내 에스파냐 제국의 그림자 속에 있었다. 게다가 20세기에 들어서는 미국이라는 신식민주의·팽창주의 세력의 영향권으로 들어갔다. 그런 상황에서 바로 그 미국이 배후에서 지원하고 부추긴 독재와 내전들이 되풀이해서 벌어졌다. 아마도 볼라뇨(Roberto Bolaño, 1953~2003)의 『칠레의 밤』(2000)만큼 미국이 뒷배를 봐준 독재의 실상과 독재에 부역하는 문학의 실체를 통렬하게 증언한 소설도 드물 텐데,[32] 조망을 해보면 에스파냐 문학에 젖줄을 댄 남미문학의 지체 현상은 불

---

31 아메리칸 르네상스의 이런 양면성을 호손, 멜빌 휘트먼을 중심으로 논한 자료는 졸저, 『한국문학의 최전선과 세계문학』(창비, 2013)의 3부에 실린 「세계문학의 역사적 조건에 관하여: 19세기 미국문학의 '르네상스'」의 3~4절("'국민문학'을 향한 열망들: 빛과 그림자"; "'명백한 운명'—르네상스의 이면") 참조.
32 이에 관해서는 이 책 3부에 실린 「시장과 정치, 그리고 문학: 『칠레의 밤』을 중심으로」를 참조하시기 바

가피했던 것으로 판단된다.

하지만 그런 지체에서조차 탁월한 예외가 탄생하는 것이 식민지근대문학의 현실이었다. 예컨대 마샤두(Machado de Assis, 1839~1908)처럼 유럽의 장편소설과 확실하게 구분되는 라틴아메리카적 사실주의 내러티브를 창안한 작가도 출현했다.[33] 물론 가르시아 마르케스, 후안 룰포, 카를로스 푸엔테스(Carlos Fuentes, 1928~2012), 바르가스 요사(Mario Vargas Llosa, 1936~) 등으로 표상되는 붐 소설의 전성기는 19세기 미국의 그것과 비교하면 거의 백 년의 시차가 있다. 19세기 중반에 식민 지배자 영국과는 구분되는 장편문학을 창출한 미국의 앵글로색슨계 문학과 대비하면 붐 소설은 탈식민성에서도 차이점이 분명하다. 붐 소설은 라틴아메리카 전역에 부패와 도둑정치(kleptocracy)의 씨앗을 뿌린 근대 에스파냐 특유의 제국주의 착취뿐만 아니라 미국의 신식민주의 개입까지 가세한 자국 내부 특유의 질곡에 맞서 성취한 문학의 해방적 지평이다.

그런 지평은 말 그대로 세계적이다. 대략 19세기 중반까지 사실상 제국으로 군림한 에스파냐의 문화적 자장이 20세기에 들어서도 지속된데다가 에스파냐어를 공유한 출판 문화의 상시 교류가 초국적 문학을 만들어낸 것이다. 라틴아메리카에서 국민국가의 경계선을 초월한 독특한 범지역 문학을 창출한 것은 식민 지배자의 바로 그 언어이자 대륙의 공용어라 할 수 있는 에스파냐어가 결정적이다. 이러한 공용어에 기반한 라틴아메리카의 지역문학은 20세기 중반부터 제각각 (신)식민주의의 예속성에서 벗어나기 시작했다. 그 과정에서 세계성을 획득한 라틴아메리카 문학의 강렬한 반식민적 지역성은 식민성 극복 과정에서 패권주의와 인종주의를 노출한 북미의 미국문학과는

---

란다.

33 『킹카스 보르바』 『동 가스무후』와 더불어 마샤두의 걸작 3부작을 구성하는 『브라스 꾸바스의 사후 회고록』(창비, 2013)은 박원복 교수의 번역으로 소개된 바 있다.

확실하게 구분되는 대표성을 확보했다.

『백년의 고독』이 가리키는 지역과 세계의 창조적 교섭도 에스파냐어로 축적된 이베리아 반도 문학 유산의 지역적 변개가 따르지 않았다면 불가능했을 성질이다. 복합 다인종·다언어 사회인 라틴아메리카 문학에서의 식민성 극복이 (미국이 가세하는) 유럽중심주의(Eurocentrism)에 대한 끈질긴 문제제기임은 더 말할 나위 없다. 사회의 거의 모든 기득권 고지를 점령한—서양의 식민주의가 심어놓은 식민근성을 더 저열하게 재생산해온—자생적인 에스파냐계 아메리카 중심주의(Spanish Americanism)와의 싸움은 기본적으로 반제국주의를 넘어서 전개되었다.[34] 복잡하게 얽힌 안팎의 허위의식에 대한 해체적 비판이 1950~70년대 붐 소설의 주요 걸작들에서 치열하게 제기된 것이다.

그런데 라틴아메리카 지역문학에서 흥미로운 현상은, 19세기 초 독립 이후 각국의 작가들이 유럽문학의 굴레에서 벗어나려는 움직임이 표면화될 때도 자국만의 문학사를 구축하려는 시도는 거의 보이지 않는다는 사실이다. 지금도 가령 콜롬비아 문학은 그 자체로 독립된 실체라기보다는 라틴아메리카 지역문학의 일원으로 간주된다. 이 점은 동아시아의 지역문학과 확실히 대조적이다. 전근대를 지배한 중화 체제 및 공통 문어로서의 한문이 해체되면서 동아시아 3국, 즉 중국, 한국, 일본의 학문장에서 발생한 가장 두드러진 공통의 현상 가운데 하나가 자국 문학사의 확립이기 때문이다.

나 자신은 동아시아의 일원이면서 분단된 한국의 독자라는 의식으로 가르

---

34 그런 에스파냐계 아메리카 중심주의를 작품과 연관짓는다면 1세대 호세 아르카디오 부엔디아와 우르술라 이구아란의 증조부는 각각 크리오요(에스파냐계 부모를 둔 식민지 태생 백인)와 에스파냐 동북부 지역의 아라곤 왕국 출신으로 설정된 면을 지적할 수도 있을 것이다. 그렇다면 『백년의 고독』에서 되풀이되는 근친상간은 인종 간 혼교(miscegenation)에 대한 지배계급 크리오요의 두려움이 발현된 비극이라는 해석도 가능할 듯하다. 『백년의 고독』에 재현된 인종 문제에 관한 좀 더 자세한 논의는, Adellaida López-Mejía, "Race and Character in *Cien años de soledad*," *Theory in Action* 6:1(2013), 29~49면 참조.

시아 마르케스의 장편을 읽으려고 노력했지만 이때도 잊어서는 안 되는 점이 있다. 분단된 한반도에서 동아시아의 식민지근대로, 그러한 근대에서 다시 서구의 핵심부로 시야를 열면서 작품 자체를 천착하는 비평의 훈련이 없이는 『백년의 고독』 같은 걸작도 온전히 읽어내기는 어렵다는 것이다. 그렇게 시야를 확대하면서 현대 장편소설의 진화 양상을 주시하는 순간 마술적 리얼리즘이라는 것도 유일무이하지 않음이 재확인된다. 유일무이하기는커녕 사실이라는 것, 더 나아가 사실적 세계라는 것을 둘러싼 온갖 통념들을 해체하는 사유의 모험으로서의 서사 지평을 개척하는 작가들이 눈에 들어온다.

이어지는 글은 그런 현역 작가들 가운데서도 독보적인 남아공의 쿳시의 『엘리자베스 코스텔로』에 집중한다. 이 장편은 그의 다채로운 작품세계에서도 소설이라는 서사 장르에 관한 근원적 성찰을 작품의 경지로 끌어올렸다고 평가받는 문제작이다. 그의 소설들을 읽노라면 아프리카의 토착 역사와 토착민들의 삶에 작가로서 뿌리내리고 19세기 서구 사실주의의 창조적 갱신을 이룩하는 여정이 실감된다. 『엘리자베스 코스텔로』는 그런 여정 끝에 도달한 또 다른 이정표다. 따라서 쿳시의 주요 텍스트도 염두에 두기는 하겠지만 주안점은 그가 그만의 독자적 서사 실험을 통해 오늘날의 문학이 직면한 난관을 어떻게 헤치면서 서사의 지평을 확대·심화하는가를 소개하는 데 놓일 것이다. 우리 동시대의 작가들이 현대 문명에 내재한 절박한 문제들과 대면하여 고뇌하는 결정적인 현장 하나를 체감할 수 있는 계기가 되리라 믿는다.

## 2장

# '사고 실험'과 소설의 형식

### 『엘리자베스 코스텔로』를 중심으로

## 1. 서론

'사고 실험(thought experiment)'은 직접 검증할 수 없는 가설을 논리와 추론의 단계를 밟아 검토해보는 상상의 분석을 일컫는다. 실험이지만 자연과학 연구소에서의 그것과는 전혀 다른 성격이다. 특히 인문학에서의 사고 실험은 난제를 제시하고 체계적 논법으로써 해답을 찾아가는 성찰의 과정에 가깝고, 주어진 명제의 타당성에 대한 물음이나 비판적 논증, 반박이 주를 이룬다. 엄밀한 논리 작업인 동시에 상상력의 발동을 필수로 요구하는 터라 적용 주제나 범위가 사실상 무한정이다. 도출된 결론도 종결이라기보다는 다음 단계로 나아가기 위한 잠정적 성격을 띤다. "사고 실험은 마음이라는 실험실에서 수행된다. 이 비유 외에는 그게 뭔가를 정의하기는 어렵다"라는 말도 그래서 나왔을 것이다.[1] 그렇다면 우리는 이렇게 되물어볼 수도 있다.

---

1 James R. Brown, *The Laboratory of the Mind: Thought Experiments in the Natural Science* (New York: Routledge, 1991), 1면.

소설이라는 것도 "마음이라는 실험실"에서 실행되는, 이야기의 형식을 빌린 사고 실험의 한 종류가 아닐까?

물론 사고 실험으로서의 소설이라는 발상이 전혀 새로운 것은 아니다. SF 계열의 작가들은 자신의 상상적 서사를 흔히 사고 실험에 빗대곤 했다.[2] 대립하는 발상들의 접점과 충돌 양상을 극화하는 관념소설(novel of ideas) 나름의 장르상 계보도 있다. 하지만 이들 소설도 천차만별이라서 거기서 다뤄지는 모든 것을 사고 실험으로 일반화하기는 어렵다. 다만 상투성을 깨는 발상의 전환과 화법 및 형식의 새로운 모색이 없이는[3]—그로써 독자가 자명하게 받아들인 믿음이나 관념을 뒤흔들지 않고서는—작품으로서의 사고 실험에 미달하기 십상인 것만은 분명하다.[4] 그렇다면 서구의 장구한 소설사에서 사고 실험을 작품으로 구현한 사례들을 헤아려볼 만하겠다.

그중 관습화된 기사도 서사와 로맨스 양식을 온갖 방식으로 해체하고 도래할 역사적 현실을 예지적으로 탐사한 돈키호테의 '정신 나간 모험'은 선구적 모범이 될 듯하다. 물론 탁월한 작품으로서의 사고 실험은 흔치 않다. 새로운 사유의 지평과 창조성의 구현이 그런 실험의 기본 성격이라면 드문 것은 당연할지 모른다. 일단 그 점에서도 쿳시(John M. Coetzee, 1940~)의 『엘리자베스 코스텔로』(2003)는 귀한 소설이다. 서사 형식의 혁신으로써 인간중심주의를 떠받치는 사상의 기저(基底)를 탐구하고 소설이라는 것이 뭔가를 근

---

2 Ursula Le Guin, *The Left Hand of Darkness* (New York: Acebooks, 2010), xviiii.
3 그렇다면 다음과 같은 문장도 그런 맥락에 놓고 파악할 필요가 있겠다. "문학적 허구들은 우리의 믿음에 작용함으로써 우리에게 영향을 미친다(Literary fictions work on us by working on our beliefs)." Peter Swirski, *Of Literature and Knowledge: Explorations in Narrative Thought Experiments, Evolution and Game Theory* (New York: Routledge, 2007), 123면.
4 가령 이렇게 시작하는 탐정소설의 연쇄 추론, 즉 "'집사가 (살인을—인용자) 저질렀다고 가정한다면……'은 가설상의 추론일 수 있지만 사고 실험이라고 할 수 없다"는 문제의식만 해도 그렇다. 이는 본격소설과 장르소설의 이분법에 기초했다기보다는 과연 '작품'에 값하는 수준의 사유의 실험 또는 모험이 이뤄지고 있는가를 묻는 태도에 가깝다. 같은 책, 98면.

본적으로 다시 생각하게 하는 작품들 가운데 발군이 아닌가 싶다.[5]

『엘리자베스 코스텔로』는 오늘날 학문 세계 안팎의 첨예한 현안들이 "자신의 올바름에 대한 확신에 수반될 수 있는 자기기만"을 얼마나 쉽게 조장할 수 있는지를 다양한 방식으로 폭로할뿐더러,[6] 학계의 지식 생산과 유포가 진리 추구와 얼마든지 무관할 수 있다는—아니, 진리를 은폐하고 심지어 적극적으로 왜곡할 수 있다는—것까지 암시한다. 그러니 독자의 생각도 자연스럽게 가지를 치면서 복잡해질 수밖에 없다. 앞으로 차근차근 살펴보겠지만 『엘리자베스 코스텔로』가 독자로 하여금 종결으로서의 결론 자체를 다음 단계로 나아가기 위한 필수 과정으로 받아들이도록 유도하고 더 근원적인 것을 탐구하게 한다면 이 장편이야말로 소설의 형식으로 수행한 탁월한 사고실험으로 규정할 수 있겠다.[7]

이 글은 대략 이러한 문제의식으로 소설 형식의 새로운 창안이 어떻게 혁

---

[5] 본문에서 인용하는 텍스트는 J. M. Coetzee, *Elizabeth Costello: Eight Lessons*(New York: Penguin Books, 2003)이다. 한국어 번역본은 J. M. 쿳시, 『엘리자베스 코스텔로』, 김성호 옮김(창비, 2022). 작품 인용은 괄호 안에 면수를 표기한다. 김성호의 번역본을 참조했지만 더러 손을 대기도 했다.

[6] 손영주, 「"입증할 수 없는 것"으로부터 배우기—쿳시의 『엘리자베스 코스텔로』」, 『현대영미소설』 16:3(2009), 153~157면.

[7] 물론 '슈뢰딩어의 고양이'의 역설을 직접적으로 떠올리게 하는 표현이 작품에 나온다는 사실은 독자의 흥미를 배가하는 한 요인이다. "시체가 된다는 것이 무엇인지 나는 안다"는 전제에 대해 엘리자베스 코스텔로는 다음과 같이 말한다.
"이런 인식으로써 제가 죽으리라는 것을 알 때, 네이걸의 말로 하면, 내가 아는 건 뭘까요? 나는 내가 시체가 된다는 것을 아는 걸까요 아니면 시체가 시체가 된다는 것을 아는 걸까요? 그 차이는 하찮아 보입니다. 내가 아는 것은 시체로서는 알 수 없는 어떤 겁니다. 즉, 시체는 더 이상 존재하지 않는다는 것, 그래서 그것은 아무것도 알지 못하며, 앞으로도 영영 아무것도 알지 못하리라는 것 말입니다. 한순간, 혼란 속에서 내 지식의 모든 구조가 붕괴되기 전에, 나는 **그 모순 속에 살아 있습니다. 죽은 동시에 살아 있는 겁니다**(When I know, with this knowledge, that I am going to die, what is it, in Nagel's terms, that I know? Do I know what it is like for me to be a corpse or do I know what it is like for a corpse to be a corpse? The distinction seems to me trivial. What I know is what a corpse cannot know: that it is extinct, that it knows nothing and will never know anything anymore. For an instant, before my whole structure of knowledge collapses in panic, **I am alive inside that contradiction, dead and alive at the same time**)." 77면, 강조는 인용자.

신적인 사고 실험과 불가분의 관련을 맺는가를 살펴보려는 시도다.[8] 먼저 쿳시의 작품세계에서 『엘리자베스 코스텔로』의 특이한 서사 형식이 갖는 여러 함의들을 짚어보겠다. 그런 다음, 형식과 분리할 수 없는 소설의 논쟁적 내용을 개관하는 작업으로 나아간다. 하지만 해명과 개관 자체는 부차적인 것이다. 핵심은 소설 형식의 쇄신 및 새로운 화법의 개발로써 온갖 종류의 근대주의적 허위의식을 해체하는 서사의 양상이다. 그런 양상을 제대로 읽어낼 수만 있다면 21세기의 소설이 언어예술로서 직면한 위기의 성격을—더 나아가 인류가 지금까지 구축해놓은 문명의 혼란 양상을—새로이 규명·평가하면서 이 장편이 예시하는 미답의 사유 영토가 어떤 것인가도 묻고 드러낼 수 있으리라. 그러니 독자들이여, 이 골치 아픈 물음의 험난한 길을 함께 떠나보자.

## 2-1. 작품 따라 읽기: 사고 실험은 어떻게 소설이 되는가

무엇보다 시작이라는 문제가 있다. 즉, 우리가 있는—아직은 아무 데도 아닌—이곳에서 저 멀리 강기슭까지 어떻게 건너가야 하는가의 문제다. 이것은 다리를 놓는 단순한 문제, 즉 응급처방으로 다리를 놓는 문제다. 사람들은 매일 그런 문제를 해결한다. 해결하면서 앞으로 나아간다.(1면)

이야기의 운을 떼는 문장이다. 첫 장은 chapter 1 대신 lesson 1으로 되어 있다. 뭔가를 배우는 '레슨'이라는 말을 쿳시가 괜히 달지는 않았을 것이다.

---

[8] 사고 실험을 화두로 『엘리자베스 코스텔로』를 읽으려는 시도는 물론 필자가 처음이 아니다. Stephen Mulhall, *The Wounded Animal: J. M. Coetzee & the Difficulty of Reality in Literature and Philosophy*(New Jersey: Princeton UP, 2009), 1부 2장("Elizabeth Costello's Lectures: Stories, Thought-Experiments, and Literal-Mindedness") 참조.

화자가 "우리가 있는 곳"을 "아직은 아무 데도 아닌 곳"으로 규정하면서 서사의 목표를 저 먼 "강기슭"으로 설정하고 있다면, 이는 물음과 배움으로서의 길을 강하게 암시한다. 우리가 "아직은 아무 데도 아닌 곳"에 있다는 말은 쿳시가 작가로서 백지를 앞에 두고서 가야만 하는 서사의 여정을 강력하게 암시하는 것으로도 읽힌다.

'우리'라는 표현이 단적으로 예시하듯이 쿳시는 자신의 서사 여정에서 독자가 동반자임을 분명히 한다. 그러면 어떻게 함께 갈 것인가? 이 여정은 사람들이 매일처럼 해결하면서 앞으로 나아가는 문제, 즉, 얼기설기 "다리를 놓는 단순한 문제"로 규정된다. 만약 문제가 그런 것이라면 '다리'도 독자의 성실한 참여가 따르지 않고서는 만들어질 수 없다. 한마디로, 어떤 평자가 적절하게 지적했듯이[9] **독자도, 작가와 더불어**, 강 건너 "저 멀리 강기슭까지" 가야 하는 과제를 안게 된다. 1과의 제목 "사실주의란 무엇인가?"라는 물음은 첫 관문이다.

작품 제목을 장식하는 호주 출신 소설가인 엘리자베스 코스텔로가 그 물음의 주인공이다. 그녀는 펜실베이니아의 한 대학이 수여하는 문학상(the Stowe Award)을 두둑한 상금과 함께 수상한다. "사실주의란 무엇인가?"는 수상 기념 강연의 제목이다. 작중에서 이런 물음의 지평은 사실주의 소설의 원조 격인 『로빈슨 크루소(*Robinson Crusoe*)』(1719)가 언급되면서 펼쳐지기 시작한다. 하지만 사실주의도 사실주의 나름이다. 이 물음은 독자들의 사고(思考)를 촉발·도발하기 위한 투우사의 붉은 천과 같다. 아니나 다를까, 엘리자베스는 작가로서의 야심과 포부를 회고하면서 카프카의 단편「어느 학술원에 드리는 보고(Ein Bericht für eine Akademie)」(1917)를 언급한다. 거기에 등장하는 원숭이 연설자 빨간 페터도 그런 기호이다.

---

[9] Eckard Smut, "Reading Through the Gates: Structure, Desire, and Subjectivity in J. M. Coetzee's *Elizabeth Costello*," *English in Africa* 36.2(2009), 65~66면 참조.

그런 까닭에 1과를 읽는 '우리'는 도대체 사실이라는 것이 뭔가 골몰하게 된다. 허구의 여성 인물 엘리자베스를 강연자로 내세운 쿳시와 원숭이 화자인 빨간 페터를 자신의 분신처럼 제시한 엘리자베스, 바로 그 빨간 페터를 가장 먼저 화자로 앞세운 카프카가 동시다발적으로 연결되면 그렇지 않겠는가. 이 겹겹의 의미 주체들이 마치 뫼비우스의 띠처럼 맞물리고 연결되면서 "사실주의란 무엇인가?"라는 물음도 오리무중에 빠진다. 하지만 오리무중에서도 빛나는 점은 빨간 페터라는 허구가 말과 사물의 일대일 대응이 깨져 버린 현대 세계의 지적 상황을 절묘하게 환기한다는 것이다. 그런 맥락에서라면 '사실주의'가 사진을 찍어대는 것과 같은 사실주의(寫實主義)로 국한될 리가 없다.

물론 따지고 보면 말-거울이 파괴되었다는 발상 자체는 새로울 것이 전혀 없다. 말(言)이 사물로 직진하여 의미를 생성한다는 믿음은 니체와 프로이트 이후 미신이 되었을뿐더러, 카프카의 화자 빨간 페터 역시 그런 믿음이 사라진 현대 세계의 상황을 증언하기 위해 소환한 상징적 형상이다. 쿳시가 창조한 서사의 주인공으로서 사실주의 세계에 불안정하게 발 딛고 있는 엘리자베스의 물음은 객관주의와 사실상 동의어인 사실주의(事實主義) 너머를 겨냥하고 있다는 말이다.[10] 그렇게 발 딛고 있다는 것은 이런 뜻이다. 즉, "말-거울"이 산산조각 나고 '근본·토대'가 무너졌음을 역설하는 엘리자베스는 '말-거울'의 일대일 대응이 파괴된 현실을 정확히 '반영'하는 인물이다. 그러니 그런 그녀가 염두에 둔 사실주의가 뭔지 끝내 불확실한 것도 당연하다. 사실주의 하면, "냄새나는 속옷을 입은 노르웨이 사람들"(32면)이 떠오른다

---

10 'realism'을 사실주의로 번역한 것은 혼란을 피하자는 뜻도 있다. '리얼리즘'은 1970·80년대를 거쳐 대략 세기말까지 명맥을 이어온, 한국의 문학계를 풍미한 용어이기도 하다. 맥락과 상황에 따라 'realism'은 실재론, 현실주의 등으로도 옮길 수 있는데 사실주의를 고집하는 이유도 있다. 무엇보다 리얼리즘이라는 외래어 자체가 일종의 '번역어'로 통용되어 사용된 한국 평단 특유의 상황을 직시할 필요가 절실하기 때문이다. 이는 전혀 다른 지면을 요구하는 쟁점으로 남아 있다.

는 (엘리자베스의 아들인) 존이 문학사조의 정답만을 제시했을 뿐이다.

그 같은 정답은 '사실주의(realism) 대 관념주의(idealism)'라는 이분법에 근거한 것이다. 그런 만큼 상투적이다. 이 상투성은 실재와 허구의 구분을 통해서 돌파할 수 있는 성질이 아니다. 실재와 허구를 명확히 가르는 것 자체가―'시체로서의 나'에 대한 성찰을 유무의 차원 너머로 밀고 나가려는―작품의 발상에 어긋난다. 뿐만 아니라 이분법이 무너진 상황에서 길을 잃고 헤맬지언정 상투적이지는 않은 엘리자베스의 고뇌에 다가서기도 힘들다. 그 고뇌를 비추는 각광은 소설가인 어머니에게 아들의 도리를 다하려는 존에 의해 조절된다. 그런 존은 상식·통념의 세계를 표상한다. 그렇기 때문에 그는 말-거울이 산산조각 난 세계에 아무런 불만이나 이견이 없다. 하지만 그럴수록 카프카의 원숭이 빨간 페터를 소환하여 그 속에서 '나'를 발견하고 내 안에서 '원숭이'를 끌어내리려는 엘리자베스의 치열성이 더 부각된다.

그러면 2과인 "소설의 미래"로 가보자. "사실주의란 무엇인가?"와 연동되는 이 주제도 소설의 말-거울이 깨져버린 세계의 상황을 그린다. 장면이 바뀌고 크루즈 여행 중인 엘리자베스는 옛 동료인 나이지리아의 작가 에구두(Emmanuel Egudu)를 만난다. 팽팽한 신경전을 벌이는 양자가 선상 강연을 이어가면서 소설의 개념을 두고 날카롭게 대립한다. 강연에 관한 한, 독자는 에구두에 더 공감할 법하다. 아프리카 작가가 직면한 실존적 모순을 까탈스럽게 지적하는 엘리자베스보다 기회주의적일지언정 식민화된 아프리카 문학의 해방을 열정적으로 주장하는 에구두의 말이 더 설득력 있게 들리기도 한다. 게다가 엘리자베스는 그의 논리를 사사건건 흠잡으면서 '소설의 미래'를 설파했지만 자기 말을 스스로도 반신반의한다. 에구두가 이중구속의 상황에[11] 처한 아프리카 작가로서 고충을 토로하면서 '네그리튀드' 정신을 역설

---

[11] 이중구속의 상황은 유럽 독자들에게 아프리카를 납득시키기 위해서는 아프리카로부터 어느 정도 떨어져 있어야 하지만 그렇게 떨어져 있으면 아프리카의 '진면목'에서 멀어지는 아프리카 작가들의 난감한

하는 대목은 특히 비서구 독자에게 호소력이 있을 듯하다.

그러나 다른 한편 유럽 백인들의 호사스런 주머니에 기생하는 그도 아프리카의 구전문학을 상품화하고 있다는 혐의가 걸리는 터라, 논점은 공감의 경중보다 너무도 상이한 문화 배경에서 돌출된 관점들의 갈등과 충돌로 좁혀진다. 특히 서구의 식민주의가 수출한 문화상품으로서의 소설에 관한 언급이 통렬하다.

춤토어는 다음과 같이 쓰고 있다. "17세기 이래로, 유럽은 마치 암세포처럼 세계 전역으로 퍼져나갔다. 처음에는 은밀했지만 점차 속도를 더해가면서 오늘날까지 생명체와 동물, 식물과 서식지, 언어들을 계속 파괴해왔다. 매일같이 세계의 언어들이 사라지고 거부당하고 질식당하고 있다. (……) 질병의 증상 가운데 하나는 의심할 나위 없이, 처음부터, 문학이라고 하는 것이었다. 문학은 스스로를 강화하고 번성하여 인류가 만들어낸 가장 거대한 차원의 것 중 하나가—목소리를 부정함으로써—되었다. 글/쓰기를 특권화하는 행태는 이제 그만둘 때가 되었다. 정치산업적 제국주의로 인해 빈곤해진—위대하고 불행한—아프리카는 글(쓰기)의 영향을 덜 받았기 때문에 아마도 다른 대륙보다 그 같은 특권화를 막는 목적을 더 잘 이룰 수 있을 것이다."(45면)

에구두 강연의 이 대목은 구전학자(口傳學子)인 춤토어(Paul Zumthor, 1915~1995)의 문장을 통째로 인용한 것이다.[12] 문학의 힘을 빌려 문학 자체를 이렇게 전면적으로 부정하는 극단성은 유례를 찾기 힘들다. 서구 제국주의=암이라는 등식을 설정하고 그 바깥 세계의 구전 서사를 포함한 일체의

---

역설을 가리킨다. 이에 관한 간명한 논평으로는 J. M. Coetzee, *White Writing: On the Culture of Letters in South Africa* (New Haven: Yale UP, 1988), 8~10면 참조.
12 Paul Zumthor, *Oral Poetry: An Introduction*, trans. Kathryn Murphy-Judy (Minneapolis: U of Minnesota P, 1990), 225면.

토착 서사들을 주변으로 몰아내고 멸종시킨 서구문학을 암의 징후로 진단하는 이 대목에서 식민주의가 자연스럽게 연상된다. 서양문학은 허위의식의 문화적 산물로 규정된다.

    이러한 배경에서 펼쳐지는 에구두의 강연은 확실히 문제적이다.[13] 그는 글(문자)과 구전성을 극단적으로 분리하여 구전 문화에 모든 잠재적 긍정성을 부여한다. 아프리카의 척박한 현실 속의 소설가 및 그 존재 조건과 역사적 책무를 역설하는 에구두에 대한 엘리자베스의 반발은 격렬하다. 그 반발의 원인은 에구두의 실존적 상황 자체에 있다. 엘리자베스가 꼬집는 것은 나이지리아의 문화·문학 인프라가 거의 부재한 현실에서 기회주의적으로 처신한 에구두의 처세술이다. 실제로 그는 아프리카 토착 문학의 '진보성'을 역설하는 순간에도 소설의 실제 구매자인 서구의 독자들에게 추파를 던지고 있다. 독자도 아프리카 작가의 존재론적 모순이 그런 추파로 나타난 것인가 하는 물음도 던질 법하다는 것이다. 이 물음은 옳고 그름의 문제가 아니다. 핵심은 서구의 문학과 아프리카로 대변되는 비서구의 문학 사이에 가로놓인 심대한 간극이다.

    그러한 간극을 사려 깊게 생각할수록 서구문학이 근대에 이룩한 나름의 창조적 성취만은 암처럼 번져나간 서구의 식민주의라는 질병과는 다른 차원의 문제가 아닌가 하는 반문도 제기된다. 쿳시는 이렇게 독자에게 생각거리를 던지고 3, 4과의 주제와 연결되는 다리를 만든다. 2과 말미에서 관광 중에 엘리자베스가 맥쿼리 섬(Macquarie Island)에서 동물을 상대로 자행된 대량 도축의 역사를 떠올리는 장면은 3, 4과의 화두인 '채식주의와 동물권 논

---

13 아프리카 작가들이 척박한 문화 현실을 딛고 식민주의자의 언어를 통해 자국의 현실과 씨름하는 상황에 관해서 나는 구체적으로 평가할 능력이 없다. 다만, 아프리카 작가들이 이중구속에 놓인 채 서구의 독자를 상대하는 문제가 결코 간단치 않음을 확인했을 뿐이다. 이에 관한 논의는 Bush Ruth, *Publishing Africa in French : Literary Institutions and Decolonization 1945~1967*(Liverpool: Liverpool UP, 2016), 1~2장 참조.

쟁'을 예고한다. 그 섬에서 서양 사람들이 기름을 얻기 위해 수십만 마리의 펭귄을 도살한 바 있음을 환기하면서 쿳시는 채식주의자 엘리자베스를 애플턴 대학의 연례 행사인 게이츠 강연의 연사로 세운 것이다.

그로써 소설의 존재 방식을 두고 합치하기 힘든 의견 대립을 보인 엘리자베스와 에구두의 갈등은 주제를 달리하여 변주된다. 이제 갈등은 자신의 영혼을 구하기 위해 채식주의를 실천하는 엘리자베스와 채식주의를 '구별짓기'를 통한 권력 행사로 규정하는 며느리 노마(Noma)의 불화로 변형된다. 그와 동시에 고부간의 갈등은 엘리자베스와 애플턴 대학의 철학과 교수인 오헌(O'Hearne)의 극단적인 의견 대립으로, 더 나아가 그녀와 주최 측 영문과 전체의 불화로 치닫는다. 뿐만 아니라 강연 이후의 신랄한 언쟁으로 엘리자베스가 아들 존을 포함한 애플턴 대학 사회와 맞서는 형국으로 악화된다. 3과와 4과에서 엘리자베스가 강연 주제로 내건 '철학자들과 동물들'과 '시인들과 동물들'이 결코 지식의 향연 정도로 취급할 수 없는 데는 이유가 있다.

엘리자베스가 강연 도중에 도살장·실험실 가축들의 운명을 수백만 유대인들의 '홀로코스트'에 빗대 논란을 자초한 사건을 보자. 엘리자베스의 문제의식은 동물 학대·학살이 인간 사이의 폭력과 유비 관계에 있다는 데 맞춰진다. 살아 있는 모든 것을 외경하는 엘리자베스가 자신의 채식 습성을 공격적으로 공개하고 동물과 인간의 경계 자체를 해체하는 지경까지 이를 때 논란은 증폭될 수밖에 없다. 하지만 우리는 이때도 동물 학대와 폭력의 고발에(만) 집중할 일은 아니다. 한 방청객이 힐난하듯이, 엘리자베스의 강연 취지를 공장식 동물사육장을 폐쇄하기 위한, 동물들을 '인간적으로' 죽이기 위한, 동물 실험을 막기 위한 것만으로 좁히려 든다면[14] '저 먼 기슭'까지 다리

---

14 엘리자베스는 한 청중의 '실용적 질문'에 대해 몽테뉴(Michel de Montaigne, 1533~1592)의 경구를 인용하면서 이렇게 답했다. "우리는 우리가 고양이와 논다고 생각하지만, 고양이가 우리와 노는 것이 아니라는 것을 어떻게 아는가? 나는 실험실의 동물들이 우리와 놀고 있다고 생각할 수 있으면 좋겠다. 아, 하지만 그렇게 생각할 수 없다."(82면) 이 인용 문장도 인간중심주의적 발상을 심문하는 맥락에서 읽어

를 놓는 일은 요원할 수밖에 없다. 말만으로 현실을 바꿀 수 없다는 사실은 누구보다 엘리자베스 자신이 더 잘 안다.

그녀가 서양의 이성을 집요하게 문제 삼는 것은 바로 그런 맥락에서 읽어야 한다. 인간의 현실 세계를 만들어내는 핵심 동인이 바로 그 이성이기 때문이다. 그녀가 채식주의로써 집중하는 것도 데카르트 이래 서양의 근대 전체를 떠받치는 이성의 신화가 만들어낸 야만적 현실이다. 흥미롭게도 엘리자베스는 1과에 이어 카프카의 빨간 페터를 다시 소환한다. 그녀가 쾰러(Wolfgang Köhler, 1887~1967)의 『유인원들의 마음 상태(The Mentality of Apes)』(1917)를 언급하며 빨간 페터의 원조 격으로 술탄이라는 원숭이를 상정하고 '바나나 실험'을 길게 설명한 것도 도구적 이성의 폭력성을 폭로하기 위함이다. "(인간이—인용자) 박쥐가 된다는 것은 어떤 것인가?"라는 물음을 던진 네이걸의 철학적 사고 실험을 그녀가 반박하면서 공감의 상상력(sympathetic imagination)을 제시하는 것도 동일한 맥락이다. 그렇다면 도구적 이성의 대안으로 제시되는 공감의 상상력은 어떤 것인가?

그런 상상력은 타자의 내면으로 들어갈 수 있는 '입장권'으로 제시된다. 엘리자베스는 공감력을 통해 박쥐나 유인원 같은 '절대적 타자' 속으로까지 들어갈 수 있다고 주장한다. 엘리자베스 자신부터가 "결코 존재하지 않은" 블룸(Marion Bloom)이라는—조이스(James Joyce, 1882~1941)의 『율리시즈(Ulysses)』(1922)에 등장하는 레오폴드 블룸의 부인인—여자를 소설로써 창조하고 스스로 그 인물이 되었다면 동물의 내면으로 들어가지 못할 이유가 없다는 논리다. 엘리자베스가 강연 말미에 아우슈비츠의 학살자들을 다시 언급하면서 이들의 죄를 타자의 입장에 설 수 없는 공감력의 부재로 규정하는 것도 엇비슷한 맥락이다. 그런데 흥미롭게도 엘리자베스는 5과에 가면

야 할 것이다.

이율배반일 정도로 인간만의 '인간다움의 행위'를 역설하기도 한다.(150면) 하지만 그런 행위가 구체적으로 어떻게 가능할 것인가는 더 이상 탐구되지 않는다.

이처럼 서사는 어느 것 하나 똑 부러지지 않고 불확실성으로 가득 차 있다. 뭔가를 안다는 것을 다시 생각하게 하는, 아니 뭘 안다는 것 자체가 인간의 오만한 착각이 아닌가를 되묻는 사고 실험의 소설적 함의는 크고 작은 갈등들이 엘리자베스의 '인간 드라마'를 고양시키는 방향으로 수렴된다는 데서 분명해진다. 바로 그 수렴 과정에서 엘리자베스가 겪는 갈등의 극적 양상이 뚜렷해지는바, 이는 이성중심주의에 관한 열띤 논리적 반박보다 더 깊은 울림을 퍼뜨린다. 불화와 반목만을 초래한 두 차례의 강연을 마치고 귀국하는 엘리자베스의 심경은 이렇게 제시된다.

> 문제는 내가 어디에 있는지 더 이상 모르겠다는 거야. 난 아주 편안하게 사람들 속에서 생활하고 완벽하게 정상적인 관계를 맺는 것처럼 보여. 그런데 나 자신에게 이렇게 묻는 거야. 이들 모두가 말도 안 되는 범죄에 연루되는 게 가능할까? 아니면 이 모든 게 나의 상상인가? 나는 미친 게 틀림없어! 하지만 나는 매일 증거를 보고 있어. 내가 의심하는 바로 그 사람들이 증거를 만들어 내게 보여주고 들이밀어. 사체들. 그들이 돈 주고 산 사체 조각들.
> 그건 마치 내가 친구 집에 가서 거실의 램프를 보고 듣기 좋은 말을 하니까 그들이 "그래, 좋지? 폴란드계 유대인들의 가죽으로 만들어졌대. 그게 최고야, 특히 폴란드계 유대인 처녀들 가죽이 최고지"라고 말하는 것과 같아. 그리곤 화장실에 갔는데, 비누 포장지에 '트레블링카—100% 인간 스테아르산'이 적혀 있는 거야. 내가 꿈을 꾸는 건가, 나는 이렇게 스스로에게 되물어. 이건 대체 어떤 집일까?
> 하지만 난 꿈을 꾸는 게 아니야. 너의 눈을, 노마의 눈을, 아이들의 눈을 보면 친절함만이, 인간적인 친절함만이 보여. 그래서 나는 속으로 이렇게 말하지. 진정해.

넌 괜한 것을 과장하고 있어. 이게 삶이야. 다른 사람들은 다 받아들이고 사는데, 넌 왜 그럴 수 없니? *왜 그럴 수 없니?*(114~115면, 이탤릭체는 원문)

이처럼 길 잃은 엘리자베스에게 통념·상식 세계가 줄 수 있는 위로는 "자, 자, 이제 곧 끝날 거예요"라는 존의 말뿐이다. 그런데 어머니를 이렇게 다독이는 아들 존의 위로가 섬뜩하게 느껴진다면 그건 왜 그런가? 그것은 그의 위로가 "일상의 잔혹함에 '오염된' 사람들의 망각 및 무심함"과 너무도 닮았기 때문일 것이다.[15] '홀로코스트'를 의도적 무지 속에 은폐한 나치 치하의 대다수 독일 국민들의 망각과 무심이 그러했듯이. 그렇다면 "이제 곧 끝날" 거라고 하면서 어머니를 다독이는 존의 언설을 "위로받아야만 하는 그녀의 필요"로 해석하는 것은[16] 지금까지 문명적 삶의 근거를 끈질기게 문제 삼은 엘리자베스의 간단치 않은 고뇌를 단순하게 만들 위험이 있다.

일단 그 고뇌를 멜빌이 그려낸 바틀비(Bartleby)의 반(反)생명적 삶에서 아슬아슬하게 벗어나 있는—그러나 그런 삶이 결코 망상의 산물만은 아님을 실감케 하는—것으로 규정해보자. 이 대목에서 필경사 바틀비를 떠올리는 것이 단순히 비교문학적 연상 때문만은 아니다. 엘리자베스의 고뇌가 상식 및 통념의 세계와 절대적으로 절연한 바틀비와 상통하면서도 바틀비의 자기 파멸과는[17] 다른 사유의 도정에 존재하기에 독자도 엘리자베스의 번민에 공감한다. 그 공감의 순간에 우리는 인간과 동물의 상생을 성찰하는 선에서 더 나아

---

15 손영주, 「'"입증할 수 없는 것"으로부터 배우기―쿳시의 『엘리자베스 코스텔로』」, 163~164면.
16 Stephen Mulhall, *The Wounded Animal*, 135면.
17 이 대목에서도 멜빌이 창조한 인물 바틀비가 아닌 작품 「바틀비」를 단순화할 위험이 있다. '뭘 하지 않겠다는 의지'로 초지일관하는 인물로서의 한계는 너무 뻔하다. 그러나 작품 자체는 인물의 바로 그런 한계까지를 숙고하게 하고, 그렇게 숙고할수록 '하지 않겠다'와 '하겠다'가 단순 선택의 문제가 아님을―월가(Wall Street)의 '삶'을 성찰할수록―거듭 실감하면서 거대한 벽과 마주한 느낌을 받는다. '수취인불명(dead letter)'으로서의 바틀비라는 존재는 단순한 은유나 비유가 아니고 명백히 살아 있는 실체다. 바로 그 점을 근원적으로 사유하는 것은 어쩌면 문학비평의 영역을 넘어서는 일인지도 모른다.

가 인간(만)이 실현할 수 있는 세계 건설의 가능성을 긴급한 화두로 안게 되는 것이다.

## 2-2. 작품 따라 읽기: 카프카의 법정과 창조적 작가

이제 5과 차례다. 간단치 않은 여운을 남긴 이 화두는 좀 더 심화된 주제로 옮겨간다. 이번에는 엘리자베스의 언니 블란치가 저간의 인문학과 인문주의를 신랄하게 비판하는 강연을 한다. 이전의 두 레슨이 서구의 이성중심주의에 맞춰져 있음을 환기한다면 동물 주제에서 인문학에서의 이성 문제로 건너간 것은 지극히 논리적인 절차 같다.[18] 블란치 자신이 왕년에 인문학을 체계적으로 연구한 고전학자이고 그에 걸맞은 학문적 업적을 이룬 터라, 그녀의 이성 비판은 엘리자베스의 그것과는 사뭇 다른 무게감을 갖는다. 게다가 그녀는 이성중심주의를 담론으로 비판하는 차원을 넘어서 남아프리카공화국의 자치 지역 줄루랜드(Zululand)에서 의료봉사를 실천하는 수녀로 활동하고 있다. 그 같은 변모는 인문주의의 근거인 이성에 대한 사망 선고를 몸으로 웅변하고 있음을 뜻한다. 블란치는 "교회 밖에서는 어떤 구원도 없다(Extra ecclesiam nulla salvatio)"는 신념을 고수하는바, 그런 신념을 한 개인의 독선으로만 읽을 수 없게 하는 현실적인 맥락이 존재한다.

이전 과들이 그랬듯이 5과도 논쟁적이다. 이제 기독교 정신으로의 회귀를 거의 독단적으로 주장하는 블란치와 그런 독단성에 물음표를 다는 엘리

---

[18] 이 역시 동물 주제의 지평을 인간의 인간다운 행위에 대한 성찰로써 확대·심화하려는 시도다. 블란치의 이성 비판이 고대 그리스·로마 문명에 맞춰지면서 (원시) 기독교 정신으로의 회귀로 귀결되는 것도 그 같은 시도의 일환이다. 그리스 문명을 원류로 삼는 인문주의의 죽음을 선언할 때 블란치가 내세운 근거 역시 자폐적 회로에 갇힌 이성중심주의이다. 이는 엘리자베스가 3, 4과에서 맹렬하게 질타한 이성 비판의 변주다.

자베스의 불화가 전면에 부각된다. 하지만 이전 과들과는 다르게 자매의 대립과 긴장은 편지라는 형식을 통해 전개된다(그 편지는 엘리자베스 자신에게도 하나의 수수께끼로 남은 과거의 일화를 담고 있다). 엘리자베스가 블란치에게 편지로 들려주는 에피소드는 어머니의 친구이자 아마추어 화가인 필립스 씨 (Mr. Phillips)에 관한 것이다. 내용인즉, 처녀 시절에 엘리자베스는 필립스 씨가 암으로 죽음의 문턱에 다다랐을 때 그의 그림 모델이 되어준 일이 있었다. 그때 그녀는 죽어가는 그를 보면서 감정에 북받쳐서 그 앞에서 젖가슴을 드러냈다. 인문주의(운동)의 종말을 단언하고 원리주의에 가까운 기독교적 실천을 역설한 블란치가 편지의 그런 내용에 어떻게 반응했는가는 다뤄지지 않는다. 다만, 죽어가는 남자 앞에서 자신의 젖가슴을 열어젖힌 엘리자베스의 행위가 연민에서만 비롯된 것이 아님을 독자가 짐작할 수 있을 뿐이다.

그러한 짐작은 그녀가 끝내 편지에 담지 못한 비밀이 밝혀짐으로써 좀 더 분명해진다. 비밀은 일종의 후일담을 통해 밝혀진다. 그것은 죽음의 문턱에 도달한 필립스의 남근(男根)을 엘리자베스가 일으켜 세우려고 했던 이야기이다. 이 망측해 보이는 사연이 단순히 외설적인 추문이 아니라 한 인간의 생명력에 바치는 욕망 긍정적 공감으로 읽히는 한 블란치가 노골적으로 설정한 그리스 문명 대 기독교 문명의 대립도 무의미해진다. 그러므로 기독교의 금욕주의적 실천을 그리스 문명(생명 예찬)과 한사코 대립시킨 블란치에 대해서도 비판적 거리는 불가피하다. 우리가 읽었다시피 3, 4과에서 욕망 긍정적 공감의 문제는 동물을 주제로 제기했을 때 부정의 어법으로밖에 제기될 수 없었다. 쿳시는 이 공감의 문제를 인간 삶의 생생한 현장으로 되돌릴 때 비로소 이성이라는 '괴물'을 포용할 수 있음을 극화한다. 필립스 씨와 공유한 엘리자베스의 비밀은 강연-소설이라는 형식으로 수행된 사고 실험이 어떻게 이성의 성채를 무너뜨리고 공감의 연대를 발동시킬 수 있는가를 보여주는—그로써 소설로서의 사고 실험이 실감되는—인상적인 사례다.

그러면 엘리자베스의 마지막 과제로 넘어가자. 과제는 창작의 윤리와 자기 검열에 관한 물음이다. "사실주의란 무엇인가?"라는 물음에서 시작한 '레슨'이 창작에 임하는 작가의 자세에 관한 탐구로 이어진 셈이다. 이 탐구는 엘리자베스가 매혹과 혐오를 동시에 느낀, 실존 작가 폴 웨스트(Paul West, 1930~2015)의 실제 장편소설 『폰 슈타우펜베르크 백작의 바로 그 풍요로운 시간들(The Very Rich Hours of Count von Stauffenberg)』(1980)을 둘러싸고 전개된다. 여기서 나치의 홀로코스트가 재차 부각된다.[19] 하지만 엘리자베스가 사로잡히는 홀로코스트나 '악의 상투성(The banality of evil)'은 사실상 부차적인 쟁점이다. 논점은 작가라면 모름지기 자기가 쓰는 것에 책임을 져야 한다는 신념에서 한발 더 나아간 것이다. 즉, 작가가 쓰는 것은 작가뿐만 아니라 독자까지 오염시킬 수 있기에 써서는 안 되는 것이 있다는 주장의 논쟁적 함의가 핵심이다. 강연장에서 엘리자베스는 폴 웨스트라는 작가에게 그런 오염의 혐의를 건다. 하지만 이때도 독자는 그의 반응을 들을 수 없다. "공감적 상상력에는 한계가 없다"는(80면) '믿음'을 고수하다가 자신의 정신 상태까지 의심하는 지경에 처하는 엘리자베스의 혼란이 변주될 뿐이다. 그러한 변주 끝에 회의와 동전의 양면을 이루는 신념의 문제가 마지막으로 제기된다.

시험대는 7과 "에로스"가 아니라[20] 8과 "문 앞에서(At the Gate)"이다. 이름 모를 광장의 검문소가 독자 앞에 느닷없이 펼쳐진다. 거기서 엘리자베스는 통행증이나 여권 따위가 아니라 진술서를 요구받는다. 검문을 통과하기 위해서는 자기가 무엇을 믿는지 적어내야 한다는 것이다. 가히 카프카적 설정이라 할 만하다. 있을 법하지 않은 설정이지만 엘리자베스의 동선은 사실주의의 기조를 완전히 벗어나는 법이 없다. 그럼에도 나치의 '절멸수용소'

---

19 이 장편은 1944년 7월에 히틀러의 암살미수범들을 나치의 수하들이 지하실에서 처형한 사건을 다뤘다.
20 "에로스"는 짧막한 막간(幕間)의 독백이다. 쿳시 연구자인 애트리지는 명시적으로 "다른 과들만큼 엘리자베스의 정신적 분투를 충만하게 극화하지 못했다"고 정확하게 평가했다. Attridge, J. M. Coetzee and The Ethics of Reading (Chicago: U of Chicago P, 2004), 204면.

를 암시하는 초현실적 분위기가 간간이 깔리고 카프카적 '심판'의 부조리가 연출되면서 사실주의의 효과만으로는 만들어낼 수 없는 상황이 발생한다. 이제까지 신념과 회의를 저울질하면서 진행된—엘리자베스를 매개로 시도된—사고 실험은 카프카(Franz Kafka)의 우화 「법 앞에서(Vor dem Gesetz)」(1915)의 구도를 빌리고, 독자는 예의 불신을 정지시키고 꿈속처럼 느껴지는 허구적 서사를 사실처럼 느끼며 따라가게 된다.

그런 맥락에서 흥미로운 점은, 허구의 엘리자베스가 광장 검문소와 재판정이라는 무대장치의 허구성을 스스로 날카롭게 의식한다는 것이다. 엘리자베스라는 인물 자체가 너무도 생생한 나머지 그녀가 꿈을 꾸고 있는 것 같다고 말하는 순간에도 우리는 그것이 꿈이라고 생각하기 힘든 현실에 놓여 있는 것처럼 보인다. 따라서 독자도 카프카적 심판의 부조리를 경험하는 엘리자베스에 주목하게 되지만, 그와 동시에 그녀의 배후에 존재하는 소설가 쿳시도 떠올리게 된다. 엘리자베스라는 '영매'를 통해 쿳시가 자신의 난문(難問)을 우리 독자에게 던지는 인상마저 준다. 소설가로서만이 아니라 남아프리카공화국의 역사를 역사가의 감각으로 접근하는 쿳시의 복화술사적 면모가 역력하다는 것이다. 그런 면모는 이전 과들에서도 감지된다. 하지만 가장 분명히 드러나는 것은 역시 8과에 이르러서다.

8과에서는 모종의 위원회가 "보이지 않은 것의 서기(secretary of the invisible)"(199면)를 자처하는 그녀에게 타스메이니어의 원주민 학살에 대해 묻는 장면이 연출된다. 그녀는 "고래(古來)의 타스메이니어 사람들이 나를 소환하기로 선택한다면 최선을 다해 준비하고 쓰겠다"고 답한다. 그러면서 덧붙이기를, 자신은 학살된 아이들뿐만 아니라 식민 지배의 가해자들의 목소리까지 대변할 준비가 되어 있다고 말한다.(204면) 이에 대해, 위원회는 살인자와 희생자를 구분하지 않고 "들은 건 모두 (그대로—인용자) 적겠다는 말인가?"라고 반문한다. 증언의 윤리에 대한 이 같은 반문에서 독자는 자연스럽게 남아공의 진실과화해위원회(Truth and Reconciliation Committee, 1995~2003)를 떠올리게 된다.[21]

엘리자베스가 반복해서 작성하고 그때마다 거절당하는 믿음의 진술서와 이를 토대로 통과 여부를 판정하는 위원회 자체는 물론 카프카적 발상에 가깝다. 그녀가 직면한 '작가적 연옥'도 기시감으로 가득하다. 하지만 '문 앞에 서'의 상황 자체는 카프카적이면서도 쿳시적이다. 위원회의 심문과 엘리자베스의 답변 과정은 카프카를 끌어와 '안개'를 피웠을 뿐, 실제로는 작가의 책임과 윤리를 두고 쿳시가 자기 자신과 수없이 나눴을 대화를 극적 형식으로 재구성한 것이리라. 그렇다면 검문소의 모든 상황을 "상투적인 것들의 연옥(a purgatory of clichés)"(206면)으로 표현한 엘리자베스와 쿳시의 거리는 그다지 멀지는 않을 것이다. 그런 연옥 속에서 벌어지는 8과가 그토록 흥미진진하게 엘리자베스의—그리고 우리 시대의 모든—작가적 믿음을 시험하는 우화로 읽히는 것은, 믿음의 문제가 1~7과까지 제기된 온갖 난제들을 하나의 화두로 모아들이면서 성찰의 새로운 지평을 타진하는 창조적 사고 실험 때문일 것이다.

그렇다면 엘리자베스의 진술서는 어떤가? 첫 진술서의 내용은 이렇다.

*저는 일개 작가, 즉 소설을 판매하는 사람입니다. 저는 잠정적으로만 믿음을 고수합니다. 고정된 믿음은 제게 방해가 됩니다. 저는 필요에 따라 거처나 옷을 바꾸듯이 믿음을 바꿉니다. 전문적이고 직업적인 그러한 이유에서, 제가 여기서 처음으로 듣게 된 규칙, 즉 문 앞의 모든 청원자는 하나 혹은 그 이상의 믿음이 있어야 한다는*

---

21 19세기 초반, 영국의 식민주의자들에 의해 학살된 타스메이니어 사람들의 역사에 대한 일련의 신문과 엘리자베스의 답변 및 이후 전개되는 믿음의 쟁점이 20세기 후반 남아공 역사의 맥락에서 해석될 수 있다는 점 역시 쿳시다운 사고 실험의 면모라 할 것이다. 이에 관한 구체적인 논의는 Louise Bethlehem, "Materiality and the Madness of Reading: J. M. Coetzee's *Elizabeth Costello* as Post-Apartheid Text," *Journal of Literary Studies* 21.3/4(2005), 235~253면 참조.

*규칙에서 저를 예외로 해줄 것을 요청하는 바입니다.* (195면, 이탤릭체는 원문)

믿음을 잠정적인 것, 이를테면 "생각에 장착해서 생각을 돌아가게 만드는 배터리" 정도에 비유하는 대목은 1과에서도 나온다.(39면) "고정된 믿음"이 '도그마'(맹신)로 변질될 수 있다면, 자유를 제1원리로 삼는 작가의 활동에 믿음이 방해가 된다는 것은 충분히 납득할 수 있다. 하지만 문제가 거기서 끝나는 것은 아니다. 엘리자베스가 역설하는 작가적 자유에 공감하는 순간에도 이런 의문이 남기 때문이다. '옷을 갈아입듯이 편의적으로 믿음을 갈아치울 수 있다면 그런 작가가 쓴 작품에서 독자가 뭘 기대할 수 있겠는가.'

이런 반문에도 불구하고 "우리는 가축이 아니"기에 모두 믿음이 있다는 문지기의 일침은 독자를 멈칫하게 한다. 문지기는 채식주의자 엘리자베스의 전투적인 신념을 연상케 하는 동시에, 일체의 믿음에 물음표를 붙인 소설가 엘리자베스의 강렬한 회의주의를 환기한다. 우리는 이 두 엘리자베스들 가운데 어느 쪽을 선뜻 편들기가 망설여진다. 진술서가 거듭 기각되면서 장기 청원자로 분류되는 엘리자베스의 진퇴양난은 과연 "카프카, 또는 『이상한 나라의 엘리스(*Alice's Adventures in Wonderland*)』(1865)에서 나온 법정, 역설의 법정"에서 펼쳐지는 드라마라 할 만하다. 그런 법정이기에 엘리자베스가 최종적으로 시도하는 회심의 진술도 독자인 우리는 최종적인 것으로 받아들이기 어렵다. 엘리자베스가 최후로 제시한 믿음 또한 그렇다. 거듭된 퇴짜 끝에 그녀는 어린 시절을 보낸 호주 빅토리아의 (가상의 장소인) 덜개넌(Dulgannon) 습지에서 폭우 뒤에 깨어나는 숱한 개구리들의 생명력에 대한 믿음을 진술하기 시작한다.

다음 비가 수천 개의 작은 관 뚜껑을 두드릴 때까지 (개구리들은—인용자) 조용히 있는 겁니다. 그런 관 속에서, 심장이 다시 뛰기 시작하고, 몇 달 동안 생명이 없었던 다리들이 꿈틀대기 시작합니다. 죽은 것들이 깨어납니다. 굳은 진흙이 부드러워지면, 개구리들은 진흙을 뚫고 나오기 시작합니다. 그리고 이내, 개구리들의 울음소리가 하늘의 지붕 밑에서 다시 환성으로 울려 퍼집니다.(216면)

3, 4과에서 엘리자베스가 역설한, 동물을 포함한 모든 생명체에 대한 외경을 떠올려보자. 인용 대목은 그런 외경을 색다르게 풀어낸 인상이다. 그녀가 개구리는 어떤 상징이 아님을 강변할 때 독자는 과연 그렇다고 고개를 끄덕이기 십상일 것이다. 하지만 개구리들의 '부활'이 갖는 의미의 진폭은 사실과 비유 모두를 아우른다. 개구리 생태의 사실적인 묘사이기도 하지만 묘사는 생태를 넘어서는 상징성을 함축한다. 따라서 죽음과 부활의 사이클이 함축하는 맥락도 간단치 않다. 개구리를 "생명의 정신"으로 표상하는 것으로 보고 이를 **생명에 대한 믿음**으로 정리하는 위원회도 나름의 타당성이 있다. 반면에 독자는 위원회의 그 같은 해석에 반발하는 엘리자베스도 주목하게 된다. 첫번째 진술에서 표명한 잠정적 믿음을 버리고—또는 수정하고—부활하는 생명에 대한 새로운 믿음을 제출하는 엘리자베스는 위원회의 반복되는 '심문'에 이렇게 항변한다.

(……) 여러분은 내가 진술을 바꿨냐고 묻습니다. 하지만 나는 누구인가요? 이 나라는 사람, 이 *당신*이라는 사람은 누구인가요? 우리는 날마다 변하지만, 그러면서도 날마다 똑같습니다. 어떤 나도, 어떤 *당신*도 다른 누구보다 더 중요하지 않습니다. 당신은 첫번째 진술서를 작성한 엘리자베스와 두번째 진술서를 작성한 엘리자베스 가운데 어느 쪽이 진짜인지 물을지도 모릅니다. 이에 대한 저의 답변은 양쪽 모두 진짜라는 겁니다. 동시에 어느 쪽도 진짜가 아닙니다. *나는 타자입니다.* 이건 제 말이 아니라서 미안합니다만 이보다 더 낫게 표현할 수가 없군요.(221면, 이탤릭체는 원문)

엘리자베스의 소명은 '흑과 백' 사이의 어딘가에서 생성되고 스러지기 마련인 삶의 존재 증명에 비견할 만하다. 물론 삶 자체는 흑이면서 동시에 백이지만 다른 한편 상황에 따라 흑 아니면 백을 선택해야만 앞으로—"저 멀리 기슭"까지—나아갈 수 있는 하나의 과정이기도 하다. 엘리자베스가 이것을 모를 리 없다. 하지만 위원회는 '자기동일성'을 긍정하는 동시에 부정하는 그녀의 마음을 '혼란된' 상태로 규정한다. 동시에 "나는 혼란스럽지 않다"고 항변하는 엘리자베스를 향해 배석한 위원들은 이렇게 되묻는다. "혼란스럽지 않은 자가 누가 있겠나." 그러면서 "어린애들처럼 낄낄거리다가 모든 근엄함을 벗어던지고 한바탕" 웃음보를 터뜨린다. 과연 블랙 코미디, 부조리극에나 나올 법한 행태들이지 않은가!

이제 장면이 바뀌고 서사는 다시 검문소 앞에 선 엘리자베스에 조명을 비춘다. 그녀는 그곳의 기록관에게 '내가 통과될 가능성이 있느냐'고 다시 묻지만 서사는 더 이상 진전이 없다. 다만, 검문소 '저 너머'를 응시하다가 그 앞에 늘어져 있는 개 한 마리를 주시하는 엘리자베스가 부각될 뿐이다. 그녀는 개(dog)에서 신(god)을 떠올리고, 그렇게 떠올리는 스스로를 향해 뜬금없이 "문학에 대한 저주!"를 내뱉는다. 이 저주는 언어의 미로를 헤매는 쿳시의 작가적 자의식을 반영하는 것이 분명하다. 하지만 이 역시 언어의 모순을 숙명처럼 안고 있는 문학의 저주만을 가리키지 않는다. 미로를 헤매면서 내가 통과될 가능성이 있느냐고 묻는 엘리자베스에 대한 기록관의 답변에 귀 기울일 때 특히 그렇다. 그의 답변은 이러하다. "우리는 언제나, 언제나 당신 같은 사람을 만나지." 소설가 엘리자베스의 지적 여정을 단칼의 아이러니로 이렇게 정리하는 문장의 파장은 전혀 간단치 않다.

"우리는 언제나, 언제나 당신 같은 사람을 만나지."—기록관의 이런 발언은 '언어의 미로를 헤매는 당신과 같은 작가들은 흔해 빠졌지'라는 냉소로 읽히기도 한다. 그렇다면 기록관의 이 발언도 기록관은 물론 쿳시 자신을 향한 풍자로도 읽을 수 있다. 이뿐이 아니다. 엘리자베스의 시도에 대한 풍자와 반어가 새롭지 않다면 그렇게 힐난하는 판관 역시 우리 주변에 드물지 않다. 판관에 대한 반론도 언제나 가능하다! 다만, 이 모든 것이 단순히 '소설'에 지나지 않는다고, 이 모든 것이 삶의 모방이요 언어의 유희에 불과하다고 믿는 한, 반론의 반론은 필연이다. 뒤에서 살펴보겠지만 바로 그 점을 의식이라도 했다는 듯이 쿳시는 '후기'를 덧붙여 기록관의 풍자적인 논평을 뒤집는 시도를 재차 감행한다.

## 3-1. 복습: '강연-소설'이라는 형식

지금까지 『엘리자베스 코스텔로』의 짤막한 후기(Postscript)를 제외한 8개의 '레슨'을 순서대로 따라 읽고 소개했다. 우리가 같이 읽었다시피 쿳시는 챕터가 아니라 '레슨'이라는 제목을 달았다. 그중 첫 6개의 레슨은 1928년생으로 호주에서 태어난 것으로 설정된 엘리자베스 코스텔로라는 허구의 소설가의 공적·사적 삶을 중심으로 펼쳐진다. 대체로 수상(受賞)이나 초청 무대에서 자신의 강연문을 읽고 가공의 청중 및 토론자들과 토론이나 논쟁을 벌이는 형식이다. 이러한 형식 실험의 특이함과 탁월함을 즉각 알아본 평자들은 여럿이었다.[22] 노벨문학상 수상자인 쿳시가 이곳저곳에서 초청받아 작성한 강연문들을 인/문학의 온갖 난제와 씨름하는 여성 작가의 서사적 여정으로 만든 착상의 기발함도 기발함이지만 각 레슨은 말 그대로 독자의 읽는 재미를 한껏 유발하는 서사적 긴장이 팽팽하다. 워낙 독특한 형식이라서 소설

---

[22] 가령 Frank Kermode, "International Books of the Year," *Times Literary Supplement*(2004), 9면; James Wood, "A Frog's Life," *London Review of Books* 23(2003), 15~16면.

의 얼개를 복습 삼아 좀 더 자세하게 소개한다.

6개 레슨의 초고는 각각 1996년(1과; 베닝튼 대학, 벤 베릿 강좌), 1997년(3~4과; 프린스턴 대학, 태너 강좌), 1998년(2과; 캘리포니아 대학, 우나 강좌), 2001년(5과; 칼 프리드리히 재단 강좌), 2002년(6과; 넥서스 컨퍼런스 발표문)에 만들어졌다. 강연이 끝나고 쿳시는 강연 원고를 이런저런 학술지나 단행본에 발표했다. 1996년의 첫 강연 이후 쿳시는 특정한—강연문들을 모아 하나의 작품으로 만들고자 하는—의도로 주밀하게 엘리자베스라는 허구적 인물을 활용한 것이 확실하다. 7~8과와 후기는 쿳시가 새로 써서 집어넣은 것이다. 이 역시 쿳시가 기왕의 재료들만으로는 뭔가가 미흡하다고 느껴서 고민한 결과물일 공산이 크다. 6과 이후 나머지 부분은 완결의 필요성에 따라 집필된 것으로 짐작된다. 한마디로 기왕의 강연문들을 그러모아 적절하게 수정·배열하고 새로운 내용을 추가해서 '소설'로 발표한 것이 『엘리자베스 코스텔로』이다.

그렇다면 이 장편은 쿳시가 강연문들의 순서뿐만 아니라 생각을 새롭게 굴리고 주제도 조율·확대하는 동시에 서사의 틀까지 바꾸면서 만들어낸 '물건'이다.[23] 이 경우 쿳시가 내세운 주인공의 강연과 강연장 안팎의 논쟁적 반응들이 정확히 어떤 의미에서 '레슨'이 될 수 있는지부터가 생각거리다. 게다가 강연의 주체도 엘리자베스 한 명이 아니다. 가령 5과 역시 강연 형식이

---

23 그렇다고 쿳시의 그러한 현대적 서사 실험이 전무후무한 것은 아니다. 예컨대 헨리 제임스가 투르게네프에게서 들었던 창작의 경험담만 해도 쿳시 서사의 어떤 본질적 특성을 예표한다고 해도 과언이 아니다. 제임스는 이렇게 말한다. "그에게 소설의 발단은 거의 눈앞에 어른거리는 어떤 인물, 또는 인물들의 상(像)인데, 이들은 능동적으로든 수동적으로든 그의 관심을 요구하는, 있는 그대로의 모습으로, 각자가 됨됨이에 따라 그의 마음을 움직인다. 이런 식으로 그들을 임의적인 인물로, 우연과 복잡다단한 삶의 지배를 받는 존재로 바라보면 그 모습이 선명해지는바, 그들의 성격을 가장 잘 끌어낼 수 있는 적절한 인간관계를 찾아내야 한다. 등장인물들을 이해하는 데 가장 유용하고 알맞은 상황들을, 그들 자신이 야기하고 반응할 법한 복잡한 상황을 상상해 만들어내고 조합해야 한다는 것이다." 헨리 제임스, 『한 여인의 초상 1』, 유명숙·유희석 옮김(창비, 2013), 12~13면.(번역은 약간 다시 손봤다.)

활용되지만 우리가 읽었다시피 강연자는 엘리자베스와 신념이나 가치관이 상극일 정도로 다른 그녀의 언니인 블란치라는 인물이다. "에로스(Eros)"라는 제목의 7과는 앞선 6개의 레슨과 전혀 다른 방식의 서사다. 즉, 7과는 동물을 포함한 인간과 신들 사이의 성적 욕망에 관한 엘리자베스의 명상으로 채워진다. 8과 "문 앞에서"는 7과와는 또 다른 양식이다. 카프카를 창조적으로 활용한 8과는 소설과 소설가의 존재 근거에 관한 흥미진진한 극적(劇的) 사유라 할 만하다.

  1~6과를 구성하는 포맷은 강연으로서의 소설(fiction-as-lecture)이다. 이런 포맷은 7과의 독백적 명상과 형식을 달리한다. 특히 8과는 이전 레슨들과는 다르게 시공간의 설정이 모호하다. 다뤄지는 주제도 엘리자베스 코스텔로가 작가로서 견지하는—또는 견지하는 것을 거부하는—믿음·신념의 문제다. 서사 형식에 관한 한 8과에 이어지는, 사족처럼 붙은 후기는 더 특이하고 아리송하다. 오스트리아의 시인·극작가 호프만스탈(Hugo von Hofmannsthal, 1874~1929)의 「베이컨 경에게 보내는 찬도스 경의 편지(The Letter of Lord Chandos to Lord Bacon)」(1902)에서 영역된 몇몇 문장을 8과 끝에서 직접 인용하고 바로 이어서 후기를 편지로 덧붙였기 때문이다. 수신인은 찬도스 경의 (가상의) 부인이다. 짓궂게도 이름이 Elizabeth C.로 나와 있다. 프랜시스 베이컨에게 보낸 것으로, 소인(消印)은 1603년 9월 11월로 찍혀 있다.

  첫 6개의 레슨 가운데 3~4과는 "동물들의 삶"이라는 제목을 달고 단행본으로 『엘리자베스 코스텔로』에 앞서 출간된 바 있다.[24] 『엘리자베스 코스텔로』를 진지하게 읽는 독자라면 『동물들의 삶』을 궁금해서라도 찾아볼 것이다. 『동물들의 삶』은 『엘리자베스 코스텔로』에 들어간 쿳시의 두 강연문

---

24  J. M. Coetzee, *The Lives of Animals*, ed. Amy Gutmann (New Jersey: Princeton UP, 1999).

(「철학자들과 동물들」;「시인들과 동물들」)을 중심으로, 편자인 거트먼(Amy Gutmann)의 소개말과 강연문에 대한 네 명의—실존하는 문학비평가 가버(Marjorie Garber), 철학자 싱어(Peter Singer), 종교사학자 도니거(Wendy Doniger), 영장류학자 스멋(Babara Smuts)—논평들로 구성된다. 이 소개말 및 논평문들을 『엘리자베스 코스텔로』의 일부로 간주한다면 서사는 더 풍요로워지는 셈이다.[25]

이렇게 만들어진 『동물들의 삶』은 창작자와 인문학자들의 창조적 협동에서 비롯된 독특한 작품이다. 하지만 그 강연문 두 개에 또 다른 강연문 및 보충 레슨을 더해서 하나의 텍스트로 완결한 『엘리자베스 코스텔로』는 또 다르다. 엘리자베스 코스텔로가 강연 주체인 쿳시의 일종의 대리인으로서 시종 등장할뿐더러 그녀의 강연과 토론 자체가 쿳시 자신의 강연 내용을 구성하기 때문이다. 그런데 구성의 기상천외한 발상에 주목한다면 허구와 비허구의 경계가 정확히 어디서 갈라지고 만나는가를 묻는 물음도 색다르게 제기된다. 이 물음은 필경 소설과 삶의 관계는 또 어떤 것인가라는 화두로 이어지기 십상이다. 그러면 1~6과까지의 강연 제목만 순서대로 열거하면서 개요를 좀 더 소상하게 복습해보자.

앞서 논했다시피 1과에서 엘리자베스가 행한 강연의 제목은 "사실주의란 무엇인가?"이다. 이어지는 2과는 "소설의 미래"이다. 주제상으로는 1과와 직접적인 연속성을 띤다. 반면에 엘리자베스의 채식주의가 '불화'를 일으키는 3과("철학자들과 동물들")와 후속 강연인 4과("시인들과 동물들")는 1, 2과에서 다뤄진 소설이라는 주제와는 사뭇 다른 쟁점을 다룬다. 하지만 이는 표면상의 차이에 불과하다. 발상이 또 다른 발상의 꼬리를 물어 새로운 물음을 낳는 서사 구조가 매우 유기적이기 때문이다. 그 유기적 연속성은 5, 6과

---

25 그 점에 대한 좀 더 자세한 논의는 Derek Attridge, *J. M. Coetzee and The Ethics of Reading*, 192~205면 참조.

에서도 지속되고 새롭게 발전한다. 엘리자베스의 친언니인 블란치의 강연을 중심으로 전개되는 5과의 주제는 "아프리카에서의 인문학"이다. 6과의 강연문 제목은 "증인, 침묵, 그리고 검열"이다. 그런데 각 챕터에 달린 '레슨'이라는 제목을 쿳시는 도대체 무슨 생각으로 내세운 것인가? 일단 확인해둘 점은, 쿳시가 뭘 가르칠 심산으로 그렇게 제목을 달고 논쟁과 토론 위주의 서사를 만든 것 같지는 않다는 것이다. 가르침에서 작용하기 십상인 권력과 일체의 위계가 철저하게 배제되기 때문이다. 가령 엘리자베스의 입을 빌려서 로런스를 "거짓 예언자(a false prophet)"(126면)로 규정하는 대목이 단적인 예다. 한때는 구원의 선지자로 믿고 그 신념을 따랐지만 돌이켜보니 그의 가르침이 인문주의의 허세에 가까웠다는 판단이다. 이것을 쿳시 자신의 평가로 단정할 일은 아니다. 하지만 열등한 사람들을 상대로 뭘 가르치겠다고 나서는 위계 의식에 대한 작가의 위화감은 분명히 감지된다. 흥미로운 점은 그럼에도 불구하고 『엘리자베스 코스텔로』에서 레슨이 불러일으키는 교육적 의미가 완전히 소거되는 것도 아니라는 사실이다.

물론 각각의 레슨은 기존 인문학의 전통과 배움의 방식 및 전수에 대한 강렬한 도전의 성격이 강하다. 그런데 '도전'이라고 했지만 전통적 인문학의 문제의식으로는 충분히 감당하기 어려운 현대세계의 쟁점들, 특히 탈식민주의나 생태주의, 여성주의 등의 대의를 '레슨'의 주인공인 엘리자베스 코스텔로가 전적으로 옹호하는 것도 아니다. 오히려 진영 간의 논쟁을 촉발하는 촉매제 역할을 하는 장면을 우리는 확인했다. 『엘리자베스 코스텔로』에서의 레슨은 본질적으로 일체의 가르침이나 배움에 깃드는 타성 또는 관성을 깨는—그런 면에서는 'unlearning'이라고 해야 할—행위에 집중된다. 독자가 거기서 무엇을 과연 새로이 깨닫고 배우는가는 오직 자신을 직시하는 자기비판적 성찰에 달려 있다.

그렇다면 '허구의 강연들'을 하나의 연속 서사로 묶은 『엘리자베스 코스텔로』에 대한 벨 교수의 비판적 논평은 어떻게 받아야 할까. 그는 하나의 텍스트로 만들어진 '물건'이 소설로 묶이기 전 원래 강연의 "즉각적인 효과"를 반감시킬뿐더러, "형식에 대한 자의식으로 인해 서사가 공허한 포스트모던 게임에 너무 가까워지"는 면이 있다고 꼬집었다. 그런 게임의 관념성에서 『엘리자베스 코스텔로』가 완전히 자유롭지 못하다면 그것도 쿳시적 사고 실험의 한계가 된다. 이 경우 "쿳시 후기작의 중요한 특징"인 상상력의 권위에 대한 근본적인 회의가[26] 과연 어떤 성격인가도 심층적으로 점검해볼 계제다.

그 점에서 『엘리자베스 코스텔로』와 비교하면 『동물들의 삶』은 네 논평자들의 색다른 기여에도 불구하고—아니, 그런 기여로 인해서 더더욱—인간과 동물의 관계로 성찰이 한정된다. 엘리자베스 코스텔로라는 동명 인물이 등장하면서 그런 허구의 인물이 스스로 이야기와 인물을 창조하는 과정에 대한 메타적 서술로도 읽히는 『슬로우 맨(Slow Man)』(2005)도 떠오른다.[27] 하지만 이 텍스트도 가위 전방위적 사고 실험의 면모를 과시하는 『엘리자베스 코스텔로』에 비하면 주제 의식이나 형식 실험의 함의도 제한적이다. 그렇다면 쿳시의 실제 강연문이 허구의 강연자 엘리자베스 코스텔로의 강연으로 구성되는 몇 가지 특징을 짚어보자.

---

26 Michael Bell, *Open Secrets: Literature, Education, and Authority From J-J. Rousseau to J. M. Coetzee* (Oxford: Oxford UP, 2007), 219면. 일단 한 가지만 먼저 짚자면, 서사 형식에 대한 쿳시의 자의식은 독자의 성찰적 참여를 새로운 방식으로 유도한다. 이는 주인공 자체가 자의식의 미로를 헤매는 과정이 작품의 내용을 이루기 일쑤인 포스트모더니즘 서사와 확실하게 구분되는 면모이다.

27 이에 비춰봐도 엘리자베스 코스텔로는 쿳시가 각별한 재미를 느끼며 창조해낸 인물임이 분명하다. 하지만 『동물들의 삶』을 포함한 이 세 텍스트는 별개로 생각해야 하는 작품이다. 물론 『동물들의 삶』에서 서사적 중추인 쿳시의 강연문 두 개가—학문적인 각주들이 삭제되고 서사적 일관성을 위한 수정이 가해진 채—『엘리자베스 코스텔로』의 일부를 형성한 것은 사실이다. 또한 『슬로우 맨』도 적어도 이력 차원에서는 동일한 인물인 엘리자베스 코스텔로가 불의의 사고로 다리 한쪽을 잃은 레이먼트(Paul Rayment)라는 주인공의 삶에 느닷없이 개입해서 그의 인생에 영향을 끼침으로써 색다른 메타 서사의 성격을 띤다. 그 점에서 『엘리자베스 코스텔로』의 후속작으로 해석할 수 있는 여지도 있다. 그럼에도 엘리자베스 코스텔로가 등장하는 세 작품은 서사의 성격도 전혀 다르다. 『엘리자베스 코스텔로』는 소설적 성취 면에서도 나머지와는 차원을 달리한다고 봐야 맞다는 것이다.

일단 엘리자베스에게는 창작자의 자전적 자취가 남아 있을 수밖에 없다. 쿳시가 엘리자베스와 마찬가지로 채식주의자라는 점은 말할 것도 없이, 소설과 소설가에 대한 단상이나 직업양성소 내지는 학위장사 기관으로 전락한 대학 제도에 대한 그녀의 냉소도 작가의 지론과 무관하지 않다. 그렇다고 엘리자베스의 모든 것이 쿳시의 정신세계로 환원되지는 않는다. 오히려 뜯어보면 그녀의 독자성이 두드러진다. 창작에 몰두하느라 자식들을 소외시킨 어머니 엘리자베스의 내밀한 가정사는 말할 것도 없이, 분방하고 반항적인 처녀 시절에 당한 성폭력의 끔찍한 악몽도 인물의 독자성을 말해주는 강력한 증거가 된다.

하지만 쿳시 같은 남성 작가가 여성·작가를 소설의 주인공으로서 내세울 때 발생하는 문제는 전혀 간단치 않다. 이 경우 남성 작가의 남성주의적 한계가 정확히 어떻게 드러나는지는 개별 작품을 가지고 논해야 할 쟁점이다. 여러 우호적인 논평을 하면서도 쿳시 역시 그런 한계를 멀리 벗어나지 못했다고 비판한 논자도 있지만,[28] 성(sex)을 기준으로 삼는 논의가 크게 도움이 될 것 같지는 않다. 그보다 엘리자베스가 작가의 정신세계를 반영하는 기계적인 도구나 매체는 아니라는 점의 함의를 더 생각해봐야 할 듯하다.

## 3-2. 복습: '트로이의 목마'에 관하여

성별이나 성차보다 서사 자체에 집중한다면 엘리자베스가 논쟁적 발상을 굴리기 위해 창조된 '탁월한 허구'임이 분명해진다. 그녀는 이런저런 난제들을 둘러싼 '끝장토론'의 장을 조성하고 쟁점을 더욱 첨예하게 벼리기 위한

---

[28] 이와 관련한 논의는 특히 Heather Walton, "Staging John Coetzee/Elizabeth Costello," *Literature & Theology* 22.3(2008), 280~294면 참조.

구체적 개인으로서의 허구다. 물론 서사의 창조주로서의 쿳시가 사고 실험의 주체임은 분명하지만 작가가 의탁하는 허구인 엘리자베스 역시 역설적으로 작가도 어찌하지 못하는 사고 실험의 당당한 수행 주체이다. 그렇다면 그런 주체와 강연-소설 형식의 관계는 어떤 것인가?

  강연-소설은 논제의 입증보다는 주장의 근거들을 조명하고 비판적 물음을 유도하기 위해 고안된 서사 프레임이다. 쿳시와 일부 겹치는 허구의 개인이 강연-소설의 주인공이다. 그런 주인공이 강연 논지를 분명하게 강변할수록 자기모순의 수렁에 더 깊이 빠질 뿐임을 다각도로 변주한다면 과연 문제적 인물이라 하지 않을 수 없다. 엘리자베스는 신념·믿음과 회의·불신을 오락가락하면서 (어떤 면에서는) 쿳시조차 오갈 데 없는 난관에 직면해 있음을 드러내기도 한다. 따라서 독자가 강연-소설의 형식이 작동하는 방식에 민감하지 않으면 상대방(들)과 접점을 찾지 못한 채 혼란에 빠져드는 엘리자베스의 상황들을 독자가 편리한 대로 해석하기 십상이다. 엘리자베스가 역설하는 공감적 상상력과 존재(생명)의 충만성에 자족하고 거기서 사유를 종결지을 위험도 다분하다.

  엘리자베스 자신도 그런 위험을 의식하는 듯하다. 생명의 위계질서를 선험적으로 규정하는 '존재의 대사슬(The Great Chain of Being)'을 해체함으로써 "동물적인 것과 인간적인 것을 가르는 경계를 뒤흔"들면서 말이다. 그러나 그렇게 흔들어서 뭘 어쩌자는 것인지도 우리는 되물어야 한다. 엘리자베스의 자가당착적 혼란이 바로 그런 식의 뒤흔듦에서 발생하기 때문이다. 이는 인간과 여타 생명체의 모든 차이를 맹렬하게 평균화하는 서구 인문학계의—근년에 신유물론(neo-materialism)이라는 이름으로 유행하는 것과 같은—경향을 반영하는 일면도 있는 듯하다. 하지만 『엘리자베스 코스텔로』의 독자에게 더 중요한 것은 생명의 근원적 평등을 전제하면서도 사람의 몸을 받았기에 열리는 인간도(人間道) 고유의 지평을 천착하는 공부가 아닐까?

그런 공부는 인간과 비인간의 종적 경계를 흔들고 해체하는 것만으로는 온전히 감당할 수 없다.

그렇다면 강연-소설은 그 같은 공부(레슨)를 위해 쿳시 나름으로 찾아낸 서사 형식이라는 해석도 가능할 법하다. 인화성(引火性) 높은 내용을 담은 형식으로써 손쉬운 대안을 찾아 안주하는 사고방식 자체를 깨부수는 것이다. 그러므로 출구를 찾지 못하고 반복해서 장벽에 부딪치는 엘리자베스의 고뇌와 혼란보다[29] 제도적으로 고착된 다양한 고정관념들이 허물어지는 순간들을 엄밀하게 읽어내는 일이 중요하다. 가령 우리 사회에서 '뜨거운 감자'랄 수 있는 '동물 주제'도 고정관념을 겨냥한다. 마이클 벨은 '동물 주제'를 "일종의 트로이의 목마"로 규정했다. 독자의 허를 찌르는 동물 주제는 "쇼아나 아파르트헤이트처럼 그 모든 근본적이고 도덕적으로 절박한 삶의 쟁점들과 연관하여 신념의 권위를 해체하고 설득의 힘을 시험하기 위해 고안된" 것이라는 취지다.[30]

벨의 취지를 염두에 두면 엘리자베스가 도발하는 동물 주제에서 핵심은 동물권의 옹호나 인간의 동물 학대, 폭력에 대한 인류애적 고발 등이 아니다. 초점은 인간의 공감력과 그 인간적 한계이고,[31] 그 점은 3~4과에서 특히 날카롭게 부각된다. 엘리자베스가 공감의 한계를 인정하지 않음으로써 거듭

---

29 네이걸의 '박쥐론'에 대한 엘리자베스의 열정적인 논박만 해도 자가당착의 한 사례다. 네이걸 자신은 인간의 주관적 경험이 갖는 한계를 직시하면서—엘리자베스가 주장한 것과 거의 비슷하게—다음과 같이 말한 바 있다.
"현재로서는 우리는 상상력에 의지하지 않고서는—경험적 주체의 관점을 취하지 않고서는—경험의 주관적 특성을 사유할 수 있는 채비가 전혀 되어 있지 않다(At present we are completely unequipped to think about the subjective character of experience without relying on the imagination—without taking up the point of view of the experiential subject)." Thomas Nagel, *Mortal Questions* (Cambridge: Cambridge UP, 1979), 178면.
30 Michael Bell, *Open Secrets*, 222면.
31 4과에서 토론자인 오헌(O'hearne) 교수는 동물을 '인간적으로' 대해야 한다는 발상이 "매우 최근의, 매우 서구적인 것"이라고 주장한다. 하지만 그건 최근도 아니고, 실상 서구적인 것만도 아님은 여러 평자가 지적한 바 있다. 가령 『동물들의 삶』에 실린 Wendy Doniger의 논평, 98~104면.

모순과 자가당착에 빠진다. 엘리자베스의 자전적·허구적 강연-소설이라는 형식은 그 같은 모순을 폭발시키는 기폭제인 셈이고, 폭발의 과정에서 적대 진영들의 실상을 드러낸다. 그렇다면 『엘리자베스 코스텔로』에서 트로이의 목마는 동물 주제라기보다는 강연-소설이라는 형식 자체다. 독자의 사고방식에 부응하는 척하다가 의표를 찌름으로써 성찰의 지평을 확대·심화하는 데 동원되는 무기로서의 형식이라는 것이다.

이 무기는 원래 '근원적인 생각'을 요구하는 사안을 이분법의 논리로 환원하는 반(反)성찰적 경향에 대한 견제를 위해 고안된 것이다. 윤리적·도덕적 쟁점을 고장 난 물건의 수리쯤으로 단순화하는—인간의 모든 활동을 효용성이나 유용성으로 재는—관성의 맹점을 드러내고 인간을 세계의 주인 또는 지배자로 당연시하는 일체의 사고방식과 흑백논리의 맹점을 지적하는 방식으로 작동하는 무기 말이다. 그렇다면 그 파괴력에 대한 독자의 정확한 이해는 『엘리자베스 코스텔로』 읽기에서도 필수이다. 가령 "어머니, 시(詩)에 관한 수업이 가축 도살장을 정말 폐쇄할 수 있다고 믿어요?"(103면)라는 존의 물음만 해도 그렇다. 공장식 사육과 가축 도살장의 폐쇄는 물론 긴급한 사안이다. 하지만 그 점을 십분 인정하는 순간에도 존의 바로 그런 물음 자체가 상투적인 반문이요 진정으로 사유해야 하는 것을 망각한 징후임을 놓치지 말아야 한다. 존이 부지불식간에 '가축 도살장=실재, 시 수업=허구'라는 이분법을 전제하고 있다면 그런 이분법 자체를 해체하지 않는 한 가축 도살장을 철폐하는 길도 실제로 요원할 수밖에 없는 것이다.[32] 따지고 보면 도살장도 이분법의 관념에서 나온 결과물이기 때문이다.

바로 그렇기 때문에 '트로이의 목마'도 방편임을 잊지 말아야 한다. 목마

---

[32] 다른 한편 존의 물음에 대해 엘리자베스는 그렇게 "믿지 않는다"고 답한다. 이 답변은 단순히 시 수업의 부질없음을 인정하는 자세와는 전혀 차원이 다른 고민에서 나오는 것이다. 실상 동물 학대에 대한 엘리자베스의 감수성이 존보다 떨어지는 것도 아니다. 엘리자베스가 그래서 "뭘 어찌해야 좋을지 모르겠다"고 고백하는 순간에도, 인간과 동물의 관계에 대한 사유는 단순한 동물권 인식을 넘어선다.

를 동원하는 서사 프레임조차 고정되지 않고 상황에 맞춰 그때마다 변용되다가 결국 '처분'된다. 강연-소설의 프레임이 문학이나 철학 같은 칸막이 분과 학문들을 넘나들며 난감한 쟁점을 제기하고 독자를 때로 불편하게 만드는 양상을 주목할수록 『엘리자베스 코스텔로』가 '포스트모던 관념소설'로 분류되는—가령 폴 오스터(Paul Auster)의 『뉴욕 삼부작(The New York Trilogy)』(1987) 같은 작품과—얼마나 다른 사유의 모험인가도 실감된다.[33] 무엇보다 『엘리자베스 코스텔로』에는 종결(closure)의 유예에서 발생하는—재현에 대한 회의와 부정을 유발하곤 하는—서사의 유희와는 차원이 다른 진리의 탐구 의지가 강렬하게 발동한다.

강연-소설의 프레임을 임기응변적으로 만들어내는 것은 구도적 물음이다. 이 물음의 도저함에 관한 한 나는 "공허한 포스트모던 게임" 운운한 벨 교수와 견해를 달리한다. 반면에 문학 형식의 문제를 파고든 벨 교수의 문제의식에는 공감한다. 서사의 형식을 정치권력의 작동 방식 및 정치와 미학 사이의 갈등의 표현으로 간주하고 정의와 자유의 문제를 문학 비평을 통해 다루는 논자들이 과연 그런 물음의 차원에서 비평을 하고 있는지 의심스러운 때가 적지 않기 때문이다.[34] 사고 실험의 한 방편으로 형식을 혁신한 『엘리자베스 코스텔로』를 읽으면서 의심은 더 강해진다. 실제 강연장에서 질문을 받았을 때조차 쿳시는 "제 생각에 엘리자베스 코스텔로가 말했을 법한 것은……"라는 식으로 답했다고 한다.[35] 강연문에서는 물론 강연장에서조차 쿳시는 엘리자베스라는 허구의 대변인임을 자처하면서 물음의 치열성을 견지한 것이다.

---

33 그런 맥락에서 본다면 쿳시의 강연-소설 프레임을 에이미스(Kingsley Amis)나 저렐(Randall Jarrel), 롯지(David Lodge) 등이 써낸 일련의 '대학소설(university novel)' 범주에 넣는 것도 장르를 기준으로 하는 피상적인 분류에 불과하다. 『동물들의 삶』에 실린 Garber의 논평, 76~78면 참조.
34 상론할 계제는 아니지만 레빈 교수의 저작을 훑어보면서 그런 의심이 들기도 했다. Caroline Levine, *Forms: Whole, Rhythm, Hierarchy, Network*(Princeton: Princeton UP, 2015) 참조.
35 Derek Attridge, *J. M. Coetzee and The Ethics of Reading*, 193면.

따라서 텍스트의 지평에서 작가가 완전히 사라지지 않는 것도 우연이 아니다. 사라지기는커녕 독자의 (무)의식에 미치는 서사의 효과를 면밀하게 운산하는, '우리'라는 호명으로 독자와 호흡을 맞추려는 작가·화자의 존재감은 강력하다.

우리는 수상식 장면 자체는 건너뛴다. 서사를 너무 자주 끊는 것은 좋은 생각이 아니다. 스토리텔링은 실제 세계의 시간과 공간이 희미해지면서 허구의 시간과 공간으로 대체되는 꿈의 상태로 독자나 청자를 끌고 들어감으로써 가능해지기 때문이다. 꿈속으로 침입해 들어가면 스토리가 구성된 것이라는 점으로 관심이 쏠리고 사실주의적 가상은 파괴된다. 하지만 어떤 장면을 건너뛰지 않으면, 우리는 오후 내내 여기에 머물게 된다. 건너뛰는 것은 텍스트의 일부가 아니라 (서사의—인용자) 수행의 일부다.(16면)

이런 대목에서도 구성된 것으로서의 서사적 시공간이 현실 자체는 아니라는 인식이 선명하다. 더불어 독자에게 끼치는—독자의 마음속에 시공간을 만들어내는—서사의 영향력에 대한 작가의 생각도 확고하다. 『엘리자베스 코스텔로』는 독자의 존재와 함께 만들어가는 서사에 대한 작가의 각양각색의 자의식으로 가득 차 있다. 하지만 그런 자의식은 "허구의 시간과 공간"에 몰입하는 순간조차 그것이 구성된 것임을 독자로 하여금 자각케 하면서 그 같은 시공간에서 벌어진 사건들이 독자의 실제 삶과 결코 무관할 수 없음을 환기하는 데 이바지한다.

서사를 운용하는 작가의 곡예 아닌 곡예는 이렇게 표현할 수도 있다. 즉, 사실주의적 가상을 통해 고정된 관념을 해체함으로써 가상의 위력을 보여주면서도 그런 위력에 안주하지 않고 "꿈 같은 상태"에 든 독자의 시선을 문득 현실로 돌려놓는다는 것이다. 이는 쿳시가 언어예술로서의 현대소설이 직면한 위기를 돌파하는 하나의 양상이라고 말할 수 있다. 물론 서사의 허구성에 대한 근대적 자의식을 탁월하게 소설화한 『돈 키호테』를 떠올리면 『엘리자베스 코스텔로』의 이 같은 대목도 크게 새로울 것이 없을지 모른다. 또한 쿳시가 그러한 돌파에 과연 얼마나 성공했는가는 작품마다 따져봐야 할 문제로 남는다.

하지만 『엘리자베스 코스텔로』에 관한 한 채식주의부터 유대인 대학살에 이르는—세르반테스는 당연히 예감할 수 없었던—현대세계의 절박한 문명적 쟁점들을 소설로 다루고 독자의 비판적 사유를 유도하는 데 탁월한 창의성을 발휘한 작품이라는 평가는 과장이 아니다. 그런 쟁점들을 우리가 회피할 수 없는 문제로 제시하고 서사적 허구성을 애초부터 실재(實在)와 분리 불가한 요소로 활용하는 작품의 면모는 독자에게 고도의 집중을 요구한다. 거듭해서 『엘리자베스 코스텔로』를 읽은 독자라 하더라도 필경 제기된 문제들에 대한 '정답'이 주어져 있지 않음을 거듭 실감하면서 난감해할 것이다. 그 과정에서 우리는 일체의 정답주의나 교조주의에 대한 창조적 저항을 모색할 수 있다. 그런 의미에서 독자 입장에서 진정으로 중요한 것은 왜 그것이 정답이 있을 수 없는 문제인가를 깨닫고 홀가분하게 구도적 자세를 다시 바로잡는 일이다.


## 4. '불확실성의 시대' 이후의 문학은 어디로 가는가

우리는 어지간히 에움길을 돌아 마침내 『엘리자베스 코스텔로』의 끄트머리에 붙은 짤막한 후기, 작품의 화룡점정이라 할 만한 장면에 도달했다. 후기는 호프만스탈의 「베이컨 경에게 보내는 찬도스 경의 편지」의 한 구절을[36]

---

36 독자의 이해를 돕기 위해 해당 구절은 인용해둔다. "그러한 순간에는 개, 쥐, 딱정벌레, 못 자란 사과나무, 언덕에 구불구불 나 있는 좁은 길, 이끼 낀 돌 같은 하찮은 피조물일지라도 내게는 더할 수 없이 아

직접 인용한 다음에 이렇게 시작한다.

> 경애하는 베이컨 경,
>
> 당신은 올 8월 22일에 제 남편 필립이 보낸 편지를 받으셨으리라 믿습니다. 어찌 된 일인지는 불문에 부쳐주시기 바랍니다만 그 편지의 사본이 제 눈에 띄게 되었고, 이제 저는 그이의 목소리에 제 목소리를 보태려고 합니다. 당신이 제 남편이 광기의 발작, 이제는 지나갔을 발작 속에서 편지를 썼으리라 생각하실까 두렵습니다. 그렇지 않다는 점을 말씀드리려고 글월을 올립니다. 당신이 제 남편의 편지에서 읽으신 모든 것이 진실인데, 한 가지 상황만이 예외입니다. 어떤 남편도 사랑하는 아내로부터 그토록 극심한 마음의 괴로움을 숨길 수는 없지요. 요 몇 개월 동안 저는 필립의 고통을 알고 있었고 그와 더불어 괴로워했습니다.(227면)

쿳시가 호프만스탈의 작품을 '후기'로 활용한 것은 그야말로 뜬금없어 보인다. 하지만 『엘리자베스 코스텔로』의 사고 실험에서 가장 두드러진 엘리자베스의 면모, 즉 그녀의 극단으로 치닫는 공감적 상상력을 생각해보자. 찬도스 경은 바로 그런 상상력으로 인해 "어떤 것에 대해서도 이치에 닿게 말하거나 생각하는 능력을 완전히 상실했"음을 서한에서 고백한 인물이다. 두 사람의 그러한 상동성에 주목한다면 찬도스 경의 서한에 덧댄 상상의 후기에서 쿳시가 교묘하게 엘리자베스의 딜레마와 찬도스 경의 딜레마를 겹쳐놓은 것이 확연해진다.

후기는 인간과 동물, 생물과 무생물의 경계가 지워져버린 남편의 '정신 상태'를 근심하는 레이디 찬도스의 편지로 구성된다. 찬도스 경은 "언어가 우름답고 헌신적인 정인과의 행복한 하룻밤보다 더 의미가 있습니다. 이 말 없고 어떤 경우에는 생명도 없는 피조물들은 그토록 충만하게, 그토록 사랑스럽게 나를 향해 밀려들어서 나의 황홀한 눈길이 미치는 곳의 어느 것도 생명을 갖지 않는 것이 없습니다. 마치 모든 것, 존재하는 모든 것, 내가 기억해낼 수 있는 모든 것, 나의 혼란스러운 생각이 가닿는 모든 것이 뭔가를 의미하는 것 같습니다."

리의 발밑에서 마치 썩은 판자처럼 무너지는" 세계에서 길을 잃었다. 찬도스 경의 부인은 그런 남편을 도와달라고 호소하는 편지를 쓴다. 무생물과 생물의 모든 차이와 위계를 완전히 무너뜨리고 신들의 세계에 접속하려는 찬도스 경의 정신 상태는 엘리자베스의 곤경과 혼란을 그야말로 '막장'까지 밀고 나간 형국이다. 가령 육식과 관련해 "다른 이들은 다 받아들이고 사는데 왜 넌 그럴 수 없니"라고 스스로 되물은 엘리자베스를 상기해보자. 레이디 찬도스를 이런 엘리자베스와 나란히 세워보자. 이 경우 "아직 거인들의 시대, 천사들의 시대"가 도래하지 않았음을 환기하면서 베이컨 경에게 구원을 요청하는 레이디 찬도스의 호소는 울림이 더 커진다.

서명인 "E. C"라는 첫 글자에도—Elizabeth Costello의 머리글자를 연상케 하는 쿳시의 짓궂은 말장난에도—불구하고 레이디 찬도스는 엘리자베스가 아니다. 상식의 세계에 거하는 아들 존을 '성전환'하여 변형한 형상, 레이디 찬스도의 정체는 바로 그것이다. 물론 중요한 차이도 존재한다. 레이디 찬도스는 엘리자베스의 혼란을 대수롭지 않게 생각하면서 상식과 통념의 세계에 안주하는 존보다 더 공감적인 동시에 열정적이다. 무엇보다 인간과 동물, 인간과 신들의 경계와 위계를 인정한다. 게다가 이성을 지탱해주는 '바닥'이 꺼져버린 현실을 직시하고 있다. 그런 그녀가 상궤를 벗어난 남편의 정신 이상을 적극적으로 알리면서 인간의 어떤 온전함을 보존해줄 은총을 희구할 때 독자는 엘리자베스 코스텔로의 서사적 여정을 생각하지 않을 수 없다.

레이디 찬도스의 이 같은 면모는 자신의 채식주의를 고집하는 과정에서 혼란에 빠진 엘리자베스와 확실히 대비된다. 그녀가 도움을 호소하는 사람이 베이컨 경임은 의미심장하다. "석공이 벽돌로 벽을 쌓듯이, 말(言)들을 선택해서 그것들을 제자리에 놓아서 판단을 구축하는" 베이컨 경은 질서와 조화를 표상하는 인물이다. 그를 향한 엘리자베스의 구원의 절박함은 말-거울이 깨져버린 현대에서 문학의 존재 이유를 되묻는 쿳시의 구도적 자세를 떠올리게 한다. 그 구원의 대상은 처음부터 끝까지 사고(思考)의 미로를 헤맨 엘리자베스임이 분명하다. 찬도스 경이 실제로 겪었던 '정신이상'은 분명 엘리자베스 코스텔로도 공유하지 않았는가. 이렇게 보면『엘리자베스 코스텔로』의 짤막한 후기에서 성의 경계를 넘어 아들로서의 존의 역할이 아내로서의 레이디 찬도스로 위임되는 셈이다. 이는 어머니 엘리자베스의 곤경이 남편 찬도스 경의 극단적 혼돈으로 변모한 것과 궤를 같이한다.

이러한 후기는 강연-소설의 형식을 방편으로 삼은 쿳시가 상식과 통념의 세계에 대한 도전을 극단까지 밀어붙이는 동시에 문학·언어와 인간 구원의 문제를 사고 실험의 서사로 천착한 대단원이다. 이런 인상적인 대미가 말해주는 것 중 하나는『엘리자베스 코스텔로』로 표상되는 사고 실험의 서사도 어느 날 느닷없이 시도된 것이 아니라는 사실이다.『엘리자베스 코스텔로』는 쿳시 문학의 정진(精進) 끝에 도달한 하나의 잠정적 이정표이다. 데뷔작인『어둠의 땅(*Dusklands*)』(1974)과『나라의 심장부에서(*In the Heart of the Country*)』(1977)는 말할 것도 없이,『야만인들을 기다리며(*Waiting for the Barbarians*)』(1980)나『마이클 K의 삶과 시대(*Life & Times of Michael K*)』(1983)도 각기 사실주의에서 전제하는 사실성 자체에 대한 발본적인 성찰과 비판적 해체의 성과물이다.

가해자(식민주의자)의 관점에서 비서구 세계를 정복해온 정착식민지의 역사적 상흔을 파고든『어둠의 땅』이나 이야기의 시작과 중간, 결말의 서사적 이음새를 흐트러뜨리면서 매그다(Magda)라는 소녀의 몽환적 독백을 통해 남아공 식민주의 가부장제의 정신적 폐허를 기록한—포크너(William Faulkner)의「에밀리에게 장미를(A Rose for Emily)」(1930)을 독창적으로 다시 쓴 듯한—『나라의 심장부에서』, 멜빌과 카프카를 동시에 연상케 하지만 이들을 나름의 방식으로 소화한『마이클 K의 삶과 시대』, 아파르트헤이트 철폐 이후의 남아공 현실에서 어떤 차원의 흑백 공존이 가능한가를 탁월한 물음으로서의 서사로 구현한 『치욕(Disgrace)』(1999) 등은 모더니즘을 넘어선 20세기 본격 장편 문학의 표본과도 같다.

이들 작품은 서구의 근대문학을 견인해온 '사실주의 정신'이 포스트모던 시대에서도 나름의 활력을 잃지 않았음을 증명한다. 그중 『치욕』은 식민지근대를 거친 우리 자신의 과거사 청산 및 분단 현실에 대해서도 직접적으로 해줄 말이 있는 작품이다. 서사 예술의 엄정함과 엄밀함을 치열하게 고수한 쿳시가 카프카나 조이스 같은 작가들을 평가할 때 드러낸 루카치의 도덕주의적·정치주의적 편견에 빠지지 않은 것은 의미심장하다. 그런 편견에 빠지지 않았기에 그는 "모더니스트의 탐미주의·퇴폐주의"에 맞서 '사실주의'를 옹호한 루카치에 공감하면서 그런 사실주의가 오늘날 남아공의 현실에 왜 요구되는가를 해명할 수 있었다.[37] 더 근원적인 것에 대한 탐구심을 자극하는 강연-소설 형식이 서사의 동력으로 작용하고, 그런 형식을 통해 21세기의 우리가 스스로 옳다고 믿는 것들의 '근거'에 대한 발본적인 물음을 제기하는 『엘리자베스 코스텔로』에 비춰보면 루카치에 대한 쿳시의 비판적 지지는 당연하달 수 있다.[38] 그렇다면 레이디 찬도스의 기도가 우리에게 남기는 과제, 즉 문학과 삶의 근거를 새로이 해명하고 확보해야 하는 숙제도 그의 그 같은 지지와 연결해서 생각할 수 있다.

앞서 『엘리자베스 코스텔로』의 후기를 화룡점정에 빗댄 바 있지만 엘리자베스가 맞닥뜨린 곤경에 무게를 두면 사뭇 다른 발상으로 후기에 의미를 부여할 수 있다. 즉, '덧쓴 양피지(palimpsest)'를 닮은 형식의 기발함에도 불구

---

37 J. M. Coetzee, *Doubling the Point: Essays and Interviews*, ed. David Attwell(Cambridge: Harvard UP, 1992)에 카프카라는 제목으로 실린 인터뷰 197~209면 참조. 직접 인용한 부분은 202면.
38 추측에 불과하지만, 루카치 역시 쿳시에게 그와 유사한 비판적 지지를 보내지 않았을까? 루카치라면 특히 쿳시의 초기작들, 특히 『나라의 심장부에서』나 『마이클 K의 삶과 시대』를 19세기 유럽 장편의 비판적 사실주의를 창의적으로 발전시킨 작품으로 평가했으리라는 것은 짐작에 불과하지만, 다른 한편 그의 작품이 그런 사실주의와 어떻게 다른가도 더 생각해볼 문제로 남는다.

하고[39] 후기는 그전까지 치밀하게 전개된 소설 형식의 유연한 구사와 창의적인 사고 실험이 어떤 막다른 벽에 봉착한 느낌이다. 적어도 그 점에서는 후기는 화룡점정이면서 일종의 '계륵'이기도 하다. 언어도단(言語道斷)으로써 신들의 세계에 들어가려는 찬도스 경과 그런 그에게 길을 찾아달라고 호소하는 레이디 찬도스는 사실주의 이후 등장한 포스트/모더니즘이 봉착한— 그렇다고 사실주의로 돌아갈 수는 더더욱 없는—한계를 드러내는 극적인 형상들이라는 것이다.

그러나 『엘리자베스 코스텔로』가 언어의 길이 끊긴 곳에서 신들과의 영적 합일을 갈구하는 찬도스 경과 남편의 세간(世間)으로의 귀환을 염원하는 레이디 찬도스의 기도로 마무리된다는 점은 두고두고 숙고의 과제로 남는다. 그러한 염원과 기도는 특정한 '이즘'이나 '이론', 문학사조의 부침이나 성쇠 정도로는 규명될 길 없는 문학의 근원적 생명력에 대한 성찰을 촉구하는 물음이나 다름없기 때문이다. 요컨대 『엘리자베스 코스텔로』는 소설의 이름으로 구현되는 사고 실험의 지평을 창조적으로 개방함으로써 장편 문학이라는 장르가 '아인슈타인 이후의 세계'에 어떤 방식으로 대응하여 서사의 영토를 확대하고 있는가를 확인해주는 현장이다. 이 현장이 뉴턴 이후 근대 과학의 성취를 창의적으로 소화한 쿳시의 사유가 펼쳐지는 진경임은 더 말할 나위 없다.

지금까지 논했듯이 쿳시의 다채로운 작품세계에서도 독특한 진화적 변종이라 할 만한 『엘리자베스 코스텔로』는 19세기 사실주의를 졸업한 현대소설이 어디까지 나아갔는가를 보여준다. 동시에 소설이 구현하는 '존재의 집'이 어떻게 문명적 현실의 첨예한 모순들을 재료로 지어질 수 있는가를 생생

---

[39] 그런 형식이 갖는 다양한 함의에 대한 논의로는 Reingard Nethersole, "Reading in the In-Between: Pre-Scripting the 'Postscript' to Elizabeth Costello," *Journal of Literary Studies* 21.3(2005), 254~276면 참조.

하게 예시한다. 우리는 칠레 현대문학의 걸출한 소설가인 볼라뇨의 『칠레의 밤』에서 그 같은 재료로 지어진 문학이라는 '존재의 집'과 그 설계자인 인간에 대한 본질적인 물음과 다시 마주하게 된다. 하지만 그런 물음은 쿳시의 그것과는 전혀 다른 방식으로 제기된다. 볼라뇨의 물음은 한마디로 진창 속에서 피어난 연꽃으로서의 문학이라든가 시장에 영합하여 타락해버린 문학에 관한 것만이 아니다. 오히려 현실정치의 오욕에 오늘날의 '대중문학'이 얼마나 깊게 빠져 허우적대고 있으며 그런 문학을 거슬러 '문학'을 한다는 것은 또 무엇인가를 도저하게 심문하는 '자기 물음으로서의 문학'이다. 그러면 『칠레의 밤』으로 들어가보자.

## 3장

# 시장과 정치, 그리고 문학

### 로베르토 볼라뇨와 『칠레의 밤』

## 1. 서론

뭇사람이 즐겨 읽는 작품을 대중문학이라고들 하지만 거기에는 은근히 낮춰보는 어감이 배어 있다. 그런 것은 '세계문학'이 아니라는 암시다. 특히 동양의 독자들에게 세계문학은 지금까지도 가령 단테, 셰익스피어, 괴테, 발자크, 디킨스 같은 문호들로 지칭되는 서양의—좀 더 정확하게 말하면 서유럽의—문학으로 각인되어 있다. 오늘날 생산되는 문학작품을 '세계문학'으로 추인하는 대표적 기관은 스웨덴의 한림원이며 심사위원들의 정치적·문화적 취향이나 선호도 분명히 존재한다.[1] 대중의 호응이나 학계의 합의가 무엇이든 세계문학의 함의가 그리 명백하지 않은 데는 이유가 분명히 있다. 서양과 동양의 신식민주의적 위계가 '문화정치'를 매개로 관철되는 양상도 더 복잡

---

[1] 2017년의 시점에서 지난 25년간의 노벨문학상 수상자들 면면을 조사한 연구에 의하면 심사위원들의 정치적 편향이 배제된다는 것은 사실이 아니다. 구체적인 논의는 Jennifer Quist, "Laurelled Lives: The Swedish Academy's Praise for Its Prizewinners," *New Left Review* 104(2017), 93~106면 참조.

미묘해진데다가, 비서구 작가들이 번역을 통해 세계문학의 시장에 본격적으로 진출하면서 정치적 위계도 새롭게 재편되고 있기 때문이다.

아무튼 그 점을 감안해도 단테에서 디킨스로 이어지는 목록이 서양이 산출한 인간 창조성의 탁월한 서사적 발현임을 부정할 근거는 찾아보기 어렵다. 그 목록의 존재가 (미국이 승계한) 유럽의 패권이 문화적으로 관철된 현실의 일부지만 말이다. 세계문학이라는 꼬리표는 문학연구자, 심사위원을 포함한 뭇사람들이 읽고 이런저런 평가를 내리는 과정에서 생겨난 '작품의 권위'의 다른 이름이다. 이때 문학 시장의 뒷배는 결정적이다. 그렇다면 세계문학도 사후(事後) 개념이다.[2] 세계문학으로 지칭되는 상당수 작품들이 당대에는 '대중들의 문학(popular literature)'이었을 뿐이다. 글로브 극장(Globe Theatre)에서 상연된 셰익스피어의 드라마가 바로 그런 문학이었음은 두말할 나위 없지만 점차 시간이 가면서 '대중문학'과 '세계문학'으로—후자와 대비하여 전자를 경시하는 경향이 강화되면서—분리되었다. 두 개념 간의 위계는 해체의 대상이다. 대중문학을 얕보는 관성은 엘리트주의의 뿌리 깊은 편견과 무관치 않은 반면, 거의가 서구의 작가들로 구성된 세계문학을 높여 보는 것은 서양 중심의 사고에 알게 모르게 젖어든 탓이다.

그러니 일단 문제는 어떻게 해체할 것인가로 모아진다. 뇌관은 한둘이 아닌데, 많이 팔리고 읽히는 작품들 가운데 어떤 것이 진정으로 '보편'에 도달한 세계의 문학인가를 변별하는 것은 결코 간단치 않다. 이 과제가 그렇게 간단치 않은 것은, 작품의 성취가 대중성과 반드시 일치하는 것은 아닐뿐더러 '문학 전문가들'을 판촉 행사에 동원하여 과대 광고하는 시장의 위세가

---

2 일종의 초국적 문학운동 구상에 해당하는 괴테의 세계문학 개념은 사후적인 것으로 보기 어렵다. 알다시피 괴테는 점점 거세지는 문학 시장의 상업주의에 맞서 국경을 초월하는 문학 지식인들의 매체 교류와 연대를 강조하면서 "세계문학의 시대가 임박했으니 누구나 이 시대를 앞당기도록 힘써야 할 것"을 역설했다. 그가 제창한 세계문학은 이념형인 동시에 미래 지향 프로젝트인 셈이고 엄밀한 비평적 평가를 전제한 것이다.

만만치 않기 때문이다. 그런 까닭에 살아생전에는 외면되었지만 작가 사후에 '고전'으로 인정받는 일도 드물지 않다. 반대로 당대의 인기가 훗날 자취조차 없이 사라지는 일도 다반사다. 시장의 위력이 강해질수록 **대중문학인 동시에 세계문학에 해당하는 창조적 성취**를 엄밀하게 변별하는 비평 작업이 절실해지는 것은 그런 까닭이다.

그와 같은 비평 작업에 관한 한 칠레의 작가 볼라뇨(Roberto Bolaño, 1953~2003)의 『칠레의 밤』(2000)만큼 '시범 케이스'로 적절한 작품도 찾아보기 어려울 성싶다.(이하 『칠레』로 표기) 칠레의 현대문학은 무척이나 풍요로운 것 같은데, 가령 세풀베다(Luis Sepúlveda, 1949~2020)나 도르프만(Ariel Dorfman, 1942~ )도 세계적인 반열에 오른 작가들이고 잠브라(Alejandro Zambra, 1975~ )도 무엇이든 먹어치울 수 있는 소설의 소화 능력을 과시한 비범한 신예다. 칠레에서 치러지는 수학능력시험(the Chilean Academic Aptitude Test)의 형식을 차용하여 '수학능력시험으로서의 소설'이라는 기상천외한 서사를 만들어낸 『다지선다(*Multiple Choice*)』(2014) 같은 텍스트만 봐도 그렇다.

그런데 이런 작가들을 배경에 놓아도 볼라뇨의 개성은 뚜렷하다. 가난 속에서 평생 문학을 호구지책으로 삼으면서도 '세계문학 따위는 엿이나 먹어라' 같은 말을 진심으로 내뱉은 작가다. 그런 그가 시장과 대중은 물론 학계의 인정까지 받은 최근의 몇 안 되는 대표적인 작가의 대열에 들었다. 볼라뇨에 대한 인정이 어떻게 해서든 베스트셀러를 끊임없이 만들어내야만 하는 문학 시장의 상업주의에 아슬아슬하게 대응하면서 서사의 창의성을 발휘한 성과에 관한 것인지는 개별 작품을 두고 판단해야 할 문제다. 그의 숱한 작품 가운데 『칠레』는 작가적 역량이 (가장) 견고하고도 탁월하게 발휘된 '물건'이라고 본다.[3] 정치와 시장의 자장에서 완전히 자유로울 수 없는 문학의 운명과 존재 이유를 극단까지 심문함으로써 21세기의 '대중문학'이 처한 정치문화적 현실이 얼마나 불편한지를 되묻게 한다는 점에서도 연구에 값하는 문제작이다.


## 2. 예비 논의

글로벌 시대가 진행되면서 세계문학 시장의 판도도 다변화된 것 같지만 들여다보면 꼭 그런 것만은 아닌 듯하다. '소수언어' 문학은 더 주변으로 밀리는 한편 영어의 지배력은 한층 공고해졌기 때문이다. 볼라뇨의 작품도 영어로 번역되지 않았다면 지금 누리고 있는 대중성은 상당히 제한되었을 법하다. 그의 작품은 영미권 학계로 활발하게 수용되면서 지명도를 극적으로 확장했는데, 그런 수용은 거대 출판사와 직간접으로 연결된 비평가나 학자들이 주도한 것으로 보인다.[4] 물론 독자의 열띤 호응이 대학으로 옮겨가서 작가나 작품이 진지하게 연구되는 현상 자체는 특이하지 않다. (번역 불가가 번번이 발생하는) 언어와 문화의 차이는 차치하더라도, 볼라뇨의 영역(英譯) 텍스트에 부여된 후광도 새로운 현상은 아니다.

하지만 예나 지금이나 볼라뇨 같은 작가를 칠레, 나아가 라틴아메리카의 문학사에 자리매기고 평가할 수 있는 학자는 극소수일 것으로 짐작된다. 영미권과 라틴아메리카권 어디에도 속하지 않은 나로서는 그런 작업을 엄두조차 내기 어렵다. 가령 다음과 같은 문장도 난감하기는 마찬가지다.

---

3 텍스트는 Robert Bolaño, *By Night in Chile*, trans. Chris Andrews(New York: New Directions Books, 2003); 에스파냐어본은 *Nocturno de Chile*(Vintage Español, 2017). 우석균 교수가 번역한『칠레의 밤』(열린책들, 2010)을 참조했다. 한국어본을 참조하면서 에스파냐본도 더러 대조했지만 대체로 '눈대중'이었을 뿐 영역본이 기본 텍스트임을 밝혀둔다. 번역은 필자의 것이다. 인용은 괄호 안에 영어본의 면수만 표기한다.

4 이에 관한 개괄적 논의는 *Roberto Bolaño as World Literature*, eds. Nicholas Birns and Juan E. De Castro(New York: Bloomsbury, 2017)에 실린 "Introduction" 참조.

좀 더 심각한 문제는 라틴아메리카에서 볼라뇨를 연구하는 학자들과 미국이나 영국에서 글을 쓰는 비평가나 서평자 사이의 괴리이다. 영어로 쓰는 (서)평자들에게 볼라뇨에 관한 최신 연구를 들여다볼 시간이 언제나 주어지는 것도 아니다. 어떤 경우는 스페인어에 익숙하지 못할 수도 있다. 반면에 라틴아메리카의 학자들은 미국 학계에서 점점 더 많이 생산되는 볼라뇨에 관한 비평을 모를 수도 있다. 그러나 미국이든 라틴아메리카든 학자들은 볼라뇨의 핵심적인 주제가 문학과 악의 관계라는 데 대체로 동의하는 경향이다.[5]

인용문에서 언급된 괴리가 볼라뇨에만 국한되지는 않을 것이다. 하지만 한국을 포함한 동아시아 지역의 볼라뇨 연구자들은 이중, 삼중의 구속에 직면하기 십상이다. 설사 원어로 읽는다 해도 자신의 담론 작업에 반응할 수 있는 독자는 극히 한정된데다가 라틴아메리카 학계와 영미권 학계의 간극도 고민할 수밖에 없을 것이기 때문이다. 우왕좌왕하다가 얼치기가 될 위험도 크다. 그러나 그렇다고 해서 노력마저 포기할 일은 물론 아니다. 영미권과 라틴아메리카권 어느 쪽에도 속하지 않은 한국의 연구자가 양쪽에 휘둘리지 않고 한국 특유의 지역 현실에 뿌리 박고 일관된 읽기를 할 수만 있다면 비평의 새로운 지평을 열 수 있는 기회가 아예 차단된 것은 아니라고 본다.[6]

그런 의미에서 **작품을 작품으로 읽는 데** 지금도 뜨겁게 진행 중인 칠레 민중의 민주화 투쟁을 얼마나 염두에 두어야 하는지는 그 자체로 공부거리이다. 다만, 저들의 투쟁이 20세기 후반 한국의 반독재·민주화 운동은 물론이고 21세기에도 도도하게 이어지는 시민들의 '촛불'과 맞닿아 있음을 성찰하

---

5 Ricardo Gutiérrez-Mouat, *Understanding Roberto Bolaño* (Columbia: University of South Carolina Press, 2016), 14면.
6 국내의 볼라뇨 연구자들도 성실하게 그런 시도를 하고 있다. 가령 이경민 엮음, 『로베르토 볼라뇨: 라틴아메리카 문학계의 이단아』(글누림, 2018)에 실린 논문들도 일독에 값한다.

면서 『칠레의 밤』을 읽는 일은 연구와 비평의 본분에 크게 어긋나지는 않으리라 본다. 그런 읽기는 작고한 볼라뇨의 작품이 우리 동시대에 살아 숨 쉬고 있음을 밝히는 하나의 방편도 된다. 그렇다면 많은 논자들이 볼라뇨 문학세계의 핵심으로 규정하는 문학과 악의 문제를 생각해보자.

독재체제에 부역하는 문학의 음습한 역할을 신자유주의 경제체제와, 더 나아가 악의 문제와 연결하는 해석은 (영미권) 볼라뇨 연구의 지배적인 경향으로 보인다. 지배적인 경향인 만큼 합의의 폭도 넓은 것은 사실이다. 하지만 바로 그렇기 때문에 어떤 면에서는 비판적 거리를 둘 필요가 더 강해지기도 한다. 일단 볼라뇨가 '신자유주의적 시장과 독재정치'에 연루된 문학에 대해 치열하게 고발한 작가인 것은 확실하다. 하지만 그런 고발을 볼라뇨 문학과 악이라는 형이상학적 주제로 엮는 것은 생각해볼 일이다. '악'의 문제가 볼라뇨 텍스트에 그려지지 않는다는 말이 아니라 그보다 더 중요한 물음이 걸려 있기 때문이다. 즉, 그가 남미의 독재정치를 고발하면서 문학시장의 상업주의에 위태롭게 대응한 창조적인 작가라면 과연 어떤 의미에서 위태롭고 창조적이라는 것인가? 볼라뇨 연구와 비평의 관건은 바로 이 물음이라고 본다.

볼라뇨가 라틴아메리카를 비롯한 에스파냐 권역의 주요 문학상을 석권하고 특히 타계 전후로 대다수 작품이 발 빠르게 영어로 번역된 상황에서 이 물음은 좀 차분하게 검토해볼 필요가 있다. 수상에 따른 상업적 성공이 더해지면서 볼라뇨가 우리 시대의 고전이라는 평가가 압도적이라면 더더욱 그렇다. "『백년의 고독』이 영어로 출간된 이래 영미의 비평가들이 라틴아메리카 작가(볼라뇨를 가리킴—인용자)를 그렇게 열렬하게 수용한 적은 없었"다는 식의 상찬이[7] 단적인 사례다. 연구자들의 비평이 다 그렇다는 말은 물론 아니다. 나 자신 그들의 연구에서 많은 영감과 깨우침을 얻었고, 다음과 같은

---

[7] Jean Franco, "Questions for Bolaño," *Journal of Latin American Cultural Studies* 18/2~3(2009), 207면.

해석도 그 같은 상찬에 나름의 구체적인 논리와 근거가 있음을 예시한다.

이처럼 거의 만장일치였다고 해도 볼라뇨의 작품들이 비평의 표준적인 두 기본 개념, 즉 세계와 문학에 대한 통념적인 사고방식을 불식시키는 데 얼마나 철저하게 몰두하고 있는지 잊어서는 안 된다. 그의 자유분방한 스타일(peripatetic style)은 사람들이 이미 '탈국가주의'로 명명한 서사 전략을 암시한다. 그가 세계를 전쟁과 폭력으로 얼룩진 일종의 지독한 악몽으로 재현한 점에 비춰보면 그를 단순히 라틴아메리카 문학의 고전 가운데 하나로 간주할 수는 없다. 그렇다고 라틴아메리카의 붐 문학(Boom)을 잇는—(1990년대 들어 제각기 마술적 리얼리즘과 차별화를 시도한—인용자)—크랙(Crack)이나 맥콘도(McOndo) 문학운동 같은 근년의 범세계주의적 포스트부머(post-Boomers)의 일원으로 볼 수도 없다. 또한 현대 서구문학과 그의 관계도 유보 없이 받아들이면 곤란하다. 보르헤스의 뛰어난 독자로서 볼라뇨가 추구한 것은 전통이 아니라 발명이기 때문이다. 물론 그는 극단과 심연을 찾아 헤맨 독학자였다. 하지만 주목할 점은, 서구문학 전통의 혁신에서 그를 가장 중요한 작가 중 하나로 평가하는 근래의 찬사다. 아직 고전은 아니지만 '그 세대의 가장 걸출한 일원,' 한마디로 새로운 거장이라는 찬사 말이다.[8]

볼라뇨를 전통보다는 발명 내지는 혁신의 계보에 놓은 데는 충분히 동의가 된다. 하지만 '탈국가주의 서사 전략'을 위주로 그를 라틴아메리카의 문학적 전통에서 분리하는 논리는 수긍하기 어렵다. '붐(Boom)' 이래 전혀 색다른 계보의 창시자이자 '새로운 거장'으로 볼라뇨를 상찬하는 언사에도 거품이 끼어 있지 않은가 되묻게 되기 때문이다. 『칠레』의 볼라뇨에게 '새로운 거장'이라는 표현이 얼마나 어울릴지는 앞으로 논하겠지만 그의 대작으

---

8 Sergio Villalobos-Ruminott, "A Kind of Hell: Roberto Bolaño and The Return of World Literature," *Journal of Latin American Cultural Studies* 18/2~3(2009), 193면.

로 통하는 『야만스러운 탐정들(Los detectives salvajes; The Savage Detectives)』 (1998)과 『2666』(2004)도 『칠레』 읽기를 위한 예비 작업의 일환으로 촌평 정도의 지면은 할애해야 할 것 같다. 이 두 장편으로 한정한다면 그는 라틴아메리카에서 '미래 거장의 탄생을 예감케 하는 탁월한 작가'라 할 만하다.

물론 두 장편 모두 대작다운 서사적 스케일을 갖추었고 나 자신도 시간 가는 줄 모르고 인상적으로 읽었다. 『야만스러운 탐정들』이나 『2666』은 볼라뇨가 품은 서사적 추구(narrative quest)가 어떠한 것인가를 여실하게 보여주는 장편이다. 『야만스러운 탐정들』의 놀라운 점은, 무작위로 배치된 것처럼 보이는—그토록 어지럽고 산만하게 흩뿌려진—서사의 파편들을 독자가 끝까지 따라가면서 기워보게 된다는 사실 자체에 있다. 문학(시)에 목숨을 걸었지만 '문학주의'와는 단호히 결별을 선언하는 '문청'들의 천방지축의 삶을 박력 있게 끌어가는 『야만스러운 탐정들』은 21세기 장편 문학에서 하나의 이채로운 이정표라 할 만하다. 물론 문학의 혁신적 실험과 도전에 관한 한, 코르타사르(Julio Cortázar)의 『사방치기(Rayuela; Hopscotch)』(1963) 같은 선례도 있다. 하지만 멕시코 문단에서 'Visceral Realism'—일체의 기성 체제와 관습에 도전하는 파격의 예술—을 모색한 청년들의 일탈과 기행, 새로운 문학적 지평을 향한 도저한 탐색을 담은 『야만스러운 탐정들』은—과문을 전제로 말한다면—라틴아메리카 서사 전통에 도전하는 신선한 패기라 할 만하다.

유작인 『2666』은 『야만스러운 탐정들』을 능가하는 대하소설이다. 5부로 구성된 작품의 줄거리 정리는 의미가 없다. 제목 '2666' 자체가 수수께끼이다. 『2666』의 경이로운 점은, 20세기 전체의 시간대를 종횡무진 넘나들면서 멕시코를 비롯해 서양 주요 국가들을 망라한, 그야말로 글로벌한 무대를 배경으로 펼쳐지는, 연관성을 짐작조차 할 수 없는 온갖 기묘한 주제의 여담들이(digressions) 피골을 온전히 갖춘 하나의 텍스트로 엮였다는 사실일 것이다. 성배처럼 여겨지는 아르킴볼디(Benno von Archimboldi)라는 저명한 은

둔 소설가를 여러 인물들이 추적하는 이야기는 'Visceral Realism'의 창시자를 찾아 나서는 『야만스러운 탐정들』의 색다른 변주이다. 『2666』은 한편으로 도저한 '문학주의'의 여정을 보여주면서 다른 한편으로 범죄·추리소설과 같은 장르의 동력을 무기로 삼아 현실정치의 부패가 마약을 고리로 벌어지는 폭력, 살인과 얼마나 촘촘하게 맞물려 있는가를 가위 대하(大河)의 스케일로 담아낸 흥미로운 사례다. 흥미진진하게 책장을 넘길수록 작가가 범죄·추리소설 장르를 활용하다가 그런 장르적 관성의 포로가 되어버린 것이 아닌가는 혐의는 걸어야 하겠지만 말이다.

이 두 장편은 '세계성(globality)'을 향한 볼라뇨 특유의 서사적 야심과 도전을 인상적으로 보여준다.[9] 21세기의 창작 현장에서 볼라뇨만큼 과감하게 자신의 서사 능력의 한계를 실험한 작가도 드문 것 같다. 물론 중요한 것은 그 같은 실험이 낳은 작품의 내실이다. 예컨대 '새로운 문학'의 가능성을 꿈꾸는 '저주받은 시인들'이 21세기에 히피적 활력과 박력으로 되살아난 듯한, 『야만스러운 탐정들』의 백미인 1부("멕시코에서 길을 잃은 멕시코인들")는 그러한 가능성을 주로 우상 파괴의 열망으로 타진한다. 그런가 하면 마약 밀매의 지하세계와 정치권력의 결탁이 불러온 여성혐오살해(femicide)의 조직적 연결망을 샅샅이 파헤친 『2666』의 4부("범죄에 관하여")는 오늘날 서사 장르

---

[9] 세계성이 단순히 탈국가/탈지역의 문제만은 아니다. 그런 맥락에서 일단 다음과 같은 지적은 참고할 만하다. "볼라뇨의 서사에는 대부분의 이야기가 펼쳐지는 두 가지 주요한 장소/무대 유형이 있다. 한편으로 바르셀로나, 파리, 멕시코시티가 있다. 이러한 도시들은 문화와 출판, 문학의—볼라뇨가 실패한 작가들이 별무리처럼 모여 있다고 조소하듯이 표현한—신성한 중심이다. 다른 한편으로 공포와 폭력을 불러온 신자유주의 경제 정책이 실행된 영토들이 있다. 그 영토들 가운데 하나가 시카고학파의 경제 처방이 최초로 적용된 나라인 피노체트 시대의 칠레다. 니콜러스 번스가 말했듯이, 아옌데 정부의 전복(1973년)은 전 세계에 광범위하게 영향을 끼친 우파 이데올로기가 되살아난 출발점이다. 다른 하나는 허구의 도시 산타 테레사다. 몇몇 학술지에 따르면, 이 도시는 북미자유무역협정의 시장개방으로 흥성한 시우닷 후아레즈인바, 마킬라도라(외국인 노동자들의 착취로 돌아가는 공장—인용자), 인구 폭증, 여성혐오살해로 악명 높은 곳이다." José Enrique Navarro, "Global Bolaño: Reading, Writing, and Publishing in a Neoliberal World," *Roberto Bolaño as World Literature*, 144면.

가 부딪친 한계와 잠재적 가능성 모두를 징후적으로 드러낸다. 볼라뇨 텍스트의 그 같은 양면성은 오늘날 세계문학의 '새로운 돌파'를 성찰하는 데 좋은 자극이다.

『칠레』를 두 장편과 직접 비교할 수는 없는 일이다. 다만, 경장편 규모를 훨씬 초과하는 밀도의 서사로써 문학의 상품화라는—신자유주의 시대에 더욱 세련되고 은밀해진—대세의 '바깥'을 상상케 하는 작품의 면모는 따로 다뤄볼 만한 주제이다. 시장의 추세를 작가들이 따라가는 세태는 어제오늘의 일이 아니다. 하지만 이제는—별다른 고뇌 없이 AI와 협업이라는 것을 하는 행태에서 볼 수 있듯이—기술주의에 거의 능동적으로 투항하는 작가들도 보인다. 이에 비춰보면 문학이 일종의 직업적 투자사업처럼 되어버린 현실을 거슬러 문학의 존재 이유를 **다른 무엇이 아닌 '문학'으로** 심문하는 희귀한 사례가 『칠레』라고 말할 수도 있겠다. 자본주의 문학시장에서 문학이 서 있는 존립 기반 자체를 근원부터 묻는 작업의 결과물이라는 것이다. 그렇다면 피노체트 독재에 대한 비판이나 문학과 권력의 야합 폭로, 자본의 노예가 된 문인들의 실상에 대한 고발 등은 사실상 그러한 물음에 자연스럽게 따라온 부수적인 소재에 가깝다.

## 3. 『칠레』의 서사 형식과 일화들

『칠레』를 전작들, 특히 『먼 별(Estrella distante; Distant Star)』(1996) 및 『부적(Amuleto; Amulet)』(1999)과 같이 읽는 것은 시대 현실에 대한 소설가의 탐구가 어떻게 심화되는가를 여러 면으로 생각해볼 수 있는 좋은 기회가 된다. 1973년 9월 11일에 발생한 피노체트 쿠테타 전후를 배경으로 한 아방가르드 시인의 엽기적 살인 행각을 다룬 『먼 별』은 파시즘과 일체가 되어버린

한 문학인의 행적을 추적했다. 『부적』은 제도혁명당(RPI) 정권이 자행한 틀라텔롤코 광장 학살(Tlatelolco Massacre, 1968년 10월 2일)에 관한 증언이다. 멕시코 시인들의 대모(代母)로 여겨지는 아욱실리오(Auxilio Lacouture)라는 (실제 모델에 근거한) 여성의 목소리를 빌린 이야기이다. 두 작품 모두 라틴아메리카의 정치 현실에 대한 직접적인 발화가 두드러진다. 그런데 『칠레』는 고발이 근원적인 차원으로 나아간다. 가령 『부적』의 끄트머리에서 화자인 아욱실리오가 '비극적 비전'의 형식으로 문학과 문청에 바치는 헌사와 연대의 열정이 『칠레』에 와서 모든 '어용문학'에 대한 본질적 비판으로 전환되는 것만 봐도 그렇다.[10]

『칠레』는 『부적』처럼 시종 1인칭 화자의 혼잣말로 구성된다. 하지만 서사의 시적 밀도는 비교하기 어려울 정도로 높다. 화자 자신의 부역의 실상을 낱낱이 드러내면서도 그를 간단히 '악의 화신'으로 단정할 수 없도록 하는—그렇다고 그런 화신이 아니라고 말할 수는 더더욱 없게 만드는—역설과 아이러니의 '해체적 파장'이 극대화된다. 일단 전작들과 『칠레』를 동렬에 놓기 어려운 것은 그 때문이다. 물론 권력과 언론에 부역한 문학의 실체를 폭로한 작가들은 한둘이 아니다. 뵐(Heinrich Böll, 1917~1985)의 『카타리나 블룸의 잃어버린 명예(The Lost Honor of Katharina Blum)』(1974)가 단적인 예다. 하지만 서사의 틀이 언론의 인격 살인 대 블룸의 기자 살해의 구도로 짜인 뵐의 작품은 오늘날에도 음미해볼 점이 많지만 『칠레』와는 다른 차원에 있다고 본다. 볼라뇨처럼 말(言)과 언론을 권력과 출세의 도구로 삼는 어용문학의 실체를 문학에 나름대로 헌신한 한 인간의 자기파멸적 논리로 작품화하면서도 문학을 한다는 것이 무엇인가를 물음다운 물음으로 제시한 사례는 찾아보기

---

10 실제로 볼라뇨는 1998년 가예고스(Rómulo Gallegos)상을 수상하는 자리에서 무인(武人)으로서의 세르반테스를 기리면서 "내가 쓴 거의 모든 것은 라틴아메리카의 더러운 전쟁에서 죽어간 젊은이들에 바치는 사랑, 또는 이별의 편지"라고 말한 바 있다. Roberto Bolaño, *Between Parentheses: Essays, Articles and Speeches, 1998~2003*, trans. Natasha Wimmer(New York: Picador, 2012), 35면.

힘든 것 같다. 그런 까닭에 수전 손탁(Susan Sontag)이 US판 『칠레』에 부친 추천사가 허투루 들리지 않는다. "『칠레』는 진품이고 그중에서도 가장 희귀하다. 세계문학에서 영원한 자리를 차지할 운명의 현대소설이다."

이러한 『칠레』를 한마디로 소개하는 데는 『칠레』가 아니라 『부적』의 첫 일성(一聲)이 안성맞춤일 듯하다. "이 이야기는 공포물이다. 살인과 탐지, 그리고 공포의 이야기이다. 그러나 그렇게 보이지는 않을 것이다. 화자가 바로 나 자신이기 때문이다. 말하는 사람이 나고 그래서 그렇게 보이지 않을 것이다. 그럼에도 이것은 사실상 어떤 끔찍한 범죄에 관한 이야기이다."[11] 고문과 엽기적 살인, 음울한 공포로 얼룩진 이야기를 독백으로 들려주는 『칠레』의 화자인 '나'는 우루티아(Sebastián Urrutia Lacroix)라는 인물이다. 여생이 얼마 남지 않은 상황에서 '나'는 '나 자신'의 삶을 극적 독백(dramatic monologue)을 통해 되돌아본다.[12] 그의 독백은 장광설이다. 형식 자체는 새롭지 않다.

볼라뇨의 화자는 예컨대 영국 빅토리아조의 시인 브라우닝(Robert Browning)의 「주교, 성 프랙스드 성당에 자신의 묘를 지정하다(The Bishop Orders His Tomb at St. Praxed's Church)」의 주교를 연상케 한다. 탐욕과 모함, 시기와 질투로 얼룩진 삶을 살아온 바로 그 주교 말이다. 주교의 극도로 타산적인 횡설수설이 그러하듯이, 화자 우루티아도 자신의 내밀한 이야기가 어떻

---

11 영역본의 문장은 이렇다. "This is going to be a horror story. A story of murder, detection, and horror. But it won't appear to be, for the simple reason that I am the teller. Told by me, it won't be seem like that. Although, in fact, it's the story of a terrible crime." 참고로 『부적』은 주제와 형식에서 『칠레』와 '듀엣'을 이루는 텍스트다. 볼라뇨는 "음악적 소설", 즉 실내악에 비유한 이 듀엣에 더해 코리다(Corrida)라는 제목의 작품으로 3부작을 구상했지만 완성하지 못하고 타계했다고 한다. Jacobo Myerston, "The Classicist in the cave: Bolaño's theory of reading in By Night in Chile," *Classical Receptions Journal* 8:4(2016), 556면, 각주 6 참조.
12 한역본에는 그런 독백이 '~다'의 서술체로 옮겨져 있다. 원래 1인칭 극적 독백이 보이지 않는 청자가 설정된 대화 형식으로 진행되기 마련임을 고려하면 그리 적절하다고 보기는 어렵다. 여기서 최대한 입말의 어조를 살리는 방식의 번역을 택한 것은 바로 그런 청자의 존재 때문이다.

게 공적으로 해석될 수 있는지를 간교하게 계산한다. 한마디로 『칠레』의 화자 우루티아는[13] 성직을 출세의 발판으로 삼아 권력층에 접근하는 데 성공함으로써 상층 부르주아에 진입한 변절 지식인의 표상이다.

우루티아의 그러한 극히 개인적인 독백이 20세기 칠레 근대사를 압축한다는 사실은 오늘날 세계문학의 현장에서 여러모로 흥미로운 생각거리를 던진다. 현대문학에서 개인사를 통해 국가의 운명을 이야기하는—소위 국가·민족적 알레고리(national allegory)라는—서사가 사라졌다고 주장하는 논자들이 적지 않지만 그것도 낭설임을 확인할 수 있다는 것이다. 가령 북아일랜드의 소설가 번즈(Anna Burns, 1962~)의 『노 본즈(*No Bones*)』(2001)를[14] 『칠레』를 염두에 두고 잠깐 거론해본다.

"1969년 목요일"에서 "평화 프로세스, 1994년"에 이르기까지 로빗(Amelia Lovett)이라는 여성을 중심으로 그녀 주변의 인물과 사건들을 연대기적인 에피소드들로 엮은 이 장편은 당대 북아일랜드의 정치적 참상과 그 트라우마를 여실하게 증언한다. 특히 고식적인 성장소설의 틀을 탈피하여 가정 안팎의 부조리한 폭력에 의해 철저하게 망가진 소녀의 마음이 길고 긴 어두운 터널을 통과하는 여정은 당대 북아일랜드 민중의 삶의 행적과 겹친다. 비슷하게 망가진 친구들과 떠나는 목적 없는 목적지를 향해 가는 결말 역시 몸서리쳐지는 아일랜드의 현실을 견디는 작가 특유의 낙관성을 잔잔하게 보여준다.

그러한 민중적 낙관성은 번즈 자신의 『밀크맨』(*Milkman*, 2018; 『밀크맨』, 창비, 2019)에서 더 풍부하게 구현된다. 『노 본즈』의 서사 형식과는 사뭇 다른 스타일의 이 장편을 '미투 운동'의 정치적 자장에 맞춰 읽는 것은 해석의

---

13 작품에 등장하는 인물과 배경은 거의 칠레의 역사적 현실에서 가져온 것이다. 우루티아도 모델이 있다. 사제인 동시에 시인, 문학평론가로서 이그나시오 발렌테(Ignacio Valente)라는 필명으로 칠레의 문단권력으로 군림하면서 피노체트의 독재에 부역한 호세 랑글로이스(José Langlois, 1936~)가 우루티아의 실제 모델이라고 한다. 그의 그런 이력이 우루티아의 정신적·육체적 궤적에 다채롭게 투영된 셈이다.
14 이 장편은 『노 본즈』라는 제목으로 2022년에 출판사 창비에서 홍한별의 번역으로 출간되었다.

지평을 제한하는 일이다. 『밀크맨』은 '미투 운동'이 흔히 빠져드는 '정치적 올바름'의 시각으로는 온전히 읽어낼 수 없는 작품이라는 취지다. 아니, 그런 시각 자체를 다시 생각하게 하는 '입말'로서의 소설이다. 상황과 처지에 따라 여성들 사이에도 그어진 편견과 반목의 단층선들이 여성해방의 대의가 아니라 생활 자체의 감수성으로—봉합되는 것이 아니라—어떻게 연결되는지 감동적으로 극화한다는 점에서 그렇다. 여기서 한 걸음 더 나아간 면모가 더 중요하다. 요컨대 1970년대 북아일랜드 반영(反英) 투쟁 전선 내부에 그어진—민족, 젠더, 계급 간의—분열의 지점들을 섬세하게 드러내면서 전체주의적 어둠 속에서 드러나는 살아 있는 공동체 특유의 밝음을 개개인의 삶을 통해 촌철살인적으로 소설화한 작품이다.

따라서 이러한 『밀크맨』을 여기서 『칠레』와 비교할 때의 주된 취지가 문학성이라든가 작품성의 질적 차이 자체를 규명하는 데 있지 않다.[15] 그보다는 한 나라의 시대 상황을 개인의 삶으로 담아내는 소설적 방식의 다양성에 주목하려는 것이다. 간단히 정리하면 이렇다. 즉, 번즈가 『노 본즈』처럼 주인공의 성장과 현실의 실제 사건들을 연대기적으로 따라가면서 산문적으로 재현하거나 『밀크맨』처럼 구체적인 시간과 배경을 의도적으로 흐릿하게 처리하면서 전체주의 사회라면 어디에서나 벌어졌을 병리적 희비극의 에피소드들을 아일랜드 입말 특유의 장광설로 풀었다면, 볼라뇨의 『칠레』는 칠레의 20세기 역사를 고도로 응축하여 사실과 상징을 아우르는 시적 차원이 두드러진다.

이하 논의는 바로 그런 상징성이 20세기 칠레 민주화 과정을 어떻게 비추

---

15 하지만 한마디는 빼놓을 수 없겠다. 『밀크맨』의 경우 후반부에서 구내(區內)의 모든 중년 여성들이 '진짜 밀크맨'과 사랑에 빠지면서 전개되는 서사의 흐름은 1970~80년대 북아일랜드 현실의 어둠과 암울함을 상쇄시키려는 작가의 의지가 반영된 것이고 그 나름의 희비극적 격조가 없는 것도 아니다. 또한 『밀크맨』의 결말도 상투적인 해피 엔딩과는 다른 여운을 안겨준다. 다만 소설로서 구현된 역사적 현실의 '시적 집약'을 말할 때 『밀크맨』을 『칠레의 밤』과 동급으로 견주기는 어렵다고 본다.

고 드러내는가에 집중한다. 먼저 강조할 점은, 세속을 향한 들끓는 욕망을 반추하는 우루티아의 독백이 (흔히들 볼라뇨적 주제라고 규정하는) 문학과 악, 문학과 정치권력의 야합 이상의 진실을 담는다는 사실이다. 그렇다면 그의 독백에 스민 온갖 아이러니와 역설이 양날의 칼임을 읽어내는 것만으로는 충분치 않다. 한 문학 지식인의 기회주의적 처세에서 비롯된 '문학의 타락'에 대한 탄핵의 메시지를 고발문학의 맥락으로 제한해서는 곤란하다는 것이다. 중요한 것은 화자가 부지불식간에 폭로하는 부역의 실상을 참여문학 대 순수문학이라는 틀 너머로 끌고 가서 문학이라는 것과 그 부역이 어떤 관계가 있는가를 묻는 일이다.

사적인 차원의 삶과 공적인 차원의 삶이 교차되는 우루티아의 독백에서 주시할 점은, 횡설수설의 자기변호 내지는 자기 정당화의 어조다. 그것은 칠레의 군부독재에 적극적으로 협력한, 정치적으로 극우인데다가 어떤 상황에서도 자기합리화가 능한 인물의 어조다. 그의 합리화 내지는 정당화는 반어와 역설이 뒤범벅된 터라, 때로는—화자의 의도에 반(反)하여—자해(自害)의 효과를 낳는다. 은폐된 진실이 드러나는 것도 그 효과의 일부다. 그의 고백은 이렇게 시작한다.

나는 이제 갈 때가 됐지만 여전히 하고픈 말이 너무 많아. 나는 나 자신과는 잘 지냈어. 조용히 평화롭게 말이지. 그런데 갑자기 모든 게 박살이 났어. **저 애늙은이 같은 자식** 때문이지. 평화로웠는데 말이야. 지금은 그렇지 않아. 확실하게 밝혀 둘 게 몇 가지 있어. 그래서 팔꿈치에 몸을 받치고, 떨리지만 이 고상한 머리를 꼿꼿이 쳐들고 나를 옹호해줄 행위를 드러낼 기억을 낱낱이 더듬는 거야. 그래서 저 애늙은이 같은 자식이 내 이름을 더럽히기 위해 폭풍우 치는 밤에 퍼뜨린 중상모략이 거짓임을 폭로해야지. 적어도 그놈은 그걸 노렸어. 사람이라면 책임질 줄 알아야 해, 그게 내 지론이야. 사람은 자기 행동에 책임져야 할 도덕적 책무가 있어,

거기에는 말과 침묵, 그래, 침묵도 포함되지, 침묵도 천국으로 올라가 신께서 듣는 거니까. 그리고 오직 신만이 침묵을 이해하고 심판하시지, 그래서 침묵도 정말 조심해야 하는 거야.(3면, 강조는 인용자)

마치 유령이라도 목격한 듯 우루티아가 지목하는 "저 애늙은이 같은 자식"의 정체를 독자는 끝내 알 길이 없다. 또한 "폭풍우 치는 밤"에 그가 퍼뜨렸다고 하는 "중상모략"이 정확히 어떤 내용인지도 밝혀지지 않는다. 작품을 다 읽고 나면 '폭풍우의 밤'도 단순한 일기(日氣)를 가리키는 것이 아님이 확실해진다. 아무튼 잊을 만하면 우루티아의 말밥에 오르는 애늙은이의 나이를 우르티아의 독백 시점에 비춰 추산해보면 1950년대 후반 시점에 5~6세로 짐작된다.(12면) 그러면 그는 각주 13에서 소개했다시피 칠레의 실존 문인 호세 랑글로이스를 본뜬 우루티아보다 연배가 10년 이상 아래인 인물인 셈이다. 동시에 우루티아가 은근히 시기·질투하는 문학의 신예라는 정도는 짐작할 수 있다. 볼라뇨가 1953년생이니 자기 자신을 '보이지 않는 청자로서의 애늙은이'로 설정했다는 추측도 가능하다. 그의 소설 세계에 비춰보면 작가의 분신으로『야만적인 탐정』등에 등장하는 아르투로 볼라노(Arturo Bolano)의 또 다른 변형이지 싶다.

이제 우루티아가 역설하는 도덕적 책무로서의 '침묵'이 과연 어떤 것인지 들어보자. 서두에서 소개했다시피『칠레』의 서사 전부가 들숨과 날숨의 긴 호흡이 긴박하게 이어지는 극적 독백으로 구성된다. 맥을 짚어보면 여섯 마디의 에피소드가 연쇄를 이룬다. ①우루티아의 출세 과정(12~23면), ②돈 살바도르 레이에스(Don Salvador Reyes; 칠레의 외교관이자 작가인 Salvador Reyes Figueroa가 실제 모델, 1899~1970)의 일화에 대한 우루티아의 회고담(25~39면), ③한 제화업자에 관한 일화(39~48면), ④우루티아의 유럽 출장(65~79면), ⑤우루티아의 맑시즘 수업(88~101면), ⑥마리아 카날레스(María

Canales) 저택에서의 '문학 살롱'(106~126면) 등이다.[16] 각기 다른 화제들이 무작위로 흩어진 것 같지만 수미상관으로 단단히 엇물린다. 에피소드 ①이 에피소드 ⑥과 문학을 고리로 대위법적으로 조응하는 것이 단적인 예다.

에피소드 ①, "나의 문학 세례"(22면)부터 살펴보자. 우루티아는 마치 청중 앞에서 자신의 전기를 낭송하는 것처럼 신상에 대해 털어놓는다. 부계는 에스파냐 바스크 지방 출신이고 모계는 프랑스라는 식이다. 그는 13세 때 "신의 부름을 받아 신학교에 입학했"다. 하지만 관심은 이내 종교보다는 세속으로 기운다. 감회에 젖어든 그는 칠레 문단의 실력자인 (필명) 페어웰(Farewell)의 초대로 대저택(Là-bas)에 머문 날들을 흐뭇한 듯 회고하기 시작한다. 자신을 갓 세상에 나온 어린 새에 빗대고 페어웰을 "강과 산, 골짜기와 계곡 위로 솟아오르는 거대한 맹금"(5면)에 견주는 대목은 에피소드 ④에서 전혀 다른 가락으로 변주된다. 그 과정에서 '문학 권력'의 위계 속에 깊이 연루되어 있는 우루티아의 모습이 고스란히 드러난다. 물론 연루의 심리 기제는 간단치 않다. 페어웰의 남색(男色)에 대한 혐오와 칠레 문학의 거장 네루다(Pablo Neruda, 1904~1973)에 대한 숭배가 뒤섞여 있기 때문이다.[17]

하지만 에피소드 ①에서 가장 강렬하게 부각되는 것은 우루티아를 둘러싼 계급 현실과 출세를 향한 그의 욕망이다. 페어웰 대저택의 풍요와 주변 소작농의 궁핍한 삶이 극적으로 대조되는 와중에 우루티아의 혼란스런 심리가

---

16 이처럼 『칠레』의 서사를 필자와 비슷하게 분류한 논자는 여럿이다. Ricardo Gutiérrez-Mouat, *Understanding Roberto Bolaño*, 119~133면; Thomas O. Beebee, ""More Culture!": The Rules of Art in Roberto Bolaño's *By Night in Chile*," *Roberto Bolaño as World Literature*, 45면 참조. 논자들은 각기 『칠레』 서사의 마디들을 에피소드, 시퀀스(sequence), 장면(scene) 등으로 부른다. 여기서는 주로 영화의 서사 단위로 사용되는 시퀀스나 장면보다 '에피소드'로 우루티아의 독백들을 나눈다. '남에게 알려지지 않은 흥미로운 이야기'라는 것이 에피소드의 뜻이라면 이는 우루티아의 독백에 더 적절한 말이다.
17 하지만 독자는 페어웰과 스스럼없이 어울리는 네루다의 모습을 회상하는 우루티아의 경배도 뒤집어 보게 된다. 네루다의 문학적 성취를 존중하면서도 조국인 칠레의 상황에 적극적으로 발언하지 않은 그의 정적주의적(靜寂主義)적 경향에 대한 볼라뇨의 비판적 거리가 느껴지기 때문이다.

포착된다. 그가 저택 주변에서 마주친, 대지주 페어웰의 땅을 부쳐 먹는 농민들의 궁핍한 일상은 여실하다. 동시에 그들을 회상하는 우루티아의 어조에는 가난한 이들에 대한 혐오와 경멸이 묻어난다. 그들 사이에 끼어 당황해했던 자신을 기억하는 감정 자체는 꽤나 복잡·착잡하다. 하지만 그의 태도가 민중의 생활과 철저하게 유리된 엘리트주의자의 그것임은 더할 수 없이 명백하다. 그래서 그가 페어웰과 네루다를 거의 신화적인 위인으로 숭배하는 행태도 차라리 자연스럽게 느껴진다. 공산주의 계열의 문인들마저 자신의 서평에 목말라했음을 떠벌리는 우루티아의 도취와 매혹은 거리낌 없다. 한편으로 현실의 이해타산에서 짐짓 초연한 '순결한 문학주의'가, 다른 한편으로 그런 문학주의와는 얼핏 모순되게도 언제든 권력에 빌붙을 정치적 출세주의가 마치 야누스(Janus)의 앞뒤 얼굴처럼 드러나는 것이다.

 그곳에서 네루다가 시구절을 중얼거리고 있었고, 뜻은 몰랐지만 처음부터 그 본질적인 의미가 나에게 깊이 전달되었지. 그곳에 내가 있었어, 조국의 광활함 속에서 길을 잃은 가련한 사제가 눈물을 글썽이며 지존의 낭송을 갈급하듯 들이켜면서. 이제 몸을 팔꿈치에 의지하고 자문하는 거야. 그 애늙은이 같은 자식이 이런 순간을 경험하거나 했을까? 정말 진지하게 자문하는 거야. 그 자식이 평생 이런 순간을 맛보거나 했을까? 나는 그놈의 작품을 읽었어. 장갑을 끼고 남몰래. 어쨌든 그놈의 책은 읽었지. 거기에는 내가 체험한 것과 비슷한 순간은 결코 없었어.(13면)

문학 세례의 황홀한 순간을 이렇게 묘사한 그는 가톨릭 대학에 적을 두고 비평가로서 명성을 날리던 시절로 들어간다. 그때는 페어웰의 후원으로 온갖 매문(賣文)을 쓰면서 이바카체(H. Ibacache)로 필명을 날리던 우루티아의 전성기였다.

에피소드 ②~③. 별개인 두 에피소드는 이상을 향한 순수한 영혼의 좌절과 고독이라는 주제를 공유하면서 부역 지식인들의 이기적인 무관심을 다룬다. 에피소드 ②와 ③은 ①과는 형식을 달리한다. 즉, 그의 모놀로그는 다른 인물의 독백으로 바뀐다. 에피소드 ②의 경우 레이에스의 입을 빌려서 전개된다. 레이에스의 저택에서 우루티아가 들은 이야기를 다시 전달하는 구성이다. 표면적으로는 레이에스가 2차대전 당시 파리에서 만난 독일 작가 윰어(Ernst Jünger, 1895~1998)를 떠받드는 일화로 읽힌다. 윰어를 영웅시하는 레이어스가 페어웰의 주변을 맴도는 우루티아의 거울상으로 보이는 것도 그런 맥락이다.[18] 하지만 에피소드 ②의 진정한 주인공은 파리의 한 허름한 다락방에 기거하는, 어떤 이유에선지 철저하게 고립된 과테말라의 한 무명 화가다. 그 다락방에서 레이에스는 그를 등지고 윰어와 예술, 문학, 전쟁, 평화 등을 주제로 대화에 열을 올린다. 그러나 대화가 흥이 날수록 독자의 의식에 또렷이 남는 것은 바로 그 화가다. 두 인물의 문학 예찬이 고조될수록 세속을 등진 화가의 절대 소외와 고독이 날카롭게 각인되는 것이다.

이어지는 에피소드 ③, 즉 우루티아가 전해주는 페어웰의 이야기는 화가의 고독을 전혀 다른 시대를 배경으로 변주한다. 그것은 오스트리아-헝가리 제국의 신민인 한 제화업자에 관한 사연이다. 제화업자는 전몰장병들의 현충원 프로젝트를 희생적으로 추진한 인물이다. 그런 그는 처음에는 권력자들의 지지를 받았지만 이후 철저하게 버림받은 지사(志士)로 소개된다. 우국의 충정이 무참하게 배신당한 사연이라면 안타까워하거나 분개할 법도 한데, 페어웰이 제화업자를 화제로 삼는 어조는 시종 냉소적이다. 이런 이야기를 듣고 청자에게 다시 전달하는 우루티아 역시 무심하다. 제국의 병사들을 기리는 '영웅들의 언덕'이라는 원대한 기획이 황제의 죽음 이후 국가의 흥망

---

18 Jacobo Myerston, "The Classicist in the cave: Bolaño's theory of reading in *By Night in Chile*," 564면.

성쇠에 따라 망각 속에서 스러져간 사연을 페어웰과 우루티아 모두 철저하게 타산적으로 이해하는 것이다.

에피소드 ③에서 가장 서늘한 대목은 폐허로 변한 '영웅들의 언덕' 꼭대기에서 소련군이 발견한 제화업자의 백골에 대한 이러한 묘사다. "안구는 오직 언덕 아래에 펼쳐진 계곡만 바라보겠다는 듯이 퀭했고 턱은 불멸(不滅)을 힐긋 보고 난 후에도 여전히 웃고 있는 것처럼 벌어져 있었다."(45면) 무소불위의 권력이 얼마나 무상한가를 아이러닉한 어조로 풍자한 영국 낭만주의 시인인 셸리(P. B. Shelley)의 「오지먼디어스(Ozymandias)」(1818)를 단박에 떠올리게 하는 문장이다. 이런 비극을 심드렁하게 내뱉으면서 '이 일화의 핵심이 뭔지 알겠나'라며 우루티아에게 되묻는 페어웰은 그야말로 고급 속물의 한 전형이라 할 만하다. 그러나 그의 물음 자체는 이상과 현실의 괴리를 생각하는 독자에게 간단치 않은 여운을 남긴다.

든적스러운 페어웰을 때로는 은근히, 때로는 노골적으로 추종하는 우루티아는 어느덧 문학의 열정이 식고 권태와 무기력으로 시달린다. 그가 회고하는 시절은 바야흐로 1960년대 중반 무렵이다. 헤아려보면 피노체트 군부의 인권 위반 사례를 조사하다가 암살된 것으로 알려진 프레이 몬탈바(Eduardo Frei Montalva, 1911~1982) 정부가 집권하던 당시다. 이 시기는 아옌데(Salvador Allende, 1908~1973)가 정계에서 활발하게 활동하던 때이다. 그때를 돌아보는 우르티아, 필명 이바카체의 내면세계는 회색빛이다. 자신에 대해 정신분석적 논평을 덧붙일 정도로 자의식이 강한 그는[19] 지금까지 누린

---

19 흥미롭게도 우루티아는 유년기와 청소년기를 회상하면서 자신의 초자아를 냉동트럭을 몰고 "화염에 휩싸인 도로 한가운데를" 질주하는 운전사에 비유한다. 통상적으로 보면 이런 초자아는 '이드(Id)'에 해당할 상(像)이다. 이어서 그는 '이드'가 마케도니아의 허튼소리를 지껄이는 반면에 "자아는 물론 잠들어 있었다"고 말한다.(23면) 자신의 정신세계가 분열되어 있음을 비유적으로 뇌까린 말이다. 뜯어보면 초자아로서의 '질주하는 냉동트럭 운전자'가 문청의 어떤 광기를 표상한다면 '잠든 자아'는 '권력의 부역자'를 암시하고 있다는 인상이다.

명성도 황혼에 접어들었음을 인식한다.

그는, 스스로 고백컨대, "권태와 탈진"으로 진저리친다. 그토록 문학적 출세를 꿈꾸고 상당 부분 꿈을 이뤘건만 정작 그의 창작물은 "욕설과 불경"으로 가득 찬다. 작가로서 그는 어떤 것에서도 흥미를 느낄 수 없게 된 것이다.(53~54면) 그는 여성을 포함한 모든 약자와 소수자를 향한 증오와 파괴의 충동, 허무 의식에 시달린다. 한마디로 창작자로서 '정신적 막장'으로 떨어진 것이다. 그렇게 된 데는 그가 기생하던 정치 권력의 붕괴가 자리하고 있다.

### 4. 『칠레』의 정치적 은유들

에피소드 ④. 절체절명의 우루티아에게 '구원'의 손길은 예기치 않은 곳에서 찾아온다. 그는 라에프와 에타라는 두 인물에게서 용역 한 건을 의뢰받는다. 이들의 등장은 서사의 시적 전개에 딱 맞아떨어지는 설정이다.[20] 용역은 유럽 각국 소재 성당들의 '오염'을 방지하는 연구 프로젝트다. 우루티아의 말을 그대로 옮기면 이렇다. "나의 임무는 쇠락에 대항하는 전투의 최전선에 있는 교회들을 둘러보고 다양한 방법을 평가하며 보고서를 작성하고 집으로 돌아오는 것이다."(61면) 이 제안은 오푸스 데이(Opus Dei; 가톨릭 내 보수적인 결사 조직)의 일원인 그에게 안성맞춤처럼 보인다. "쇠락에 대항하는 전투의 최전선"에 선 교회의 실체는, 뒤에서 살펴볼 텐데, 우루티아에게 주어진 임무가 칠레의 현실에서 어떤 의미인가를 암시한다. 그의 '종교적 임무'는 에피소드 ⑤에서 독재 권력에 대한 그의 은밀한 부역으로 발전한다.

---

20 의뢰인들은 물론 칠레 정부의 비밀정보원이다. 하지만 두 인물은 두려움과 혐오의 알레고리로 읽힌다. 권력의 줄타기를 해온 우루티아의 출세 궤적에 숨어 있는 두려움과 혐오 말이다. 영역본의 라에프와 에타는 'fear'와 'hate'의 철자를 거꾸로 표기한 것이다. 원문의 에스파냐어는 각각 miedo와 oido이다.

그의 개인적 이력에 비춰보면 성당의 '쇠락'은 그 자신의 영적 타락을 가리키기도 한다. "전투의 최전선"은 그렇게 타락한 자의 희극적인 과장인 셈이다. 또한 그가 떠맡은 프로젝트에 유혈이 낭자하는 것도 우연이 아니다. 요컨대 퇴폐와 반동의 나락으로 떨어진 성직자·창작자가 성당 건축물들의 훼손을 방지하는 재건 기획에 나서는 상황은 그 자체로 역설적이다. 아이러니와 역설은 서사 곳곳에 숨어 있는바, 그런 서사의 시적 집중성은 점진적으로 고양된다. 아이러니와 역설이 서로 연쇄적으로 맞물리면서 한 시대를 총체적으로 비추는 정치적 은유가 발생하고, 그런 은유를 통해 칼춤의 서사가 펼쳐진다. 그러면 아이러니의 양상을 좀 더 세밀하게 살펴보자.

유럽 전역에서 발생한 성당의 훼손과 오염은 비둘기들의 분뇨에 기인한다. 서구 문화에서 비둘기가 성령의 상징임을 생각해보면 이 역시 아이러니이다. 성직자인 우루티아가 칠레라는 '성당'을—'정신의 오물'에 가까운—창작물로써 유린해온 개인사를 유추할 수도 있는 아이러니인 것이다. 볼라뇨는 바로 그런 식의 유추를 가동하는 데 절묘한 비유를 동원한다. 성직자들이 성당의 피해를 막기 위해 매를 이용하는 상황을 우루티아는 이렇게 그린다.

타 굍은 날아올라 낮게 떠 있는 구름, 얼룩졌으면서도 순정한 아비뇽의 언덕을 타고 내려오는 구름 사이로 사라졌고, 파브리스 신부와 나는 대화를 나눴지. 타 굍이 번갯불처럼 또는 번개의 추상(抽象)처럼 다시 나타나더니, 하늘을 검게 물들이는 파리 떼처럼 짐짓 날갯짓을 하며 서쪽 하늘로 몰려든 수많은 찌르레기 떼를 덮쳤어. 채 몇 분 안 지나서 찌르레기들의 날갯짓은 피로 물들고 산산이 부서지고 또 피로 물들었지. 덕분에 아비뇽 교외의 석양은 강렬한 붉은색으로 채색되었네. 비행기 창문을 통해 보는 것 같은 붉은 석양, 귓가에 울리는 엔진 소리에 살포시 깨어나 커튼을 젖혔을 때 발견하는 혈관 같은 여명의 붉은 선, 조금씩 부풀어 오르는 지구의 대퇴골 혈관, 지구의 대동맥 같은 그 혈관. 내가 아비뇽의 하늘에서 본 것은 그 혈관, 찌르레기들의 핏빛 날갯짓, 타 괼이라는 추상적인 표현주의 화가의 붓질을 방불케 하는 움직임이었어.(66~67면)

우루티아는 비행기 안에서 바라본 바깥의 석양 풍경을 매사냥의 피비린내 나는 장면과 겹쳐놓는다. 타 괼—Ta Gueule, '아가리 닥쳐'라는 뜻의 프랑스 비속어—이라는 매가 비둘기를 비롯한 새들을 '처단'하는 매사냥은 피노체트 치하 민중 학살의 비유로도 읽을 수 있다. "1973년 11월 11일에 산티아고의 대통령궁을 폭격한 비행기 이름이 호커 헌터스(Hawker Hunters)"라고 했던가. 그렇다면 "유럽의 쇠락하는 교회를 방문한 우루티아 신부의 에피소드는 최근 칠레 역사의 아이러니한 알레고리에 해당한다".[21] 흥미로운 것은, 매잡이 성직자의 매가 찌르레기와 비둘기 떼를 도륙 내며 하늘을 핏빛으로 물들이는 잔혹에 대한 우루티아의 묘사다. "아비뇽 교외의 석양"을 배경으로 벌어지는 매의 비둘기 학살을 "추상적인 표현주의 화가의 붓질"에 견준 대목은 '소시오패스'의 시적 상상력이라 할 만하다. 그런 상상력은 정치의 야만을 퇴폐적 예술로 치환하려는 심리의 분출이다.

하지만 우루티아의 성당 기행 전체가 반동과 퇴폐로 얼룩진 것만은 아니다. 자기기만의 수사학에 관한 한 '달인'이라고 해도 과언이 아닌 우루티아를 비판적으로 자리 매기는 인물도 등장하기 때문이다. 한때 매사냥에 빠졌지만 이후 참회의 길에 들어선 에스파냐 북부 부르고스(Burgos) 지방의 안토니오 수사가 그런 사람이다. 그의 눈에 비친 비둘기는 성령의 현현이지만 동시에 길거리 민중이기도 하다. 그가 던지는 메시지에는 믿음을 상실한 종교계 전체를 향한 신랄한 자기반성이 담긴다. 이후 서사 전개에서 그는 칠레 민중들의 통한을 대변하는 인물로 그려진다. 이러한 에피소드 ④에서 우루

---

21 Ricardo Gutiérrez-Mouat, *Understanding Roberto Bolaño*, 129면.

티아가 지껄이는 불경한 농담은 안토니오 수사의 참회를 떠올리게 한다. 유럽의 성당 순례를 마치고 칠레로 귀환하기 전의 상황에 대한 우루티아의 회고는 이렇게 기술된다.

나는 로마로 갔어. 교황 성하의 면전에 무릎을 꿇었지. 꿈자리가 사나웠어. 꿈에서 자기 옷을 찢어발기는 여인들을 봤지. 부르고스의 신부인 안토니오 수사를 봤어. 그가 죽어가면서 한쪽 눈을 뜨고 이렇게 말했어. "여보게, 그건 잘못된 거야. 그건 잘못이야." 나는 매 떼들, 수없이 많은 매들이 대서양을 건너 아메리카로 날아가는 것을 봤어. 꿈에서 태양이 때로는 흙빛으로 변했지. 어떤 때는 아주 뚱뚱한 사제가 나타나서 농담을 했지. 우루티아 신부님, 내가 우스개 하나 들려주리다. 어느 날 교황이 바티칸 성당의 방에서 독일의 신학자와 조용히 담소를 나누고 있었지. 그런데 갑자기 흥분한 프랑스의 고고학자들이 들이닥쳐서 교황 성하에게 걱정스럽게 고했어. 이스라엘에서 막 돌아왔는데 좋은 소식과 나쁜 소식이 있다고 말이야. 교황은 뜸 들이지 말고 바로 알려달라고 했지. 이야기를 하면서 프랑스의 고고학자는 좋은 소식은 예수의 무덤을 발견한 거라고 했소. 예수의 무덤? 교황이 말했지. 예수의 무덤. 의심의 여지 없이. 교황은 감동의 눈물을 흘렸고. 눈물을 닦으며 교황은 나쁜 소식은 뭔가? 라고 물었지. 그게, 예수의 무덤에서 예수가 발견되었답니다. 교황은 기절했소. 고고학자들은 교황 옆으로 달려가 얼굴에 부채질을 했지. 그중 유일하게 침착한 이는 독일의 신학자였는데, 그가 말하기를, 아, 그럼 예수가 정말로 실존했었단 말인가?(72~73면)

"자기 옷을 찢어발기는 여인들"—피노체트 치하에서 '실종당한' 자식들을 찾아 헤맨 어머니들의 울부짖음이 연상되는 표현이다. 이어지는 예수의 무덤을 둘러싼 블랙 유머는 모든 신심을 상실하고 권력과 결탁한 종교계에 관한 풍자다. 하지만 우루티아가 사제의 길에 들어섰을 때부터 선보인 **작품 자**

**체**의 풍자는 무신론적 허무주의와 전혀 다른 결이다. 오히려 안토니오 수사로 인해 풍자의 날 끝은 더 날카로워진다. 그러면서 서사는 피노체트 시대의 도래를 예고하는 마지막 포석을 깔기 시작한다. 우루티아가 귀국 직전에 꾸는 꿈으로 말이다. 그것은 "매 떼들, 수없이 많은 매들이 대서양을 건너 아메리카로 날아가는" 꿈이다. 고국의 임박한 정변에 대한 정녕 상징적인 암시다.[22] 이제 서사는 1970년대 초반, 칠레의 진정한 혁명기로 진입한다.

에피소드 ⑤. "조국의 상황은 좋지 못했다."(79면) 아옌데 정부(1970년 11월 3일~1973년 9월 11일)가 들어선 직후 페어웰을 비롯한 기득권 지식인들은 좌불안석이다. 보신(保身)의 침묵으로 일관한 예술가들 중에는 네루다도 예외가 될 수 없다. 침묵은 금이 아니라 부화뇌동에 대한 웅변이 된다. 우루티아는 자신을 잠 못 이루는 우국지사로 미화하면서 서양의 고전들을 섭렵했던 당시를 묘사하기 시작한다.(75면) '회색의 시절'에 그리스의 고전에 빠져드는 우루티아의 내면은 아옌데 정부의 진실을 왜곡하여 비추는 일그러진 거울과 같다. 그의 독서 편력은 지식인의 고뇌가 정치적 혼란기에 어떻게 정신주의적으로 낭비되는가를 되비쳐준다. 미국의 배후 지원으로 피노체트 군부가 아옌데를 무너뜨리는 '칠레의 밤'은 그렇게 서서히 깊어간다.

프레이 정부(1964~1970) 아래에서 그러했듯이 칠레의 결정적 전환기에 시를 써보려던 자신을 우루티아는 이렇게 표현한다. "나는 증오스럽게, 잔인하게 여자들에 대해 썼지, 동성애자와 기차역을 배회하는 비행 청소년들에 대해서 말이야."(77~78면) 하지만 스스로도 왜 그랬는지를 설명하지 못하

---

[22] 앞서 언급한 것처럼 이러한 매의 비상에서 아옌데 대통령의 관저인 모네다(Moneda)궁 폭격이나 『먼 별』에서 그려진 군부독재 시절의 비행기 퍼포먼스를 연상하는 것은 얼마든지 가능한 일이다. 다만, 매 떼에서 "죽음의 비행"이라는 의미를 끌어내고 이를 작품이나 신자유주의 시대의 시장독재를 견딘 볼라뇨 자신의 우울증 징후로 연결하는 것은 무리가 없지 않다고 본다. 우석균, 「칠레 쿠데타의 기억: 포스트혁명 시대의 죽음의 비행」, 『중남미연구』 37:1(2018) 참조. 다만, 끊임없이 장광설을 늘어놓으면서 교묘한 자기합리화와 신세 한탄과 과시로 일관하는 우루티아의 무의식을 우울증으로 해석할 경우 핵심은 그런 우울증적 인물을 추호의 연민도 없이 그려낸 작품의 냉철함일 것이다.

고 어리둥절해하는 그의 부잡스런 심리는 사실 간단하다. 아옌데 정부하에서 좌절된 출세욕이 모든 사회적 약자들에 대한 증오로 탈바꿈한 것이다. 자신을 유럽의 성당으로 보낸 요원들에게서 그가 다시금 극비 제안을 받는 것도 바로 그런 상황에서다. 그로써 우루티아는 피노체트를 위시한 군부의 핵심 인사들에게 맑스주의의 개요를 강의하게 된다. 그는 '적을 이기기 위해서는 적을 알아야 한다'는 취지의 제안을 받아들인 것이다.

제안받은 우루티아의 심리는 일면 뿌듯하면서도 겁에 질려 있다. 감상주의와 자기 과장으로 진실을 은폐하는 것이 우루티아의 기본 감정 기제지만 그는 '그것'을 숨기지 못한다. 권력에 그토록 열심히 부역하면서도 권력과 한통속으로 비춰지는 것은 극도로 꺼리는 보신주의의 허위의식을 말이다. 『칠레』는 우루티아의 보신주의를 피노체트의 권력의지와 겹쳐놓는다. 동시에 독재자 자신의 언어를 통해 권력의지를 폭로하지만 독재자가 초점은 아니다. 우루티아가 무심코 발설하는 시대적 진실이 핵심이다. 그는 "지금은 사회주의자가 통치하지만 우리의 삶은 다를 게 전혀 없다"라고 말한다.[23] 아옌데 정부의 시대를 "단지 새로운 종류의 광기"로, "단지 지나치게 오래간 정신착란"으로 치부하는 우루티아의 회고는 이렇다.

결국 우리는 모두 이성적이었고 모두가 칠레인이고, 모두가 평범하고 신중하고 논리적이고 온건하고 진중하고 현명한 사람들이었어. 당시 어디를 싸돌아다니는지, 어느 구석에 처박혀 있는지 아무도 몰랐던 그 애늙은이 같은 자식만 빼고 말이야. 우리는 모두 뭔가를 해야 한다는 것을, 또 희생의 시대와 그 뒤에 오는 건강한 성찰의 시대가 필요하다는 것을 알고 있었다는 거지. 나는 이따금 밤에 불을 켜

---

[23] '지금은 사회주의자' 운운하는 표현은 2000년에서 2006년까지 칠레를 통치한 리카르도 라고스(Ricardo Lagos, 1938~) 대통령을 지칭한다. 따라서 우루티아의 이 독백은 피노체트 일파에 대한 재판이 한창 진행되는 시기를 배경으로 하는 셈이다.

놓은 채 의자에 앉아 낮은 목소리로 파쇼와 파당이 무슨 차이가 있는가를 자문했어. 두 개의 단어일 뿐. 그저 두 개의 말. 가끔은 한 단어지만 보통은 두 개의 단어일 뿐. 그리하여 나는 바깥출입을 시작했고, 가장 좋은 세상은 아니라도 가능한 세상, 실제 세상에 내가 살고 있다고 막연하게 확신하며 산티아고의 공기를 들이마셨지.(94~95면)

우루티아가 피노체트 일당에게 9강(講)의 맑시즘 수업을 마치고 안도의 한숨을 내쉰 자신을 떠올리는 장면이다. 모든 것을 일반화함으로써 현실의 구체적인 모순들이 존재하지 않는 것처럼 생각하기―우루티아의 자기합리화는 가상(假像)에 근거한다. 그것은 화려한 문학적 언변의 힘을 빌리지만 그런 힘은, 파쇼(fascista)와 파당(facciso)의 정치적 의미를 뒤섞어버린 것처럼, 모든 현실을 잿빛으로 만들어버린다. 물론 칠레의 잿빛 현실은 도르프만도 다각도로 조명했고 최근에도 자전적 체험을 통해 그런 현실을 뚫고 나아가는 민주주의의 진전을 거듭 증언한 바 있다. 하지만 문학=허위의식이라는 등식을 문학을 통해 근원적으로 다시 성찰하게 하는 볼라뇨의 심문은 칠레 민주주의의 희망이나 절망과도 다른 차원에서 읽어야 할 문제다.

## 5. 피노체트의 시대, '문학을 어떻게 하는가'라는 물음

『칠레』는 파쇼와 파당의 차이를 아무것도 아닌 것으로 치부하는 화자 우루티아가 자기도 모르게 발설한 진실을 자기기만의 교묘한 말놀음 속에 숨긴 수사적 구조물이다. 문제는 이 '구조물'을 독자가 어떻게 읽느냐에 따라 그런 진실이 드러나거나 은폐될 수 있다는 것이다. 그 진실은 학자들이 볼라뇨 서사의 핵심적인 주제로 상정한 "문학과 악의 관계"와도 무관치 않다. 인류가 분투하여 이룩한 모든 문명적 성취를 '잿빛'으로 만들어버리는 것이야말로 악의 본질이라면 『칠레』가 그런 악을 어떻게 드러내는가는 그 자체로 핵심 쟁점이 된다.

한 논자는 볼라뇨가 그려낸 '악'을 4가지 유형, 즉 독재자(dictator), 반사회적 인격장애자(sociopath), 관료주의자(administrator), 공범(accomplice)이 저지르는 범죄로 분류한 바 있다.[24] 독재자에게 은밀히 부역하면서 맑시즘과 관련된 교양을 제공하는 임무를 수행한 우루티아가 어느 범주에 들어가는가는 간단치 않은 문제다. 그는 구체적인 범죄에 가담하지 않았다. 그렇다고 권력의 악행을 막기 위해 어떤 적극적인 행위도 하지 않았다. 침묵으로 일관했을 뿐이다. 4가지 유형의 특성을 모두 연하게 섞어놓은 듯한 그의 죄는 자신의 안온한 계급적 일상에 자족하며 세속에서의 명성을 갈구한 것이 전부다. 바로 그렇기 때문에 신을 섬긴 성직자이자 정신의 순결을 지향하는 문인임을 자랑스럽게 내세우는 그의 얼굴에는 만인(萬人)의 약점과 한계가 엿보이기도 한다.

그러나 지식인으로서 사유하고 비판해야만 하는 것을 철저하게 외면한 우루티아를 그 정도로 놓아줄 수는 없다. 문학을 통해 자신의 침묵과 자족을 변명해온 그의 행적에서 인간의 보편적인 한계를 끌어내는 해석도 일반화의 어리석음에 가깝다. 그렇다면 그런 해석보다는 그가 평생 나름으로 열정적으로 추구했다는 '문학이라는 것'이 자족이나 침묵에 어떻게 복무했는가를 물어야 한다. 마지막 에피소드 ⑥은 마치 그 같은 물음을 예상이라도 했다는 듯이 오늘날 문학의 존재 의의를 정면으로 되묻는다. 우루티아가 들려주는 이야기는 문학이 권력에 기생하여 어떻게 스스로 문학의 존재 이유를 부정하고 배반하는가를 넘어서 피노체트 독재 치하에서 문학을 하는 행위 자체

---

[24] Andrew Chris, *Roberto Bolaño's Fiction: An Expanding Universe* (New York: Columbia UP, 2014), 149~171면 참조.

가 무엇인가를 심문하는 것으로 읽힌다.

　이제 그는 칠레의 민주화 국면에서 군부 실력자들을 교습하고 난 이후의 피노체트 군부독재 시절(1973년 9월 11일~1990년 3월 11일)을 돌아본다. 통금으로 갈 곳 없는 산티아고의 예술가들이 마리아 카날레스라는 여인의 근교 저택에 부나방처럼 모여든 시절의 '문학 살롱'의 이야기다. 문화계의 다양한 인사들이 널찍한 거실에 모여 즐기는 파티는 통금 따위는 아랑곳없다. 그런 여흥에서 우루티아가 정확히 어떤 역할을 했는지는 불분명하다. 하지만 거기에 어쩌다가 참석했을 뿐임을 극구 둘러대는 대목을 읽노라면 그가 모종의 적극적인 역할을 했으리라는 짐작을 하게 된다. 그가 양파 껍질을 벗기듯 드러내는 사태의 진실은 오싹하다. 그의 이야기는 고도의 상징성을 아우르는 범죄소설의 플롯을 방불케 한다. 그런데 '문학 살롱' 이야기를 꺼내기 전에 우루티아가 울리는 변죽을 먼저 주목할 필요가 있다. 볼라뇨는 변죽을 쳐서 '복판'을 울리는 작가이지 그 반대는 아니기 때문이다.

　변죽은 안토니오 수사에서 시작한다. 우르티아는 유럽의 성당들을 돌아볼 때 만난, 종교적 양심의 상징으로 표상된 바로 그 안토니오 수사가 꿈에 나타난 장면을 묘사한다. 그의 꿈에서 수사는 앙상한 손가락으로 달을 비롯한 여러 물상을 가리키다 덜덜 떨면서 로드리고라는 이름의 매에서 멈춘다.

　그를 진정시키려고 했지만 나는 단 한마디도 할 수 없었고, 이윽고 안토니오 신부가 하염없이 울기 시작하는 바람에 내 몸에는 소름이 돋고 내 영혼에는 설명할 길 없는 두려움이 일었어. 한 줌밖에 안 되는 안토니오 신부의 육기 나는 피부가 젖은 누더기옷을 걸치고 고개를 처박은 채 눈물을 흘리는 것은 물론이고 이마와 손, 다리를 들썩였어. 그리고 내 눈 쪽으로 고개를 돌려 힘겹게 내게 모르겠냐고 물었어. 뭘 모르겠냐는 것일까? 안토니오 신부가 사라지는 동안 나는 생각했어. 저건 유다의 나무요, 신부가 사라지면서 말했지. 추호의 의심이나 착각을 용납하지 않는 단호한 말이었어. 유다의 나무! 그 순간 나는 내가 그 자리에서 즉사할 거라고 생각했어. 모든 것이 정지했지. 로드리고는 나뭇가지에 계속 앉아 있었어.(107면)

유럽의 성당 순례 당시 성직자들 중 유일하게 매사냥에 가책을 느낀 안토니오 수사의 고해(告解)는 이렇게 우루티아의 '드림 비전'으로 드러난다. 그렇다면 우루티아는 이런 고해를 스스로 어떻게 받아들이는가? 그는 수사의 모습을 보고서 기도를 올리려 했지만 "내가 알고 있던 모든 기도문을 잊었"다고 실토한다. 이윽고 주위를 둘러보자 수사는 사라졌고 로드리고만 남았다. 다음 날 잠에서 깬 그는 머릿속에 맴도는 말을 상기한다. "유다의 나무." 그러면서 그는 예수를 배반한 유다가 목매달아 죽었다는 박태기나무를 칠레 전체를 가리키는 하나의 상징으로 해석한다. 유다의 나무가 자신을 가리키고 있음을 끝내 회피하면서 그것을 칠레 전체의 문제로 돌리는 것이다. 이는 이전까지 계속된 우루티아의 자기합리화라는 심리 기제가 어떻게 종교적 자기기만으로 표출되는가를 예시하는 대표적인 사례다.

『부적』과 『먼 별』에서도 볼라뇨는 그러한 심리 기제의 정치적 함의를 날카롭게 해부한 바 있다. 『부적』이 순응을 강요하는 정치의 야만에 대항하는 시의 존재 이유를 극화한 예라면, 『먼 별』은 파시스트 권력과 한 몸이 되어 그 앞잡이로 전락한 문학의 타락을 고발한 경우다. 그런데 『칠레』가 제기하는 물음은 앞선 두 작품과는 또 다른 서사 지평을 개방한다. 정치에 맞서는 순결한 시적 상상력과 예술의 타락에 대한 고발 모두를 아이러니로 통합함으로써 문학의 근거를 근원적으로 묻는 차원에 도달한다는 것이다.

우루티아는 숨을 고르다가 예의 범죄소설의 추리적 긴장을 유지하면서 마지막 진실을 내뱉는다. 마리아 카날레스의 저택에 모여든 인사들이 고담준론을 펼치며 즐기는 동안 미로처럼 설계된 저택의 지하실에서 학대와 고문으로 사람들이 죽어나갔다는 것을. 그러나 그 같은 실상 자체가 이 에피소드의 초점은 아니다.[25] 카날레스의 남편 지미(Jimmy; James Thomson)가 미국 정보부의 비밀요원으로서 반체제인사들을 지하실에 체포·구금해서 고문을 자행하는 시각에 바로 그 위층에서는 문학과 예술을 주제로 이야기꽃을 피운 것은 물론 가공할 만한 부조리로 읽힌다. 이 부조리극의 공간적 구조는 특히 흥미롭기도 하다. 지식인이나 교양인들의 '상층'은 안락한 거실로, 문학과 예술의 향연을 벌이는 공간이다. 민중의 '하층'은 미국이 배후에서 지원하는 독재정권이 반체제인사들을 상대로 고문과 살인을 자행하는 공간이다. 상층은 하층이 어떤 곳인지 알고는 있지만 그 존재를 묵인하고 그에 대해 더 이상 알기를 원치 않는다. 이것이 '부조리극'의 요점이다.

하지만 우루티아의 입을 통해 발설되는 진실은 그보다 더 본질적이다. 그는 문학 살롱의 일화를 들려주면서 독재자의 실각과 함께 '민주화 시대'에 접어든 즈음에 살롱의 여주인인 마리아 카날레스와의 재회를 회고하기 시작한다. 바로 이 대목에서 문학이라는 존재 자체가 다시금 화두로 제기된다. 영락한 그녀의 모습을 확인하고 돌아오는 길에 그는 이렇게 되뇌었다고 말한다.

나는 고개를 숙이고 그 집을 떠났어. 산티아고로 차를 몰고 돌아오면서 그 여자의 말을 생각했지. 칠레에서 문학은 그렇게 한다는 말. 하지만 칠레만은 아니지. 아르헨티나, 과테말라, 우루과이, 에스파냐, 프랑스, 독일, 푸르른 영국과 쾌활한 이탈리아에서도 그래. 그렇게들 문학을 하지. 아니, 시궁창으로 떨어지지 않기 위해 소위 문학이라는 것을 그렇게 한다고. 이윽고 나는 다시 유다의 나무, 유다의 나무를 흥얼거렸고, 내 자동차는 다시금 시간의 터널 속으로, 시간의 속살을 갈아

---

[25] 마리아와 지미의 형상화도 Mariana Callejas와 Michael Townley라는 실제 인물에 근거한다. 작품에 그려진 그대로 마리아는 수상 경력이 있는 작가이고 마이클은 피노체트 정부의 비밀요원으로 활동하면서 아옌데 정부의 요원 암살에도 개입했다고 한다. Ricardo Gutiérrez-Mouat, *Understanding Roberto Bolaño*, 130면.

부수는 거대한 기계 속으로 들어갔지.(115~116면)

처음의 "그렇게(Así)"라는 말은 마리아의 거실(문학의 공간)이 지하(정치적 야만의 공간)에 기초한다는 점을 암시하는 듯하다. 문학은 지하세계 위에서, 지하의 야만을 은폐한 지상의 고상한 공간에서 만들어지는 기만적 가상의 산물이라는 것이다.[26] "칠레에서는 그렇게 문학을 한다는 말." 이 대사는 "칠레에서는 문학을 그렇게들 한다, 서양의 위대한 문학도 그렇게들 한다(Así se hace la literatura en Chile, así se hace la gran literatura en Occidnente)"(*Nocturno de Chile*, 138면)는 문장으로 변주된다. 마리아의 발언을 곱씹는 우루티아는 모든 문학이 '허위의식과 자기기만, 권력에의 부역'의 산물이라는 결론에 도달한다.

하지만 우루티아의 자기 고백과 그런 고백에 대한 『칠레』의 추궁은 구분해야 한다. 작품은 우루티아가 자신의 개인적 체험에 근거하여 들려주는 진실 자체를 문제 삼기 때문이다. 화장실을 찾다가 우연히 지하실의 고문 현장을 들여다본 한 작가의 입에서 퍼져나간 소문의 파장을 다루는 방식이 바로 그렇다. 볼라뇨는 진보든 보수든 마리아의 저택에 참석한 자들이 어떻게 문학을 해왔는가를 추적하는 것을 넘어 근대문학 자체가 근본적으로 허위의식의 산물이 아닌가를 묻는다. 그 물음과 정면으로 마주하는 독자라면 우루티아가 표상하는 '회색인간'을 내세워 권력과 결탁한 문학을 신랄하게 까발린 『칠레』는 그렇다면 과연 어떤 문학이고 볼라뇨는 어떤 작가인지까지를 되묻게 될 것이다.

피노체트 시대의 적폐가 끈질기게 존속하면서 과거사 청산도 채 완수되지 못한[27] 21세기 초엽에 우루티아 같은 인물을 주인공으로 내세운 『칠레』와 볼

---

[26] Andrew Chris, *Roberto Bolaño's Fiction : An Expanding Universe*, 153면.
[27] 칠레의 과거사 청산에 관한 소상한 논의는 특히 정인철, 「칠레의 국가폭력과 미완의 과거사 청산」, 『역

라뇨에게 '문학을 그렇게들 한다'라는 말을 과연 어느 정도까지 적용해야 하는가. 그런 물음에 대한 답은 우루티아가 반복적으로 던지는 "해결책이 있을까?"라는 반문으로 되돌아온다. 이 대목에서 흥미로운 것은 그런 반문에 이어 그가 그 '애늙은이'를 불러내어 (상상의) 대화를 연출한다는 점이다. 마치 철부지에게 훈계를 하듯이 우루티아는 항변하는 애늙은이에게 모든 문학이 원래 '그렇다'는 데 익숙해지라고 말한다. 그런 말에 'No'라는 애늙은이의 (희미한) 답변이 돌아오는 극적 상황이 다시 벌어진다. 이 'No'에 대해 우루티아는 의기양양하면서 자신이야말로 역사의 편에 선 승리자임을 확언한다.

하지만 그가 동원하는 수사가 진부할수록 그런 확언도 부역자의 정신 승리에 불과하다는 점이 분명해진다.[28] 『칠레』 서사의 핵심적 성취를 신자유주의 시대, 문학의 존재 이유를 다른 무엇이 아닌 '문학'으로써 심문했다는 데서 찾을 수 있다면 우루티아의 정신 승리에 대한 작품의 증언에 독자는 완전히 만족하기 어렵다. 아이러니와 역설을 수사적 무기로 삼아 반(反)주인공(anti-hero)의 요설의 궤적을 추적한 끝에 도달한 결말의 여운은 깊고 넓다. "해결책이 있을까?"라고 묻는 우루티아의 물음에 대한 해답은 물론 제시되지 않는다. 볼라뇨는 진실의 현현을 표상하는 어떤 종류의 서사적 종결도 시도하지 않는다.

결말은 모호하다. 볼라뇨를 대신한 이종(異種) 화자(heterodiegetic narrator)가 해결책 운운하는 우루티아를 텍스트의 '바깥'으로 밀어내고 있다는 해석도

---

『사비평』 131호(2020), 137~165면 참조.
28 따라서 혼몽한 우루티아의 상상적 비전일 수도 있는 그러한 장면에서 중요한 것은 '역사'를 빙자하여 애늙은이가 패배자임을 역설하는 우루티아의 논리가 그 자신이 서 있는 허위의식의 기반 전체를 무너뜨리고 있다는 사실일 것이다. 그 대목은 이렇다: "Is there a solution? That is how literature is made, that is how the great works of Western literature is made. You better get used to it, I tell him. The wizened youth, or what is left of him, moves his lips, mouthing an inaudible no. The power of my thought has stopped him. Or maybe it was history. An individual is no match for history. The wizened youth has always been alone, and I have always been on history's side."(116~117면)

있지만 확실치 않다. 정신이 혼미한 우루티아의 횡설수설로 읽힐 여지조차 있기 때문이다. 다만, 『칠레』의 마지막 문장이 매사냥 에피소드를 상기하는 점은 더 생각해볼 만하다. 그 문장은 이렇다. "그리고 나서 똥/배설물(거짓)의 폭풍이 시작된다(Y después se desata la tormenta de miderda/And then the storm of shit begins)." 이는 한편으로 『칠레의 밤』 자체가 배설물의 폭풍임을 암시하는 것으로 읽을 수도 있지만, 다른 한편 비둘기의 배설물로 오염된 성당을 떠올리게 한다. 이런 상념을 안겨주는 결말의 의미를 한 논자는 이렇게 풀었다.

> 모든 것이 계시(啓示)의 결말로 향하는 '추리소설적' 플롯의 목적론을 마침내 진실이 승리할 것이라는 드러냄의 과정으로 받아들여서는 안 된다. 진실이 논점이 아니다. 종국에는 모든 것에 스며드는, 우리 전부가 죄인이라는 오염의 진화적 논리가 핵심이다.[29]

"우리 모두가 죄인이라는 오염의 진화적 논리"는 물론 안토니오 수사가 탄식한 바로 그것, 즉 '우리 모두가 죄가 있는 그런 상황'에 독자도 연루될 수밖에 없다는 것을 말하는 듯하다. 그러나 우리가—아니, 죄 많은 내가—이런 보편적 진실을 기꺼이 수용하는 순간에도 『칠레』의 일침은 기억해야 한다. 『칠레』는 야만적 권력에 대한 우루티아의 부역이 '문학'을 통해 가능했다는 사실과 '진실을 말하는 문학'을 포로로 잡고 있는 '신자유주의 문학시장'에서 '나'는 어떤 문학을 해야 하는가 하는 물음이 잊혀서는 안 된다는 것을 상기하고 있다.

---

29 Sergio Villalobos-Ruminott, "A kind of Hell: Roberto Bolaño and the return of World Literature," 198면.

## 6. 세계문학의 시장에서

기술 발전으로 언어의 장벽이 어디까지 낮춰질 수 있을지는 두고 볼 일이지만 초국경 유통망이 실시간으로 가동되는 번역 시장의 현재 규모는 괴테의 시대와는 차원이 다르다. 번역의 속도 역시 비교가 안 된다. 한 나라의 문학작품이 국경을 넘어 소위 세계화되는 현상은 오래전에 시작되었지만 전례 없는 가속이 붙은 것이 분명하다.[30] 게다가 지금은 AI 번역 플랫폼의 개발이 거의 광적으로 진행되고 있는 시대다. 그 같은 플랫폼이 전면적으로 상용화가 되면 외국어를 읽거나 쓰지 못하는 사람들에게 엄청난 실용적 도움을 줄 것으로 보인다. 그러나 그로써 괴테가 꿈꾼 '세계문학의 시대'가 얼마나 실현되는가는 전혀 다른 차원의 문제다.

식민주의 유산을 청산한 호혜·평등의 지적 교류가 세계문학의 현장에서 'AI 기계번역'으로 가능해지리라는 것은 기술주의의 낯익은 낙관론이다. 그러한 교류가 세계문학의 시장에서 과연 얼마나 이뤄지고 있는가를 진지하게 물어야 한다는 것인데, 대체로 판촉 행사로 부풀려진 초국적 베스트셀러에 붙는 세계문학이라는 꼬리표가 실제 작품의 성취와 얼마나 부합하는가를 판단하는 것은 결코 쉽지 않다. 문학시장에서 가장 강력한 판촉 구호는 여전히 '세계문학'이지만 선전과 작품의 실상이 어긋나는 경우가 더 많은 것 같다. 가령 맨부커상(The Man Booker Prize)처럼 서구 대기업의 자회사 이미지 홍보의 일환으로 제정되어 흥행의 보증수표처럼 통용되는 문학상 제도도 그 내실에 대한 엄정한 분석이 필요하다.[31] 더 나아가 스웨덴의 한림원이 (극도

---

30 작금의 세계문학 시장에서 번역의 상황을 다룬 논의로는 Rebecca L. Walkowitz, *Born Translated: The Contemporary Novel in an Age of World Literature* (New York: Columbia University Press, 2015) 참조.
31 이에 대한 연구가 없다는 말은 물론 아니다. 예컨대 Richard Todd, *Consuming Fictions: The Booker Prize and Fiction in Britain Today* (London: Bloomsbury, 1996) 참조. 널리 알려져 있다시피 부커상을 제정한 부커 맥코널 주식회사(Booker McConnell Company)는 영국 속령 기아나(Guiana; 1966년 독립

로 폐쇄적으로) 운영하는 노벨문학상의 수상자들 면면이 특정한 패턴을 보인다는 지적 역시 더 뜯어볼 주제다.[32]

하지만 비평이 제도 분석의 선에서 끝날 수도 없다. 개념으로서의 세계문학을 한층 치열하게 벼리면서도 작품 자체를 천착하는 읽기가 따라야만 한다. 글로벌 시장에서 내세우는 세계문학은, 엄밀하게 말한다면, '정전주의(canonism)'로 표상되는 이데올로기적 구성물에 가깝다. 게다가 세계문학에 대한 거대담론도 '자세히 읽기'를 거치지 않고서는 내실을 갖추기 어려운 사정이 켜켜이 쌓여 있다. 『칠레』의 서사를 소상하게 따라 읽어본 것도 그런 뜻이다. 문학에 덧대어진—자율적이며 신성하며 초월적인 것으로 문학을 띠운—'아우라'를 **문학으로** 해체한 서사적 구현물이 『칠레』라면, 그 구성 형식과 언어를 정보로 환원하여 아무리 정확한 결과물(output)을 내놓는다고 해도 그것을 비평이라고 부를 수는 없을 것이다.[33] 볼라뇨의 그 같은 해체 작업

---

후 가이아나Guyana로 개칭)를 소유하고 설탕을 생산한 기업이었다. 이후 다국적 농기업(multicultural agribusiness)으로 변모했고, 1990년대 후반에 이미 고용인 2만2천에 50억 달러의 수익을 내는 굴지의 대기업으로 성장했다. 부커사가 겨냥한 경쟁 상대는 프랑스의 콩쿠르상인바, 지금은 영국을 대표하는 세계적인 문학상으로 자리 잡았다. 이러한 문학상의 이데올로기적 성격과 기여는 따로 한번 논해볼 만한 논제지만 한국문학의 현황에 대해 한마디만 덧붙인다. 호암예술상 같은 대기업 후원의 상이 대중과 충분히 호흡하고 있다는 생각은 들지 않지만 국제적 성격의 문학상, 예컨대 토지문화재단 주관의 박경리문학상(2011~)이나 이호철통일로문학상(2017~) 등은 (앞으로 더 활성화되기만 한다면) 우리 당대의 세계문학과 한국문학이 만나는 징검다리 역할을 앞으로도 할 수 있으리라 기대한다.

32 특히 다음과 같은 문장이다. "지금까지의 분석에 근거하여 말한다면, 냉전 이후 노벨문학상 수상자들은 으레 영국-독일계 언어로 작업하는 남성 소설가이다. 그는 윤리적으로 유럽인이고 대개는 유럽에 거주한다. 또한 모험을 감수하는 개인주의자이며 확실한 반골이다. 그리고 보잘것없는 (아니면 어쨌든 하찮은) 출신으로 출세하여 국제적인 명성을 획득한 자이다(based on the analysis here, the typical Nobel Prize for Literature laureate in the post-Cold War era is a male novelist working in a language from the Anglo-Germanic family. He is ethically European and probably lives on that continent. He is a risk-taker, an individualist, the right kind of rebel. He has risen to international prominence from humble (or at least unremarkable) roots]." Jennifer Quist, "Laurelled Lives," 105~106면.

33 '세계문학' 연구에서 나는 다음과 같은 문장에 특히 공감한다는 점도 아울러 적시해둔다. "소설, 챕터, 문단 등은 매우 구체적인 것들이다. 그것은 거대 규모의 하향식 문학연구와 대립한다. 이론의 대상이 되는 수동적 대상들과 대립하는 이론의 적극적인 주체가 이론을 구축하는 것처럼 나는 상향식으로 서사 그 자체의 통찰에 기초하여 담론을 만든다(Novels, chapters, and paragraphs are very concrete things.

은 기본적으로 수공업적인 읽기를 요구한다. 그렇다면 잠정적 결론으로 볼라뇨가 문학주의에 들러붙은 '아우라'를 없앤 뒤 남은 것이 무엇인가에 대해 몇 마디 덧붙인다.

『칠레』를 우리 시대의 '세계문학'이 지금 어디쯤 와 있는가를 증언하는 고전적 발화로 평가할 수 있다면 그 근거 중 하나는 전통적인 극적 독백 시의 독창적인 활용에 있을 것이다. 앞서 브라우닝의 극적 독백 시를 언급했지만 더 방불한 사례를 들자면 「나의 전처 공작부인(My Last Duchess)」(1842)을 지목해야 할 듯하다. 이 독백 시에 그려진 바로 그 공작의 엽기적인 자기폭로를 전혀 다른 시대, 전혀 다른 사회정치적 맥락으로 창조적으로 재해석함으로써 『칠레』는 20세기 중후반 칠레를 넘어 우리 당대에 도달한다고 말할 수 있겠다. 부역 지식인의 자기 정당성을 고스란히 전달하면서도 작품 자체는 그와 같은 정당성의 서사를 아이러니와 역설로써 돌이킬 수 없이 단죄한다.

요컨대 권력에의 욕망에 물든 문학주의의 '아우라'를 문학으로 제거함으로써 볼라뇨가 피노체트의 공포정치에 맞서는 저항문학이나 선동문학과는 차원이 다른 문학의 해방적 지평을 개방한다는 사실이 핵심이다. 대중문학이든 세계문학이든 하나의 상(像)으로 설정된 모든 관념이 설 자리를 잃는 것도 바로 그러한 개방의 순간일 것이다. 그 순간은 우리 자신의 정치적 상상력이 불붙으면서 비판 정신을 창의적으로 발동하는 시간이기도 하다. 그런 발동의 열독(熱讀) 속에서 일체의 문학관은 무의미해진다. 오늘날 세계문학의 시장에서 문학 연구의 본령이라는 것이 있다면 그것도 바로 그런 '무의미' 속에서 감행하는 작품 읽기로써만 확보될 수 있으리라 믿는다.

---

At odds with top-down approximations to the study of literature on a world scale. I build on the insights of narratives themselves, from the bottom-up, as active subjects of theory as opposed to passive objects to theorize upon)." Héctor Hoyos, *Beyond Bolaño: The Global Latin American Novel*(New York: Columbia University Press, 2015), 11면.

이어지는 글은 「기후위기가 세계문학에 던지는 물음」이다. 21세기도 4분의 1이 지난 시점에서 '기후소설(climate fiction; cli-fi)'이 세계문학 현장에서 강력한 서사 장르로 떠오른 것은 단순한 문학 현상이 아니다. 기후소설은 역사적 현실이 문학의 장르를 어떻게 조형(造形)하는가를 보여주는—문자 그대로—살아 있는 증거다. 근대가 진행될수록 기후의 마성(魔性)도 과학의 시각으로 수렴되고 신의 소관으로 여겨진 날씨에 인간이 얼마나 영향을 끼쳐왔는지가 드러나면서 문학의 대응도 기민해진 것이다. "근대 너머는 말 그대로 불확실성 이외에 아무것도 확실치 않은 미지의 영역이"지만, 불확실성에 하나의 예외가 있고 그 예외가 "자본주의 경제 발전의 전 세계적 후과(後果)인 기후 비상사태"라면[34] 그런 사태와 대결한 문학은 그에 합당한 주목을 받아야 하리라 본다. 「기후위기가 세계문학에 던지는 물음」은 세계문학의 현장에 도착한 기후소설에 관한 시론(試論)이다.

---

[34] 졸고, 「미국의 반체제운동에 관하여: 팬데믹 시대의 기록과 단상」, 『동향과전망』 111호(2021), 54면.

**4장**

# 기후위기가 세계문학에 던지는 물음*

## 1. 문제의식

'기후위기'는 현재 세계의 모든 언론매체가 아마도 가장 많이 전파하는 말 가운데 하나일 것이다. 귀에 못이 박히도록 듣고 그 실상을 곳곳에서 너무나 심각하게 체감하는 나머지 우리도 마치 파블로프의 개처럼 기후위기라는

---

\* 이 글의 초본은 『현대영미소설』 28권 1호(2021)에 실린 「기후변화와 기후소설」이다. 이 책의 체재와 내용에 맞춰 전면 개제, 개고했다. 개고 과정에서 시기적으로 나중에 집필한 「기후위기가 문학에 던지는 물음」(『창작과비평』 2022년 여름호)의 주된 논지와 내용을 의식하면서 보완했다. 졸문을 돌아보면 문제투성이임을 발견하는 것이 새삼스럽지는 않다. 「기후변화와 기후소설」은 물론이고 「기후위기가 문학에 던지는 물음」도 아쉽기는 마찬가지였다. 후자에서 다룬 인도 콜카타 출신의 소설가·비평가인 아미타브 고시(Amitav Ghosh, 1956~ )에 대해서는 특히 미진한 점이 많다. 그의 소설을 몇 편 더 섭렵한 지금은 비평가 고시의 통찰도 중요하지만 소설가 고시의 면모는 따로 검토해야 할 필요가 있겠다는 생각이 들었다. 그의 비평서인 『대혼란의 시대』(*The Great Derangement*)(2017)가 안고 있는 몇 가지 문제를 지적하기는 했고 졸문의 비판 논지 자체를 수정할 일은 아니라는 판단이 선다. 하지만 지나가는 말로 한두 마디 툭 던진 그의 소설 『굶주린 조수』(*The Hungry Tide*)(2004)에 대해서는 대접이 소홀하지 않았나 싶다. 가령 "딱딱 떨어지는 교차서술의 진행 속에서 서사의 긴장이 느슨해지고 생태주의의 대의에 대한 자의식도 때로 지나친 탓에 기후소설로서 아주 흔쾌하지는 않았지만 오늘날 탈식민 문학이 민중의 구체적인 생활과 역사 현장에 깊게 뿌리 내린 사례로 평가할 만했다"(「기후위기가 문학에 던지는 물음」, 42면)는 문장만 해

말에 자동적으로 반응하는 느낌마저 든다. 그런데 피부로 감각하는 날씨가 더 이상 예전의 그것이 아님을 누구나 알면서도 '새로운 정상'이라고 부르는 '정신 이상'은 도대체 어디서 생겨난 것일까? 그것도 이 사태가 적응이 가능하다고 생각해서 나오는 기만적인 말장난이 아닐까? 비상사태로 일컬어지는 기후위기가 탄소 배출과 감축을 계량적으로 진단하고 그에 따른 처방만으로는 결코 극복할 수 없다면 어쩔 셈인가?

영미권의 지식계만 둘러봐도 기후위기 담론은 그야말로 둑이 터진 형국이다. 문학계에서 봇물은 기후소설이라는 새로운 장르의 탄생으로 분출되었다. 기후소설은 그 자체로 문학 바깥의 현실에서 비롯된 '문학현상'이다. 현대 문명의 파국 가능성 운운할 정도로 망가진 생태계의 상황이 대멸종 사태를 방불할 지경까지 가지 않았다면 그런 소설도 세상에 나오지 않았으리라는 것이다. 사실 날씨와 연관된 각종 기상 현상은 인간의 유구한 스토리텔링에서 빠지지 않은 요소이다. 하지만 기후소설은 전래의 스토리텔링과 변별된다. 기상이변으로 초래된 다종다양한 재난이 이야기의 배경이 아니라 그 자체로 서사를 추동하는 동력으로 작용한다. 한마디로 기후소설은 21세기의 문학적 현상인 동시에 우리 시대 고유의 위기의식을 반영한다.

이런 기후소설을 인류세 소설(Anthropocene Fiction)로 명명한 것도 이 시대에 문명사적 전환이 시급하다는 인식과 무관치 않다.[1] 그런데 기후소설

---

도 부실한 느낌을 지우기 힘들다. 『굶주린 조수』가 오늘날 기후위기에 대한 성찰에 뜻깊은 자극이 되는 것은 분명하다. 그러나 작가가 양다리를 걸치고 있는 순다르반스의 토착 현실과 서양의 지식계가 따로 놀고 결과적으로 기후위기에 대해서도 작품으로서 불철저하게 대응한 문제는 그런 자극과는 다른 차원의 쟁점이다. 본고 4절에서 이 장편이 기후소설을 '계토화'하는 장르적 관성에 대해 새로운 성찰의 지평을 열어주면서도 서구 중심의 관점에서 자유롭지 못한 한계를 노정한 양상은 촌평 형식으로 덧붙이겠다.

[1] 생산된 기후소설에 관한 단행본 연구서가 속속 출판되는 실정이고 개인적으로 배운 바도 많다. 그러면서도 마음 한편에는 기후소설 연구도 학계에서 일종의 흥행 담론산업이 되어버리지 않았나 하는 느낌도 든다. Adam Trexler, *Anthropocene Fictions: The Novel in a Time of Climate Change* (Charlottesville: University of Virginia Press, 2015); Astrid Bracke, *Climate Crisis and the 21st-Century British Novel* (New York: Bloomsbury Publishing, 2017); Shelley Streeby, *Imagining the Future of Climate Change: World-*

을 비상한 시대에 대한 비상한 문학적 대응으로 간주하는 순간 기후소설도 전적으로 새로운 것이 아님이 분명해진다. 시간 배경이 대개 근미래로 설정되고 파국의 징후를 다양하게 증폭시키는 기후소설은 과학소설(Science Fiction)과 겹치는 부분이 많다. 과학소설보다 개념상의 함의가 더 넓은 추론소설(Speculative Fiction)을 떠올리면[2] 기후소설도 추론소설의 하위범주에 들어간다. 추론소설과 과학소설, 기후소설의 장르사적 관계는 목하 학계의 열띤 논제 가운데 하나다.

하지만 이 논제는 관련 연구자들에게 맡겨두고 싶다. 기후소설의 장르적 기원을 탐구하는 담론이 증가하는 상황에서 기후소설이 과학소설, 더 나아가 추론소설의 기존 경계를 넘어서 새로운 장편문학의 경지를 얼마나 열어갈지가 관건이라고 보기 때문이다. 이는 기후소설도 우리 시대의 특정한 역사 현실, 즉 자본주의근대의 서사적 산물임을 유념하는 자세다. 근대의 역사적 모순이 태동시킨 소설이 과연 시대를 극복할 사유의 씨앗을 품고 있는가가 핵심이다. 그런데 현실이 먼저이고 장르 서사는 그에 따른 서사적 표현물이라면 정작 중요한 논제는 현실이 먼저라는 말의 참뜻일 것이다. 기후소설이든 뭐든 우리의 삶에서 이야기가 나오는 것이지 이야기에서 삶이 나오는 것은 아니다.

한국의 비평계도 기지개를 펴고 있지만 바로 그 점을 '세계문학'을 염두에 두고 구체화하려는 외국 학계의 시도 역시 이제 시작 단계로 보인다. 그렇다고 진지하게 검토해봐야 하는 연구서가 없는 것은 아니다. '지구를 구하기

---

Making through Science Fiction and Activism (Okeland: University of California Press, 2018); Adeline Johns-Putra, Climate Change and the Contemporary Novel (Cambridge: Cambridge University Press, 2019).

[2] 르 귄(Ursula Le Guin)은 그러한 추론소설과 대비하여 "실제로 일어날 수 없는 것"에 몰입하는 서사를 판타지로 정의한 바 있다. 애트우드(Margaret Atwood) 역시 그 같은 분류에 동감을 표시했는데, 물론 추론소설과 판타지가 간명하게 구분되는 것은 아니다. 독서 과정에서 '믿고 싶지 않은 마음을 자발적으로 중지하는' 독자에게 사실과 현실의 양상도 천차만별일 수 있기 때문이다. Margaret Atwood, In Other World: SF and the Human Imagination (New York: Anchor Books, 2011), 6~7면.

위한 읽기'의 야심 찬 기획을 내놓은 웬젤 교수의 저작도 그중 하나다.[3] 그의 연구는 기후위기가 극히 복잡다단한 문제이고 그런 복잡성에 상응하는 총체적 대응이 요구되는 문제임을 실감케 한다. 인도의 보팔(Bhopal)이나 나이지리아의 나이저 델타(Niger Delta) 같은—서양의 힘센 나라들이 오염시키고 파괴한 대표적인—삶의 현장에 문학 텍스트를 매개로 개입하려는 그의 노력은 더 치열하게 이어갈 필요가 있다.

그 점에서도 문학이야말로 기후위기의 뿌리를 사유할 수 있는 서사예술임이 확인된다. 기후위기에 대한—기후주의(climatism)라는 그릇된 관념을 낳은[4]—상투화된 경종을 넘어서 진정으로 가능한 대안의 세계를 향한 상상력은 문학의 몫으로 남아 있다. 이 글은 이런 문제의식으로 현대문명에 대한 나름의 절박한 서사적 대응인 기후소설의 세계문학적 지평을 탐사하는 작업의 일환이다. 탐사 과정에서 오늘날의 기후소설이 인류가 보편적으로 공유할 만한 차원에 얼마나 도달하고 있는가 하는 물음은 필연적이다. 본고가 그러한 물음에 대답하기 위한 기초 작업에 불과하다는 점은 더 말할 나위 없다.

이 기초 작업에서도 우리 당대에 산출된 기후소설을 따라 읽고 생각하면서 향후 심화된 성찰을 위해 채비를 갖추는 일이 무엇보다 시급하다. 우리 당대의 작가들이 기후위기를 앞에 두고 구체적으로 어떤 고민과 성찰을 하고 있는지를 독자들에게 '현장비평'의 형식으로 소개하는 것도 그런 맥락이다. 이 글 2절과 3절에서는 기후소설의 전형이라고 판단되는 작품의 내용을 자세히 전달하면서 비판적으로 개입하는 데 중점을 두겠다. 4절에서는 좀 더

---

[3] Jennifer Wenzel, *The Disposition of Nature: Environmental Crisis and World Literature* (New York: Fordham University Press, 2020) 참조.

[4] 인류가 직면한 생태적 재난에 대한 절박한 인식이 일종의 허위의식으로—'기후주의 이념'으로—변질되어 실상을 은폐하거나 왜곡하는 역설을 경고하는 논의도 귀담아들을 필요가 있다는 것이다. 그런 기후주의가 기후종말론을 부추기고 각 지역의 실정에 맞는 기후위기에 대한 현실적이고 실질적인 대응과 대안을 가로막는다는 점을 세세하게 지적한 논의로는 마이크 흄, 『기후 변화가 전부는 아니다』, 홍우정 옮김 (풀빛, 2024) 참조.

비평의 기본에 치중할 텐데, 장르 서사로서의 기후소설이 어떤 현재적 의의와 한계를 안고 있는가를 논하는 방식으로 논의를 이어갈 것이다.

## 2. 우리가 알고 있는 세계의 종말

존 페퍼는 3부작 『쪼개진 땅』, 『얼어붙은 땅』, 『노래의 땅』을 통해 오늘날 기후위기의 양상을 작심하고 이야기로 풀어냈다.[5] 그는 '한반도 문제'와 미국의 패권을 둘러싼 국제관계, 지구화와 민주주의, '그린 뉴딜' 등 긴급한 현안을 다뤄오면서 기후위기에 대한 정책 대안을 적극적으로 모색해온 지식인인 터라 개인적으로 관심이 있었다.[6] 이번에는 그가 기후위기에 관한 소설을 썼다는 기사를 접하고 작품을 구해서 읽었는데, 기후소설의 전형적인 주제들을 두루 포괄하고 있어서 서론에서 언급한 기초 작업을 하는 데 안성맞춤이라는 생각이 들었다. 기후소설론에서 어떤 거창한 담론보다 우리 당대의 작가들이 기후위기를 어떻게 생각하고 서사화하는지를 소상하게 소개하는 데 제격이라고 본 것이다. 독자들에게 줄거리를 조근조근 들려준다는 기분으로 개고에 임한 것도 그런 까닭이다.

여러 각주들이 각 장마다 붙은 『쪼개진 땅』의 형식은 특이하다. 각주는 가상 편집자의 작업이다. 후속편인 『얼어붙은 땅』에 가서야 편집자의 이름이 푸이그(Emmanuel Puig)로 밝혀지는데,[7] 이는 작가의 서사 놀이라고 할 만한

---

5 텍스트는 John Feffer, *Splinterlands* (Chicago: Haymarket Books, 2016); *Frostlands* (Chicago: Haymarket Books, 2018); *Songlands* (Chicago: Haymarket Books, 2021). 인용은 괄호 안에 각기 SL, FL, SS로 약칭하고 면수를 표기한다.
6 존 페퍼는 다년간 세계정세에 대한 저술 활동을 해온 것 외에 Institute for Policy Studies(https://ipsdc.org/) 의 소장으로서 홈페이지에 현재도 정기적으로 칼럼을 올리고 있다.
7 『쪼개진 땅』 5장의 각주 8에는 *The Decline of West: Julian West, Isaac Kinbote, and the Scandalous Origins of Geo-Peleontology* (Smoking Guns, 2051)라는 (당연히 허구인) 저서를 낸 푸이그라는 인물이 한 치폐

일면이다. 화자는 줄리언 웨스트(Julian West)이다. 그는 '쪼개진 땅'이라는 제목의 저서를 저술한 학자이다. 페퍼는 『쪼개진 땅』이라는 자신의 실제 소설을 화자이자 주인공인 줄리언이 2020년에 출간한 것처럼 꾸민 것이다. 따라서 서사 구조는 액자 형식을 띤다. 페퍼는 허구의 국제정치학자인 줄리언과 그 저서의 숨겨진 맥락이나 행간 의미를 해명하거나 학술적 논평을 덧붙이는 편집자까지 만들어내서 자신의 '인격'을 분산시킨 셈이다.

이런 이야기 형식이 새로운 것은 아니다. 다만, 그로써 발생하는 서사상의 효과는 생각해볼 지점이 있다. 그 함의는 뒤에서 짚어보겠다. 작품의 첫 대목은 화자의 다음과 같은 회고로 시작한다.

25년도 더 지난 일이지만 내가 우리 집 지붕에 앉아 길거리를 따라 이웃집 가구들이 떠내려가는 것을 봤을 때 나는 더 이상 나빠질 게 없겠다고 생각했다. 내가 소유한 모든 것이 물에 잠겼다. 나라의 수도는 파괴되었다. 어머니 지구는 가장 오만한 거주자들에게 복수하고 있었던 것이다.(SL 1면)

시간 배경은 2050년이다. 보다시피 줄리언 웨스트의 1인칭 시점으로 자신이 2022년에 겪은 대홍수의 참상을 회고하고 있다.[8] 국제정치를 전공하는 그는 제국과 국가를 하나의 생명체로 간주하고 그것들의 생애주기와 멸종의 양상을 연구하는 '지구고생물학(geo-paleontology)'이라는 새로운 분과학문의 창시자다. 그런 그는 기후변화로 초래된 혼돈의 세계 현실을 지도를 짚어

---

언급된다. 하지만 독자는 그가 편집자인지는 알 길이 없다. 이런 세목도 『쪼개진 땅』을 읽는 소소한 즐거움이기는 한데, 엄밀하게 본다면 서사의 계륵이다.

[8] 2022년의 대홍수가 허리케인 도널드에 의해 발생했다는 것은 물론 미국 정치 현실에 대한 작가의 풍자적 일침이다. 미국의 패권주의적 횡포에 대한 페퍼의 저간의 논설을 차치하더라도 허리케인 도널드라는 명칭이 기후위기의 제유(提喩)임은 분명하다. 그것은 파리기후변화협약에서 탈퇴하고 화석연료산업을 대대적으로 지원한 도널드 트럼프에서 따온 명칭이다.

가듯이 지역별로 조목조목 설명하기 시작한다.

　유럽연합(EU)의 '중심'은 기후재난과 기후난민의 발생, 전염병 창궐, 킬러 로봇과 같은 전쟁기계 등으로 인해 사실상 해체된 상태다. 미국은 허리케인 도널드를 계기로 수도를 캔자스시티로 옮겼고 연방체제도 붕괴되었다. 대홍수에 못지않은 대가뭄으로 인해 『분노의 포도(*The Grapes of Wrath*)』(1939)에서 그려진 것 이상으로 인구의 대대적인 유랑(流浪)이 북미 대륙 곳곳에서 목격된다. 제국에 버금가는 중국이나 소련 같은 다민족국가의 상황도 크게 다르지 않다. 요컨대 지구상에는 더 이상 국민국가체제(inter-state system)의 구심성이 작동하지 않는다. 패권국가가 사라지고 각자도생의 길밖에 남지 않은 상황이다. 모든 국가들을 무한경쟁으로 내몬 지구화시대는 최악으로 치달았고 초국적 협력이 거의 불가능해진 상태에서 이전투구만 남은 것이다.

　줄리언은 이런 현실을 민족주의·국가주의 인터내셔널(Nationalist International) 이데올로기가 득세한 세상으로 정의한다. "민족주의적·국가주의적 인터내셔널은, 결국, 용어상의 모순이다."(SL 17~18면) 사회주의를 기치로 내걸고 만국 노동자들의 단결과 연대를 촉구한 인터내셔널이 단결, 연대와는 거의 상극이나 다름없는 민족주의·국가주의와 결합한 형국이다. 이 같은 변종 인터내셔널은, 원자화된 개인이 그러하듯이, 이합집산하는 국가들의 정치 현실을 집약한다. 민족주의·국가주의 인터내셔널이 세계화를 대체하여 사실상 전지구적 이념으로 변모한 현실이 '거대한 해체(the Great Unraveling)'라는 제하로 묘사된다. 그런 해체에는 사회 전반에 걸쳐 심화된 대대적인 양극화가 따른다.

　'쪼개진 땅'이라는 제목의 저서로 학계에서 한동안 유명세를 누린 줄리언이 학문적으로 기술한 지구의 현실은 4대 악(The Four Evils), 즉 "극단적인 기후, 기아, 분열주의, 전쟁"으로 갈가리 쪼개지고 혼돈에 빠져들었다. 이렇게 세계 정세를 분석한 『쪼개진 땅』에서 주목할 것은 줄리언 자신이 그런 혼돈의 가담자인 동시에 희생자라는 사실이다. 그런데 기후재앙으로 초래된 세계의 혼돈을 이처럼 예언적으로 분석한 복안이 얼마나 치열한 대안을 모색한 끝에 나온 것인지는 되물을 수밖에 없다. 혼돈이 기후재난의 서사를 펼치기 위한 배경 정도라면 독자도 작품의 현실 재현에 큰 의미를 부여하기 어렵기 때문이다. 존 페퍼가 그려낸 2050년의 지구 풍경이 오늘날 세계 진보세력의 '긴 퇴각' 과정에서 모색하는 대안의 치열한 탐구 같은 것을[9] 과연 제대로 감안한 '그림'인지 의문이 든다는 것이다.

다른 한편 민족주의적·국가주의적 인터내셔널을 억제하면서 온실가스 배출을 최소한으로 제어하는 "글로벌 거버넌스의 어떤 새로운 형식"이 조만간 등장하지 않는다면 새로운 세계 질서는 존 페퍼가 예언한 혼돈과 크게 다르지 않을 듯하다.[10] 『쪼개진 땅』이 던지는 화두는 역시 대안적 문명의 가능성이다. 지구고생물학자로서 살아온 줄리언의 공적 삶이 사적 삶과 연동되거나 교차되는 서사는 대안의 성찰을 북돋는 면이 있다. 후자, 즉 그의 사적 삶의 내밀한 사연은 기후변화 못지않은 무게를 갖는다. 줄리언은 빙하를 연구하는 리어폴드 레이첼(Leopold Rachel)과 결혼했지만 뜻이 맞지 않아서 이혼한 상태다. 이혼의 결정적 사유는 기후변화에 대한 인식과 태도의 차이였다.

레이첼은 이미 지구의 생태 시스템이 '정상'으로 되돌릴 수 없을 정도로 망가졌다고 진단했다. 그에 따라 교수직을—이른바 'business as usual'을—던지고 '다른 삶'을 위한 결단을 내렸다. 그녀는 그런 삶을 "퀘벡 지역에서

---

9 가령 Boris Kagarlitsky, *The Long Retreat: Strategies to Reverse the Decline of the Left*, trans. Renfrey Clarke(London: Pluto Press, 2024) 참조.

10 맥코이는 그 점을 베이비 부머 세대로서 냉철하게 분석하면서 기후위기를 타개할—국가주의적·민족주의적 주권을 초월하는—세계적 연대를 촉구했다. Alfred W. McCoy, *To Govern The Globe: World Order & Catastrophic Change*(Chicago: Haymarket Books, 2021), 7장 참조. "글로벌 거버넌스의 어떤 새로운 형식"은 319면.

멀지 않은, 버몬트 북동부 왕국"(SL 115면)으로 불리는 생태주의 공동체인 아카디아(Arcadia)에서 찾았다. 그렇다면 줄리언은 어떤가? '쪼개진 땅'이라는 저서에서 이미 '우리가 아는 세계'가 무너져 내리리라는 것을 경고한 줄리언은 30여 년이 지난 시점에서 자신의 저작을 돌아보면서 거기서 분석한 내용이 거의 그대로 들어맞았음에 자부심을 느낀다. 그러면서 자기 연구에서 한 가지 맹점이 있었음을 고백한다. 그것은 기후변화다. 그 점을 그는 이렇게 기술한다.

나는 조류독감이나 핵무기처럼 기후변화가 "저기 바깥에" 있다고 생각하는 실수를 저질렀다. 그것을 근대체제의 핵심에 있는 근본적인 무질서라기보다는 미래에 발생할 파괴의 잠재적인 벡터로 간주한 것이다. 사실을 말하면, 기후변화는 지구 질서의 바로 그 DNA를 재설계했다. 물 전쟁으로 인해 중국이 쪼개졌다. 에너지를 둘러싼 갈등은 중동, 중앙아시아, 아프리카의 지도를 다시 그렸다. 경작 가능한 땅이 너무도 중요해져서 몇몇 풍요로운 농업지역은—브라질의 센트로 술, 인도네시아의 자바—자신의 영토를 지키기 위해 독립했다.(SL 125~126면)

기후위기에 대한 작가 자신의 분석적 인식을 거의 그대로 투영했다고 해도 무방하다. 물론 이런 인식도 좀 더 깊이 들여다볼 필요가 있다. 인간에 의해 초래된 기후재난의 역사적 현실을 더 근원적으로 사유하는 일이 절실하기 때문인데, 지구 질서의 DNA를 재설계한 기후변화로 말할 것 같으면 '자연'을 무상(無償)의 원료로 쓰고 폐기 처분하는 자본주의 체제를 떠나서는 설명할 수 없지 않은가. DNA를 거론할라치면 "어떤 체제적 생태 모순이 자본주의 사회의 DNA에 기입되어 있다"는 말이[11] 더 방불할 것이라는 말이다.

---

11 Nancy Fraser, "Climates of Capital: For a Trans-Environmental Eco-Socialism," *New Left Review* 127 (2021), 99면.

『쪼개진 땅』과 나머지 두 연작이 기후소설로서 오늘날 우리가 직면한 기후위기에 어떤 물음을 던지고 있는가가 비평의 핵심적인 논제라면『쪼개진 땅』을 줄거리 정리 수준에서도 더 따져볼 것이 있다. 서사는 한편으로 한때 단란했던 자신의 가족들이 왜 이토록 뿔뿔이 흩어졌는지를, 다른 한편으로 안정적으로 보이던 세계가 어찌하여 분열과 혼돈의 나락으로 떨어졌는가를 줄리언이 고민하고 그 원인을 탐구하는 과정 자체라 할 수 있다. 그것은 인류의 과오를 다시 분석하고 가능한 희망과 대안을 모색하기 위한 여정이다. 그런 모색은 줄리언이 전처인 레이첼과 낳은 세 자식을 차례로 찾아가는 추적·상봉의 서사로 이뤄진다. 2050년대를 배경으로 하는 이야기답게 몸은 그대로 있고 가상현실의 아바타가 자식들의 아바타와 만나는 방식이다.[12] 일면 낯익은 가족 서사의 주제를 되풀이하는 줄리언의 가상현실 여행은 일종의 포석에 불과하다. 혼외정사로 가정이 깨진 것이나 다름없는 줄리언이 자식들을 만나는 것도 가족의 화합만을 위해서는 아니다. 오히려 그의 세 자녀는 기후변화로 인해 지정학적 현실과 생태 환경이—제각각 벨기에의 브뤼셀(Brussel)과 중국 신장의 닝샤(寧夏), 보츠와나의 가보로네(Gaborone) 등이—어떻게 변했고 파괴되었는지를 드러내기 위한 졸(卒)에 가깝다.

장녀인 오로라(Aurora)는 시인이 되고 싶었으나 아버지의 바람에 따라 사회과학자가 되었고 브뤼셀에 거주한다. 2남 고든(Gordon)은 시장경제가 망가진 상황을 이용하여 막대한 이익을 챙기는 투기자본가이고 닝샤가 주된 활동무대이다. 3남 벤저민(Benjamin)은 아랍 근본주의에 맞서 싸우는 지하 게릴라인데 가보로네에 근거지를 두고 암약하고 있다. 줄리언이 마지막으로 만나는 인물은 전처인 레이첼이다. 전술한 것처럼 그녀는 기후재난의 파국

---

12 이런 설정에는 생태적 함의도 있다. 물론 이 같은 '가상현실 기술'이 지구 시대의 관광주의적 소비주의 행태에 어떤 제동을 걸 수 있을까 하는 물음은 한 가지 사례에 불과하다.『쪼개진 땅』에서 과학기술은 예외 없이 불길한 함의를 내포하는 것 같지만 기술 만능주의를 근원적으로 심문하는 다른 차원의 성찰적 모색이 없다면 (지구)공학적 해결책의 유혹에 넘어가기 십상이다. 이 문제는 다음 절에서 다룬다.

앞에서 자신의 학문을 포기했다. 오랫동안 연구해온 빙하학이 대안적인 세계 건설에 아무런 쓸모가 없음을 깨닫고 작은 것들의 '큰 의미'를 생태 공동체 속에서 되살리려고 분투하는 중이다.

아카디아는 그런 공동체 중에서도 가장 성공적인 사례로 제시된다. "화석연료와 농업 사이의 치명적인 고리"를(SL 117면) 끊어내고 거의 완벽하게 지속 가능한 생태친화적인 사회가 되었다는 것이다. 그렇다고 기술파괴주의자(Luddite)의 방식으로 살면서 중세로 회귀한 것은 아니다. 탄소 배출을 최소화하는 첨단 기술도 적절하게 활용한다. 줄리언은 레이첼을 만나 기후변화에 대한 자신의 과거 인식을 반성하는 장면을 연출한다. 줄리언이 레이첼을 찾아간 목적은 이후에 드러난다. 그는 크리스퍼 인터내셔널이라는 생명공학 기업이 개발한 생명연장 치료제를 레이첼과 공유하고 후에 그 자신도 아카디아에 참여하려고 한다. 그의 그런 계획에 대한 레이첼의 답변은 확실하지 않은데, 서사의 이런 진행에서도 독자는 잠시 멈칫하게 된다.

아카디아라는 공동체를 전제한 서사의 배경은 앞서도 언급했다시피 적자생존의 원리가 파괴적으로 구현된 현실이다. 기후붕괴의 상황을 일종의 초기값으로 설정한 것은 그렇다 쳐도, 인류의 생태 전환이 집단적으로 실패하는 가운데 아카디아를 일종의 대안으로 제시하는 서사에 물음표가 달리는 것은 당연하다. "2014년, 현대 역사상 최초로, 탄소배출량의 증가 없이 지구촌 경제가 성장을 이루어"냈고, "2015년에도 경제성장이 이어지는 가운데 전 세계 탄소 배출량의 실질적인 '감소'가 확인"되었다는 사실이 미미하게 보일지 모른다. 그러나 인류의 집단적 지혜와 행동이 절대적으로 요구되는 지금 아카디아라는 대안은 어딘가 관념의 성처럼 구축되었다는 느낌을 떨치기 어렵다.[13] 2050년까지 총 1,051기가톤의 이산화탄소를 격리·감축할 수 있는 수

---

13 마이클 만·톰 톨스, 『누가 왜 기후변화를 부정하는가』, 정태영 옮김(미래인, 2017), 201면.

많은 '드로다운 시나리오'가[14] 모조리 실패로 돌아간다는 가정을 설정하지 않는 한 페퍼의 이 같은 상상력에 독자가 마냥 탐닉해서는 곤란하다.

차례로 진행되는 가족 상봉 서사는 이처럼 독자에게 착잡한 상념을 안겨준다. 그런 상념을 저자가 의식이라도 했다는 듯이 서사는 후반부에 가면서 반전을 거듭한다. 4장에서 잠시 암시된 사건의 진상은 5장("아카디아에서")에 가서야 드러난다. 즉, 줄리언이 독자에게 들려주는 이야기 자체가 25년 전에 출간된 『쪼개진 땅』의 후속 작업이라는 것이다.(SL 120면) 줄리언이 지구고생물학에서 '기후위기학'의 연구자로 '개종'했다는 점이야 작품 서두에서 드러난 바지만 흥미로운 것은 그가 기후위기로 인한 파국의 실상을 증언하는 후속 작업을 해야만 하는 진짜 동기다. 그것은 마지막 6장에서 밝혀진다.

줄리언은 그제서야 PNC3 staph라는 치명적인 감염병에 걸렸다는 점을 고백한다. 전 세계적으로 백삼십만 명을 희생시킨 질병은 플롯의 주요 변곡점으로 작동한다. 그는 병에 전염되어 여생이 얼마 남지 않은 상태임을 스스로 자각하게 되고 그런 상태에서 크리스퍼 인터내셔널로부터 모종의 연구 프로젝트를 제안받는다.[15] 크리스퍼 인터내셔널은 줄리안이 『쪼개진 땅』의 후속작을 쓰는 조건으로 그에게 생명연장 치료제를 제공하기로 약속한 것이다. 작가가 코로나 팬데믹의 창궐에 앞서 그와 유사한 질병을 상상해낸 것 자체가 놀라운 일은 아니다. COVID-19가 퍼지기 전에도 세계적 감염병은 선례가 한둘이 아니었고 과학자들은 (내가 이 글을 개고하고 있는) 2024년 10월 현재 새로운 감염병의 발생이 시간문제일 뿐임을 경고하고 있는 실정이다.

줄리언이 가상현실을 통해 자식들과 전처를 만나려고 한 동기도 팬데믹이

---

14 폴 호컨, 『플랜 드로다운』, 이현수 옮김(글항아리, 2019) 참조. 원제는 *Drawdown: The Most Comprehensive Plan Ever Proposed to Reverse Global Warming*, ed. Paul Hawken(New York: Penguin Books, 2017).

15 CRISPR은 Clustered regularly-interspaced short palindromic repeats의 약자로 유전자 편집 기술 또는 가위 기술을 뜻한다. 크리스퍼 인터내셔널은 유전자 기술을 독점하는 거대 다국적기업인데, 줄리언의 세계에서는 거의 국가권력에 맞먹는 영향력을 소유한 것으로 그려진다.

다. 독자는 줄리언이 크리스퍼 인터내셔널 본부의 모처에서 치료를 받아가면서 전작인 『쪼개진 땅』의 후속 보고서를 작성하고 있었다는 사실을 작품의 말미에 가서야 알게 된다. 반전의 최종 그림은 마지막 장에서 완성된다. 크리스퍼 인터내셔널이 줄리언에게 치료제를 약속한 것은 후속 보고서의 학술적 가치 때문이 아니다. 크리스퍼 측은 기후위기에 대한 대응의 일환으로 인위적인 인구감축 계획, 즉 최상층 계급 1퍼센트에게만 치료제를 제공하고 나머지 99퍼센트를 절멸시키려는 계획을 실행에 옮기려고 하는데, 벤저민은 그런 '생명권력'에 대항하는 전사로 활동하고 있다. 크리스퍼의 속셈은 줄리언의 막내인 벤저민의 반체제 지하활동을 저지하는 데 있다.

'인구 감축'을 통해 지구의 생물학적 용량 혹은 생태발자국 지수를 인위적으로 줄이려는 크리스퍼의 기획은 수전 조지가 『루가노 리포트』에서 사고실험의 형식으로 제시한 세계 지배계급의 인구 감축 전략(PRS; Population Reduction Strategies)을 연상케 한다.[16] 1퍼센트의 인간들에게 생명연장의 혜택을 제공하면서 99퍼센트를 폐기 처분하는 것이 크리스퍼의 기획이라면 그것은 본질적으로 『루가노 리포트』의 발상이라고 해도 과언이 아니다. 차이가 있다면 세계 인구의 절반을—2020년 예상 인구인 80억에서 40억으로—줄인다는 PRS의 구상에 비해 극단성이 두드러진다는 것뿐이다. 요컨대 크리스퍼는 무정부주의를 신봉하는 전사 벤저민을 잡기 위한 미끼로 아버지를 이용한 것이다. 크리스퍼의 제안에 숨겨진 모든 계략을 마지막 순간에 눈치챈 줄리언은 레이첼에게 비밀 메시지를 보내지만 그것이 뭔지는 밝혀지지 않는다. 다만, 줄리언이 자신의 생명유지 장치를 스스로 차단함으로써 크리스퍼로부터 벤저민을 보호하는 것으로 첫 작품의 이야기는 끝난다.

---

[16] Susan George, *The Lugano Report: On Preserving Capitalism in the Twenty-first Century* (New York: Pluto Press, 1999); 수전 조지, 『루가노 리포트: 21세기 자본주의의 유지 방안』, 이대훈 옮김(당대, 2006).

## 3. 지구공학적 해법이라는 유혹과 기후위기에 관한 성찰

두번째 작품인 『얼어붙은 땅』은 전작의 주제를 레이첼의 시각으로 밀고 나간다. 무대는 전편 5장에서 윤곽만 소개된 아카디아이다. 기후난민들이 터 잡은 버몬트 동북부 지역은 기후변화가 가져다준 (예기치 못한) 수혜를 받았다. 혹한기가 짧아지고 기온이 올라 최적의 농업지역으로 변모한 것이다. 아카디아는 바로 그런 지역의 한 모서리에 자리 잡은 사회다. 두 공동의장의 주재로 자치회가 상시적으로 열리는 소농 기반의 공동체로 구성원은 250명 정도지만 '글로벌 그린 뉴딜'이 파국적 실패로 돌아간 후과로 생겨난 소규모 집단들 가운데 지속가능성을 가장 모범적으로 보여준다. 전작에서도 아카디아의 자연식생활은 바깥 세계에서는 누리기 힘든 수준으로 묘사되지만 작가는 그 점을 레이첼의 생활과 공동체의 조직 원리의 차원에서 드러낸다.[17]

이런 아카디아가 목가적 이상향이 아니라는 점은 전작에서보다 한층 분명하게 그려진다. "2020년대 후반에 닥친 전 세계적인 흉작의 여파 속에서" (FL 5면) 외부의 세력들과 물리적 충돌을 거치면서 스스로 무장한, 다분히 배타성을 띠는 공동체 안에는 자구적 폭력도 불사해야 한다는 현실주의자들과 일체의 폭력을 배격하는 평화주의자들의 알력이 상존해왔고 지금도 변형된 형태로 긴장이 팽팽한 상태다. 페퍼는 줄리언·레이첼의 2세대로 이어지는 21세기 중반의 아카디아를 지속 가능한 사회적 실체로 실감 나게 재현한 편이다. 물론 컴퓨터공학과 AI로봇 같은 현대 과학기술의 성과를 적절하게 활용하면서 생산과 소비를 철저하게 최소한으로 조율하는 아카디아와 같은 소농경제공동체도 천혜(天惠)를 입은 지역에서나 가능하다. 기후재난에 대한

---

17 페퍼는 이렇게 묘사한다. "우리가 키우지 않는 것은 3D 프린터로 합성해내거나 생산한다. 우리는 근처의 공동체들과 제한된 거래를 한다. 만약 예상치 못하게 사람이 사망하면 우리는 보충으로 출생 허가증을 발급한다. 겨울에 태양충전지가 떨어지면 에너지를 배분한다. 닭 뼈에서 우리 자신의 분뇨에 이르기까지 모든 것이 재사용·활용된다."(FL 19면)

국제사회의 대응이 지금처럼 계속된다면 페퍼가 상상한 그 같은 코뮌들도 극소수에 지나지 않으리라는 뜻이다.

작품의 됨됨이 차원에서 본다면 서사상의 잔기술을 (때로는 지나치게) 부린 『쪼개진 땅』보다 『얼어붙은 땅』이 이야기의 짜임새가 한결 조밀하다. 인물 간의 극적 갈등과 대화의 양상도 입체적이다. 전작에서는 드러나지 않은 편집자가 등장하여 서사적 긴장을 조절하는 '양념' 역할을 하지만 그것이 기교만은 아니다. 편집자는 줄리언과 레이첼에 이어서 장녀 오로라가 주역이 되는 마지막 이야기가 예비되어 있음을 예고하기도 하는데, 아무튼 그런 편집자의 존재도 작가가 기후재난의 시대에 어떻게 희망을 서사화할 것인가를 고민한 흔적으로 읽힌다. 그러면 『얼어붙은 땅』의 줄거리를 추려보자.

레이첼은 농장에서 토마토 줄기에 생긴 마름병을 살피다가 아카디아에 누군가가/뭔가가 침입한 것을 손목밴드의 감지장치로 알아차린다. 그것은 초소형 첨단 드론으로 밝혀지는데, 곧이어 사람과 구별되지 않는 로봇(Spongebot; 정보 수신·송신 전문 로봇)이 전자방어망을 뚫고 들어오다가 포로로 잡히면서 공동체는 술렁인다. 그로써 오랫동안 외부 침입이 없었던 아카디아에 위기가 찾아오고 레이첼은 과학자로서 기후위기에 대한 미국과 세계의 대응이 어떻게 괴멸적인 실패로 돌아갔는가를 회고하기 시작한다. 그 과정에서 그녀는 "너무 늦기 전에 영구동토층을 보존하고 재생시키는" 프로젝트를 극비리에 진행하고 있음을 내비친다. 그런 작업은 해결 직전이고 시간만이 문제라는 것이다.(FL 29면)

서사는 기후위기의 해결사로 나선 레이첼을 중심으로 전개된다. 정체 모를 적의 침투의 표적도 그녀다. 크리스퍼의 소행으로 밝혀지는 침입의 원인은 전적으로 레이첼의 연구와 관련 있다. 그녀가 빙하학자로서 극지에서 빙하 표본을 채취한 것은 전편에서도 언급되지만 이제 아이스-알베도 되먹임 고리(ice-albedo feedback loop; 알베도: 지표면에서 반사되는 태양에너지의 양)의 비밀을 풀 수 있는 결정적 단서를 잡았다. 그런 단서는 극지방에서 표면으로 분출된 메탄가스를 제어할 수 있는 가능성을 열었고 이를 통해 요동치는 기후를 안정시킬 수 있는 기회가 생긴 것이다. 그녀의 연구에서 핵심은 "거대한 메탄가스 구름"이 형성되는 것을 막는 것으로(FL 42~43면), 성공하게 된다면 극지의 얼음을 원상 복원할 수 있다. 아카디아에 관한 정보를 노출하는 위험을 무릅쓰면서 크리스퍼의 공격을 역이용하려는 졸턴(Zoltan)의 제안에 레이첼이 동의하는 것도 프로젝트의 완수를 위해서다.

그런 프로젝트와 연관해서도 특히 독자의 흥미를 끄는 지점은 레이첼이 전남편 줄리언의 학문적 이력을 평가하는 대목이다. 이는 부부 사이의 애증 관계를 넘어서 오늘날 지구의 생태 현실에 대해서도 생각거리를 안겨준다.

내 남편 줄리언 웨스트는, 그 암담한 학문에 집착한 그는 세계가 쪼개지는 것을 연대기적으로 자세히 기록했다. 그는 최악이라 할 만한 학자였다. 전부 말뿐이고 행동은 전혀 없는 학자. 네로 황제와 그의 악기를 기억하는가? 줄리언은 세계가 불타는 동안 노트북의 자판을 두들기고 있었을 뿐이다. 우리의 결혼 생활 동안 그는 기후변화를 거의 인정하지 않았고, 그가 결국 인정했을 때는 이미 늦었다. 그는 얼음에 관한 나의 연구에 대해, 아카디아의 내 동료들이 지금 그런 것과 똑같이, 어리둥절해했다. 그에게 역사는 적도의 북쪽에서만, 톨스토이, 기번, 후쿠야마를 읽는 사람들 사이에서만 이룩된다. 나는 그에게 기후난민들이 유럽, 미국, 동북아시아 등, 지금까지는 안정된 사회에 분명히 끼칠 영향에 대해 알려주려고 했다. 나는 물과 경작 가능한 땅, 희귀 지하자원 등을 놓고 벌이는 자원전쟁의 지도를 그에게 보여주었다. 그것은 그의 획기적인 저작인 『쪼개진 땅』에 미미한 영향을 주었을 뿐이다. 그가 세상을 떠나기 직전에 보내온 마지막 보고서를 읽고서야 나는 그가 기후를—더 일반적으로는 자연 세계를—진정으로 진지하게 생각하고 있음을 알았다. 어떤 대목에서 그는 국제사회의 쪼개짐을 빙하의 갈라짐에 비유하기조차

했다. 이 얼마나 달콤쌉쌀한 비유인가. 그가 만약 30년 전에 내 세계를 그렇게 인정해주었더라면 아마 우리의 결혼도 깨지지 않았을지 모른다.(FL 60면)

레이첼의 명시적인 서구중심주의 비판도 눈여겨봐야 하겠지만 더 절실하고도 절박한 물음은 이 글을 쓰고 있는 나 자신을 포함하여 지금도 전 세계의 학계가 "세계가 불타는 동안 노트북의 자판을 두들기고" 있을 뿐이라면 어쩔 것인가 하는 자문(自問)이다. 그 같은 물음을 저자인 존 페퍼에게 적용한다면 그 역시 기후위기에 대한 지구공학적 묘법에 집착하고 있지 않은지 하는 의문이 든다. 크리스퍼 인터내셔널이 아카디아를 선제공격하는 극적 상황을 그리는 과정에서도 기후 파국을 일거에 되돌릴 수 있는 마법과 같은 기술공학적 해법을 부각시키고 있으니 말이다. 물론 고조되는 극적 위기에서 페퍼는 그런 공학적 해결책이라는 것도 허망한 관념에 불과함을 레이첼의 입을 통해 이렇게 고백하기도 한다.

나는 실제로 그런 말을 수없이 했다. 지난 75년간 세상 사람들은 그 푸른 백조를 기다려왔다. 기후변화의 공식을 완전히 바꿀 수 있는 예기치 않은 발견을 말이다. 처음에 그것은 태양에너지였다. 그러나 화석연료의 사용을 막지 못했다. 그다음은 온실가스를 탄산칼슘 알갱이들로 변화시킬 수 있는 이산화탄소 제거 장치였다. 그러나 기술력이 충분히 높아지지 않았다. 그리고, 언제나, 지구공학 기술이라는 그릇된 희망이, 자연을 비틀면 우리 자신이 만들어낸 문제를 자연이 해결해줄 거라는 희망이 있었다. 불행하게도 이 모든 것들은 모두 정복이라는 그릇된 꿈임이 드러났다.(FL 79면)

그런데 이렇게 실토하면서도 또 다른 지구공학적 해법에 매달리는 레이첼을—더 나아가 저자인 존 페퍼를—우리는 어떻게 생각해야 할까? 말은 이렇게 하면서도 단숨에 사태를 되돌릴 수 있는 묘책에 집착하는 레이첼의 자기모순적 실험은 지구의 생태 위기에 개입하려는 기후소설의 실천적 의식이 어떤 문제에 봉착하는지를 보여주는 한 사례다. 이런 사례는 다음과 같은 의문을 불러일으킨다. 레이첼이 술회하듯이 75년간의 시행착오가 진정으로 오도된 꿈의 결과라면 작가는 지구공학적 묘수를 넘어선 어떤 대안을 모색하고 있는가?

『얼어붙은 땅』은 대안을 고민하는 레이첼에게 초점을 맞추면서도 가상 여행을 통해 자식들을 차례로 조우하는 식으로 전작의 서사를 변주한다. 여기서도 변곡점은 레이첼이 '운동(Movement)'을 표상하는 막내 벤저민과 만나는 대목이다. 레이첼은 크리스퍼의 인구감축 프로그램에 맞서 지하에서 싸우는 아들의 도움을 받아 아카디아 공격의 내막을 알아내려고 한다. 아들의 계책으로 레이첼의 아바타는 크리스퍼의 핵심부에 잠입하는 데 성공한다. 전작에서 선보인 반전은 색다르게 변주된다. 반전은 크리스퍼 본부에서 레이첼이 알아낸 충격적인 진실에 관한 것이다. 아카디아라는 코뮌 자체가 인류의 1퍼센트를 위해 크리스퍼 인터내셔널이 오랫동안 은밀하고도 주도면밀하게 실험해온 프로젝트라는 것이다.

레이첼은 아카디아 공동체가 모든 구성원들의 최선의 집단적 노력으로 개척된 대안적 세계라고 철석같이 믿었다. 그런 공동체를 일구기 위해 지난 30년간 외부 위협뿐만 아니라 온갖 내부 분열과 반복을 극복해온 터라 충격은 더 클 수밖에 없다. 그녀의 심경은 이렇게 표현된다.

이제까지 나는 아카디아를 일종의 제3의 월든(Walden)으로, 행동주의나 다른 어떤 광신적 이데올로기가 아니라 상식을 믿은 과학자들과 예술가들에 의해 만들어진 유토피아로 생각했다. 우리는 실용주의자들이었다. 포로에 대한 정책에 대해 의견이 갈릴 때조차도 우리는 버몬트의 오랜 자치회의를 통해 합의에 도달했다.

우리는 쪼개진 세계의 반대자들이었고, 타협이 여전히 가능하고 중도가 양극단에 먹히지 않는 곳을 만들었다. 지속가능성에 대한 우리의 대담하고 민주적 실험이 사악한 세력의 노리갯감이었음을 알게 되면서 나는 완전히 혼란에 빠졌다. 나는 의지할 데가 없었고 나를 인도해줄 북극성도 잃어버렸다.(FL 139면)

그런데 레이첼의 이 같은 쓰라린 고백에도 불구하고 소박할망정 "타협이 여전히 가능하고 중도가 양극단에 먹히지 않는" 소농공동체의 건설은 21세기에도 유효한 꿈이 아닐까? 아카디아는 지금도 세계 각지의 지역적 실정에 맞게 다양한 규모로 실험해볼 만한 생태 기획이 될 만하다는 것이다. 『얼어붙은 땅』의 서사 구도는 민족주의/국가주의 인터내셔널이 지배하는 세계에 맞서 감행한 레이첼의 공동체 실험을 크리스퍼가 선점한 것으로 설정했지만 그렇다고 실험의 발상이 무효화되는 것은 아닐 듯하다. 그렇다면 작가는 이런 발상을 얼마나 창의적으로 견지하고 있는가?

이 물음에 관한 한 비판적 답변이 불가피하다. 아카디아라는 공동체가 크리스퍼의 기획된 사회라는 설정 자체가 너무나 낯익은, 진부하기까지 한 공상과학+스릴러 영화의 반전 냄새가 나니 말이다. 반전의 재미에 탐닉하는 것이야 작가의 자유겠지만 제3의 월든으로 표현된 생태공동체는 앞으로 인류가 자본주의근대의 극복 차원에서도 지역마다의 고유한 현실에 맞춰 시도하고 성취해야만 하는 과제가 아닐 수 없다. 그런 과제는 『1984(*Nineteen Eighty Four*)』(1949)와 『멋진 신세계』가 제각각 전형적으로 구현한 두 대조적인—하지만 조작 가능한 인간을 설정한다는 점에서는 본질적으로 닮아 있는—미래상과 대비해서 생각해볼 필요도 있다. 『1984』가 공포의 전체주의 사회를, 『멋진 신세계』가 안락의 전체주의 사회를 재현했다면 페퍼의 연작은 공포와 안락 중간 쯤 어딘가의 회색빛 미래가 아니라 좀 더 자연친화적이고 생명지속적인 삶의 사회적 건설을 기후위기 시대에 화두로 제기하는 면이 있기 때문이다.

이 화두는 『얼어붙은 땅』을 읽을 때도 붙들고 있어야 할 터인데, 아카디아는 인류의 1퍼센트를 구하는—나머지 99퍼센트를 희생시키는—크리스퍼의 기획으로 드러났다. 기후재난 속에서 하나의 생태적 모범을 보인 공동체를 이룩했다는 레이첼의 자부심은 산산조각 난다. 심지어 그녀는 자신이 가장 믿고 의지해온 아카디아의 원년 멤버이자 동지인 아누라다(Anuradha)조차도 크리스퍼와 연루된 (사실상) 공모자임을 알게 된다. 아누라다 측에서 자기의 행동이 최선의 대안을 찾기 위한 타협책이었다고 강변해도 레이첼에게 아카디아는 이제 더 이상 그 아카디아일 수 없다. 벤저민의 도움으로 크리스퍼의 공격을 가까스로 막아낸 상황은 이렇게 기술된다.

> 아카디아가 인류의 선택된 나머지 사람들, 세계에서 가장 강력한 기업의 내부자들을 구하는 구원의 도구로, 일종의 방주로 구상되었다는 사실이 판명된 마당이기에 아카디아의 모든 개념은 내게 달리 보였다.
> 전남편이 우리의 아이들에게 그런 메시지를 보낼 때 그의 마음에는 어떤 생각이 스쳐 갔을까? 그는 우리 내부에 있는 뱀을 경고한 것일까? 그보다 그는 단지 그처럼 나도 환상에 몰두하고 있었다는 것을 말하고 싶었을지 모른다. 줄리언이 나의 연구와 그 잠재적 영향력을 알았을 리 없다. 그는 아카디아나 세계를 구하려고 시도하지 않았다. 아마도 그는 그의 전처에게 마지막으로 한방 먹이고 싶었을 뿐인지도 모른다. 그런 작은 것들에 세계의 운명이 달려 있는 것이다.(FL 151~152면)

"우리 내부에 있는 뱀"을 경고한 줄리언 메시지의 정확한 서사적 함의는 불투명하다.[18] 다만, 두 편의 연작을 결산하는 듯한 레이첼의 결론, 즉 "그런

---

[18] 줄리언이 레이첼에게 남긴 마지막 메모는 이렇다. "사랑하는 레이첼, 문은 넓으니 그 문을 통해 내가 당신을 만나러 가겠소(Wide is the gate through which I will come to see you, dear Rachel)." 이 문장은 물론

작은 것들에 세계의 운명이 달"렸다는 깨달음은 독자도 되새겨볼 생각거리로 남는다. 거대해 보이는 체제적 변환도—나비의 날갯짓 같은—"그런 작은 것들"에서 시작할 수밖에 없기 때문이다. 하지만 그로써 물음이 끝나는 것은 아니다. 오히려 작은 것들이 모여서 이룩할 수 있는 거대한 전환을 더 절박하게 물어야 한다. 사람들 각자가 그처럼 작은 것들에만 매달려 살아왔기 때문에 세계가 이 지경이 되지 않았는가 하는 자문도 해봐야 한다는 것이다. 그렇다면 페퍼의 연작은 작은 것과 큰 것을 모두 넘어선 대안의 비전을 어떻게 보여주고 있는가?

아카디아가 모래 위에 세운 성과 같음을 인식한 레이첼은 인공지능 로봇인 루퍼트와 캐런을 데리고 극지방으로 향한다. 그녀는 자신의 마지막 사명이 이들의 도움을 받아 빙정(氷晶) 형성 과정에 관한 연구를 완수하는 데 있다고 믿는다. 그것은 인류의 파멸을 재촉하는 지구 기후를 '원래대로' 되돌려 항상성(恒常性)을 유지하는 길을 찾기 위한 희망의 여정이다. 하지만 기후 문제를 일거에 해결하려는 모든 과학주의적 시도가 허사로 돌아갔다고 레이첼 스스로가 고백했을뿐더러, 그런 시도 자체가 무모한 관념에 불과함도 인정한 마당이니 독자가 주인공의 여정에 큰 의미를 부여하기는 어렵다. 3부작에서 마지막을 장식하는 『노래의 땅』을 통해 레이첼의 대안적 모험에 의미를 부여하려는 존 페퍼의 시도는 낯익은—그렇다고 상투적이라고 내치기도 힘든—반성으로 끝난다.

이 거대한 기후위기 앞에서 작가가 던지는 최종 메시지는 소박하다. '너 자신의 내면을 들여다보라.' 이 소박한 진실은 너무도 소중하다. 다만, 작품의 이런 메시지에 충분히 힘이 실리지는 않는다. 이것도 작품이 개인이 깨닫는 소박한 진실을 '기후위기가 아니라 체제변혁'이라는 문제의식으로 이어

---

마태복음 7장 13~14절을 연상케 한다—"좁은 문으로 들어가라. 멸망으로 인도하는 문은 크고 넓어 그리로 들어가는 자는 많고/생명으로 인도하는 문은 좁고 길이 협착하여 찾는 자가 적음이라."

주지 못한 것과 무관하지 않을 듯하다. 기후위기와 씨름하는 페퍼의 3부작이 역설하는 각자의 내면 성찰이 기후위기 시대의 체제변혁이라는 과제와 사실상 하나일 수밖에 없다는 진실에는 도달하지 못했다는 말이다.


## 4. 게토화된 기후소설의 지평을 넘어서

페퍼의 연작은 기후재난에 대한 '국제사회'의 대처가 완전히 실패로 돌아간 근미래 현실에 집중했다. 쪼개진 공동체들이 오늘의 상황을 비판적으로 반추하기 위한 배경이라면, 아카디아로 표상되는—생산자와 소비자가 구분되지 않은 자유결사의—소농·중농 기반 공동체는 앞으로 사회정책 차원에서도 한결 정교하게 구상해야 할 숙제로 남는다. 거듭 강조컨대 전근대로의 회귀가 아니라 과학기술의 지혜로운 활용과 지속가능한 생태적 생산 및 소비의 선순환에 근거한 소·중·대에 걸친 다양한 지역 사회의 설계 없이는 자본주의근대 너머로 나아가기 어렵다. 초국적 기업이 아니라 민중들이 스스로 주도하는 공동체 구상은 기후위기 대응에서도 핵심이다.

자본 주도의 기후위기 해법이라는 것은 거의 언제나 과학적 묘약으로 제시되며 하나의 거대한 환상에 불과하다. 그런 묘약을 찾는 과학자들이 기후소설에 단골로 등장하는 현상을 기후소설의 게토화 징후로 볼 수 있는가는 사안별로 검토해볼 일이다. 『탄소의 꿈(Carbon Dreams)』(2000)의 지구화학자 어리나스 박사(Dr. C. Arenas), 『굶주린 조수(The Hungry Tide)』(2004)의 해양생물학자 피아(Piya), 『휴거(The Rapture)』(2009)의 기체공학자 멜빌(Frazer Melville), 『솔라(Solar)』(2010)의 물리학자 비어드(Michael Beard), 『비행 습성(Flight Behavior)』(2012)의 곤충학자 바이런(Ovid Byron) 등은 저마다 역할과 비중은 다르고 그 나름으로 서사 전개에 필요한 인물이다. 기후위기가 초래한 생태재앙을 과학적으로 분석하는 일이 소설에도 요구된다면 과학자들이 기후소설에 등장하는 것은 당연하다.

그러나 작가들이 기후위기가 어찌하여 과학적 분석만으로는 결코 감당할 수 없는 사태인가를 더 깊이 사유하기는커녕 현상 진단과 속성 해결책에 골몰한다면 이야기는 달라진다. 그런 골몰이야말로 게토화의 징후이기 때문이다.[19] 요컨대 이들 과학자들의 존재는 기후소설이 과학소설의 서사적 영역을 공유하는 양상을 말해주는 한편, 기후위기에 관한 근원적인 사유가 손쉽게 공학적 대안으로 대체되는—그 자체로 과학주의의 혐의가 짙은—문제점을 노정한다. 이 경우 과학자들의 존재도 기후소설의 게토화를 가리키는 하나의 증상에 가까워진다. 과학자가 차지하는 비중과 서사상의 역할을 주목하는 데서 결정적인 논점은 기후재난 시대의 '구원'도 과학자들이 꿈꾸는 과학주의적 해법 너머에 있음을 명확히 인식하는 것이다.

어떤 경우든 기후소설이 과연 **작품의 차원에서** 그 너머의 지평으로 나아가고 있는가 하는 물음이 따르는 것도 필연적이다. 작가들도 일거의 해법 자체는 불가능하다는 사실을 모를 리 없다. 그럼에도 과학의 참뜻을 묻기보다 과학주의적 상상력을 발동시키는 데 몰두하고 있는 것이 오늘날 기후소설의 실상이다. 그런 상상력도 물론 경종을 울리는 데 기여한다. 하지만 그 과정에서 모든 것을 '기후 문제'로만 단일화·단순화하는 기후주의를 조장한다면 기후위기에 대한 복합적 성찰에도 장애로 작용한다. 그래서 비평의 과제도 더 어려워진다. 자본주의근대의 문제를 좀 더 총체적으로 천착하는 기후소설의 관건이 장르적 관성에서 얼마나 벗어나는가에 있다면 비평도 전혀 간단치 않은 바로 그 점을 엄밀하게 논해야 한다.

---

[19] 나 자신은 "장르문학 고유의 성취는 게토화된 장르문학 자체의 극복에 다름아니다"라는 주장을 보네거트(Kurt Vonnegut)와 박민규의 작품을 분석하면서 제기한 바 있다. "장르문학 고유의 성취" 운운한 대목은 졸저, 『한국문학의 최전선과 세계문학』(창비, 2013), 205면.

그러면 그런 관성과 씨름하는 작품을 사례로 들어보자. 기후위기가 우리 자신의 삶에 얼마나 깊숙이 들어와 있는가를 철저하게 사실주의에 입각해 파헤친 장편으로는 킹솔버(Barbara Kingsolver)의 『비행 습성』을 첫손에 꼽을 만하다. 벌채로 인한 산림 파괴와 계절의 이상 변동으로 멕시코에서 홍수와 산사태가 일어난 결과 수백만 마리의 나비 떼가 행로를 변경하여 한겨울에 테네시주의 한 작은 마을로 갑자기 찾아든다는 설정 자체는 가상이다. 그러나 오늘날 그와 유사한 생태계 이상 사태가 도처에서 목격되는 상황에 비춰보면 이는 충분히 개연성이 있는 배경이다. 『비행 습성』은 인종과 성, 계급을 미묘하게 가로지르는 차별과 분리선이 존재하는 지역을 배경으로 나비 떼가 한 여성의 삶에 일으킨 균열을 세밀하게 포착한다.

기후재앙을 목전에 둔 우리의 삶도 결국 생태계의 균형에 달려 있다는 점을 포착한 『비행 습성』은 기후소설의 전형이지만 다른 한편 델라로비아(Dellarobia Turnbow)라는 '불온한' 여성 주인공이 삶의 모험을 감행하는 가정의 서사시(domestic epic)의 형식을 띤다. 킹솔버는 배움과 경험이 극도로 제약된 가정에서 겪는 여주인공의 좌절감과 더 넓은 세계로 나아가고자 하는 지적 열망이 어떻게 기후 문제와 연동되는가를 점진적으로, 그리고 다각도로 드러냈다. 이런 이야기는 과연 장편소설이라는 장르가 잡식성이라는 소설사(小說史)의 진실을 다시 환기해주는 바 있다. 문제는 기후소설의 장르적 고정관념을 무너뜨리는 것만이 능사는 아니라는 것이다. 기후소설과 가정소설의 어떤 창의적인 결합이 이룩된 장편소설의 경지는 킹솔버의 작품세계에서도 과제로 남았기 때문이다.[20]

---

[20] 『비행 습성』에 관해서는 선행 졸문에서 이보다 더 자세히 논했는데, 바로 그런 한계를 이렇게 지적했다. "요컨대 기후소설로서 『비행 습성』의 소설적 성취는 정석의 힘에서 나오며, 이는 사실주의 장편 문학의 여전한 위력을 방증한다. 다만, 기후소설이라는 장르 서사의 미래가 사실주의와 장르문학의 유산을 현대 작가들이—근대의 거장들이 그러했듯이—얼마나 창의적으로 발전시키는가에 달려 있고, 『비행 습성』의 의의도 바로 그 점을 환기하는 선에 멈춰 서 있다는 점은 짚어두어야 하겠다." 졸고, 「기후위기가

다른 한편 사실주의도 여러 종류임을 극도의 사실적 필치로 보여주는 '기후파국 소설'로는 랜체스터(John Lanchester)의 『벽(*The Wall*)』(2019)만 한 작품도 드물 듯하다. 기후가 말 그대로 붕괴된 가상의 근미래 상황을 배경으로 놓고 그런 상황을 짐짓 있는 그대로 그려낸 이 소설은 『비행 습성』과 내용과 형식 모두 대조적이다. 『벽』의 경우 해수면 상승으로—세계 전역의 해안 백사장은 모조리 사라졌다—1만 킬로미터의 콘크리트 벽을 해안선을 따라 세우고 그곳을 지키는 병사들의 일상을 건조하면서도 냉철한 필치로 묘파했다. 이런 냉철함은 인류가 지금처럼 산다면 필연적으로 도래할 파국의 미래를 경고하겠다는 작가의 확고한 의지로 읽힌다. 불특정한 공간과 시간대를 배경으로—영국으로 짐작되지만 국가나 지명은 언급되지 않는다—벌어지는 『벽』의 상황이 기후재난의 가공할 결과들 가운데 하나인 기후난민의 대량 발생과 국가 간 공조 체제의 해체로 인한 것임은 더 말할 나위 없고, 작품도 바로 그 후과를 면밀하게 추적한다.

해수면 상승에 대응하기 위해 나라의 해안 전체에 쌓아 올린 벽은 국가해안방어구조물(NCDS; National Coastal Defense Structure)로 불린다. 이 거대한 콘크리트 장벽은 우리(We)와 타자(Others)를 분리하는 물리적 실체인 동시에 심리적 분단선의 상징이다. 극소수의 특권층에게나 항공 여행이 허용되는 상황에서 바다를 떠돌며 필사적으로 벽을 넘어오는 타자들과 이들을 막으려는 '우리'의 대결은 서사의 '초기값'으로 설정된다. 난민들을 막기 위해 수천 킬로의 구조물 위에서 병사가 불침번을 서는 나라가 병영국가가 되는 것은 너무나 논리적이다. 이런 현실은 전투만 중지된 휴전의 상황을 살아가는 분단 한국의 독자에게는 친숙한 면마저 있다. 게다가 콘크리트 벽으

---

문학에 던지는 물음」, 57면. 그 점과 관련하여 한두 마디만 더 보탠다. 『비행 습성』에서 한 여성의 지적 모험이 상대적으로 부각되면서 가정소설의 틀이 강화될수록 기후위기에 대한 엄밀하고도 총체적인 인식은 흐려진다. 기후위기가 개인의 모든 선택에 달려 있다는 식의—기껏해야 일말의 진실만을 담은—상투적인 도덕 윤리로 떨어지면서 체제변혁의 과제를 서사에서 희석시킨다는 것이다.

로 만리장성을 구축한 나라 내부에도 저항 세력이 존재하고 이들의 도움으로 타자들이 침투하는—침투하다 포로로 잡히면 노예(Help)로 전락하는—『벽』의 세계는 '난민 사태'가 격화되는 유럽의 미래를 예고하는 듯하다.

우리 주변에서 볼 수 있는 평범한 주인공인 카바노(Joseph Kavanaugh)의 성격 창조도 그런 맥락에서 주목할 만하다. 부모 세대와 완전히 달라진 현실에 어떻게든 적응하려는 보통 사람을 기후 서사의 주인공으로 내세운 효과 가운데 하나는 앞으로 모든 사람에게 다가올 파국이 어떤 것인가를 실감 나게 일깨우는 데 있다. 하지만 나름의 극적 반전과 바다 한복판에서 벌어지는 긴장된 생존 투쟁의 재현에도 불구하고 『벽』 역시 기후소설의 장르적 관성에서 멀리 벗어나지는 못한다. 이는 기후 파국을 상수로 설정한 상태에서 예측 가능한 변수들을 포석처럼 깔아놓는 방식으로 전개되는 서사에 기인한다. '기후위기를 어떻게 사유하고 행동할 것인가'가 창작의 화두가 되지 못하고 위기의 논리적 표출 양상에 대한 추론에 탐닉한 서사에 가까워진다는 것이다. 『비행 습성』이나 『벽』과는 다른 차원의 서사적 시도를 보여주는 장편으로는 역시 고시의 『굶주린 조수(The Hungry Tide)』(2004)를 지목할 만하다.

21세기의 기후 문제를 시야에 넣으면서도 생태, 문화, 정치의 다양한 쟁점들을 한결 폭넓게 다뤘다는 점에서도 앞에서 언급한 두 작품과 일정하게 구분된다. 고시는 기후위기에 대해 나름의 문학관을 피력한 소설가이기도 한데, 『대혼란의 시대』에서 서양의 근·현대문학이 왜 기후 문제를 다룰 수 없었는가를 신랄하게 비판하면서 가장 큰 원인으로 영미권 작가들이 은연중에 전제하는 '개인의 도덕적 모험'이라는 틀을 문제 삼은 바 있다. 『굶주린 조수』는 그러한 작가적 문제의식과 무관치 않은 소설로 읽힌다. 단적으로 『굶주린 조수』를 관통하는 주제가 마리치잔피 대학살(Morichjhápi Massacre, 1979년 1월 24일~5월 18일; 영어명 Marichjhanpi)이라는 사실은 의미심장하다. 인도·파키스탄 독립(1947)과 파키스탄·방글라데시 분리(1971)가 현재적 전사(前史)로 존재하는 이 대학살에는 영토 분쟁에 수반되는 난민 문제 및 중앙 정부의 독재와 폭력에 맞선 민중 투쟁사와 지방자치, 난민들의 생존권 대 순다르반스의 생물권 보호 등의 역사적 난제가 모두 함축되어 있다. 『굶주린 조수』는 장르상의 경계가 한결 확장된 기후소설인 셈이다.

그렇다면 마리치잔피 학살이 작품의 중심에 놓였다는 것 자체가 생각거리이다. 작가가 이 엄청난 주제를 감당하기 위해 채택한 서사 전략은 기본적으로 '투 트랙'이다. 일단 콜카타 출신의 사업가 캐나이(Kanai)와 순다르반스의 돌고래를 연구하는 해양생물학자 피야(Piya)를 주인공으로 내세우면서 교차 서술의 형식으로 1부를 진행한다. 캐나이는 친척인 닐리머(Nilima)의 부름을 받고 그녀의 사별한 남편인 니르멀(Nirmal)이 일기 형식으로 남긴 마리치잔피의 비사(祕史)를 읽게 되는 남성이다. 피야는 순다르반스에서 돌고래 서식 현장연구를 수행하면서 그곳에서 불거지는 자연보존 대 개발의 폭력적 모순을 증언하고 고발하는 여성이다. 2부에서는 이 두 인물을 순다르반스의 개척마을인 루시바리(Lusibari)에 모아들여 교차 서술을 하나로 통합한다. 동시에 지역 토박이이자 마리치잔피의 생존자인 포키르(Fokir)를 가이드 삼아 두 남녀가 돌고래 탐사 여행에 나서게 하는 구도이다.[21] 과거와 현재를 오가면서 루시바리의 개척 역사와 마리치잔피 학살의 진상을 담은 서사의 형식과 내용 정리보다 고시가 스스로 제기한 난제를 감당하는 방식에 집중해보자.

작가는 순다르반스 지역의 설화와 민담을 다채롭게 변주하면서 자연과 공존하는 인간의 엄혹한 실존 현실을 가감 없이 들려준다. 고시가 자신이 알고 있는 지역 현실을 단순히 소설을 위한 소재 정도로 취급하지 않았다는 점은

---

21 이 장편의 서사 형식을 "얽힘의 미학"이라는 제목으로 풀어낸 논의로는 원영선, 「탈식민주의·생태 역사의 인류세적 서사화: 아미타브 고쉬의『헝그리 타이드』」, 『19세기 영어권 문학』 25:2(2021), 149~163면 참조.

곳곳에서 실감된다. 무엇보다 지역의 생태 현실이 중앙 정부의 정치와 어떻게 연동되는가를 사실적으로 그려낸 점은 여타 기후소설에서는 찾아보기 힘든 분석적 재현이다. 물론 그런 재현에서도 더 생각해봐야 하는 점이 있다, 그것은 난민들이 주도하는 마리치잔피 자치공동체의 '비전'과 기후위기의 관계인바, 이 쟁점은 우리에게도 특별한 화두를 던진다.

마리치잔피 난민 공동체에서 꾸려진 마을 조직은 한말(韓末)의 동학운동 당시 조직된 집강소를 연상시킨다. 섬을 점유한 상태에서 중앙 정부와의 협상을 시도하는 마리치잔피는 무참하게 진압되는 것으로 그려지지만 그들의 실패는 역사적 여운을 진하게 남긴다. 작품의 2부는 중앙 정부와 대립하는 자치공동체의 비전을 두고 날카롭게 대립각을 세우는 니르멀·닐리머 부부의 인생 행로를 따라가면서 마리치잔피의 비극을 극화한다. 독자가 그런 비극을 읽는 것은 이상주의 대 현실주의의 도식으로 수렴될 수 없는 역사의 '불편한 진실'과 마주하는 일이다. 『굶주린 조수』가 '기후소설'로서 갖는 진정한 호소력도 그런 진실의 문제를 생태계 보존과 연계하여 제기했다는 데서 나온다.

하지만 이 말뜻의 이면은 이런 것이다. 즉, 당장의 해법이 있을 수 없고 파고들수록 복잡하고 거대해지는 난제를 제기는 했으나 작품으로서 제대로 감당하는 데까지는 이르지 못했다. 작품은 생태 또는 환경의 보호라는 정당한 주장이 실제 지역 현실에 뿌리내리는 인간의 삶에서는 보기보다 훨씬 복잡 미묘한 문제라는 점을 중앙집권적 권력과 맞서는 구체적인 생활 현장에서의 딜레마로서 설득력 있게 제시했다고 본다. 그런데 그런 딜레마가 순다르반스의 사실상 외부인들, 즉 캐나이와 피야의 시각으로 희석되는 것은 깊이 생각해봄 직하다. 앞서 언급했다시피 『굶주린 조수』는 서구 장편소설의 전형적 서사 궤적, 즉, 한 인물의 개인적 운명에 초점을 맞추는 대신 마리치잔피 학살과 직간접적으로 연결된 인물 군상의 행로를 따라간다. 그 과정에서 니르멀·닐리머 부부는 물론이고 캐나이와 피야, 포키르와 모이나(Moyna), 쿠숨

(Kusum) 등 주요 등장인물이 순다르반스 지역을 배경으로 벌이는 제각각의 분투를 하나의 군무(群舞)처럼 재현한다.

그러나 고시는 진정한 대안도 지역 현실에 뿌리박은 지역 사람들의 삶 속에서 나온다는 점을 끝까지 직시하기보다 재난서사의 다분히 낯익은 서사적 공식에 안주하는 쪽을 택한다. 마리치잔피의 비극을 그리면서 '기후'와 '소설' 모두와 씨름한 『굶주린 조수』 나름의 문제의식을 충분히 인정하고 난 다음에도 남는 생각은 지역의 생태 현실을 대하는 두 개의 대립적 시각에 관한 것이다. 돌고래학자이자 인도계 미국인인 피야 대 순다르반스의 토착민인 포키르의─니르멀의 혁명적 이상 대 닐리머의 개량주의의─모순이 그것이다. 작품의 종결부를 장식하는 사이클론 속에서 포키르는 피야와 몸을 하나로 묶어 견디다가 결국 희생된다. 이런 장면을 득의의 서사 진행으로 해석하는 논자가 있을지도 모른다. 그러나 그것은 곤란한 문제를 얼버무린 연출에 불과하다. 미국인으로서의 피야와 토박이로서의 포키르가─포키르와 그의 부인인 근대적 여성인 모이나가─공유할 수 있는 어떤 의미심장한 존재적 공통지대가 애초에 서사의 지평에 존재하지 않는 터라, 포키르의 희생이 난제를 해소하기 위한 수순처럼 읽히는 것이다.[22]

결과적으로 서구적 계몽주의와 이성을 표상하는 캐나이와 피야에게 새로운 삶의 가능성을 부여하고 포키르를 사이클론으로─그토록 어처구니없게!─처리한 것은 독자에게 착잡한 상념을 안긴다. 마리치잔피의 생존자이자 순다르반스의 토박이로서 묵직한 존재감을 발산한 포키르가 『굶주린 조수』의 서사 세계에서 자신의 자리를 지키지 못하고 사라지는 것은 대안의 세계가 안 보이는 오늘날의 현실에 대한 정직한 증언으로 읽을 수 있는 여지가 아

---

22 여담이지만 마리치잔피에 대한 니르멀의 열렬한 관심이─호렌(Horen)의 회상을 통해 흘리듯이─쿠숨에 대한 연정과 연관이 있는 것처럼 암시한다든가 남편인 포키르가 피야에게 연심을 품을지도 모른다고 경계하는 모이나의 심리를 그리는 작가의 방식에는 말 그대로 근대주의의 고질 가운데 하나인 급진적 개인주의의 편향이 짙게 배어 있다.

주 없는 것은 아니다. 그러나 고래학자로서 생태계의 파괴에 누구 못지않게 민감하지만 자신이 의탁하는 과학에 전혀 의심이 없는 피야나 니르멀이 남긴 혁명적 이상의 기록을 낱낱이 읽었으면서도 그에 상응하는 내면 성찰 내지는 각성이 없는 캐나이에게서 뭔가 의미심장한 실마리를 찾아내기는 어렵다.

좀 더 냉정하게 평가한다면 근대적 발전주의를 수용하고 돌고래의 생태를 연구하는 피야나 콜카타에서 외국어 능력을 밑천 삼아 성공한 사업가인 캐나이의 서사에는 기후위기의 시대에 요구되는 어떤 태세 전환의 기미가 보이지 않는다. 기후위기에 대한 '일상'의 승리는 사실 너무나 다양한 얼굴을 하고 있는데, 이 소설에서도 그 모습이 보인다는 것이다. 순다르반스의 자연에 대한 순응에서 우러나오는 나름의 인간적 존엄과 무게를 지닌 포키르가 그렇게 소멸되는 것도 그와 같은 승리의 일부로 읽힌다. 그 승리에 내포된 본질적 한계는 『굶주린 조수』의 거의 모든 인물들을 '재활용'하면서 생태계 오염, 기후난민 문제, 멸종 사태를 전 지구적 배경을 무대로 묘파한 『건 아일랜드(Gun Island)』(2019)에서도 불식된 것 같지 않다. 다만, 이것도 고시 개인의 역량 부족만으로 돌리기 힘들다면 『굶주린 조수』는 우리에게 더 큰 숙고의 과제를 남겨놓은 셈이다. 그리고 이 과제는 어떤 탁월한 작가가 홀연히 등장하여 해낼 수 있는 성질이 아니다.

『굶주린 조수』의 서사적 한계에서 끌어낼 수 있는 물음은 이런 것이 아닐까 싶다. 즉, 웰즈(David Wallace-Wells) 같은 지식인이 역설하는 인간 존재의 의미를[23] 우리는 생태와 정치의 차원에서 어떻게 성찰해야 하는가? 이

---

[23] 그는 이렇게 썼다. "지구온난화가 가르쳐주는 교훈은 서로 모순적이어서 우리를 어리둥절하게 만든다. 동일한 위기로부터 인간이 얼마나 하찮은 존재이며 또한 얼마나 위대한 존재인지 동시에 배울 수 있기 때문이다." 데이비드 월러스 웰즈, 『2050 거주불능 지구』, 김재경 옮김 (청림출판, 2020), 331면. 인간이 하찮으면서도 위대하다는 모순어법의 설득력은 우리의 삶의 현장에서 확인된다. 하지만 문제는 그런 식의 모순어법에 자족하는 데 있다. 기후위기는 그렇게 위대하다고 하는 인간이 왜 이토록 하찮은 존재로—톱니바퀴의 부품으로—전락했는지, 더 근원적인 성찰을 촉구하고 있다.

런 물음을 진지하게 받는다면 인류세라는 용어의 의의도 인간의 한없는 미미함을 무색케 하는, 다른 생명들에 끼치는 엄청난 비대칭적 폐해를 끊임없이 환기한다는 데서 찾아야 한다. 그 같은 폐해가 인류의 귀책사유임이 반박 불가해진 상황에서 인간과 동물의 유적 경계에 대한—해러웨이(Donna Haraway)의 담론 작업이 예시하는 것 같은—해체적 상상력이 맹렬하고, 기후위기에 대한 해법도 백화제방을 방불할 정도로 다양하다. 그로써 자본주의에서 어떤 체제 전환을 해내야 하는가를 묻고 실행에 옮겨야 하는 과제가 인문학의 영역에 본격적으로 들어왔다. 이런 과제를 아마타브 고시도 (적어도 지금까지는) 제대로 감당하지 못했다고 비판한 셈인데, 기후위기 시대에 기후소설을 읽는 시간이 독서의 즐거움에 자족할 수 없는 착잡한 상념으로 가득 차는 것은 당연하다.

## 5. 기후위기와 세계문학

인류가 자명한 것으로 간주해온 일기(日氣)의 항상성이 너무도 교란된 나머지 문자 그대로 지구상의 모든 생명이 실존의 위험에 직면한 상황을 기후위기라고 부른다면, 그런 위기는 단순히 기후의 문제로 수렴될 수 없다. 자본주의근대로 일컬어지는 500년의 시간 동안 인간의 무형·유형의 생산·소비 활동으로 축적된 그 모든 것이 기후위기로 현상(現像)되었기 때문이다. 그것은 인간이 만물의 지배자라는 생각의 병폐가 지구에—또한 인간 자신의 마음에—전방위적으로 축적되어 나타났다. 그러므로 인간의 회심(回心)은 말할 것도 없이 국경을 초월하는 집단 지성과 개인·사회·국가 차원의 전술·전략적 실천이 총체적으로 가세하지 않는 한, '다른 세계는 가능하다'는 구호도 헛말이 될 것이다.[24]

이런 마당이니 학계에서 자기들끼리나 주고받는 난해하고 난삽한 생태 담론 자체가 위기의 증상이라는 볼멘소리도 나온다. 인류문명의 종말을 준비하는 비관주의만이 유일하게 정직한 태도이리라는 환경인문학자들의 경고가 현실적으로 들리는 것도 이유가 분명한 셈이다. 하지만 경고를 무겁게 받아들이는 순간 생태·환경 운동가들의 습관화된—기후종말론으로 치닫기 일쑤인—경종을 넘어서는 작업은 더 절박성을 띤다. 오늘날 지구 생태계를 이 지경으로 만든 주적(主敵)들이 엄연히 존재하고 화석 파시스트로 명명된 적들의 공세에 맞서 싸워야 하는 전선도 선명하다.[25] 그러한 전선에 담론으로 참여한다는 것은 기후위기로 격화되는 계급주의·성차별주의·인종주의의 현실을 타개하면서 지속가능한 생태적 대안을 마련하는 작업의 수행을 뜻한다. 분산·분권의 민의 자치가 구현되는 생태공동체를 구상하면서 자본주의근대를 만들어낸 사상의 기반 자체를 심문하지 않고서는 기후위기 담론도 긴 앞날을 내다보기 힘들다.

그렇다면 이 모든 논의가 '세계문학'과 어떤 관계가 있는가? 이 물음은 인간의 창조성이 탁월하게 발휘된, 세계문학이라는 영예를 부여받은 문학의 존재 의의를 겨냥한 것이다. 상식적으로 말해서 만인이 공감할 수 있는 참다운 작품을 세계문학이라고 한다면 그것은 거의 언제나 그 자체로 자본주의근대가 궁극적으로 왜 인간다운 삶과 양립할 수 없는 시대인가를 어떤 식으

---

24  이 글 서론에서 필자는 "기후위기가 탄소 배출과 감축을 계량적으로 진단하고 그에 따라 처방하는 것만으로는 결코 극복할 수 없다면 어쩔 셈인가?"라는 물음을 던진 바 있지만 그렇다고 그런 진단과 처방의 노력이 중요하지 않다는 말은 물론 아니다. 기후위기 회의론자들의 논리를 차근차근 논파하면서 친환경 재생에너지의 실제 활용 가능성도 찾아봐야 할 것이다. 그런 가능성을 논한 연구로는 Seth B. Darling and Douglas L. Sisterson, *How To Change Minds About Our Changing Climate* (New York: The Experiment, LLC, 2014) 참고.

25  그 싸움이 전면전이 되지 않고서는 인류의 미래를 장담할 수 없음을 절절하게 논하는 저작으로는 Michael E. Mann, *The New Climate War: the fight to take back our planet* (London: Scribe Publications, 2021) 참조.

로든 성찰하고 고뇌한 서사예술일 수밖에 없다. 돌이켜보면 자본주의 문명의 반생명성에 반발하는 과정에서 성찰과 고뇌는 시시때때로 자연친화의 상상력으로 표출되었다. 생태문학도 그와 같은 상상력이 새롭고 창의적으로 발동되어 일정한 경지에 도달한 텍스트를 가리키는바, 소로(H. D. Thoreau, 1817~1862)의 『월든(Walden)』(1854)과 그의 무수한 '자연 관찰 일지'를 떠올려보라.

이러한 생태문학의 장르적 경계마저 초월함으로써 기후위기를 근원적으로 사유하게 하는 작품이라면 그것이 꼭 기후소설일 필요는 없을 것이다. 하지만 경계를 제대로 넘어선 작품은 아직 도래하지 않은 것으로 보인다. 기후소설에는 기후위기에 관한 담론과 실천이 기후주의라는 또 하나의 근대주의 이데올로기로 변질되는 현실과 대결해야 하는 과제가 주어져 있다. 이제 막 기지개를 켠 기후소설이 주제의 특화(特化)에 함몰되는 장르문학의 자기 폐쇄성을 얼마나 극복하고 장편 문학의 본령에 도달할 수 있을지는 두고볼 일이다. 나 자신의 역량 부족으로 소설로 논의를 국한할 수밖에 없었지만 목하 문명의 위기 앞에서 고뇌하는 시인들도 일일이 거론하기 힘든 실정이고, 이들도 당연히 기후위기 시대에 맞서 세계문학의 지평을 개척하는 주역이다.[26]

세계 곳곳에서 마주하는 묵시록적 풍경과 그런 풍경을 불러온 자본주의근대의 종언은 기후소설을 포함한 모든 장르의 문학에 전지구적 인식과 각성을 촉구하고 있다. 당위의 참뜻과 자본주의근대 너머의 삶의 가능성을 드러내는 일은 창조적 작가들의 몫으로 남는다. 그렇다면 기후위기가 세계문학에 던지는 물음도 그러한 인식과 각성이 어떻게 작품으로 구현되는가의 문제로 귀결된다.

---

26 현대 미국문학 분야에서 참고할 관련 논의는 Judith Rauscher, *Ecopoetic Place-Making: Nature and Mobility in Contemporary American Poetry*(transcript publishing, 2023).

3부

세계문학과 문학비평

## 1장

# 문학비평의 판단 근거에 관하여

### 사랑에 관한 긴 이야기

## 1. 머리말

"여보게 친구, 모든 이론은 회색이고,/푸른 것은 삶의 황금나무네(Grau, teurer Freund, ist alle Theorie/Und grün des Lebens goldner Baum)." 괴테의 『파우스트』(1부 2038행)에 나오는 꽤나 유명한 문장이지만 식자들조차 이것이 파우스트가 아닌 메피스토펠레스의 대사임을 감안하여 뜻을 새기는 경우는 드문 것 같다. 오히려 회색이라는 색조를 관념적 허상(이론)으로 치부하면서 '푸른 것'의 생명력(삶)을 예찬하기 위해 이 문구를 들먹이는 일이 잦다. 그러나 이 멋들어진 경구를 메피스토펠레스가 한 순진한 의학도를 꼬드겨 쾌락의 구렁텅이로 유인하는 맥락으로(『파우스트』 1부 2008~2039행) 되돌리는 순간, 이론=회색, 푸른 것=삶의 황금나무라는 등식은 물론이고 이론과 삶의 이분법 자체도 해체된다. 이론을 버리고 삶을 취하라는 충고가 천사가 아닌 '악마'의 입을 통해 발설된다면 독자들도 그 삶이라는 것이 대체 뭔지 다시 생각하지 않을 수 없을 것이다.

문학비평도 일체의 관념적 사고나 도식의 모든 한계를 전체 문맥에 대한 통찰로 극복하려는 사유 행위라면 그 동력은—작품 간의 비교와 대조의 절차를 거쳐—개별 문맥으로 되돌아갈 때 생기는 '의심'에서도 나올 것이다. 그렇다면 비평이 단순한 개인적 감상이나 인상의 테두리를 벗어나는 것도 삶과 이론의 분리에 대한 의심이 성찰로 깊어지는 데서 가능해진다고 말할 수 있겠다. 평가를 성찰의 최종 지향점으로 설정하는 비평일수록 의심을 좀 더 높은 차원의 판단으로 끌어올리는 작업은 필수적이다. 비평가 자신이 사회에서 내면화한 가치·이념·지식 체계를 완전히 벗어나기 힘들다면 더욱이나 그러하다. 한 개인이 수행하는 그런 작업 앞에 얼마나 많은 난관이 놓여 있는가는 생물(生物)로서의 작품을 둘러싼 숱한 이견(異見) 자체가 말해주는 바 있다. 이견은 작품을 더 살아 있게 하는 원동력이다.

그러므로 각자의 의견이 무성할수록 비평의 설득력과 생명력도 '자기성찰적 읽기'에¹ 달려 있다는 대전제는 두고두고 숙고해야 할 문제로 남는다. 페미니즘, 해체주의, 탈식민주의, (탈)구조주의, 신역사주의, 정신분석학, 게이·레즈비언 연구 등, 비평가들이 저마다 내세우는 비평 이념의 내적 논리까지도 하나의 문제로 설정하는 읽기가 관건일 수밖에 없다는 말이다. 그렇다면 '더 많은 읽기'와 '더 자세한 읽기', '멀리서 읽기', 더 나아가 텍스트를 그것이 생산된 문화 현실의 맥락에 넣어 분석하는 '두껍게 기술하기(thick description)' 등의 방법론도 요긴하게 참조할 필요가 생긴다. 그리고 그렇게 참조하는 순간 문학비평이 직면하는 난관은 더 분명해진다. 방법론 자체가 비평은 아니기 때문이다. 뿐만 아니라 죽비(竹篦)로서의 읽기와 주례(主禮)

---

1 이런 '읽기'일수록 비평의 언어를 일상의 언어에서 분리하지 않을 것이다. 그렇게 분리하지 않는다면 다음과 같은 단서도 달아둘 만하다. "감수성의 자유로운 발현과 비평적 판단의 엄밀함을 하나로 결합하는 훈련이 문학 공부의 핵심인 한, '견'으로서의 읽기도 활자 매체를 넘어서 여타 예술 영역으로 열려 있을 수밖에 없다는" 것이다. 졸고, 「소설과 소설의 영화화:『워싱턴 스퀘어』와 두 각생 영화를 중심으로」,『인문논총』 54집(2005), 224면.

로서의 읽기 어느 한편에 치우치지 않는 것만이 능사도 아니다. 관건은 평가에 대한 엄밀한 근거를 확보하는 일이고, 그럴 때 비로소 문학비평도 문학시장으로부터 필요한 만큼의 독립성을 갖추고 양식 있는 독자와 원활하게 만날 수 있다.

작품을 일종의 기획 상품으로 쏟아내는 판촉의 장단에 자신의 평가를 맞추는 비평가들은 차치해두자. 실제로 2024년 현재, 영미권의 학계는 물론이고 한국의 평단에서도 문학비평의 위상은 왕년에 비해 무척이나 초라해진 것 같다. 주변을 살펴보면 비평의 게토화가 일종의 선진성 및 전문성과 동일시되는 인상도 받는다.[2] 우리의 영문학계는 문제가 더 심각한 것 같다. 분과학문 체제를 비판하고 지식의 통섭을 주창하는 논의들이 안팎에서 활발한 듯하지만 통섭은 고사하고 영문학의 학문적 근거 자체를 상실하지 않았다 하는 생각마저 든다. 영미의 영문과 내부에서부터 문학이라는 범주의 이데올로기적 성격에 대한 문화연구(Cultural Studies)의 해체 작업이 진행된 지 오래라 그것도 당연하게 보인다. 아무튼 문화연구 나름의 성과를 받아들이면서도 그 몰가치적 성향과 비판적 거리를 두는 영문학 연구가 얼마나 되는가도 물어봄직한 계제다.

정리해보면, 문학비평은 한편으로는 문학을 개별기술적(idiographic) 지식 활동의 산물로 격하하면서 진리 추구의 역사적 사명을 자임한 역사적 사회과학의 도전을, 다른 한편으로는 탈분과적 학문으로서의 체모를 갖추기 시작하면서 기존 인문학의 기반과 경계를 뒤흔드는 문화연구의 도전을 동시에 받아야 하는 난감한 처지에 놓여 있다. 요컨대 일체의 상투화된 해석과 특정한 읽기의 처방을 내주는 이론들을 넘어서지 않고서는 문학비평이 새로운 두 지식

---

2  이것이 단순한 인상만은 물론 아니다. 길게 논할 계제는 아니고 그 나름의 의의도 적지 않다고 보지만 동성애·여성주의에 거의 전적으로 집중한 평론집을 살펴본 소감이다. 김건형, 『우리는 사랑을 발명한다』 (문학동네, 2023).

운동의 도전에 적절히 대응할 수 있는 길을 찾기는 어려울 것이다.

여기서는 그런 도전을 감당하는 하나의 방편으로 19세기 후반 미국의 여성 작가들, 특히 케이트 쇼팬(Kate Chopin, 1850~1904)의 대표작으로 알려진 『깨어남(Awakening)』(1899)을 앞세우면서 윌러 캐서(Willa Cather, 1873~1947)와 새러 오언 주엇(Sara Orne Jewett, 1849~1909)의 작품을 비교 대상으로 활용하고자 한다. 각기 사정은 다르지만 사실상 비슷한 이유로 뒤늦게 인정받은 이들의 주요 작품은 앞서 언급한 문학비평의 학문 근거와 문학적 평가라는 난제와 씨름해볼 수 있는 좋은 기회도 제공한다. 그중에서 특히 쇼팬의 『깨어남』은 19세기 미국소설의 정전 논쟁에서도 거의 단골로 거론되는 터라서 여성주의 및 정전주의 비평의 쟁점을 짚어보는 데 안성맞춤이다. 주안점은 『깨어남』의 결말에서 정점을 찍는 여성의 독립과 자유라는 주제에 맞춰지지만 캐서의 『오, 개척자들!』(1913)과 주엇의 『전나무 지방』(1896)도 그에 못지않은 비중으로 거론할 생각이다.[3]

## 2. '작품'과 여성주의의 도전

원론적으로 말하면 엄밀한 읽기의 훈련은 탁월한 문학작품과의 대면에서 가장 잘 수행될 수 있을 것이다. 그러나 훌륭한 작품을 더 많이, 더 꼼꼼하게

---

3 텍스트는 다음과 같다. Kate Chopin, *The Awakening*, ed. Margo Culley (3rd Edition; New York: Norton, 2018); Willa Cather, *O Pioneers!* ed. Sharon O'Brien (New York: Norton, 2008); Sara Orne Jewett, *The Country of the Pointed Firs and Other Stories* (New York: Norton, 1981). 인용은 괄호 안에 각기 제목 약칭 TA, OP, CP과 함께 면수만 표기한다. 이 가운데 시중에서 구할 수 있는 한역본은 쇼팬의 소설뿐인데, 다음과 같이 두 종이 있다. 이소영 옮김, 『이브가 깨어날 때』(열림원, 2002); 한애경 옮김, 『각성』(열린책들, 2019). 제목의 차이에 관해서도 본문에서 언급할 텐데, 작품 인용은 번역본을 참조하여 더러 손을 댔다. 참고로 캐서의 *O Pioneers!*는 여석기(呂石基, 1922~2014) 교수의 번역으로 '開拓者'라는 제목으로 1955년에 을유문화사에서 출간된 바 있다. 초창기 한국 영문학 연구의 풍경도 엿볼 수 있는 번역이다.

읽는 것이 능사는 아니다. 문학비평의 엄밀성은 자연과학의 객관성과는 전혀 성격을 달리하는데다가 양으로 승부를 볼 수 없는 성질이기 때문이다. 게다가 문학작품에 대한 비평적 판단이라는 것은 개인 고유의 실감을 떠나서는 성립하기 어렵다. 그런 만큼 주관성이 강하게 작용하는 위험이 따른다. 그리고 이 위험성은 해석 행위에 개입하는 상수에 가깝다. 따라서 작품에 대한 자신의 실감이 '취향'과 어떻게 같고 다른지를 해명해야 하는 과제가 문학비평에 숙명적으로 주어진다.

이런 비평의 온당한 판단을 가로막는 장애물은 실로 무수하다. 가령 성별은 계급과 인종이라는 변수와 더불어 독자의 생각에 때로는 결정적으로 작용하는 요인이다. 양성평등의 의식으로 무장하고 생물학적인 성(sex)과 사회적인 성(gender)을 구분하면서 텍스트를 읽는다 해도 그런 구분 자체를 해체하는—'해부학적 구조는 운명(anatomy is destiny)'이라는 프로이트식 결정론을 뒤집는—기술주의 시대에서 문학비평의 엄밀성은 그 자체로 지난한 과제일 수밖에 없다. 섹스와 젠더의 복잡미묘한 관계를 그때그때의 역사적 현실에서 규명하는 작업도 만만치 않을뿐더러, 이성애를 제도의 폭력으로 규정하는 일부 급진 여성해방론자들의 담론에서 '합리적 핵심'을 끌어내서 성적 소수자의 권리를 비평으로 존중하는 것도 섬세한 고려가 요구된다.

그러면 이 글의 주제와 직접적으로 연관되는 논제를 중심으로 좀 더 구체적으로 들어가보자. 19세기 앵글로색슨계 미국 남성 작가의 소설을 둘러싸고 (남녀) 학자들이 벌이는 논쟁의 양상은 무척이나 복잡하고 꼬여 있다. 여성 연구자들이 실증 연구로 제시한 바 있듯이, 19세기 초·중반까지 미국의 소설 시장을 주도한 것은 감상주의로 분류되는 텍스트를 생산한 여성 작가들이었다.[4] 쿠퍼, 호손, 포, 멜빌, 휘트먼 등, 19세기 미국문학의 고전으로 평

---

4 이에 관한 논의는 특히 Nina Baym, *Woman's Fiction: A Guide to Novels by and about Women in America 1820~70* (Champaign: U. of Illinois Press, 1993), 2장 참조.

가받는 남성 작가들의 작품에 대한 당대 독자들의 호응은—물론 작가마다 제각각이었지만—당대 여성 작가들이 누린 대중적 인기에 비하면 대체로 초라한 편이었다.

독서 대중의 사랑을 독차지하다시피 한 당대의 베스트셀러가 오늘날 어찌하여 극소수의 연구자 이외에는 거들떠보지 않는 문학사 연구의 보조자료로 전락했는가 하는 의문에서 일단 확인되는 사실은, 시대의 흐름에 따라 인기 여성 작가들의 작품이 도태되었다는 것이다. 도태의 원인에 대한 규명은 여러 각도에서 진행되고 있는바, 학계는 이 문제에 대해 거의 성 대결이라 할 만큼 상이한 설명을 내놓았다. 19세기 미국문학의 정전을 구축했다고 해도 과언이 아닌 남성 학자들이 그 차이의 원인에 대해 내놓는 답변은 간명하고도 단호했다. 그들은 거의 이구동성으로 여성 작가의 작품이 남성 작가의 작품보다 문학적으로 열등하다고 판단한 것이다. 아니, "그들이 여성이기 때문에 받아들여질 수 없다"는 발언을 선집의 변으로 대놓고 선언하기까지 했다.[5]

여성 학자들이 문학주의 · 정전주의를 상대로 그토록 치열하게 인정투쟁을 벌여온 데는 여러 복잡한 맥락이 있을 것이다. 무엇보다 대학에 자리 잡고 거의 일방적으로 중요한 작품과 중요하지 않은 작품을 선별한 남성 학자들의 주도권에 대해 문제를 제기해야 할 필요가 절실했기 때문으로 보인다. 이 글에서 다루는 쇼팬, 캐서, 주엇의 작품에 대한 비평만 해도 당대 남성주의 학계나 지식계가 얼마나 성차별 의식에 젖어 있었는가를 반증하는 사례들이다. 이런저런 이유로 페미니즘의 기치를 높이 든 진영은 미국문학의 '고전 목록'에서 여성이라는 이유로 배제된 작가들의 '복권'을 시대적 당위로 인식했다. 그런데 문제는 무시당한 여성 작가들의 복권(復權)으로 정리되면 좋으

---

5 여기서 "그들"은 Edith Wharton(1862~1937)과 Mary Wilkins Freeman(1852~1930)을 가리킨다. John Macy, *The Spirit of American Literature*(New York: The Modern Library, 1912), viii. 미국문학이라는 것이 대학의 분과학문으로 제대로 편입되기 이전에 나온 이 저작은 워싱턴 어빙에서 헨리 제임스까지 모두 16명을 추려서 미국을 대표하는 작가로 소개하고 있는데, 실제로 그중에 여성 작가는 단 한 명도 없다.

련만 실상은 그렇지 않다는 데 있다.

먼저 사실 관계를 확인해둘 필요가 있겠다. 19세기 미국의 문화 현실은 영국에 비해서도 여성들이 훌륭한 작품을 생산하는 데 결코 유리하지 않았다. 작품만 두고 봐도 전체적으로 남성 작가들의 그것과 대등한 결과물을 내놓았나 하면 반드시 그것도 아니다. 딱히 페미니즘이 아니더라도 19세기 미국 문학의 '정전'이 특히 논란거리가 될 수밖에 없는 것은, 영국과의 문학적·문화적 교류와 연속성이 다른 지역에 비해 월등하게 강한 뉴잉글랜드 지역에서 고등교육의 기회와 여가를 누렸던 앵글로색슨계·백인·중산층 남자들의 특권 및 혜택과 정전의 역사적 형성이 맞물리기 때문이다. 소위 아메리칸 르네상스를 견인한 남성 작가들의 탁월한 문학적 성취도 바로 그런 혜택과 무관치 않음은 더 말할 나위 없다. 그러나 여기서도 문제가 간단치는 않으니, 그들은 제각각 성차별주의와 계급주의, 인종주의 모두가 어찌하여 정복자 미국 백인들의 허위의식의 산물인가를—어떤 면에서는 여성 작가들보다 더 신랄하고 심오하게—작품으로 드러낸 면도 있기 때문이다.

그러므로 19세기 미국문학의 주요 남성 작가들에게 성차별주의라고 혐의를 거는 것은 일면 맞지만 사태를 단순화하는 일이기도 하다. 일단 단순화를 피하는 길은 남성 독자는 남성 독자대로, 또 여성 독자는 여성 독자대로 '남성적인 것' 또는 '여성적인 것'으로 규정되어온 통념과 거리를 두는 일이다. 이 거리 두기는 어떤 체계적인 개념화를 지향하는 분석과는 질적으로 다른—바로 그런 의미에서 리비스가 역설한 '반철학적인'[6]—사유를 준비하는 작업이다. 이는 "'여성적'인 것으로 규정되어온 것들에서 '여성적'이라는 한정 형용사를 떼어내는 이론적·실천적 작업"을 지향한다.[7] 남성적인 활동과

---

[6] 리비스의 그런 비평적 작업을 새로이 소개한 글로는, Chris Joyce, "The Idea of 'Anti-Philosophy' in the Work of F. R. Leavis," *The Cambridge Quarterly* 38:1 (2009), 24~44면 참조.
[7] 김영희, 「페미니즘과 학문의 객관성」, 『현대 학문의 성격』(민음사, 2000), 231면.

성향을 여성들에게도 개방해야 하고 그 역도 마찬가지라는 전제를 달수록 대체 뭘 기준으로 '여성적인 것'과 '남성적인 것'을 구분할 것인가를 묻는 일이 절실해지기 때문이다. 게다가 기술과학의 시대에 남성과 여성, 더 나아가 성적 소수자들이 어떤 방식으로 서로와 관계 맺어야 온전한 것인가 하는 문제까지 더해진 상황이 아닌가.

19세기 미국문학에서 표면화되는 '남성적인 것'과 '여성적인 것'은 그런 쌍방향 개방이 얼마나 어려운가를 보여준다. 가령 페미니즘 비평가들은 남북전쟁 이전과 이후 백인 남성 작가, 즉 쿠퍼에서 트웨인에 이르는 고전적 작가들의 텍스트에 나타난 남녀의 성적 위계 구조를 끈질기게 문제 삼았다. 거기서 출발하여 남성 작가들 자신이 인습적 성 관념의 포로였고 따라서 가부장주의를 벗어날 수 없었다고 주장하고 나섰다. 이런 주장은 19세기 미국 남성 작가들의 작품에는 정상적인 성애(性愛)가 부재한다는 논지로 이어진다. 그리고 그런 논지를 딱히 여성 학자들만 제기한 것도 아니다.

가령 피들러는 19세기 미국의 남성 작가들이 "무르익고 성숙한 여성을 소설에서 배제하면서 정절 아니면 음탕이라는 괴물들, 성에 대한 두려움 내지는 거부의 상징으로서의 여성을 재현한다"고 주장했다.[8] 이들 작가가 남녀의 열정적 만남을 제대로 그리지 못했다는 점에 대해서도 여러 의견이 있을 수 있다. 물론 오스틴(Jane Austen)의 결혼 플롯 같은 것을 19세기 미국문학에서 찾아보기 어려운 것은 사실이다. 하지만 이때 비판적으로 성찰해야 할 것은 여성이 음탕과 정절의 낯익은 이분법으로 분할될 때 나오는 상투성이다. 과연 호손이나 멜빌 같은 소설가가 그런 상투성의 포로인가? 여성(성)에 대한 그 같은 가정에 근거하여 피들러는 『주홍글자』를 이렇게 논한다.

---

8 Leslie A. Fiedler, *Love and Death in the American Novel* (1960; New York: Stein and Day, 1982), 236면.

만약 『주홍글자』가 한편으로는 괴테 식으로 악마주의를 구원의 도구로 정당화하는 경향이 있다면, 다른 한편으로는 열정의 위험을 매우 미국적인 방식으로 강조하고 있다. 플롯의 관점에서 보면 헤스터가 목사를 꾀어 도피시킬 수도 있었던 반면에 칠링워스는 그를 회개와 참회 쪽으로 몰고 간다는 것이 확실하다. 그러나 이는 호손의 모든 애매함에도 불구하고 영원한 여성성이 **우리를** 은총으로 이끌지 않고 단지 광기와 저주만을 기약할 뿐임을 의미한다. 딤즈데일을 이끄는 것은—욕보여진 남편에게서 구현된바—영원한 악마성이다.[9]

여기서 『주홍글자』와 관련된 해석 한 대목을 거론한 것은 광녀 대 천사라는 19세기 남성주의의 고질적인 관념을 주엇과 쇼팬, 캐서 등이 각기 개성적인 방식으로 해체하는 양상을 살펴보기 위한 일종의 정지 작업이다. 광기와 저주로서의 여성성이나 구원과 해방의 여성성이 가부장제하에서 형성된 관념임은 분명하다. 하지만 피들러가 청교주의의 신정체제와 결합한 가부장제의 독특한 작동 양상에 대한 호손의 역사적 통찰을 제대로 읽어냈다고 보기는 어렵다. 그렇다면 피들러의 비평에 대한 여성 비평가들의 반응은 어떠했는가? 피들러의 바로 윗 대목을 거론하면서 니나 베임은 이렇게 반박했다.

수사적인 '우리'라는 표현으로 피들러는 모든 독자가 남성이며, 소설은 남성끼리의, 남성에 대한 소통행위로 가정한다. 헤스터를 이런저런 신화 내지는 이미지로 규정함으로써 그는 소설을 한 인간으로서의 헤스터와 전혀 무관한 것으로 만든다. 작품에 그토록 남성적 특성을 부여함으로써 피들러는 작품이 여성에게 다가갈 수 없게 만들고, 호손이 취급한 문제와 관련하여 그 성을 남성으로 제한한다. 호손이 다룬 여러 쟁점 가운데 결코 적지 않은 부분이 한 여성의 이야기를 인간적인 견

---

[9] 같은 책, 236면. 강조는 인용자.

지에서 언급한 것이었다.[10]

「곤경에 처한 남성이 펼치는 멜로드라마」에서 제기된 쟁점들은 지금도 충분히 해소된 것 같지 않다. 베임은 여성 작가들이 미국 문학사에서 배제된 이유를 세 가지로 설명하기도 했다.[11] 그러나 도발적인 문제 제기에도 불구하고—사실은 바로 그런 도발성으로 인해—성에 구애될 수 없는 문학의 창조성에 대한 비평적 판단의 문제는 오히려 흐려진 면이 있다. "'우수한' 문학이라는 관념은 개인적 선호의 문제일 뿐만 아니라 문화적 선호의 문제이기도 하다"라는 단언만 해도 그 선호의 뿌리를 파헤치는 방향으로 나아가지 않는다. 무엇이 우수한 작품인가 하는 것은 선호의 문제를 넘어서는 차원이 존재하며 이는 자연과학적 객관성과도 구분된다는 점을 니나 베임이 얼마나 치열하게 사유하고 있는지 물음표가 달린다는 것이다.

물론 베임이 피들러의 남성주의와는 변별되는 호손의 면모를 평가한 점은 충분히 동의가 된다. 그러나 '우리'를 무의식적으로 남성으로 상정하는 성차별주의에서 호손이 과연 얼마나 탈피했는가 하는 의문을 '우리'는 쉽사리 해소해서는 안 된다고 본다. 미국 초기 역사에 관한 탁월한 역사가를 겸한 호손이기에 더더욱 그렇다. 그렇다면 베임의 문제의식을 공유할수록 쇼팬과 캐서, 주엇의 작품을 정전주의 비판을 넘어서 여성 비평가들이 얼마나 엄밀하고 온당하게 평가하고 있는가 하는 물음도 진지하게 제시해볼 만하다.[12] 이 물음은 다

---

10 Nina Baym, "Melodramas of Beset Manhood: How Theories of American Fiction Excluded Women Authors," *Feminism and American Literary History* (New Brunswick: Rutgers UP, 1992), 13면; 니나 베임, 「곤경에 처한 남성이 펼치는 멜로드라마」, 『여성해방문학의 논리』(창비, 1990), 121면. 번역은 약간 수정했다.
11 니나 베임은 세 가지 이유를 이렇게 정리했다. ①남성 비평가들은 여성이 작가가 될 수 있다는 것을 믿지 않으려 하고 ②여성 작가들은 탁월한 작품을 쓴 적이 없으며 ③미국적인 것의 이론화 과정 자체가 여성 작가들을 배제하는 기제로 작용했다.
12 이 물음은 다음 절에서 받겠지만, 남성 정전 비평가들이—라이오넬 트릴링(L. Trilling), 마리우스 뷸리

음 절에서 본격적으로 다뤄볼 텐데, 여기서 논의를 정전 논쟁으로 넓힐 수는 없다. 다만 정전이 사회적으로 구성된다는 상식도 상식적으로만 받아들여서는 엄밀한 문학비평에 대한 성찰이 깊어지기 어렵다는 사실만 기억해두자.

아무튼 정전의 사회적 구성이라는 상식을 주목할 때 그런 구성도 임의적이거나 편의적인 것만은 아니라는 점도 분명해지고, 그에 따라 본질 대 구성이라는 도식도 무용지물이 된다. 하지만 이때도 핵심적인 물음이 **누가 어떤 읽기**로써 텍스트에 정전의 지위를 부여했는가 하는 것만은 아니다. 차라리 핵심은 인간 고유의 창조적 사유가 작품으로 얼마나 드러났는가의 여부이다. 이 쟁점은 문학에서 탁월하게 발현되는 자유와 해방의 상상력이 동전의 양면을 이루는 남성주의 대 여성주의라는 이분법과 어찌하여 양립할 수 없는가를 밝히는 구체적인 작품 읽기로 이어진다.

## 3. 『깨어남』과 여성해방적 비전의 역설

앞서 약술했다시피 19세기 미국문학의 '중흥'을 이룩한 주역들인 남성 작

---

(M. Bewley), 리처드 체이스(R. Chase) 등이—그 같은 선취의 경지를 어느 정도나 알아보았는가는 좀 더 생각해볼 일이다. 여성주의 비평가들이 주옷을 온갖 화려한 언사로써 되살리기 한참 전인 1920년대에 이론과 삶을 아우르는 탁월한 비평을 남긴 매티슨(F. O. Matthiessen)도 있다. 그런 맥락에서 20세기 미국 비평계를 주름잡은 남성 비평가들의 특정한 비평적 평가 방식을 문제 삼은 여성주의 비평의 공헌에 대해서도 까탈을 부릴 줄도 알아야 한다. 19세기 미국 소설사를 비판적으로 검토하는 연구자들, 가령 니나 베임, 제인 톰킨즈(J. Tompkins), 폴 로터(P. Lauter) 등의 인식에도—발굴된 여성 작가들의 작품에 대해 소위 주례사 비평을 남발하는—문제가 있기 때문이다. 다른 한편 이들 가운데 로터가 가장 급진적이랄 수 있지만 니나 베임과 공명하는 여성 연구자들의 비평은 단지 정전의 비판적 재해석이나 고전적 여성 문학의 새로 읽기에 국한되지 않는다. 이들이 진정으로 의문시하는 것은 19세기 미국 소설의 원형(原形)을 구성한 비평의 패러다임 자체다. 예컨대 '미국의 아담'(R. W. B. Lewis), '처녀지'(Henry Nash Smith), '전원과 기계'(Leo Marx), '어둠의 힘'(Harry Levin)처럼 미국 역사에 대한 이념적 설명 모델을 전제함으로써 특정한 방향으로 읽기를 유도한 비평 담론이 어떤 방식으로 여성 작가들이 재현한 여성 세계를 주변화하고 지워버리는가를 드러내면서 대안 정전의 모색으로까지 나아간 것이다.

가들의 작품에 이런저런 '얼룩'으로 남아 있는 것들 중 하나가 성녀와 탕녀라는 도식이다. 자신의 삶을 개척하는 여자들의 우애와 연대를 남성 작가들이 충분히 상상할 수 없었던 한계를 직시하다 보면 그런 한계가 남북전쟁(1861~1865) 이전의 여성 작가의 텍스트에도 나타난다는 점도 눈에 아울러 들어온다. 다양한 형태로 남녀의 의식과 무의식 모두에 침투되면서 계급주의 및 인종주의와 결탁하고 그 과정에서 전혀 새로운 변종으로까지 진화하는 허위의식이 성차별주의라는 점이 다시금 확인되는 것이다. 성녀와 탕녀가 성차별주의가 만들어낸 대표적인 허상임은 더 말할 나위 없다. 남녀 모두에게 결국은 족쇄로 작용하는 성녀와 탕녀의 이분법을 치열하게 문제 삼은 장본인은 물론 여성 작가들이었다.

 이들이 남성 정전 작가들과 어깨를 나란히 할 수 있는 작품을 써낸 것도 가부장제의 통념과 맞서는 과정에서 비로소 가능했다. 주요작 정도만 섭렵했을 뿐이지만 미국문학에서 여성 작가가 남성 작가와 작품으로 맞겨룰 수 있을 정도의 수준에 도달한 것은 남북전쟁 이후로 판단된다. 그중 쇼팬과 캐서, 주엇은 제각각 고유한 방식으로 여성의 독립과 자유라는 주제를 천착하면서 개성적인 작품세계를 개척했다. 그중 성녀 대 탕녀의 구도를 깨는 문제에 관한 한 쇼팬의 『깨어남』만큼 파격적인 도발도 찾아보기 어려울 듯하다. 이 소설은 그런 도발의 대가로 반세기 넘게 망각을 강요당했고[13] 지금까지도 도발의 문제성은 독자의 성찰을 자극한다. 무엇보다 『깨어남』은 통속적으로 읽는 것은 너무 쉬운 반면, 통속적으로 읽지 않는 것은 무척이나 어려운 작품이다. 이 말은 통속적이라고 할 만한 요소들이 내재해 있지만 그것만이 전부는 물론 아니고 어떤 면에서는 통속성 자체를 반(反)통속적인 시각으로 읽

---

[13] 『깨어남』의 출간 이후 지금까지 비평계의 반응을 간명하게 정리한 글로는 특히, Bernard Koloski, "*The Awakening*: The first 100 years", *The Cambridge Companion to Kate Chopin*, ed. Janet Beer(Cambridge: Cambridge UP, 2008), 161~173면 참조.

게 만드는 힘이 작품에 있다는 뜻일 것이다.

얼마나 통속적인 읽기인지는 단언하기 어렵지만 『깨어남』을 '크레올 『보바리 부인』'으로 명명하고 비판한 이는 다름 아닌 윌러 캐서다. 에드나의 행보가 보바리 부인의 '일탈'과 매우 비슷한 궤적을 그리는 것은 사실이다. 그러나 에드나에게 이른바 보바리즘(Bovarysme; 만성적 신경증과 불안 및 불만족 상태)의 혐의가 걸린다고 해서 『깨어남』도 보바리즘의 아류라고 단정하는 것은 성급한 일이다. 게다가 에드나는 보바리 부인과는 전혀 다른 기질의 소유자이다. 무엇보다 『깨어남』은 한두 마디로 요약할 수 없는 근대 여성 특유의 욕망과 주체적 자의식을 예각적으로 드러내면서 손쉬운 타협이나 순응을 끝내 거부한다. 그런 거부는 여주인공의 점층적으로 강해지는 '생각 있는 일탈'로 표출된다. 당대 중산층 독자와 남성 식자들이 그 거부를 패륜이나 타락으로 매도하고 부도덕이라는 딱지를 붙인 것 자체가 당대 풍기(風氣)의 고루함을 보여주는 예인 것이다. 그런 맥락에서도 한번쯤 짚어볼 점은 그같은 고루함에 대한 쇼팬의 재치 있는 풍자다.

> 일군의 사람들을 다룰 수 있는 재량이 내게 주어진 터라, 그들을 함께 모아놓으면 무슨 일이 벌어질까를 지켜보는 것도 (나 자신에게) 재미있으리라 생각했다. 나는 폰텔리어 부인이 그런 소동을 일으키고 그녀가 (소설에서—인용자) 그랬던 것처럼 그녀 자신의 신세를 망치게 되리라고는 꿈에도 생각하지 못했다. 그런 일이 일어날 줄 조금이라도 눈치챘더라면 나는 에드나 폰텔리어를 그 무리에서 제외했을 것이다. 그러나 그녀가 뭘 했는지 알아차렸을 땐 이미 사태는 절반 넘어 진행된 상태였다. 너무 늦었던 것이다.[14]

---

[14] 쇼팬의 철회의 변은 1899년 7월 *Book News*에 발표되었다. 원문은 다음과 같다. "Having a group of people at my disposal, I thought it might be entertaining (to myself) to throw them together and see what would happen. I never dreamed of Mrs. Pontellier making such a mess of things and working out her own damnation as she did. If I had had the slightest intimation of such a thing I would have excluded her from

비난하는 이들을 향해 일면 정색하면서 풍자적으로 던진 농담은 작가가 어떤 감수성의 소유자인지를 말해주는 바 있다. 그런데 우리는 이 농담을 좀 진지하게 받아들일 필요가 있다. 『깨어남』이 남북전쟁 이전의 감상주의 여성 문학이 그려낸 여성과는 차원이 다른 여주인공의 삶을 담아낼 수 있었던 것도 감상(感傷)적 도덕이나 윤리를 넘어선 작가의 유연하고도 날카로운 성찰에 기인한다. '가정의 천사'와 '다락방의 미친 여자'의 면모를 일정 부분 모두 갖추었으면서도 그 양자와는 전혀 다른 삶의 궤적을 그리는 여주인공 에드나 폰텔리어의 자연스러우면서도 생생한 형상화는 우연히 얻어진 것이 아니다.

서사는 천사 대 광녀 너머를 향해 있다. 문제는 에드나가 탕녀와 성녀의 굴레를 벗어던지는 과정을 어떻게 읽어내느냐다. 당대 가부장제가 만들어낸 여성상을 쇼팬은 이렇게 표현했다. "우리가 세상 사람들 앞에서 걸치는 옷 같은 것으로 가정하는 그 허구적 자아(that fictitious self which we assume like a garment with which to appear before the world)."(TA 55면) 천사든 광녀든 그것이 가상의 자아라는 점을 제대로 인식하기 위해서는 화석화된 기존 비평의 언어를 깨는 일도 요구된다. 그런 언어에는 정신분석의 주형이 주조한 번잡한 개념들인 상실, 애도, 우울, 트라우마도 당연히 포함된다. 뿐만 아니라 언제든 근대주의 이데올로기와 결탁하여 변종으로 변질될 수 있는 해방과 자유, 욕망, 타자라는 말도 우리가 발 딛고 선 현실에서 헐고 다시 지어야 하는 개념이다.

『깨어남』을 읽을 때 개념이든 이론이든 근원을 파고드는 사유가 요청된다는 것은 성숙한 페미니스트라는 '표준'을 설정하고 작품을 읽는 다음과 같은 문장에서도 확인된다.

---

the company. But when I found out what she was up to, the play was half over and it was too late."(TA 178면)

이렇게 볼 때 『각성』에 있어서 '타자'의 해방은 남성의 '타자'뿐만 아니라 작품에서 작가가 '침묵'의 상태로 제시하고 있는 다른 인종과 계급에 속한 또 다른 '타자'들의 목소리와 관련해서도 평가되어야 한다. 다시 말해서 에드나의 해방이라는 이슈는 성적 '타자'인 자신이 추구하는 자아 회복의 측면과 더불어 인종적·계급적 '타자'와의 관계에서 함께 논의되어야만 좀 더 진실에 가까워질 수 있다고 생각한다. 이런 모든 점을 고려할 때 에드나는 성숙한 페미니스트의 자세와는 거리를 보이고 있으며, 그녀 스스로가 '타자의 해방'이 가지는 본래의 의미를 손상하고 있다고 할 수 있다.[15]

여주인공의 해방은 "인종적·계급적 '타자'와의 관계에서 함께 논의되어야만 좀 더 진실에 가까워질 수 있다"는 정미경의 주장은 원론 차원에서는 토를 달 것이 없다. 눈 밝은 독자라면 에드나 집안의 거의 모든 대소사가 누구에 의해 처리되고 있는가를 금방 눈치챌 것이다. ¼ 흑인혼혈(quadroon)의 존재가 선행되지 않았다면 에드나의 거침없는 행보도 제약되었으리라는 점은 충분히 감지할 수 있다는 말이다.

그러나 흑인혼혈과 같은 타자도 작품의 구체적인 맥락에 존재한다. 그런 타자에게 희미한 역할이 부여된 것 자체를 문제 삼고 일방적으로 조명을 비추는 순간 작품의 맥락은 비틀어진다. 배경에 흐릿하게 존재하는 흑인혼혈이라는 타자에 목소리를 부여하면서 '성숙한 페미니스트'라는 기준에 에드나를 맞추면 어떤 일이 일어나는가. 해석자의 해석 의지가 전면에 부각되고 그에 따라 작품이 재단된다. 요컨대 '성숙한 페미니스트'의 상(像)에 매달리기보다 읽기로써 '에드나를 에드나로 존재하게 하는 일'이 비평의 핵심이다.

---

15 정미경, 「『각성』에 나타난 '타자' 해방의 문제」, 『안과밖』 7호(1999), 255면.

'awakening'의 한국어 번역이 문제가 되는 것도 바로 그런 맥락이다.

이 글에서는 '깨어남'으로 옮겼지만 이것이 최선의 번역이라고 고집할 마음은 없다. 다만, 깨어남과 각성의 의미 차이를 여주인공의 행보에 비춰 생각해볼 따름이다. 일단 각성으로 번역하는 경우 여성 주인공의 어떤—페미니즘에서 상정하는—정치적 깨달음 같은 것을 전제하기 십상이다. 작품이 과연 여성주의의 정치색을 에드나에 부여했는가? 앞서 소개한 것처럼 *The Awakening*은 '이브가 깨어날 때'로도 번역된 바 있다. 에드나를 '이브'와 견준 것이 얼마나 적절한 것인지는 의문인데, 작품 제목의 번역에 관한 한 국내 여성 학자들은 '깨어남'보다 '각성'을 선호하는 듯하다. 하지만 통상 불륜으로 불리는 애정 행각의 와중에 터져 나오는 에드나의 성적 존재로서의 고뇌와 희열에—그런 행보를 그리는 작가의 자세에—관한 한 제목인 'awakening'은 여성해방의 어떤 의식적 투쟁을 전제하는 각성과는 거리가 있다고 본다.

어떤 확실한 해방의 비전을 강조하는 여성주의의 관점에 비추면 에드나의 행동은 방종에 가깝다는 인상을 줄 듯하다. 하지만 다른 한편, 여주인공의 의식 지평이 점진적으로 열리는 과정 자체는 여성해방의 투쟁과 무관하지 않다. 아니, 여성해방의 본뜻에 가까워지는 일면조차 있다. 아무튼 정미경 교수의 주장처럼 에드나가 "타자의 해방이 가지는 본래의 의미"라는 것을 훼손하고 있다고 판단하는 경우일수록 작품 제목을 '각성'으로 번역하기 어렵다는 것은 분명하다. 타자의 해방은 어떤 것이고, 그 본래의 의미는 또 무엇인가를 묻기 시작하면 훼손 운운하는 주장도 공허하게 들리는 것이다.

이 대목에서 확인할 것은, 『깨어남』이 인종적·계급적 타자를 스치듯 재현할 수밖에 없었던 것이 백인 여성 작가로서의 쇼팬만의 한계는 아니리라는 점이다. 『깨어남』에서 인종적 소수자는 침묵을 '침묵'으로써 깨뜨리는 방식으로 자신의 존재를 언표한다고 말할 수 있는 여지도 있다. 탁월한 이야기꾼의 솜씨를 유감없이 보여주는 쇼팬의 단편집 『바이유의 사람들(*Bayou Folk*)』 (1894)이나 『아카디의 밤(*A Night in Acadie*)』(1897)까지를 염두에 두면 남부 크레올 사회에서 계급과 인종, 성의 경계가 남녀의 사랑이라는 매개를 거치면 얼마나 더 복잡·미묘해질 수 있는가를 실감할 수 있다. 그 점에서도 다인종 크레올 사회에 대한 쇼팬의 인식에 백인 중심주의의 혐의를 거는 것은 온당한 읽기가 아닐 듯하다.

그렇다면 에드나가 자신의 욕망과 직면하는 과정에서 증폭되는 자유와 해방의 의지가 중산층 백인 근대 여성의 그것임을 짚어가면서 그런 욕구에 스민 근대 특유의 허위의식을 털어내는 작업이 더 절실해지는 셈이다. 가령 자족 및 자유로움과 그와는 완전히 상반된 허무의 기분(mood) 사이에서 흔들리는 여주인공의 양면을 독자는 어떻게 하나로 모아들여 그녀의 '존재적 본질'을 해명할 수 있을까?

에드나는 까닭 모르게 정말 행복한 날이 있었다. 자신의 모든 존재가 남부의 어떤 완벽한 하루의 햇빛, 색깔, 냄새, 풍요로운 온기와 하나가 된 것 같았을 때, 그녀는 살아 숨 쉬어 행복했다. 그런 때면 그녀는 홀로 이상하고 낯선 장소를 찾아 떠돌았다. 그녀는 꿈꾸기에 적절한 환하고 졸린 듯한 많은 모퉁이를 찾아냈다. 몽상하고 혼자 있어 방해받지 않는 것이 좋았다.

까닭을 알 수 없이 불행한 날이 있었다. 기쁘거나 슬프거나 살거나 죽거나 하는 것이 무가치하게 보이는 때였다. 삶이 기괴한 아수라장같이 보이고 인간은 필연적인 파멸을 향하여 맹목적으로 기어가는 벌레들처럼 보이는 때였다. 그런 날에는 에드나는 그림을 그릴 수 없었고, 맥박을 뛰게 하고 피를 따스하게 돌게 하는 몽상들을 엮어낼 수도 없었다. (TA 56면)

이 두 상반된 마음 상태는 에드나가 성적 일탈의 방식으로 감행하는, 환희와 절망을 오락가락하는 상황에서 비롯된다. 물론 그런 일탈에서 로버트와의 만남은 중대 전환점이다. 이 만남은 에드나로 하여금 자신의 욕망이 무엇인가를 좀 더 분명하게 깨닫게 하면서도 더 혼란스런 상태에 빠뜨리는 결과를 낳는다. 그녀는 급진적 개인주의에 위험스럽게 근접하는 일탈의 충동을 억제하지 못하고 시쳇말로 '정신줄'을 놓아버리는 것이다.

에드나의 일탈이 일종의 미필적 고의에 의한 자살로 귀결되는 데는 로버트가 크레올 사회의 관습을 깨고 나올 정도로 충분히 강한 남성이 아니라는 사실도 중요하게 작용한다. 로버트가 인습을 넘어서는 남자가 못 됨으로써 결과적으로 에드나도 삶의 방향성을 상실하는 일면이 있기 때문이다. 여기서 일면이라고 토를 단 것은, 『깨어남』이 연애소설의 형식을 띠고 실제로 낭만적 감정이 에드나의 행보에도 의미심장하게 작용한다 하더라도 그것이 전부는 아니고, 전부가 될 수도 없기 때문이다. 일부 독자에게 통속적으로 읽힐 가능성이 다분한 에드나의 일탈적 애정 행각보다 더 생각해봐야 하는 것은 여주인공의 점진적인 '깨어남'이다. 한 개인이 자신의 현실을 직시할 때 마주하는 삶의 경이감이 그 깨어남의 핵심이라면 더욱 그렇다.

그 점에서 "성(sex)이 에드나가 감행하는 모험의 핵심이 아니"라는 주장은[16] 정곡을 찔렀다고 본다. 로버트를 향한 연심이나 애러빈과의 성적인 접촉이 에드나의 깨어남에 돌이킬 수 없이 영향을 미친 것이 분명하다. 하지만 일단 일깨워진 그녀의 의식과 욕망은 크레올 사회의 풍속에 묶인 남성과의 관계로만 되돌릴 수 없다는 사실이 뒤로 갈수록 확실하게 부각된다.[17] 아니,

---

16 Deborah S. Centry, *The Art of Dying: Suicide in the Works of Kate Chopin and Sylvia Plath* (New York: Peter Lang Publishing, Inc., 2006), 23면.
17 이 문제에 관한 한 소설가 쇼팬의 미진함도 짚어둘 만하다. 작가는 에드나의 정서적 진폭을 핍진하게 그려내면서도 로버트의 미화(美化)를 완전히 떨치지는 못한 것으로 판단된다. 쇼팬은 그로 하여금 '사랑하기에 당신을 떠난다'는 투의 쪽지를 쓰고 사라지게 한다. 그러나 36장에서 로버트도 세월이 가면 에드나의 남편과 똑같아지리라는 것이 분명하게 드러난다.(특히 101~103면) 에드나와 로버트의 관계는 36장에서 사실상 끝난 것이다. 로버트가 떠나는 이유를 앞뒤 문맥에 비춰 헤아려보면 에드나가 애러빈과 같

애러빈 같은 바람둥이와의 성적인 관계가 에드나의 실존적 깨어남에서 필요할지는 몰라도 그녀에게 애러빈은 쾌락을 좇는 군상에 불과하다. 출구의 실마리가 보이지 않는 에드나의 방황이 어떤 시적 감흥을 자아내는 결말만 해도 확실히 로버트와의 이루어지지 않은 사랑의 결과라는 식으로 해명하기 힘들다. 그보다는 자기의 욕망을 끝까지 직시한 크레올 사회 백인 중산층 여성의 필연적 최후에 가깝게 느껴진다. 실제로 에드나의 최후를 기술하는 작품의 어조는 톨스토이와 플로베르가 각기 안나 카레니나나 보바리 부인의 말로를 재현하는 상황과는 사뭇 다르다.

두 남성 작가가 근대 여성의 운명을 제각각 탁월하게 극화했고 그 정치사회사적 전경(前景)도 케이트 쇼팬이 펼쳐 보인 것보다 넓다는 것은 두말할 나위 없다. 반면에 여성 작가로서의 쇼팬이 에드나의 행적에 공감과 연대의 응원을 싣는 열도(熱度)는 남성 작가들의 냉철한 '처리'와 다르다. 『깨어남』을 둘러싼 논란도 에드나 폰텔리어의 자멸적 모험을 기술하는 작품의 어조가 사뭇 미묘한 시적 뉘앙스를 띤다는 데서 증폭된다. 그녀의 최후는 이렇게 그려진다.

하늘 아래 알몸으로 선다는 것이 얼마나 이상하고 멋지게 보였던가! 얼마나 달콤했던가! 에드나는 전에는 결코 알지 못한 친숙한 세계에서 눈뜬 어떤 갓 태어난 생명체처럼 느꼈다.

거품 이는 작은 파도가 그녀의 하얀 두 발을 감아 올라왔고, 발목 주변에 뱀같이 똬리를 틀었다. 에드나는 걸어 나갔다. 물은 서늘했으나 계속 걸었다. 물은 깊었으나 그녀는 자신의 하얀 육체를 띄워 길고 넓게 손을 뻗쳐 헤엄쳐 나갔다. 몸뚱이를 부드럽게 꼭 감싸는 바다의 감촉은 육감적이었다.

---

은 남자와 어울려 '품위'를 손상시켰다는 사실도 적잖게 작용했다는 짐작도 가능하다. 그 점을 에드나의 죽음과 좀 더 긴밀하게 연결하지 않은 것은 작가가 냉철하게 '상황'을 정리하지 못한 반증이 된다.

에드나는 계속 나아갔다. 그녀는 멀리 헤엄쳐 나간 밤을 기억하고, 해변으로 돌아갈 수 없을지도 모른다는 두려움이 자신을 사로잡았던 공포를 떠올렸다. 이제 그녀는 뒤돌아보지 않았고, 어렸을 때 시작도 끝도 없다고 믿으며 가로질러 간 푸른 초원을 생각하면서 계속 헤엄쳐 갔다.

그녀의 팔과 다리는 점차 힘이 빠졌다.

그녀는 남편 레옹스와 아이들을 생각했다. 그들은 그녀 삶의 일부였다. 그러나 그들은 그녀의 육체와 영혼을 소유할 수 있다고 생각해서는 안 됐다. 만일 라이즈 양이 알았다면 얼마나 웃어댔을까. 아마 비웃을 수도 있었다! "자기가 예술가라니! 허세예요, 부인! 예술가는 감행하고 맞서는 영혼이 있어야만 하는 거예요."

피로감이 에드나를 압도하고 있었다.

"안녕, 당신을 사랑하기에." 로버트는 알지 못했다. 그는 이해하지 못했다. 그는 결코 이해할 수 없었을 것이다. 아마 의사 만덜레이를 만났더라면 그는 이해할 수 있었을지 모른다. 그러나 너무 늦었다. 해변이 저 멀리 있었고 힘은 빠져 있었다.

에드나는 멀리 쳐다보았고, 한순간 이전의 공포가 불꽃처럼 일었다가 다시 사그라들었다. 그녀는 아버지와 언니 마가렛의 목소리를 들었다. 플라타너스에 묶인 늙은 개가 짖는 소리를 들었다. 현관을 가로질러 가는 기병 장교의 군화 박차가 쩌렁거렸다. 벌들이 붕붕거리고 패랭이꽃 사향 냄새가 하늘을 채웠다.(TA 116면)

"하늘 아래 알몸으로 선다는 것"은 물론 사실과 비유를 동시에 아우르는 표현이다. 여기서 다시 우리는 "세상 사람들 앞에서 걸치는 옷 같은 것으로 가정하는 그 허구적 자아"를 떠올리게 되고 마침내 그런 자아를 벗어버린 에드나와 만난다. 이것이 에드나가 도달한 여정의 아름답고 시적인 마지막 장면이다. 특히 여성 독자의 경우 여주인공의 자기소멸 과정에서 모종의 승리를 끌어내고 싶은 충동을 상대적으로 강하게 느낄 수 있을지도 모르겠다. 실제로 기존 비평을 검토해보면 이 결말에서 에드나에 대한 단순한 공감을 넘어서 죽음을 통한 새로운 삶의 가능성, 또는 여성성 자체의 승리를 부각하는 논자들이 적지 않다. 그중에는 문학사적으로 19세기 미국 감상주의 여성 문학의 창조적 계승을 읽어내는 예도 있다.[18]

사회적·도덕적 인습이라는 막다른 벽에 봉착한 여주인공이 생명의 근원인 바다로 나아가는 장면을 "감행하고 맞서는 영혼"의 결단으로 읽을 수 있는 여지를 남겨두는 한 작품의 결말을 '여성성'의 승리로 규정하는 것은 그럴 법한 해석이다. 그런데 자살로써 삶의 가능성을 소거하기는커녕 그 잠재적 가능성을 시적으로 승화시켰다는 해석도 가능하지만, 다른 한편 에드나의 삶의 지평이 닫힌다는 느낌도 끝까지 남는다면 이야기는 좀 달라지지 않을까? 결말에서 여주인공의 분투를 읽어내는 여성 학자들의 비평을 두고 사안을 단순화하는 읽기라고 치부할 일은 아니라고 본다. 다만 작품의 여러 복잡미묘한 맥락은 더 세심하게 짚어봐야 한다.

『깨어남』, 더 나아가 쇼팬의 문학에서 현대 여성 문학의 탄생을 읽어내는 여성주의 해석은 정전 파괴를 일삼는 급진적 비평 행태와는 다른 차원의 생각거리를 남긴다. 에드나의 '최후'를 읽는 데서 성차가 감(感)의 차이를 낳을 수 있다는 점만 해도 그렇다. 그러면 남부 크레올 사회의 가부장 이데올로기에 직간접적으로 오염된 세 유형의 남성들, 즉 폰텔리어, 로버트, 애러빈을 거치면서 '인형의 집'에서 뛰쳐나오는 여주인공의 혼전 궤적도 잠시 생각해 봄 직하다.

에드나는 켄터키주의 농장주이자 남부군 대령 출신인 아버지가 체현하는 완고한 가부장제하에서 자란 인물이다. 그렇다고 그녀가 특별히 억압을 받았다는 내용은 찾아보기 어렵지만 분명한 것은 결혼이 그녀에게 그런 가부장으로부터 벗어나는 하나의 기회로 작용했다는 사실이다. 그러나 남녀의

---

18 그런 창조적 계승에 관한 논의는 Elaine Showalter, *Sister's Choice: Tradition and Change in American Women's Writings* (Oxford: Clarendon Press, 1991), 4장 참조.

성 역할을 확고하게 믿지만 전통적 가부장의 화신이랄 만한 아버지보다 어떤 면에서는 더 고루하고 기계적인 면조차 있는 남편과의 결혼생활은 그녀에게 결과적으로 또 다른 굴레가 되어버린 것이다. 에드나가 깨어나는 것은 그동안 아무런 문제의식 없이 받아들인 '모성'과 '여성성'이 점점 의문시되면서부터다. 그렇다면 에드나의 일탈이자 깨어남의 과정을 남성 독자가 과연 얼마나 공감하며 따라갈 수 있을까? 여기서 다시 '작품을 누가 어떻게 읽고 평가하는가' 하는 문제가 제기된다. 예컨대 아랍권 여성 독자가 이런 결말을 대한다면 어떤 반응을 보일까?

이에 대해서도 나는 추측 외에 따로 내놓을 답이 없다. 다만 차도르와 부르카가 상징하는 성차별이 골수에 사무친 (아랍) 독자라면 자유와 해방의 이념에 익숙한 서구 여성과도 또 다른 반응을 보일 듯하다. 가시적인 정치적 억압이 희미한 상태의 에드나에 공감이 덜할 가능성도 있는 한편, 그녀의 존재적 결단에 영미권의 여성 독자보다 더 큰 의미를 부여할 수도 있다고 본다.[19] 이 모든 쟁점이 말해주는 바는 이렇다. 즉, 남녀가 유별(有別)할 수 있음을 인정하면서도 통약(通約) 불가의 '여성성'을 역설하는 주장에 정확히 어느 정도나 비판적인 거리를 두어야 할 것인가도 문제가 된다는 것이다. 그런데 그러한 비판적 거리를 두는 경우라 해도 『깨어남』에 대한 쇼팬 당대 (남성) 식자들의—'죄의 삯은 곧 죽음'이라는 식의—반응은 가당치 않다. 그 같은 식자들이 구축해놓은 소설사에서 『깨어남』의 전사(前史)로서의 작품을 떠올리는 것은 쇼팬이 이 작품에서 시도한 것이 정확히 뭔가를 생각하기 위함이다. 해너 포스터(Hannah Webster Foster, 1778~1840)의 『요부(The

---

[19] 다른 한편 아랍 세계의 진보적 여성이 서구 페미니즘과 만날 가능성은 커지리라는 점도 충분히 예측할 만하다. 헨리 제임스의 『워싱턴 스퀘어(Washington Square)』(1880)에서 여주인공 캐서린 슬로퍼의 승리를 읽어내는 나피시의 관점이 바로 그러한 사례 가운데 하나다. 나피시가 『깨어남』의 결말을 어떻게 해석할지도 미루어 짐작함 직하다. Azar Nafisi, *Reading Lolita in Tehran: A Memoir in Books*(New York: Random House, 2003), 3부 참조.

Coquette)』(1797)가 바로 그런 전사이다. 『요부』의 소설사적 위상과 주인공인 일라이자(Eliza Wharton)에 대해서도 물론 여러 견해가 있을 수 있다.

가령 여주인공이 자신을 파멸로 이끈 남성들에게 면죄부를 주고 도덕주의의 화석화된 상징으로 전락하는 양상에 주목하면서 가부장제를 죽음으로써 내면화하는 작품이라는 식으로 비판하는 것도 충분히 가능하다. 그러나 남성들의 세계가 만들어놓은 인습과 도덕에 대한 여성의 고뇌가 생생하다는 점은 누구나 감지할 수 있으리라 본다. 그런 일라이자와 에드나를 맞세운다면 전자가 후자로 부활하여 독자적 삶의 모험을 감행하기까지 무려 백 년이나 걸렸다는 사실을 생각하게 되고, 미국 여성 문학의 고투에 대해 경의를 표하게 된다.

『깨어남』의 진정한 소설적 성취는 당대 크레올 사회가—자신의 삶의 모든 것을 걸어야만 여성이 사회의 가치관에 대해 겨우 의문 정도를 제기하는 것이 가능했던 당대에—누구나 '자연스러운 것'으로 받아들이는 가정과 모성, 여성성 등을 한 개인이 비타협적으로 끝까지 응시할 때 어떤 일이 벌어지는가를 그려낸 바로 그 점에 있다고 본다. 당시에 쇼팽처럼 '끝장'을 회피하지 않는 여성 작가를 달리 찾아보기 어렵다. 그렇다면 "관습적 성차(gender)에 대한 에드나의 집요한 거부가 여성주의적 승리와 아무리 공명하고 있다 하더라도 그것은(에드나의 자살로 표상되는 결말은—인용자) 책장을 일단 덮으면 곧장 절망의 막다른 골목에 봉착할 수 있는 일종의 문학적 낭만주의의 부류"에 불과하다는 주장에도[20] 동의하기 힘들어진다.

자기소멸을 향한 에드나의 충동은 선정주의 내지는 감상주의 소설의 언어

---

[20] Kathleen Streater, "Adèle Ratignolle: Kate Chopin's Feminist at Home in *The Awakening*," *Midwest Quarterly* 43:3(2007), 415면. 이런 식의 해석에 공감하는 논자도 여럿 있는 듯하다. 가령 에드나 폰텔리어와 케이트 쇼팽을 구분하면서 후자는 전자가 감행한 가부장주의로부터의 그 같은 무모한 탈피를 지지하지 않았을 거라는 추측을 덧붙인 사례도 그중 하나다. Peter Ramos, "Unbearable Realism: Freedom, Ethics and Identity in *The Awakening*," *College Literature* 37:4(2010), 161면.

와는 전혀 다른 시적 감흥을 불러일으킨다. '자연 그대로의 상태'로 광대한 바다에 몸을 맡긴 에드나가 해방의 지평선에 도달하지 못한 채 고뇌와 희열에 빠져드는 결말의 순간만은—'철회의 변'에서 술회한 것처럼—작가로서도 어쩔 수 없었을 듯하다. 그러나 그렇다고 우리까지 그녀의 그러한 '최후'를 작가처럼 둘러댈 수는 없다. "감행하고 맞서는 영혼"의 결단으로 상찬하고 끝내기에는 에드나의 '탈주'가 너무도 안쓰럽고 공동체와의 어떤 살아 있는 긴장을 깨면서 감행된다는 느낌이 강하게 남는다. 『깨어남』의 서사 지평을 좀 더 정확히 가늠하는 데는 『오, 개척자들!』과 『전나무 지방』에서 그려진 자연과 그 자연 속에서 자기 고유의 삶을 일궈간 여성 인물들이 필요하다. 대조와 비교를 방편으로 동원하는 읽기로써 에드나의 행로를 시야에서 놓지 않으면서도 그런 행로보다는 한결 개방적이고 수용적인 삶의 지평을 찾아가는 것이 관건이다. 이 길에는 좌표는 없고 다음과 같은 물음만 있다.

허무주의에의 투신이라고 비판할 수도 없고 그렇다고 생의 창조적 비전으로 단언할 수도 없는, 시적이지만 뭔가가 계속 석연하지 않은 여운을 남기는 이 결말을 상대화할 수 있는 삶의 비전을 우리는 어떻게 사유해야 하는가? 『깨어남』의 결말이 주는 불편함을 완전히 제거하지 않으면서도 좀 더 넓은 지평에서 에드나의 모험을 반성적으로 성찰할 수 있는 길은 없는가? 가정 및 자식들과도 일정한 거리를 유지한 채 오직 자신의 '비본질적인 것들'을 하나씩 벗어던진 에드나의 행로가 끝난 곳에서 새로운 삶의 여정이 시작할 수 있는 가능성은 완전히 차단된 것인가? 이 물음들은 쇼팬과 거의 같은 시대를 살았으면서도 사뭇 다른 성격의 공동체와 개인의 긴장 및 살아 있는 자연, 그리고 사랑 이야기를 작품에 담아낸 여성 작가, 즉 캐서와 주엇을 불러들인다.

## 4. 비교와 대조라는 방편과 비평적 판단

『깨어남』을 각각 『오, 개척자들!』과 『전나무 지방』 옆에 놓을 때 가장 먼저 눈에 들어오는 것은 이야기의 배경인 지역 내지는 지방의 특색(local color)이다. 이때의 지방은 '중앙'과 대립하는 것이 아니다. 지방색은 특정한 인간들이 마음과 몸으로 부대끼는 그 지역 특유의 자연생태와 사회적 분위기에 가깝다. 지방색은 그것이 무엇이든 보편성을 띠기 마련이라는 말은 각각의 지방과 사람살이는 그 자체로 고유하며 어디에나 고유하게 존재한다는 뜻일 것이다. 우리가 체험하다시피 근대의 발전주의로 인해 사람들의 살림살이와 생태 환경이 대대적으로 변형되고 균질화되는 상황이다. 자신이 뿌리내린 삶의 터전이 그 자체로 하나의 고유한 우주임을 인식한 세 여성 작가들의 작품은 그런 맥락에서도 뜻깊다.

네브래스카주 고원(高原)지대의 마을인 하노버(Hanover)에 정착한 이민자들의 개척과 정착 과정을 담은 『오, 개척자들!』의 대평원과 뉴잉글랜드 메인(Maine)의 해안 벽촌인 더넷 랜딩(Dunnet Landing)의 풍광을 담은 『전나무 지방』의 바다가 바로 그런 우주이다. 각각 미국 중서부와 북동부에서 자란 작가들의 솜씨가 발휘된 두 작품을 『깨어남』과 비교할 때 두드러지게 부각되는 점도 그 지역 특유의 생활상이 짙게 밴 사람살이와 자연생태의 차이이다. 여주인공의 운명은 그런 사람살이와 자연의 자장 안에서 결정된다. 가정의 굴레를 박차고 나온 에드나의 성적 분방함의 경우 그것은—19세기 프랑스 부르주아의 계급 문화와 친연성이 강한—남부 뉴올리언스 크레올 상류사회의 인습에 대한 반발이다. 반면에 캐서와 주엇의 작품에 등장하는 여주인공들은 그러한 인습과는 거의 무관하다. 오히려 생존이 걸린 자연과의 싸움 속에서 '자기다움'을 찾아가는 과정에서 그들의 운명이 결정된다.

여주인공들의 개성이 구현되는 양상도 해당 지역의 물리적 환경 및 공동체의 성격에 따라서 전혀 달라진다는 것이 세 작품을 나란히 읽으면 더 실감된다. 특히 공동체 개개인의 운명에 개입하는 '자연'은 여성의 운명을 주조하는 또 하나의 결정적 변수가 된다. 가령 『깨어남』에서 바다는 퇴로가 막혀버린 여주인공에게—어떤 면에서는 심미적인 차원에서—자유의 지평선을 제시하는 무대로 남아 있다. 반면에 메인의 바다와 네브래스카의 대지는 그 자체로 인간 바깥에 존재한다. 캐서와 주엇의 서사는 인간과 상관없는 것처럼 보이는 자연이 인간의 성격과 운명을 조형하는 실제의 힘으로 작용한다는 사실을 제각각 보여준다.

에드나가 '탈피(脫皮)'하는 루이지애나 해안가 휴양지인 그랜드 아일(Grand Isle)은 중상류층 인사들이 여가를 즐기는 문화공간이다. 『오, 개척자들!』의 알렉산드라가 생존의 고투를 벌이는 네브래스카의 대초원과 『전나무 지방』의 익명의 여성 화자가 배움과 공감, 연대의 가치를 배우는 메인 주 해안가 바다는 『깨어남』의 그랜드 아일과 사뭇 대조적이다. 하노버에 문명적 삶을 가능케 하는 대초원이 자활(自活)의 노동 속에서 형성되는 공동체의 원천으로 재현되듯이, 더넷 랜딩을 보듬는 바다도 인간세계의 희로애락을 빚어내는 역동적 존재로 살아 있다. 그 같은 대초원과 바다가 아니었던들 두 작품에서 각기 다뤄지는 인간사의 일상적인 비극인 죽음도 그토록 깊은 울림을 머금기는 힘들었을 것이다.

다른 한편 『깨어남』의 결말에 투사된 급진적 개인주의와 현대적 감수성에 관한 한 특히 주엇은 19세기의 유기적 공동체에 속한 작가라는 느낌을 준다. 작품에도 (여성) 공동체에 대한 복고풍 향수(鄕愁)라는 혐의가 걸릴 수도 있을 듯하다. 여기서 한발 더 나아가 '여성성'을 남성주의 세계에 대항하는 일종의 전투적 이념으로 설정하고 그 전투성을 증폭시키는 문제에 집중할 경우 주엇과 캐서 모두 쇼팬의 현대적 감성을 따라갈 수 없다는 판정을 내릴 논자도 있을지 모른다. 그러나 『오, 개척자들!』과 『전나무 지방』에도 여성의 독자적 운명과 사랑이라는 이름으로 분출되는 생의 희열과 고뇌, 좌절이 없는 것은 물론 아니다. 오히려 캐서와 주엇 모두 에드나의 열병과 같은 사랑을 다루면서도 그 사랑이 공동체 전체의 맥락에서 갖는 의미까지를 짚어준다는 점에서 『깨어남』의 결말을 다시 생각해보게 된다.

『깨어남』과 『오, 개척자들!』, 『전나무 지방』이 제각각 모두 19세기 말 지방·지역 소설로서 탁월하다고 해도 탁월함의 차이까지 얼버무릴 수는 없다. 근대주의의 자장 속에서 무성해진 개인주의와 자유, 욕망의 실재를 근원적으로 되돌아보게 한다는 점에서 『전나무 지방』은 각별하다. 영국의 낭만주의 시인인 워즈워스와 콜리지의 공저 『서정담시집(*Lyrical Ballads*)』(1798)에 그려진 시골 민중의 소박한 정서와 말, 공속적 삶의 방식 등이 『전나무 지방』에서 메인주 특유의 자연과 토착 미국어로 완전히 새롭게 재창조된 느낌이다. 앞서 네브래스카의 대지와 메인의 바다를 언급했는데, 그중 쇼팬의 휴양지와 캐서의 대지는 대체로 묘사와 사색의 **대상으로** 존재한다. 이 점을 염두에 두고 『오, 개척자들!』과 『깨어남』을 생각해보자.

『오, 개척자들!』의 주선율은 알렉산드라와 칼 린스트럼을 중심으로 펼쳐진다. 일종의 변주음으로서 보조 플롯의 기능을 하는 것이 에밀(Emil)과 마리(Marie) 에피소드이다. 이 두 인물의 비련은 여러모로 에드나와 로버트의 좌절된 사랑을 떠올리게 한다. 에밀-마리의 사연은 에드나의 행적 및 그녀와 로버트의 불발된 사랑과 여러 면에서 유사하면서도 대조적이다. 보헤미아 출신의 마리(Marie Tovesky)는 독일 이민자인 프랭크 샤바타(Frank Shabata)에게 첫눈에 반하지만 아버지의 반대로 도피 행각 끝에 결혼한 여성이다. 그런데 열렬하고도 달콤한 신혼이 지나면서 남편과 멀어지게 된다. 그 과정을 간명하게 묘사하는 대목에는 사람의 마음을 읽는 소설가 캐서의 통찰이 역력하다.

프랭크는 마음속 깊이 자신이 품은 앙심을 포기할 수만 있다면 마리가 그에게 돌아오리라는 걸 잘 알고 있었다. 하지만 앙심은 깊었다. 아마도 그가 노력해도 그런 앙심을 단념하지 못했을 것이다. 그는 자기가 사랑이 아니라 수모를 당하는 데서 더 많은 만족감을 얻었을지도 모른다. 만약 그가 단 한 번이라도 마리를 완전히 불행하게 만들 수만 있었다면 그는 누그러지고 그녀를 난처하게 만들지 않았을 것이다. 그러나 마리는 결코 몸을 굽히지 않았다. 연애를 시작했을 즈음에 마리는 그에게 헌신적이었다. 즉. 그녀는 그를 거리낌 없이 숭배했다. 그러나 그가 그녀를 들볶고 부당하게 나오자 몸을 빼기 시작했다. 처음에는 놀라 울면서, 그러다가 내색하지 않으면서 역겹게. 그들 사이는 벌어졌고 고착됐다. 거리는 더 이상 좁혀지지 않았고 그들을 떼어놓았다. 마리의 삶의 불꽃은 다른 곳으로 옮겨갔고 그는 언제나 그 불꽃을 덮치기 위해 감시했다.(OP 122면)

이런 마리에 대한 끌림을 억제하려고 멕시코로 떠나는 에밀은 에드나를 향한 연정을 단념하기 위해 역시나 멕시코로 도피하는 로버트와 무척이나 닮아 있다. 다른 한편 마리와 에드나의 위태로운 행각은 개척사회에서 벌어지는 단순한 풍기문란 정도로 해석하기 어렵다. 마리와 에밀에 초점을 맞추면 각기 다른 방식으로 생명력을 발산하는 이들의 성적 교감은 성숙한 남녀 관계의 시험대로 작용한다. 한때 야반도주를 감행한 과오가 있는 마리가 그런 사랑을 되풀이하지 않기 위해 애쓰면서 애쓰고 있다는 바로 그 사실을 에밀에게 납득시키려는 노력도 그 자체로 그녀의 인간적 성숙을 짐작하게 한다. 그런가 하면 『깨어남』의 로버트처럼 사랑의 끌림을 차단하기 위해 멕시코로 도피했지만 끝내 그런 끌림을 거부하지 않은 에밀의 연심도 통속적으로 흐르지 않는다. 그러나 마리와 에밀의 아슬아슬한 관계는 프랭크의 우발적인 살인으로 막을 내린다.

『오, 개척자들!』에는 또 다른 성격의 '사랑'이 주제음으로 변주된다. 그 주제음은 마리·에밀의 비극적 사건을 보듬어주는 역할을 한다. 그것은 청춘의 열정적 사랑이 폭발하는 선율이 아니다. 그보다는 깊은 상호 신뢰와 이해, 유대에 기반한 삶의 동반자로서의 우애에 가까운 사랑이다. 하노버의 자연에 뿌리박고 가족을 건사하는 알렉산드라와 자연을 등지고 도시에서 새로운 삶의 가능성을 모색하는 칼 린스트럼은 각자가 느끼는 삶의 공허를 서로 채워주는 관계로 발전한다. 이들의 간단치 않은 맺어짐은 에밀과 마리의 비련을 다독이는 상보적 플롯으로 다뤄진다. 결말에 가서야 어렵사리 성사되는 알렉산드라와 칼 린스트럼의 결합은 에밀과 마리의 불발된 사랑의 의미를 성찰할 수 있는 여지를 남긴다.

이처럼 『오, 개척자들!』은 개척지 사회에서 발생한 낭만적 열정의 비극을 극화하면서 하노버 사회의 질서로 편입하는 남녀 주인공의 미래를 삶의 또 다른 가능성으로서 제시한다.[21] 하지만 문제는 남는다. 알렉산드라-린스트럼의 결합이 마리-에밀의 비극을 누그러뜨리기 위한 어딘가 인위적이며 정해진 서사의 수순이라는 느낌이 완전히 가시지 않기 때문이다. 마리-에밀의 관계를 논하면서 『오, 개척자들!』과 『깨어남』 모두에 대해 다음과 같이 일침을 놓은 한 논자는 이렇게 말한다. "캐서는 『오, 개척자들!』에서 긍정적인 방식으로 이성 간의 사랑을 인식하고 반응하는 인물을 창조하지 못한다. 쇼팽은 에드나라는 인물로써 그런 사랑을 만들어내지만 자신의 사회에서는 그

---

21 그렇게 열려 있다고 말할 수 있는 근거 가운데 하나가 알렉산드라에게 들려주는 칼 린스트럼의 다음과 같은 체험적 고백이 아닐까 싶다. "Freedom so often means that one isn't needed anywhere. Here you are individual, you have a background of your own, you would be missed. But off there in the cities there are thousands of rolling stones like me. We are all alike; we have no ties, they scarcely know where to bury him. Our landlady and the delicatessen man are our mourners, and we leave nothing behind us but a frock-coat and a fiddle, or an easel, or a typewriter, or whatever tool we got by our living. (……) We sit in restaurants and concert halls and look about at the hundreds of our own kind and shudder."(OP 56면) 도시적 삶의 소외와 황폐함에 대한 이런 회고가 당대 미국 문명에 대한 비판적 성찰로 더 깊어지지는 않지만 그렇다고 전원주의로 회귀하지도 않는다. 이 인용 문장은 에밀이 편협하고 갑갑한 개척지 마을을 벗어나 도시적 자유를 향해 비상하기를 바랐던 알렉산드라의 (좌절된) 염원과 대조를 이루는 것이다.

런 여성이 살아갈 장소를 찾을 수 없음을 인지한다."²² 그렇다면 『오, 개척자들!』과 『깨어남』에는 부재한 사랑과 장소가 『전나무 지방』에서 어떻게 드러나는가를 생각해보자.

앞서 주엇이 메인주의 토박이 영어로 살려낸 자연과 정취를 언급했지만 남녀의 사랑에 관한 한 『전나무 지방』도 일견 좌절과 고립으로 점철되어 있다는 인상을 준다. 그러나 주목할 점은 그것이 오히려 더닛 랜딩이라는 공동체의 유대와 상생의 교감의 지평을 깊게 하고 확대하는 계기로 작용한다는 사실이다. 사람살이의 현장에서 발현되는 바로 그런 유대와 교감을 시적(詩的)인 차원으로 끌어올린 점이야말로 『전나무 지방』을 『깨어남』이나 『오, 개척자들!』과 구별해주는 요인이다. 20세기 초반의 또 한 명의 뛰어난 여성 작가인 워튼(Edith Wharton)의 『이선 프롬(Ethan Frome)』(1911)과 대비해보면 『전나무 지방』을 관통하는 '감수성'의 성격이 더 분명해진다. 워튼은 이 소설에서 자기소멸을 향한 에드나의 결단 및 마리·에밀의 비련과 유사하면서도 사뭇 다른 성격의 삶의 비극적 낭비를 그려냈다. 그런데 『전나무 지방』은 『이선 프롬』에서 극화된, 메사추세츠 외딴 마을의 설경을 배경으로 서서히 고사(枯死)하는 삼각관계의 정념의 파국과는 전혀 다른 종류의 시적 여운을 남긴다. 13~15장에 걸쳐 서술되는 조애너(Joanna Todd) 에피소드가 그러하다.

이 에피소드는 결혼을 앞둔 한 여성의 파혼으로 인한 자발적 유폐(幽閉)의 서사라 할 만하다. 화자가 더닛 랜딩으로 왔을 때 조애너라는 처녀는 이미 한참 전에 고인이 되었다. 그녀의 사연은 실연으로 인한 상심이 사회에 대한 절대적 거부로 이어지는 이야기로 읽힐 소지가 많다. 혹자는 이런 거부를 '낭만적 자기소외'로 표현할지도 모른다. 약혼자에게 배신당한 자신이 '용서받을 수 없는 죄(unpardonable sin)'를 지었다고 하면서 스스로를 조개무지

---

22 Cynthia A. Schneider, *Willa Cather's O Pioneers! as a Response to Kate Chopin's The Awakening* (Lincoln: U of Nebraska, 2005), 147면.

섬(Shell-heap Island)에 가두고 그곳에서 여생을 마친 조애너는 일면 19세기 '가정의 천사'라는 이데올로기의 희생자로 느껴지기도 한다. 하지만 작품은 그 이상의 진실을 담고 있다. 여러 인물, 특히 토드 부인과 공감적 화자의 개입이 없었더라면 조애너 에피소드도 에드나나 마리의 비극적 운명의 색다른 변주에 불과했을 것이다.

그러한 개입으로써 조애너의 삶은 개인과 사회라는 이분법의 틀에서 벗어난다. 글 쓰는 여성으로서의 '나'의 애정 어린 시선을 통해 조애너가 스스로를 고립시킨 상황을 이해하고 받아들인 더넷 공동체의 수용력이 부각된다. 동시에 단 한 번의 사랑에 모든 것을 걸었으나 실패한 한 여성의 견인적 삶이 화자의 공감적 발화를 통해 부각된다. 더넷 사회와 단절하고 평화롭게 일생을 마친 그녀의 삶과 그런 삶을 애틋하게 기억하는 더넷 사람들은 그와 유사한 고립과 고독을 통과한 에드나나 마리, 알렉산드라의 삶과는 분명히 다른 종류의 비감(悲感)을 전달한다. 그런데 비감을 통한 정화(淨化; catharsis)가 이뤄지는 『전나무 지방』에서 평가해야 할 또 다른 차원의 소설적 탁월함은, 조애너의 고립조차도 그녀 못지않은 상실과 슬픔의 과거를 안고 사는 더넷 랜딩 사람들의 부조(扶助) 공동체의 엄연한 일부로 그려냈다는 데 있다.

조애너의 고립이라는 선택을 존중해주고 어떤 면에서는 적극적으로 돌보기까지 하는 더넷 사람들의 다양한 면면은 외지인 화자인 '나'의 시선을 통해 소박하고도 담담하게 드러난다. 토드 앨미라와 팔순의 어머니 블래킷, 아들 윌리엄 블래킷, 리틀페이지 선장, 어부 틸리, 보우든 일가는 더넷 공동체의 (생물학적) 노쇠를 말해주면서도 저마다 고유한 개성인 동시에 끈질긴 생명력의 인간으로 재현된다. 여름 한철 머무는 동안 이들과 교감하는 화자의 공감과 연대의 감수성이 가장 뛰어나게 표출되는 대목은 역시 망자인 조애너와의 '만남'을 통해서다. '가련한 조애너(poor Joanna)'의 생가와 무덤을 찾아서 그녀의 고독한 삶과 상상적으로 조우하는 화자의 마음은 분열과 소외라는 근대적 병리 현실과 마주하는 현대 독자에게도 진한 여운을 남긴다.

새들이 온 들판을 날고 있었다. 걸어갈 때 발치에서 새들이 풀숲에서 날갯짓하며 날아올랐다. 새들은 너무나 온순해서 여름마다 둥지의 안전과 인간과의 동료 의식으로 이뤄진 어떤 행복한 전통을 지키고 있다는 생각이 들었다. 가련한 조애너의 집은 토대로 쓰인 돌만 남고 모두 사라졌다. 오랫동안 견딘 프렌치 핑크의 시든 잔가지 하나만 제외하고 꽃동산의 흔적도 없었다. 그 가지 위에서 큰 벌과 노란 나비가 함께 어울리고 있었다. 나는 샘에서 물을 마셨고, 8월의 연무 속에서 흐릿하게 보이는 육지의 시골에서 온, 분주하고 근면하고 소박한 어떤 사람이 나를 따라오고 있다고 때때로 생각했다. 조애너는 수많은 날에 그런 육지의 모습을 틀림없이 지켜봤으리라. 거기에 세계가 있었고, 여기에는 이미 시작된 영원과 더불어 그녀가 있었다. 나는 속으로 생각했다. 우리 각자의 삶에는 한없는 후회나 비밀스런 행복이 서린 섬 같은 먼 곳이 있다고. 우리 각자는 한 시간 또는 하루 동안은 동반자가 없는 은둔자 또는 은자라고. 역사의 어떤 시대에 속하든 우리는 그 암자의 동료 인간들을 이해한다고.(CP 82면)

'가련한 조애너'의 생가에서 젖어든 화자의 상념에는 감상(感傷)과는 다른 차원의 고독과 연대의 감수성이 숨 쉰다. 이러한 감수성을 더넷 공동체의 맥락에서 숙고하는 순간 『오, 개척자들!』과 『깨어남』에서 제각각 드러나는 어떤 결핍이 한층 도드라져 보인다. 앞서 인용한 대목에서 이어지는 문장은 이렇다.

그러나 내가 바닷바람 속에서 이 섬에 홀로 서 있을 때 갑자기 먼 곳에서 사람들 소리가 들려왔다. 젊은이들을 잔뜩 태우고 바다를 향하는 유람선에서 나오는 즐거운 목소리와 웃음소리였다. 나는, 마치 조애너에게서 듣기라도 한 것처럼, 가련한 조애너가 수많은 여름날 오후에 그런 소리들을 들었고, 희망 없음과 겨울날의 계절, 세상의 모든 슬픔과 실망에도 불구하고 그 소리들을 틀림없이 즐겁게 맞았을 거라고 생각했다.(CP 82면)

조애너의 일상을 이렇게 그려보는 화자의 마음을 값싼 연민의 상상력이라고 말할 수는 없을 것이다. 화자는 고독할 수밖에 없는 인간의 실존적 조건을 묵묵히 인정하면서도 그런 조건에서 형성되는 우애의 지평을 사유한다.[23] 조개무지 섬을 방문하여 자신의 눈으로 조애너의 삶의 흔적을 더듬어보는 화자의 공감력은 확실히 『오, 개척자들!』과 『깨어남』에서는 찾아보기 힘들다. 『전나무 지방』에는 공동체의 감성이 강력한 위안의 힘으로 생동하고 있음을 느끼는 주인공이 존재한다. 이는 조애너의 고독을 감싸는 어촌공동체에 상응할 만한 것이 쇼팬와 캐서의 소설 세계에 부재한다는 말이나 다름없다. 조애너의 고독한 일상을 무심한 듯, 애틋한 듯 상상해보면서도 돌아가야 할 자신의 길을 의식하는—주엇의 분신으로서의—화자는 단순히 서사에 질서를 부여하는 존재만이 아니다. 비록 뜨내기 여행객이지만 그런 화자 역시 잠시나마 공감의 상상력을 나누는 더넷 공동체의 일원으로 제시된다. 타지인으로서 화자가 더넷 공동체의 일부로 스며드는 공감의 순간만은 에드나의 신경증적 방황이나 알렉산드라의 피폐해진 마음에서 벗어난 것이다.

물론 조애너의 견인적 삶은 자신의 삶을 개척하는 근대적 여성이라는 넓

---

23 조애너 에피소드에 대해서는 다음과 같은 평가도 아울러 참조할 만하다. "조애너의 이야기에서 '홀로'와 '같이' 즉 고독과 공동체의 의미를 새롭게 발견하는 것은 외지에서 온 화자의(그리고 독자의—인용자) 몫으로 남겨진다. 마을에서 섬을 바라보던 화자가 조애너의 섬에 가서 조애너의 눈으로 섬과 마을을 새롭게 바라다보면서 깨닫게 되는 것은 마을에 살면서도 조애너와 같은 사적인 자유와 자발적인 은거를 허용하고 존중하였던 마을 사람들과 섬에 홀로 살면서도 지나가는 배에서 들리는 젊은이들의 웃음소리를 사랑하였을 조애너의 존재이며, 인간이 **고독의 섬과 공동체의 열망을 같이 공유하는 복합적인 존재**라는 사실이다." 이경란, 「새러 오언 쥬엇의 『전나무 지방』—여성과 공동체」, 『영어영문학』 50권 2호(2004), 412면. 강조는 인용자.

은 구도에서 보면 『오, 개척자들!』과 『깨어남』에서 그려진 여성 주인공의 삶과 비슷한 결이라고 할 수 있다. 적어도 그런 맥락에서 『전나무 지방』과 『오, 개척자들!』을 『깨어남』과 겹쳐 읽으면 한 가지 사실을 좀 더 분명히 확인할 수 있다. 세 작품 모두 남성과 교감하는 어떤 여성적 세계의 가능성을 탐색하면서 여주인공의 삶의 모험 앞에 어떤 장벽이 가로놓여 있는가를 천착하고 있다. 그 장벽이 가부장제에서 구축된 것이지만 다른 한편 여성 스스로 만든 것이기도 하다는 간단치 않은 진실을 드러낸 점이야말로 여성 문학으로서 세 작품의 품격을 높이고 해방적 상상력을 자극하는 결정적 요인일 것이다. 그렇다면 여기서 다시 『깨어남』으로 돌아가보자.

이 작품은 근대 가부장주의가 빚어낸 가상(假象)의 여성성에 대한 진지한 문제 제기이며 그 결말 역시 착잡한 양가성을 띤다. 즉, 바다의 지평선을 향한 에드나의 모험은 여류(女流) 작가라는 말에 내포된 인습적 의미를 해체하는 해방적 상상력에 값하는 한편, 자신의 진상(眞相)을 찾아낸 여성에게 해방의 지평이 어떻게 역설적으로 닫히는가를 증언한다. 캐서와 주엇의 텍스트는 그처럼 상반된 해석을 가능케 하는 에드나의 미적 감각주의가 현실에서 들리는 순간을 반성적으로 되돌리게 하는 면이 있다. 그런 순간은 작가 자신이 주인공의 시적 자기소멸 외에는 방생(放生)의 길을 찾지 못하고 손을 놓아버린 시간이다. 실제로 『오, 개척자들!』과 『전나무 지방』에 등장하는 다채로운 여성들의 삶과 대비해보면 에드나의 모험도 넓은 의미에서 미국 남부 크레올 상류사회의 불건강성을 드러내는 하나의 국지적인 사건에 불과할지 모른다. 이러한 비판적 평가의 여지를 남겨놓는 한 여주인공의 최후를 두고 여성주의의 승리 운운하는 언사들은 과장된 작품 비평의 한 갈래인 셈이다.

그렇다고 캐서와 주엇의 작품 역시 '자기만의 방'에 자족하지 않는 여성의 각성을 가부장제 현실이라는 맥락에서 첨예하게 극화하는 단계까지는 이르지 못했다는 지적을 완전히 피할 수 있을 것 같지는 않다.[24] 그렇다면 자기소멸의 길을 선택하는 여주인공의 행로가 '자기 각성'과 미묘하게 맞닿은 깨어남을 함축하고 있는 한 쇼팽의 작품도 캐서 및 주엇의 작품과 상호보완적인 문제로 볼 필요가 더 강해진다. 여성 문학의 성숙이라는 관점에서 보면 세 여성 작가의 작품은 유일무이한 독자성을 지녔으면서도 서로 주고받는 의미의 관계망으로 들어가야 비로소 여성의 깨어남과 각성 사이에 존재하는 미묘한 차이가 온전히 드러날 수 있다는 것이다.

페미니즘이든 뭐든 비평의 모든 이념은 결국 작품의 뒤로 밀려난다. 뿐만 아니라 그 이념이 작품을 재단하는 개념적 틀로 작용할 때 그것도 해체의 대상이 된다. 그 점을 잊지 않는 비평이라면 이론과 삶의 긴장은 당연하고 살려야 마땅한 것이다. 전체에 대한 감각을 잃지 않고 개별자의 개별성을 파악하는 읽기는―전체로써 개별을 장악하지 않고 개별로써 전체를 쪼개지 않는 지적 훈련은―누구에게나 어렵다. 그렇다면 이 글의 마침표가 단언과 확언으로 찍히지 않는 데는 이유가 있다. '깨어남'과 '각성'의 경계가 결코 명료하지 않은 『깨어남』의 주인공이 시적으로 소멸해가는 과정을 『오, 개척자들!』과 『전나무 지방』에 비추어 논하는 일은 그 같은 비평 훈련의 지난함을 새롭

---

24 다른 한편 에드나의 '깨어남'에 대한 윌러 캐서의 논평은 그 점을 숙고하는 데 좋은 참고가 된다. 여성 작가로서 캐서 비평의 특이한 점은 에드나의 궤적을 근대 여성의 어떤 신경증적 현상으로 파악했다는 데 있다. 이성과 감성의―그녀가 딱히 그런 표현을 쓴 건 아니지만―분열을 전제하는 발상이다. 그렇다고 그녀가 쇼팽의 성취까지 부정하는 것은 아니지만 보바리 부인의 신경증 증세를 동반하는 에드나의 낭만적 모험과 일정한 거리를 두는 발상임도 분명하다. 아무튼 캐서의 해석에서도 중요한 것은 그 유효한 비판을 취하면서 『깨어남』의 결말이 함축하는 바를 단순화하지 않는 읽기다. 그럴 때 자기 파멸로 치닫는 여주인공의 낭만적 모험에 대한 공감보다는 "어떤 더 나은 대의를 위해 그녀의(쇼팽의―인용자) 유연한 무지갯빛 문체를 써"줄 것을 당부한 캐서의 비판에 대해서도 반론은 얼마든지 가능할 것이다. 다만, 그런 비판이 작품의 결말을 다면적으로 성찰하는 데 중요한 참조가 된다는 점에 인색할 일은 아니다. 작품의 제목을 왜 '각성'이 아니라 중립적인 '깨어남'으로밖에 번역할 수 없는가가 캐서의 비평에서 해명되는 바도 있기 때문이다. *Pittsburg Leader* 1889년 7월 8일자에 실린 해당 원문은 다음과 같다. ""Edna Pontellier" fanciful and romantic to the last, chose the sea on a summer night and went down with the sound of her first lover's spurs in her ears, and the scent of pinks about her. And next time I hope that Miss Chopin will devote that flexible iridescent style of her to a better cause."

게 깨닫고 판단의 엄밀한 근거와 평가를 모색하는 공부이기도 하다.

## 5. 비평의 근거와 물음

  비평의 설득력과 생명력이 작품에 대한 정확한 평가를 자기성찰적 읽기로 수행하는 데 달려 있다면 그것은 당연히 비평가 자신이 내면화한 지론이나 신념까지를 문제 삼는 것을 포함한다. 사실 그 같은 자기성찰적 읽기는 특별한 기술이나 방법이 아니다. 그것은 차라리 인문학 연구의 기본 정신에 가깝다. 기본이라서 어떤 면에서 더 쉬운 반면 다른 면에서는 실행이 더 어려운 문제인 것이다. 문학비평의 역사가 일천하고 외국의 이론가들에게 줏대 없이 휘둘리는 일이 잦은 한국 인문학계의 풍토에서 비평의 기본을 읽기로써 확보하는 것은 결코 간단치 않다. 무수한 이론을 거느린 문학비평에서도 여전히 가장 어려운 일은 작품을 작품으로 읽는 일이지 싶다. 도대체 작품을 그렇게 읽는다는 것 자체가 무엇인지가 끊임없이 도전적 물음으로 남아 있기 때문이다. 비교와 대조라는 기초 작업은 그런 물음을 받기 위한 방편이요 읽기 연마의 방법에 불과하다.

  이 글에서 『깨어남』의 독자성을 존중하면서 그 결말이 도발하는 '여운'을 『오 개척자들!』과 『전나무 지방』을 통해 음미해보려고 한 것도 그런 연마의 일환이라고 믿는다. 인습적인 성차 관념을 깨고 "세상 사람들 앞에서 입는 옷 같은 것으로 가정하는 그 허구적 자아"를 깨끗이 발가벗기는 데까지 나아간 에드나의 여정은 확실히 근대적 개인의식의 한 첨단을 보여주는 유혹적인 모험이다. 그러나 '삶'을 위해 소멸의 길을 택하는 한 인간의 고독한 모험이 갖는 역설에 끌릴수록 개인과 사회 및 개인과 자연의 분리를 의심하면서 그 모험을 전체의 맥락으로 되돌려 사유해야만 한다. 그렇게 되돌려 생각하면서 비평을 학문의 경지로 올리는 데는 해당 시대의 개별 작가들의 작품도 어느 정도는 섭렵해야 하고 문학사적 안목이 요구된다는 것은 더 말할 나위 없다.[25]

그러나 여기서도 중요한 것은 전문가적인 지식이나 박식보다 어떤 학술이나 학문 행위도 작품 읽기를 대신할 수 없다는 상식이다. 학문의 언어는 삶의 모든 영역으로 열린 '문학'을 따라갈 수 없다. 문학비평의 판단 근거가 문학이론에 있는 것이 아님은 자명하다. 그런 근거는 독자의 '실감'에 있지도 않다. 사유하지 않는 이론은 작품에서 독자를 더 멀어지게 하며, 자기를 성찰하지 않는 실감은 작품을 재단할 뿐이다. 판단의 근거는 오직 작품 자체에 존재한다. 작품에 침잠하는 비평만이 판단과 평가의 가늠자 역할을—그것도 제한된 범위에서나마—할 수 있다. 그렇다면 비평의 근거를 찾기 위해 동원한 비교와 대조라는 방법도 종국에는 털어버릴 일이다. 비교와 대조라는 것도 결국 방편일 뿐이고 털어버림이 없이는 읽기의 고유성도 사라진다. 모든 이론과 방법에 앞서는 읽기와 사유의 고유성을 지키는 것만이 관건이다. 그러한 읽기는 작품을 작품답게 드러내면서 감춰진 것을 향한 물음을 견지한다.

물음의 과정에서 드러난 이 글의 판단의 흔들림과 망설임이 말해주듯이 비평의 절대적 객관성이라는 것도 유혹적인 환상이자 가상이다. 단적으로 이 글의 필자가 남성임으로 해서 발생하는 읽기의 공백도 불가피하다. 그러나 공백으로 인해 또 다른 읽기의 가능성도 커진다면, 성차에 대한 인정이 곧바로 상대주의로 빠지거나 상대성을 부추긴다고 단정할 것은 아니다. 오

---

25 한 개별 작가에 대한 전문 연구는 전체에 대한 감각을 키우는 데 반드시 필요하지만, 자칫 그런 연구가 빠질 수 있는 함정에 대한 다음과 같은 경고도 『깨어남』의 결말을 읽는 데 새겨들을 만하다. "한 개별 작가만에 대한 전문적 연구는—아무리 능숙하게 추구된다 하더라도—바로 그 구조상 왜곡을 낳을 수밖에 없는데, 즉 실제로는 인위적으로 고립시킨 것에 불과한 것을 전체로 투사하는 총체성의 환각을 낳을 수밖에 없는 것이다. 현대의 작가들이 이런 종류의 고립화를 촉발시킨다는 것, 즉 마치 하나의 '세계'에 귀의하듯이 비평가들이 자기네 작품에 철두철미 '귀의'하도록 촉발한다는 것은 그런 비평을 할 구실이 되기보다는 그 자체로 연구해볼 만한 흥미로운 현상이다." 프레드릭 제임슨, 『맑스주의와 형식: 20세기의 변증법적 문학이론』, 여홍상·김영희 옮김(창비, 2014), 367면.

히려 상대성을 흔쾌히 인정하고 나면 대화와 토론을 기약하는 공백의 가능성이 열린다. 문학비평의 창조적 지평을 담보할 수 있는 길도 일단 거기서 찾을 일이다. 그렇다면 독자와 작가, 작가와 비평가의 공감대를 기약하는 첫걸음은 읽기의 차이를 확인하는 데서 시작한다. 비교와 대조를 통한 읽기의 협동 작업으로 나아가고 그 과정에서 자기만의 잠정적이되 확고한 판단에 도달할 수만 있다면 비평의 근거가 작품에 있음을 새롭게 사유할 수 있을 것이다.

이어지는 「비평가의 읽기와 책임」은 이 글의 연속선상에 있다. 비슷한 이야기를 되풀이하자는 뜻은 물론 아니다. 문학비평이 작품을 통해 삼라만상에 개입할 수 있다면 비평가는 자신의 평가와 책임을 어떻게 감당해야 하는가 하는 물음을 좀 더 본격적으로 제기하려는 취지이다. 하지만 이 물음에도 정답이라는 것은 존재하지 않는다. 바로 그 점이 이 물음의 중요성을 보증한다. 문제는 물음의 길을 트는 작업이다. 방편으로 영국의 출중한 학자이자 비평가인 마이클 벨의 역저인 『문학과 모더니즘 그리고 신화』를 채택할 것이다. 책의 소개 자체가 글의 목적은 아니지만 벨 교수의 이 저작이 갖는 무게감이 상당한 터라 그 개요에 대한 충실한 해설 작업은 꼭 필요할 듯하다. 하지만 논지에 전적으로 동의하는 것은 아니라서 내 나름의 문제 제기로서 조이스와 로런스의 단편 읽기를 덧글 형식으로 붙였다. 이 역시 좀 더 긴 호흡의 연구를 기약하는 읽기에 불과하지만 비평가의 읽기와 책임을 진지하게 성찰하는 계기 정도는 될 수 있을 것이다.

## 2장

# 비평가의 읽기와 책임*

『문학과 모더니즘 그리고 신화』를 중심으로

## 머리말

내가 이글턴(Terry Eagleton, 1943~)의 『비평의 기능(The Function of Criticism)』(1984)을 제임슨(Frederic Jameson, 1934~2024)의 『이론의 이데올로기들(The Ideologies of Theory: Essays 1971~1986)』(1988)에서 뽑은 몇몇 평문과 함께 번역하여 출간한 것은 1991년 4월이었다. 이미 오래전에 없어진 제3문학사라는 출판사에서 나온 번역서인데, 1990년 당시 대학원에서 영문학 석사를 끝내고 어중간한 시기여서 얼마간 여유도 있었다. 그것도 '석사장교'라는 6개월 단기 병역 혜택을 누리지 않았다면 가능하지 않았을 일이었다. 철이 들면서 더 분명하게 깨달은 바지만 특혜는 물론 위험 소지마

---

* 이 글의 초본이 발표된 지면은 『안과밖』 36호(2014년)이다. 이후 분량을 압축하고 개고하여 『다시 소설이론을 읽는다』(창비, 2015)에 '마이클 벨의 소설론과 비평: '모더니즘'을 중심으로'라는 제목으로 실었다. 이때 로런스와 조이스의 단편을 대조·비교하는 대목을 새로 써서 4절(소론: 조이스와 로런스는 어떻게 다른가)에 넣었다. 이 글은 초본을 기본으로 삼았지만 「마이클 벨의 소설론과 비평」에서 논한 부분을 종합하면서 다시 손본 결과물이다.

저 있었던 그런 제도의 덕을 본 일은 자랑스럽지 않다. 아무튼 그렇게 여유가 주어진 상황에서 번역한 것은 이글턴이나 제임슨에 대해 뭘 잘 알아서도 아니었다. 1980년대 한국 인문사회학계의 압도적 시류인 맑스주의에 별생각 없이 휩쓸리다가 멈칫하고 있었고, 영문학 연구에서 문학비평이라는 것이 뭔지를 고민하다가 당시에 마침 유명하다 싶은 이글턴이나 제임슨의 저작을 손에 잡았을 뿐이다. 불법 복사본이 판치던 시절이어서 그때 사들인 책 가운데 두 저자의 저작도 분명히 끼어 있었으리라. 이들과는 성격이 전혀 다른 비평가인 리비스(F. R. Leavis, 1895~1978)를 제대로 읽기 시작한 것은 박사과정에 들어서였다.

그로부터 30년이 지나는 동안 리비스의 통찰과 맹점도 조금씩 더 분명하게 헤아리게 되었다. 그 점은 이 책에 실린 「무간지옥, 미국의 인종주의」에서도 얼마간 드러났으리라 본다. 하지만 리비스의 약점을 인지할수록 그를 퇴물 취급하는 영미 학계에는 더 비판적인 거리를 두었는데, 그러니 『비평의 기능』의 주요 논지나 제임슨의 맑스주의 방법론을 되풀이하고 싶지는 않다. 다만, 이글턴의 그 단출한 책과 제임슨의 평문들이 오늘날 한국 평단이 마주한 역사적 현실을 다시 생각하는 계기로 삼아볼 만한 가치가 아주 없지는 않을 듯하다. 아무튼 한 세대가 지나는 동안 이글턴의 정치주의적 편향이나 (이제는 고인이 된) 제임슨의 난삽한 관념주의가 갖는 문제점을 나도 어느 정도는 인지하게 되었다. 그들 못지않게 세심하게 귀 기울여 들어야 하는 여러 비평가, 학자들을 접한 마당에, 참고는 하겠지만, 이글턴이나 제임슨으로 다시 돌아갈 일은 없지 않을까 싶다.[1]

그런 학자-비평가 가운데 하나가 영국의 워윅(Warwick)대학 비교문학과

---

[1] 그 사이에 이글턴의 바로 그 저작을 리비스의 비평에 비춰 비판적으로 검토한 글이 나오기도 했다. 나 자신 그 논지에 동조하는 입장이다. 김영희, 「포스트 시대 인문교육에서 리비스의 효용: 테리 이글턴의 『비평의 기능』과 관련하여」, 『영미문학교육』 17:1(2013), 61~85면 참조.

(Department of English and Comparative Literary Studies)의 명예교수인 마이클 벨(Michael Bell, 1941~ )이다. 벨은 한국의 비평계에는 충분히 소개되지 않은 인물이다. 영문학자들 사이에는 주로 로런스 연구자로 인지될 뿐, 이글턴이나 제임슨 같은 현역 비평가들과 비교해도 지명도는 현격히 떨어진다.[2] 두 맑스주의 학자들이 각기 문화연구 방면으로도 관심 영역을 넓힌 전력이나 사이드(Edward Said, 1935~2003) 같은 실천적 지식인이 개척한 식민주의 비판담론을 떠올리면, 그는 전통적인 문학 연구를 고수해온 인물에 가깝다.

하지만 맑시즘과 문화연구를 망라한 각종 이론과 거리를 두고 대국적이면서도 엄밀한 읽기를 수행하는 그의 작업을 유심히 들여다보면 '머리로만 비평하는 학계'의[3] 시류를 정면으로 거스르는 비평가의 면모가 역력하다.[4] 사실 소설론이라 하더라도 대개는 특정한 이론, 가령 탈식민주의나 여성주의, 신역사주의, 해체주의, 정신분석학 같은 깃발을 내걸기 일쑤이다. 하지만 이 같은 이론들에 대한 줏대 있는 저항도 분명할뿐더러 작품의 치밀한 읽기를 견지하면서 비평을 축적해온 점은 벨의 남다른 장점이다. 그런 그에게 가장 중요한 선배 비평가는 리비스로 보인다. "영어(영문학)를 가르친다는 것이

---

[2] 지금까지 나온 마이클 벨의 단행본 저작은 다음과 같다. *Primitivism*(London: Methuen & Co Ltd., 1972); *The Sentiment of Reality: Truth of Feeling in the European Novel*(London: George Allen & Unwin, 1983); *F. R. Leavis*(London: Routledge, 1988); *D. H. Lawrence: language and being*(Cambridge: Cambridge UP, 1992); *Gabriel García Márquez: Solitude and Solidarity*(New York: Macmillan, 1994); *Literature, Modernism and Myth: Belief and Responsibility in the Twentieth Century*(Cambridge: Cambridge UP, 1997); *Sentimentalism, Ethics and the Culture of Feeling*(New York: Palgrave, 2000); *Open Secrets: Literature, Education, and Authority From J-J. Rousseau to J. M. Coetzee*(Oxford: Oxford UP, 2007). 이중 *Literature, Modernism and Myth*는 이하 LMM으로 약칭한다. 이 글에서 거론하는 나머지 저작들인 *The Sentiment of Reality: Truth of Feeling in the European Novel*은 SR, *F. R. Leavis*는 FRL, *Sentimentalism, Ethics and the Culture of Feeling*은 SECF, *Open Secrets*는 OS로 표기하고 괄호 안에 면수만 밝힌다.
[3] "a condition of 'criticism in the head' in the academy"(SECF 200면)를 원용한 표현이다. 'criticism in the head'는 로런스의 표현인 'sex in the head'를 살짝 바꾼 것이다.
[4] 마이클 벨의 비평에 관해서는 이 책에 실린 「가르시아 마르케스, 세르반테스의 후예: 『백년의 고독』을 중심으로」와 「'사고 실험'과 소설의 형식」에서도 소략하나마 점검한 바 있다.

무엇이 되어야 하는가를 정의하는 데"[5] 결정적인 역할을 했다는 리비스는 개념이나 이념으로 환원 불가능한 '작품'에 대한 발견적 읽기와 엄격한 평가로 유명한 비평가다.

말년에 이르기까지 '이론'에 대한 반(反)철학적 성찰을 멈추지 않은 리비스를 창의적으로 이어받은 마이클 벨은 자기만의 비평 영역을 개척했다. 휘트먼을 일축한 것에서 보듯이 국수적이랄 정도로 영국문학을 중심에 놓고 사유한 리비스와는 달리 자국 문학 바깥으로 나아가 유럽 대륙의 중요한 작품과 비서구 세계의 작가들도 주목했다. 그로써 성찰의 지평을 확대하고 풍요롭게 하면서 작품보다 해석의 프레임을 앞세우는 이론과도 비판적 거리를 확보한 것으로 보인다. 마이클 벨이 텍스트를 세밀하게 읽는 건 맞지만 리비스가 그러했듯이 그 세밀함은 신비평적 '자세히 읽기'와는 성격이 다르다.

주로 소설에 관한 집중적인 논의를 전개한 저작으로 사실상 그의 첫 연구서인 『실재의 센티먼트: 유럽 소설에 나타난 감정의 진실』을 꼽을 수 있다. 영국을 비롯해 프랑스, 독일, 러시아 등의—리처드슨에서 나보코프(Vladimir Nabokov, 1899~1977)에 이르는—주요 거장들을 다루면서 근대소설에 관한 그만의 독특한 입론을 세웠다. 그로부터 약 17년이 지난 시점에서 『센티멘털리즘, 윤리, 그리고 감정의 문화』를 통해 그 입론을 한층 정교하게 다듬어 개진했다. 그 사이에 로런스에 관한 단독 저서인 『D. H. 로런스: 언어와 존재』와 가르시아 마르케스 연구서인 『가브리엘 가르시아 마르케스: 고독과 연대』를 펴냈다. 가장 최근의 연구서인 『공공연한 비밀들』을 포함해 그가 그간 축적해온 연구와 비평의 폭과 깊이를 떠올리면, 그의 소설론을 한 편의 평문으로 정리하는 작업은 난망한 일이다.

그의 적지 않은 저서 가운데 특히 『실재의 센티먼트』와 『센티멘털리즘, 윤

---

5 David Ellis, *Memoirs of a Leavisite: The Decline and Fall of Cambridge English*(Liverpool: Liverpool UP, 2013), xi.

리, 그리고 감정의 문화』는 연작이라고 해도 좋을 정도로 주제의 연속성이 두드러진다. 두 연구서를 관통하는 키워드는 '센티먼트'이다. 이 말 자체는 감성과 이성이 하나로 통합된 상태를 지칭하고 엘리엇(T. S. Eliot)이 제기한 '감수성의 분열'론과도 맥이 닿아 있다. 하지만 역사적으로 통합이나 분열의 소설적 양태가 극히 미묘하고 복합적인 만큼 간단한 정리를 불허한다. 그가 장편소설을 "근대의 사회적 인간에게 가장 완전하고 복잡하며 친밀한 자기 성찰의 형식을 제공하는"[6] 문학의 핵심 장르로 규정하고 진리를 발화하는 서사 양식으로 내세우는 근거도 근대 문명의 기저를 흔드는 감수성의 분열에 대한 최고의 종합적 사유가 장편소설에서 이뤄진다는 '믿음'에 있다.

마이클 벨이 일관되게 소설 형식의 실험과 혁신을 센티먼트의 역사적 변화 양상과 연관지어 성찰하는 것도 그런 신념에 기인한다. 따라서 소설 장르는 자체의 발전사(發展史)를 갖는 자족적인 장르로 간주되지 않는다. 그가 소설을 중세·르네상스의 대표적 우세종인 로맨스와의 길항 관계를 살펴보면서 상대화하는 것도 그런 맥락이다. 역사, 철학, 과학 등의 분야에서 이룩된 성과들을 끌어오고 "이러한 비문학적 형식들(편지, 회고록, 여행담 등—인용자)이라는 옷을 반복적으로 훔치"면서 진화해온 것이 소설 장르라는 것이다. 물론 소설 장르에 관한 이 같은 역사적 인식 자체가 독창적이라고 말하기는 어렵다. 하지만 18세기 소설과 19세기 소설을 '리터럴리즘'과 '미메시스'로 대별하고, '감정'이 극화되는 서사상의 형질 변이를 탐구해온 그의 비평 작업은 걸출한 바가 있다.

---

[6] Michael Bell, "Introduction: The Novel in Europe 1600~1900," *The Cambridge Companion to European Novelists*, ed. Michael Bell(Cambridge UP, 2012), 1면. 그가 가장 포괄적으로 개진한 최근의 소설론은 그 자신이 편집하고 머리말과 결론을 붙인 이 책에 실려 있다. 총 23명의 학자들이 세르반테스(1547~1616)에서 밀란 쿤데라(1929~2023)에 이르는 작가들의 작품세계를 소개한 방대한 저작인데, 마이클 벨은 스턴(Lawrence Sterne, 1713~1768)론을 포함해 서론과 결론 격인 「머리말: 유럽의 소설 1600~1900」과 「결론: 1900년 이후 유럽의 소설」을 집필했다. 무려 400년의 소설사를 개관한 셈이다.

여기서는 그 점을 염두에 두면서 '20세기의 믿음과 책임'이라는 부제가 딸린 『문학과 모더니즘 그리고 신화』를 집중적으로 소개하고자 한다. 이 저작은 특히 독일 철학의 유산을 벨 특유의 방식으로 소화함으로써 문학비평의 지평을 심화·확대한 대표적인 사례이다. 그의 2000년대 저작들, 즉 『센티멘털리즘, 윤리, 그리고 감정의 문화』와 『공공연한 비밀들』까지 포함한다면 '문화연구'와는 차원이 다른 비평적 사유의 지평을 획기적으로 넓혔다는 평가도 가능하다. 먼저 사조로서의 모더니즘을 역사화하는 벨의 발상을 따라가면서 모더니즘에 대한 비판적 재인식이라고 할 만한 쟁점들을 제시하겠다. 그 연장선에서 로런스와 조이스의 단편을 비교·대조하면서 비평가의 읽기와 책임을 생각해볼 것이다.

## 열쇳말들의 소개

『문학과 모더니즘 그리고 신화』는 모두 7장 4부로 구성된다. 도입부와 더불어 이 저작의 핵심적인 발상과 문제의식을 정리한 1부인 "세계관 시대에서의 신화(Myth in the age of the world view)"와 본격적인 작품 읽기에 해당하는 2, 3부에 이어서 짤막한 결론인 4부로 끝난다. 니체를 끌어들이면서 종횡무진으로 언급하는 수많은 철학자, 비평가, 사상가를 빼도 분석한 주요 창작자만도 모두 12명이다. 2부에서는 W. B. 예이츠, 제임스 조이스, D. H. 로런스, T. S. 엘리엇, 에즈라 파운드, 조지프 콘래드 등이, 3부에서는 토마스 만, 프리모 레비, 알레호 카르펜티에르, 가르시아 마르케스, 토머스 핀천, 앤젤러 카터가 거론된다. 대륙으로 치면 유럽과 북미, 남미를 모두 포괄한다. 이 모든 작가와 벨이 거론하는 문학사의 맥락을 세세하게 검토할 수 있는 능력이 내게는 없다. 벨의 비평적 발상이 독자에게 얼마나 새롭고 싱싱한 생각을 열어주는가에 초점을 맞춰 생각해볼 뿐이다.

다루는 시대의 범위나 작가들의 다양함에서 벨의 논의와 필적할 만한 저서로는 버먼(Marshall Berman, 1940~2013)의 『모든 단단한 것은 대기 속으로 사라진다: 모더니티의 경험(*All That Is Solid Melts Into Air: The Experience of Modernity*)』(1982)과 모레티(Franco Moretti, 1950~)의 『근대의 서사시(*Modern Epic*)』(1995)가 떠오른다. 두 비평서는 모더니즘과 연관하여 국내 평단에서 제법 원용되고 번역으로 출간된 바 있다. 버먼과 모레티 모두 모더니즘 문학의 범주 자체를 재구성하면서 루카치 대 브레히트의—범박하게 말해서 반모더니즘 대 친모더니즘의—구도에서 확실하게 탈피했다는 평가를 국내 비평계에서도 받았다. 나름의 혁신적 시도이고 중요한 비평서임이 분명하다. 하지만 과연 혁신성에 걸맞은 내용을 담보했는가에 대해서는 비판적 개입의 여지가 있다. 가령 근대의 역동성에 부응하는 문학 특유의 창조적 활력을 날카롭게 포착한 버먼이 역사적 시대로서의 근대가 갖는 한계와 가능성을 엄밀하게 분별하는 데 미흡했다면, 모레티는 근대와 양립 불가능한 것으로 치부된 서사시가 근대 특유의 현실에서 시도되었고 심지어 성공한 사례도 있음을 대담하게 주창했으나 읽기와 평가보다는 개념의 틀에 작품을 맞추는 해석의 자의성과 과잉이 눈에 띈다.[7]

이에 비하면 『문학과 모더니즘 그리고 신화』는 기존 문학사에서 중시된 작가와 작품을 대상으로 정공법에 가까운 읽기를 선보인다. 하지만 저작 전체의 구성과 내용을 놓고 보면 벨의 저작 역시 버먼이나 모레티 못지않은 야심찬 기획의 산물이다. 사실상 르네상스 시대 이후의 서양 근대 사상사, 특히 독일 철학 전반을 소화한 이 저작의 면면들을 일목요연하게 소개하는 일은 버먼이나 모레티의 저서보다 더 난감한 면이 있다. 따라서 일단 이 저서의

---

[7] 버먼과 모레티의 두 저작에 대한 필자의 구체적인 논의는 졸저, 『근대 극복의 이정표들』(창비, 2007), 340~347, 276~299면 참조.

제목에 대한 일종의 해제(解題)를 논의의 방편으로 삼아야 할 것 같다. 제목을 구성하는 세 개 단어, 즉 문학, 모더니즘, 신화는 사실상 분리 불가의 양상을 띠지만 부득이 하나씩 분리해서 짚어보겠다. 독자의 이해를 돕기 위해서 약간 순서를 바꿔 모더니즘, 신화, 문학 순으로 배열하고 그와 연관된 핵심어들도 다루겠다. 논의 과정에서 이 세 개의 개념들이 어떻게 분리 불가능한 것인가는 자연스럽게 드러날 것이다.

### 모더니즘, 포스트-모더니즘, 포스트모더니즘

서구 학계에서 퍼져 문학비평계의 공통어로 통용되는 모더니즘과 포스트모더니즘의 뜻매김은 저마다 천차만별이다. 그 때문인지 벨은 모더니즘을 정의하기보다는 모더니즘이라는 사조가 등장하기까지 어떤 사상사적 변곡점들이 있었는가를 짚는 작업에 치중한다. 모더니즘은 시기와 사조, 두 측면에서 파악된다. 먼저 '모더니스트 시대(the modernist decades)'는 "대략 1910년에서 1930년까지"를 지칭한다.(LMM 1면) 예이츠, 조이스, 로런스, 파운드, 콘래드, 토마스 만 등을 망라한 작가들의 주요 작품이 출간된 시간대에 비추어 유럽 리얼리즘 소설의 정점은 1830~1860년대로 규정된다.(SR 195~196면) '리얼리스트 모드(the realist mode)'가 해체된 국면은 1880년 이후이고(LMM 199면) 그 이후에 모더니즘이 등장한다는 것이다. 벨이 규정하는 문학사조로서의 모더니즘은 영미 문학사의 일반적인 시대구분과 크게 다르지 않다. 벨 역시 모더니즘을 19세기 리얼리즘으로부터의 탈피로 간주한다는 점에서는 사조사의 통념에 충실하다.[8]

---

8 다른 한편 그런 탈피가 19세기 리얼리즘의 성취와 구체적으로 어떤 상관성이 있는지는 불확실한 듯하다. 다만, 그가 상정하는 모더니즘이 루카치가 설정한 극복 대상이 아니라는 점만은 분명하다. 마이클 벨

그런데 그가 시대로서의 모더니즘을 설정하는 방식은 좀 특이하다. 즉, 18세기부터 20세기 후반까지의 소설사를 전제한 상태에서 칸트에서 헤겔로 이어지는 독일 관념철학의 전개를 모더니즘 사상사의 배경으로 간주하는 것이다. 결정적인 전환점은 쇼펜하우어의 '비관주의'로서의 세계관을 창조적으로 전복시키고 전유한 니체의 철학이다. 그의 모더니즘론은 리얼리즘 문학의 쇠퇴 이후 등장한 전위파 작가들에 몰두하는 루카치의 '모더니즘론'보다 한결 넓은 시간대를 설정하면서 평가에 있어서도 유연하다. 따라서 모더니즘 문학을 평가하는 비평적 발상이나 읽기의 방식도 루카치가 「모더니즘의 이데올로기」에서[9] 모더니즘을 규정하는 독법과는 확실히 구분된다. 뿐만 아니라 모더니즘의 인식에서도 루카치에게서 일정한 영향을 받은 버먼이나 루카치의 극복을 지향하는 모레티의 모더니즘론과도 공통점을 거의 발견하기 어렵다.

모더니즘이 지배적 문학사조로 출현하기까지의 과정에 관한 벨의 고찰은

---

의 모더니즘론이 안고 있는 나름의 문제는 뒤에서 언급하겠다. 여기서는 리얼리즘과 모더니즘이라는 용어와 관련하여 한마디 덧붙인다. 지난 1970·80년대 한국의 평단에서 민족문학을 주창한 진영은 사실주의와 리얼리즘을 구분하고 운동으로서의 리얼리즘을 주창한 바 있고 나 자신도 엄밀한 개념 구사가 필요하다는 입장이다.(「한국소설의 고투, 마중물로서의 비평」, 『한국문학의 최전선과 한국문학』, 창비, 2013, 295면) 그런데 21세기도 사반세기가 흐른 지금까지 리얼리즘이 사실주의와 구분되는 독자 개념으로 자리 잡지 못한 듯하다. 여러 가지 원인이 있겠지만 이는 리얼리즘이 영어의 '음독(音讀)'이라는 점과도 무관치 않다고 본다. 어찌 되었든 리얼리즘을 한국어로 번역하면 현실주의 또는 사실주의가 되니 아무리 리얼리즘을 구분하려고 해도 혼란이 불가피한 것이다. 아무튼 모더니즘을 넘어서는 문학적 성취를 일컬을 수 있는 이름이 뭐가 될지는 작가와 비평가들의 상통하는 고민에서 저절로 생겨날 가능성이 크다. 따라서 이 글에서 모더니즘에 대비되는 사조를 사실주의가 아니라 리얼리즘으로 표기한 것은 일단 서구 학계의 관행을 존중하는 뜻도 있다. 그러나 다른 한편 "'참된', '진정한' 등의 수식어를 붙이고 강조해야만 어렵사리 생명력을 부지하게 된 리얼리즘이라는 외래어가 어느 순간 우리의 실정을 반영하는 우리말 표현으로 전환되지 않을까요? 그날을 좀 더 앞당기도록 합시다"는 문제의식을 반영한 것이기도 하다.(같은 글, 297면)

9 '모더니즘의 이데올로기'는 「오해된 리얼리즘에 대항하여(Wider den mißverstanden Realismus)」(1958)의 영역 제목이다. 루카치가 로베르트 무질, 제임스 조이스와 프란츠 카프카 등을 대표적인 사례로 들어서 설정한 전위주의(Avantgardismus)를 영미권에서는 모더니즘으로 번역했는데, 루카치의 비판의식 중 유효한 부분은 살리면서도 "모더니즘은 전통적인 문학 형식의 파괴를 초래했을 뿐만 아니라 문학 그 자체의 파괴도 초래했다"는 극단적인 판단만은 지속적으로 수정해야 할 것이다. "문학 그 자체의 파괴……" 운운하는 대목은 『우리 시대의 리얼리즘』, 문학예술연구회 옮김(인간사, 1986), 45면.

1부에서 집중적으로 이뤄진다. 간명한 정리가 어려울 정도로 다각도의 논의이다. 그중에서 특히 칸트에서 헤겔, 쇼펜하우어에서 니체에 이르는 독일 철학의 역사적 맥락을 모더니즘의 사상적 원천으로 설정하는 눈이 탁견이다. 데카르트의 철학으로 표상되는 자아와 세계의 이분법, 뉴턴으로 상징되는 기계적 과학주의, 정신적 지도이념으로서의 기독교 세계관의 절대적 정당성이—진리치(truth value)를 담보하는 담론으로서의 정당성이—근원적으로 의문시되면서 등장하는 사상사의 흐름이 그가 염두에 둔 모더니즘이다. 시대로서의 모더니즘은 종교와 과학이 경쟁적으로 선점하려던 진리관이 무너지고 그 틈바구니에서 예술이 부상하는 때와 일치한다. 또한 이때는 아인슈타인의 상대성 이론이나 양자역학이 나오기 전부터 감지되기 시작한 '상대성'을 본격적으로 사람들이 의식하기 시작한 순간이다.

20세기의 두번째 10년에 이르러서야 그러한 상대성의 함의들이 문화의 토대를 건드리고 일상적으로 작동하는 전제들을 흐트러뜨리기 시작했다. 이 과정은 당시에도 여전히 부분적으로 진행되었을 뿐이며, 지금도 결코 완결된 것이 아니다. 어디에서나 대다수 사람들은 뉴턴의 물리적 세계에 존재하고 있듯이 과거의 도덕적 세계에 계속 살고 있으며, 토마스 만이 말했다시피 그건 나쁜 일이 아니다. 그러나 핵심적인 예술가들과 사상가들은 문화 영역에서 벌어지는 엄청난 지각변동에 능동적으로 대처했다.(LMM 10면)

벨이 예이츠, 조이스, 로런스의 텍스트 분석으로써 보여주는 바는 그 같은 능동성의 탁월함이다. 이 세 작가에 부여된 평가의 경중은 더 따져볼 여지가 없지 않지만 로런스에 관한 연구서를 낸 학자답게 「말장수의 딸」에 관한 분석이 특히 인상적이다.(LMM 97~111면) 벨은 이어서 이들 작가에 대한 일종의 반례들(反例, countercases)을 다룬다. 즉, 니체에 반발하고 "종족의 언어를 정화하"려는 과정에서 "언어의 전환(linguistic turn)"을 이룩한 영미 모더니즘의 사례로 엘리엇과 파운드의 시를 논하고, 세계관의 상대성이 서구 식민지에서 발현되는 양상을 콘래드의 작품과 그에 대한—뒤에서 좀 더 짚어보겠지만 아프리카 케냐의 작가 아체베의—비평적 반응을 통해 적시한다.

벨에 따르면 흥미롭게도 모더니즘의 '붕괴(break-up)'를 촉진한 결정적인 매개는 세르반테스의 『돈 키호테』이다. 이 불후의 장편을 자기 것으로 완전히 소화·흡수한 토마스 만의 4부작 대하소설인 『요셉과 그의 형제들』(1933~1943)과 "만의 요셉 이야기들을 읽는" 꾀 많은 유대인을 주인공으로 내세운 프리모 레비의 『주기율표』(1975)를 통해서 벨은 모더니즘의 붕괴 징후를 읽어낸다. 그 중요한 징후 중 하나가 '소설(novel)'이—벤야민이 논한 바—'이야기들(stories)'로 쪼개지는 현상이다.(LMM 171~174면) 이 해체는 단순히 서사의 형식에 국한되지 않는다. 이런 이야기는 어떤 지향점을 설정하고 좌표가 가리키는 길을 따라가는 주인공의 모험을 다루는 소설과 다르다. '이야기'는 토마스 만이나 프리모 레비의 행로가 보여주는 것처럼 유대인의, 더 나아가 근대인의 근대적 존재 조건, 즉 이방인으로서 신념을 살아내고 신화적 집단성 속에서 자라는 개인의 온전성을 성취해야 하는 그 특유의 생존 조건과 연관된다는 것이다.[10]

모더니즘의 내적 붕괴는 바로 그런 스토리들이 '소설'의 이름으로 부상하면서 가속화된다. 이후 국면은 만과 레비의 작품에 대한 논의를 경유하면서 진행된다. 붕괴에 이어 새롭게 등장한 것이 남미를 진원지로 퍼져나간 포스트모더니즘이다. 그것은 세르반테스를 "창조적 출발점"으로 삼은 카르펜티에르나 가르시아 마르케스가 이정표를 세운 포스트모더니즘이다.

---

10 "벤야민처럼 만에게도 스토리는 총체성 내지는 독단성을 피하는 이해의 통합적 형식이다(In Mann, as in Benjamin, story is a wholistic form of understanding which avoids totality or dogmatism)."(LMM 174면)

이런 관점에서 보면, 세기의 전환기를 살아간 작가인 세르반테스는 현대 라틴아메리카 작가들과 문화적으로 '동시대인'이었다. 그리고 라틴아메리카가 유럽 모더니즘 운동 자체를 흡수하고 훗날 그 운동에 상응하는 자아 성찰의 순간을 체험했던 한에서는 20세기 중후반 라틴아메리카의 작가들은 또한 유럽의 모더니즘과 동시대인이라고 말할 수 있다. 사실상 라틴아메리카는 포스트모던 형식으로 '모더니즘'의 시대를 구가했으며, 계몽주의의 보편성을 해체하는 작업은 여기서도 하나의 핵심 요소였다.(LMM 183면)

이런 맥락에서 토머스 핀천(Thomas Pynchon, 1935~)의 『중력의 무지개(Gravity's Rainbow)』(1973)와 앤젤러 카터(Angela Carter, 1940~)의 『서커스의 밤(Nights at the Circus)』(1984)은 계몽주의의 보편성이 완전히 해체된 현장에서 모더니즘 시대 이후 더욱 약해진 신화성(the mythic)에 대한 믿음을 창조적으로 견지한 새로운 서사로서의 이야기들이다. 벨이 논한 19세기 리얼리즘 이후의 문학사조를 시기상으로 요약하면 이렇게 된다. 1910~1930년대가 모더니즘이고 1950년대가 모더니즘과의 모종의 단절과 연속성을 모두—예컨대 카르펜티에르의 『지상의 왕국』(1949)이 그러하듯—보여주는 포스트-모더니즘이라면 그 사이의 기간, 즉 1930~1950년대에 모더니즘의 붕괴가 진행되고, 1960년대부터는 가르시아 마르케스의 『백년의 고독』으로 대표되는 포스트모더니즘의 시대이다.

서구의 문학사조를 이렇게 보는 구도는 어느 정도의 시차는 있지만 제임슨이 만델(Ernest Mandel)의 『후기자본주의(Der Spätkapitalismus)』(1972)를 원용하여 구분한 리얼리즘(1848년 전후)·모더니즘(1890년대)·포스트모더니즘(1940년대)과 거의 유사하다. 그런데 벨이 역설하듯이 포스트모더니즘 시대에서도 리얼리즘과 모더니즘 시대에 필적할—그가 거론한 토머스 핀천, 앤젤러 카터, 쿳시 같은 작가의—작품이 생산되었다면 말 많은 포스트모더니즘이 아니라 그 창조적 발현의 집합성을 가리킬 수 있는 별개의 새로운 용어가 필요하다. 앞서 리얼리즘을 대체할 수 있는 우리말 용어와 용법의 필요성을 제기했고 숙제로 남겨놓았지만, 벨의 논의도 1960년대 이후 생산된 작품을 통해 시대적 구분을 더 명확히 해줄 용어의 부재로 인해 설득력이 떨어지는 순간이 있는 것이다.

## 신화와 신화만들기

벨은 모더니즘, 포스트-모더니즘, 포스트모더니즘이 개념적으로 긴밀히 연동된다는 점을 밝히는 데서 한 걸음 더 나아가 '신화'의 재해석을 통해 기존 사조들에서의 탈주를 시도한다. 그런 시도는 신화가 무엇인지를 밝히지 않고서는 모더니즘 및 포스트모더니즘을 입체적으로 파악할 수 없다는 취지이다. 벨이 생각하는 신화는, 비유를 하자면, 소위 삼체의 행성, 즉 세 개 태양의 중력을 동시에 받으면서 공전의 궤도가 정해지는 행성과도 같다. "문학과 철학, 인류학 사이의 회색지대에 끼어 있는 '신화'라는 단어는"(LMM 1면) 한편으로는 허위 또는 거짓이라는 뜻과 다른 한편으로는 인간의 삶을 떠받치는 가장 근원적인 '이야기'라는 뜻을 한 몸에 갖는다. 어떤 사람에게는 거짓이 다른 사람에게는 진실이 될 수 있다는 말이다. 한마디로 신화는 누가 어떻게 쓰느냐에 따라서 의미가 결정되는 상대성을 띠는 개념이다.

그런데 주목할 것은 벨이 이런 개념을 굴리는 방식이다. 신화의 이중성이 기준 자체가 줏대 없이 오락가락하는 상대주의로 빠진다면 큰 의미가 있을 수 없다. 벨이 주목하는 상대성에서 핵심은 타자성의 유연한 수용을 전제하는 이질적인 것을 향한 개방의 상상력과 자기 조정 능력이다.[11] 그런 맥락에서 신화는 종교든 과학이든 절대적 정당성을 상실한 시대에도 사람들이 저마다 달리 갖기 마련인 '인생관'과 사실상 동의어다. 20세기 모더니즘의 시대가 이전 시대와 구분되는 것은, 세계관들의 상대성을 인정하면서도 삶에 대한 자신의—'신념'으로 바꿔 부를 수 있는—믿음을 절대적인 것으로서 살아내야 하는 모순적인 상황이 극(단)적으로 부각된다는 데 있다. 벨이 역설하는 '신화만들기(mythopoeia)'는 바로 그 같은 상황에 대한 예술가들의 정면 대응을 뜻한다. 즉, 자기가 가진 믿음의 본질적 상대성을 인정하면서도 그런 믿음을 유일무이한 작품으로 구현한 작가들의 창작 행위 전반을 가리키는 것이다.

그러한 창작은 거짓과 독단이라는 위험에 항시적으로 노출된 터라, 끊임없는 자기 조정 및 반성은 물론이고 이질적인 타자와 환경에 대한 적극적인 수용력이 따라야만 온전한 수행이 가능하다. 그 점을 첨예하게 인식한 일군의 작가들이 바로 20세기 초반의 모더니스트들과 중후반의 포스트모더니스트들이다. 벨은 포스트/모더니스트의 신화만들기(mythopoeia)에 "자아성찰적"이라는 형용사를 붙인다. 신화만들기가 신념과 믿음뿐만 아니라 책임이 따르는 행위임을 확실하게 해두기 위한 용어 사용이다. 상대적일 수밖에 없**는 신념과 믿음을 절대적인 것으로 살아내면서 자신의 세계관을 미지의 영역을 향해 개방하는** 모더니스트들의 신화만들기를 벨은 플라톤까지 거슬러 올라가는 철학의 계보에 놓고 이렇게 정리한다.

모더니스트가 어떤 자세로 신화만들기에 임했는가는 다음과 같은 우화로 요약할 수 있다. 플라톤은 현실이라는 것이 인간이 갇혀 있는 동굴(현상세계) 밖에 존재한다고 생각했다. 아리스토텔레스와 그를 추종한 많은 자연과학자들은 이런 동

---

11 가령 다음과 같은 문장을 음미해보자. "우리가 삶의 준거로 삼는 진실들은 관계적인 것이지만, 그런 진실들이 단순히 자의적인 것이라는 투박한 의미에서 '상대적'이라는 뜻은 아니다(The truths by which we live are relational, but they are not simply 'relative' in the vulgar sense of being merely arbitrary)."(LMM 63면)

굴을 현실의 확장으로 간주했다. 그들에게 그 너머의 세계는 없다. 칸트는 동굴 너머에 무엇이 있든 동굴 그 자체는 단순히 주어진 환경이 아니라 인간이 만든 구성물이라는 것을 인식했다. 인간은 자신이 만든 구조물 속에 살고 있으며, 칸트에게 이 구조물은 모든 이들이 거주하는 하나의 커다란 집이었다. 모더니스트의 신화만들기는 인간세계라는 이 구조물이 (확고부동한—인용자) 지반 위의 건물이 아니라 일종의 배라는 인식의 산물이다. 그리고 만약 모든 사람들이 하나의 배에 살고 있다고 해도 그것이 반드시 동일한 배는 아니다. 거기에는 가능한 수많은 인간세계들이 존재한다. 게다가 배는 집보다 더 부서지기 쉽다. 배가 가라앉지 않도록 하려면 어떤 내적인 조종 작업이 필요하지만 배는 단 하나의 지평선 내에 고정되지 않는다는 이점도 있다. 그 상대적인 취약함은 약점이라기보다는 강점일 수 있다. 동시에, 항해와 조종은 고도의 내적 규율과 집중이 필요한 특별한 기술이다. 마치 자기성찰적 신화만들기를 신조로 삼는 삶이 끊임없는 자기비판을 요구하는 것처럼 말이다. 이런 내적인 요구는 결국 외부 세계와의 관계에 영향을 미친다.(LMM 37면)

벨의 정리에 의하면 정치·경제·사회라는 외부 영역과 인간 정신이라는 내부 영역을 총체적으로 다룬 맑스와 프로이트도 자기성찰적 신화만들기의 탁월한 사례가 된다. 근대의 지반이 그처럼 유동적이고 불안하다는 것을 의식한 이들은 자기만의 방식으로 엄밀한 과학을 지향하면서도 과학의 기준만으로는 결코 판별될 수 없는, "경험에서 해석학적으로 끌어낸 (……) 신화와 집단적 믿음의 바로 그 핵심을 다룬 것이다."(LMM 17~18면) 그런데 수많은 철학자와 사상가들을 호명하는 이 텍스트에서 모더니스트의 신화만들기에 결정적인 전기를 마련한 주인공은 앞서 언급한 니체이다. 그는 예이츠, 조이스, 로런스, 토마스 만에 창조적 영감을 부여한 인물로서 분석 과정에 가장 빈번하게 호출된다. '모더니스트의 신화만들기'와 연관하여 니체가 등장하는 사상사적 배경에 관한 논의를 좀 더 소상히 따라가보자.

니체의 등장에서 가장 뚜렷하게 부각되는 역사적 사건은 프랑스혁명과 1차 세계대전이다. 전자가 낭만주의의 신화만들기에 해당하는 국면이라면 후자는 모더니즘의 신화만들기 시대에 해당한다. 낭만주의의 신화만들기는 인간의 진보를 신뢰하는 계몽주의의 잔광(殘光)과 독일 관념철학의 만개 속에서 잉태·실현된다. 낭만주의자들이 '신화'를 받아들인 것은 계몽주의의 기계적 세계 인식에 대한 비판적 대응으로 파악된다. 그러나 낭만주의자와 모더니스트의 신화만들기에도 차이는 있다. 다시 말해 전자가 "계몽주의 자체의 내부에서 발원한 자기 교정적 충동"(LMM 19면)의 산물이라면 후자는 관념철학의 전통이 붕괴되고 계몽주의의 정당성 자체가 의문시되는 상황을 돌파하려는 시도이다.

과학과 종교가 보편적 진리의 자리를 차지하기 위해 각축을 벌이다가 전자가 승기를 잡은 현실에서 모더니스트들이 우상 파괴나 전근대의 원시주의로 회귀하지 않은 데는 이유가 있다. 그들은 계몽주의 이성의 보편 가능성을 인정하고 그 유용성을 사유하면서도 이성을 절대적인 것으로 상정하지 않았다. 그로써 모더니스트들은 "인간의 삶을 떠받치는 가장 근원적인 '이야기'"로서의 신화를 창의적으로 전유했다. 그런 전유의 과정에서 종교와 과학의 대립은 일정하게 지양(止揚)되고 신화 역시 골치 아픈 이중성의 굴레를 벗게 된다.

종교와 과학은 이제 외부 현실에 대한 직접적인 설명이나 해명이 아니라 인간 문화의 적극적인 창조물로 이해되어야 했다. 그들이(모더니스트들이—인용자) 신화를 향해 발걸음을 옮긴 것은 그런 의미에서다. 신화만들기는 고래(古來)의 함축성을 잃지 않고 인간 정신의 모범적인 능력이 되었다. 이런 관점에서 보면 신화는 근대 문화의 복잡한 지적 학문들이 발전해온 초기 단계가 아니라 그런 학문들이

근거한 영원한 토대, 심지어 학문들의 뿌리에 보이지 않게 양분을 공급한 토양인 것이다.(LMM 16면)

20세기 초에 인간의 모든 지적 활동의 토대 또는 토양으로 인식되는 신화는 다시금 "진리의 상대적 성격"을 극적으로 드러냈다. 인간 삶의 토대로서의 신화는 니체가 이룩한 "미적 전환(the aesthetic turn)"을 통해 새로운 활력을 얻는다. 신화는 세계관의 근거가 불확실한 근대를 살아내는 모더니스트들에게 창조적 영감으로 작용한 것이다. 그렇다면 니체는 어떻게 미적 전환의 주역이 되었다는 것인가?

## 니체와 미적 전환 그리고 '역사'

벨이 핵심적으로 거론하는 니체의 텍스트는 『비극의 탄생(*Die Geburt der Tragödie aus dem Geiste der Musik*)』(1872)과 『우상들의 황혼(*Götzen-Dämmerung: oder Wie man mit dem Hammer philosophiert*)』(1888)이다. 19세기 들면서 점차 독자성이 강화된 미학(예술)은 쇼펜하우어에 의해 독특한 위상을 인정받았지만 삶 대 예술의 이분법이 고질적인 문제로 남았다. 니체는 이분법에 갇힌 쇼펜하우어의 관점을 뒤엎는다.[12] 알다시피 쇼펜하우어의 '비관주의'는 일체의 인간적인 목적과 의미가 허상이지만 예술만은 '의식적인 허상'이고 그런 의식성으로 인해 단순한 무의미와 무목적성과는 다른 삶의

---

[12] "아르투르 쇼펜하우어는 예술의 본질을 '생의 진정제'로서, 즉 생의 가련함과 고통을 달래는 것으로 해석하고 있다. 쇼펜하우어에게는 의지의 충동이야말로 생의 불행을 야기하는 것이기 때문에 예술은 의지의 작용을 중지시키는 것이다. 니체는 (이러한 생각을) 전도하면서 말한다. 예술은 생의 '자극제', 즉 생을 자극하고 고양하는 것이다. '영원히 생으로, 영원한 생으로…… 내모는 것.' '자극제'는 '진정제'의 노골적인 전도다." 마르틴 하이데거, 『니체 1』, 박찬국 옮김(도서출판 길, 2010), 45면.

가능성이 열린다는 점을 강조했다. 쇼펜하우어의 그 같은 비관주의는 헤겔적 세계정신의 낙관성을 전복시킨 결과물이다.

니체는 두 철학자가 대표하는 세계관으로서의 낙관과 비관을 전혀 다른 차원으로 끌어올려서 종합한다. 종합은 맹목적 과정으로서의 삶 대 맹목성을 허상으로 의식하는 예술의 대립을 해체하는 데서 시작된다. 니체는 삶과 예술이라는 직물을 교직시켜서 두 범주의 경계가 "거의 해체된 것처럼 보이게" 하는 데 성공한다. 그러다가『우상들의 황혼』에 이르러 쇼펜하우어에 대한 정리가 더 확실하게 이뤄지면서 삶과 예술의 대립도 새로운 국면으로 전환되고 하나로 통합된다. 니체에 따르면 쇼펜하우어는 삶을 회피하는 데 형이상학적 알리바이를 제공한 이상주의자이다. 그런 쇼펜하우어를 비판하는 니체에 대한 논평에 이어 벨은 다음과 같이 쓰고 있다.

> 그는(쇼펜하우어는—인용자) '특이한 성자(聖者)'이다. 심미적 아름다움에 대한 자신의 형이상학적 설명이 삶 그 자체에 의해 허위임이 드러난 것이다. 심미적 아름다움은 자연의 변화에서 벗어나려는 관념의 사색에서 태어나는 것이 아니다. 이제 니체는 삶에서든 예술에서든—성(性)의 표현과 찬미에서 가장 두드러지게 드러나는—미(美)를 사람들로 하여금 삶을 긍정하고 지속하게 하는 것으로 간주한다. 반면에 추(醜)는 쇠락하는 삶의 모든 형태로부터, 역겨운 퇴락과 부패로부터 등을 돌리게 하는 것으로 규정한다. 그래서 그가 초기에 설정한 디오니소스적인 것과 아폴로적인 것의 대립도 이제는 디오니소스적 긍정으로 불리는 것으로만 대체된다. 문명의 질서에 대한 아폴로적인 꿈은 근원적인 디오니소스 에너지에 대응하는 원리가 더 이상 되지 못하는 것이다.(LMM 26면)

후기 니체의 디오니소스적 긍정은 "내면적으로 정리된 본능"이고, 따라서 아폴로적 질서의 원리를 이미 수용한 것이다. 그런 수용이 의미심장한 것은,

긍정의 과정에서는 삶과 예술의 통념적인 대립이 성립할 수 없기 때문이다. 한마디로 **예술은 인간 삶의 과정으로** 이해된다. 이는 (플로베르가 꿈꾸었듯이) 삶 자체를 예술로 만들려는 시도나 (후기의 헨리 제임스가 그러했듯이) 예술로써 삶을 창조하려는 시도와는 판다른 발상이다. "이런 식으로 니체는 현실에서 비슷한 것(등가)을 찾아보기 어렵지만 삶의 어떤 모델, 좀 더 정확하게 말한다면 삶을 위한 심리적 태도"로서 적용되는 예술을 상상해낸 것이다.

벨에 따르면 이 같은 태도는 "생각에서의 하나의 입장(a position in thought)"과 동일하다.(LMM 27) "실존과 세계는 오직 하나의 미적 현상으로서만 영원히 정당화된다"는 니체의 경구가 예술을 삶과 대립시키는 심미주의(aestheticism)와 구분되는 것도 미적 현상으로서의 예술이 삶의 '자세'가 빚어낸 결과물로서 파악되기 때문이다. 그로써 예술에 대한 칸트의 정의, 즉 예술을 창작하고 향유하는 "목적 없는 목적성(purposiveness without purpose)"도 이제 삶의 영역에 구속·적용된다. 동시에 그런 과정에서 예술은 단순히 목전의 실용성이나 도구적 유용성으로 환원될 수 없게 된다. 벨은 『센티멘털리즘, 윤리, 그리고 감정의 문화』에서 그 점에 대해 이렇게 논했다.

칸트가 미적인 것으로 정의한 "목적 없는 목적성"이 니체에게는 삶 그 자체를 위한 모델이 되었다. 즉, 예술은 외부의 목적에 복무하지 않지만 고도로 집중된 가치들의 조직이고 그렇기 때문에 가치들 자체가 특별히 강렬하게 이해된다. 니체는 미적인 것의 모델을 삶의 궁극적인 목적 없음을 인정하기 위해 이용하려고 하면서도, 그 가치를 인간의 창조물로서 평가하고 긍정하려고 했다. 똑같은 논리로, 미적인 것의 모델은 삶을 살아가는 책임에 대한 강렬한 감각을 강제한다. 미적인 것을 사유하는 니체는 미적인 대상들을 향한 탐구적인 판단을 인간 삶의 모든 면에 적용하게 한다. 미적인 비평에서 가치 판단은 본질적으로 중요하다. 외부의 기준이 없음에도 불구하고 중요하다는 말이 아니라 **외적 기준이라는 것이 존재하지 않기**

**때문에 가치 판단이 본질적으로 중요한 것이다.**(SECF 167면, 강조는 인용자)

예술도 인간의 삶에서 비롯된 것인 한 필연적으로 평가의 대상이 될 수밖에 없다. 이는 상식이라면 상식이지만 여러 이해관계로 얽힌 외적인 조건이 음습하게 개입하기도 한다. 비평가들이 눈치를 보는 작가의 '명성'도 그중 하나이고 한국문학의 경우 끊임없이 서구의 새로운 이론들이 수입되는 과정에서 평가는 만성적으로 망각된다. 그런 망각에 대해서는 경종을 울려야 마땅한데, 벨의 논의를 좀 더 따라가보자.

벨의 논법을 내 식으로 바꾸면 이런 말이 된다. 즉, 자연 세계에서는 가령 진달래가 개나리보다 더 좋다, 더 나쁘다 식의 평가는 부조리할 수밖에 없다. 그러나 텍스트(text)로 부르든 작품(work)으로 부르든 인간 노동의 결과물인 시나 소설에 대한 비평의 판단은 반드시 필요하고, 어떤 면에서 가치 평가의 유예나 회피는 불가능하다. 예술도 삶을 사는 인간의 생각과 활동이 낳은 산물이다. 바로 그런 산물이기에 가치 평가의 대상이 될 수밖에 없다. 그렇다면 예술의 창조 행위에 '책임'이 따르는 것은 당연하다. 이는 단순히 비평적 판단이라는 행위에 국한될 수 없는, 차라리 인간이 인간다운 삶을 지향할 때 반드시 따르는 책무라고 해야 맞다. 그럴 때 최고의 책임은 본질적으로 자기성찰과 자기비판을 통해 구현된다는 주장도 타당하다. 벨은 예술과 삶의 대립을 중지시킨 니체의 '사고 실험(thought experiment)'을 창의적으로 수용한 모더니스트들의 자기성찰적 신화만들기를 역설하고, 그런 만들기를 "전체적으로 최고도로 발휘되는 책임"으로 규정한다.(LMM 30면) 따라서 책임을 다하는 삶의 핵심 현장으로 '역사'를 부각한 니체의 역사관이 다뤄지는 것은 지극히 논리적인 전개라 하겠다.

자기성찰적 신화만들기에서 역사가 핵심 논제로 떠오르는 것은, 진화론·지질학의 시간 개념에 대한 모더니즘의 시대적 인식이 삶 자체에 대한 자기성찰을 촉구하기 때문이다. 이때 중요한 것은 니체의 사유를 새롭게 전유하는 일이다. 사건과 과정으로서의 역사와 그런 사건 및 과정을 하나의 인식 대상으로 설정하고 연구하는 학문으로서의 역사를 구분하고 사건·과정으로서의 역사가 인간의 삶과 구체적으로 어떤 연관성을 갖는가를 천착하는 비평이 중요해진다. 벨이 니체의 논의를 정리하는 것은 그런 맥락에서다. 후자, 즉 과학적 방법으로 사건과 과정으로서의 역사를 파악하려는 '역사주의'가 실증주의의 또 다른 변종임을 지적하는 것은 새삼스런 일이다. 그러나 실증주의의 유효함과 한계를 인지하면서 참다운 역사적 앎과 인식의 문제를 총체적으로 파악하기 위해 세 범주로 나눠 '역사'를 성찰한 니체의 사유는 "있었던 그대로의 과거(wie es eigentlich gewesen)"를 탐구하겠다고 나선 랑케(Leopold von Ranke, 1795~1886)의 역사주의를 이미 넘어선 것이다.

세 범주의 역사는 '무역사적인 것(the unhistorical)', '초역사적인 것(the suprahistorical)', '역사적인 것(the historical)'을 지칭한다.[13] 이 항목들은 인간이 삶을 살아가는 기본 의식 또는 태도와 연관된다. 먼저 무역사적인 것은 동물적인 상태를 말한다. 이 상태는 존재의 온전함과 자발성이라는 미덕이 있지만 다른 한편 성찰하는 인간에게는 바람직하지도, 가능하지도 않다. 그에 비하면 초역사적인 것은 일단 우월하고 차원 높은 지혜로 표상된다. 그러나 무역사적인 것에 대한 규정이 그러하듯이 그러한 지혜에도 대가가 따른다. 즉 초역사적 인간은 더 이상 삶의 '생동하는 현장'에 참여할 수 없다. 초연과 지혜를 얻는 대신 권태와 자기혐오에 빠질 위험이 있다. 따라서 진정으로 인간다운 삶은 끊임없이 변전하는 현재에 발 딛고 서서 무역사적인 것과 초역사적인 것의 미덕을 종합해야 하는 지난한 과업을 요구한다. 상이한 문

---

13 '역사'에 대한 이러한 분류는 니체의 『반시대적 고찰』에 실린 「삶에 대한 역사의 공과」에서 자세하게 분석된다. F. Nietzsche, *Untimely Meditations*, ed. Daniel Breazeale(Cambridge: Cambridge University Press, 1997), 59~123면.

제를 내장한 "무역사적인 것과 초역사적인 것은 성찰적·자기비판적 역사의식의 불가분의 양상들인 것이다."(LMM 32면)

이처럼 무역사적인 것과 초역사적인 것을 수용하는 자기비판의 역사 인식은 모더니스트들의 자기성찰적 신화만들기를 가능하게 하는 삶의 기본 자세에 해당한다. 그런 자세는 당연히 언어와 자아에 대한 탐구에서도 새로운 지평을 지향한다. "진리는 비유들의 기동대이다(Truth is a mobile army of metaphors)"라고 말한 니체의 유명한 언명을 저마다의 창조적 상상력으로 소화한 모더니스트들은 기표 대 기의의 임의성을 전제하는 소쉬르의 언어관보다 언어의 비유성 자체에 대한 한층 발본적인 성찰을 작품으로 구현한다. 이제 데카르트적 자아의 해체를 수반하는 자기비판적 자아의 비유 형상은 오디세우스로 제시된다. "인간세계라는 이 구조물이 지반 위의 건물이 아니라 하나의 배"라면 사이렌의 심미적 유혹에 스스로를 있는 그대로 노출시키면서도 안전장치를 강구한 오디세우스야말로 근대의 도전에 양동작전으로 맞서는 모더니스트의 상징적 표상이라는 것이다.

벨은 니체가 이룩한 '미적인 전환'을 옹호하면서 모더니스트들에 대한 니체의 영향에 대해서는 유보를 단다. 누구나 니체를 읽으며 자기만의 니체를 만들어내고 벨 자신도 그러하다고 고백한다. 하지만 관건은 니체의 사유에서 "생명 긍정적이고 진단적 직관들(life-affirming and diagnostic insights)"(LMM 35면)을 참답게 끌어내는 것임을 잊지 않는다. 니체가 모더니스트에게 끼친 영향은 오직 그 관점에서만 평가되며, 평가는 개별적인 동시에 함축적인 차원에서 다뤄져야 한다는 것이다. 궁극적으로 언어와 자아에 대해서도 해체적인—동시에 자기 발견적인—양상을 띠는 니체 사유의 유산은 일반론이 아니라 각각의 탁월한 모더니스트의 개별 작품을 통해 규명될 수 있을 뿐이며, 실제로 예이츠와 조이스, 로런스의 작품 읽기에 니체는 일종의 시금석처럼 활용된다.

## 문학, 문학적인 것, 그리고 문학비평

 벨에게 모더니즘은 절대적 믿음의 근거를 상실한 근대에서 신화의 이중성을 창의적인 방식으로 종합함으로써 서사 예술의 새로운 지평을 열어놓은 문학사조이다. 모더니즘의 전개에 따라 기존 문학 개념에도 변화가 발생하는 것이 당연하다. 벨이 예술 범주로서의 문학을 어떻게 생각하고 있는가는 리비스의—사실은 T. S. 엘리엇의 통찰을 확대한—화두를 굴리는 데서 분명하게 드러난다. 즉 "우리는 문학을 다른 무엇이 아닌 문학으로 대해야 하지만 특별히 문학적 가치라는 것은 없다"는 언명의[14] 연장선에서 비평, 나아가 문학의 성격도 규정된다.

 문학비평 역시 시·소설·드라마와 같은 좁은 의미의 문예창작물하고만 관계된 언술 행위가 아니다. 아니, 문학이 문학으로서 가장 순수하게 존재하는 것은 문화나 정치, 사회의 영역과 접속할 때이고, 근대의 상품시장에 나온 문학은 원래가 그러했다는 주장도 충분히 가능하다. 신화가 "문학과 철학, 인류학 사이의 회색지대에 있"다면 문학의 존재는 그와 같은 회색지대에서 발동·발현된다. 하지만 세계화의 진전과 함께 득세한 문화연구(cultural studies)로 인해 오늘날 진리가 현현되는 터로서의 회색지대의 진정한 면모는 가려져 있는 느낌이다. 그 와중에 문학과 문학성 자체를 부정하는 논자들도 심심찮게 보게 된다.

 문학을 다른 무엇이 아닌 문학으로서 대하는 자세가 문학의 어떤 본질을

---

14 리비스의 언명은 엘리엇의 발언을 응용한 것이다. "(……) with the repeated assertion that when we are considering poetry we must consider it primarily as poetry and not another thing." T. S. Eliot, *The Sacred Wood: Essays on poetry and criticism*(1920; London: Methuen & Co LTD., 1974), viii. 엘리엇의 시 비평은 지금도 고전적이랄 만한 통찰을 담고 있지만, 선험적으로 존재하는 '시적인 가치', '문학적인 가치'란 존재하지 않는다는 발본적 인식은 문학주의자로 지탄받는 리비스가 엘리엇보다 더 깊었다는 것도 염두에 두어야 할 점이다.

상정하는 '문학주의' 내지는 문학적 본질주의와 어떻게 구분되는가는 결코 간단치 않은 문제다. 벨도 "특별히 문학적인 가치라는 것은 없다"는 점을 역설한다. 즉, 문학의 독자성을 분명히 인정하면서도 독자성의 범주를 구성하는 문학적 가치들의 선험적 존재 가능성은 부정하는 것이다. 이것이 문학의 불변의 본질을 상정하는 문학주의와 다르다는 것은 분명하다. 그런데 이 대목에서 더 근원적인 성찰을 요구하는 것은 '문학성'과 문학의 가치가 인간의 지적 활동의 산물이기에 그 가치를 판단하는 기준 자체도 끊임없는 물음과 수정의 대상이 될 수밖에 없다는 사실이다.

그렇다면 문학 작품을 다른 무엇이 아닌 작품으로 읽으면서 문학적 가치를 발견·평가·창조하는 비평도 전혀 간단치 않으리라. '2차 텍스트'라고들 하는 비평의 온전한 수행 역시 '작품'의 창조만큼이나 어려운 과업이다. 벨이 강조하는 바도 그 점이다. 가령 구성되는 것으로서의 문학적 가치에만―그것도 구성주의적 관점으로만―골몰하면서 문학의 범주를 부정하는 이글턴은 문학에 대한 역사적 인식이 부족한 사례가 된다.(OS 195면, 각주 2) 뿐만 아니라 "'정치적인 것'을 문학 텍스트에서 의미의 궁극적 지평으로" 간주함으로써 문학을 정치로 환원하는 혐의에 걸리는 제임슨 역시 자기성찰적·비판적 비평을 제대로 감당하는 데 일정한 한계를 노출한 경우이다.(LMM 210, 228면) '문화'의 민주적 기획이랄 만한 평등주의로써 작품의 '위대성'을 탈신비화한 윌리엄즈(Raymond Williams, 1921~1988)도 문학적인 것에 대한 섬세한 분별 작업이 미흡하다고 평가된다.(LMM 227면)

이로써 벨이 맑스주의 비평가들을 전면적으로 부정하고 있다는 인상을 준다. 그러나 그가 일도양단 식의 단순 부정으로 일관하는 것은 물론 아니다. 논점은, 이들 비평가들이 타자의 허위의식을 드러내는 데는 능란하고 그런 방면으로는 각기 상당한 성취를 이뤘지만 그렇게 드러내는 자아의 바깥으로 나아가 "신화창조적 자기 각성"의 지평을 작품 읽기로 여는 데는 한계 및 논쟁의 여지가 적지 않다는 것이다. 허위의식을 폭로하는 것 자체가 허위의식에서 놓여났음을 증명하는 것은 아니라는 일침인 셈이다.

앞서 언급한 것처럼 리비스의 '문학관'을 계승한 비평가 벨의 면모는 독일철학의 유산을 적극적으로 끌어와 문학적인 것에 관한 성찰과 접목시키는 데서 여실하다. 소설과 비평, 철학을 넘나들며 배움의 본질과 가르침의 (불)가능성을 독창적으로 천착한 『공공연한 비밀들』은 그런 차원의 접목을 가장 성공적으로 수행한 사례로 판단된다. 이처럼 '문학적인 것'에 대한 그의 탐구가 문화연구의 소재주의적 영토 확장과는 차원이 다른—철학의 유산을 작품 자체의 숙고에 활용하는—성격이라는 점은 더 주목해볼 만하다. "특별히 문학적인 가치"라는 것이 없다면 철학이든 뭐든 그런 가치에 관한 연구에 활용하지 못할 것이 없다. 그러나 문학을 문학으로 읽으면서도 그 '가치'를 개방적으로 사유하는 일은 결코 쉽지 않다. 그 지난함을 보여주는 단적인 일례를 하나 들어보자.

일종의 막간장(幕間章)에 해당하는 LMM의 4장 "모더니스트 신화창조의 정치"는 20세기 초반의 주요 작가들을 다뤘다. 한편으로 비서구 세계에 대한 서구의 식민주의 폭력과 착취를 직시하면서 다른 한편으로 서구 문명의 내적 위기에 적극적으로 반응한 유럽의 주요 작가들이 비판적 자기 점검을 수행한 양상을 살피는 장이다. 로런스, 콘래드, 조이스의 대표작들을 차례로 훑으면서 이들이 인종적 타자와의 만남을 통해 "유럽의 정신적 지도(a psychic map of Europe)"(LMM 151면)를 어떻게 그려냈는지를 밝히는 장이다. 디킨스(Charles Dickens, 1812~1870), 브론테(Charlotte Brontë, 1816~1855), 엘리엇(George Eliot, 1819~1880) 같은 19세기 작가들은 '타자'를 주로 영국의 지역색을 조화롭게 부각하기 위한 하나의 서사적 장치나 소재로 활용했다면 모더니스트들은 전혀 다른 접근법을 보여준다. 벨에 따르면 그들은 타자의 존재에서 백인 문명 스스로가 내재화한 폭력과 억압을 찾아내는 한편, 서구 문명의 위기에 대응할 수 있는 대안적 세계관의 모색을 위한 하나의 계기를 발견한다. 타자 및 타자의 대지(大地)가 작품에 구현되는 방식은 세 작가 모두 극히 개성적이다. 식민주의 비판과 연관하여 콘래드의 『어둠의 속』이 이룩한 성취와 한계의 특이한 성격을 논하는 과정에서 우리도 찬찬히 새겨볼 만한 진술이 나온다.

비평의 어려움은 이런 작품들이 [『어둠의 속』과 『인도로 가는 길(A Passage to India)』(1924)—인용자] 필연적으로 두 방향을 향하고 있다는 점이다. 비록 이들 작품의 본질적 의미는 유럽 내부에 관한 묘사에서 드러나지만 배경이 되는 식민지를 그리는 작가들의 방식은 오늘날의 독자들에게는 거의 틀림없이 불쾌감을 불러일으킬 것이다. 자기 나라를 유럽인을 위한 도덕적 훈련장으로 사용하라고 요구한 바가 없는 바로 그 문제의 (식민지의—인용자) 문화에서 성장한 독자들에게 특히 그러할 것이다. 따라서 『어둠의 속』에 대한 아체베(Chinua Achebe, 1930~2013)의 비판은(아체베의 1975년 강연문 "An Image of Africa"를 가리킨다—인용자) 존경할 만하고 전적으로 적절한 인간적인 문건이다. 그러나 그의 비판은 이 모든 것에도 불구하고 **소설에 대한 부적절한 반응**으로 남아 있다. 물론 거론한 작품들은 인종주의적이다. 인종주의 문화의 내부에서 비판 의식이 움튼 것들이기 때문이다. 인종주의 문화를 증언하는 기록물이기에 바로 이 작품들이 가치가 있는 것이다. 그런 맥락에서 아체베 자신도 콘래드가 물꼬를 튼 식민주의 비판의 계승자이며, 그 역시 유럽 전통 내부에서 전개된 진보적 계몽주의의 좀 더 넓은 관점에서 말하고 있는 것이다. 만약 아체베의 입장이 단순히 아프리카 연구자의 것이기만 했다면 그의 발언은 스스로의 설득력을 반감시켰을 것이다.(LMM 155면, 강조는 인용자)

위의 인용문은 『어둠의 속』도 독자가 놓인 역사적 입장에—소위 주체의 입지(subject position)—따라 반응이나 평가가 달라질 수 있음을 말하고 있다. 아체베가 『어둠의 속』을 인종주의적 작품이라고 비판할 때 그것은 콘래드에 쏟아진 비평적 찬사 및 평가와 양립하기 어렵다. 그러나 비판도 맞고 찬사도 맞다는 데서 읽기가 그칠 수는 없다. 벨이 강조하는 바도 바로 그 점이다. 아프리카 작가로서 강력한 도덕적 책임의식을 발동시킨 아체베의 『어둠의 속』 비판이 "존경할 만하고 전적으로 적절한 인간적인 문건"임을 흔쾌히 인정하고 작가인 콘래드가 인종주의 문화의 '산물'이라는 데 동의하면서도 『어둠의 속』 자체가 인종주의 작품이라는 판단에는 확실하게 선을 긋는 것이다.

그렇다고 벨이 아체베의 비판을 "소설에 대한 부적절한 반응"으로 규정하기만 하는 것은 아니다. 규정 과정에서 사이드 같은 논자가 유럽중심주의(Eurocentrism) 같은 개념을 남용한 점도 따끔하게 지적한다.(LMM 149면) 벨은 소설을 읽는 데 어떤 적절한 반응을 끌어내는 방법이라도 있다는 말인가 하는 물음으로 나아간다. 물론 그런 방법이라는 것이 있다고도 없다고도 단언하기 어렵다. 다만 벨은 이렇게 말할 뿐이다. 아체베가 "문제의 그 문화" 출신 지식인으로서 자신의 개인적인 불쾌감을 표한 것은 얼마든지 납득할 만하지만 그의 비평은 '**소설을 소설로서 읽는 데**까지'는 이르지 못했다는 것이다. 그렇다고 『어둠의 속』이 완전무결한 작품이라는 뜻은 물론 아니다. 다만 콘래드가 그려낸 그 끔찍한 어둠이 "아프리카가 아니라 유럽의 브뤼셀에 있"음을—그로써 유럽 계몽주의 문화의 파산을 증언한 작품임을—아체베가 얽히고설킨 제국과 식민지의 관계망이라는 전체의 맥락에서 헤아리지는 못했다는 비판이다.

『어둠의 속』에 담긴 식민주의의 폭력과 부조리가 "눈이 멀 정도로 분명(blindingly obvious)"하다는 벨의 발언은 유럽 내부자로서의 콘래드의 식민주의 해부가 그만큼 복합적임을 암시한다. 소설을 소설로 읽으며 읽기의 지평을 구체적인 역사 현실로 개방하는 행위도 작품의 창조성을 온전히 감당하는 읽기가 되어야 하며, 그 같은 읽기는 독자에게 그때그때마다 새롭게 직면해야 하는 도전이라는 주장이다.[15]

## 모더니즘 문학의 재인식

지금까지 『문학과 모더니즘 그리고 신화』의 핵심 개념을 소개했다. 루카치가 퇴폐와 몰락이라는 딱지를 붙인 서구 모더니즘 문학을 새로운 시각으로 재해석하려는 시도는 적지 않았다. 하지만 벨 교수만큼 설득력 있는 비평으로 모더니즘 문학을 새롭게 재인식한 사례는 아직껏 찾아보기 어려울 듯하다. 결론에서 좀 더 이야기하겠지만 식민지 시대를 거쳐 여전히 분단 상태에 있는 한국의 평단에서도 모더니즘의 문제는 무척이나 착종되어 있다. 이런 상황에서 모더니스트의 자기성찰적 신화만들기라는 원론을 꼬인 실타래를 풀어가는 단서로 삼아볼 만하다. 그러자면 그러한 원론도 구체적인 각론인 작품 읽기로 뒷받침해야 하겠는데, 여기서는 벨이 누구보다 중시한 조이스와 로런스의 작품을 비교·대조하는 것으로 각론을 갈음해야 할 것 같다. 그런 작업의 일환으로 먼저 루카치 대 브레히트로 대표되는 리얼리즘·모더니즘 논쟁을 배경에 두고 벨이 내놓은 문학사조론에 대해 좀 더 부연해보자.

벨은 모든 세계관들의 상대성을 투철하게 인식하면서도 '삶'을 절대적인 것으로서 살아내고 그런 삶의 불안정하고 유동적인 지평을 창의적인 작품으

---

[15] 하지만 그런 복합성의 온전한 감당이라는 차원에서 볼 때 벨 자신이 "『인도로 가는 길』이 인도에 관한 소설이 아니듯이 『어둠의 속』도 본질적으로 아프리카에 관한 것이 아니다"라고 못 박은 문장은 생각해 볼 여지가 많다.(LMM 155면) '『인도로 가는 길』이 인도를 탐사했지만 진정으로 인도에 관한 소설은 못 되었듯이 『어둠의 속』도 유럽뿐만 아니라 아프리카의 어둠도 강렬하게 환기했지만 진정으로 아프리카 사람들의 삶 속으로 들어가지는 못했다'는 정도가 두 작품에 대한 좀 더 적절한 비평적 표현일 것이기 때문이다.

로 확대·심화한 일군의 작가들을 모더니즘이라는 사조로 묶었다. 그런데 그런 묶음에서 단 한 번 언급되는 울프(Virginia Woolf, 1882~1941)의 '여성주의'가 당대 모더니즘 문학의 지세(地勢) 형성에 어떤 역할을 했는지가 결락된 것이 눈에 띈다. 좀 더 시야를 넓힌다면 리얼리즘-모더니즘-포스트모더니즘으로 이어지는 기존의 (상투화된) 구도 자체를 의문에 부치지 않은 점은 그런 결락과 다른 차원의 문제다. 세 사조의 기존 구도에 모더니즘을 중심에 놓는 것은 충분히 납득할 수 있지만 세계관들의 상대성에 대한 존중이 지나친 나머지 사회역사적 현실의 추이를 감안한 엄밀한 평가보다는 범주 위주의 무리한 논의에 치우치고 있다는 인상을 남긴다면 이는 그냥 넘기기 어렵다.

벨 교수는 본격 모더니즘의 해체에 따라 '스토리'가 발생하는 현상을 기술하는 와중에 "『율리시스』가 모더니즘이라면『피네건의 경야』는 포스트모더니즘이고 그와 거의 동시대인『마의 산』과『요셉과 그의 형제들』도 마찬가지다"라고 단정했다.(LMM 173면) 이런 논법과 발상을 적용할 경우『더블린 사람들』(1914)의 자리는 리얼리즘일 수밖에 없다. 그렇다면 불과 30년 사이에—1910년대에서 30년대까지—조이스는 리얼리즘(『더블린 사람들』), 모더니즘(『율리시스』), 포스트모더니즘(『피네건의 경야』) 모두를 작품으로 구현했다는 말인가? 이런 의문은 조이스에 대한 벨의 평가에도 다른 맥락으로 제기될 수 있을 법하다.

그가 조이스와 함께 모더니즘으로 묶은 로런스의 사례는 더 문제적이다. 로런스는 명백히 19세기 리얼리즘 전통에 있지만 미완성인『미스터 눈(Mr. Noon)』(1921, 1922)처럼 희극적 자기반영의 서사를 선보이기도 했다. 모더니즘에 대한 로런스 자신의 견해는 차치하더라도 그는 모더니즘의 범주에 산뜻하게 넣기 어려운 대표적인 사례다. 단적으로 중편「쎈트모어(St. Mawr)」(1925)만 해도 사조로서의 리얼리즘이나 모더니즘 어느 것에도 맞지 않는 작품처럼 느껴진다. 로런스는 역시 문예사조의 리얼리즘과 모더니즘,

포스트포더니즘의 기존 틀에는 완전히 들어맞을 수 없는 '별종(sui generis)'
으로 봐야 옳겠다.

아무튼 어떤 작가를 어떻게 규정해야 하는가 하는 문제를 떠나서도 포스트모더니즘의 경우 단순히 시간상으로 모더니즘 이후인지 아니면 모더니즘 문학의 한계의 극복으로서의 이후인지, 그것도 아니면 단순히 모더니즘과는 차별되는 서사 형식인지가 불분명하다. 모더니즘 역시 자아성찰적 신화만들기라는 공통분모에 초점을 맞추다 보니 루카치 등이 시도한 모더니즘 비판은 제대로 검토되지 않는 것 같다.[16] 물론 그런 문제 제기의 여지를 인정하는 경우에도 비평가로서의 벨의 미덕은 더 살려야 할 것이다. 이론들이 작품 읽기에 하나의 선험적 전제로 군림하는, 아니, 단순한 전제 정도가 아니라 읽기의 '매뉴얼'로까지 행세하는 서구 문학계에서 '20세기에 있어서의 믿음과 책임'이라는 화두를 엄밀한 텍스트 읽기를 통해 풀어내면서 모더니즘 문학을 보는 시각을 벨처럼 개방하기는 결코 쉽지 않기 때문이다. '모더니즘 비판'에서도 이념으로서의 모더니즘과 작품으로서의 모더니즘을 분별하는 것이야말로 비평의 핵심이라면 벨의 작품 읽기도 바로 그런 관점에서 검토해 볼 필요가 있다.

앞으로도 도전적 과제로 남을 이 문제는 우리의 입장에서도 좀 더 치열하게 파고 들어볼 만하다. 예컨대 영미 모더니즘 문학에서 매우 흥미로운 대조를 이룬다고 할 수 있는 로렌스와 조이스의 비교평가도 그 과제의 일부에 속한다. 물론 두 작가에 대한 벨의 논의를 상세히 점검하고 나 자신의 주견을 내세울 계제는 아니고 그럴 능력도 부족하다. 다만, 리얼리즘과 모더니즘 중에서 전자와 분명히 친화성이 강하지만 어느 사조에 확실히 귀속시키기 어

---

16 그 점은 그 자신이 편자로서 *The Cambridge Companion to European Novel* (Cambridge: Cambridge UP, 2012)에 붙인 결론인 "Conclusion: The European Novel after 1900"도 마찬가지인 것 같다. 20세기 전체에 걸친 유럽 소설의 '개관'으로서는 훌륭한 평론이지만 20세기 중후반의 작품들이 정확히 어떤 의미에서 모더니즘 텍스트와 변별되는지는 석연하지 않다.

려운 특이종인 로런스와 어떤 면으로 봐도 모더니즘의 전형이라 해야 할 조이스에 대해 잠정적인 평가를 시도해볼 뿐이다. 두 작가의 천재성을 각각 표면과 깊이에 대한 전복적 탐구로 규정하면서 "비교 불가하고 궁극적으로 화해 불가"한 양자의 상보성을 강조한 벨의 판단이[17] 수십 년간 두 작가를 끈질기게 비판적으로 연구한 학자로서는 지나치게 조심스런 결론이라는 인상을 남기기 때문에 그러한 평가 작업도 불가피하다.

벨의 조심성이 과연 신화의 양면성을 떠안은 채 수행하는 모더니스트의 신화만들기라는 명제 자체가 상대성과 상대주의의 엄밀한 분별을 흐리는 면이 있기 때문인지, 아니면 두 작가에 대한 비평적 상대평가가 워낙 난제이어서 그런지는 단언하기 어렵다. 적어도 이 대목에서는 셰익스피어와 견주어 조이스의 언어가 갖는 한계를 논한 리비스의 짧막한 시론(試論)이 더 와닿는 면이 있는 것 같다.[18] 기술공학적·벤섬적 문명(tecnologico-benthamite

---

17 해당 대목은 이렇다. "Where Lawrence's genius saw the depth in apparent surface, Joyce's genius was for turning apparent depth into surface. These two conceptions are incommensurable, and ultimately unreconcilable, although each for that very reason needs the awareness of the other to escape its own possible impoverishment."(OS 215면) 내가 읽기로 나보코프와 더불어 "플로베르의 가장 실질적인 계승자"에 해당하는 조이스에 관한 벨의 평가는 시기적으로 약간씩 차이가 나다가 최근에 올수록 상찬으로 기우는 경향이다. 아무튼 조이스의 『율리시스』, 나아가 그의 문학 전반에 관한 결정적인 비평은 SR 4부("Flaubert, Joyce and Nabokov: The Rejection of Sentiment and the Feeling of Truth")에서 가장 명징하게 이뤄진 것으로 보인다. 블룸의 의식의 극장(the theatre of consciousness)을 통해 디킨스의 민중적 활력을 흡수하면서 플로베르의 허무주의적 아이러니를 희극적으로 승화시킨 조이스의 서사 솜씨에 거듭 찬사를 바치면서도 아이러니스트로서 플로베르가 갖는—헨리 제임스와 로런스가 각자의 관점에서 파악한—본질적인 한계에서 조이스가 끝내 자유로울 수 없었다는 점을 결론으로 명시한 것이다. ["간단히 말해 『율리시스』의 총체적 비전은 (작가가 취급한—인용자) 소재의 비루함에도 불구하고 구현되지만, 대체로 그런 비루함으로 인해 구현되기도 한다. **아무리 희극적이고 활기차다 해도 조이스의 방법은 본질적으로 플로베르와 동일한 종류의 제한적이고 감정적인 선입견들을 수반한다**(In short, the overall vision of *Ulysses*, although it is achieved despite the meanness of its material, is also achieved largely because of it. **However much more comedic and celebratory, Joyce's method involves essentially the same kind of limiting emotional preconceptions as Flaubert's**)." SR 176면. 강조는 인용자.]

18 나 자신은 모레티의 『율리시스』 해석에 이의를 제기하면서 리비스의 이 평문에 공감을 표한 바 있다. F. R. Leavis, "Joyce and 'The Revolution of the Word,'" *F. R. Leavis: The Critic as Anti-Philosopher*, ed. G. Singh(London: Chatto & Windus, 1982), 121~22면. 하지만 충분한 논의와는 거리가 먼 논평인데, 리

civilization)에 대한 치열한 비판의식이 두드러지는 리비스와 그런 문명의 문제에 무심한 것은 아니지만 상대적으로 강단 비평의 면모가 우세한 마이클 벨의 차이는 숙고의 문제로 남는다. 이 문제를 본격적으로 파고들려면 역시 장편인 『연애하는 여인들(Women in Love)』(1921)이나 『율리시스(Ulysses)』(1922)와 상대해야 하는 만큼, 이는 관련 전공자들의 개입과 기여를 요구하는 쟁점이다. 여기서는 내가 읽고 생각한 만큼의 견해를 제시할 따름이다. 여러모로 함축적인 비교·대비가 용이한 로런스의 「말장수의 딸(The Horse Dealer's Daughter)」(1924)과 조이스의 「하숙집(The Boarding House)」(1914)을 맞세워 읽어보자.[19]

## 「하숙집」과 「말장수의 딸」

조이스의 「하숙집」은 모두 15편의 연작소설로 구성된 『더블린 사람들』에 일곱번째로 수록된 단편이다. 『더블린 사람들』은 더블린 사회를 구성하는 정치·문화·종교의 축도일 뿐만 아니라 그곳에서 일상을 살아가는 시민들의 내면성을 포괄한다. 사실주의로 분류되는 소설집 가운데 가령 켈러(Gottfried Keller, 1819~1890)의 『젤트빌라 사람들(Die Leute von Seldwyla)』(1856, 1874)이나 앤더슨(Sherwood Anderson, 1876~1941)의 『와인스버그, 오하이오(Winesburg, Ohio)』(1919)처럼 특정 도시나 지역을 배경으로 다양한 인간 군상을 담은 작가는 한둘이 아니다. 두 작품 모두 탁월한 인간 탐구의 견본

---

비스의 비평 역시 그 자체로 완결된 것이라기보다는 더 본격적으로 다뤄야 할 쟁점을 제기한 정도로 봐야 할 것이다. 졸고, 「근대성과 모더니즘」, 『근대 극복의 이정표들』(창비, 2007), 292면 각주 18 참조.

19 텍스트는 각각 James Joyce, *Dubliners*(New York: Penguin Classics, 1995); D. H. Lawrence, *Selected Short Stories*(New York: Penguin Classics, 1982). 한국어 번역본으로는 제임스 조이스, 『더블린 사람들』, 성은애 옮김(창비, 2019); D. H. 로런스, 「말장수의 딸」, 『가든파티』, 김영희 엮고 옮김(창비, 2010).

인데, 조이스 역시 실제 생활공간들을 취해서 그런 공간에 촘촘하고도 다채로운 정신의 지리지(地理誌)를 그려 넣었다. 더블린이 단순한 배경막이 아니고 개별 인물의 마음을 형성하는 질료인 동시에 때로는 그 공간의 분위기 자체로 느껴질 정도다.

「하숙집」은 더블린의 전체 풍경 가운데 청춘남녀의 '연애사건'을 다룬 이야기이다. 딱히 이 단편에만 해당하는 것은 아니고 누구나 실감하리라 보지만, 「하숙집」은 정교하게 다듬어진 작은 상아조각 같은 텍스트다. 어렵사리 별거해서 혼자서 빠듯하게 살림을 꾸려가는 억척어멈 무니 부인(Mrs. Mooney)과 그런 엄마의 '장단'을 적절히 맞추는 딸 폴리(Polly)가 이심전심으로 도모한 '결혼 사업'에 도란(Doran)이라는 총각이 걸려드는 이야기이다. 하지만 더 깊은 차원에서 읽으면 그런 이야기에 더블린의 본모습이 집약적으로 담겨 있음이 실감된다. 도란의 궁지는 중산계급의 일원으로 스스로 내면화한 체면이라는 겉치레와 아일랜드의 지배 종교인 가톨릭의 권세가 가세하여 증폭되고, 미세한 디테일의 절묘한 배치를 통해 그의 궁지는 마치 끈끈이주걱에 걸려든 파리의 처지처럼 제시된다.

한 건실한 청년이 무니 부인의 하숙집에 들어 그 딸인 폴리와 사랑에 빠지는 일면 통속극의 성격을 띠는 이야기가 전혀 그렇게 느껴지지 않는 것도 감상주의적 과장이나 연출이 거의 완벽하게 걸러져 있기 때문이다. 더블린의 정치·경제·종교가 복합적으로 작동하는 현실의 힘에 낭만적 감정이 얼마나 취약한가를, 그런 힘이 개인을 옥죄는 순간 사랑의 감정이 얼마나 부서지기 쉬운 것인가를 수술을 집도하는 외과의처럼 냉철·간결하게 보여준다. 「하숙집」은 전체적으로 벨이 규정한 조이스 언어예술의 "명석함과 초연함"을 한 편의 짤막한 '로맨스 사기극'을 통해 펼쳐 보였다는 평가도 가능하다. 화자의 개입이 극도로 자제되면서 이야기가 스스로 '이야기'를 드러낸다는 점에서 초연이고, 폴리의 간단치 않은 심리와 도란의 진퇴양난을 간결하게 제시했다는 점에서 명석함이다.

그런데 「하숙집」을 「말장수의 딸」과 비교해보면 몇 가지 면에서 흥미로운 주제적 유사점이 부각된다. 얼핏 함정에 빠지는 도란과 덫을 놓는 폴리의 관계가 전혀 다른 배경에서 변주되는 느낌이다. 「말장수의 딸」의 메이블(Mabel)과 마을 의사인 퍼거슨(Fergusson)이 맺어지는 과정이 바로 그렇다. 메이블의 사람 됨됨이에서 주목할 점은, 그녀가 모친 및 부친과 각기 독특한 유대를 유지해온 인물이라는 것이다. 그녀의 안정감은 모친의 죽음과 부친의 재혼으로 급격히 흔들린다. 특히 늘그막 부친의 재혼으로 가세(家勢)가 하루아침에 기울자 메이블은 제 살길을 마련해놓은 남자 형제들과는 달리 갈 데가 없다. 더욱이 그녀는 체면 따위는 아랑곳없이 제 살길을 찾은 남자 형제들과는 달리 더부살이 따위로 생계를 이어가기에는 자존심이 너무 강하다. 궁핍해진 상황을 버티는 데까지 버티다가 급기야 연못에서 자살을 시도할 정도다.

이 단편이 「하숙집」을 직접적으로 연상케 하는 것은 그다음 대목부터다. 연못으로 걸어 들어간 메이블이 퍼거슨에 의해 구조되고, 이를 기화로 그녀가 퍼거슨에게 '들러붙는' 것도 그렇고, 그런 상황에서 도란처럼 신분의 격차를 의식하면서 친지들이 말장수의 딸을 어떻게 생각할까 초조해하는 남자의 심리도 그렇다. 연못에 빠진 메이블을 퍼거슨이 구해준 다음부터의 반전에 집중해보자. 이 반전은 느닷없어서 독자를 어리둥절케 하는 면이 있다. 그전까지 무심하게, 또는 불편하게 눈빛으로만 서로의 '존재'를 의식하던 두 남녀의 관계가 전혀 새로운 차원으로 비약하기 때문이다. 그러나 이 새로운 차원이 정확히 어떤 것인가가 이 단편 읽기의 핵심인 만큼 조심스럽게 접근해볼 필요가 있다.

이들이 상대편의 존재를 자기 세계의 일부로 인식하게 되는 결정적 계기는 몸과 몸의 접촉이다. 하지만 이 접촉도 간단치는 않다. 퍼거슨은 연못에 빠진 메이블을 구하고 체온 유지를 위해 옷을 벗긴다. 이는 모두 의사로서 환자를 살리기 위해 당연히 해야 하는 의료적 조치였을 뿐이다. 그런데 깨어난 메이블은 그것을 어떤 의도적 행위로 간주한다. 한마디로 말해 외간 남자가 처녀의 벗은 몸을 보았으니 책임지라는 식의―이를테면 물에 빠진 놈 건져냈더니 보따리 내놓으라고―생떼를 부리는 것이다. "당신이 나를 위해서 연못에 뛰어들었느냐?"고 묻는, 내 목숨을 구하고 옷까지 벗겼으니 나를 사랑하는 것이 틀림없다고 확신하는 메이블은 통상 '정신이 나갔다'고 말할 수 있는 상태다.[20]

문제는 퍼거슨이 결사적으로 '사랑'을 갈구하는 메이블의 마음과 육체에 반응한다는 점이다. 퍼거슨의 혼란스러운 마음은 불현듯 어떤 '감정'으로 비약한다. 그 상황에서 퍼거슨은 생살을 찢는 것 같은 아픔과 희열을 동시에 느낀다. 심지어 '이런 것이 사랑이라니!'라고 탄식하기까지 한다. 이는 퍼거슨에게 전혀 새롭고 낯선 감정이다. 반면에 메이블에게 그런 감정은 거듭 의심하면서도 확신해야만 하는 어떤 것이다. 그 과정에서 평론의 언어로는 제대로 낚아채기 힘들 정도로 두 남녀의 감정이 교차되는 양상은 미묘하면서도 격렬하다. 물론 "우리가 '이성'이라고 부르는 것은 감정의 특히 고요한 상

---

[20] 메이블은 깨어나서 퍼거슨에게 다음과 같이 말한다. "Was I out of mind? she asked." 그러고 나서 자신의 현재 상태에 대해서는 현재시제로 "Am I out of my mind now?"라고 묻는다. 이렇게 '정신이 나간' 메이블의 상태에 관한 한 벨의 다음과 같은 해석은 환기할 만하다.
"메이블의 말은 직접적인 맥락을 초월하는 울림이 있다. 그 울림은 윤리적이라기보다는 형이상학적이다. 왜냐하면 연못에서의 경험은 '광기'라는 단순한―메이블이 분명히 의도한―의미를 초월하여 로런스가 '정신적 의식'으로 명명한 것으로부터 본능적으로 벗어나는 것이기 때문이다. 그것은 '정신'에 대한 이원론적 (정신 대 육체 같은―인용자) 가정들에서 벗어나는 것이었다. 이런 의미에서 그녀가 정신이 나간 상태는, 두 연인 모두가 성취해야 하는 바로 그것이다(Mable's phrase has a resonance beyond its immediate context; a resonance which is more metaphysical than ethical. For beyond the simple meaning of 'madness', which Mable clearly intends, the experience in the pond was indeed an involuntary escape from what Lawrence would call 'mental consciousness'. It was an escape from the dualistic assumptions of the 'mind'. **Being out of her mind, in this sense, is exactly what both of them need to achieve**)."(LMM 106~107면, 강조는 인용자)

태"라는 점을 상기한다면(SECF 1면) 감정은 감정 그 자체로 존재하지 않는다. 더 나아가 감정의 대립항으로 이성을 설정하는 것이야말로 근대주의적 사고의 고질임도 상기해야 한다. 과연 퍼거슨과 메이블의 감정은 이성과 전혀 대립하지 않는다.

바로 그 점을 숙고해야만 「말장수의 딸」도 원만한 읽기가 가능하리라 본다. 전후 맥락을 잘 살펴보면 두 남녀의 감정은 이전까지 지속된 무언의 교감, 또는 교신이랄 만한 것이 연못에서의 사건을 통해 폭발적으로 분출한 '그 무엇'이고, '그 무엇'을 두 남녀가 동시에 체험함으로써 서로가 서로를 받아들이면서 사랑이라는 것이 싹튼다고 말할 수 있겠다. 반면에 「하숙집」에서 전개되는 폴리와 도란의 감정은 성격이 전혀 다르다. 이들의 감정은 은밀한 연애가 유발하는 짜릿함과 흥분, 감질 등과 분리하기 어렵다. 사람들의 눈을 피한 이들의 비밀스런 만남이 육체적 관계로 이어지는 와중에 '추문'으로 번질 수 있는 관계를 정리하기 위해 무니 부인이 개입하는 구도는 통속 애정극과 유사하다. 꼬여가는 두 남녀의 마음 자체를 통속적인 것으로 해석하기 힘든 구석이 있지만.

그럼에도 그 마음의 이면인 이들의 감정은 퍼거슨·메이블의 그것과는 사뭇 다르다. 폴리는 폴리대로, 도란은 도란대로 자신의 미래를 그려보는 과정에서 부각되는 것은 각자도생의 계산일 뿐이다. 막연하게 장밋빛 앞날을 기대하는 처녀와 결혼을 두려워하고 끝까지 회피하려는 총각 사이에 어떤 존재적 만남을 기대하기는 어렵다. 그렇다면 두 남녀의 마음 상태를 파악하는 하나의 기준으로 감정의 진정성을 설정하는 것은 그리 적절하지 않다. 오히려 이성과 감성의 분리 불가능한 상황에서 도달하는 자기 인식과 결단의 성격을 판단의 척도로 삼는다면 「하숙집」과 「말장수의 딸」의 좀 더 명료한 비평적 판단이 가능할 것 같다. 물론 연민과 애정의 미묘한 중간지대에서 망설이다가 결국 메이블의 필사적인 구애를 받아들이는 퍼거슨의 '결단'도 사랑이라고 말해야 좋을지 모호한 면이 있다. 앞서 지적한 것처럼 고통과 기쁨을 동시에 동반하는 퍼거슨의 감정에는 메이블의 절박한 마음에 상응하는 뭔가가 담긴다.

「하숙집」의 경우 도살장으로 끌려가는 소처럼 무니 부인과 대면하고 나서야 결혼을 결정하는 도란의 심리 상태는 절실함이라기보다는 자포자기의 심정이다. 이처럼 매혹과 두려움을 오가다 마음이 정리되는 퍼거슨에 비하면 도란은 자신의 옴짝달싹할 수 없음을 극도로 예민하게 의식한다. 그런데 그 의식으로 말하자면 도란보다 어머니와 합작하여 남편감을 획득한 폴리의 감정이 더 애매하다. 더블린을 탈출하고 싶은 강렬한 욕구를 가까스로 억누른 도란의 심적 갈등은 애매하다기보다는 절박하다. 그러나 이들의 복잡미묘함이 뭐가 되었든 도란과 폴리의 결합은 의외로 간단히 정의할 수 있다. 그것은 혼전순결의 위반이 빌미가 되는 '강제 결혼(shotgun marriage)'이다. 폴리는 그런 결혼을 막연한 장밋빛 기대로 기다리는 것이고 도란은 더블린을 탈출하지 못한 채 폴리를 체념하듯 받아들이는 것이다.

두 남녀의 결합은 독자에게 착잡한 느낌을 안겨줄 수밖에 없지만 착잡함이 의외로 쉽게 정리되는 것도 이들 결합에 자기의 '존재'를 걸고 비약하는 어떤 결단의 순간이 부재하기 때문이다. 따라서 이들이 각자 처한 상황이 아무리 꼬이고 복합적이라 해도 결국 예정된 결말이라는 인상을 지울 수 없다. 두 단편을 평가하는 비평적 기준으로 감정의 진정성보다는 자기 인식의 진실성이 더 적절하다고 판단하는 것도 바로 그 때문이다. 어떤 경우든 도란과 폴리의 결혼에서 결코 건강한 미래를 예상하기 힘들고 실제로 조이스도 그 점을 냉철하게 판단한 것 같다. 독자는 『율리시스』에서 무니 부인의 남편처럼 주정뱅이로 소일하면서 망가져버린 도란을 만나게 되니 말이다.

그 나름의 열린 결말인 「하숙집」에 비해 「말장수의 딸」의 마지막 대목, 특히 메이블과 퍼거슨의 교감을 제대로 설명하기가 어려운 것이 이들의 미래가 불투명하기 때문만은 아니다. 메이블은 메이블대로 퍼거슨은 퍼거슨대로 자신의 '존재'를 던져 이룩한 만남이라는 실감이 독자에게 강하게 전달되지만 두 남녀가 마주한 미래의 불확실성은 행복 대 불행이라는 구도로 해명할 수 있는 성질이 아니다. 두 남녀 모두 알 수 없는 자신의 감정을 상대방의 존재를 통해 가까스로 확인하고 그 감정을 '사랑'으로 언표함으로써 '관계'를 성사시킨다. 따라서 행불행의 여부보다 과연 메이블과 퍼거슨은 그런 만남으로써 그전까지 지속해온 (관성적) 삶에서 얼마나 탈피할 수 있을까 하는 의문이 남는다. 그렇다면 플롯상으로는 유사한 결말이지만 이처럼 상이한 생각을 남기는 두 작품, 나아가 두 작가의 차이를, 마이클 벨이 그랬듯이, 각각 '표면과 깊이에 대한 전복적 탐구'로 규정할 수 있을까?

　전복을 전제로 달고 있기는 하지만 조이스=표면, 로런스=깊이라는 도식은 여전히 의문이다. 표면을 전복하면 깊이가 되고, 깊이를 전복하면 표면이라도 된다는 말인가? 앞서 『율리시스』=모더니즘, 『피네간의 경야』=포스트모더니즘이라는 마이클 벨의 범주 규정에 의문을 제기하면서 그렇다면 『더블린 사람들』의 자리는 리얼리즘이라고 했다. 좀 더 엄밀하게 말한다면, 「하숙집」이 숱한 자연주의 소설 가운데서도 언어의 경제와 절제로 빛나는 작품이고 그런 맥락에서 자연주의의 '심화'라고 평가하는 것이 온당할 듯하다. 심화에 홑따옴표를 붙인 것은, 객관적 관찰과 묘사만으로는 되살리기 힘든 희로애락을 나누는 더블린 사람들의 사람살이 냄새가 짙게 배어 있다는 점에서는 삶의 단면에 대한 정확한 재현에 집착하는 자연주의에서 진일보했다고 평가할 만하면서도, 그 사람살이가 일종의 숙명처럼 제시된다는 점에서는 결정주의의 색채가 짙은 자연주의의 어떤 한계를 그대로 안고 있기 때문이다. 후자에 관한 한 『더블린 사람들』을 특징짓는 키워드인 '마비(paralysis)'야말로 사실상 자연주의의 본질적 속성을 집약하는 것이 아닌가.

　「구름 한 점(A Little Cloud)」이나 「상대역들(Counterparts)」, 「진흙(Clay)」

같은 단편이 두드러진 사례지만 『더블린 사람들』 전편에 흐르는 더블린 시민들 삶의 독특한 생동감에 마비를 들이대는 것도 판에 박힌 비평의 습성이 아닌가 자문해야 옳다. 그런데 그런 자문과 더불어 「말장수의 딸」의 경우를 생각해보면 사조가 로런스의 단편에 미치는 규정력은 상대적으로 약한 것 같다. 이 단편도 리얼리즘이나 모더니즘 어느 한쪽으로만 귀속시키기 어렵다는 것이다. 로런스가 사실 재현 위주의 리얼리즘의 전통을 이으면서도 로맨스 장르의 '경이로운 것(the marvelous)'을 서사의 자연스런 일부로 흡수·소화하여 발생시키는 서사적 효과를 주목할 때 특히 그러하다. 그 과정에서 인물들의 심리는 물론이고 일상적 상황까지 낯설어지면서 사실과 비사실의 경계 자체가 흐려지곤 한다.

가령 어머니의 무덤에서 비석을 닦던 메이블이 왕진에 나선 퍼거슨을 보면서 강력한 최면을 거는 듯한 장면이 단적인 예다.[21] 하지만 이를 단순히 초현실적 효과로 읽는 것도 일종의 타성이다. 그보다는 우리의 일상이라는 것도 한 꺼풀만 벗겨보면 그런 기이한·놀라운 것으로 가득 차 있다는 작가적 신념의 표출로 보는 것이 타당할 듯하다. 실제로 남녀 관계야말로 '신비'에 다름 아닌, 인간의 알 수 없는 마음 작용을 가장 강렬하게 일으키는 처소(處所)라면 로런스는 그런 작용을 소설로 되살리는 데 여전히 첨단의 사례에 속할 것이다.

지금까지 「하숙집」과 「말장수의 딸」을 간략히 대비하면서 두 작품의 비교 가능한 지점들을 짚어봤다. 나는 조이스가 '모더니즘'의 대가이고 그 나름으로 19세기 리얼리즘의 위대한 유산들을—특히 『젊은 예술가의 초상(A Portrait of the Artist as a Young Man)』(1916)에서—창의적으로 계승했다고 생

---

21 그 부분은 원문을 제시하겠다. "It was portentous, her face. It seemed to mesmerize him. There was a heavy power in her eyes which laid hold of his being, as if he had drunk some powerful drug. He had been feeling weak and done before. Now the life came back into him, he felt delivered from his own fretted, daily self." D. H. Lawrence, *Selected Short Stories*, 265~267면.

각하지만 로런스와 비교하면 그런 계승도 제한적이라고 판단한다. 하지만 여기서 그 점을 논증했다고 주장하려는 것은 물론 아니다. 논증에 관한 한 역시 두 작가의 창조적 역량이 최고도로 발휘된 장편을 두고 본격적으로 씨름해봐야만 좀 더 설득력 있는 결론을 얻을 수 있으리라 본다.

다만, 마이클 벨이 설정한 헤브라이즘 대 헬레니즘의 틀로 로런스와 조이스를 조명하는 읽기는, 감히 말하건대, 비평가의 지적 태만임을 지적하고 싶다. 마이클 벨 자신이 로런스 문학의 창조적 성취가 어떤 의미에서 데카르트적 이분법으로 표상되는 근대 서구의 사고방식에 대한 심대한 도전이요 극복인가를 구체적인 작품 읽기로 보여주려는 시도를 줄기차게 해온 장본인이다. 그럼에도 그런 대립 구도를 다시 가져오는 것은 간과하기 힘든 문제이다. 한마디로 말해 로런스의 문학은 그 같은 이항대립을 벗어나지 못하는 한 온전히 규명할 수 없는 바로 그런 차원의 성취를 이룩한 생생한 사례로 남아 있다.

조이스도 로런스와 마찬가지로 헤브라이즘 대 헬레니즘이라는 이분법적 접근을 허용하는 작가는 아니다. 로런스의 소설적 성취와는 다른 성질로서 단편문학의 탁월한 표본인 『더블린 사람들』은 현세 대 내세, 지성 대 감성 등의 이분법으로는 충분히 포착할 수 없는 삶의 현장들을 정교하고도 냉철한 언어로 살려내고 있다. 그럼에도 한 개성적 인간이 사회의 편견과 허위의식에 맞서 도달하는 비판적 자기성찰과 타자와의 온전한 관계 맺기를 기준으로 삼았을 때 조이스의 단편 서사에—이성과 감정의 분열 양상에 탐닉하는 모더니즘의 어떤 면모라 해도 무방한—자연주의의 어떤 한계는 한계대로 남아 있다는 판단은 피하기 어려울 것 같다.

그렇다면 『더블린 사람들』의 조이스는 역시 플로베르의 적자요 (『율리시스』가 표상하듯이) 모더니즘의 대표 주자라 하겠고, 그런 만큼 로런스는 물론이고 19세기 영국 리얼리즘 문학의 정수를 담았다 할 디킨스와도 거리가 있다고 말해야 할 것이다.

## 결론: 세계체제의 요동과 새로운 문학운동의 예감

로런스와 조이스의 단편을 비교해서 읽어본 주된 취지는 마이클 벨의 모더니즘론을 떠받치는 '자아성찰적 신화만들기'라는 원론을 개별 작품론에 비춰 다시 점검하는 것이었다. 원론이 설득력이 있다고 해서 작품 평가도 그러하리라는 보장은 없기 때문이다. 다른 한편 20세기의 마지막 30년간 한국 평단에 형성된 리얼리즘 대 모더니즘 구도를 생각해보기 위한 심산도 없지 않았다. 1970~1990년대에 한국 평단에서 체제 변혁의 이념을 내장한 리얼리즘 운동은 나름의 엄밀하고도 치밀한 논리를 갖춘 문학 행위의 중요 방편이었다. 운동으로서의 리얼리즘은 서구의 리얼리즘과 모더니즘 모두를 극복의 대상으로 설정하면서 한반도 분단의 혁파를 지향하는 하나의 고유한 문학적 태도 내지는 자세를 요구하기도 했다.

새로운 세기가 시작되고 20년이 훌쩍 넘은 지금, 운동으로서의 리얼리즘의 동력은 거의 사라졌다. 뿐만 아니라 서구의 realism과 변별점을 확보하려고 했던 '리얼리즘'도 이제는 문학사에나 기록될 용어로 남았다. 그 빈자리를 커먼즈와 돌봄 담론이 차지한 듯 보인다. 앞으로 그런 담론이 어떻게 문학비평으로 심화될지는 모르겠지만 그것 역시 방편에 불과하다. 중요한 것은 작품을 이념이나 이론과 변별하고 문학의 창조성을 제대로 파악하는 비평의 훈련이 여전히 절실하다는 사실이다. 마이클 벨의 '읽기'를 여기서 소개한 것은 바로 그런 비평 훈련의 일단을 보여준 그의 평문들을 한국 평단도 중요한 비평 자료로 삼아볼 만하다고 판단하기 때문이다.

조이스와 로런스의 단편을 견주어봄으로써 나 자신의 비판적인 견해도 더러 제시했지만 벨이 근대 서구의 장편문학에서 '센티먼트'의 새로운 종합적 모색과 더불어 온갖 기법상의 실험이 이뤄졌음을 주밀하게 드러낸 점은 각별하다. 마이클 벨이 분석했듯이 장편소설이 기존 서사 양식들을 창의적으로 포획·활용하면서 역사적으로 발전해온 과정을 염두에 둔다면 모더니즘 이후의 시대에 어떤 지역에서 어떤 문학이 창조적으로 진화하고 있는가를 구체적으로 밝히고 평가하는 일은 비평의 중요한 과제로 남아 있다. '후기자본주의의 문화 논리'로서의 포스트모더니즘과는 양립할 수 없는 문학 특유의 서사 실험은 가령 남아공의 작가 쿳시가 인상적으로 선보인 바도 있지 않은가.

세계문학의 활력과는 대조적으로 오늘날의 한국문학 평단은 참다운 논쟁의 장을 상실한 것으로 보인다. 하지만 좀 더 사려 깊게 들여다보면 그런 빈곤 속에서도 나름으로 치열한 '비평 정신'의 분투가 끊이지 않음을 목격하게 된다.[22] 눈을 밖으로 돌리면 리얼리즘과 모더니즘의 교착상태에 빠져 있기는 서구 비평계도 매한가지인 것 같다. 하지만 그곳에도 자본주의 세계체제의 변혁을 통해 리얼리즘도 모더니즘도 아닌 새로운 문학운동을 역설하는 논자가 있고 특히 곱씹어봐야 할 통찰도 있다. 그러한 문학운동이 가능하기 위해서는 원론적인 차원의 다음과 같은 발언도 각자가 처한 문학 현장에서 구체적으로 되새겨볼 일이다. 이제까지와 다른 문학운동을 위해서는 "어쩌면 다름 아닌 자본주의 세계체제의 또 하나의 커다란 요동에 더해 현 문학체제의 어떤 근본적인 대대적 개편 내지는 재조직이 요구"된다는 주장 말이다.[23]

---

22  콕 집어 하나만 거론한다면 대학의 '바깥'에서 평문을 쓰고 있는 한영인의 평론집 『갈라지는 욕망』(창비, 2024)을 들 수 있겠다.

23  해당 원문의 맥락은 이렇다. "Perhaps it will require nothing less than another major convulsion of capitalist world-system, and some radical shake-up or reorganization of the current literary system to boot, to compel us to revisit our overfamiliar histories of realism and modernism with fresh eyes or to create conditions that might allow for new mode of narration with ambitions to realize promises that neither realism nor modernism could ever realize separately." Joe Cleary, "Realism after Modernism and the Literary World-

대대적 개편 내지는 재조직이 어떻게 되어야 할지는 안개 속이다. 우리의 경우 한반도 분단의 질곡이 여전히 지속되는 만큼 더욱 창의성을 발휘해야 할 국면이라는 것이 분명할 뿐이다. 이런 간단치 않은 한국문학의 상황이기에 마이클 벨이 역설한 "자아성찰적 신화만들기"라는 발상은 더 적극적으로 끌어들여 비평의 자산으로 삼아야 한다. 신화만들기의 핵심이 자기가 가진 믿음의 본질적 상대성을 인정하면서 믿음을 유일무이한 작품으로 구현하는 행위에 있다면 일체의 이론이나 문학관에 대한 집착은 부질없다. 게다가 한국 평단에서 운동으로서의 리얼리즘은—벨이 역설한바—그 나름으로 근대의 도전에 부응하면서 새로운 문학의 길을 모색한 모더니즘 문학의 진가를 인정하는 데 인색하거나 심지어 배격한 독단도 적지 않았다.

리얼리즘으로 분류된 문학의 성과는 성과대로 보존하면서 그 같은 한계를 직시하는 비평의 자세가 절실하다. 한반도의 현실에 깨어 있는 한국문학의 개별 성취들을 '세계문학'의 지평에 놓고 평가할 수 있는 비평도 '자세'의 문제인 것이다. 그렇다면 대결해야 할 것은 모더니즘도 포스트/모더니즘도 아니다. 그것은 '뜻'을 담고 있는 작품 자체다. 그런 작품에는 한국 평단에서 '리얼리즘'의 이름으로 축적된 유산도 당연히 포함된다. 그와 같은 유산과 우리 동시대의 작품을 비평에 값하는 자세로 읽어내고 온전히 수용하는 일 이야말로 21세기의 한국문학을 새로운 이름으로 축성(祝聖)하는 유일한 길이 될 것이다. 비평가의 읽기와 책임은 바로 그러한 수용과 축성의 다른 이름이다.

---

System," *Modern Language Quarterly* 73:3 (2012), 268면.

## 종장

# 자본주의근대와 예술작품

『늦여름』론

### 종장의 변

　이 책의 서장을 「허먼 멜빌과 '세계문학'의 꿈」으로 시작하면 어떨까 궁리할 때만 해도 종장을 어떻게 마무리해야 할지 감이 전혀 없었다. 시간이 지나는 동안 저서의 체재가 점차 뚜렷해지면서 W. G. 제발트의 『아우스터리츠』론이 맞춤하지 않을까 생각했다. 아우슈비츠라는 '역사적 블랙홀'을 향한 제발트의 도저한 증언 서사는 오늘날 세계문학의 현장에서 특이한 소설적 성취인 동시에 동아시아 독자에게도 간과할 수 없는 역사 공부의 텍스트라고 판단했기 때문이다. 2021년에 제발트 문학의 전반을 일별한 「제발트의 '불확정 서사'에 관하여」를 이미 발표한 터였고, 종장의 장은 그 후속 작업이 될 것이었다. 그렇게 해서 「현대문학의 창조적 진화에 관하여: 『아우스터리츠』론」이라는 제목의 평문을 써내기는 했다. 하지만 '물건'을 그렇게 만들어놓고 나자 마음이 달라졌다. 아우슈비츠 증언문학에 관한 글이 제발트에 관한 두 편의 논문을 포함해 다섯 편이 축적된 마당이었다. 조금 더 폭넓게 공부해서 이 주제에 관해 따로 단행본을 내는 쪽으로 정리한 것이다.

그런데 거기까지는 좋았는데 어떤 작가의 어떤 작품으로 종장을 채울지가 다시 난감해졌다. 그즈음, 그러니까 2023년 말경에는 책의 목차가 대충은 정해져 있었고 졸문들을 하나씩 개고 중이었다. 마지막 글은 전체 논의에 뭔가 제대로 맺음을 해줄 수 있는 것이어야 할 텐데, 마음에 차는 대안이 없었다. '자본주의근대와 세계문학'이라는 제목의 문제의식을 갈무리할 수 있는 종장을 바랐지만 그러기 위해서라도 지금 우리가 당면한 근대문명의 절체절명의 위기를 성찰하고 시중(時中)의 정신으로 대응하는 작품론이 필요했다. 제정신을 가지고 사는 사람이라면 인류의 문명이 지금 이대로 지속될 수 있다고 생각할 수는 없을 테니 말이다.

「기후위기가 세계문학에 던지는 물음」을 통해 부족한 대로 당장 급한 우리 시대의 쟁점을 다루기는 했다. 그러나 도무지 성에 차지 않는 느낌이었다. 그러다가 평소에 좋아하기는 하지만 엄두를 못 낸 아달베르트 슈티프터(Adalbert Stifter, 1805~1868)의 『늦여름』이 떠올랐다. 나 자신의 개인적 기질이나 성정과 상반되는 면이 많아서 더 매력을 느낀 작품인지도 모르겠다. 물론 내가 소속된 사범대학 영어교육과의 일반대학원 과목인 '서양고전과 교육의 이념'에서 이 장편을 가지고 한 달 넘게 학생들과 읽고 토론하기는 했다. 그러나 『늦여름』에 관한 한 솔직히 내 깜냥으로 짤막한 에세이 정도라면 몰라도 학술논문은 무리이지 싶었다. 그래서 『늦여름』의 연구자들이 자주 인용하는 문제의 구절에 대한—이 글 4절인 '예술작품의 근원적 체험과 서양문명'의 마지막 두 개의 인용문에 관한—소감을 원고지 40~50매 정도로 정리하려고 했다. 저서의 전체 주제에 비춰서 내 딴에는 꾀를 낸 것이다.

그런데 이것도 쓰다 보니 이야기가 늘어졌고 결과는 아래와 같은 꼴이 되어버렸다. 이것도 만용이 아닌가 하는 생각을 하면서도 한번 시작한 글을 멈추기가 어려웠다. 곡절 끝에 완성한 것이 '자본주의근대와 예술작품'이다.

거창한 제목에 걸맞은 내용에는 멀리 못 미치는 졸문이다. 하지만 앞으로 좀 더 깊고 넓은 공부를 위한 초석 정도는 되지 않을까 하는 희망을 품어볼 뿐이고, 그런 의미에서 독자들의 일독을 기대하는 마음이다.

## 1. 머리말

예술작품을 철학의 대상으로 삼은 근대 철학자들의 사유는 분과학문의 경계를 넘는다. 이들은 제각각의 문제의식으로 한편으로 자본주의의 경제 관념과 노동 분업이 초래한 인간의 파편화·도구화 및 소외에 맞서는 하나의 대안으로서, 다른 한편으로 근대라는 역사적 시대의 전개 과정에서 심화된 온갖 이원론의 속박을 떨치는 참된 배움과 삶의 모색으로서 예술작품에 대한 나름의 근원적—근원적이기에 특정 학문의 영역에 귀속될 수 없는—성찰을 글로 남긴 것이다.[1] 지금도 그러한 작업은 끊이지 않고 있다. 하지만 예술 창작과 작품 활동의 상당 부분이 기획·선전·흥행으로 돌아가는 문화산업으로 흡수된 오늘의 상황에서 성찰의 진수가 얼마나 창의적으로 보존·계승되고 있는지는 진지하게 자문해볼 일이다.

자본주의근대를 어떻게 규정하든 이 역사적 시대가 더 이상 이대로 지속될 수 없음을 더 분명하게 실감하는 현재,[2] 예술작품의 본질을 묻는 일 자체가 뭔지를 사유하는 것이 절실하다. 인류 문명의 기저에 놓인 근원적인 것을 궁구하는 사유가 없이는 일체의 대안은 모래 위의 성에 불과할 것이기 때문이다. 게다가 예술작품을 논하는 자리일수록 자본주의근대를 이끌어온 과학

---

[1] 그러한 숙고의 고전적 사례로는 프리드리히 쉴러, 『인간의 미적 교육을 위한 편지』, 안인희 옮김(1795; 휴먼아트, 2012) 참조.
[2] 자본주의근대의 결정적 분기점에 관한 논의와 대안적 구상은 특히 Immanuel Wallerstein, *The Global Left: Yesterday, Today, Tomorrow* (New York: Routledge, 2022), 1부 참조.

기술의 문제를 외면할 수 없는 사정도 있다. 첨단 과학기술이 예술의 영역마저 일정 부분 접수하면서 '컴퓨터도 시를 쓸 수 있다'는—'생각 없음' 그 자체인—언설조차 아무런 고민 없이 수용되는 실정이다. 자기성찰과 본질적인 것을 묻는 사유가 이미 인공지능(AI)의 실시간 '정답들'에 의해 묻히고 밀려나는 사태가 대세를 이룬 것 같다.

그러나 과학은 진리와 자유의 지평이 형세에 따라 드러나거나 감춰지는—은현자재(隱現自在)하는—예술작품을 사유할 수 없다.[3] 사정이 그러하다면 과학의 '사유할 수 없음'도 학문 전체의 차원에서 비판적으로 성찰해야 하는 문제가 된다. 삶의 참다운 창조성이 발현되는 예술작품은 애초에 대학에 배타적으로 자리 잡은 분과학문의 경계를 초월하는 진리의 사건이기 때문이다. 그런 맥락에서 문학이나 미술, 음악 등 각 예술 분야의 거장이 창조한 탁월한 작품과 조우할 때 사람들이 느끼는 감동이라는 것도 다시 생각해볼 필요가 있다. 그런 감동을 주관·주체 대 객관·객체, 본질 대 구성의 틀로 환원하는 순간 악순환에 빠진다. 물론 스탕달 신드롬(Stendhal syndrome)이라고 하는—1817년에 이탈리아 피렌체를 방문했을 당시 산타크로체 교회에서 지오토(Giotto di Bondone, 1265~1337)의 프레스코화를 보다가 순간적으로 빠져든 스탕달의 황홀경이라는—것조차 혈압이나 맥박수, 심박수, 호흡수 등이나 뇌파를 측정해서 '객관적으로' 설명할 수 있을지 모른다.

그러나 정신적 흥분을 넘어서 현기증이나 몸 떨림, 전신마비까지 동반되는 스탕달 신드롬이 정작 가리키는 것은 마음과 몸이 하나라는 오래된 진실이다. 과학자들은 그 둘을 분리한 다음 1+1처럼 합산할 수 있다는 가정하에 무수한 실험을 해왔지만 '영육쌍전(靈肉雙全)'의 진실은 실증과학으로는 감당할 수 없다. 그런데 스탕달 개인이 겪은 충격은 얼마나 보편적으로 공유될 수

---

[3] 하이데거의 바로 그러한 언명에 관한 시론(試論)으로는 졸고, 「하이데거와 과학기술: '과학은 사유하지 않는다'라는 단언을 중심으로」, 『현대유럽철학연구』 71호(2023), 35~66면.

있는가? 예술작품에서 감동을 넘어 병리(病理) 수준의 충격까지 받는다면 그것도 예외적 개인의 예외적 체험에 가까워지는 것이 아닐까? 다른 한편 예술작품이 선사하는—개인차가 있을 수밖에 없는—감흥이 특정인의 특별한 체험만이 아니고 그런 것이 될 수도 없다면 감흥의 보편성을 얼마든지 말할 수 있지 않을까? 핵심은 이러한 물음들을 철학이나 미학의 울타리를 넘어서서 더 큰 화두로 이어보는 일이다. 예술작품의 체험이 한 인간의 인격의 성장과 성숙을 넘어서 민족이나 국가, 더 나아가 문명과는 어떤 관계가 있는가?

이러한 화두로서의 물음은 많은 철학자가 붙잡고 씨름한 주제지만 소설가들도 못지않게 고민했다. 가정과 사회, 국가가 맞물려 돌아가는 현실에서 마주하는 주인공의 다양한 곤경과 시련이 개인의 성장 및 성숙의 잠재력을 확인해주는 시금석으로 작용하는 양상을 작가들은 장편 서사 예술의 형식을 빌려 그려낸 것이다. 18~19세기 서유럽 문학 전반에서 발현된 그런 서사는 빌둥스로만(Bildungsroman)으로 명명된바, 이 장르가 21세기에 특히 유효한 지점도 바로 그러한 시금석의 성격에서 찾을 수 있다. 주지하듯이 빌둥스로만은 국민국가의 통일이 상대적으로 늦은 축에 속한 독일에서 탁월하게 구현되었다. 세세하게 논할 계제는 아닌 터라 간략히 압축하면 근대 서양의 주요 국가들에서 발현된 빌둥스로만은 개인을 넘어서 지역 공동체는 물론이고 국민/민족국가의 형성 및 발전과도 맞물린다.

이러한 빌둥스로만이 오늘날 현대인들이 앓고 있는 온갖 정신적 위기에 대해서도 의미심장한 메시지를 던진다면 우리는 그것을 서사 예술에서 발현되는 '현대성'의 하나의 탁월한 사례로 규정할 수 있을 것이다. 21세기 문화 생산의 현장에서 깊이와 내면의 세계로 들어갈 수 있는 길을 잃어버린—크레리(Jonathan Crary)가 『후기자본주의와 잠의 종말(24/7: Late Capitalism and the Ends of Sleep)』(2014)에서 분석한 바로 그 전일(全日)적 광고와 소비·낭비로서의 삶을 살아가는—'일차원적 인물(flat characters)들'이 소설세계에서 대세를 이루면서 19세기 빌둥스로만도 종언을 고했다는 주장이 제기된 마당이기도 하다.⁴ 이 책의 종장은 바로 그러한 대세를 거슬러서 19세기 독일 빌둥스로만의 고전적 사례인 슈티프터의 『늦여름』을 집중적으로 고찰하는 시론(試論)이다. '자본주의근대와 예술작품'을 제목으로 내건 취지에 충실하면서 오늘날 인류가 직면한 문명적 위기에 이 장편이 어떤 현재적 의의를 던지고 있는가를 천착하려는 것이다.⁵

## 2. 무지에 대한 배려와 배움의 서사적 궤적들

빌둥스로만의 주제인 개인의 성장과 성숙은 시대와 국가, 사회와 지역에 따라 상이한 양상을 띤다. 성과 계급의 문제가 상수로 작용한다는 점은 더 말할 나위 없다. 근대문명의 한계와 가능성을 숙고하게 하는 『늦여름』의 배경은 19세기 전반기 오스트리아 남부 알프스 산악지역의 구릉 및 고산과 주변 도시 등이다. 가르침과 배움의 이상, 욕망의 교육, 예술작품의 제작과 보존, 심미적 체험이 어우러지는 과정을 담은 서사는 당대 특유의 시대 현실을 천착하면서 인류의 문명 앞에 어른거리는 온갖 파국의 조짐들에 대해서도 의미심장한 성찰의 실마리를 던진다. 『늦여름』에서 제시되는 '무지에 대

---

4 Nancy Armstrong, "Why the Bildungsroman no longer works," *Textual Practice* 34:12(2020), 2091~2111면 참조.
5 텍스트는 원전을 기본으로 하되, 영역본과 2권으로 출간된 한역본을 두루 참조했다. 본문 인용에서 한역본은 요긴하게 참조했다. Adalbert Stifter, *Der Nachsommer*(Dusseldorf: Winkler Verlag, 1949); Adalbert Stifter, *Indian Summer*, trans. Wendell Frye(4th ed.; New York: Peter Lang, 2009); 아달베르트 슈티프터, 『늦여름』, 박종대 옮김(문학동네, 2011). 본문에서의 작품 인용은 전체적으로 훌륭한 번역으로 판단되는 한역본을 대부분 수용했지만 그대로 따르지는 않았다. 더러 첨삭을 하면서 최대한 가독성을 높이기 위해 노력했는데, 그 과정에 있을 수 있는 모든 불철저한 번역은 오직 필자의 책임이다 인용은 괄호 안에 원서와 한역 텍스트를 DN, 『늦여름』 1권, 『늦여름』 2권으로 표기하고 면수를 병기한다.

한 배려'와 '자기발견적 배움'은 한국의 대학 상황을 하나의 문제로 보게 하는 면도 있다. 문·사·철이라는 전통 학문의 경계가 어찌하여 자의적인가를 여실하게 드러내기 때문이다.

하지만 이 장편에 대한 평가는 당대도 극과 극이었고 대체로 부정적인 견해가 많았다.[6] 현대 독자에게는 가부장제하의 남녀 위계와 성 역할 및 차별을 당연하게 전제하는 (듯한) 면모가 특히 불편할 듯하다. 1848년 혁명 직후의 상황에 놓고 보면 수구(守舊)의 혐의를 걸 여지도 있을 것 같다. 실제로 『늦여름』을 중부 유럽의 독일어권 지역의 당시 정치 현실을 회피하거나 망각한 퇴행적인 소설로 단정하는 논자도 여전히 있다.[7] 물론 이러한 거부감이나 혐의, 단정이 존재한다는 것 자체가 자동적으로 작품의 결함을 말해주는 것은 아니지만 사려 깊게 다뤄야 할 논점임이 분명하다.

만약 『늦여름』의 '보수성'이 혁명의 이름으로—특히 프랑스 혁명기에—저질러진 과오에 대한 발본적인 성찰의 발로라면 기존의 비판과 보수 대 진보의 구도는 무의미해진다.[8] 무엇보다 찬사든 비판이든 정치 현실이라는 것을 너무 협소하게 설정하고 거기에 『늦여름』을 꿰맞추는 해석은 피해야 옳다. 이런 『늦여름』을 『빌헬름 마이스터의 수업(*Wilhelm Meisters Lehrjahre*)』

---

[6] 이 글에서 참고한 영미권의 연구서는 다음과 같다. Christine Oertel Sjgren, *The Marble Statue as Idea: Collected Essays on Adalbert Stifter's Der Nachsommer*(Chapel Hill: University of North Carolina Press, 1972); Brigid Haines, *Dialogue and narrative design in the works of Adalbert Stifter*(Cambridge: Modern Humanities Research Association, 1991); Eric A. Blackall, *Adalbert Stifter: A Critical Study*(Cambridge: Cambridge University Press, 2011) 참조.

[7] Todd Kontje, "The German Tradition of the Bildungsroman," *A History of the Bildungsroman*, ed. Sarah Graham(Cambridge: Cambridge University Press, 2019), 21면.

[8] 여러 각도로 논의된 바지만, 모레티는 프랑스혁명에 대한 빌둥스로만의 대안적 대응을 괴테와 오스틴에서 찾은 바 있다. Franco Moretti, *The Way of the World: The Bildungsroman in European Culture*(London: Verso, 1987), 1장 참조. 빌둥스로만에 관한 한 괴테와 오스틴이 고전적 작가임은 누구나 인정할 수 있고 진보와 보수를 넘어서 제3의 길을 논할 때 참고할 만한 사례임도 분명하다. 다른 한편 프랑스혁명에서 한걸음 떨어져서 그런 길이 실제로 삶에서 어떻게 가능할 것인가를 성찰하는 문제에서 슈티프터의 작품은 두 거장의 그것과도 다른 무게를 갖는다는 점은 더 깊이 숙고해볼 일이다.

(1796)에서 『녹색의 하인리히(*Der grüne Heinrich*)』(1854~1874)와 『마의 산(*Der Zauberberg*)』(1924)으로 이어지는 고전적 빌둥스로만과 어깨를 나란히 하는 장편으로 평가하는 경우라면[9] 특히 그렇다. 『늦여름』의 소설사적 위상에 대한 이 글의 입장이 바로 그것인데, 먼저 이 장편이 당대 소설의 일반적 경향에서 어떻게 벗어나 있는가를 짚어보자.

19세기 영국과 프랑스의 리얼리즘 장편 문학을 제각각 대표하는 디킨스(C. Dickens, 1812~1870)나 발자크(Honoré de Balzac, 1799~1850)를 슈티프터와 맞세워보면 그 차이의 성격이 확연하다. 두 거장이 자유자재로 구사한, 독자의 흥미와 긴장을 유발하는 '서스펜스' 같은 것을 『늦여름』에서는 찾아보기 힘들다. 기묘하거나 괴짜 같은 인물들의 희로애락에서 비롯되는 삶의 온갖 파국적 양상과 희비극의 열정은 극도로 정제되어 있다. 주인공(들)의 마음이 격동에 휘말리는 순간이 없는 것은 물론 아니다. 하지만 종국에는 한결같이 평심과 평화로운 일상으로 돌아온다. 도인(道人)처럼 느껴지는 주요 인물들이 거하는 주거 공간과 생태 환경 역시 디킨스와 발자크가 가령 『리틀 도릿(*Little Dorrit*)』(1855~1857)이나 『잃어버린 환상(*Illusions perdues*)』(1837~1843)에서 재현한 천변만화의 대도시 런던이나 파리의 현실과 너무도 다르다. 요컨대 거의 완벽하게 가꾸어진 가정과 사람의 손길이 세심하고 자상하게 가닿은 자연이 아무 갈등 없이 공존하는 듯한 세계가 독자 앞에 펼쳐지는 것이다.[10]

---

[9] 『늦여름』에 관한 국내 연구로는 홍길표,「근대 사회의 개인 그리고 예술―아달베르트 슈티프터의 『늦여름』 소고」,『독일언어문학』 제62집(2023), 115~135면; 「인간과 자연의 문제 혹은 인간중심주의 비판―아달베르트 슈티프터의 『늦여름』」,『독어교육』 제89집(2024), 341~361면; 전창배,「슈티프터의 소설 『늦여름(*Der Nachsommer*)』에 나타난 정체성의 문제」,『괴테연구』 17집(2005), 305~322면; 이화영,「아달베르트 슈티프터의 『늦여름(*Der Nachsommer*)』」,『외국어로서의 독일어』 제48집(2021), 163~177면.
[10] 바로 그러한 인상을 전제하면서 『늦여름』의 성장소설로서의 성취를 다룬 사례로는 Eric A. Blackall, *Adalbert Stifter: A Critical Study*(Cambridge: Cambridge University Press, 1948), 6장, 311~330면 참조. 국내 사례로 전창배 교수는 그 점을 이렇게 기술했다. "이렇게 볼 때, 『늦여름』의 등장인물들은 소설의

하지만 이는 일독(一讀)의 첫인상에 불과하다. 첫인상을 반추하면 이 장편 곳곳에 '용암 지대'가 숨어 있음을 느끼게 된다. 하지만 그 점을 제대로 인지하기 위해서는 "무엇보다 (책 읽는—인용자) 속도를 늦추는 법을 배워야만 한다".[11] 속도의 늦춤은 모든 숙고의 본질적 과정이다. 사유의 돌파와 도약은 결코 속도전으로 이뤄지지 않는다.『늦여름』읽기에 관한 한 그 점은 특히 유념해야 한다고 본다. 그토록 소박하고 단순한 이야기이건만 정리할라치면 머릿속은 더 복잡해지고 심지어 난감해지는 터라 호흡을 가다듬지 않을 수 없기 때문이다. 그러다가『늦여름』의 사건들이 무미건조하지 않나 하는 생각 자체가 문학 시장을 겨냥해 용의주도하게 고안된 근대소설의 특정 플롯에 길들여진 감수성에 기인한 것이 아닌가 되물어보게 된다. 그렇다면 중요한 것은 일견 극히 평범해 보이는『늦여름』의 이야기가 어찌하여 "명백하게 모든 상식적인 가정이나 기대에 대한 도전"인가를[12] 골똘하게 생각해보는 일이다.

그러면『늦여름』의 첫 장인 "가정생활(Die Häuslichkeit)"에서 시작해보자. 이 장은 주인공 하인리히의 가정과 그의 유년 교육을 집중적으로 서술한다. 아버지는 상인으로 소개되지만 타산이나 속물성을 찾아보기 어렵다. 그가 견지한 지론 가운데 하나는 "사람이건 사물이건 그 자체로 완벽하고 유일한 존재여야 한다"는 것이다.(DN 8~9;『늦여름』1권 9) 이것 역시 독자의 "상식적인 가정이나 기대에" 반(反)한다. 이는 차라리 동아시아 전통 사상의 근본

---

전체적인 조화와 화합이라는 전제하에 각자에게 주어지는 정체성을 단순히 수행하는 피동적인 역할만 수행할 뿐이다." 전창배,「슈티프터의 소설『늦여름』에 나타난 정체성의 문제」, 311면. 전 교수의 논조는 작품에 대한 옹호로 기울지만 비판이냐 옹호냐를 떠나 각 인물이 피동적인 역할만 수행한다는 주장에는 동의하기 어렵다.

11 F. Roger Devlin, "To appreciate Stifter, on the other hand, one must above all learn to slow down," "Adalbert Stifter and the "Biedermeier" Imagination," *Modern Age* 15:2(2008), 113면.
12 Martin Swales, *The German Bildungsroman from Wieland to Hesse* (New Jersey: Princeton University Press, 1978), 83면.

이 되는 경물(敬物)과 경인(敬人)을 떠올리게 하는 선비의 마음가짐에 가깝다. 상인의 목적은 물건을 거래해서 이윤을 남기는 것이 아닌가?

하지만 하인리히의 부친은 상인이고 그에 걸맞게 가정의 경제를 주밀하게 운용하는 것도 틀림없다. 아들에게 지출과 소비의 한계를 엄격하게 정해주고 경제 관념을 가르치는 대목만 봐도 그렇다. 그런 그가 지향하는 삶의 이상은 이를테면 지·덕·체가 조화를 이루는 것이다. 부친이 지향하는 삶에서는 경제와 도덕이 모순되지 않는다. 여기서 얼핏 톰슨(E. P. Thompson)의 '도덕 경제(moral economy)'를 연상할 수도 있지만[13] 부친의 경제관은 맑스주의의 경제 이론과도 다르다. 그의 삶의 태도에는 자본가와 노동자의 계급투쟁이나 현실주의 대 이상주의의 대립이 들어설 여지가 거의 없다. 노사의 갈등은 암시조차 없다. 이것이 슈티프터의 보수성을 가리키는 증거인가라고 얼마든지 되물어볼 수 있을 것 같다. 하지만 그런 암시가 없다고 해서 작품을 곧바로 보수적이라고 규정하는 것은 다른 문제다. 작품의 첫 장을 읽는 데서도 중요한 것은 역시 현실 대 이상의 이분법을 헐어버리는 발상이기 때문이다.

"모든 이가 자신에게 최고의 형태로 존재한다면 인간 사회에도 최고의 형태로 존재하게 된다"(DN 15;『늦여름』1권 17)는 그의 신념은 수신(修身)의 이상을 공동체와 분리하지 않았던 우리에게 오히려 친근하다. 그러므로 하인리히 부친의 신념을 개인 대 사회를 설정해놓은 상태에서 선후나 경중의 문제로 풀어내면 곤란하다. 그의 생각은 개인을 하나의 원자로 간주하면서 사회를 그런 원자들의 총합으로 이해하는 통념과 전혀 다르다. 그것은 자리이타(自利利他)의 원칙을 고차원적으로 표현한 것이나 다름없다. 이 원칙은 개인과 사회의 대립 구도를 넘어서 내적 소명에 대한 깨달음이 사회의 복리(福利)와 불가분임을 가리키는바, 부친의 직업관을 하인리히가 설명하는 대

---

13 E. P. Thompson, "The Moral Economy of the English Crowd in the Eighteenth Century," *Past & Present* 50(1971), 76~136면 참조.

목이 그렇다.

　　인류의 복리를 위해 상인이나 의사, 관료가 되었다고 말하는 사람들이 있다. 하지만 그건 대부분 사실이 아니다. 내적 소명에 이끌려 직업을 선택한 것이 아니라면 그들은 번드르르한 말을 통해 좀 더 나쁜 이유, 즉 직업을 돈과 재물, 혹은 생계 수단으로 생각하는 것을 숨기고 있을 뿐이다. 그들은 자신의 선택을 철저히 숙고해보지 않고 직업으로 끌려 들어가거나 주변 환경에 떠밀려 선택할 때가 많다. 그럼에도 자신의 결함을 인정하기 싫어서 인류의 복리라는 말을 천연덕스럽게 입에 올린다. 또 공공의 복리를 입에 달고 사는 부류도 있다. 자기 일은 무질서하기 짝이 없는 인간들이다. 이들은 끊임없이 궁지에 몰리고, 불쾌하고 화나는 일을 겪는다. 그건 모두 경솔함 때문이다. 그런데도 자신이 그렇게 된 것을 상황 탓으로 돌리고, 자기는 원래 조국을 최우선으로 생각하는 사람으로 최선을 다할 자신이 있다고 말한다. 그러나 실제로 조국이 그들을 부를 상황이 닥치면 조국은 오히려 그런 사람들로 인해 더 혼란에 빠져버린다. 혼돈의 시절이 닥치면 가장 이기적이고 잔혹한 면을 보이는 것도 바로 그런 인간들이기 때문이다.(DN 16; 『늦여름』 1권 17~18)

　　여기서도 칼뱅(Jean Calvin, 1509~1564)이 설파한 '소명으로서의 직업'만을 떠올릴 것은 아니다. 앞서 『늦여름』을 당대의 정치 상황을 외면한 소설로 단정하는 해석과 거리를 뒀는데, 위의 인용문은 비더마이어 시대(Biedermeierzeit, 1815~1848)의 안온한 중산층 가정을 배경으로 이야기를 시작한 작가가 자신의 사회 현실을 어떻게 바라보고 있는가를 간명하게 보여준다. 프랑스혁명 이후 시도된 반(反)혁명과 반(反)개혁의 무수한 배반과 좌절을 의식하면서 개인과 사회의 관계를 하인리히 부친의 목소리를 빌려서 근원적으로 성찰하는 장면으로 읽힌다는 것이다.[14]

이처럼 첫 장만 해도 통념에 대한 간단치 않은 도전이다. 그런데 "가정생활" 장에서의 가정교육이 부친의 세심한 계획하에 진행되는 것도 주목할 만하지만, 그런 계획의 지향점이 더 중요한 쟁점이다. 하인리히의 학습은 특정 분야의 전문지식으로 제한되지 않는다. "아버지는 나를 모든 학문을 두루 아우르는 보편학자로 키울 생각을 했던 것이다."(DN 14;『늦여름』1권 15) "General Scientist"로 영역된 보편학자의 원문은 "Wissenshaftler im allgemeinen"이다. 이는 말 그대로 모든 것을 연구하는 학자를 가리킨다. 하지만 이를 만물박사로 해석해서는 안 된다.[15] 그보다는 특정한 분야에 매몰된 전문가의 편향이나 아집에서 벗어나는 공부를 하는 전인(全人)에 가깝다. 이 글의 4절('예술작품의 근원적 체험과 서양문명')에서 다시 논하겠지만 하인리히의 연구는 분과학문으로 쪼개진 지식의 파편화를 넘어선 전체의 지평을 향한다. 그 첫걸음이 자연에 관한 실증과학적 탐구에서 시작하는데, 이 또한 독자의 상념을 촉발한다.

인간을 둘러싼 삼라만상의 세계가 실제로 어떻게 형성되었을까 하는 의문에서 탐구가 촉발되는 것은 당연하다. 그런 의문이 삶 자체에 대한 물음으로 이어지는 것도 빌둥스로만의 서사에 딱 어울리는 구도다. 그렇다면 주인공의 도정에서 예술작품은 어떤 역할을 하는가? 이 물음에 대해 홍길표 교수는 이렇게 썼다. "개별 부분이 아닌 총체성을 통해서만 아름다울 수 있는 예술작품의 본질을 볼 수 있기 위해서는 사물들에 대한 총체적인 시선이 필요하고 그것을 위해서는 다시 개인의 총체적인 발전이 선행되어야 한다."[16] 그처

---

14 슈티프터의 생애는 Margaret Gump, *Adalbert Stifter*(New York: Twayne Publishers, 1974), 1장(Biography) 참조.
15 'science'는 원래 앎, 지식이라는 말이다. 이 단어의 의미가 우리가 아는 자연과학으로 좁혀지는 시기가 1725년경이라고 하니 18세기 초반이다. 하인리히가 지향하는 배움은 근대에 출범한 자연과학보다 더 넓은 학문의 영역을 가리킨다. 보편학자는 결국 모든 갈래의 배움의 영역을 탐사하는 사람이고 실제로 하인리히의 성숙 과정은 과학과 예술은 물론 문·사·철의 섭렵으로 이뤄진다.
16 홍길표,「근대 사회의 개인 그리고 예술—아달베르트 슈티프터의『늦여름』소고」, 128면.

럼 선행되어야 하는 "개인의 총체적 발전"은 자기 수양이라 할 만한 마음 자세에서 가능해진다. 그런데 여기서도 개별 대 총체성의 구도는 그 자체로 하나의 화두로 남아 있고, '총체적'이라는 것의 의미도 결코 자명하지 않다. 그렇다면 자연과학이 개별적인 것에 집중하는 탐구의 한 방식이고 인간의 차원 높은 수양일수록 세계에 대한 사실적—자연과학적—인식으로만 이룩되는 것이 아니라는 점도 유념해야 한다.[17]

하인리히가 집을 떠나서 스승이라고 할 만한 인물을 만나 도야(陶冶)의 길로 들어서는 과정을 짚어보면 그 점이 좀 더 분명히 확인된다. 2장 "편력자(Der Wanderer)"에 가면 하인리히는 청년기에 접어들었고 오늘날 지질학이라고 할 만한 분야에 각별한 흥미를 느낀다. 그는 지표면의 생성 과정을 추적하는 데서 한 걸음 더 나아가 "지구의 생성 자체를 다루는 학문"에 관심이 있다. 그에 따라 자연의 온갖 물상에 끌리는데, "하늘에서 벌어지는 현상들의 움직임과 기상 변화까지"(DN 38;『늦여름』 1권 143~144) 자세히 관찰하고 고산지대에서 구릉지대까지 주유하면서 '현장 연구'를 이어간다. 그러다 어느 날 먹구름이 낀 하늘을 보면서 뇌우(雷雨)를 예측한다. 하인리히가 장미가 만발한 한 저택을 우연히 찾아가게 되는 것도 그 같은 예측 때문이다.

대기의 각종 측정 장비와 그간의 경험으로 뇌우의 발생을 확신하는 하인리히의 판단은 과학에 근거한다. 생면부지의 장미집, 즉 로젠하우스(Rosenhaus)의 주인장에게 그가 유숙을 청하는 것도 기압계, 온도계, 습도계, 전압계 등에 대한 확신 때문이다. 그런데 그의 생각과는 달리 주인장은 그런 기상현상

---

17 가령 작품의 거의 끝부분까지 이름도 모르고 주인공의 인생 행로를 따라가던 독자는 작가가 왜 하인리히 다렌도르프라는 이름을 밝히지 않고 이야기를 끌어가는지 궁금해진다. 이는 하인리히 다렌도르프라는 한 개인의 이야기가 만인(萬人)의 그것일 수 있고 그런 만큼 보편의 지평에서 이해되어야 한다는 작가의 의도가 반영된 것으로 읽을 수도 있다. 동시에 개별의 것들이 아무리 아름답고 고상하다 해도 그 참다운 존재적 의의는 전체의 조화에서가 아닌 온전히 드러날 수 없다는 작가의 예술관이 작용한 결과로 해석하는 것도 가능하다고 본다.

은 없을 것이라고 말한다. 그럼에도 의견을 달리한다는 점만 넌지시 확인하면서 하인리히의 청에 응한다. 누구 말이 맞는지 확인하기 위해서라도 젊은이가 하룻밤을 묵는 것이 필요하다고 하면서 그에게 방을 내어주는 것이다. 이렇게 시작하는 『늦여름』 1권의 2장 "편력자"에서 5장인 "작별(Der Abschied)"까지의 서사는 작품 전체의 기조를 드러내고 주제를 집약하는 터라, 하인리히의 유숙과 그곳에서의 사건에 좀 더 지면을 할애해야 할 듯하다.

곧 뇌우가 치리라는 하인리히의 확신을 의심하는 리자흐 남작의 태도는 '무지에 대한 세심한 배려'에 기초한다. 일반적인 가르침과 그러한 배려의 차이는 '학생'의 잠재적 가능성에 대한 신뢰에 있다. 이는 하인리히가 자신의 생각이나 믿음이 틀렸음을 자각하고 스스로 오류를 바로잡을 수 있도록 기다려주는 자세이다. 이때 중요한 사실은 기다림으로서의 신뢰에 스승과 학생을 가르고 지우(智愚)를 재는 위계의식이 전혀 없다는 점이다. 남작이 뇌우에 대해서는 더 이상 일절 언급하지 않고 하인리히에게 하룻밤을 허락하는 것만 봐도 그렇다. 호감을 느낀 주인장은 더 긴 유숙도 환영한다고 말하는데, 하인리히가 이튿날 아침에 자신이 확신한 일기(日氣)가 틀렸음을 확인하고 나서야 비로소 그 이유를 하나씩 설명하기 시작하는 것이다.

이후 리자흐 남작으로 밝혀지는 주인장의 해명에서 정작 흥미로운 사실은 자연과학이 차지하는 비중이 통념보다 크지 않다는 점이다. 기압계나 습도계, 압력계 같은 기계장치를 통해 날씨를 예측하는 실증 지식은 그야말로 참조 사항에 지나지 않는다. 리자흐 남작은 무엇보다 날씨도 해당 지역 고유의 지형 조건과 생태 환경을 반드시 고려해야 한다고 하면서 자연의 과학적 관찰에서도 "실수할 위험"이 늘 따르고 반복적인 실험과 철저한 비교가 반드시 필요하다고 말한다. 그리고 이어서 리자흐 남작은 독자도 숙고해봐야 하는 문제를 이렇게 제시한다.

"하지만 역시 가장 확실한 것은 언제나 작은 동물 떼들의 움직임일세. 자네도 거미가 날씨를 알려주고 개미들이 비를 예측한다는 말을 들어봤을 걸세. 우리는 자주 그런 동물들을 찾아 그것들이 어떻게 시간을 보내는지, 서식지의 경계는 어딘지, 만족의 조건은 무엇이고, 그런 조건들은 어떻게 성취되는지 연구해야만 하네. 사냥꾼과 나무꾼, 그리고 그런 동물들의 삶을 관찰하지 않을 수 없는 외딴 산간 마을 사람들은 그와 관련된 대부분을 짐작할 수 있고, 동물들의 행동에서 어떻게 날씨를 예측해야 하는지도 알고 있네. **하지만 모든 게 그렇듯이 여기서도 사랑이 필요하네.**"(DN 106; 『늦여름』 1권 124~125, 강조는 인용자)

일기 예측에서 리자흐 남작이 측량 도구와 자신의 생활 체험에 이어 마지막으로—가장 결정적으로—의존하는 것이 동물들의 감각이라는 것은 망각된 양식(良識)이다. 그런데 "여기서도 사랑이 필요하네"라는 남작의 발언은 실증 지식 대 양식이라는 대립 구도를 넘어서는 화두를 던진다. 또한 동물을 대하는 리자흐의 태도가 인간중심주의와 양립할 수 없음도 확인된다. 그가 말하는 사랑은 남녀 간의 애정이나, 박애, 인류애, 동지애 따위가 아니다. 그것은 우리의 삶이 빚지고 있는 모든 만물의 은혜로움에 대한 감사와 경배의 다른 이름에 가깝다. 그 점의 현실적 함의를 좀 더 엄밀하게 밝히기 위해서는 로젠하우스를 앞서서 둘러본 『늦여름』의 연구자들의 의견을 경청할 필요가 있겠다.

가령 홍길표 교수는 로젠하우스를 "질서의 유토피아"라고 명명하면서 질서의 의미를 설득력 있게 읽어냈다. 그의 정확한 지적처럼 "리자흐는 질서의 완벽한 구현, 그것의 유지를 통해 모든 집안의 구성원에게 자유로운 공간을, 세계를 창출하고자 한다."[18] 과연 로젠하우스의 질서는 철저하게 자유와 자율에 근거하며 개인의 자발성과 창발성을 통해 유지된다. 그런데 무엇이 그

---

18 홍길표, 「인간과 자연의 문제 혹은 인간중심주의 비판」, 347면.

런 자유와 자율을 가능하게 하는 것이며 자발성은 어디에서 연유하는 것인가 하는 물음은 더 정면으로 제기해봐야 한다. 이 물음은 앞서 인용한 대목에 나오는 리자흐 남작의 발언, 즉 "모든 게 그렇듯 여기서도 사랑이 필요하네"라는 문장과 직결된다.

그 사랑은 로젠하우스의 장미로 표상된다. 장미는 꽃의 한 종류지만 동시에—넓은 의미에서의 인류애와 좁은 의미에서 이성간 사랑을 포괄하는—모든 배려와 가꿈, 돌봄의 상징적 집약이다. 개인의 자유와 자율 속에서 유지되는 질서는 그런 집약의 결과일 뿐이다. 자발성과 창발성도 집약에서 스스로 우러나오는 사랑의 표현인 셈이다. 이 사랑에서 꽃피는 장미는 한편으로 자연을 일구는 사람들의 세심한 노동력의 인위적 산물이면서 다른 한편으로 작중에서 다각도로 그려지는 정념의 상징이다. 그런데 여기서도 핵심은 장미의 이중의 상징성도 철저하게 장미의 '생태적 본질'에서—그런 본질을 자연스럽게 드러내는 인간의 세심한 노력으로—발생한다는 사실이다.

하인리히는 로젠하우스를 온통 장식하는 장미 중에 어떻게 시들거나 병든 것이 없는지 궁금해하다가 "특별한 예방법"(DN 129; 『늦여름』 1권 152)이라도 있는 것인지 묻는다. "애벌레나 벌레를 잡는다고 해서 되는 게 아니라는 건 잘 알려진 사실 아닙니까"라고 반문하면서 말이다. 하인리히의 무지에 대한 남작의 배려는 여기서도 매우 섬세하다. 남작은 그의 궁금증을 일거에 풀어주지 않는다. 대신에 "그 방법을 말하기 전에 우선 이 정원에 해충이 없다는 걸 눈치챈 자네가 참 대단하네"라는 칭찬과 함께 그에게 장미를 좀 더 자세히 관찰할 수 있는 여유를 준다. 하인리히가 더 둘러보고 나서야 남작은 장미가 어찌하여 신선한 상태를 유지할 수 있는지를 차근차근 설명한다.

무지에 대한 배려는 "접근(Die Annäherung)" 장에서 고대 그리스 처녀 대리석상(Marmor) 에피소드에서 다시 변주되고, 남작뿐만 아니라 하인리히 부친의 교육 방식에서도 유사하게 나타난다. 그런데 여기서 유념할 또 하나의 논점은, 학습자가 스스로 생각하고 깨닫기까지 기다려주는 무지의 배려가 전혀 수동적인 행위가 아니라는 사실이다. 그것은 학습자가 자기 발견적 배움에 이를 수 있는 환경을 능동적으로 조성하는 동시에 학습하는 사람의 심성과 역량에 대한 신뢰를 실행에 옮기는 일이다.[19] 그런 실행이 인간 욕망의 교육과 자기 발견적 배움에 근거함으로써 원만하게 이뤄진다는 점은 진중한 고찰을 요구한다.

## 3. 욕망의 교육에 관하여

로젠하우스를 가꾸는 데서도 바로 그런 교육과 배움이 작용한다. 그런데 로젠하우스를 '질서의 유토피아'로 정의한다면 '질서'와 '유토피아'도 작품의 구체적인 맥락에 놓고 더 깊이 들여다볼 필요가 있다. 일반적으로 질서가 인간의 인위적 행위로 조직화된 것으로 이해된다면 유토피아는 '어디에도 없는' 것이다. 이러한 통념상의 의미는 로젠하우스에 들어맞지 않는다. 장미가 뿌리를 내리는 토양의 면밀한 흙갈이부터 생장의 철저한 친환경 관리, 장미에게 해가 되는 해충을 '자연스럽게' 잡기 위해 새를 끌어들이고 다각도로 보살피는 남작의 용의주도한 방법을 보면 로젠하우스는 질서의 유토피아라기보다는 차라리 실현과 지속이 모두 가능한 생태적 기획이라고 해야 할 듯하다. 자연의 생장력을 닦달하거나 인공적으로 촉진시키지 않는—그러기는커녕 그런 생장력에 순응하고 그것을 순리적으로 북돋는—인간들의 애정 어린 관심과 노동을 통해 구현된 것이 로젠하우스라는 뜻이다.

---

[19] 뒤에서 다시 논하겠지만 하인리히가 남작에게 조각상의 아름다움에 관해 왜 이야기를 해주지 않았느냐는 물음에 대해 남작은 이렇게 답변한다. "(……) 나는 자네가 자네 힘으로 그것을 찾으리라고 생각했네. 그래서 그때까지 차분히 기다렸지."(DN 328; 『늦여름』 1권 386)

장미를 둘러싼 에피소드는 해충을 잡아먹는 새의 돌봄과 더불어 "깃털 친구들"을 리자흐와 하인리히가 둘러보는 것으로 마무리된다. 무분별한 악습으로 전락한 새 사냥에 대한 리자흐의 일갈은 생태적 기획으로서의 로젠하우스라는 발상과 연관해서도 깊이 음미해볼 만하다.

"(······) 이런 일은(새를 갖가지 방식으로 잔인하게 죽이는 일—인용자) 어쩔 수 없는 욕구를 충족시키기 위해서가 아니라 쾌락과 충동에 따라 일어나네. 생각이 그렇게 모자란다는 것이, 아니면 이런 일을 저지르고 있다는 것을 모른다는 것이 믿기 어려울 뿐이지. 이는 우리가 참된 교양과는 아직도 거리가 얼마나 먼지 여실히 보여주네. 그래서 새의 아름다움과 유익함을 일찍부터 알아본 지혜로운 선인들은 욕망을 다스릴 줄 모르거나 내면의 힘을 좀 더 고귀한 것에 쓸 줄 모르는 야만적인 민족들로부터 새를 지키려고 미신을 이용했네. 이렇게 해서 제비는 집에 찾아오면 복을 받고, 죽이면 벌을 받는다는 성스러운 새가 되었지."(DN 142; 『늦여름』 1권 167)

장미의 생육을 보호하고 촉진하는 생명 친화적 방법에 대한 설명에 이어지는 남작의 이 같은 발언은 근대의 서양문명에도 그 특유의 생명 사상이 면면히 이어져왔음을 실감하게 한다. 자연 만물과 공생하면서 순리에 따라 사는 남작의 마음 자세가 바로 그것이다. 여기서 언급되는 교양이 정말 뭔지 더 깊이 숙고해봐야 하겠지만,[20] 인간의 사려 깊은 보살핌 속에서 피어나는 장미가 진정한 교양과 욕망의 절제, 내면의 힘을 두루 상징한다는 것은 분명

---

20 리자흐 남작이 언급한 교양은 지식의 유무와 무관하다. 그것은 "내면의 힘을 좀 더 고귀한 것"에 쓸 수 있는 능력에 가깝고, 적어도 이런 의미에서 그가 말하는 교양 비판은 니체의 '교양속물들(die Bildungsphilister)'에 적중한다. 니체의 교양론에 관한 논의는 특히 서광열, 「니체의 교양교육비판과 제안: '교양의 속물'과 '레츠테 멘쉬' 비판을 중심으로」, 『인문학연구』 98호(경희대학교 인문학연구원, 2018), 97~145면 참조.

하다. 자연이 인간에게 선사하는 무궁무진한 선물을 온전히 받기 위해서는 바로 그 같은 자질들이 요구되는 것이다.

그런데 로젠하우스를 떠나 작품의 플롯 차원으로 이동하면 장미는 "늙은 세대 커플의 실패와 젊은 세대 커플의 성공을 이어주는 정신적 연결고리"[21] 역할을 한다. 욕망의 교육이 사랑의 문제를 통해 제기되는 과정에서 장미가 두 세대를 연결하는 고리가 된다는 것이다. 여러모로 대조를 이루는 두 세대의 남녀, 즉 리자흐-마틸데와 하인리히-나탈리에는 제각기 다른 방식으로 욕망의 교육을 '수료'하는바, 이 교육은 무지에 대한 배려 및 배움의 전인적 이상이라는 화두와 동전의 양면을 이룬다. 그런데 수료라고 표현했지만 변화무쌍한 삶이 지속되는 한 욕망의 완전한 근절은 불가능하다. 시대 현실에서 나이와 세대, 성별에 따라 욕망의 교육 방식도 달라지리라는 것은 자명하다. 그렇다면 리자흐-마틸데와 하인리히-나탈리에가 각기 통과하는 사랑의 시련을 몇 가지 사례들에 비춰보자.

토머스 모어(Thomas More, 1478~1535)가 『유토피아(*Utopia*)』(1516)에서 그렸듯이, 남녀의 사랑에서 발원하는 정념과 애욕의 갈등은 특히 제어하기 힘든 문제다. 『젊은 베르터의 고뇌(*Die Leiden des jungen Werther*)』(1774)도 그중 하나지만 『에밀, 또는 교육에 관하여(*Emile ou de l'education*)』(1762)에서 다뤄진 핵심 쟁점 가운데 하나도 성욕의 다스림과 자기 성장의 가능성이었다. 개인의 자유에 일정한 제약을 가하고 의무를 부과하는 제도로서의 결혼과 제도로의 완전한 수렴이 거의 불가능해 보이는 남녀의 애정이 로맨스 장르에서 줄곧 핵심 주제가 된 것은 우연이 아니다. 그중 계급과 성의 모순을 넘어서 사랑과 현실이 아슬아슬하게 '타협'하는 현장은 영국의 제인 오스틴(Jane Austen, 1775~1817)의 장편에서 확인할 수 있다. 하지만 이는 예외에 가깝다.

---

21  Christine Oertel Sjgren, *The Marble Statue as Idea*, 20면.

앞서 언급했다시피 하인리히와 나탈리에의 사랑과 결혼은 『오만과 편견 (*Pride and Prejudice*)』(1813)에서 재현된 계급이나 관습을 뛰어넘는 남녀 간의 격정이나 열정과는 일견 무관한 것처럼 보인다. 감정의 별다른 동요도 없이 매우 점진적으로, 마치 물 흐르듯이 자연스럽게 진행되는 듯하고, 이들의 결합 역시 낭만과 열정이 아닌 이성과 합리성에 따른 결과인 것처럼 읽힌다. 그러나 여기서도 감성 대 이성의 이분법 구도는 성찰을 방해하는 주요 요인이다. 더디게 나아가는 하인리히와 나탈리에의 '관계'에서 주목할 점은 이들이 제각각 자신의 마음이 상대방에게 어떻게 비춰질지 몰라서 전전긍긍하는 상황이다.

서로의 마음을 알아보고 확인하는 주도면밀한 서사의 진도를 눈여겨본다면 하인리히와 나탈리에의 가약이 당사자들의 격정만큼이나 주변의 관심 및 배려의 산물임이 드러난다. 이런 가약의 복잡한 매락을 읽는 데서 중요한 것은 '낭만적 사랑'을 둘러싼 선입견과 거리를 두는 일이다. 서로를 향한 두 남녀의 연심은 저어하는 마음과 설렘, 기대가 교차하면서 서서히 깊어진다. 점진적인 감정이 응축되어 폭발하는 현장은 슈테르넨호프의 동굴 속 벤치이다. 호젓한 이곳을 좋아하는 하인리히는 거기서 다시 '우연히' 나탈리에를 만난다. 그는 동굴 입구에 배치된 요정상(妖精像)과 보석의 예술성, 분수 위에서 반짝거리는 물의 아름다움을 주제로 공감 어린 대화를 이어가다가 자기의 속내를 내비친다. 그가 이 장소에는 남모를 아픔이 서려 있다고 고백하자 나탈리에는 이렇게 답한다.

"아픔이 있다고요? 이 장소에서요?"

"나탈리에," 나는 대답했다. "벌써 1년 전 일이군요. 당신이 이 동굴에 있다가 나를 의도적으로 피한 게. 당신은 지금 이 벤치에 앉아 있었고, 나는 동굴 밖에 있었죠. 당신은 나를 보더니 종종걸음으로 서둘러 덤불 속으로 피해버렸어요."

나탈리에가 얼굴을 돌려 검은 눈으로 나를 빤히 바라보면서 말했다. "그걸 기억하시는군요. 그 일 때문에 가슴이 아픈가요?"

"지금도 그때를 떠올리면 가슴이 아프지만, 당시에는 가슴이 미어지는 듯했습니다."

"그쪽도 나를 피했어요."

"내가 피했던 건 당신을 귀찮게 쫓아다니는 것 같은 인상을 주기 싫어서였어요."

"내가 당신에게 중요한 사람인가요?"(DN 486;『늦여름』2권 118~119)

"가약(Der Bund)" 장에서 펼쳐지는 위의 대화는 극적 상황의 개연성과 감정의 진실성 모두에서 적확하다. 하인리히와 나탈리에의 '결합'은 감상주의적 연출이나 과장의 결과가 아니다. 이미 이전에 『리어왕』 공연을 관람하다가 서로의 눈빛에서 확인한 공통의 감동이 두 마음을 연결한 바 있으니, 위의 인용 장면도 두 남녀가 서로를 향해 품어온 연정이 느닷없는 것이 아님을 확인해준다.

"가약" 장에서 두 남녀의 합일이 사실상 이뤄지지만 사랑의 최종적인 '추인' 주체는 부모이다. 그런데 만약 부모님 중 한 분이라도 "현실에서는 더 이상 만나면 안" 된다고 한다면 그대로 따르겠다는 나탈리에나 그렇게 반대할 경우 복종해야 하겠지만 그럴 일은 절대로 없으리라고 믿는 하인리히의 생각을(DN 492;『늦여름』2권 126~127) 현대 독자는 어떻게 받아들여야 할까? 개인이 자기 뜻대로 선택하는 사랑과 배치되는 보수적—내지는 봉건적—세계관이라는 혐의에 걸릴 공산이 다분하지 않을까. 서로 사랑을 다짐했으나 부모의 추인에 절대성을 부여하는 것은 확실히 전근대적 사고방식의 한 전형으로 읽히는 면이 있다. 더 나아가 두 남녀가 스스로 맹세한 가약의 최종 승인 권한을 부모에게 넘기는 행태야말로 가부장제에 대한 자발적 복종을 증명하는 것이 아닌가하는 물음도 제기된다.

그러한 혐의가 확실하고 물음이 확신에 가까워진다면 이는 분명히 작품의 시대적 한계로 남는다. 그 점 자체를 나도 부정하는 입장은 아니다. 다만 그와 같은 한계를 지적하고 끝낼 수 있을 정도로 쟁점이 간단치는 않다는 것도 좀 더 조심스럽게 숙고해야 한다는 것이다. 무엇보다 하인리히와 나탈리에가 부모에게 최종 승인을 위임하는 사랑이 『늦여름』이 그리는—가정↔사회↔국가로 이어지는—동심원 속에 존재하기 때문이다. 하인리히와 나탈리에의 사랑이 가정과 사회의 맥락에 놓이는 것은 "가약" 장을 이어서 "발전"과 "신뢰" 장에 이르러서다. 욕망의 자제와 배려, 허심탄회한 교감 끝에 도달한 하인리히-나탈리에의 사랑이 자족적일 수 없음이 그러한 자리매김에서 좀 더 분명해진다. 그 결합의 참다운 의미는 이들의 사랑 자체만으로는 온전히 드러나지 않는다.

하인리히-나탈리에가 부모에게 혼인의 승낙을 의탁한 본뜻이 확연해지는 것은 "내력(Die Mitteilung)" 장을 거쳐 "회고(Der Rückblick)" 장에 가서다. 하인리히에게 들려주는 리자흐의 젊은 날의 시련을 독자가 반추할 때에야 비로소 가약의 참뜻이 드러난다. 남작의 회고가 플롯 차원에서 수행하는 기능은 분명하다. 독자로 하여금 가약의 의미를 그의 비련과 시련에 비춰 성찰하게 하는 것이다. 시들지 않게 가꿔진 장미가 배후에서 어른거리는 회고담은 리자흐-마틸데가 노년에 도달한 평화와 안식이 어떤 대가를 치르고 얻어진 것인가를 보여주면서 미래 세대인 하인리히-나탈리에에게는 선대의 과오가 되풀이되지 않을 것임을 시사한다. 바로 그 점에서 "회고 장은 하나의 부정적인 사례를 제공함으로써 『늦여름』의 세계를 옹호하는 기능을 한다"는 해석도[22] 설득력이 있다.

고학생으로 도시로 유학한 리자흐가 지인의 소개로 하인바흐라는 집의 가

---

22 Brigid Haines, *Dialogue and narrative design in the works of Adalbert Stifter*, 83면. 하지만 저자는 "회고" 장이 계고하는 예로서는 "완전히 성공적이지는 못하다"고 평가한다. 인간의 욕망의 문제를 다루면서 그것을 직시하기보다 회피했다는 취지인데, 이 글은 그런 평가와는 거리를 둔다.

정교사로 들어가게 되고 일생의 배필인 여인, 즉, 마틸데를 만나는 과정을 들려주는 내력에서 핵심은 마틸데와의 이루지 못한 사랑이다. 회상은 회한으로 가득하다. 그렇다고 감상(感傷)으로 치닫지는 않는다. 감정의 절제와 자기성찰적 자세가 역력하다. 리자흐가 자신의 학생인 마틸데와 교제하면서 불같이 일어나는 열정적 사랑은 장미정원을 배경으로 한다. 하인바흐의 만발한 장미정원은 "로젠하우스"로 연결되고 하인리히-나탈리에의 관계를 자연스럽게 떠올리게 한다. 하지만 리자흐-마틸데의 실패한 사랑은 자식들의 그것과 세대적 차이가 있다.

　이들의 패착은 서로의 마음을 확인했으되 부모의 동의를 얻지 못했다는 데 있다. 하지만 더 들여다보면 계급적 현실이 결정적으로 작용했음이 분명해진다. 마틸데의 부모가 선량하고 교양 있는 사람들이기는 해도 가난한 고학생에게 딸을 줄 수 없다는 부르주아 계급의 타산이 '교양'을 앞선다. 결과적으로 리자흐는 하인바흐를 떠나고 이후 서사는 학업에 매진하여 공직사회에 진출하여 고위 관료로 출세하는 삶으로 요약된다. 그런데 "회고" 장에서 독자의 뇌리에 남는 것은 마음에 없는 결혼을 하고 상처(喪妻)한 상황에서 은퇴하여 "로젠하우스"에서 유유자적하는 리자흐 여생의 이면이다. 그 이면에는 당시 기준으로 신세대와 구세대의 면모를 모두 갖췄달 수 있는 마틸데의 존재감이 강력하게 남아 있다.

　물론 리자흐와의 관계가 파탄 난 이후에 그녀가 선택한 삶의 궤적은 당대 양가집 규수의 그것과 크게 다르지 않다. 마틸데는 실의 속에서 부모의 권유를 뿌리치면서 처녀로 지내다가 결국 가정을 꾸린다. 그러다가 남편을 잃고 자식인 나탈리에와 구스타프만 남았다. 초로의 시기로 접어든 마틸데는 로젠하우스를 찾아가 리자흐에게 '용서'를 구하면서 아들을 그에게 맡기고 자신은 로젠하우스에 인접한 슈테르넨호프에 안착한 것이다. 리자흐와 마틸데는 지나간 사랑을 기억하는 친구로서 왕래하며 서로의 집안 대소사를 챙겨주는 관계로 발전한 셈이다.

그런데 이들의 비련이 노년의 우정과 안식으로 이어졌고 그들 나름대로 욕망의 교육을 완성했다고 평가할 수도 있지만 거기서 해석이 멈출 수 없다. 리자흐가 회상하는 젊은 날의 비련은 간단치 않은 비극적 여운을 남기기 때문이다. 그 여운은 가부장제의 역사적 명암에서 연유한다. "부모의 뜻을 따라야 하고, 우리의 가약을 파기해야 한다"는 리자흐의 충고에 마틸데는 이렇게 반응한다.

'그래요, 나는 따라야 해요. 그리고 따를 거예요. 하지만 당신은 그럴 필요가 없어요. 당신은 부모님이 안 계시잖아요. 당신은 나를 이리로 데리고 오지 말았어야 했고, 우리가 맺은 사랑의 가약을 깨뜨리라는 지시를 받지 말았어야 했어요. 대신 어머니한테 이렇게 말했어야 해요. 마틸데는 부인의 따님이니까 부인의 뜻을 따를 겁니다. 하지만 나는 부인의 지시를 따를 의무가 없습니다. 나는 부인의 따님을 사랑합니다. 내 몸속에 피가 한 방울이라도 남아 있을 때까지요. 나는 장차 그녀를 가지기 위해 전력을 다할 겁니다. 마틸데는 부인의 뜻을 따를 수밖에 없기에 더 이상 나와 말을 섞지 않을 것이고, 더 이상 나를 보지도 않을 겁니다. 나는 여기서 멀리 떠날 겁니다. 하지만 이 생 이후 다음 생에도 그녀를 사랑할 겁니다. 다른 여자에게는 손톱만큼이라도 애정을 나누어줄 생각이 없으며, 결코 그녀를 포기하지 않을 겁니다. 이렇게 말해야 했어요. 내 어머니한테요! 만일 당신이 우리 집을 떠났더라면 나는 당신이 그렇게 말하고 떠난 줄 알았을 거에요. 그랬더라면 어떤 시련과 고난이 닥치더라도 당신을 기다렸을 테고, 폭풍과도 같은 이 심장이 당신에게 바친 사랑을 반드시 완성시켰을 거예요.' (DN 666;『늦여름』 2권 336~337)

가부장제에 순응하는 리자흐의 처신을 질타하는 마틸데의 태도를 반발이나 반항의 차원에서 읽을 일은 아니다. '나는 어쩔 수 없이 순종하지만 당신은 그런 의무가 없다'는 그녀의 뜻이 여식으로서 부모의 뜻에 무조건 따르겠다는 데 있다고 보기 어렵다. '나는 일단 따를 것이고 따를 수밖에 없지만, 남자인데다가 부모가 살아 계시지 않는 당신은 내 부모의 명령에 복종할 의무와 이유가 없다는 것'이 마틸데의 항변 취지이다. 한 걸음 더 나아가 '당신이 남자답게 처신한다면 나도 내 나름대로 끝까지 버텨서 가약을 성취하겠다'는 의지가 분출되는 장면인 것이다.

이런 맥락에서 본다면 그녀가 강조하는 "신의"도 남녀의 애정에 국한되지 않는다. 그것이 인간 대 인간의 약속이자 다짐이라면 그 의미도 남녀 간 애정으로 제한될 수 없다는 말이다. 뿐만 아니라 리자흐-마틸데의 비련도 욕망의 교육이 실패한 결과로 단정하기는 어렵다. 이들이 젊은 시절에 스스로 절대적이라고 믿은 자신의 사랑이 어떤 제약하에 있는가를 자각하지 못한 것은 분명하다. 청춘의 마력이 그토록 강렬했던 것이다. 『늦여름』의 역자인 박종대는 이렇게 평가했다. "하인리히 쌍의 사랑이 가정에 뿌리를 둔 절제된 사랑이라면 리자흐 쌍의 사랑은 제어할 수 없는 폭발적 사랑이다. 두 사람은 다른 모든 것의 가치를 무력화하고, 다른 세계는 모두 잊고, 자기들만의 노도 같은 감정에 빠진다. 그들에게 중요한 것은 오로지 현재의 사랑이다."[23]

하지만 이러한 평가에 공감할 때도 더 생각해볼 점은 남는다. 특히 노년에 접어든 리자흐와 마틸데가 나름대로 우정을 키워가면서 실패한 사랑의 교훈을 자식들 세대에게 전수하는 장면의 의의가 쟁점이다. "가약" 장 이후에 더 확실히 드러나듯이 하인리히와 나탈리에의 사랑도 그와 같은 전수 속에서 이뤄진 것이다. 층지지 않는 가문 출신으로 서로에게 깊은 호감을 느낀 이들이지만 그런 호감이 사랑으로 발전한 데는 다른 요인도 작용한다는 것이다. 요컨대 장미에 대한 살뜰한 보살핌이 그러했듯이 선대의 애정 어린 관심과

---

23 박종대 해설, 「인간 존재의 버팀목인 가정, 그리고 자기목적적 성장」, 『늦여름』 2권, 429면.

세심한 돌봄이 가세하지 않았더라면 하인리히-나탈리에의 가약이 온전하게 성사될 수는 없었으리라.

"우리는 (리자흐와 마틸데를 가리킴—인용자) 자네들 사이에 애정이 싹 트는 것을 보았네. 나탈리에는 처음엔 온몸이 들떠 어쩔 줄 몰라 하는 것 같더니, 나중에는 고통스런 불안에 떨었네. 자네는 예술에 빠르게 마음의 문을 열어나갔고, 좀 더 깊은 학문의 세계로 빠져 들어갔지. 우리는 두 사람의 감정이 발전하기를 기다렸지. 그리고 감정의 지속성을 확인하려고 나탈리에를 두 번의 겨울 동안 일부러 도시로 데려가지 않았네. 그로써 나탈리에를 자네와 떨어뜨려 놓았던 게지. 게다가 마틸데가 나탈리에를 긴 여행과 더 넓은 사회로 데려가기도 했네. 그런데도 나탈리에의 감정은 여일하더군. 오히려 (사랑의—인용자) 감정이 발전했네. 우리는 기쁜 마음으로 나탈리에를 자네의 사랑과 보호 속에 맡기기로 했네. 자네라면 그 아이를 행복하게 해주고, 그 아이도 자네를 행복하게 해줄 거라 믿네. 서로의 마음이 변치 않으리라는 것을 알기 때문이지."(DN 683; 『늦여름』 2권 358~359)

하인리히의 무지에 대해서도 자심한 배려가 있었듯이 그의 사랑도 그만큼의 보살핌을 받은 셈이다. 이 배려를 욕망 또는 감정의 배후 조종이나 정략 결혼으로 오해하지만 않는다면 하인리히-나탈리에의 사랑의 성격은 좀 더 엄밀하게 해석할 수 있다. 즉, 두 청춘 남녀의 가약은 한편으로 천성의 발현이라 할 만한 자연스런 결말이지만, 다른 한편 욕망의 시련과 좌절을 겪은 리자흐 남작과 마틸데로 대표되는 부모 세대의 마음 씀이 없었다면 결실을 장담하기 어려웠을 것이다.[24]

---

[24] 『늦여름』에서 그려지는 욕망의 교육도 물론 고전적 선례가 있다. 셰익스피어의 후기극 『태풍(The Tempest)』(1610~1611)의 주인공 프로스페로가 "사랑에 빠진 퍼디난드와 미랜더에게 욕망의 교육이랄 만한 처방을 내리"고 특히 퍼디난드에게는 욕정에 대한 절제와 자제의 미덕을 주문하고 신분에 맞지 않는 허드렛일로써 그를 시험에 들게 하는 장면이 특히 그렇다. 이에 관한 논의는 이 책 1부에 실린 「식민

그 같은 보살핌 속에서 무르익은 하인리히의 성장은 기본적으로 '자기 발견적 교육'이고 이는 문자 그대로 전인(全人)의 차원을 지향한다. 그러한 교육은 부모와 자식, 개인과 사회, 사회와 국가를 상생이 아닌 모순 관계로 닦아세우는 근대주의의 원심력에 대한 발본적인 문제 제기이다. 근대의 주도 이념으로서의 근대주의는 자연과학에 근거하여 엄청난 경제발전을 가져왔지만 다른 한편 일체의 구심(求心)을 해체하고 인간과 인간, 인간과 자연의 공속성(共屬性)을 파편화했다. 『늦여름』이 보여주는 욕망의 교육은 바로 그런 실재의 힘에 대한 심오하고도 실제적인 대응이다. 하인리히에게 리자흐 남작이 들려주는 인생 역정에 관한 이야기도 그런 대응의 일부인 것이다.

쓰라린 욕망의 교육을 '이수'하여 그 참뜻을 간직한 리자흐는 과연 스승에 값하는 인물이다. 그의 식견과 경륜은 앞서 소개한 날씨 예측과 장미 가꾸기 에피소드에서 탁월하게 드러난 바 있지만, 예술작품의 심미적 체험이 따르지 않았다면 욕망의 교육도 미수에 그쳤으리라 본다. 리자흐는 말할 것도 없이 하인리히의 심미적 체험도 좁은 의미의 예술주의나 심미주의와는 무관하다. 건축과 회화, 조각 분야에 관한 연구를 망라하여 고가구나 그림 같은 고대 예술작품의 '새로운 복원'에 심혈을 기울이는 리자흐의 예술가적 면모는 자연과학적 인식을 이미 수용한 것이다. 반면에 하인리히가 스승의 무지의 배려를 받으면서 그 나름으로 예술작품을 심미적으로 체험하는 결정적 장면은 "접근" 장에서 펼쳐진다.

---

지근대와 '되받아쓰기」, 137면 참조.

## 4. 예술작품의 근원적 체험과 서양문명

하인리히가 반추를 거듭한 심미적 체험의 진면모가 드러나는 것은 로젠하우스의 모처에 배치된—이전까지는 무심코 지나친—고대 그리스의 처녀 조각상을 전혀 새롭게 알아보고 감상하는 장면에서다. 그는 자연의 관찰 및 측량 작업과 더불어 인물화 연습을 꾸준히 해나가는 와중이다. 사방으로 번개가 내려치던 어느 날 저녁, 그는 번개 빛의 자연조명 속에 서 있는 대리석상의 범상치 않은 자태에 정신을 빼앗긴다. 한참을 주시하던 그는 리자흐의 방을 찾아가 처녀상이 그토록 아름다운 것을 왜 진작 말해주지 않았느냐고 묻는다. 이렇게 대화가 시작되고 리자흐는 처녀상이 자기 수중에 들기까지의 사연과 복원 과정을 상세히 들려주면서 예의 고대 예술품이 정중동(靜中動) 속에서 어떻게 '현재'에 영원히 살아 있는가를 설명한다.

여기서 그의 설명을 세세하게 소개할 계제는 아니다. 위대한 예술 작품의 생명력과 그 비밀을 그토록 조심스럽고 사려 깊게 해명하는 그의 언설을 산문적으로 풀어버릴 위험이 다분하기 때문이다. 다만, 조각상과의 새로운 대면과 이어지는 리자흐와의 대담이 하인리히에게 영속하는 예술작품의 전체적 조화의 의미와 현대예술의 편벽(偏僻)을 새롭게 깨닫게 되는 계기로 작용한다는 사실만 짚어둔다. 동시에 자본주의근대 하에서 심화된 인간의 파편화·도구화 및 온갖 이분법적 대립과 관념이 왜 문제인가가 하인리히의 고대 그리스 예술 체험을 통해 자연스럽게 드러난다는 점도 강조해야 하겠다. 요컨대 "접근" 장은 대리석상을 아름답게 하는 특징이나 요인 같은 것은 존재하지 않는 것이야말로 고대 걸작들의 본질이라는 리자흐의 말이 감춘 속뜻을 하인리히가 깨달아가는 과정을 점진적으로 보여준다. 유리 천장을 통해 쏟아지는 환한 햇빛을 받으며 소박하게 서 있는 처녀 조각상을 보는 그의 마음은 이렇게 기술된다.

주인어른의 말이 맞았다. 현대적인 의미에서의 아름다움이라고 부를 만한 본질적인 개별의 아름다움은 어디서도 발견할 수 없었다. 예전에 나는 책이나 연극, 혹은 그림을 보면서 아름다움들로 가득 찬 작품이라고 찬탄했던 것이 생각났다. 그러나 이 조각상 앞에 서 있으니 그 말이 얼마나 부당한지 혹은 그게 정당하더라도 (파편적인―역자) 아름다움들로 가득 차 있을 뿐 전체적으로 아름답다고 할 수 없는 작품이 얼마나 빈곤할 수 있는지 깨달았다. 이제야 분명히 알게 되었지만, 하나의 위대한 작품은 부분적인 아름다움들이 없다. 그런 아름다움이 없을수록 위대한 작품은 더 한결같고 고유한 것이 되기 때문이다.(DN 344;『늦여름』1권 404~405)

이러한 예술작품이 뿜어내는 고유한 자태는 "더 보편적이고, 더 비밀스러우며, 더 불가사의한(allgemeiner, geheimer, unenträtselbarer)"것으로 제시된다. 탁월한 예술작품의 신비는 위대한 정신과 상응하는 차원에서 받아들여진다. 그것은 기본적으로 쪼개서 합치고, 합치고 쪼개어 어떤 합법칙적 질서를 수립하는 자연과학의 분석 방식으로는 결코 포착될 수 없는 것이다.

그런데 이 대목에서는 처녀상의 진가를 발견하고 성찰하는 하인리히에 못지않게 그가 그러한 발견과 숙고의 도정에 들어설 때까지 참을성 있게 기다려준 리자흐 남작에게도 지면을 내줄 필요가 있다. 앞서 소개했다시피 그는 문명과 정치, 예술작품의 관계를 초심자로서 공부하는 하인리히에게 기다림으로서의 가르침을 실천한 스승인바, 하인리히가 고대 그리스 예술의 참뜻을 되새겨보게 되는 것도 그의 기다림의 배려 속에서다. 국가에 봉직한 고위 관료로서 현실정치에서 관록을 쌓은 리자흐와 전인적 배움의 이상을 추구하는 하인리히가 주고받는 말은 플라톤의 '대화'를 완전히 현대적인 방식으로 변용한 듯하다. 단적으로 "회고" 장으로 들어가기 직전에 하인리히가 묻고

리자흐가 답하는 장면이 그러하다. 가령 그가 국가와 정치에 대해 소신을 밝히다가 예술로 방향을 트는 대목은 예술의 심미적 체험과 근대문명의 관계에 대한 그의 관심이 어떻게 싹텄는가를 예시한다.

"나는 이것들을(바위와 산, 구름, 나무 등—인용자) 사랑했고, 반대편의 것들은 경멸했네. 인간과 인간 행위, 인간관계에는 마음이 끌렸지만 다른 것들에는 마음이 움직이지 않았지. 나중에야 깨달았지만, 그건 근본적으로 예술가의 심성이었네. (……) 물론 이것도 어쩌면 착각일지도 모르지. 내게 드러났던 것은 직접적인 창작의 재능이라기보다는 예술을 이해하고 알아보는 재능에 가까웠으니까. 하지만 그야 어떻든 내 속에서 꿈틀대는 힘이 국가의 공직에는 별 도움이 되지 않는 장애라는 것은 분명했네. 이 힘들은 구체적인 형체를 요구했고, 그 형체를 중심으로 움직였기 때문이지. 그러나 국가는 완성된 구체적 형태가 아니라 인간들의 사회적 관계를 체계화한 하나의 틀이네. 정치 지도자의 활동도 대개 국가 구성원이나 국가 간의 관계, 상황과 관련이 있거든. 따라서 정치 활동은 구체적인 형체를 제공하는 것이 아니라 틀을 제공할 뿐이네."(DN 613~614;『늦여름』2권 269~270)

국가를 "인간들의 사회적 관계를 체계화한 하나의 틀"로 정의한 리자흐의 발언도 더 깊이 다양한 맥락에서 숙고해야 하는 화두로 삼을 만한 것인데, 그럴수록 그의 논지를 '국가와 정치보다 예술이 중요하다'는 뜻으로 새겨서도 곤란하다. 그는 자신의 심성과 기질이 공직보다 예술에 더 가깝다고 하면서 정치와 예술의 차이를 논하고 있을 뿐이다. 하지만 그 차이에 함축된 바는 중요하다. 리자흐가 말하듯이 "구체적 형체"를 지향하는 예술 활동이 몸과 마음의 합일에 근거한 삶의 차원 높은 북돋움을 지향한다면 그것은 "우리가 물질적 욕구 충족을 위해 많은 힘을 쏟도록 몰아가고 있"(DN 616;『늦여름』2권 274)는 시대적 대세와 맞서는 길일 수밖에 없기 때문이다.

예술작품을 사유하는 리자흐의 자세는 고대 그리스의 예술로 정향(定向)되어 있다. 그런 자세가 고답적인 복고주의에 불과하다면 대수로울 것이 없다. 하지만 그리스의 예술을 하나의 모범으로 간주하면서도 자기 당대의 현실에 창조적으로 부응하는 개혁과 혁신을 견지한다면 이야기는 달라진다. 여기서 얼핏 온고지신을 떠올릴 수도 있지만 그의 언설은 격언의 일반론으로 눙칠 수 있는 성격이 아니다. 물론 그는 자신의 동시대 예술이 타락의 길을 걷고 있다는 강렬한 비판의식을 거듭 내비친다. 그렇다고 과거 예술의 영광에 안주하지도 않는다. 가령 건축물의 그림을 보니 "그림 속 물건들에서 어떤 오묘한 것이 뿜어져 나오는 것 같"다고 말하는 하인리히에게 리자흐는 이렇게 대꾸한다.

"우리 이전에 살았던 사람들은 생각이 아주 깊은 분들이었네. 그걸 잘 모르고 있던 후손들이 이제야 조금씩 알아보기 시작했지. 나는 우리 선조들이 완성하지 못한 광대하고 위대한 작품들을 볼 때마다 감동이랄지 우울이랄지 모를 감정을 느끼네. 선조들은 미적 감각의 영원성을 믿어 자신들이 짓기 시작한 것을 후손들이 완성해주리라 확신한 게 분명하네. 그런데 현실은 어떤가? 선조들이 미완성으로 남겨놓은 대성당들은 이 시대의 이방인처럼 우리 곁에 서 있네. 우리는 그것들의 아름다움을 더 이상 느끼지 못하거나, 추악한 엉터리 증축으로 그것들을 기형으로 만들어버리지 않았나? 나는 조국에서 선조들의 유지를 받들겠다는 마음이 점점 커져서 증축의 작업을 계속 이어갈 수단을 사방팔방으로 구하는 시대가 오면, 다시 젊어지고 싶네. 수단들은 상존하네. 다만 다른 데 쓰이고 있을 뿐이네. 조상의 건축물들은 수단이 부족해서가 아니라 다른 이유로 완성되지 못한 것이지."(DN 94;『늦여름』1권 111)

고대 예술품을 수집하고 '새로운 복원'에 힘쓰는 리자흐를 예술애호가(딜레탕트)와 구분하는 결정적 요인은 예술작품의 본질도 과거와 현재, 미래가 만들어내는 '사건적 시간'의 흐름 속에서 파악된다는 데 있다. 예술에 대한 그의 인식은 니체가 자신의 역사관을 피력할 때의 사유 방식과 놀랍도록 유사하다. 아니, 니체가 슈티프터의 작품에 영향을 받았다면 거꾸로 말해야 한다. '기념비적 역사'와 '골동품적 역사', 그리고 '비판적 역사'로 집약되는 니체 역사관의 주요 골자가[25] 예술작품에 관한 리자흐의 숙고에 고스란히 녹아 있다. 그의 예술관이 '속물교양'에 대한 니체의 통렬한 비판과 통한다는 것도 그 점에서 흥미롭다. 고대 그리스로 소급해가면서 인간의 '온전성'을 사유한 니체의 통찰을 리자흐 남작이 고대 그리스와 중세 유럽, 그리고 자신의 당대 예술을 넘나들면서 선취했다는 평가도 가능할 법하다.

선취에서 핵심은—리자흐와 하인리히가 제각각 지향하듯이—부분의 세목이 아니라 전체에 대한 사유다. 전체는 부분들의 유기적 관계 속에만 존재하고 그런 의미에서 애초에 부분과 전체는 분리해서 생각할 수 있는 것이 아니다. 부분은 전체의 단순한 일부가 아니고 전체는 부분의 총합이 아니다. 잘게 쪼개서 분석하거나 쪼갠 것을 다시 총합하여 따지는 것과는 차원이 다른 사유의 지평을 지향하는 리자흐의 예술관은 좁은 의미에서의 예술주의나 미학주의를 초월한다. 그와 같은 초월이 근대문명 자체에 대한 성찰로 이어지는 것은 자연스런 귀결이다.

문화와 예술과 정치의 경계를 가로지르면서 펼쳐지는 남작의 성찰은 서양의 근대문명에 대한 어떤 본질적 주견(主見)에 도달한다. 『늦여름』의 문명 성찰적 지평을 하나의 초점으로 모아들이는 리자흐의 다음과 같은 발언은 차라리 21세기 우리 당대의 맥락에서 읽을 때 빛을 더 발하는 것 같다. 그는

---

[25] 물론 이는 니체의 "Vom Nutzen und Nachteil der Historie für das Leben"(1874)를 가리킨다. 니체의 초기 저작 *Unzeitgemässe Betrachtungen*(1873~1876)에서 두번째 고찰에 속한다. Friedrich Nietzsche, *Untimely Meditations*, ed. Daniel Breazeale(Cambridge: Cambridge University Press, 1997) 참조.

"고대 그리스 로마 사람들의 무대"가 자신의 시대보다 넓지 않았고 외부 세계와의 관계도 단순했다고 하면서 이렇게 말을 이어간다.

"그러나 내부로 눈을 돌리면 상황이 달라지네. 국정에서 목소리를 내는 힘 있는 사람들의 막대한 수를 감안하면 사정이 그리 간단하지 않았던 게지. 그런 사람들을 말과 행동으로 휘어잡고 이끌 수 있는 힘을 얻기란 무척 힘들었을 테고, 그래서 우리가 그토록 추앙하는 강인한 인물의 초상을 주화 같은 것에 넣었을지도 모르네. 하지만 우리 시대는 사뭇 다르네. 이 시대는 고대의 붕괴에 이어 찾아왔는데, 내가 보기에 다음 시대로 넘어가는 과도기로 보이네. 미래에는 아마 그리스 · 로마를 훨씬 뛰어넘는 시대가 올 걸세. 우리는 세계사의 매우 특별한 영역을 궁리하고 있네. 그건 고대인들은 국가 제도와 법, 예술에 관심을 쏟아 붓느라고 잘 몰랐던 분야네. 자연과학 말일세. 물론 우리도 아직 이 특별한 영역이 세계의 건설과 인간 삶의 방식에 어떤 영향을 끼칠지 알지 못하네. 이 과학의 원리들은 일부는 책이나 강의실 속의 죽은 지식으로 머물러 있고, 또 일부는 상업과 교역, 도로 건설 같은 일들에만 응용되고 있네. 우리는 초창기의 요란한 출발 소리에 취해 그 결과를 예단할 수 없는 상황이지. 그렇네, 우리는 이제 겨우 시작의 시작 단계에 와 있다는 말이지."(DN 458 ;『늦여름』 2권 87)

리자흐가 그리스 · 로마 시대와 견주어 자신이 사는 시대를 과도기로 규정한 것이 특출난 식견은 아니다. 다만, 그리스 · 로마를 뛰어넘는 시대의 도래를 예감하면서 그 동력을 자연과학에서 찾는 발상은 더 생각해볼 구석이 있다. 특히 진화론의 등장으로 종교의 토대 자체가 무너져 내린 당대의 시대 상황을 감안하면서 말이다. 이 경우 "지금 세계사의 굉장히 특별한 영역을 궁리하고 있"다는 문장에서 우리는 슈티프터가 근대 서양의 식민주의적 팽창을 어떻게 생각했을까 되물을 수도 있다.

하지만 리자흐 남작의 발언에 문제를 제기하는 이런 식의 반문이 서양의 제국주의를 충분히 의식하지 못한 슈티프터의 역사적 한계를 지적하는 데서 그칠 수는 없다. 사실 그런 지적은 뻔한 것이다. 그 자신의 시대가 이전과는 차원이 다른 과도기였고, 동아시아도 서양이 앞세운 과학기술의 힘에 굴복하는 사태가 벌어졌다면—그리고 지금 우리가 21세기의 동서양 공히 19세기는 물론 20세기와도 사뭇 다른 세계사적 전환기를 통과하고 있다면—리자흐가 역설하는 자연과학의 의의도 다시 생각해볼 필요가 절실하다. 그의 말처럼 과학이 과연 과거의 위대한 시대를 초월할 정도로 인류 문명의 새로운 지평을 약속하고 있는가? 슈티프터 당대에 과학기술이 주도하는 문명이 "시작의 시작" 단계였다면 21세기는 어느 정도나 나아갔으며 그 방향은 맞는 것인가? 리자흐의 발언은 이렇게 길게 이어진다.

"장차 빛의 속도로 지구상의 모든 소식을 전파할 수 있게 되면, 우리가 직접 그 정도 속도는 아니더라도 단시간에 지구의 반대편에 이를 수 있게 되면, 그 같은 속도로 큰 짐들을 수송할 수 있게 되면 어떤 일이 벌어지겠나? 교환과 교역이 쉬워지면서 전 지구의 재화를 모든 사람이 공유하게 되지 않겠나? 지금은 작은 시골 마을과 주변 지역이 자기 안에 갇혀 그 밖의 나머지 지역과 차단막을 치고 살 수 있네. 그러나 얼마 안 있으면 그런 일은 불가능해질 테고, 일반적인 교통망의 발전으로 고립은 허물어질 걸세. 그리되면 아무리 하찮은 인간이라도 그런 세상에 맞추어 살기 위해 지금보다 몇 배는 더 아는 것이 많아야 할 것이네. 이성의 발전과 교육으로 이런 지식을(자연과학적 지식—인용자) 맨 먼저 획득한 국가는 부와 권력을 얻어 번영의 길로 나아가겠지만, 그러지 못하는 다른 국가는 도전에 직면하게 될 것이네. **그런데 이런 상황에서 정신의 모든 본질은 어떤 식으로 변모할 거라고 생각하나?** 그러한 변모의 영향은 참으로 중요한 문제가 아닐 수 없네. 이런 방향으로의 투쟁은 계속 이어질 걸세. 아니. 벌써 시작되었네. 새로운 인간 관계들이 대두했기 때문이네. 내가 앞서 말한 우레와 같은 진군 소리는 더욱 강해질 것이네. 그것이 얼마나 지속될지, 어떤 해악이 나타날지는 나로서도 말할 수 없네. **하지만 언젠가는 어떤 각성이 뒤따를 테고, 물질의 우세는 정신 앞에서 단순한 힘으로 전락하고 말 걸세. 결국 승리하는 것은 정신이고, 정신이 물질을 부리게 될 거라는 뜻이네.** 그리고 정신이 인간에게 새로운 이득을 안겨줌으로써 일찍이 역사에 존재하지 않았던 위대한 시대가 도래할 걸세. 나는 수천 년 동안 그렇게 단계별로 발전해왔다고 믿네. 그것이 어디까지 전개될지, 어떤 모습을 띨지, 어떻게 끝날지는 인간의 머리로는 밝혀낼 수 없네. 다만 내게 **다른 시대와 다른 삶의 양식이** 찾아올 거라는 점은 확실해 보이네. 인간의 정신과 육체에 내재하는 최후의 토대가 아무리 완강하게 버티더라도 말이네."(DN 459~460; 『늦여름』 2권 87~88, 강조는 인용자)

리자흐의 발언은 괴테와 맑스를 떠올리게 한다. 그러면서 세계사적 전환에 대한 두 거장의 생각과도 사뭇 다른 상념도 동시에 불러일으킨다. 잘 알려져 있듯이 괴테는 민족과 국가의 경계를 무너뜨리는 세계 교역의 전 지구적 확장 속에서 '세계문학'의 도래를 내다보고 그런 문학을 앞당길 것을 주창했다.[26] 세계문학의 전제 조건으로서 세계경제를 의식했던 것이다. 괴테 자신의 작품이 그가 내다본 세계문학의 본격적 출현을 가리키는 징표였음은 두 말할 나위 없다. 반면에 맑스는 계급투쟁의 최근 단계에서 전 세계를 누비면서 혁신적이고 창조적인 역할을 담당한 부르주아지의 역설적 운명을 예견했다. 자신들이 건설한 자본주의의 무덤을 스스로 만들어냄으로써 프롤레타리아트에게 미래를 내줄 지배계급의 몰락을 예언한 것이다.[27] "다른 시대와 다른 삶의 양식"을 예감하는 리자흐 남작의 발언은 이러한 두 거장의 통

---

[26] 그런 주장은 1827년 1월 31일에 있었던 에커만과의 대화에서 나온 것이다. 이에 관한 좀 더 자세한 논의는 졸저, 『한국문학의 최전선과 세계문학』(창비, 2013) 실린 「'세계문학'의 개념들」 참조. 특히 379~382, 386~388면 참조.

[27] Karl Marx and Frederick Engels, *The Communist Manifesto* (London: Verso, 1998).

찰과 유사하지만 결이 다르게 읽힌다.

일단 그는 자연과학의 비약적 발전이 열어놓을 미래 세계의 번영과 그에 따른 정신의 변모를 예상하고 있다. 남작이 염두에 두는 자연과학은 코페르니쿠스, 갈릴레이 갈릴레오, 뉴턴 등이 개척한 과학과 동일하다. "빛의 속도로 지구상의 모든 소식을 전파"한다는 발상은 수학적 자연과학과 기술의 진보를 전제하지 않고서는 가능하지 않은 가정이다. 격물치지(格物致知)로서의 자연과학이 근대세계를 지금의 모습대로 만든 결정적인 동력임은 주지의 사실이다. 그러나 한 연구자가 탄식을 섞어서 썼듯이 빛의 속도로 정보를 전달하는 기술의 발달은 인류의 기근과 결핍을 막지 못했다.[28] 막기는커녕 기술이 발달할수록 정신은 더 피폐해지고 인간 사이의 단절과 소외도 더 깊어지는 역설이 도처에서 목격된다. 그렇다면 우리가 진정으로 품어야 할 화두는 이런 것이 아닐까. 하인리히와 남작 자신이 제각각 몸소 구현한 '보편 학문'과 자연과학의 관계는 어떻게 되는가? 예술작품에 조예가 도저할뿐더러 고대 그리스의 예술품의 창조적 복원 작업에 심혈을 기울이는 리자흐가 이처럼 과학의 발전을 거의 전적으로 긍정하고 정신과 정신의 변모를 논하는 대목은 어떻게 읽어야 하는가? 모순처럼 보이는 그의 태도에도 근대 예술과 과학의 모종의—궁극적으로 이 분열도 작가인 슈티프터의 문제이자 한계로 작용했을지 모르는—분열이 은폐되어 있는 것은 아닌가? 새로운 시대에도 "인간의 정신과 육체에 내재"하면서 완강하게 버틸 거라고 하는 "최후의 토대(letzter Grund)"는 또 뭘 말하는가? 이런 물음들에 관한 한 역사적 유물론도 만족스러운 답을 주는 것 같지 않다.

『공산당 선언』에서 부르주아지의 진취적 모험 정신 및 가공할 추진력과 그로 인한 필연적 몰락, 그런 몰락의 자리에 도래할 프롤레타리아트의 미래 등

---

28 Eric A. Blackall, *Adalbert Stifter: A Critical Study*, 321~322면.

을 역설할 때 정신의 문제는 사실상 논외였다. 물질의 우위가 정신 앞에서 단순한 힘으로 전락할 거라든가 정신이 물질을 부리게 될 거라는 남작의 조심스런 예언은 "모든 단단한 것이 대기 속으로 녹아 사라"지는 와중에 프롤레타리아트가 역사의 주역으로 나서리라고 예언한 맑스와 상당한 거리가 있다는 것이다. 과학의 발전과 실증 지식의 무궁한 확장 속에서 정신의 문제를 거론한 리자흐의 논지는 국가 간 경계를 넘는 세계무역의 확대 속에서 세계문학의 출현을 진단한 괴테의 발상과도 다른 맥락에 있다. 물론 『빌헬름 마이스터의 수업』이야말로 리자흐가 역설한 취지와 통할뿐더러 바로 그 정신의 변모 내지는 성장을 그려낸 작품이라고 할 수 있다.

그런 맥락에서 『늦여름』은 괴테의 빌둥스로만을 창조적으로 계승했다고 볼 여지도 충분하다. 하지만 그 점을 감안하고 읽어도 위의 인용 대목에서 슈티프터 고유의 시대적 감각이 두드러지는 것 역시 사실이다. 그렇다면 정신의 승리 운운한 대목을 서양 특유의 유심론(唯心論)으로 받아들여도 좋을까? 유심론 대 유물론의 대립으로 빠지면 이 물음은 의미가 없다. 로젠하우스와 주변 자연 환경을 리자흐 남작이 존중하고 보살피는 마음으로 어떻게 계발하고 '지속 가능한 생태적 세계'로 만들었는가를 상기한다면 정신 대 물질이라는 구도 자체가 애초에 성립할 수 없다. 앞뒤 맥락을 짚어보면 남작이 역설하는 정신은 물질의 대립항이라기보다는 격변하는 외부 세계에 창조적으로 대응하는 인간의 마음 자세에 가깝다. 그는 변화의 과정에서 내면의 정신이 어찌 될지 예단하는 대신에 "어떤 각성이 뒤따를(eine Abklärung folgen)"것임을 기대한다.[29] 무엇을 각성해야 한다는 것인지는 작품에서 어느 정도 확인되지만 각성이 언제 오고 그 실체가 정확히 뭔지는 알 길이 없다.

---

29 여기서 각성이라고 번역한 것을 역자인 박종대는 정화로 표현했다. 영역본에서는 정화에 상대적으로 가까운 "a clarification"으로 옮겼다. *Indian Summer*, 300면. 각성과 정화 모두 가능하다고 본다. 다만, 물질의 비약적 발전에 대한 인간의 능동적 대응을 강조하는 맥락에서라면 각성이 상대적으로 더 온당한 번역이지 않을까 싶고 필자는 그 점을 의식하면서 각성으로 새겼다.

다만 단언할 수 있는 것은, 각성의 구체적인 내용이 뭐든 그 같은 순간이 자연과학적 지식의 축적만으로는 결코 가능하지 않으리라는 것이다. 그렇다면 적어도 위의 인용 대목에 관한 한 리자흐는 자연과학의 발전과 인간의 정신의 관계에 대해 초점을 흐린 꼴이다. 하지만 자연과학적 지식만으로 '각성'이 가능하지 않으리라는 점을 과학자들이 몰랐다거나 모른다고 단정하는 것도 성급한 일이다. 과학과 물질문명의 발전이 어떤 위기를 가져오고 있는가를 진지하고도 사려 깊게 성찰한 하이젠베르크만 해도 과학의 한계가 어찌하여 과학만으로 극복할 수 없는 문제인가를 예증하는 중요한 선례로 남아 있다.[30]

하지만 예술작품에 관한 사유와 자기 발견적 배움으로써 자연과학의 성취를 더 높은 차원으로 수렴한 리자흐와 하인리히는 우리에게 또 다른 길을 열어주고 있다. 예술작품이 열어주는 해방적 삶은 자연과학의 성취를 포괄하는 것이지 반대가 될 수는 없다. 우리가 "과학은 사유하지 않는다"는 하이데거의 명제를 진정으로 사유의 주제로서 천착한다면 더더욱 그렇다. 리자흐 남작의 저택에 전시된 고대 그리스 조각상을 보면서 점진적으로 고양되는 하인리히의 전인적 개안(開眼)은 사조로서의 심미주의나 미학주의와는 전혀 다른 삶의 총체적 사유를 추동한다. 그것은 근대주의와 노동 분업이 초래한 인간의 파편화·도구화 및 자기소외와 허무주의라는 유령을 끊임없이 불러들이는 근대세계를 근원적으로 심문하는 사유다. 그렇다면 『늦여름』을 독일문학에서 발전한 빌둥스로만의 정점에 도달한 작품으로 평가할 수 있는 근거도 예술작품에 대한 총체적 사유를 탁월하게 서사화한 데 있다고 말할 수 있다.

리자흐 남작이 조심스럽게 실행하는 무지의 배려와 그런 배려에 감응하면서 자연과학 공부를 거쳐 예술작품에 눈을 떠가는 하인리히의 마음에는 확

---

30 가령 베르너 하이젠베르크, 『부분과 전체: 원자물리학을 둘러싼 대화들』, 유영미 옮김(서커스출판상회, 2016); Werner Heisenberg, *Der Teil und Das Ganze: Gespräch im Umkreis der Atomphysik*(München: Piper Verlag Gmbh, 1969).

실히 물질을 자유자재로 부릴 수 있는 정신의 잠재성이 내재해 있다. 그 정신은 전근대, 고대 그리스로의 회귀 충동과는 전혀 다르며 자연에 대한 특정한 상(像)을 전제하기 일쑤인 이념으로서의 생태주의와도 구분된다. 그런데 이 모든 것을 수긍한다고 해도 "결국 승리하는 것은 정신"이라는 문장은 어떻게 받아들여야 하는가? 니체를 따라 이 장편의 위대성을 선선히 인정할수록[31] 물음의 열도도 더해진다. 각성과 승리하는 정신을 역설하고, 그 정신이 물질을 부리게 될 것이라는 리자흐 남작의 발언이 작품 차원에서 설득력 있게 관철되고 있음을 실감하는 순간에조차 물음은 절망적인 회의나 의심으로 바뀔 지경이니 말이다.

물론 비극적인 실연(失戀)을 견디고 공적 삶과 사적 삶의 조화로운 균형을 이룬 리자흐 남작의 정신적·물질적 유산을 새로운 세대로서 계승하면서 사랑과 배움의 이상을 참답게 추구하는 하인리히의 자기 발견적 여정을 떠올리면 승리하는 것은 물질이 아니라 정신이다. 더욱이 그런 여정이 하인리히의 무지에 대한 리자흐의 세심한 배려로 가능해졌음을 생각해보면 "승리하는 것은 정신"이라는 대목에 토를 달 수 없다. 리자흐 남작이 역설한 정신의 승리는 작품 안에서는 내적 정합성을 갖추고 거의 완벽하게 구현되었다고 해도 과언이 아니다. 그러나 이 모든 것을 수긍한다 해도 작품이 가리키는 '승리하는 정신'이 현대 독자에게 안겨주는 상념은 너무도 착잡한 것이다. 우리가 책을 덮고 바깥으로 시선을 돌리는 순간 불편한 진실들이 엄습하기 때문이다.

지금 현대 인류 문명에서 승리하고 있는 것이 진정 그러한 정신이라고 확신할 수 있을까. 리자흐 남작의 예언처럼 2025년 현재 "일찍이 역사에 없었던 위대함의 시대가 도래"하고 있는가? "물질의 우위가 정신 앞에서 단순

---

31 Friedrich Nietzsche, *Menschliches, Allzumenschliches*(Berlin: Walter de Gruyter & Co., 1967), 237면.

한 힘으로 전락"하고 각성의 순간이 과연 뒤따라올 것인가? 이 물음을 어떻게 받아야 긍정과 부정으로 얽힌 인과론을 넘어서서 어떤 새로운 대안적 문명의 지평으로 나아갈 수 있는가? 이런 물음들 앞에서 숙연해질 수밖에 없는 것은 과학기술의 눈부신 발전 속에서 인류가 정신이 물질을 부리는 시대를 살고 있지 않기 때문만이 아니다. 지금은 '과학'을 흡수해버린 기술의 압도적 대세를 '생각 없이' 추종하기에 바쁜 시대다. 물질이 사실상 정신을 부리는 현실과 마주하면서 매일같이 벌어지는 세계의 비참과 참담을 목도하고 있지만 우리는 무엇을 참답게 사유해야 하는지에 대해서도 실마리조차 찾지 못하고 있다.

AI(인공지능) 앞에서 과학기술에 대한 물음을 망각하고 인간의 위대성이 왜소함으로 전락하는 생각 없는 시대에서 리자흐가 기대하고 예언한 정신의 승리는 기껏해야 불확실하다. 어떤 면에서는 그런 승리를 믿는다는 것 자체가 또 하나의 '정신승리'가 아닐까 하는 의심마저 든다. 그렇게 불투명하고 의심스런 상황에서 분명한 것은 슈티프터가 내놓은 소박하고 담백한 결말에서 삶의 '시작' 자체를 다시 시작해야 한다는 사실이다. 종결 장에 이르러 근대문명의 미래를 조심스레 낙관하는 리자흐가 서사의 무대에서 물러나고 후속 세대로서 "티 없이 맑은 가정"을 꾸린 하인리히의 작은 바람이 피력된다. 그것은 바로 그런 가정에 뿌리박고 전인적 배움의 길을 향해 본격적으로 나아가겠다는 다짐이다.

## 5. 결어

『늦여름』의 종결 장에 뿌려진 새로운 시작의 씨앗들을 어떻게 가꾸고 키울 수 있을까? 이 물음은 우리 시대의 화두가 아닐 수 없다. 그렇다면 그와 같은 씨앗을 돌보고 키우는 자연의 만물을 향한 외경과 감사, 무지에 대한 세심한 배려와 자기발견적 배움이 삶의 원리로 작용하는 사회를 구상해볼 필요가 더 커진다. 이 구상을 다시 풀어본다면 개인이 자기 자신에게 최고의 존재로 살아 있을 때에야 비로소 공동체에도 뜻있는 기여를 할 수 있다는 말이 된다. 고대 그리스에서 자신의 당대에 이르는 예술의 본질을 통찰하는 리자흐와 그가 세심하게 실행하는 무지에 대한 배려 속에서 전인적 배움의 지평을 서서히 열어가는 하인리히의 도정은 그와 같은 기여가 구체적으로 어떻게 가능할 수 있는가를 상상하게 한다.

그런 여정에 동참하는 우리가 만물의 상품화와 물질에 대한 숭배가 지배하는 자본주의근대의 극복을 꿈꾸는 것은 너무도 당연하다. '인류세'라는 개념의 등장이 말해주듯이 인간은 더 이상 지속 가능하지 않을 정도로 지구의 생태계를 파괴하는 중이다. 로젠하우스가 우리에게 절실한 공동체 모델 가운데 하나가 될 수 있는 것은 두 말할 나위 없이 지금 인류가 직면한 기후위기 속에서다. 어떤 획기적인 전환의 상상력이 사람들의 삶 속에서 구현되지 않는 한 '로젠하우스 기획'이라 할 만한 생태적 유토피아를 떠받친 예술과 기술 및 교육의 시원적(始原的) 사상조차 속수무책으로 휩쓸려 사라질 것이다. 그 점에서 『늦여름』으로 표상되는 19세기적 '빌둥의 이념'도 창의적인 쇄신이 가세할 때 그 위력을 제대로 발휘하리라 본다. 앞으로도 '인간다움'을 향한 새롭고도 창의적인 모색으로서의 서사예술은 나올 테고 또 나와야만 하겠지만 그것도—'24/7 consumerism'으로 명명된—전시간적(全時間的) 자본주의에 관한 비판적 사유와 대안의 창안이 따르지 않고서는 허사로 돌아갈 것이다.[32]

---

[32] 암스트롱 교수가 맥카시(Tom McCarthy)의 장편소설 『찌꺼기(Remainder)』(2005)를 중심에 놓고 펼친 19세기 빌둥스로만 종언론이 인간 내면에 속속들이 침투한 후기자본주의 사회의 '일차원적 세계관'을 훌륭하게 분석한 것은 사실이라고 본다. 그러나 그러한 분석이 탁월할수록 자본주의근대를 넘어서는 새로운 세계의 역사적 가능성도 닫히고 있다면 오늘날 대학에서 생산되는 학술적 비평의 한계가 어떤

그런 맥락에서도 심미적 체험이 철학이나 미학 같은 분과학문의 영역으로 흡수되어 정보화된다면 진리를 향한 사유의 잠재성도 소진될 위기에 처한다는 사실을 직시해야 한다. 그럴 경우 리자흐 남작과 하인리히가 삶의 근거로 삼는 심미적 체험조차 파편화되고 전문화된 학문과 양립할 수 없을 것이다. 요컨대 자본주의근대의 극복은 근대적 지식을 떠받치는 핵심 개념들, 즉, 주체 대 객체, 자유 대 평등, 개인 대 사회 같은 통념 자체를 해체하고 본질주의 대 구성주의 같은 이분법 너머로 나아가는 데서 시작한다. 우리의 삶을 옥죄는 관념의 틀을 부수고 새로운 삶의 원리를 창안하는 일은 지난할 수밖에 없다. 이에 관한 한 『늦여름』에서 답을 구할 것도 아니고, 구할 수도 없다.

다만, 『늦여름』을 숙독함으로써 우리가 직면한 문명의 위기가 왜 손쉬운 해답이 있을 수 없는 문제인지 좀 더 선명하게 깨닫고 참다운 길을 모색할 수는 있다. 그런 의미에서 자본주의근대를 넘어서는 또 다른 세계는 분명히 가능하다. 아니, 자본주의근대 너머의 새로운 세계를 꿈꾸지 않고서는 오늘의 삶도 더 위태로워질 뿐이다. 『늦여름』은 그와 같은 세계로 향하는 길에 놓인 수많은 이정표들 가운데 하나인바, 작품이 수놓은 이정표를 따라 '다른 세계'의 지평을 열어가는 일은 자신과 세계의 동시적 성찰을 수행하는 모든 이의 몫으로 남아 있다.

---

것인지도 생각해보게 된다. 여기서 상론하기는 어렵지만 디킨스의 『커다란 유산(*Great Expectations*)』 (1861)에 등장하는 웨믹(Wemmick)의 공사(公私)의 분열에 관한 암스트롱의 논의도 '징후적 읽기'에 몰두할 뿐 작품의 결말에서 그러한 분열이 희극적 모드로 통합되는 양상은 진지하게 고려되지 않는다. 아무리 자기분열로 점철되고 상처투성일 뿐이라 하더라도 그와 같은 통합의 면모가 주인공 핍(Pip)의 인생 역정에 장편소설의 차원으로 드러나 있다면 암스트롱 교수의 비평이 19세기 빌둥스로만에서 간과한 것이 무엇인지 비교적 분명해지는 셈이다. 웨믹에 관한 논평은 Nancy Armstrong, "Why the Bildungsroman no longer works," 2095~2096, 2099~2101, 2103, 2016면 등 참조.

# 인용 원문 일람

## 서장
## 허먼 멜빌과 '세계문학'의 꿈

**41면**

Now, I do not say that Nathaniel of Salem is a greater than William of Avon, or as great. But the difference between the two men is by no means immeasurable. Not a very great deal more, and Nathaniel were verily William.

This, too, I mean, that if Shakespeare has not been equalled, he is sure to be surpassed, and surpassed by an American born now or yet to be born.

**43~44면**

And yet prior to and immediately after the publication of "Mosses," Melville could be highly satirical of American literary nationalism in such works as *Mardi*(1849) and *Pierre*. In *Mardi*, for example, he mocks *Mardi*'s "professional critics" who are unable to appreciate the great Mardian writer Lombardo because their "base, beggarly notions of authorship" insist on the importance of "consulting all Mardi as an Encyclopedia." Melville conveys his fullest outrage at the provinciality of nationalist critics in the satirical chapters in *Pierre* on "Young America in Literature." Moreover, throughout his career, beginning with *Typee*(1846), Melville wrote transatlantic and global literature and not just in terms of setting. Again and again he situates his own work, through his many literary allusions, in relation to world literature, which is especially the case in *Moby-Dick* and *Pierre*.

**47면**

"The Christmas Banquet," and "The Bosom Serpent" would be fine subjects for a curious and elaborate analysis, touching the conjectural parts of the mind that produced them. For spite of all the Indian-summer sunlight on the hither side of Hawthorne's soul, the other side—like the dark half of the physical sphere—is shrouded in a blackness, ten times black. But this darkness but gives more effect to the evermoving dawn, that for ever advances through it, and circumnavigates his world. Whether Hawthorne has simply availed himself of this mystical blackness as a means to the wondrous effects he makes it to produce in his lights and shades; or whether there really lurks in him, perhaps unknown to himself, a touch of Puritanic gloom,—this, I cannot altogether tell. Certain it is, however, that this great power of blackness in him derives its force from its appeals to that Calvinistic sense of Innate Depravity and Original Sin, from whose visitations, in some shape or other, no deeply thinking mind is always and wholly free. For, in certain moods, no man can weigh this world, without throwing in something, somehow like Original Sin, to strike the uneven balance. At all events, perhaps no writer has ever wielded this terrific thought with greater terror than this same harmless Hawthorne. Still more: this black conceit pervades him, through and through. You may be witched by his sunlight,—transported by the bright gildings in the skies he builds over you;—but there is the blackness of darkness beyond; and even his bright gildings but fringe, and play upon the edges of thunder-clouds. In one word, the world is mistaken in this Nathaniel Hawthorne. He himself must often have smiled at its absurd misconception of him. He is immeasurably deeper than the plummet of the mere critic. For it is not the brain that can test such a man; it is only the heart. You cannot come to know greatness by inspecting it; there is no glimpse to be caught of it, except by intuition; you need not ring it, you but touch it, and you find it is gold.

### 55~56면

It is true, that but few of them as yet have evinced that decided originality which merits great praise. But that graceful writer, who perhaps of all Americans has received the most plaudits from his own country for his productions,—that very popular and amiable writer, however good, and self-reliant in many things, perhaps owes his chief reputation to the self-acknowledged imitation of a foreign model, and to the studied avoidance of all topics but smooth ones. But it is better to fail in originality, than to succeed in imitation. He who has never failed somewhere, that man cannot be great. Failure is the true test of greatness. And if it be said, that continual success is a proof that a man wisely knows his powers,—it is only to be added, that, in that case, he knows them to be small. Let us believe it, then, once for all, that there is no hope for us in these smooth pleasing writers that know their powers. Without malice, but to speak the plain fact, they but furnish an appendix to Goldsmith, and other English authors. And we want no American Goldsmiths; nay, we want no American Miltons. It were the vilest thing you could say of a true American author, that he were an American Tompkins. Call him an American, and have done; for you can not say a nobler thing of him.— But it is not meant that all American writers should studiously cleave to nationality in their writings; only this, no American writer should write like an Englishman, or a Frenchman; let him write like a man, for then he will be sure to write like an American.

**59면**

And now, my countrymen, as an excellent author, of your own flesh and blood,—an unimitating, and, perhaps, in his way, an inimitable man—whom better can I commend to you, in the first place, than Nathaniel Hawthorne. He is one of the new, and far better generation of your writers. The smell of your beeches and hemlocks is upon him; your own broad prairies are in his soul; and if you travel away inland into his deep and noble nature, you will hear the far roar of his Niagara. Give not over to future generations the glad duty of acknowledging him for what he is. Take that joy to your self, in your own generation; and so shall he feel those grateful impulses in him, that may possibly prompt him to the full flower of some still greater achievements in your eyes. And by confessing him, you thereby confess others; you brace the whole brotherhood. For genius, all over the world, stands hand in hand, and one shock of recognition runs the whole circle round.

**62면**

The world is as young today, as when it was created; and this Vermont morning dew is as wet to my feet, as Eden's dew to Adam's. Nor has Nature been all over ransacked by our progenitors, so that no new charms and mysteries remain for this latter generation to find. Far from it. The trillionth part has not yet been said; and all that has been said, but multiplies the avenues to what remains to be said. It is not so much paucity as superabundance of material that seems to incapacitate modern authors.

# 1부

## 1장
## 『돈 키호테』, 근대를 열다

**78면**

But the trouble with all this is that, at this exact point, at these exact words, the original author of this history left the battle suspended in midair, excusing himself on the grounds that he himself could not find anything more written on the subject of these exploits of Don Quijote than what has already been set down. Now it's true that I, your second author, found it hard to believe that such a fascinating tale could have been simply consigned to the dust, nor that there wouldn't be clever people in La Mancha, curious to find out if in their archives, or in other documents, there wasn't something more about this famous knight. And so, with this idea in mind, I was not without hope that I'd dig up the ending of this pleasant story, which, were the judgment of Heaven favorable, I proposed to narrate as, in fact, you may hereafter find it narrated in Part Two.

**89면**

'Christians, do you know why this wicked woman is happy to see me set free? Do you think it's because she feels any tenderness for me? No, certainly not, it's just that I interfere with her evil passions and she wants me out of her way. And don't think she's changing religions because she believes yours is any better—no, it's just that she knows how much easier it is to practice indecency, in your lands, than it is in ours.'

### 91~92면

because I believed, as did all the older men among us, that these proclamations were not mere threats, as some considered them, but carefully thought-out laws that, when the time came, would be fully enforced, and I was driven to this conclusion by what I knew of the vicious, crazy plans hatched by some of our people, so wild, indeed, that it seemed to me that nothing less than divine inspiration could have led His Majesty to promulgate such a courageous decree—not that all of us were equally guilty, some Moors having become firm and reliable Christians, but most were, and the minority among us could not successfully opposed the vast majority, and why nourish a viper in your bosom, and let your enemies lodge in your house? Truly, the penalty of perpetual exile fell upon us for good cause, and though some may think it is a mild and gentle punishment, to us it was the most terrible we could have received. Wherever we are, we weep for the Spanish homeland where, after all, we were born and raised, nor have we found, anywhere else.

### 97면

"And if he does these things in an easy style, intelligently [con ingeniosa invención = with inventive skill], sticking as close to the truth as he possibly can, he can without question create a fabric woven out of such variegated and beautiful yarn that, when he's done, it will glow with a loveliness and a perfection of finish that will achieve the highest goal any writing can aim for, namely, to teach and delight at the same time, as I've already said. For the unbuttoned scope [escritura desatada = loosened literary writing] of these books allows the author to work in epic modes, as well as lyric, tragic, and comic, with all the accompanying possibilities of poetry and rhetoric's sweetness and persuasiveness, for one can just as well write epics in prose as in verse."

## 98~99면

And it's not a good enough excuse to say that, in tolerating the existence of a public stage, well-ordered governments chiefly intend to provide their people with some seemly recreation, giving them a chance to dissipate the nasty moods idleness can generate; and since this can be accomplished by any kind of play, good or bad, there's no need for laws regulating the theater, nor for forcing those who write and stage plays to make them what they ought to be, because—as I say—whatever comes along will do the trick.

## 102면

Our knight sat in deep thought, while waiting for the young college graduate, Carrasco, from whom he expected to hear whether the history of Don Quijote had indeed been put into a book, as Sancho had said, for he could not convince himself that any such book could really exist, seeing that there had not been time for his enemies' blood to dry on his sword-blade. How could he believe his high and noble doings were already in print? Nevertheless, he thought that some magician—though whether a friend or an enemy he did not yet know—might well have used his magic arts to get the story into print. If it had been a friendly magician, the object would have been to extol our knight's deeds, raising them higher than those of the very noblest of knights errant. If it had been an enemy, the object would have been to stamp down his deeds, setting them below the lowest, vilest things ever done by the lowest, vilest squire—although, he told himself, the deeds of squires were never recorded at all. In any case, if any such history really did exist, it had to be the story of a knight errant, and so of necessity it had to be grandiloquent, noble, distinguished, magnificent, and—of course—truthful.

104면

The author of our history, at this point, supplies an elaborate description of Don Diego's house, showing us what is likely to be found in a rich gentleman farmer's house, but the author's translator decided to pass over these and other very similar trifles in silence, since they don't comport well with the main themes of this history, the strength of which comes more from its truth than from such dull digressions.

104~105면

"Not at all," replied Samson, "because there isn't anything difficult about it, it's so beautifully clear: children turn those pages, young boys read them, grown men understand them, and old men applaud them—(……) Really, this history is the best-liked and least harmful entertainment ever seen, because through the whole length of it you won't find anything even remotely resembling an immodest word of an irreligious thought."

107면

'Hey, what book is that?' And the second devil answered: 'That's the so-called second part of Don Quijote de La Mancha's history, not witten by Sidi Hamid, the original author, but by some Aragonese fellow who's supposed to come from Tordesillas.' 'Get it out of here,' said the first devil, 'and throw it down into the very deepest pit of hell: I don't ever want to see it again. 'Is it really that bad?' asked the second devil. 'It's so bad,' the first one said, 'that even if I myself tried to write a worse one, I could'n't do it.'

109면

"My dear gentlemen, congratulate me, for I am no longer Don Quijote de La Mancha but Alonso Quijano, whose way of life made people call me 'the Good.' I am now the determined enemy of Amadís of Gaul and all his infinite herd of descendants; all those blasphemous stories of knight errantry are odious and hateful to me; I recognize my foolishness and the danger in which I placed myself, reading these books; by God's infinite mercy, I have finally learned from my mistakes, and now I loathe them."

## 2장
## 식민지근대와 '되받아쓰기'

**130~131면**

This island's mine, by Sycorax my mother,

Which thou tak'st from me. When thou cam'st first,

Thou strok'st me and made much of me, wouldst give me

Water with berries in't, and teach me how

To name the bigger light, and how the less,

That burn by day and night. And then I loved thee

And showed thee all the qualities o' th' isle,

The fresh springs, brine-pits, barren place and fertile.

Cursed be I that did so! All the charms

Of Sycorax, toads, beetles, bats, light on you!

For I am all the subjects that you have,

Which first was mine own king; and here you sty me

In this hard rock, whiles you do keep from me

The rest o' th' island.

## 132면

Abhorred slave,

Which any print of goodness wilt not take,

Being capable of all ill! I pitied thee,

Took pains to make thee speak, taught thee each hour

One thing or other. When thou didst not (savage)

Know thine own meaning, but wouldst gabble like

A thing most brutish, I endowed thy purposes

With words that made them known. But thy vile race,

Though thou didst learn, had that in't which good natures

Could not abide to be with; therefore wast thou

Deservedly confined into this rock,

Who hadst deserved more than a prison.

## 133면

I'th'commonwealth I would by contraries

Execute all things; for no kind of traffic

Would I admit; no name of magistrate;

Letters should not be known; riches, poverty,

And use of service, none; contract, succession,

Bourn, bound of land, tilth, vineyard, none;

No use of metal, corn, or wine, or oil;

No occupation; all men idle, all;

And women too, but innocent and pure;

No sovereignty—

### 135면

Be not afeard: the isle is full of noises,
Sounds, and sweet airs that give delight and hurt not.
Sometimes a thousand twangling instruments
Will hum about mine ears; and sometimes voices,
That, if I then had waked after long sleep,
Will make me sleep again: and then, in dreaming,
The clouds methought would open and show riches
Ready to drop upon me, that, when I waked,
I cried to dream again.

### 145~146면

Comment leurs ambitions se conjuguèrent, comment mon frère devint le complice de mon rival, comment celui-ci promit à celui-là sa protection en même temps que mon trône, le diable seul sait comment ces choses s'arrangèrent. Quoi qu'il en soit, quand ils surent que par mes calculs, j'avais situé avec précision ces terres qui depuis des siècles sont promises à la quête de la l'homme, et que je commençais mes préparatifs pour en prendre possession, ils ourdirent un complot pour me voler cet empire à naître. Ils subornèrent mes gens, dérobèrent mes papiers, et pour se débarrasser de moi me dénoncèrent à l'Inquisition comme magicien et sorcier.

### 148면

Je suis sûr que tu ne paritras pas!
　Ça me fait rigoler ta «mission»
　ta «vocation»!

Ta vocation est de m'emmerder!

Et Voilà pourquoi tu resteras,

comme ces mecs qui ont fait les colonies

et qui ne peuvent plus vivre ailleurs.

Un vieil intoxiqué, voila ce que tu es!

## 152면

Et maintenant, Caliban, à nous deux!

Ce que j'ai à te dire sera bref:

Dix fois, cent fois, j'ai essayé de te sauver,

et d'abord de toi-même.

Mais tu m'as toujours répondu par la rage

et le venin, semblable

à la sarigue qui puor mieux

mordre la main qui la tire de la nuit

se hisse au cordage de sa propre queue!

Eh bien, mon garçon, je forcerai ma nature

indulgente et désormais à ta violence

je répondrai par la violence!

# 3장
# '되받아쓰기'를 넘어서

**166면**

It was, gentlemen, after a long absence—seven years to be exact, during which time I was studying un Europe—that I returned to my people. I learnt much and much passed me by—but that's another story. The important thing is that I returned with a great yearning for my people in that small village at the bend of the Nile.

**169면**

The World has turned suddenly upside down. Love? Love does not do this. This is hatred. I feel hatred and seek revenge; my adversary is within and I needs must confront him. Even so, there is still in my mind a modicum of sense that is aware of the irony of the situation. I begin from where Mustafa Sa'eed had left off. Yet he at least made a choice, while I have chosen nothing.

**169면**

I opened a second window and a third, but all that came in from outside was more darkness. I struck a match. The light exploded on my eyes and out of the darkness there emerged a frowning face with pursed lips that I knew but cannot not place. I moved towards it with hate in my heart. It was my adversary Mustafa Sa'eed. The face grew a neck, the neck two shoulders and a chest, then a trunk and two legs, and I found myself standing face to face with myself.

170면

I had put out the candles and locked the door of the room and that of the courtyard without doing anything. Another fire would not have done any good. I left him talking and went out. I did not let him complete the story. I thought of going and standing by her grave. I thought of throwing away the key where nobody could find it. Then I decided against it. Meaningless acts. Yet I had to do something. My feet led me to the river bank as the first glimmerings of dawn made their appearance in the east. I would dispell my rage by swimming.

171면

I thought that if I died at that moment, I would have died as I was born—without any volition of mine. All my life I had not chosen, had not decided. Now I am making a decision. I choose life. I shall live because there are a few people I want to stay with for the longest possible time and because I have duties to discharge. It is not my concern whether or not life has meaning. If I am unable to forgive, then I shall try to forget. I shall live by force and cunning. I moved my feet and arms, violently and with difficulty, until the upper part of my body was above water. Like a comic actor shouting on a stage, I scream with all my remaining strength, "Help! Help!"

177면

Significantly, Mustafa Sa'eed's known lifespan coincides with the clolonization of Sudan: born in 1898, when Anglo-Egyptian rule, which was effectively British domination, was imposed on Sudan after Kitchener's bloody victory over the Mahdi regime at Omdurman, he disappears in 1956, the year in which Sudan, after a long struggle, succeeded in gaining an incomplete and uncertain independence.

### 179~180면

'Mustafa Sa'eed, gentlemen of the jury, is a noble person whose mind was able to absorb Western civilization but it broke his heart. These girls were not killed by Mustafa Sa'eed but by the germ of a deadly disease that assailed that a thousand years ago.' It occurred to me that I shoud stand up and say to them: 'This is untrue, a fabrication. It was I who killed them. I am the desert of thirst. I am no Othello. I am a lie. Why don't you sentence me to be hanged and so killed the lie?' But professor Foster-Keen turned the trial into a conflict between two worlds, a struggle of which I was one of the victims.

### 182면

Why didn't I leave her and escape? But I knew there was nothing I could do about it and that the tragedy had to happen. I knew she was being unfaithful to me; the whole house was impregnated with the smell of infidelity. Once I found a man's handkerchief which wasn't mine. 'It's yours,' she said when I asked her. 'This handkerchief isn't mine,' I told her. "Assuming it's not your handkerchief,' she said, 'what are you going to do about it?' On another occasion I found a cigarette case, then a pen. 'You're being unfaithful to me,' I said to her. 'Suppose I am being unfaithful to you,' she said. 'I swear I'll kill you,' I shouted at her. 'You only say that,' she said with a jeering smile. 'What's stopping you from killing me? What are you waiting for? Perhaps you're waiting till you find a man lying on top of me, and even then I don't think you'd do anything. You'd sit on the edge of the bed and cry.'

# 4장
# 무간지옥, 미국의 인종주의

### 207~208면

"What has my po' baby done, dat he couldn't have yo' luck? He hain't done nuth'n. God was good to you; why warn't He good to him? Dey can't sell you down de river. I hates yo' pappy; he ain't got no heart—for niggers he haint, anyways. I hates him, en I could kill him!" She paused awhile, thinking; then she burst into wild sobbings again, and turned away, saying, "Oh, I got to kill my chile, dey ain't no yuther way,—killin' him wouldn't save de chile fum goin' down de river. Oh, I got to do it, yo' po' mammy's got to kill you to save you, honey"—she gathered her baby to her bosom, now, and began to smother it with caresses—"Mammy's got to kill you,—how kin I do it! But yo' mammy ain't gwyne to desert you,—no, no; dah, don't cry—she gwyne wid you, she gwyne to kill herself, too. Come along, honey, come along wid Mammy; we gwyne to jump in de river, den de troubles o' dis worl' is all over—dey don't sell po' niggers down de river over yonder."

### 211면

"Why were niggers and whites made? What crime did the uncreated first nigger commit that the curse of birth was decreed for him? And why is this awful difference made between white and black? (……) How hard the nigger's fate seems, this morning!—yet until last night such a thought never entered my head."

### 211~212면

"Ain't you my chile? En does you know anything dat a mother won't do for her chile?

Dey ain't nothin' a white mother won't do for her chile. Who made 'em so? De Lord done it. En who made de niggers? De Lord made 'em. In de inside, mothers is all de same. De good Lord He made 'em so. I's gwyne to be sole into slavery, en in a year you's gwyne to buy yo' ole mammy free agin. I'll show you how. Dat's de plan."

### 224~225면

The false heir made a full confession and was sentenced to imprisonment for life. But now a complication came up. The Percy Driscoll estate was in such a crippled shape when its owner died that it could pay only sixty per cent of its great indebtedness, and was settled at that rate. But the creditors came forward, now, and complained that inasmuch as through an error for which they were in no way to blame the false heir was not inventoried at the time with the rest of the property, great wrong and loss had thereby been inflicted upon them. They rightly claimed that "Tom" was lawfully their property and had been so for eight years; that they had already lost sufficiently in being deprived of his services during that long period, and ought not to be required to add anything to that loss; that if he had been delivered up to them in the first place, they would have sold him and he could not have murdered Judge Driscoll, therefore it was not he that had really committed the murder, the guilt lay with the erroneous inventory. Everybody saw that there was reason in this. Everybody granted that if "Tom" were white and free it would be unquestionably right to punish him—it would be no loss to anybody; but to shut up a valuable slave for life—that was quite another matter.

As soon as the Governor understood the case, he pardoned Tom at once, and the creditors sold him down the river.

# 2부

## 1장
## 가르시아 마르케스, 세르반테스의 후예

**247면**

As soon as José Arcadio closed the bedroom door the sound of a pistol shot echoed through the house. A trickle of blood came out under the door, crossed the living room, went out into the street, continued on in a straight line across the uneven terraces, went down steps and climbed over curbs, passed along the Street of the Turks, turned a corner to thr right and another to the left, made a right angle at the Buendía house, went in under the closed door, crossed through the parlor, hugging the walls so as not to stain the rugs, went on to the other living room, ······

**249면**

On one occasion Fernanda had the whole house upset because she had lost her wedding ring, and Úrsula found it on a shelf in the children's bedroom. Quite simply, while the others were going carelessly all about, she watched them with her four senses so that they never took her by surprise, and after some time she discovered that every member of the family, without realizing it, repeated the same path every day, the same actions, and almost repeated the same words at the same hour. Only when they deviated from meticulous routine did they run the risk of losing something. So when she heard Fernanda all upset because she had lost her ring, Úrsula remembered that the only thing different that she had done that day was to put the mattresses out in the sun because Meme had found a bedbug the night before. Since the children had been present at the fumigation, Úrsula figured that Fernanda had put the ring in the only place where they could not reach it: the self. Frenanda, on the other hand, looked for it in vain along the paths of her everyday itinerary without knowing that the search for lost things is hindered by routine habits and that is why it is so difficult to find them.

## 2장
## '사고 실험'과 소설의 형식

### 277면

There is first of all the problem of the opening, namely, how to get us from where we are, which is, as yet, nowhere, to the far bank. It is a simple bridging problem, a problem of knocking together a bridge. People solve such problems every day. They solve them, and having solved them push on.

### 281면

"Since the seventeenth century," writes Zumthor, "Europe has spread across the world like a cancer, at first stealthily, but for a while now at gathering pace, until today it ravages life forms, animals, plants, habitats, languages. With each day that passes several languages of the world disappear, repudiated, stifled (……) One of the symptoms of the disease has without doubt, from the beginning, been what we call literature; and literature has consolidated itself, prospered, and become what it is—one of the hugest dimensions of mankind—by denying the voice (……) The time has come to stop privileging writing (……) Perhaps great, unfortunate Africa, beggared by our political-industrial imperialism, will, because less gravely affected by writing, find itself closer to the goal than will the other continents."

### 285~286면

'It's that I no longer know where I am. I seem to move around perfectly easily among people, to have perfectly normal relations with them. Is it possible, I ask myself, all of them are participants in a crime of stupefying proportions? Am I fantasizing it all? I must be mad! Yet every day I see the evidences. The very people I suspect produce the evidence, exhibit it, offer it to me. Corpses. Fragments of corpses that they have bought for money.'

'It is as if I were to visit friends, and to make some polite remark about the lamp in their living room, and they were to say, "Yes, it's nice, isn't it? Polish-Jewish skin it's made of, we find that's best, the skins of young Polish-Jewish virgins." And I go to the bathroom and the soap wrapper says, "Treblinka—100% human stearate." Am I dreaming, I say to myself? What kind of house is this?'

'Yet I'm not dreaming. I look into your eyes, into Norma's, into the children's, and I see only kindness, human kindness. Calm down, I tell myself, you are making a mountain out of a molehill. This is life. Everyone else comes to terms with it, why can't you? *Why can't you?*'

### 291~292면

I am a writer, a trader in fictions, it says. I maintain beliefs only provisionally: fixed beliefs would stand in my way. I change beliefs as I change my habitation or my clothes, according to my needs. On these grounds—professional, vocational—I request exemption from a rule of which I now hear for the first time, namely that every petitioner at the gate should hold to one or more beliefs.

### 292~293면

Silent until the next rains come, rapping, as it were, on thousands of tiny coffin lids. In those coffins hearts begin to beat, limbs begin to twitch that for months have been lifeless. The dead awake. As the caked mud softens, the frogs begin to dig their way out, and soon their voices resound again in joyous exultation beneath the vault of the heavens.

### 293면

(……) 'you ask if I have changed my plea. But who am I, who is this *I*, this *you*? We change from day to day, and we also stay the same. No *I*, no *you* is more fundamental than any other. You might as well ask which is the true Elizabeth Costello: the one who made the first statement or the one who made the second. My answer is, both are true. Both. And neither. *I am an other*. Pardon me for resorting to words that are not my own, but I cannot improve on them.'

### 306면

The presentation scene itself we skip. It is not a good idea to interrupt the narrative too often, since storytelling works by lulling the reader or listener into a dreamlike state in which the time and space of the real world fade away, superseded by the time and space of the fiction. Breaking into the dream draws attention to the constructedness of the story, and plays havoc with the realist illusion. However, unless certain scenes are skipped over we will be here all afternoon. The skips are not part of the text, they are part of the performance.

## 3장
## 시장과 정치, 그리고 문학

**318면**

A more serious problem would be a discrepancy between scholars working on Bolano in Latin America or Spain and critics and reviewers writing in the United States or the U.K. It certainly happens that English-language reviewers do not always take the time to brush up on the latest Bolano scholarship and may, in some instances, not be versed in Spanish; and that conversely Latin American scholars may be unaware of the proliferating body of Bolano criticism being produced in the U.S. academy. But by and large, scholars on both sides of the language divide tend to agree that Bolano's signature theme is the relation between literature and evil.

**320면**

This almost unanimous recognition, however, should not lead us to forget how Bolano's works are deeply committed to suspending our common understanding of two basic notions of standard criticism, world and literature. His peripatetic style implies a narrative strategy that has already been called 'post-nationalist' and his representation of the world as one deep nightmare crossed by war and violence makes it impossible to conceive of him as a simple part of the Latin American canon, nor even as a cosmopolitan member of the recent generations of Latin American post-Boomers (Crack and McCondo, for instance). His relationship to the archive of contemporary Western literature, at the same time, is not to be taken without reservations since, as a good reader of Borges, Bolano's concern is not tradition but invention. Of course, he was a self-taught and autodidactic reader who searched for extremes and abysses, but what calls our attention is the recent celebration of his figure as one of the most important writers in the current renovation of the Western literary tradition: not yet a classic, but 'the most prominent member of his generation'; in short, a new master.

### 328~329면

I am dying now, but I still have many things to say. I used to be at peace with myself. Quiet and at peace. But it all blew up unexpectedly. That wizened youth is to blame. I was at peace. I am no longer at peace. There are a couple of points that have to be cleared up. So, propped up on one elbow, I will lift my noble, trembling head, and rummage through my memories to turn up the deeds that shall vindicate me and belie the slanderous rumours the wizened youth spread in a single stormlit night to sully my name. Or so he intended. One has to be responsible, as I have always said. One has a moral obligation to take responsibility for one's actions, and that includes one's words and silences, yes, one's silences, because silences rise to heaven too, and God hears them, and only God understands and judges them, so one must be very careful with one's silences.

### 331면

There was Neruda murmuring words I could not quite understand, but whose essential nature spoke to me deeply from the very first moment. And there was I, tears in my eyes, a poor clergyman lost in the immensity of our land, thirstily drinking in the words of our most sublime poet. And I ask myself now, propped up on my elbow: Has the wizened youth ever had an experience like that? I ask myself seriously: Has he ever in all his days experienced anything like that? I have read his books. In secret and wearing gloves, but I've read them. And there is nothing in them to match that scene.

### 335~336면

Ta Gueule flew off and disappeared among the low clouds, the clouds descending from the desecrated yet somehow still pure hills of Avignon, and while Fr Fabrice and I conversed, Ta Gueule appeared again like a lightning bolt, or the abstract idea of a lightning bolt, and stooped on the hugh flocks of starlings coming out of the west like swarms of flies, darkening the sky with their erratic fluttering, and after a few minutes the fluttering of the starlings was bloodied, scattered and bloodied and afternoon on the outskirts of Avignon took on a deep red hue, like the colour of sunsets seen from an airplane, or the colour of dawns, when the passenger is woken gently by the engines whistling in his ears and lifts up the little blind and sees the horizon marked with a red line, like the planet's femoral artery, or the planet's aorta, gradually swelling, and I saw that swelling blood vessel in the sky over Avignon, the blood-stained flight of the starlings, Ta Gueule splashing colour like an abstract expressionist painter.

### 337면

I went to Rome. I knelt before the Holy Father. I cried. I had disturbing dreams. I saw women tearing their clothes. I saw Fr Antonio, the priest from Burgos, who, as he lay dying, opened one eye and said: It's wrong, my friend, it's wrong. I saw a flock of falcons, thousands of falcons flying high over the Atlantic ocean, headed for America. Sometimes the sun went black in my dreams. Sometimes a very fat German priest appeared and told me a joke. Father Lacroix, he said to me, I'm going to tell you a joke. One day the

Pope is having a quiet conversation with a German theologian in one of the rooms of the Vatican. Suddenly two French archaeologists burst in, very agitated and nervous, and they tell the Holy Father they have just got back from Israel with some very good news and some rather bad news. The Pope beseeches them to come out with it, and not to leave him in suspense. Talking over each other, the Frenchman say the good news is they have discovered the Holy Sepulchre. The Holy Sepulchre? says the Pope. The Holy Sepulchre. Not a shadow of a doubt. The Pope is moved to tears. What's the bad news? he asks, drying his eyes. Well, inside the Holy Sepulchre we found the body of Christ. The Pope passes out. The Frenchmen rush to his side and fan his face. The only one who's calm is the German theologian, and he says: Ah, so Jesus really existed?

### 339~340면

At the end of the day, we were all reasonable (except for the wizened youth, who at that stage was wandering around God knows where, lost in some black hole or other), we were all Chileans, we were all normal, discreet, logical, balanced, careful, sensible people, we all knew that something had to be done, that certain things were necessary, there's a time for sacrifice, and a time for thinking reasonably. Sometimes, at night, I would sit on a chair in the dark and ask myself what difference there was between fascist and rebel. Just a pair of words. Two words, that's all. And sometimes either one will do! So I went out into the street and breathed the air of Santiago with the vague conviction that I was living, if not in the best of worlds, at least in a possible world, a real world.

### 342~343면

I tried to calm him, but no sound would come out of my mouth, and then Fr. Antonio began to cry inconsolably, so inconsolably that I felt a draught of cold air chilling my body and an inexplicable fear creeping into my soul, what was left of Fr. Antonio wept not only with his eyes but also with his forehead and his hands and his feet, hanging his head, a sodden rag under which the skin seemed to be perfectly smooth, and then, lifting his head, looking into my eyes, summoning all his strength, he asked me: Don't you realize? Realize what? I wondered, as Fr. Antonio melted away. It's the Judas Tree, he said between hiccups. His affirmation left no room for doubt or equivocation. The Judas Tree! I thought I was going to die right there and then. Everything stopped. Rodrigo was still perched on the branch.

### 344~345면

I nodded and left. While I was driving back into Santiago, I thought about what she had said. That is how literature is made in Chile, but not just in Chile, in Argentina, and Mexico too, in Guatemala and Uruguay, in Spain and France and Germany, in green England and carefree Italy. That is how literature is made. Or at least what we call literature, to keep ourselves from falling into the rubbish dump. Then I started singing to myself again: The Judas Tree, the Judas Tree, and my car went back to into the tunnel of time, back into time's giant meatgrinder.

## 4장
## 기후위기가 세계문학에 던지는 물음

### 357면

More than twenty-five years ago, as I sat on the roof of our house watching the neighborhood's furniture float down the street, I thought things couldn't get any worse.

Everything I owned was under water. The capital of my country was ruined. Mother Earth was exacting its revenge upon its most arrogant inhabitants.

### 360면

I made the mistake of thinking that climate change was "out there" like avian flu or nuclear weapons: a potential vector of future destruction rather than a fundamental disorder at the heart of the modern system. In fact, climate change was re-engineering the very DNA of the global order. Water wars helped split China apart. Energy conflicts remapped the Middle East, Central Asia, and Africa. Arable land became so precious that several rich agricultural regions—Centro-Sul in Brazil, Java in Indonesia—secured their independence in order to fence off their territory.

### 367~368면

My husband Julian West, a fan of that dismal science, chronicled in detail the fragmenting of the world. He was the worst kind of academic: all talk, no action. Remember Nero and his fiddle? Julian tapped, tapped, tapped at his laptop while the world burned. During our marriage he barely acknowledged climate change, and when he finally did, it was too late. He treated my research into ice with bemusement, much as my fellow Arcadians treat it today. For him, history only happened north of the equator, among people who read Tolstoy, Gibbon, and Fukuyama. I tried to tell him about the likely impact of climate refugees on the hitherto stable societies of Europe, the United States, and Notheast Asia. I showed him forecast maps of resource wars over water, arable land, and rare earth minerals. They had only a modest impact on his seminal work, Spinterlands. Only in his final report, sent on what was to be his last day on earth, did I notice that he took climate—and the natural world more generally—

with true seriousness. At one point he even compared the fracturing of the international community to the calving of a glacier. What a bittersweet reference. If he'd only shown that kind of appreciation of my world thirty years earlier, perhaps our marriage might have had a chance.

### 368면

I have indeed said that many times. For the last seventy five years, the world has awaited its green swan—the unexpected discovery that will radically alter the climate-change equation. First it was solar power, but that didn't stop the use of fossil fuels. Then it was carbon-dioxide-removal facilities that would turn greenhouse gasses into pellets of calcium carbonate, but the technology couldn't be scaled up sufficiently. And, always, there has been the false hope of geoengineering, of tweaking nature itself so that it can solve the problem we created for ourselves. Unfortunately, these all proved to be false dreams of mastery.

### 369~370면

All along I'd thought of Arcadia as a Walden Three, a utopia established by scientists and artists who believed in common sense, not behaviorism or some other cultish ideology. We were pragmatists. Even when we disagreed about the Capture policy, we came to a decision in the old Vermont tradition of town meetings. We were the anti-Splinterlands, the place where compromise was still possible, where the middle had not been devoured by the extremes. To learn that our bold, democratic experiment in sustainability has been the plaything of a malevolent force leaves me completely disoriented. I was nowhere to turn, no polestar to guide me.

### 371면

The whole concept of Arcadia had changed for me, now that it turns out we were conceived as an ark, an instrument of salvation for the chosen remnant of humanity, the inner circle of the world's most powerful corporation.

What was going through my former husband's mind when he sent those messages to our children? Was he warning me of the serpent in our midst? More likely, he simply wanted tell me that I was as wedded to illusions as he was. Julian could'nt have known about my research and its potential impact. He wasn't trying to save Arcadia or the world. Maybe he just wanted to get in one last jab at his ex-wife. On such small things does the fate of the world turn.

# 3부

## 1장
## 문학비평의 판단 근거에 관하여

**395면**

If on the one hand, The scarlet letter leads toward a Goethe-like justification of diabolism as an instrument of salvation, on the other hand, it insists, in a very American way, upon the dangers of passion. It is certainly true, in terms of the plot, that Chillingworth drives the minister toward confession and penance, while Hester would have lured him to evasion and flight. But this means, for all of Hawthorne's equivocations, that the eternal feminine does not draw us on toward grace, rather that the woman promises only madness and damnation. It is the eternal demonic—personified in the wronged husband—which leads Dimmesdale on.

**395~396면**

In the rhetorical "us" Fiedler presumes that all readers are men, that the novel is an act of communication among and about males. His characterization of Hester as one or another myth or image makes it impossible for the novel to be in any way about Hester as a human being. Giving the novel so highly specific a gender reference, Fiedler makes it inaccessible to women and limits its reference to men in comparison to the issues that Hawthorne was treating in the story. Not the least of these issues was, precisely, the human reference of a woman's tale.

### 403면

There were days when she was very happy without knowing why. She was happy to be alive and breathing, when her whole being seemed to be one with the sunlight, the color, the odors, the luxuriant warmth of some perfect Southern day. She liked then to wander alone into strange and unfamiliar places. She discovered many a sunny, sleepy corner, fashioned to dream in. And she found it good to dream and to be alone and unmolested.

There were days when she was unhappy, she did not know why,- when it did not seem worth while to be glad or sorry, to be alive or dead; when life appeared to her like a grotesque pandemonium and humanity like worms struggling blindly toward inevitable annihilation. She could not work on such a day, nor weave fancies to stir her pulses and warm her blood.

### 405~406면

How strange and awful it seemed to stand naked under the sky! how delicious! She felt like some new-born creature, opening its eyes in a familiar world that it had never known.

The foamy wavelets curled up to her white feet, and coiled like serpents about her ankles. She walked out. The water was chill. but she walked on. The water was deep, but she lifted her white body and reached out with a long, sweeping stroke. The touch of the sea is sensuous, enfolding the body in its soft, close embrace.

She went on and on. She remembered the night she swam far out, and recalled the terror that seized her at the fear of being unable to regain the shore. She did not look back now, but went on and on, thinking of the blue-grass meadow that she had traversed when a little child, believing that it had no beginning and no end.

Her arms and legs were growing tired.

She thought of Léonce and the children. They were a part of her life. But they need not have thought that they could possess her, body and soul. How Mademoiselle Reisz would have laughed, perhaps sneered, if she knew! "And you call yourself an artist! What pretensions, Madame! The artist must possess the courageous soul that dares and defies."

Exhaustion was pressing upon and over-powering her.

"Good-by—because, I love you." He did not know; he did not understand. He would never understand. Perhaps Doctor Mandelet would have understood if she had seen him—but it was too late; the shore was far behind her, and her strength was gone.

She looked into the distance, and the old terror flamed up for an instant, then sank again. Edna heard her father's voice and her sister Margaret's. She heard the barking of an old dog that was chained to the sycamore tree. The spurs of the cavalry officer clanged as he walked across the porch. There was the hum of bees, and the musky odor of pinks filled the air.

**414면**

At the bottom of his heart Frank knew well enough that if he could once give up his grudge, his wife would come back to him. But he could never in the world do that. The grudge was fundamental. Perhaps he could not have given it up if he had tried. Perhaps he got more satisfaction out of feeling himself abused than he would have got out of being loved. If he could once have made Marie thoroughly unhappy, he might have relented and raised her from the dust. But she had never humbled herself. In the first days of their love she had been his slave; she had admired him abandonedly. But the moment he began to bully her and to be unjust, she began to draw away; at first in tearful amazement, then in quiet, unspoken disgust. The distance between them had widened and hardened. It no longer contracted and brought them suddenly together. The spark of her life went somewhere else, and he was always watching to surprise it.

## 418면

The birds were flying all about the field; they fluttered up out of the grass at my feet as I walked along, so tame that I liked to think they kept some happy tradition from summer to summer of the safety of nests and good fellowship of mankind. Poor Joanna's house was gone except the stones of its foundations, and there was little trace of her flower garden except a single faded sprig of much-enduring French pinks, which a great bee and a yellow butterfly were befriending together. I drank at the spring, and thought that now and then some one would follow me from the busy, hard-worked, and simple-thoughted countryside of the mainland, which lay dim and dreamlike in the August haze, as Joanna must have watched it many a day. There was the world, ans here was she with eternity well begun. In the life of each of us, I said to myself, there is a place remote and islanded, and given to endless regret or secret happiness; we are each the uncompanioned hermit and recluse of an hour or a day; we understand our fellows of the cell to whatever age of history they may belong.

## 418~419면

But as I stood alone on the island, in the sea-breeze, suddenly there came a sound of distant voices; gay voices and laughter from a pleasure-boat that was going seaward full of boys and girls. I knew, as if she had told me, that poor Joanna must have heard the like on many and many a summer afternoon, and must have welcomed the good cheer in spite of hopelessness and winter weather, and all the sorrow and disappointment in

## 2장
## 비평가의 읽기와 책임

### 434면

Only in the second decade of the twentieth century did these relativistic implications begin to touch the cultural foundations, to disturb the living and working premises. The process was still only partial even then, and is far from universal now. Most of the population anywhere continues to live in an older moral universe, just as it inhabits a Newtonian physical world, and maybe, as Thomas Mann suggested, this is no bad thing. But key artists and thinkers were receptive to such seismic shifts in culture.

### 436면

On this view, Cervantes, as a writer of epochal transition, was a cultural 'contemporary' of modern Latin American writers. And we could say that Latin American writers of the mid-to late-twentieth century are in turn contemporaries of European modernism in so far as Latin America experienced the equivalent moment of self-inspection somewhat later; and, of course, after absorbing the European modernist movement itself. In effect, Latin America had its 'modernist' moment in a postmodern form, and the dissolution of Enlightenment universality was a key element in this.

### 438~439면

The posture of modernist mythopoeia might be summed up in the following fable.

Plato thought that reality was outside the cave of the phenomenal world in which humanity is imprisoned. Aristotle, followed by many natural scientists, saw this cave as the extent of reality. For them there is no world beyond. Kant came to see that whatever there might be beyond the cave, the cave itself was not simply a given environment, but a human construction. We live in a humanly constructed edifice, and for Kant this was a large house in which all humanity dwelt. Modernist mythopoeia is the recognition that this edifice of the human world is not a building resting on the ground, but a boat; and if all men dwell in one it is not necessarily the same one. There is a multiplicity of possible human worlds. Furthermore, if a boat is more fragile than a house, and depends on certain internal orderings to keep it afloat, it has the advantage of not being fixed within a single horizon. Its relative fragility may be more a gain than a loss. At the same time, sailing and navigation are special arts requiring a high level of internal discipline and attention, just as the inhabiting of a self-conscious mythopoeia requires a constant self-critique. This internal demand affects in turn the relation to the outside world.

### 440~441면

Both religion and science had now to be understood as active creations of human culture rather than as direct accounts of external reality. This is the sense in which they each took a step towards myth. Mythopoeia, without losing its archaic overtones, became the paradigmatic capacity of the human mind. On this view, instead of myth being the early stage out of which the sophisticated intellectual disciplines of modern culture developed, it is rather the permanent ground on which they rest, or even the soil in which their roots are invisibly nourished.

### 442면

He is a 'singular saint' whose metaphysical explanation of aesthetic beauty is belied by life itself. For rather than aesthetic beauty being born of the contemplative escape from natural process, Nietzsche now sees beauty, whether in art or in life, as that which draws us to the affirmation and continuation of life, most notably in the expression and celebration of sexuality, while ugliness is what make us turn in disgust from degeneration and decay, from all forms of life in decline. So too, the earlier polarity of Dionysian and Apollonian has been replaced by what is now called simply Dionysian affirmation. The Apollonian dream of civilised order seems no longer the necessary counter-principle to the primal Dionysian energy.

### 443~444면

For him, the 'purposiveness without purpose'by which Kant had defined the aesthetic became the model for life itself. That is to say, just as art serves no external purpose yet is a highly concentrated organization of values which are thereby understood with a peculiar intensity for their own sake, so Nietzsche would use the model of the aesthetic to acknowledge the ultimate purposelessness of life while appreciating and affirming values as human creation. By the same logic, the aesthetic model enforced an intense sense of responsibility in life. Nietzsche's aesthetic conception would bring to bear on all aspects of life the searching quality of judgment we bring to bear on aesthetic objects. In aesthetic criticism judgements of value are of the essence not just despite, but precisely because, they have no simple external criterion.

### 450면

The critical difficulty is that these books necessarily face in two directions. Although their essential meaning is intra-European, their construction of their colonial backdrops will almost inevitably arouse the distaste of present-day readers; and especially those from the cultures in question who have not asked for their countries to be used as moral gymansia for Europeans. Chinua Achebe's attack on Heart of Darkness is, therefore, an honourable and entirely pertinent human document, while remaining for all that an inadequate response to the novel. Of course, these books are racist because they are stirrings of critical consciousness within a racist culture. If they were not documents of that culture they would not need to have been written in the first place. So too, Achebe is himself an inheritor of the critique Conrad helped to initiate, and speaks from the boarder standpoint of progressive Enlightenment developed within the European tradition; if his standpoint were merely Africanist it would undercut itself.

# 종장
# 자본주의근대와 예술작품

**479면**

"Es gibt solche, die sagen, sie seien zum Wohle der Menschheit Kaufleute, Ärzte Staatsdiener geworden; aber in den meisten Fällen ist es nicht wahr. Wenn nicht der innere Beruf sie dahin gezogen hat, so verbergen sie durch ihre Aussage nur einen schlechteren Grund, nämlich daß sie den Stand als ein Mittel betrachteten, sich Geld und Gut und Lebensunterhalt zu erwerben. Oft sind sie auch, ohne weiter über eine Wahl mit sich zu Rate zu gehen in den Stand geraten oder durch Umstände in ihn gestoßen worden, und nehmen das Wohl der Menschheit in den Mund, das sie bezweckt hätten, um nicht ihre Schwäche zu gestehen. Dann ist noch eine eigene Gattung, welche immer von dem öffentlichen Wohle spricht. Das sind die, welche mit ihren eigenen Angelegenheiten in Unordnung sind. Sie geraten stets in Nöten, haben stets Ärger und Unannehmlichkeiten, und zwar aus ihrem eigenen Leichtsinne; und da liegt es ihnen als Ausweg neben der Hand, den öffentlichen Zuständen ihre Lage schuld zu geben, und zu sagen, sie wären eigentlich recht auf das Vaterland bedacht, und sie würden alles am besten in demselben einrichten. Aber wenn wirklich die Lage kömmt, daß das Vaterland sie beruft, so geht es dem Vaterlande, wie es früher ihren eigenen Angelegenheiten gegangen ist. In Zeiten der Verirrung sind diese Menschen die selbstsüchtigsten und oft auch grausamsten."

**483면**

"aber das Sicherste bleiben immer die Herden der kleinen Tiere. Das habt Ihr gewiß schon gehört, daß die Spinnen Wetterverkündiger sind, und daß die Ameisen den Regen vorher sagen. Man muß das Leben dieser kleinen Dinge betrachten, ihre häuslichen Einrichtungen anschauen, oft zu ihnen kommen, sehen, wie sie ihre Zeit hinbringen, erforschen, welche Grenzen ihre Gebiete haben, welche die Bedingungen ihres Glückes sind, und wie sie denselben nachkommen. Darum wissen Jäger, Holzhauer und Menschen, welche einsam sind und zur Betrachtung dieses abgesonderten Lebens aufgefordert werden, das meiste von diesen Dingen, und wie aus dem Benehmen von Tieren das Wetter vorherzusagen ist. Es gehört aber wie zu allem auch Liebe dazu."

**486면**
"Und dies geschieht nicht, um ein unabweisliches Bedürfnis zu erfüllen, sondern einer Lust und Laune willen. Es wäre unglaublich, wenn man nicht wüßte, daß es aus Mangel an Nachdenken oder aus Gewohnheit so geschieht. Aber das zeigt eben, wie weit wir noch von wahrer Gesittung entfernt sind. Darum haben weise Menschen bei wilden Völkern und bei solchen, die ihre Gierde nicht zu zähmen wußten, oder einen höhern Gebrauch von ihren Kräften noch nicht machen konnten, den Aberglauben aufgeregt, um einen Vogel seiner Schönheit oder Nützlichkeit willen zu retten. So ist die Schwalbe ein heiliger Vogel geworden, der dem Hause Segen bringt, das er besucht, und den zu töten Sünde ist."

**488~489면**
"Was kann Euch denn an diesem Orte Schmerz erregen?" fragte sie.
"Natalie", antwortete ich, "es ist jetzt ein Jahr, daß ihr mich an dieser Halle absichtlich gemieden habt. Ihr saßet auf derselben Bank, auf welcher Ihr jetzt sitzet, ich stand im Garten, Ihr tratet heraus und ginget von mir mit beeiligten Schritten in das Gebüsch."
Sie wendete ihr Angesicht gegen mich, sah mich mit den dunkeln Augen an, und

sagte: "Dessen erinnert Ihr Euch, und das macht Euch Schmerz?"

"Es macht mir jetzt im Rückblicke Schmerz und hat ihn mir damals gemacht", antwortete ich.

"Ihr habt mich ja aber auch gemieden", sagte sie.

"Ich hielt mich ferne, um nicht den Schein zu haben, als dränge ich mich zu Euch", entgegnete ich.

"War ich Euch denn von einer Bedeutung?" fragte sie.

**492면**

"Ich muß gehorchen", rief sie, indem sie von der Bank aufsprang, und ich werde auch gehorchen; aber du mußt nicht gehorchen, deine Eltern sind sie nicht. Du mußtest nicht hieher kommen, und den Auftrag übernehmen, mit mir das Band der Liebe, das wir geschlossen hatten, aufzulösen. Du mußtest sagen: Frau, Eure Tochter wird Euch gehorsam sein, sagt Ihr nur Euren Willen; aber ich bin nicht verbunden, Eure Vorschriften zu befolgen, ich werde Euer Kind lieben, so lange ein Blutstropfen in mir ist, ich werde mit aller Kraft streben, einst in ihren Besitz zu gelangen. Und da sie Euch gehorsam ist, so wird sie mit mir nicht mehr sprechen, sie wird mich nicht mehr ansehen, ich werde weit von hier fortgehen; aber lieben werde ich sie doch, so lange dieses Leben währt und das künftige, ich werde nie einer andern ein Teilchen von Neigung schenken, und werde nie von ihr lassen. So hättest du sprechen sollen, und wenn du von unserm Schlosse fortgegangen wärest, so hätte ich gewußt, daß du so gesprochen hast, und tausend Millionen Ketten hätten mich nicht von dir gerissen, und jubelnd hätte ich einst in Erfüllung gebracht, was dir dieses stürmische Herz gegeben."

**494면**

"Wir kannten das Keimen der gegenseitigen Neigung. Bei Natalien trat sie anfangs in einem höheren Schwunge ihres ganzen Wesens später in einer etwas schmerzlichen Unruhe auf. In Euch erschloß sie Euer Herz zu einer früheren Blüte der Kunst und zu einem Eingehen in die tieferen Schätze der Wissenschaft. Wir warteten auf die Entwicklung. Zu größerer Sicherheit und zur Erprüfung der Dauer ihrer Gefühle brachten wir absichtlich Natalien zwei Winter nicht in die Stadt, daß sie von Euch getrennt sei, ja sie wurde von ihrer Mutter wieder auf größere Reisen und in größere Gesellschaften gebracht. Ihre Gefühle aber blieben beständig und die Entwicklung trat ein. Wir geben Euch mit Freuden das Mädchen in Eure Liebe und in Euren Schutz, Ihr werdet sie beglücken und sie Euch; denn Ihr werdet Euch nicht ändern, und sie wird sich auch nicht ändern."

**497면**

Mein Gastfreund hatte Recht, ich konnte keine eigentliche einzelne Schönheit entdecken, was wir im neuen Sinne Schönheit heißen, und ich erinnerte mich auf der Treppe sogar, daß ich oft von einem Buche oder von einem Schauspiele, ja von einem Bilde sagen gehört hatte, es sei voller Schönheiten, und dem Standbilde gegenüber fiel mir ein, wie unrecht entweder ein solcher Spruch sei oder, wenn er berechtigt ist, wie arm ein Werk sei, das nur Schönheiten hat, selbst dann, wenn es voll von ihnen ist und das nicht selber eine Schönheit ist; denn ein großes Werk, das sah ich jetzt ein, hat keine Schönheiten und um so weniger, je einheitlicher und einziger es ist.

**498면**

"Felsen Berge Wolken Bäume, die ihnen glichen, liebte ich, die entgegengesetzten verachtete ich. Menschen menschliche Handlungen und Verhältnisse, die ihnen entsprachen, zogen mich an, die andern stießen mich ab. Es war, ich erkannte es spät, im Grunde die Wesenheit eines Künstlers, die sich in mir offenbarte und ihre Erfüllung heischte. Ob ich ein guter oder ein mittelmäßiger Künstler geworden wäre, weiß ich nicht. Ein großer aber wahrscheinlich nicht, weil dann nach allem Vermuten doch die Begabung durchgebrochen wäre, und ihren Gegenstand ergriffen hätte. Vielleicht irre ich mich auch darin, und es war mehr bloß die Anlage des Kunstverständnisses, was sich offenbarte, als die der Kunstgestaltung. Wie das aber auch ist: in jedem Falle waren die Kräfte, die sich in mir regten, dem Wirken eines Staatsdieners eher hinderlich als förderlich. Sie verlangten Gestalten und bewegten sich um Gestalten. So wie aber der Staat selber die Ordnung der gesellschaftlichen Beziehungen der Menschen ist, also nicht eine Gestalt sondern eine Fassung."

**499면**

"Es haben sehr tiefsinnige Menschen vor uns gelebt", erwiderte er, "man hat es nicht immer erkannt, und fängt erst jetzt an, es wieder ein wenig einzusehen. Ich weiß nicht, ob ich es Rührung oder Schwermut nennen soll, was ich empfinde, wenn ich daran denke, daß unsere Voreltern ihre größten und umfassendsten Werke nicht vollendet haben. Sie mußten auf eine solche Ewigkeit des Schönheitsgefühles gerechnet haben, daß sie überzeugt waren, die Nachwelt werde an dem weiter bauen, was sie angefangen haben. Ihre unfertigen Kirchen stehen wie Fremdlinge in unserer Zeit. Wir haben sie nicht mehr empfunden, oder haben sie durch häßliche Aftergebilde verunstaltet. Ich möchte jung sein, wenn eine Zeit kömmt, in welcher in unserem Vaterlande das Gefühl für diese Anfänge so groß wird, daß es die Mittel zusammenbringt, diese Anfänge weiter zu führen. Die Mittel sind vorhanden, nur werden sie auf etwas anderes angewendet, so wie man diese Bauwerke nicht aus Mangel der Mittel unvollendet ließ, sondern aus anderen Gründen."

### 501면

"Aber im Innern dürften sie bei der großen Zahl der mithandelnden Personen, von denen die meisten Stimme und Gewalt in Staatsdingen hatten, nicht so leicht gewesen sein, und die Macht, diese Gemüter durch Wort Erscheinung und Handlung zu gewinnen und zu leiten, dürfte schwierig zu erwerben gewesen sein, und dürfte eben dem Wesen eines Mannes die feste Gestalt aufgedrückt haben, die wir so oft an ihm bewundern. Unsere Zeit ist eine ganz verschiedene. Sie ist auf den Zusammensturz jener gefolgt und erscheint mir als eine Übergangszeit, nach welcher eine kommen wird, von der das griechische und römische Altertum weit wird übertroffen werden. Wir arbeiten an einem besondern Gewichte der Weltuhr, das den Alten, deren Sinn vorzüglich auf Staatsdinge auf das Recht und mitunter auf die Kunst ging, noch ziemlich unbekannt war, an den Naturwissenschaften. Wir können jetzt noch nicht ahnen, was die Pflege dieses Gewichtes für einen Einfluß haben wird auf die Umgestaltung der Welt und des Lebens. Wir haben zum Teile die Sätze dieser Wissenschaften noch als totes Eigentum in den Büchern oder Lehrzimmern, zum Teile haben wir sie erst auf die Gewerbe auf den Handel auf den Bau von Straßen und ähnlichen Dingen verwendet, wir stehen noch zu sehr in dem Brausen dieses Anfanges, um die Ergebnisse beurteilen zu können, ja wir stehen erst ganz am Anfange des Anfanges."

### 502~503면

"Wie wird es sein, wenn wir mit der Schnelligkeit des Blitzes Nachrichten über die ganze Erde werden verbreiten können, wenn wir selber mit großer Geschwindigkeit und in kurzer Zeit an die verschiedensten Stellen der Erde werden gelangen, und wenn wir mit gleicher Schnelligkeit große Lasten werden befördern können? Werden die Güter der Erde da nicht durch die Möglichkeit des leichten Austauschens gemeinsam werden, daß allen alles zugänglich ist? Jetzt kann sich eine kleine Landstadt und ihre Umgebung mit dem, was sie hat, was sie ist, und was sie weiß, absperren: bald wird es aber nicht mehr so sein, sie wird in den allgemeinen Verkehr gerissen werden. Dann wird, um der Allberührung genügen zu können, das, was der Geringste wissen und können muß, um vieles größer sein als jetzt. Die Staaten, die durch Entwicklung des Verstandes und durch Bildung sich dieses Wissen zuerst erwerben, werden an Reichtum, an Macht und Glanz vorausschreiten, und die andern sogar in Frage stellen können. Welche Umgestaltungen wird aber erst auch der Geist in seinem ganzen Wesen erlangen? Diese Wirkung ist bei weitem die wichtigste. Der Kampf in dieser Richtung wird sich fortkämpfen, er ist entstanden, weil neue menschliche Verhältnisse eintraten, das Brausen, von welchem ich sprach, wird noch stärker werden, wie lange es dauern wird, welche Übel entstehen werden, vermag ich nicht zu sagen; aber es wird eine Abklärung folgen, die Übermacht des Stoffes wird vor dem Geiste, der endlich doch siegen wird, eine bloße Macht werden, die er gebraucht, und weil er einen neuen menschlichen Gewinn gemacht hat, wird eine Zeit der Größe kommen, die in der Geschichte noch nicht dagewesen ist. Ich glaube, daß so Stufen nach Stufen in Jahrtausenden erstiegen werden. Wie weit das geht, wie es werden, wie es enden wird, vermag ein irdischer Verstand nicht zu ergründen. Nur das scheint mir sicher, andere Zeiten und andere Fassungen des Lebens werden kommen, wie sehr auch das, was dem Geiste und Körper des Menschen als letzter Grund inne wohnt, beharren mag."

## 수록 논문 발표 지면

**서장** 「허먼 멜빌과 '세계문학'의 꿈」, 『영미문학연구』 37호(2019) 개제, 전면 개고.

### 1부 자본주의근대의 개막과 문학의 대응

「『돈 키호테』, 근대를 열다」, 『비교문학』 76(2018) 개제, 전면 개고, 덧글 추가.
「식민지근대와 '되받아쓰기'」, 『안과밖』 49(2020) 개제, 전면 개고.
「'되받아쓰기'를 넘어서」, 『창작과비평』 2018 봄호 개제, 전면 개고, 덧글 추가.
「무간지옥, 미국의 인종주의」, 『영미문학연구』 31(2016) 개제, 전면 개고.

### 2부 정치와 역사, 그리고 문학의 실험

「가르시아 마르케스, 세르반테스의 후예」, 『창작과비평』 2013년 겨울호 개제, 전면 개고.
「'사고 실험'과 소설의 형식」, 『영미문학연구』 21(2017) 개제, 전면 개고.
「시장과 정치, 그리고 문학」, 『영미문학연구』 38(2020) 개제, 전면 개고.
「기후위기가 세계문학에 던지는 물음」, 『현대영미소설』 28:1(2021) 개제, 전면 개고.

### 3부 세계문학과 문학비평

「문학비평의 판단 근거에 관하여」, 『안과밖』 23(2007) 개제, 전면 개고.
「비평가의 평가와 책임」, 『안과밖』 36(2014) 개제, 전면 개고.

**종장** 「자본주의근대와 예술작품」, 『비교문학』 95(2025) 개제.

# 참고문헌

### 서장 「허먼 멜빌과 '세계문학'의 꿈」

김영희·유희석 엮음. 『세계문학론』. 창비, 2010.
노태훈. 『현장비평』. 민음사, 2023.
에카 쿠르니아완. 『호랑이 남자』. 박소현 옮김. 오월의 봄, 2018.
유희석. 「19세기 미국의 문학 지식인과 대중문화: 휘트먼의 「민주주의의 전망과 연관하여」. 『영미문학연구』 13호, 2007.
_____. 「'세계문학'의 개념들: 한반도적 시각의 확보를 위하여」. 『한국문학의 최전선과 세계문학』. 창비, 2013.
_____. 「『모비 딕』론: 19세기 미국의 '국민문학'과 셰익스피어」. 『안과밖』 21호, 2006.
_____. 「『모비 딕』론(2): 이쉬미얼과 퀴퀙의 살림 서사」. 『영미문학연구』 28호, 2015.
_____. 「문학의 실험과 증언」. 『창작과비평』 2014년 겨울.
_____. 「회통의 상상력과 역사의식: 호손의 로맨스론」. 『근대 극복의 이정표들』. 창비, 2007.
장은정. 「지나간 미래」. 『자음과모음』 44호, 2020.
장은정·이경영. 『경향신문』 인터뷰, https://ice-summer.tistory.com/33. 2020년 3월.
정보라. 『저주토끼』. 래빗홀, 2023.
천명관. 『고래』. 문학동네, 2014.
최진영. 「인간의 쓸모」. 『창작과비평』 2023년 여름.
한강. 『소년이 온다』. 창비, 2014.
_____. 『작별하지 않는다』. 문학동네, 2021.
_____. 『채식주의자』. 창비, 2007.
Apter, Emily. "What Is Yours, Ours, and Mine: Authorial Ownership and the Creative Commons." *October* Vol. 126, 2008.
Bell, Michael. "Creativity and Pedagogy in F. R. Leavis." *Philosophy and Literature* 40.1, 2016.
Berthold, Dennis. "Italy, the Civil War and the Politics of Friendship." *Hawthorne and Melville: Writing a Relationship*. eds. Jana L. Argersinger and Leland S. Person(Athens: University of Georgia Press, 2008).
Bousquet, P. Marc. "Mathews's Mosses? Fair Papers and Foul: A Note on the Northwestern Edition of Melville's 'Hawthorne and His Mosses.'" *The New England Quarterly* 67:4, 1994.
Briggs, Christine A. "Dollars Damn Me": *Work and Money in the Fiction of Herman Melville*. University of Detroit, 1985.
Bryant, John. *The Fluid Text: A Theory of Revision and Editing for Book and Screen*. University of Michigan Press, 2002.
Buell, Lawrence. "Melville and the Question of American Decololization." *Melville's Evermoving Dawn: Centennial Essays*. eds. John Bryant and Robert Milder. kent State UP, 1997.
Charvat, William et al., eds. *The Centenary Edition of the Works of Nathaniel Hawthorne* vol. 16. Ohio State

UP, 1962~1994.
Cook, Jonathan A. "Melville's Mosses Review and the Proclamation of Hawthorne as America's Literary Messiah." *Leviathan* 10:3, 2008.
Di Leo, Jeffrey R., ed. *American Literature as World Literature*. Bloomsbury Publishing Inc., 2018.
Fenton, Elizabeth, Valerie Rohy. "Absent-Minded Historicism." *The Journal of Nineteenth-Century Americanists* 7:1, 2019.
Freeburg, Christopher. *Melville and the Idea of Blackness: Race and Imperialism in Nineteenth-Century America*. Cambridge UP, 2012.
Giles, Paul. ""Bewildering Intertanglement": Melville's Engagement with British Culture." *The Cambridge Companion to Herman Melville*. ed. Robert S. Levine. Cambridge UP, 1998.
Han, Kang. *Human Acts: A Novel*. trans. Deborah Smith. Hogarth, 2017.
_____. *The Vegetarian*. trans. Deborah Smith. Hogarth, 2016.
Howard, Leon. *Herman Melville*. University of California Press, 1967.
Jay, Paul. *Global Matters: The Transnational Turn in Literary Studies*. Cornell University Press, 2010.
Kurniawan, Eka. *Man Tiger: A Novel*. trans. Labodalih Sembiring. Verso, 2015.
Lawrence, D. H. *Studies in Classic American Literature*. Penguin, 1990.
Lease, Benjamin. *Anglo-American Encounters: England and The Rise of American Literature*. Cambridge UP, 1981.
Levin, Harry. *The Power of Blackness: Hawthorne · Poe · Melville*. Alfred A. Knopf, 1967.
Levine, Robert S. "Why We Should Be Teaching and Writing about The Literary World's 1850 'Hawthorne and His Mosses.'" *The Journal of Nineteenth-Century Americanists* 5:1, 2017.
Levine, Robert S. et al., eds. *The Norton Anthology of American Literature*, 9th Edition, Volume B: 1820~1865. Norton, 2018.
McGill, Meredith. *American Literature and the Culture of Reprinting, 1834~1853*, U of Pennsylvania P, 2003.
Melville, Herman. *Correspondence*. eds. Harrison Hayford, Hershel Parker, and Thomas Tanselle. Northwestern UP and The Newberry Library, 1993.
_____. *The Piazza Tales and Other Prose Pieces, 1839~1860*. eds. Harrison Hayford, Hershel Parker, and Thomas Tanselle. Northwestern UP and The Newberry Library, 1981.
Miller, Perry. *The Raven and The Whale: The War of Words and Wits in the Era of Poe and Melville*. Harcourt, Brace & World, 1956.
Ohge, Christopher et al. "At the Axis of Reality: Melville's Marginalia in The Dramatic Works of William Shakespeare." *Leviathan* 20:2, 2018.
Poe, E. A. "Hawthorne's Tales." *The Shock of Recognition: The Development of Literature in the United States Recorded by the Men Who Made It*. ed. Edmund Wilson. Doubleday, Doran & Company, Inc., 1943.
Rothschild, Ida. "Reframing Melville's 'Manifesto': 'Hawthorne and His Mosses' and the Culture of Reprinting." *The Cambridge Quarterly* 41:3, 2012.
Sachs, Aaron. *Up from the Depths: Herman Melville, Lewis Mumford, and Rediscovery in Dark Times*. Princeton University Press, 2022.
Sturgess, Kim C. *Shakespeare and The American Nation*. Cambridge UP, 2004.
Veracini, Lorenzo. *The Settler Colonial Present*. Palgrave Macmillan, 2015.
Webster. *On Being Americans: selected writings, 1783~1828*. Praeger Publishers, 1967.

Weinauer, Ellen. "Plagiarism and the Proprietary Self: Policing the Boundaries of Authorship in Herman Melville's 'Hawthorne and His Mosses.'" *American Literature* 69:4, 1997.
Williams, Susan S. "Genius, Nation, and Territorial Expansion in Hawthorne's 'A Select Party.'" *Nathaniel Hawthorne Review* 37.1, 2011.

# 1부 자본주의근대의 개막과 문학의 대응

### 1장 「『돈 키호테』, 근대를 열다」

게오르크 루카치. 『소설의 이론』. 김경식 옮김. 문예출판사, 2007.
나송주. 「세르반테스의 소설과 종교재판소의 검열」. 『西語西文研究』 14, 1999.
미겔 데 세르반테스. 『돈 키호테』. 민용태 옮김. 창비, 2012.
_____. 『모범소설집 2』. 민용태 옮김. 창비, 2020.
바르톨로메 데 라스 카사스. 『인디아스 파괴에 관한 간략한 보고서』. 최권준 옮김. 시타델 퍼블리싱, 2007.
신정환. 「『돈 키호테』, 매혹과 환멸의 서사시」. 『안과밖』 39호, 2015.
안영옥. 『돈 키호테를 읽다』. 열린책들, 2016.
유희석. 「세계문학에 관한 단상」. 『근대 극복의 이정표들』. 창비, 2007.
윤용욱. 「메타픽션과 돈 키호테」. 『환멸의 세계와 문학적 유토피아: 『돈 키호테』를 읽다』. 월인, 2016.
임홍배. 『괴테가 탐사한 근대: 슈투름 운트 드랑에서 세계문학론까지』. 창비, 2014.
전기순. 「세르반테스와 자의식적 픽션」. 『환멸의 세계와 문학적 유토피아: 『돈 키호테』를 읽다』. 월인, 2016.
Anderson, Ellen M. "His Pen's Christian Profession: Cide Hamete Writes the End of Don Quixote." *Romance Language Annual* 6, 1994.
Auerbach, Erich. *Mimesis: The Representation of Reality in Western Literature*. trans. Willard R. Trask. Princeton UP, 1953.
Avellaneda, Alonso Fernandez de. *Don Quixote de La Mancha*. trans. Alberta Wilson Server and John Esten Keller. Juan de la Cuesta, 2009.
Cervantes, Miguel de. *Don Quijote*. trans. Burton Raffel. Norton, 1999.
_____. *El ingenioso hidalgo don Quijote de la Mancha*. Vintage Español, 2002.
Childers, William. *Transnational Cervantes*. University of Toronto Press, 2006.
Corteguera, Luis. "Sancho Panza Wants an Island: Cervantes and the Politics of Peasant Rulers." *Romance Quarterly* 52, 2005.
Echevarría, Roberto González. *Love and The Law in Cervantes*. Yale UP, 2005.
Eggington, William. *The Man Who Invented Fiction: How Cervantes Ushered in The Modern World*. Bloomsbury, 2016.
Fielding, Henry. *Joseph Andrews*. Penguin, 1999.
Fuentes, Carlos. "Foreword." *Don Quijote*. trans. Burton Raffel. Norton, 1999.
Gasset, José Ortega y. *Meditations on Don Quixote*. trans. Evelyn Rugg and Diego Marín. Norton, 1963.

Gerli, E. Michael. *Refiguring Authority: Reading, Writing, and Rewriting in Cervantes*. University Press of Kentucky, 1995.

Graf, E. C. *Cervantes and Modernity: Four Essays on Don Quijote*. Bucknell UP, 2010.

Herrmes, Nizar F. "Why You Can't Believe the Arabian Historian Cide Hamete Benengeli: Islam and the Arabian Cultural Heritage in *Don Quixote*." *The Comparatist* 38, 2014.

Iffland, James. "Do We Really Need to Read Avellaneda?" *Cervantes: Bulletin of the Cervantes Society of America* 21:1, 2001.

Johnson, Carroll B. *Cervantes and the Material World*. University of Illinois Press, 2000.

_____. *Translating a Culture: Cervantes and the Moriscos*. Juan de la Cuesta, 2009.

Jones, Joseph R. "Notes on the Diffusion and Influence of Avellaneda's 'Quixote.'" *Hispania* 56, 1973.

Ker, E. P. *Collected Essays II*. Macmillan, 1925.

Lennox, Charlotte. *The Female Quixote: or, The Adventures of Arabell*. Penguin, 2006.

Lukács, Georg. *Die Theorie des Romans: Ein geschichts philosophischer Versuch über die Formen der großen Epik*. dtv, 1994.

_____. *The Theory of the Novel: A historico-philosophical essay on the forms of great epic literature*. trans. Anna Bostock. MIT Press, 1971.

Martínez-Bonati, Félix. *Don Quixote and the Poetics of the Novel*. trans. Dian Fox. Cornell UP, 1992.

Marx, Karl and Friedrich Engels. *The Communist Manifesto*. Verso, 1998.

Mignolo, Walter D. "De-Linking: Don Quixote, Globalization, and the Colonies." *Malcaster International* vol. 17:8, 2006.

Moretti, Franco. *Atlas of the European Novel, 1800~1900*. Verso, 1998.

Nabokov, Vladmir. *Lectures on Don Quixote*. ed. Fredson Bowers. Harcourt Brace Jovanovich, 1983.

Nemser, Daniel. "Governor Sancho and the Politics of Insularity." *Hispanic Review*, 2010.

Nushi, Admira. "Don Quixote, a Bildung Novel." *International Journal and Educational Innovation* 3:6, 2016.

O'Callaghan, Joseph F. *Reconquest and Crusade in Medieval Spain*. University of Pennsylvania Press, 2004.

Parr, James A. "Approaching Diegesis: Telling, Transmission, and Authority." *Approaches to Teaching Cervantes's Don Quixote*. eds. James A. Parr and Lisa Vollendorf. Modern Language Association of America, 2015.

Pidal, Ramón Menéndez. "The Genesis of Don Quixote." *Cervantes' Don Quixote: A Casebook*. ed. Roberto González Echevarría. Oxford UP, 2005.

Prendergast, Ryan. *Reading, Writing, and Errant Subjects in Inquisitorial Spain*. Routledge, 2016.

Presberg, Charles D. *Adventures in Paradox: Don Quixote and the Western Tradition*. Pennsylvania State UP, 2001.

Quint, David. *Cervantes's Novel of Modern Times*. Princeton UP, 2003.

Riley, E. C. *Cervantes's Theory of the Novel*. Oxford UP, 1962.

Robert, Marthe. *The Old and the New: From Don Quixote to Kafka*. University of California Press, 1977.

Stavans, Ilan. *Quixote: The Novel and The World*. Norton, 2015.

Williamsen, Amy. R. "Quantum Quixote: Embodying Empathy in the Borderlands." *Cervantes* 31.1, 2011.

Williamson, Edwin, ed. *Cervantes and The Modernists: The Question of Influence*. Tamesis, 1994.

Wilson, Diana de Armas. *Cervantes, the Novel, and the New World*. Oxford UP, 2000.

## 2장 식민지근대와 '되받아쓰기'

김종환. 「『태풍』의 각색과 전유: 세제르의 『또 하나의 태풍의 경우』」. 『신영어영문학』 50, 2011.
박윤영. 「"문화정치학적 전략으로서의 셰익스피어 다시-쓰기: 에메 세제르의 『어떤 태풍』을 중심으로」. 『동서비교문학저널』 31, 2014.
에드먼드 스펜서. 『선녀 여왕』. 임성균 옮김. 나남출판사, 2007~2012.
오정숙. 「에메 세제르의 『어떤 태풍』을 통해 본 흑인 연극: 셰익스피어 『태풍』의 탈식민적 다시 쓰기」. 『프랑스어문교육』 58, 2017.
이석구. 『제국과 민족국가 사이에서: 탈식민 시대 영어권 문학 다시 읽기』. 한길사, 2011.
진종화. 「에메 세제르의 『태풍』에 나타나는 식민 지배와 반식민 저항의 수사법」. 『수사학』 15, 2011.
Arnold, A. James. "Césaire and Shakespeare: Two Tempests." *Comparative Literature* 30:3, 1978.
Brown, Paul. "'This thing of darkness I acknowledge mine': *The Tempest* and the discourse of colonialism." *Political Shakespeare: New Essays in cultural materialism*. eds. J. Dollimore and A. Sinfield. Manchester UP, 1985.
Césaire, Aimé. *A Season in the Congo*. trans. G. C. Spivak. Seagull Books, 2018.
_____. *A Tempest*. trans. Richard Miller. Theatre Communications Group, Inc., 2002.
_____. *The Tragedy of King Christophe*. trans. Paul Breslin and Rachel Ney. Northwestern UP, 2015.
_____. *Une Tempête*. Editions du Seuil, 1969.
Cooper, Frederick. *Colonialism in Question: Theory, Knowledge, History*. University of California Press, 2005.
Dayan, Joan. "Playing Caliban: Césaire's *Tempest*." *Arizona Quarterly* 48:4, 1992.
Egan, Gabriel. *Shakespeare and Marx*. Oxford University Press, 2004.
Fanon, Frantz. *The Wretched of the Earth*. trans. Constance Farrington. Grove Press, 1968.
Fuchs, Barbara. "Conquering Islands: Contextualizing The Tempest." *Shakespeare Quarterly* 48, 1997.
Goldberg, Jonathan. *The Generation of Caliban*. Ronsdale Press, 2002.
Grady, Hugh. *Shakespeare's Dialectic of Hope: From the Political to the Utopian*. Cambridge University Press, 2022.
Helen, Whall M. "New Directions: Commedia dell'Arte, *The Tempest* and Transnational Criticism." *The Tempest: A Critical Reader*. eds. A. T. Vaughan and V. M. Vaughan. Bloomsbury, 2014.
Khoury, Joseph. "The Tempest Revisited in Martinique: Aimé Césaire's Shakespeare." *Journal for Early Modern Cultural Studies* 6:2, 2006.
King, Christa Knellwolf. "Prophetic and Political Vision in Shakespeare's *Tempest*: John Dee as a Model for Prospero." *Zeitsprünge* 16:3/4, 2012.
Knight, G. Wilson. *The Crown Of Life*. Methuen & Co, 1947.
Lamming, George. *The Pleasures of Exile*. Allison and Busby, 1984.
Levenson, Jill. L. ""The Bard is Imminent": Politics in Adaptations of Shakespeare's Plays since the 1960s." *Forum for World Literature Studies* 6:1, 2014.
Mannoni, O. *Prospero and Caliban: The Psychology of Colonization*. trans. Pamela Powesland. Frederick A. Praeger, 1956.
Marshall, Tristan. "*The Tempest* and The British Imperium in 1611." *The Historical Journal* 41:2, 1998.
Maisano, Scott. "New Directions: Shakespeare's Revolution—*The Tempest* as Scientific Romance." *The Tempest*:

*A Critical Reader*. eds. A. T. Vaughan and V. M. Vaughan. Bloomsbury, 2014.

Ojo-Ade, Femi. *Aimé Césaire's African Theater*. Africa World Press, Inc., 2010.

Porter, Laurence M. "Aimé Césaire's Reworking of Shakespeare: Anticolonialist Discourse in *Une Tempête*." *Comparative Literature Studies* 32:3, 1995.

Retamar, Roberto Fernándes. *Caliban and Other Essays*. trans. Edward Baker. 1971; University of Minnesota Press, 1989.

Rodó, José Enrique. *Ariel*. trans. Margaret Sayers Peden. 1900; University of Texas Press, 1988.

Sarnecki, Judith Holland. "Mastering the Masters: Aimé Césaire's Creolization of Shakespeare's *The Tempest*." *The French Review* 74:2, 2000.

Scott, David. *Conscripts of Modernity: The Tragedy of Colonial Enlightenment*. Duke UP, 2004.

Shakespeare, William. *The Merry Wives of Windsor*. ed. H. J. Oliver. Methuen, 1971.

_____. *The Tempest*, ed. Peter Hulme and William H. Sherman. Norton, 2004.

_____. *The Winter's Tale*. ed. J. H. Pafford. Methuen, 1981.

Spenser, Edmund. *The Faerie Queene*. Penguin, 1979.

Thieme, John. *Postcolonial Con-texts: Writing Back to the Canon*. Continuum, 2001.

Vaughan, Alden T. and Virginia Mason Vaughan. *Shakespeare's Caliban: A Cultural History*. Cambridge UP, 1991.

_____, eds. *The Tempest: A Critical Reader*. Bloomsbury, 2014.

Wilder, Cary. "Untimely Vision: Aimé Césaire, Decolonization, Utopia." *Public Culture* 21:1, 2009.

## 3장 '되받아쓰기'를 넘어서

염상섭. 『만세전』. 창비, 1987.

_____. 『삼대』. 창비, 2007.

유희석. 「세계체제의 (반)주변부와 근대소설」. 『한국문학의 최전선과 세계문학』. 창비, 2013.

_____. 「이상(李箱)과 식민지근대」. 『근대 극복의 이정표들』. 창비, 2007.

이병주. 『관부연락선』. 한길사, 2006.

최인훈. 『광장/구운몽』. 문학과지성사, 2013.

_____. 『총독의 소리』. 문학과지성사, 2009.

_____. 『화두』. 문학과지성사, 2008.

타예브 살리흐. 『북으로 가는 이주의 계절』. 이상숙 옮김. 아시아, 2014.

한만수. 『허용된 불온: 식민지 시기 검열과 한국문학』. 소명출판, 2015.

Abbas, Ali Abdalla. "Notes on Tayeb Salih: *Season of Migration to the North* and *The Wedding of Zein*." *Sudan Notes and Records* 55, 1974.

Aboulela, Leila. *The Translator*. Polygon An Imprint of Birlinn Limited, 2008.

Achebe, Chinua. *No Longer at Ease*. Heinemann, 1960.

Ayinde, Oladosu Afis. "The female, the feminist and the feminine: re-reading Tayeb Salih's *Season of Migration to the North*." *Studies in the Humanities* 35:1, 2008.

Berry, Benita. "Reflections on the Excess of Empire in Tayeb Salih's *Season of Migration to the North*." *Paragraph* 28:2, 2005.

Bugel, Ken. *The Abandoned Baobab: The Autobiography of a Senegalese Woman*. trans. Marjolijn de Jager. Univerisity of Virginia Press, 2008.

Caminero-Santangelo, Byron. "Legacies of Darkness: Neocolonialism, Joseph Conrad, and Tayeb Salih's "Season of Migration to the North."" *A Review of International English Literature* 30:4, 1999.

Césaire, Aimé. *Discourse on Colonialism*. trans. Joan Pinkham. Monthly Review Press, 2000.

Conrad, Joseph. *Heart of Darkness*. Norton, 2016.

Deckard, Sharae. *Combined and Uneven Development: Towards A New Theory of World-Literature*. Liverpool UP, 2015.

El-Ariss, Tarek. *Trials of Arab Modernity: Literary Affects and New Political*. Fordham UP, 2013.

El-Hussari, Ibrahim Ali. "*Season of Migration to the North* and *Heart of Darkness*: African Mimicry of European Stereotypes." *International Journal of Arts and Humanities* 38:38, 2010.

Ghazoul, Fj. "The Arabization of 'Othello.'" *Comparative Literature* 50:1, 1998.

Gurnah, Abdulrazak. *Memory of Depature*. Bloomsbury, 2016.

Hakki, Yahya. *The Lamp of Umm Hashim: And Other Stories*. trans. Denys Johnson-Davies. The American University in Cairo Press, 2006.

Hammad, Lamia Khalil. "Cultural Colonialism in the Translation of *Season of Migration to the North*." *Trans-Humanities* 9:1, 2016.

Harlow, Barbara. "Othello's Season of Migration." *Edebiyt* 4:2, 1979.

Hassan, Waïl S. *Tayeb Salih: Ideology & the Craft of Fiction*. Syracuse UP, 2003.

Holt, Elizabeth M. "Al-Tayyib Ṣāliḥ's *Season of Migration to the North*, the CIA, and the Cultural Cold War after Bandung." *Research in African Literatures* 50.3, 2019.

Ibrahim, A. El. "*Season of Migration to the North* and *Heart of Darkness*: African Mimicry of European Stereotypes." *Hussari International Journal of Arts and Humanities* 38:38, 2010.

Kane, Cheikh Hamidou. *Ambiguous Adventure*. Heinemann, 1985.

Salih, Tayeb. *Bandarshah*. trans. Denys Johnson-Davies. Routledge, 1996.

_____. *Season of Migration to the North; Mawsim al-Hijrah ila ash-Shamal*. trans. Denys Johnson-Davies. NYRB Classics, 2009.

_____. *The Wedding of Zein*. trans. Denys Johnson-Davies, et al. 1968; Review Books, 2009.

Tarawneh, Yosif and John Joseph. "Tayeb Salih and Freud: The Impact of Freudian Ideas on *Season of Migration to the North*." *Arabica* 35:3, 1988.

Tomiche, Nada. "Narrateurs et Point de Vue dans Mawsim Al-Higraila-Shamal." *Tayeb Salih's Season of Migration to the North: A Casebook*. American University of Beirut, 1985.

Wallerstein, Immanuel. *The World-System and Africa*. Diaspora Africa Press, 2017.

Warwick Research Collective. "'Irrealism' in Tayeb Salih's *Season of Migration to the North*." *Combined and Uneven Development: Towards A New Theory of World-Literature*. Liverpool UP, 2015.

## 4장 무간지옥, 미국의 인종주의

리처드 라이트. 『미국의 아들』. 김영희 옮김. 창비, 2012.
유희석. 「이중과제론과 현대성」. 『안과밖』 40호, 2016.

Budd, Louis J, ed. *Mark Twain: The Contemporary Reviews*. Cambridge UP, 1999.

Cantor, Rebecca Guess. "The Naming of a Slave: Roxy's Power in Mark Twain's *Pudd'nhead Wilson*." *The Mark Twain Annal* 11, 2013.

Caron, James E. "*Pudd'nhead Wilson*'s Calendar: Tall Tales and a Tragic Figure." *Nineteenth-Century Fiction* 36:1, 1982.

Chadwick, Jocelyn. "Forbidden Thought: New Challenges of Teaching Twain's, The Tragedy of *Pudd'nhead Wilson*." *The Mark Twain Journal* No.1, 2003.

Chase, Richard. *The American Novel and Its Tradition*. Johns Hopkins UP, 1957.

Esteve, Mary. "Shadow Economies: The Distribution of Wealth in and Around *Pudd'nhead Wilson*." *ELH* 78:2, 2011.

Felski, Rita. *The Limits of Critique*. University of Chicago Press, 2015.

Field, Karen E. and Barbara J. Fields. *Racecraft: The Soul of Inequality in American Life*. Verso, 2012.

Fisher, Marvin and Michael Elliot. "*Pudd'nhead Wilson*: Half a Dog is Worse than None." *Pudd'nhead Wilson and Those Extraordinary Twins*. ed. Sidney E. Berger. Norton, 2005.

Fishkin, Shelley Fisher. *Was Huck Black?: Mark Twain and African-American Voices*. Oxford UP, 1993.

Gilman, Susan and Forrest G. Robinson, eds. *Mark Twain's Pudd'nhead Wilson: Race, Conflict, and Culture*. Duke UP, 1990.

Hogan, Jerry B. "*Pudd'nhead Wilson*: Whose Tragedy Is It?" *Mark Twain Journal* 20:2, 1980.

Miller, Jim Wayne. "*Pudd'nhead Wilson*'s Calendar." *Mark Twain Journal* 13:3, 1966.

Moss, Robert. "Tracing Mark Twain's Intentions: The Retreat From Issues of Race in *Pudd'nhead Wilson*." *American Literary Realism, 1870~1910* 32:2, 1998.

Parker, Hershel. *Flawed Texts and Verbal Icons: Literary Authority in American Fiction*. Northwestern UP, 1984.

Philip, M. NourbeSe. *Zong!* Wesleyan University Press, 2008.

Robinson, Forrest G. "The Sense of Disorder in *Pudd'nhead Wilson*." *Mark Twain's Pudd'nhead Wilson: Race, Conflict, and Culture*. eds. Susan Gilman and Forrest G. Robinson. Duke UP, 1990.

Rowe, John Carlos. "Fatal Speculations: Murder, Money, and Manners in *Pudd'nhead Wilson*." *Mark Twain's Pudd'nhead Wilson: Race, Conflict, and Culture*. eds. Susan Gilman and Forrest G. Robinson. Duke UP, 1990.

Spangler, George M. "*Pudd'nhead Wilson*: A Parable of Property." *American Literature* 42:1, 1970.

Twain, Mark. *A Connecticut Yankee in King Arthur's Court*. Norton, 1982.

_____. *Adventures of Huckleberry Finn*. Norton, 1999.

_____. *Following the Equator and Anti-imperialist Essays*. Oxford UP, 1996.

_____. *Mysterious Stranger*. University of California Press, 1969.

_____. "On the Decay of the Art of Lying." *The Stolen White Elephant and Other Detective Stories*. Oxford UP, 1996.

_____. *Pudd'nhead Wilson and Those Extraordinary Twins*. ed. Sidney E. Berger. Norton, 2005.

_____. *The Adventures of Tom Sawyer*. Penguin, 2014.

_____. *The Prince and The Pauper*. Penguin, 1997.

Wecter, Dixon, ed. *The Love Letters of Mark Twain*. Harper & Brothers, 1947.

Wright, Richard. *Early Works: Lawd Today!; Uncle Tom's Children; Native Son*. Library of America, 1991.

# 2부 정치와 역사, 그리고 문학의 실험

## 1장 가르시아 마르케스, 세르반테스의 후예

가브리엘 가르시아 마르케스. 『백년의 고독』. 조구호 옮김. 민음사, 2000.
_____. 『이야기하기 위해 살다』. 조구호 옮김. 민음사, 2007.
고명철. 『세계문학, 그 너머: 탈구미중심주의·경계·해방의 상상력』. 소명출판, 2021.
김경연·김용규 엮음. 『세계문학의 가장자리에서』. 현암사, 2014.
마샤두 지 아시스. 『브라스 쿠바스의 사후 회고록』. 박원복 옮김. 창비, 2013.
송병선. 「라틴아메리카 문학의 수용과 문제점」. 『라틴아메리카 현대문학과 한국문학』. 울산대학교 출판부, 2005.
알레호 카르펜티에르. 『이 지상의 왕국』. 조구호 옮김. 문학동네, 2019.
에카 쿠르니아완. 『아름다움 그것은 상처』. 박소현 옮김. 오월의봄, 2017.
왕은철. 『문학의 거장들: 세계의 작가 9인을 만나다』. 현대문학, 2010.
유희석. 「세계문학의 역사적 조건에 관하여: 19세기 미국문학의 '르네상스'」. 『한국문학의 최전선과 세계문학』. 창비, 2013.
조구호. 『가르시아 마르케스의 『백년의 고독』 읽기』. 세창미디어, 2019.
토마스 만. 『부덴브로크 가의 사람들』. 홍성광 옮김. 민음사, 2001.
후안 룰포. 『페드로 파라모』. 정창 옮김. 민음사, 2003.
Asturias, Miguel Ángel. *Men of Maize*. trans. Gerald Martin. Penguin, 2024.
Bell, Michael. *Literature, Modernism, and Myth*. Cambridge UP, 1997.
_____. *Gabriel García Márquez: Solitude and Solidarity*. St. Martin Press, 1993.
_____. "García Márquez, magical realism and world literature." *The Cambridge Companion to Gabriel García Márquez*. Cambridge UP, 2010.
Carpentier, Alejo. "On the Marvelous Real in America."(1949); "The Baroque and the Marvelous Real."(1975) *Magical Realism: Theory, History, Community*. eds. Lois Parkinson Zamora and Wendy B. Faris. Duke UP, 1995.
Conrad, Joseph. *Nostromo: A Tale of the Seaboard*. Penguin, 2007.
Dorfman, Ariel. *Some Write to the Future*. Duke UP, 1991.
Glissant, Edouard. *Carribbean Discourse: Selected Essays*. University of Virginia Press, 1999.
Halka, Chester S. "*One Hundred Years of Solitude*: Two Additional Translation Corrections." *Journal of Modern Literature* XXIV, 2000.
Hawkins, Hunt. ""Nostromo" and Neo-Colonialism." *The Conradian* 43:1, 2018.
Katya et al. "'The quicksand of forgetfulness': semantic dementia in *One Hundred Years of Solitude*." *Brain* 132, 2009.
Kurniawan, Eka. *Beauty is a Wound*. trans. Annie Tucker. New Directions, 2015.
López-Mejía, Adellaida. "Race and Character in *Cien años de soledad*." *Theory in Action* 6:1, 2013.
Márquez, Gabriel García. *Cien años de soledad*. Vintage Español, 2003.
_____. *Collected Stories*. trans. Gregory Rabassa. HarperPerennial, 2005.
_____. "Fantasía y creación en América Latina y el Caribe". https://cdigital.uv.mx/bitstream/

handle/123456789/6871/ 197914P3.pdf?sequence=2&isAllowed=y.
_____. *Leaf Storm and Other Stories*. trans. Gregory Rabassa. HarperPerennial, 2005.
_____. *Living to Tell the Tale: An Autobiography*. trans. Edith Grossman. Vintage, 2004.
_____. *No One Writes to the Colonel and Other Stories*. trans. J. S. Bernstein. Perennial, 2006.
_____. *One Hundred Years of Solitude*. trans. Gregory Rabassa. HarperPerennial, 2006.
Martin, Gerald. *Journeys Through the Labyrinth: Latin American Fiction in the Twentieth Century*. Verso, 1989.
Moretti, Franco, ed. *Canon/Archive: Studies in Quantitative Formalism*. n+1 Books, 2017.
_____. *Distant Reading*. Verso, 2013.
_____. *Signs Taken for Wonders: Essays in the Sociology of Literary Forms*. Verso, 1983.
Rulfo, Juan. *Pedro Páramo*. trans. Margaret Sayers Peden. Grove Press, 1994.
Shaw, Donald L. "Which Was the First Novel of the Boom?" *The Modern Language Review* 89:2, 1994.
Wilson, Jason. "Alejo Carpentier's Re-invention of América Latina as Real and Marvellous." *A Companion to Magical Realism*. eds. Stephen M. Hart and Wen-Chin Ouyang. Tamesis, 2005.
Wood, Michael. *García Márquez: 100 Years of Solitude*. Cambridge UP, 1990.
Woolf, Virginia. "Modern Fiction." *The Common Reader*. A Harvest Book, 1925.
Young, David and Keith Hollaman, eds. *Magical Realist Fiction: An Anthology*. Longman Inc., 1984.

## 2장 '사고 실험'과 소설의 형식

손영주. 「"입증할 수 없는 것"으로부터 배우기—쿳시의 『엘리자베스 코스텔로』」. 『현대영미소설』 16:3, 2009.
헨리 제임스. 『한 여인의 초상 1』, 유명숙·유희석 옮김. 창비, 2013.
J. M. 쿳시. 『엘리자베스 코스텔로』. 김성호 옮김. 창비, 2022.
Attridge, Derek. *J. M. Coetzee and The Ethics of Reading*. U of Chicago P, 2004.
Bell, Michael. *Open Secrets: Literature, Education, and Authority From J-J. Rousseau to J. M. Coetzee*. Oxford UP, 2007.
Bethlehem, Louise. "Materiality and the Madness of Reading: J. M. Coetzee's *Elizabeth Costello* as Post-Apartheid Text." *Journal of Literary Studies* 21.3/4, 2005.
Brown, James R. *The Laboratory of the Mind: Thought Experiments in the Natural Science*. Routledge, 1991.
Coetzee, J. M. *Disgrace: A Novel*. Penguin, 2000.
_____. *Doubling the Point: Essays and Interviews*. ed. David Attwell. Harvard UP, 1992.
_____. *Dusklands*. Penguin, 1985.
_____. *Elizabeth Costello: Eight Lessons*. Penguin Books, 2003.
_____. *In the Heart of the Country: A Novel*. Penguin, 2017.
_____. *Life and Times of Michael K*. Penguin, 1985.
_____. *The Lives of Animals*. ed. Amy Gutmann. Princeton UP, 1999.
_____. *Waiting for the Barbarians: A Novel*. Penguin, 1982.
_____. *White Writing: On the Culture of Letters in South Africa*. Yale UP, 1988.

Defoe, Daniel. *Robinson Crusoe*. Norton, 1993.
Joyce, James. *Ulysses*. Vintage, 1986.
Kermode, Frank. "International Books of the Year." *Times Literary Supplement*, 2004.
Köhler, Wolfgang. *The Mentality of Apes*. 1925; trans. Ella Winter. Routledge, 2001.
Le Guin, Ursula. *The Left Hand of Darkness*. Acebooks, 2010.
Levine, Caroline. *Forms: Whole, Rhythm, Hierarchy, Network*. Princeton UP, 2015.
Mulhall, Stephen. *The Wounded Animal: J. M. Coetzee & the Difficulty of Reality in Literature and Philosophy*. Princeton UP, 2009.
Nagel, Thomas. *Mortal Questions*. Cambridge UP, 1979.
Nethersole, Reingard. "Reading in the In-Between: Pre-Scripting the 'Postscript' to *Elizabeth Costello*." *Journal of Literary Studies* 21.3, 2005.
Ruth, Bush. *Publishing Africa in French: Literary Institutions and Decolonization 1945~1967*. Liverpool UP, 2016.
Smut, Eckard. "Reading Through the Gates: Structure, Desire, and Subjectivity in J. M. Coetzee's *Elizabeth Costello*." *English in Africa* 36.2, 2009.
Swirski, Peter. *Of Literature and Knowledge: Explorations in Narrative Thought Experiments, Evolution and Game Theory*. Routledge, 2007.
Walton, Heather. "Staging John Coetzee/Elizabeth Costello." *Literature & Theology* 22.3, 2008.
West, Paul. *The Very Rich Hours of Count von Stauffenberg*. Overlook Books, 1991.
Wood, James. "A Frog's Life." *London Review of Books* 23, 2003.
Zumthor, Paul. *Oral Poetry: An Introduction*. trans. Kathryn Murphy-Judy. U of Minnesota P, 1990.

## 3장 시장과 정치, 그리고 문학

로베르토 볼라뇨. 『칠레의 밤』. 우석균 옮김. 열린책들, 2010.
우석균. 「칠레 쿠테타의 기억: 포스트혁명 시대의 죽음의 비행」. 『중남미연구』 37:1, 2018.
유희석. 「미국의 반체제운동에 관하여: 팬데믹 시대의 기록과 단상」. 『동향과전망』 111호, 2021.
이경민 엮음. 『로베르토 볼라뇨: 라틴아메리카 문학계의 이단아』. 글누림, 2018.
정인철. 「칠레의 국가폭력과 미완의 과거사 청산」. 『역사비평』 131호, 2020.
Beebee, Thomas O. ""More Culture!": The Rules of Art in Roberto Bolaño's *By Night in Chile*." *Roberto Bolaño as World Literature*. eds. Nicholas Birns and Juan E. De Castro. Bloomsbury Academic, 2017.
Birns, Nicholas and Juan E. De Castro, eds. *Roberto Bolaño as World Literature*. Bloomsbury, 2017.
Bolaño, Robert. *Amulet*. trans. Chris Andrews. New Directions, 2008.
_____. *Between Parentheses: Essays, Articles and Speeches, 1998~2003*. trans. Natasha Wimmer. Picador, 2012.
_____. *By Night in Chile*. trans. Chris Andrews. New Directions Books, 2003.
_____. *Distant Star*. trans. Chris Andrews. New Directions, 2004.
_____. *Nocturno de Chile*. Vintage Español, 2017.
_____. *The Savage Detective*. trans. Natasha Wimmer. Picador, 2008.
_____. *2666: A Novel*. trans. Natasha Wimmer. Picador, 2009.

Böll, Heinrich. *The Lost Honor of Katharina Blum*. trans. Leila Vennewitz. Penguin, 2009.
Browning, Robert. *Selected Poems*. ed. Daniel Karlin. Penguin, 2001.
Burns, Anna. *Milkman: A Novel*. Graywolf Press, 2018.
_____. *No Bones*. Flamingo, 2010.
Chris, Andrew. *Roberto Bolaño's Fiction: An Expanding Universe*. Columbia UP, 2014.
Cortázar, Julio. *Hopscotch*. trans. Gregory Rabassa. Pantheon, 1987.
Franco, Jean. "Questions for Bolaño." *Journal of Latin American Cultural Studies* 18/2~3, 2009.
Gutiérrez-Mouat, Ricardo. *Understanding Roberto Bolaño*. University of South Carolina Press, 2016.
Hoyos, Héctor. *Beyond Bolaño: The Global Latin American Novel*. Columbia University Press, 2015.
Myerston, Jacobo. "The Classicist in the cave: Bolaño's theory of reading in *By Night in Chile*." *Classical Receptions Journal* 8:4, 2016.
Quist, Jennifer. "Laurelled Lives: The Swedish Academy's Praise for Its Prizewinners." *New Left Review* 104, 2017.
Shelley, Percy Bysshe. *Shelley's Poetry and Prose*. eds. Neil Fraistat and Donald H. Reiman. Norton, 2002.
Todd, Richard. *Consuming Fictions: The Booker Prize and Fiction in Britain Today*. Bloomsbury, 1996.
Villalobos-Ruminott, Sergio. "A Kind of Hell: Roberto Bolaño and The Return of World Literature." *Journal of Latin American Cultural Studies* 18/2~3, 2009.
Walkowitz, Rebecca L. *Born Translated: The Contemporary Novel in an Age of World Literature*. Columbia University Press, 2015.
Zambra, Alejandro. *Multiple Choice*. trans. Megan McDowell. Penguin, 2016.

## 4장 기후위기가 세계문학에 던지는 물음

데이비드 월러스 웰즈. 『2050 거주불능 지구』. 김재경 옮김. 청림출판, 2020.
마이크 흄. 『기후 변화가 전부는 아니다』. 홍우정 옮김. 풀빛, 2024.
마이클 만·톰 톨스. 『누가 왜 기후변화를 부정하는가』. 정태영 옮김. 미래인, 2017.
수전 조지. 『루가노 리포트: 21세기 자본주의의 유지 방안』. 이대훈 옮김. 당대, 2006.
원영선. 「탈식민주의·생태 역사의 인류세적 서사화: 아미타브 고쉬의 『헝그리 타이드』」. 『19세기 영어권 문학』 25:2, 2021.
폴 호컨. 『플랜 드로다운』. 이현수 옮김. 글항아리, 2019.
Atwood, Margaret. *In Other World: SF and the Human Imagination*. Anchor Books, 2011.
Bracke, Astrid. *Climate Crisis and the 21st-Century British Novel*. Bloomsbury Publishing, 2017.
Darling, Seth B. and Douglas L. Sisterson. *How To Change Minds About Our Changing Climate*. The Experiment, LLC, 2014.
Feffer, John. *Frostlands*. Haymarket Books, 2018.
_____. *Songlands*. Haymarket Books, 2021.
_____. *Splinterlands*. Haymarket Books, 2016.
Fraser, Nancy. "Climates of Capital: For a Trans-Environmental Eco-Socialism." *New Left Review* 127, 2021.
Gaines, Susan M. *Carbon Dreams*. Leibfried House Press, 2022.
George, Susan. *The Lugano Report: On Preserving Capitalism in the Twenty-first Century*. Pluto Press, 1999.

Ghosh, Amitav. *Gun Island*. Farrar, Straus and Giroux, 2019.

_____. *The Great Derangement: Climate Change and the Unthinkable*. University of Chicago Press, 2017.

_____. *The Hungry Tide*. Harper Perennial, 2006.

Jensen, Liz. *The Rapture*. Doubleday, 2009.

Johns-Putra, Adeline. *Climate Change and the Contemporary Novel*. Cambridge University Press, 2019.

Kagarlitsky, Boris. *The Long Retreat: Strategies to Reverse the Decline of the Left*. trans. Renfrey Clarke. Pluto Press, 2024.

Kingsolver, Barbara. *Flight Behavior*. HarperCollins, 2012.

Lanchester, John. *The Wall*. Norton, 2019.

Mann, Michael E. *The New Climate War: the fight to take back our planet*. Scribe Publications, 2021.

McEwan, Ian. *Solar*. Vintage Arrow, 2022.

McCoy, Alfred W. *To Govern The Globe: World Order & Catastrophic Change*. Haymarket Books, 2021.

Rauscher, Judith. *Ecopoetic Place-Making: Nature and Mobility in Contemporary American Poetry*. transcript publishing, 2023.

Steinbeck, John. *The Grapes of Wrath*, Penguin, 2006.

Streeby, Shelley. *Imagining the Future of Climate Change: World-Making through Science Fiction and Activism*. University of California Press, 2018.

Thoreau, Henry David. *Walden*. Norton, 2008.

Trexler, Adam. *Anthropocene Fictions: The Novel in a Time of Climate Change*. University of Virginia Press, 2015.

Wenzel, Jennifer. *The Disposition of Nature: Environmental Crisis and World Literature*. Fordham University Press, 2020.

# 3부 세계문학과 문학비평

## 1장 문학비평의 판단 근거에 관하여

김건형. 『우리는 사랑을 발명한다』. 문학동네, 2023.

김영희. 「페미니즘과 학문의 객관성」. 『현대 학문의 성격』. 민음사, 2000.

니나 베임. 「곤경에 처한 남성이 펼치는 멜로드라마」. 『여성해방문학의 논리』. 창비, 1990.

윌라 캐서. 『開拓者』. 여석기 옮김. 을유문화사, 1955.

유희석. 「소설과 소설의 영화화: 『워싱턴 스퀘어』와 두 각색 영화를 중심으로」. 『인문논총』 54집, 2005.

이경란. 「새러 오언 쥬엇의 『전나무의 지방』―여성과 공동체」. 『영어영문학』 50권 2호, 2004.

정미경. 「『각성』에 나타난 '타자' 해방의 문제」. 『안과밖』 7호, 1999.

케이트 쇼팬. 『각성』. 한애경 옮김. 열린책들, 2019.

_____. 『이브가 깨어날 때』. 이소영 옮김. 열림원, 2002.

프레드릭 제임슨. 『맑스주의와 형식: 20세기의 변증법적 문학이론』. 여홍상 · 김영희 옮김. 창비, 2014.

Baym, Nina. "Melodramas of Beset Manhood: How Theories of American Fiction Excluded Women Authors."

_____. *Feminism and American Literary History*. Rutgers UP, 1992.

_____. *Woman's Fiction: A Guide to Novels by and about Women in America 1820~70*. U. of Illinois Press, 1993.

Cather, Willa. *O Pioneers!* ed. Sharon O'Brien. Norton, 2008.

Centry, Deborah S. *The Art of Dying: Suicide in the Works of Kate Chopin and Sylvia Plath*. Peter Lang Publishing. Inc., 2006.

Chopin, Kate. *The Awakening*. ed. Margo Culley. 3rd Edition; Norton, 2018.

Fiedler, Leslie A. *Love and Death in the American Novel*. 1960; Stein and Day, 1982.

Goethe. *Faust*. Norton, 1998.

Jewett, Sara Orne. *The Country of the Pointed Firs and Other Stories*. Norton, 1981.

Joyce, Chris. "The Idea of 'Anti-Philosophy' in the Work of F. R. Leavis." *The Cambridge Quarterly* 38:1, 2009.

Koloski, Bernard. "*The Awakening*: The first 100 years." *The Cambridge Companion to Kate Chopin*. ed. Janet Beer. Cambridge UP, 2008.

Macy, John. *The Spirit of American Literature*. The Modern Library, 1912.

Nafisi, Azar. *Reading Lolita in Tehran: A Memoir in Books*. Random House, 2003.

Ramos, Peter. "Unbearable Realism: Freedom, Ethics and Identity in *The Awakening*." *College Literature* 37:4, 2010.

Schneider, Cynthia A. *Willa Cather's O Pioneers! as a Response to Kate Chopin's The Awakening*. U of Nebraska, 2005.

Showalter, Elaine. *Sister's Choice: Tradition and Change in American Women's Writings*. Clarendon Press, 1991.

Streater, Kathleen. "Adèle Ratignolle: Kate Chopin's Feminist at Home in *The Awakening*." *Midwest Quarterly* 43:3, 2007.

Wharton, Edith. *Ethan Frome*. Public Park, 2020.


## 2장 비평가의 읽기와 책임

게오르그 루카치. 『우리 시대의 리얼리즘』. 문학예술연구회 옮김. 인간사, 1986.

김영희. 「포스트 시대 인문교육에서 리비스의 효용: 테리 이글턴의 『비평의 기능』과 관련하여」. 『영미문학교육』 17:1, 2013.

마르틴 하이데거. 『니체 1』. 박찬국 옮김. 도서출판 길, 2010.

제임스 조이스. 『더블린 사람들』. 성은애 옮김. 창비, 2019.

D. H. 로런스. 「말장수의 딸」. 『가든파티』. 김영희 엮고 옮김. 창비, 2010.

Bell, Michael. *F. R. Leavis*. Routledge, 1988.

_____. *Literature, Modernism and Myth: Belief and Responsibility in the Twentieth Century*. Cambridge UP, 1997.

_____. *Open Secrets: Literature, Education, and Authority From J-J. Rousseau to J. M. Coetzee*. Oxford UP, 2007.

_____. *Primitivism*. Methuen & Co Ltd., 1972.

_____. *Sentimentalism, Ethics and the Culture of Feeling*. Palgrave, 2000.

_____. *The Cambridge Companion to European Novelists*. ed. Michael Bell. Cambridge UP, 2012.

_____. *The Sentiment of Reality: Truth of Feeling in the European Novel*. George Allen & Unwin, 1983.

Cleary, Joe. "Realism after Modernism and the Literary World-System." *Modern Language Quarterly* 73:3, 2012.

Eliot, T. S. *The Sacred Wood: Essays on poetry and criticism*. Methuen & Co LTD., 1974.

Ellis, David. *Memoirs of a Leavisite: The Decline and Fall of Cambridge English*. Liverpool UP, 2013.

Joyce, James. *Dubliners*. Penguin Classics, 1995.

_____. *Portrait of the Artist as a Young Man*. Penguin, 2023.

Lawrence, D. H. *Selected Short Stories*. Penguin Classics, 1982.

Leavis, F. R. "Joyce and 'The Revolution of the Word.'" *F. R. Leavis: The Critic as Anti-Philosopher*. ed. G. Singh. Chatto & Windus, 1982.

Nietzsche, F. *Untimely Meditations*. ed. Daniel Breazeale. Cambridge University Press, 1997.


**종장** 자본주의근대와 예술작품

베르너 하이젠베르크. 『부분과 전체: 원자물리학을 둘러싼 대화들』. 유영미 옮김. 서커스출판상회, 2016.

서광열. 「니체의 교양교육비판과 제안: '교양의 속물'과 '레츠테 멘쉬' 비판을 중심으로」. 『인문학연구』 98호, 경희대학교 인문학연구원, 2018.

아달베르트 슈티프터. 『늦여름』. 박종대 옮김. 문학동네, 2011.

유희석. 「하이데거와 과학기술: '과학은 사유하지 않는다'라는 단언을 중심으로」. 『현대유럽철학연구』 71호, 2023.

이화영. 「아달베르트 슈티프터의 『늦여름(Der Nachsommer)』」. 『외국어로서의 독일어』 제48집, 2021.

전창배. 「슈티프터의 소설 『늦여름(Der Nachsommer)』에 나타난 정체성의 문제」. 『괴테연구』 17집, 2005.

프리드리히 쉴러. 『인간의 미적 교육을 위한 편지』. 안인희 옮김. 휴먼아트, 2012.

홍길표. 「근대 사회의 개인 그리고 예술—아달베르트 슈티프터의 『늦여름』 소고」. 『독일언어문학』 제62집, 2023.

_____. 「인간과 자연의 문제 혹은 인간중심주의 비판—아달베르트 슈티프터의 『늦여름』」. 『독어교육』 제89집, 2024.

Armstrong, Nancy. "Why the Bildungsroman no longer works." *Textual Practice* 34:12, 2020.

Blackall, Eric A. *Adalbert Stifter: A Critical Study*. Cambridge University Press, 2011.

Devlin, F. Roger. "Adalbert Stifter and the "Biedermeier" Imagination." *Modern Age* 15:2, 2008.

Gump, Margaret. *Adalbert Stifter*. Twayne Publishers, 1974.

Haines, Brigid. *Dialogue and narrative design in the works of Adalbert Stifter*. Modern Humanities Research Association, 1991.

Heisenberg, Werner. *Der Teil und Das Ganze: Gespräch im Umkreis der Atomphysik*. Piper Verlah Gmbh, 1969.

Kontje, Todd. "The German Tradition of the Bildungsroman." *A History of the Bildungsroman*. ed. Sarah Graham. Cambridge University Press, 2019.

Marx, Karl and Frederick Engels. *The Communist Manifesto*. Verso, 1998.

Moretti, Franco. *The Way of the World: The Bildungsroman in European Culture*. Verso, 1987.

Nietzsche, Friedrich. *Menschliches, Allzumenschliches*. Walter de Gruyter & Co., 1967.

_____. *Untimely Meditations*. ed. Daniel Breazeale. Cambridge University Press, 1997.

Sjgren, Christine Oertel. *The Marble Statue as Idea: Collected Essays on Adalbert Stifter's Der Nachsommer*. University of North Carolina Press, 1972.

Stifter, Adalbert. *Der Nachsommer*. Winkler Verlag, 1949.

_____. *Indian Summer*. trans. Wendell Frye. 4th ed.; Peter Lang, 2009.

Swales, Martin. *The German Bildungsroman from Wieland to Hesse*. Princeton University Press, 1978.

Thompson, E. P. "The Moral Economy of the English Crowd in the Eighteenth Century." *Past & Present* 50, 1971.

Wallerstein, Immanuel. *The Global Left: Yesterday, Today, Tomorrow*. Routledge, 2022.

# 찾아보기

## ㄱ

『가브리엘 가르시아 마르케스: 고독과 연대』 259, 428
가산 카나파니(Ghassan Kanafani) 13
「가슴속의 뱀」 47
가와바타 야스나리(川端康成) 164
가정의 서사시 375
가즈오 이시구로(Kazuo Ishiguro) 26
강연-소설 288, 295, 302, 303, 304, 305, 310, 311
강제 결혼 461
거대담론 232, 349
『거장과 마르가리타』 266
『건 아일랜드』 381
게오르크 루카치(Georg Lukacs) 73, 74, 76, 77, 111, 311, 431, 432, 433, 452, 454
계급주의 12, 121, 190, 198, 201, 225, 228, 229, 270, 383, 393, 398
고딕소설 247, 248
골동품적 역사 500
공감의 상상력 284, 419
『공공연한 비밀들』 428, 430, 449
『공산당 선언』 20, 504
과학소설 354, 374

"과학은 사유하지 않는다" 506
『관부연락선』 160
『광장』 197
「구름 한 점」 462
국민국가체제 358
『굶주린 조수』 352, 353, 373, 377, 378, 379, 380, 381
귀스타브 플로베르(Gustave Flaubert) 405, 443, 455, 464
극적 독백 325, 329, 350
『근대 극복의 이정표들』 30, 52, 97, 179, 239, 431, 456
『근대의 서사시』 431
기계파괴주의자들 29
기념비적 역사 500
기술공학적 · 벤섬적 문명 455
기술파괴주의자 362
기후난민 358, 365, 367, 376, 381
기후소설 15, 16, 351, 352, 353, 354, 355, 356, 361, 369, 373, 374, 375, 377, 378, 379, 382, 384
기후위기 15, 16, 25, 351, 352, 353, 355, 356, 357, 359, 360, 361, 363, 364, 365, 366, 368, 370, 372, 373, 374, 375, 376, 377, 379, 381, 382,

383, 384, 470, 509
기후주의 355, 374, 384
김수영 64
김치원 31
『깨어남』 390, 397, 398, 399, 400, 402, 404, 405, 407, 408, 409, 410, 411, 412, 413, 414, 415, 416, 418, 419, 420, 421, 422, 423

ㄴ

『나라의 심장부에서』 310, 311
「낙엽」 245
『낡은 목사관의 이끼들』 36
남아메리카 붐 세대 269
너새니얼 호손(Nathaniel Hawthorne) 32, 33, 35, 36, 37, 38, 39, 40, 43, 46, 47, 48, 49, 50, 51, 52, 53, 57, 58, 59, 60, 61, 63, 69, 270, 391, 394, 395, 396
『노 본즈』 326, 327
『노래의 땅』 356, 372
『노스트로모』 266, 268, 269
노예경제 202, 220
『녹색의 하인리히』 476
『뉴욕 삼부작』 305
『늦여름』 15, 16, 17, 28, 29, 469, 470, 474, 475, 476, 477, 478, 479, 480, 481, 482, 483, 484, 485, 486, 489, 490, 492, 493, 494, 495, 497, 498, 499, 500, 501, 503, 505, 506, 508, 509, 510

ㄷ

다이킨크(E. A. Duyckinck) 36, 39, 42, 46, 49, 57
『다지선다』 316
대중문학 98, 313, 314, 315, 316, 350
『대혼란의 시대』 352, 377
『더 이상 평안은 없다』 161
『더블린 사람들』 453, 456, 462, 463, 464
데이비드 월러스-웰즈(David Wallace-Wells) 381
데이터 마이닝 19, 97, 238, 239
도나 해러웨이(Donna Haraway) 382
도둑정치 271
도버 윌슨(Dover Wilson) 129
『돈 키호테』 13, 70, 73, 74, 75, 76, 77, 78, 79, 80, 81, 83, 84, 85, 86, 87, 93, 95, 96, 97, 98, 99, 101, 102, 103, 104, 105, 106, 107, 108, 110, 111, 112, 113, 114, 115, 116, 117, 137, 257, 259, 260, 262, 263, 264, 307, 435
동학운동 379
되받아쓰기 12, 23, 117, 118, 119, 121, 122, 123, 139, 147, 149, 153, 154, 155, 156, 157, 158, 163, 174, 177, 181, 189, 190, 202, 495
『두 번 되풀이된 이야기들』 57

ㄹ

레슬리 피들러(Leslie A. Fiedler) 221,

394, 395, 396
레오폴트 폰 랑케(Leopold von Ranke) 445
레이먼드 윌리엄즈(Raymond Williams) 448
레일라 아부렐라(Leila Aboulela) 162
로맨스 사기극 457
로버트 러바인(Robert S. Levine) 36, 39, 41, 42, 43, 44, 45, 53
로버트 브라우닝(Robert Browning) 325, 350
로베르토 볼라뇨(Roberto Bolaño) 17, 18, 270, 313, 314, 316, 317, 318, 319, 320, 321, 322, 323, 324, 325, 327, 328, 329, 330, 335, 338, 340, 341, 342, 343, 345, 346, 349, 350
『로빈슨 크루소』 189, 278
로젠하우스 16, 481, 483, 484, 485, 486, 487, 491, 496, 505, 509
리처드 라이트(Richard Wright) 199, 200, 201, 230
『리틀 도릿』 476

ㅁ

마리치잔피 대학살 377
마샤두(Machado de Assis) 271
마샬 버먼(Marshall Berman) 431, 433
마술적 리얼리즘 63, 237, 240, 241, 242, 243, 244, 245, 246, 264, 265, 266, 267, 273, 320
마우리츠 에셔(Maurits Cornelis Escher) 261
『마의 산』 453, 476
마이클 벨(Michael Bell) 18, 259, 260, 261, 263, 264, 265, 266, 267, 269, 300, 303, 305, 424, 425, 427, 428, 429, 430, 431, 432, 433, 434, 435, 436, 437, 438, 439, 441, 442, 443, 444, 445, 446, 447, 448, 449, 451, 452, 453, 454, 455, 456, 457, 459, 462, 464, 465, 466, 467
『마이클 K의 삶과 시대』 310, 311
마콘도 247, 248, 251, 252, 253, 254, 255, 256, 257, 259, 260, 262, 263
마크 부스케(P. Mark Bousquet) 39, 40, 41, 42, 45
마크 트웨인(Mark Twain) 8, 198, 200, 201, 202, 203, 204, 205, 208, 209, 211, 213, 214, 215, 216, 217, 218, 219, 220, 221, 222, 223, 224, 225, 227, 228, 229, 230, 231, 232, 233, 394
마틴 루터 킹(Martin Luther King) 145, 148
미하일 불가코프(Mikhail Bulgakov) 266
「만세전」 160, 192, 193, 195, 196
『말괄량이 길들이기』 122
『말디』 43, 44, 53
「말장수의 딸」 434, 456, 458, 460, 461, 463
말콤 X(Malcolm X) 145, 148
맨부커상 69, 348

『먼 별』 323, 338, 343
『멋진 신세계』 135, 238, 370
『모든 단단한 것은 대기 속으로 사라진다』 431
『모범소설집』 116, 264
『모비 딕』 35, 37, 40, 44, 45, 49, 50, 52, 54, 55, 62, 111
모옌(莫言) 243
『모호한 모험』 161, 186, 187
『무지개』 266
무지에 대한 배려 474, 484, 487, 509
『문학과 모더니즘 그리고 신화』 424, 425, 430, 431, 452
미겔 데 세르반테스(Miguel De Cervantes) 17, 22, 63, 73, 77, 79, 80, 81, 82, 83, 84, 85, 86, 87, 88, 90, 92, 93, 94, 95, 97, 98, 99, 100, 101, 102, 104, 105, 106, 107, 108, 110, 111, 112, 113, 114, 115, 116, 117, 138, 237, 240, 257, 259, 262, 263, 264, 269, 307, 324, 427, 429, 435, 436
『미국의 아들』 199, 200
미국 르네상스 51
『미스터 눈』 453
민권운동 145, 215
『밀크맨』 326, 327

ㅂ
바나나공화국 254
바르가스 요사(Jorge Vargas Llosa) 271
바르톨로메 신부(Bartolomé de las Casas) 116, 117, 138
『바이유의 사람들』 403
『백년의 고독』 17, 237, 240, 245, 246, 247, 249, 250, 251, 252, 253, 255, 256, 257, 258, 259, 260, 261, 262, 263, 264, 266, 267, 268, 269, 272, 273, 427, 436
『버려진 바오밥나무』 161
버지니아 울프(Virginia Woolf) 246, 453
『번역자』 162
「법 앞에서」 290
『베니스의 상인』 122
베르너 하이젠베르크(Werner Heisenberg) 506
「베이컨 경에게 보내는 찬도스 경의 편지」 297, 307
『벽』 376, 377
「변신」 103
병리적 정형행동 254
「보들레르와 근대」 9
보바리즘 399
볼프강 쾰러(Wolfgang Köhler) 284
『부덴브로크 가의 사람들』 249
『부적』 323, 324, 325, 343
『북으로 가는 이주의 계절』 12, 155, 157, 162, 165, 201
『분노의 포도』 358
붐 소설 237, 238, 240, 244, 245, 247, 269, 271, 272
블라드미르 나보코프(Vladimir

Nabokov) 428, 455
『비극의 탄생』 441
비더마이어 시대 479
『비러비드』 208
비판적 역사 182, 446, 500
『비평의 기능』 425, 426
『비행 습성』 373, 375, 376, 377
빌둥스로만 15, 17, 473, 474, 475, 476, 480, 505, 506, 509, 510
『빌헬름 마이스터의 수업』 475, 505

ㅅ
사고 실험 29, 274, 275, 276, 277, 284, 285, 288, 290, 291, 300, 302, 305, 308, 310, 312, 364, 427, 444
『사기꾼』 35, 45
『사방치기』 321
살만 루슈디(Salman Rushdie) 266
살바도르 아옌데(Salvador Allende) 322, 333, 338, 339, 344
「상대역들」 462
새러 오언 주엇(Sarah Orne Jewett) 8, 390, 392, 395, 396, 397, 398, 410, 411, 412, 413, 416, 419, 420, 421
새로운 정상 16, 353
새뮤얼 리처드슨(Samuel Richardson) 85, 428
생태적 유토피아 16, 509
샬럿 브론테(Charlotte Brontë) 449
『서정담시집』 413
『서커스의 밤』 436

『선녀 여왕』 130
성차별주의 49, 121, 122, 190, 198, 201, 210, 225, 228, 229, 270, 383, 393, 396, 398
「성탄 연회」 47
세계체제의 요동 465
세르반테스적 전환 110, 112, 259
세풀베다(Luis Sepúlveda) 316
『센티멘털리즘』 428, 430, 443
『소년이 온다』 68, 69
소농공동체 370
『소설의 이론』 73, 111
속물교양 500
『솔라』 373
쇼아 256, 303
수전 손탁(Susan Sontag) 325
순다르반스 353, 378, 379, 380, 381
스탕달 신드롬 472
시데 아메테 베넹헬리(Cide Hamete Benengeli) 78, 79, 80, 81, 82, 83, 86, 95, 104, 259
시드니 스미스(Sidney Smith) 54
식민지근대 12, 13, 18, 23, 25, 117, 119, 120, 121, 123, 160, 165, 173, 179, 188, 191, 192, 196, 198, 271, 273, 311, 494
신경숙 67
신유물론 302
신자유주의 319, 322, 323, 338, 346, 347
신화만들기 18, 437, 438, 439, 440,

444, 446, 452, 454, 455, 465, 467
신화창조적 인식 261
『실재의 센티먼트』 428
『심벌린』 125, 126
쌍둥이 플롯 204, 205, 206, 223, 229
「쓴트모어」 453

ㅇ
아다니아 쉬블리(Adania Shibli) 13
아달베르트 슈티프터(Adalbert Stifter)
　　 15, 470, 474, 475, 476, 477, 478,
　　 480, 500, 501, 502, 504, 505, 508
아르투르 쇼펜하우어(Arthur
　　 Schopenhauer) 433, 434, 441, 442
아리엘 도르프만(Ariel Dorfman) 244,
　　 316, 340
아메리카의 경이로운 현실 241, 245
아메리칸 르네상스 270, 393
「아무도 대령에게 편지하지 않다」 245,
　　 252
아우슈비츠 증언문학 12, 13, 469
『아우스터리츠』 469
아이다 로스차일드(Ida Rothshild) 39,
　　 40, 41, 43, 45
『아카디의 밤』 403
『아테네의 타이몬』 122
악의 상투성 289
『안토니와 클레오파트라』 126
알레호 카르펜티에르(Alejo Carpentier)
　　 241, 242, 243, 244, 430, 435, 436
알렉산더 포프(Alexander Pope) 58

애너 번즈(Anna Burns) 326, 327
앤젤러 카터(Angela Carter) 430, 436
앨런 튜링(Alan Turing) 26, 27, 28, 29
『야만스러운 탐정들』 321, 322
『야만인들을 기다리며』 310
『어느 미국 농부의 편지』 133
「어느 학술원에 드리는 보고」 278
『어둠의 땅』 310
『어둠의 속』 12, 155, 174, 175, 176,
　　 177, 180, 196, 450, 451, 452
『어떤 태풍』 22, 122, 139, 140, 141,
　　 142, 143, 144, 145, 146, 147, 148,
　　 149, 150, 151, 152, 153, 155, 156,
　　 189
언어도단 312
언어의 전환 435
『얼간이 윌슨』 8, 198, 199, 202, 203,
　　 204, 205, 206, 207, 210, 213, 214,
　　 215, 220, 221, 222, 223, 224, 226,
　　 227, 228, 230, 231, 232, 233
『얼어붙은 땅』 356, 365, 366, 369,
　　 370, 371
「엄선된 연회」 61
『엉클 톰의 오두막』 222
에두아르도 프레이 몬탈바(Eduardo Frei
　　 Montalva) 333
에드거 앨런 포(Edgar Allan Poe) 32
에드먼드 스펜서(Edmund Spenser) 130
에르네스트 만델(Ernest Mandel) 436
에메 세제르(Aimé Césaire) 22, 117,
　　 119, 122, 123, 139, 140, 141, 142,

143, 144, 145, 146, 147, 148, 149,
150, 151, 152, 153, 154, 156, 189
에밀 졸라(Émile Zola) 245
『에밀, 또는 교육에 관하여』 487
「에밀리에게 장미를」 310
에스파냐 식민주의 242
에카 쿠르니아완(Eka Kurniawan) 68,
250
엘리자베스 시대 269
『엘리자베스 코스텔로』 29, 30, 266,
273, 274, 275, 276, 277, 286, 295,
296, 297, 298, 299, 300, 302, 304,
305, 306, 307, 308, 310, 311, 312
여성주의 9, 13, 85, 184, 299, 389,
390, 397, 402, 407, 409, 420, 427,
453
『연애하는 여인들』 456
염상섭 160, 192, 193, 196, 197
「영 굿맨 브라운」 61
영 아메리카 36, 37, 40, 44, 45, 53
예술작품의 근원적 체험 470, 480, 496
『오, 개척자들』 390, 410, 411, 412,
413, 414, 415, 416, 418, 419, 420,
421
오노레 드 발자크(Honoré de Balzac)
314, 476
오디세우스 446
『오만과 편견』 488
『오무』 53
오비드(Pūblius Ovidius Nāsō) 98
『오셀로』 155, 181

「오지먼디어스」 333
『오트란토 성』 247
오푸스 데이 334
올더스 레너드 헉슬리(Aldous Leonard
Huxley) 135
올리버 골드스미스(Oliver Goldsmith)
56
『와인스버그, 오하이오』 456
『요부』 408, 409
『요셉과 그의 형제들』 435, 453
요한 볼프강 폰 괴테(Johann Wolfgang
von Goethe) 20, 21, 22, 33, 34,
70, 76, 98, 158, 192, 314, 315,
348, 387, 395, 475, 476, 503, 505
요한 페터 에커만(Johann Peter
Eckermann) 20, 503
용서받을 수 없는 죄 416
『우상들의 황혼』 441, 442
「움 하솀의 램프」 162, 183
워싱턴 어빙(Washington Irving) 57, 392
월터 스코트(Walter Scott) 56
월트 휘트먼(Walt Whitman) 38, 49,
60, 213, 214, 270, 391, 428
윌러 캐서(Willa Cather) 8, 390, 392,
395, 396, 398, 399, 408, 410, 411,
412, 413, 415, 419, 420, 421
윌리엄 셰익스피어(William Shakespeare)
21, 22, 41, 46, 50, 51, 52, 53,
54, 55, 60, 61, 86, 111, 117, 119,
121, 122, 123, 124, 125, 127, 128,
129, 134, 136, 138, 139, 141, 142,

143, 144, 145, 146, 147, 148, 149,
150, 153, 154, 155, 156, 163, 182,
189, 190, 191, 269, 314, 315, 455,
494
윌슨 나이트(Wilson Knight) 124, 127,
129
윌슨의 책력 221, 223, 226
윌슨 플롯 204, 205, 206, 212, 223,
229
유다의 나무 342, 343, 344
유럽연합 358
유럽중심주의 272, 451
유물론 19, 20, 125, 238, 302, 504, 505
유심론 20, 125, 505
유인남 31
『유인원들의 마음 상태』 284
유태경 31
『유토피아』 487
『이 지상의 왕국』 241, 244, 266
『이것이 인간인가』 12
이디스 워튼(Edith Wharton) 416
이매뉴얼 월러스틴(Immanuel
    Wallerstein) 16, 17, 164
이병주 160
『이상한 나라의 엘리스』 292
『이선 프롬』 416
이언 맥큐언(Ian McEwan) 26
이종 화자 346
이태무진 31
인간도(人間道) 28, 302
「인간의 쓸모」 66

인구 감축 전략 364
『인도로 가는 길』 450, 452
인디언 증오 202
인류세 소설 353
인종주의 8, 9, 12, 49, 55, 114, 120,
121, 122, 131, 132, 140, 173, 174,
190, 198, 199, 200, 201, 202, 205,
206, 207, 208, 209, 210, 211, 212,
214, 215, 217, 219, 220, 222, 223,
225, 226, 227, 228, 229, 230, 231,
233, 270, 271, 383, 393, 398, 426,
450, 451
읽기의 고유성 423
『잃어버린 환상』 476

ㅈ

자기성찰적 신화만들기 18, 439, 444,
446, 452
자본주의근대 8, 9, 12, 13, 14, 15, 16,
17, 70, 71, 108, 110, 119, 121,
154, 163, 173, 190, 201, 226, 228,
229, 230, 231, 232, 233, 262, 354,
370, 373, 374, 382, 383, 384, 469,
470, 471, 474, 496, 509, 510
『작별하지 않는다』 68
잠브라(Alejandro Zambra) 316
장은정 64, 65
『전나무 지방』 390, 410, 411, 412,
413, 416, 417, 419, 420, 421, 422
전시간적 자본주의 509
『젊은 베르터의 고뇌』 487

『젊은 예술가의 초상』 463
정전주의 113, 118, 122, 123, 143,
  149, 154, 349, 390, 392, 396
정홍수 31
『젤트빌라 사람들』 456
조셉 애디슨(Joseph Addison) 58
조지 엘리엇(George Elliot) 429, 430,
  435, 447, 449
존 랜체스터(John Lanchester) 376
존 밀튼(John Milton) 56, 58
존재의 대사슬 302
존 쿳시(John Coetzee) 29, 266, 273,
  275, 276, 277, 278, 279, 282, 283,
  286, 288, 289, 290, 291, 294, 295,
  296, 297, 298, 299, 300, 301, 302,
  303, 305, 306, 307, 308, 309, 310,
  311, 312, 313, 436, 466
종(Zong)호 대학살 226
「주교, 성 프랙스드 성당에 자신의 묘를
  지정하다」 325
『주기율표』 435
「죽음의 저편」 245
『줄리어스 시저』 126
『중력의 무지개』 436
지구공학적 해법 365, 368
지역문학 17, 100, 120, 266, 269, 271,
  272
진실과화해위원회 291
「진흙」 462
집단 불면증 253
『쪼개진 땅』 356, 357, 359, 361, 363,
  364, 366, 367

ㅊ

찰스 디킨스(Charles Dickens) 40, 171,
  314, 315, 449, 455, 464, 476, 510
채식주의 282, 283, 284, 292, 298,
  301, 307, 309
『채식주의자』 23, 68, 69
『총독의 소리』 197
최인훈 192, 197
최진영 66
최희정 31
추론소설 354
추방서사 81, 87, 91, 92, 93, 94, 137
치누아 아체베(Chinua Achebe) 435,
  450, 451
『치욕』 311
『칠레의 밤』 18, 270, 313, 314, 316,
  317, 319, 327, 347

ㅋ

『카라마조프가의 형제들』 111
카를로스 푸엔테스(Carlos Fuentes) 271
『카타리나 블룸의 잃어버린 명예』 324
칼 맑스(Karl Marx) 20, 33, 76, 100,
  121, 192, 232, 439, 503, 505
칼뱅(Jean Calvin) 479
케이트 쇼팬(Kate Chopin) 8, 390, 392,
  395, 396, 398, 399, 400, 402, 403,
  404, 405, 407, 408, 409, 410, 412,
  413, 415, 419, 421

코넬리우스 매슈즈(Cornelius Mathews) 39
『코리올레이너스』 126
『콩고에서의 한철』 140, 141
크레브쾨르(J. Hector St. John de Crèvecoeur) 133
크리스토퍼 컬럼버스(Christopher Columbus) 119
『크리스토프 왕의 비극』 139, 140, 153, 154

## ㅌ

타스메이니어 290, 291
타예브 살리흐(Tayeb Salih) 12, 13, 155, 162, 164, 165, 166, 170, 173, 174, 175, 177, 179, 180, 182, 187, 188, 190, 191, 192, 193
『타이터스 앤드로니커스』 126
『타이피』 44, 53
『탄소의 꿈』 373
『탈향의 기억』 161
『태풍』 22, 122, 123, 124, 125, 126, 127, 128, 130, 133, 134, 135, 136, 137, 138, 139, 141, 142, 143, 144, 145, 146, 147, 149, 150, 153, 155, 156, 189, 494
테리 이글턴(Terry Eagleton) 425, 426, 427, 448
토니 모리슨(Toni Morrison) 208
토마스 만(Thomas Mann) 112, 249, 430, 432, 434, 435, 439

토머스 모어(Thomas More) 487
토머스 핀천(Thomas Pynchon) 430, 436
톰-록시 플롯 203, 204, 205, 206, 207, 210, 211, 212, 223, 229
트로이의 목마 301, 303, 304
틀라텔롤코 광장 학살 324

## ㅍ

파당 60, 340
『파멜라』 85
파블로 네루다(Pablo Neruda) 330, 331, 338
파블로프의 개 352
파쇼 340
『파우스트』 387
파울 춤토어(Paul Zumthor) 281
퍼시 비시 셸리(P. B. Shelley) 333
『페드로 파라모』 247
포로서사 87, 88, 89, 90, 91, 94
폭력의 시대 256
『폰 슈타우펜베르크 백작의 바로 그 풍요로운 시간들』 289
폴 오스터(Paul Auster) 305
폴 웨스트(Paul West) 289
표도르 미하일로비치 도스토옙스키(Fyodor Mikhailovich Dostoevsky) 73, 111
프란츠 로(Franz Roh) 242
프란츠 카프카(Franz Kafka) 103, 242, 278, 279, 280, 284, 287, 289, 290, 291, 292, 297, 310, 311, 433

프랑코 모레티(Franco Moretti) 19, 76, 97, 238, 239, 431, 433, 455, 475
프레드릭 제임슨(Fredric Jameson) 155, 156, 243, 423, 425, 426, 427, 436, 448
프리모 레비(Primo Levi) 12, 333, 430, 435
플라톤(Plato) 98, 127, 438, 497
『피네건의 경야』 453
피노체트 정부 344
『피에르』 35, 43, 44

ㅎ

「하숙집」 456, 457, 458, 460, 461, 462, 463
한강 23, 30, 68
『한국문학의 최전선과 세계문학』 30, 33, 76, 113, 120, 195, 270, 374, 503
한반도 13, 17, 18, 22, 33, 69, 76, 113, 120, 159, 164, 187, 192, 197, 240, 273, 356, 465, 467
『한밤의 아이들』 266
한영인 466
해너 웹스터 포스터(Hannah Webster Foster) 408
해리엇 비처 스토우(Harriet Beecher Stowe) 222
허먼 멜빌(Herman Melville) 8, 21, 22, 32, 33, 35, 36, 37, 38, 39, 40, 41, 42, 43, 44, 45, 46, 48, 49, 50, 51,
52, 53, 54, 55, 56, 57, 58, 59, 60, 61, 62, 63, 64, 65, 66, 67, 69, 70, 111, 270, 286, 310, 373, 391, 394, 469
헨리 제임스(Henry James) 32, 62, 198, 296, 392, 408, 443, 455
「현대의 소설」 246
호라티우스(Quintus Horatius Flaccus) 98
『호랑이 남자』 68
호레이스 월폴(Horace Walpole) 247
호르헤 루이스 보르헤스(Jorge Luis Borges) 261, 320
「호손과 그의 이끼들」 32, 33
홀로코스트 114, 283, 286, 289
『화두』 197
회귀서사 121, 158, 160, 161, 162, 165, 171, 186, 192, 193, 195, 196, 198
후고 폰 호프만스탈(Hugo von Hofmannsthal) 297, 307, 308
『후기자본주의』 436, 473
후안 룰포(Juan Rulfo) 247, 271
훌리오 코르타사르(Julio Cortázar) 261, 321
『휴거』 373

A

AI 9, 19, 25, 26, 28, 29, 238, 323, 348, 365, 472, 508

## D

D. H. 로런스(D. H. Lawrence) 48, 58, 266, 299, 424, 425, 427, 428, 430, 432, 434, 439, 446, 449, 452, 453, 454, 455, 456, 459, 462, 463, 464, 465

『D. H. 로런스: 언어와 존재』 428

## E

E. P. 톰슨(E. P. Thompson) 478

## F

F. O. 매티슨(F. O. Matthiessen) 38, 397

F. R. 리비스(F. R. Leavis) 61, 171, 213, 214, 215, 216, 220, 221, 231, 393, 426, 427, 428, 447, 449, 455, 456

## H

H. D. 소로(H. D. Thoreau) 38, 384

## J

J. F. 쿠퍼(J. F. Cooper) 49, 51, 62, 120, 151, 391, 394

## R

R. W. 에머슨(R. W. Emerson) 38, 48, 49, 50, 56

## W

W. B. 예이츠(W. B. Yeats) 430, 432, 434, 439, 446

『1984』 370
『2666』 321, 322
4대 악 358

### 자본주의근대와 세계문학
ⓒ 유희석

| 1판 1쇄 발행 | | 2025년 2월 28일 |

| 지은이 | | 유희석 |
| 펴낸이 | | 정홍수 |
| 편집 | | 김현숙 이명주 |
| 펴낸곳 | | (주)도서출판 강 |
| 출판등록 | | 2000년 8월 9일(제2000-185호) |

| 주소 | | 서울시 마포구 동교로17안길 21 (우 04002) |
| 전화 | | 02-325-9566 |
| 팩시밀리 | | 02-325-8486 |
| 전자우편 | | gangpub@hanmail.net |

값 24,000원
ISBN 978-89-8218-360-7   93800

* 이 책의 판권은 지은이와 도서출판 강에 있습니다.
  이 책 내용의 전부 또는 일부를 재사용하려면 반드시 양측의 서면 동의를 받아야 합니다.
* 잘못 만들어진 책은 구입처에서 교환해드립니다.

* 이 도서는 전남대학교 학술도서출판 지원을 받았음. (과제번호 2024-1535-01)